黄茂荣法学文丛

法学方法与现代民法

（第七版）

黄茂荣　著

厦门大学出版社
XIAMEN UNIVERSITY PRESS
国家一级出版社
全国百佳图书出版单位

图书在版编目（CIP）数据

法学方法与现代民法：第七版 / 黄茂荣著. -- 厦门：厦门大学出版社，2024.1(2025.1 重印)
（黄茂荣法学文丛）
ISBN 978-7-5615-9207-6

Ⅰ．①法… Ⅱ．①黄… Ⅲ．①法学-方法论-影响-民法-法的理论 Ⅳ．①D913.01

中国版本图书馆CIP数据核字(2023)第228684号

责任编辑　甘世恒
美术编辑　李夏凌
技术编辑　许克华

出版发行　厦门大学出版社
社　　址　厦门市软件园二期望海路 39 号
邮政编码　361008
总　　机　0592-2181111　0592-2181406(传真)
营销中心　0592-2184458　0592-2181365
网　　址　http://www.xmupress.com
邮　　箱　xmup@xmupress.com
印　　刷　厦门市竞成印刷有限公司

开本　787 mm×1 092 mm　1/16
印张　29.5
插页　2
字数　800 千字
版次　2024 年 1 月第 1 版
印次　2025 年 1 月第 2 次印刷
定价　88.00 元

本书如有印装质量问题请直接寄承印厂调换

厦门大学出版社
微信二维码

厦门大学出版社
微博二维码

编辑说明

我国台湾地区著名法学家黄茂荣先生所著之《法学方法与现代民法》（简体中文版，后同）2001 年在大陆首版，二十多年来畅销不衰，成为华文地区在该领域水准最高的专著之一，影响数代法学学人。不独民法学，黄茂荣先生在税法学领域的研究以及对民法和税法融贯一体的综合研究，放眼望去，海峡两岸乃至华文地区恐无人能及。

笔者以研习税法为业，因此与先生结缘，相识于 2004 年 4 月在北京大学参加"中国高校财税法教学改革研讨会"之际，至今正好二十年。其间不论在学习还是生活方面受先生耳提面命颇多，尺幅之间难以尽列。唯不得不提的是在研究风格方面，夯实理论基础、关注法治实践，促成本人由早期纯理论研究转向研究实务，虽尚在跬步千里途中，但已受益匪浅，其乐无穷。

在厦门大学出版社及其总编辑施高翔和法律编辑室主任甘世恒的支持下，笔者于 2012 年 10 月初访问台湾大学法学院时，在先生家中及其办公室数次与之商议，达成由厦门大学出版社为先生打造"黄茂荣法学文丛"系列的共识。蒙先生信任，委任笔者全权代表处理文丛出版相关事宜。自 2014 年起，先生所著《债法通则之一：债之概念与债务契约》《债法通则之二：债务不履行与损害赔偿》《债法通则之三：债之保全、移转及消灭》《债法通则之四：无因管理与不当得利》（债法通则四书首版首印 2014 年，重印 2019 年）及《债法分则之一：让与之债》《债法分则之二：劳务之债》（债法分则二书 2020 年首版）相继出版。

为了符合大陆出版台湾地区学者图书的惯例和大陆读者的阅读习惯，先生以上繁体原版诸书，均先由笔者或笔者所指导的硕士生在尽可能保持原文原貌原意的基础上，做必要的技术处理。

本书对应的繁体版为《法学方法与现代民法》（台北 2020 年 4 月增订第 7 版），系由笔者加以初步编辑和做必要的技术处理。受厦门大学出版社委托，说明如下：凡读过先生著作的读者，可能有的共同感受是先生著作不太适合作为法学初阶入门读物，其原因除海峡两岸专业术语不同、行文风格有异之外，大致有二。一是注释很多，二是由属于同一主题但又各自单独成篇的长篇论文组成，彼此之间难免有所重复。为此，笔者主要做了三方面的编辑工作：一是删除了繁体原版正文中内容几乎完全相同的重复部分（并在删除处加以说明）和不符合大陆出版惯例的部分内容；二是对繁体原版脚注中所引台湾地区司法事务主管部门发布的百余个"大法官"解释原文和百余个各级法院裁判原文中内容过多者予以精简，不符合大陆出版惯例者则仅保留判解文号，感兴趣的读者可以自行检索原文；三是对繁体原版内容再三揣摩仍有不明之处，则函请先生指正。此外，在技术处理方面，据不完全统计，全书加注双引号、单引号、书名号等标点符号逾5000处，统一法条序号表述方式亦逾5000处等等，不一而足。经过上述初步编辑和技术处理之后，正文和注释各自减少约5万字，全书由繁体原版90余万字降至80余万字。

本书的技术处理既简单又繁杂，在Word文档中同一个操作动作重复数千次，难免出现遗漏失误；即便有出版社的专业编辑最后审视把关，亦难保万无一失。因此，若还有不妥失当之处，请读者海涵。

谨以本书的出版庆贺先生八十大寿，恭祝先生健康平安、学术常青！

特约编辑：李　刚　敬笔
二〇二四年一月十一日

第七版简体版序

　　法学方法系受自然科学在近代之发展的启发，关于规范之理论与实践的反思，在近现代国家所发展出来的学科。法学方法首先帮助我们认识规范之外部结构，特别是其使用之概念及以逻辑为基础之体系构造。而后注意到其中常有逻辑上或价值伦理上不一贯的情形，从而进入外部构造，开始思考结构内部存在的意念，以在哲学的层次，探究其当有之真与善。

　　因为规范是国家行使统治权之工具，与支配私人权益之活动纠缠在一起，于是，规范之学习、思维与实践容易受到个人或阶级利益的扭曲，所以需要借助于法学方法，导正其入于正轨。力求自强不息，以止于至善为其世代追求的目标。

　　人非生而即为圣贤，我执又重，是故，要能志同道合，协力一心向善，本非易事，需要公私环境之不断地历练。在此过程中，法学方法能帮助，直接面对人间之各种利益冲突，辩证地为其找出能够妥适调和各方正当利益的最佳方案，以逐步解决发展中可能遭遇之难题。

　　在德国，借助于法学方法，发展规范之理论与实践在民法已有长久的经验，然因其系统庞大，一时也许不容易认识其发展轨迹。至于税法，因其当初，没有意识到也能借助于法学方法促进其发展，所以，法学方法在税法上的运用较晚。几乎可以说直到 Prof. Dr. Klaus Tipke 引用法学方法重构德国税法教科书的体系，于1973年划时代地出版其《税法》第一版后，至2022年已发行24版。该书根本刷新了德国税法之研究与发展的面貌，使德国税法学的研究于半个世纪内在方法上赶上民法学的水平。因为其发展历程至今约50年，容易观察其整个发展历程，以认识法学方法在其运用之导入过程，供为参考。所以特别值得注意。

　　本书的写作主要在于介绍并演习法学方法在民法之研究上的应用情形，以从中认识法学方法。其中穿插税捐法的案例，以扩大关于法学方法之运用的视野。第一章"论法源"，之所以基本上以税捐法为说明对象，其理由在于：税捐之课征因有税捐法定原则的适用，所以，其法源的问题特别突出。关于法学方法在税捐法之运用，另在《法学方法与现代税法》中论述。该书第一、二册增订三版，已分别于2012年3月及2015年12月在台北出版，第三册增订二版于2008年2月在台北出版。

　　对于本书的内容一直感觉不满意，久思全面检讨改写，上次大幅改写于

2011 年 9 月的第六版，这次再下定决心，抛下所有迫切必须进行的专题研究工作，把所有的时间集中到本书此次全面之改作上。然由于受限于时间，还不能做到如意。有一些还必须等到债法及税捐法之实体法写作告一段落，以及法哲学、法社会学及法经济学的研习有进展后，才能完整增补重写。

这次改作，除了增加一章"论法理"外，并调整其他各章顺序，使之比较符合思路及事务发展之出现的层次。

法学方法的学习，笔者承王泽鉴老师的启蒙，本书的写作承郑玉波老师的关心、鼓励，衷心感激。历年及目前在植根从事相关法律资料之整理、植根法律数据库工作的同仁，予我很大的帮助。在植根法律数据库的支持下，基本上可以让我在几秒钟内确认相关法、令、判决之有无，而后打开参阅，大大降低仔细研究时之劳动强度。大恩不言谢。他们的功德只能祈求上苍赐福于他们。最后也要感谢我的父亲、母亲及博士论文的指导教授 Dr. Josef Esser，无限怀念！

本书繁体版之出版承陈孟婵律师、林欣伶小姐、李宜亭小姐的协助。简体版之问世，先有厦门大学法学院李刚副教授一如既往对全部书稿加以技术编辑并修正格式，次由厦门大学出版社甘世恒等编辑排版校对，继而往复修订，诸先进费心玉成，使本书能够顺利付梓。于此并致谢忱！

另，厦门大学出版社为笔者尽心打造之法学丛书系列，已出版之《债法通则之一：债之概念与债务契约》《债法通则之二：债务不履行与损害赔偿》《债法通则之三：债之保全、移转及消灭》《债法通则之四：无因管理与不当得利》（首版首印 2014 年）及《债法分则之一：让与之债》《债法分则之二：劳务之债》（2020 年首版）亦端赖李刚及甘世恒等学长倾力合作，为笔者劳神谋划。本书新版纳入该系列之中，于诸砖之外再添一瓦，不仅为两岸法学交流新增一绿叶，并策笔者努力前行。

学无止境，敬请惠予指教，以便修正。

黄茂荣

2023 年 12 月 20 日

于台北信义路植根研究室

目录

第一章　论法源

第一节　法源的意义

"法源"为借用自"水源"的画像性用语。属于一种利用生活上之具象存在，比喻概念上之抽象存在的表达方式。虽然因为是比喻难免有误导，但是其比喻还是蛮贴切的。谈水源，如以一口井而论，可以分成几个层次来看它：(1)井的地理位置、深浅、大小，(2)井体所在之处的水文，(3)开成之井，(4)井中或取得之水。同样地论法源，也可以分成几个层次来说明：(1)特定时空之政治、经济、社会、历史的事实或关系，特别是政经力量之相对关系。该力量的对比关系能决定国际法或国内法的立法活动及立法内容。在此意义下，"政经力量"便是法源。(2)立法者或人民对于规范之"法的确信"(Rechtsüberzeugung)，或人民对于规范之"承认"。在此，该"法的确信"或"承认"为规范内容之所以演变成社会行为标准的共识基础，具有社会伦理上之"实质的意义"。由于"法的确信"或"法的承认"为规范之效力的实质基础(materieller Geltungsgrund)，因此在此意义下，可将之论为法源。(3)立法行为(Rechtsetzungsakte)带来新法。因此，也有人将之论为法源，例如立法机关之立法上的决议。(4)立法机关，立法机关才有权做成决议，制定法律，因此，立法机关也可论为法源。(5)有权制定法律之机关所"制定"之"规范"，这些规范随其"制定机关"之不同，而有不同的表现形式及称谓，例如"制定法"及"习惯法"，法规性命令。①

在以上的定义中，"政经力量"属于政治学、社会学上的观察；法的确信属于法哲学上之价值的观察；立法机关及立法行为属宪法学上关于权力区分之权能的观察；规范之表现形式属于权力区分之权力行使结果的观察。法哲学上之价值的观察结果，属于"实质意义之法律"；权力区分之权能观察的结果，属于"形式意义之法律"②。

---

① 参见 Georg Dahm，*Deutsches Recht*，Stuttgart 1963，S.34f.
② Helmut Coing，*Grundzüge der Rechtsphilosophie*，2. Aufl.，Berlin 1969，S. 280f.

从政经力量看法源，肯认在各个时期得势的法律观，事实上只是当时权力关系的表彰。① 从权力区分的观点看法源，认为国家之立法机关享有制定法律的权限，甚至认为其权限是"独占"的。所谓独占，主要指相对于其他国家机关（例如行政机关、司法机关）之独占，有时兼指相对于人民及地方团体或产职业团体之独占。不过，其相对于人民及地方或产职业团体之独占，某种程度受私法自治及产职业自治的"补充"或"修正"。至于经由私法自治或产职业自治制定之契约或规章究竟只是补充国家制定之法规或甚至修正之，属于国家权力之垂直划分的问题。一般固然认为私法自治或者职业自治因国家之授权而得行使，但国家之不为授权，在有些情形，会涉及垂直划分权限之违宪问题。此外，对于人民主张立法权之独占，也涉及"习惯法"之法源地位的承认问题。

由于法源概念之过度的不确定，Kelsen 建议避免引用。② 不过，从以上说明可见，法源在学说之各种不同层次的意义，事实皆有其分别要说明的重要观点。实际上可以认为是从不同的角度，对于法源的观察结果，分别代表不同之说明利益及价值利益。其中，特别是依选举意义下之民主方式产生的立法机关，如果不以法之终极价值为其立法行为的神针，则在实践上很可能流于制定当时之掌权者的擅断。③ 一切制度都有其导致失能的罩门，有识之士要力求将之逐步完善，而非乘虚而入。鉴于在国家的行政机关及立法机关于政党利益的引导下陷入迷茫，不再认识正义价值时，司法机关有维系正义命脉的特殊功能与任务，所以，平时必须特别维护司法机关的权威，不适合以偏概全，对其做解构性之丑化。否则，一旦民粹性言论形成气候，将难以善后。

关于法源，民事法及税捐法有不同之核心问题。在民事法，因为法院不得拒绝审判，所以台湾地区"民法"第 1 条规定："民事，法律所未规定者，依习惯；无习惯者，依法理。"亦即事实上之惯行，其"不背于公共秩序或善良风俗者"，次于法律，得为规范民事关系之法源。此外，当法律及习惯对应予规范之民事关系皆无规定，存在漏洞时，并得引用法理，对之加以补充。在此意义下，法理亦为规范民事关系之法源。因之，如何适用法理补充民事法之漏洞在

---

① Gustav Radbruch, *Einführung in die Rechtswissenschaft*, 12. Aufl., 1969, S. 50: "历史法学派所称随民族、随时代而异之正法（das richtige Recht），也是随个人所属之阶层、人生观及政治立场之不同，而有不同之看法，……Karl Marx 及 Friedrid Engels 建立之唯物史观，虽非先验的定律，但至少是法律观之改变的原因之一。" Wolff, Bachof, *Verwaltungsrecht*, 9. Aufl., München 1974, S.113: "关于法之发生及其效力的道理可以提出各种不同的问题。例如从历史及社会的观点，可以探寻在某种社会权力关系或其他情况下之特定法秩序或法律的存在原因；从法理的观点可以探寻一个法律、法规性命令，自治规章之宪法上的制定依据；从伦理的观点可以探寻法之道德上的负担效力，并在良心或民俗规范中发现其发生的源头。……在此称法所来之处为法源。从而在此意义下，法源指实证法的认识基础（Erkenntnisgrund für etwas als positives Recht）"。关于行政法之法源详请参见 Wolff, Bachof, Stober, *Verwaltungsrecht I*, 10. Aufl., München 1994, §§ 24-28.

② Hans Kelsen, *Reine Rechtslehre*, 2.Aufl., Franz Deuticke Wien 1960, S.238f.

③ 这是议会之"形式民主"与"实质民主"之冲突的问题。由之产生的法律分别称为"形式意义之法律"与"实质意义之法律"。如何确保二者之一致，为现代民主之重要课题。归结起来，都是由谁来决定或如何决定由谁来制定法律，最能够使"形式意义之法律"与"实质意义之法律"趋于一致。传统意义之议会民主，质诸现代国家之财经及社会行政法规，以及实际之包裹制定的方式，因少有公开辩论与论证，其可靠性已渐受怀疑。可靠的替代模式，尚待发展与验证。如能确保专家公正，专家之有效的参与可能比由普通人决定有指望。

民事关系之规范的探索上,特别具有重要性。反之,在税捐法,因税捐之课征必然侵入纳税义务人之基本权利,所以其法源之形式要求便特别重要。首先有税捐之课征应有法律为其依据,而后有在此所称之法律是否应采"国会"保留,限于"国会"制定之法律?"国会"得否授权行政机关制定法规性命令,具体化未经法律规定之规范内容?① 另关于税捐法得否为漏洞之补充? 本书虽主要在于论述法学方法在现代民法的应用情形,但为凸显法源问题在民事法及税捐法上之表现,特兼论税捐法之法源。

第二节　民事法之法源

一、民事

正如行政法为公法的一部分,民法为私法的一部分。私法规定以自然人或法人的身份,在平等与自治的基础上,所形成之相互的关系。反之,公法规定国家(各级政府机关)及其他经赋以高权任务之机关、机构,因公权力之行使而与他人形成之法律关系。公法规定之事项含这些机关或机构之组织,其相互间,或与其成员或使用者间之法律关系。

因台湾地区采取民商合一制度,所以民事关系在规范上,其对象无商人或非商人之区别,统由民事法规范之。但在实际上并非绝无民商之区分的情事。当有此种情事,而有对于具有商事性质之民事关系,特别加以规范之需时,便在"民法"之外,另为制定以商人为规范对象之民事特别法。② 然在"民法"债编所定各种之债之有名契约中,亦有明文规定,其当事人之一方,需为以该有名契约所定之交易为营业之人(商人)。③ 唯不论民事关系是否兼有商事之性质,其仍具有民事关系之共同的类型特征,即其当事人间之法律关系的发生、变更及消灭不涉及公权力之行使,而是单纯基于私人有意识之事实行为,或(有法效意思之)意思表示,④或在有可归责事由时,基于自然事件,依据法律而发生。这当中,其当事人间的法律地位原则上是平等的,没有上下的服从关系。

---

① 参见台湾地区司法事务主管部门释字第705号解释。(后文凡释字第×号解释均指台湾地区司法事务主管部门颁发的解释。——编者注)

② 例如,除在学校教学上有传统称为商事法之公司法、票据法、保险法、海商法外,银行法、企业并购法、金融控股公司法、金融机构合并法、票券金融管理法、国际金融业务条例、金融资产证券化条例、证券交易法亦属商法。

③ "民法"第514条之1(旅游营业人之定义)、第554条[经理权(一)——管理行为]、第576条(行纪之定义)、第613条(仓库营业人之定义)、第622条(运送人之定义)、第660条(承揽运送人之定义)。

④ 意思表示为将法效意思表示出来之行为,所以原则上含法效意思,并以法效意思之内容为其意思表示之效力内容。唯法律如对于所表示之意思表示的内容有强制规定,该意思表示可能因违反该强制规定而无效,或其效力经修正为法律所定之内容("民法"第71条)。此外,另有意思表示例外不含法效意思(例如"民法"第86条:心中保留)、表示行为未到达(例如"民法"第161条:意思实现)或既无法效意思亦无表示行为,而经拟制为意思表示(视为承认或拒绝承认)的沉默("民法"第80条第2项、第170条、第302条第1项、第386条、第387条、第530条)。

一个生活事实是否属于民事之决定,视其发生、变更及消灭是否涉及公权力之行使而定。涉及公权力之行使者,因之发生之法律关系为公法关系,规范该公权力及其归属与行使的法律即是公法。反之,不涉及公权力之行使者,因之发生之法律关系为私法关系,规范该法律关系的法律即是私法。兹就公法与私法的区别再说明如下:

(一)公法与私法之区别理论及其区别标准

1.利益说

利益说(Die Interessentheorie)系以法律所规范或保护之客体的利益,究属于公益或私益为其基准。利益说认为,原则上,私法以私人利益之维护,公法以公共利益之维护为其任务。唯事实上有些公法也维护私人利益,例如与基本权利之维护、公用征收之合理补偿有关的规定;而私法则除“民法”第148条第1项前段一般的规定,“权利之行使,不得违反公共利益”外,并有下列一般性以公共秩序为理由之限制规定。“民法”第2条规定:“民事所适用之习惯,以不背于公共秩序或善良风俗者为限。”第17条第2项规定:“自由之限制,以不背于公共秩序或善良风俗者为限。”第63条规定:“法人之目的或其行为,有违反法律、公共秩序或善良风俗者,法院得因主管机关、检察官或利害关系人之请求,宣告解散。”第72条规定:“法律行为,有背于公共秩序或善良风俗者,无效。”此外,例如“民法”第796条之1第1项,以公共利益为理由,限制邻地所有人对于越界建筑者之除去请求权:“土地所有人建筑房屋逾越地界,邻地所有人请求移去或变更时,法院得斟酌公共利益及当事人利益,免为全部或一部之移去或变更。但土地所有人故意逾越地界者,不适用之。”是故,虽然法律所维护之利益首先为私人利益或公共利益,在一定的程度能够彰显私法与公法之规范任务的特色,但还是有不尽然周全的情形。①

作为区分公法与私法的标准,学说上认为该标准并不十分妥当。其理由为:目前毫无疑问地被归类为私法的法律,所规范之利益,并不全然以私益为限,有时亦规定一些涉及公益的事项,例如关于亲属关系、财团法人及社团法人之规定。②

2.平等或上下关系说

平等或上下关系说(Die Subjektionstheorie, die Subordinations-theorie)系以法律所规定之法律关系的当事人间的相对关系,究为平等关系或上下关系作为公、私法的区别标准。

所规范之法律关系为当事人间之平等的相对关系时,规范该法律关系之法律为私法。在私法上,双方在对等的基础上,互相同意以契约,一起规范其法律关系。此即对等关系说(Koordinationstheorie)。当事人之一方有权,以单方行为,形成双方之法律关系,属于例外的情形。此与在公法关系,公权力机关以单方行为(行政处分)为原则,以行政契约为例外,形成双方之法律关系者,正好相反。然私法所规范之法律关系,有时亦有上下关系之属性,例如父母与其监护之未成年子女间的监护关系。

联系于高权的行使,将带有高权之单方决定权的从属关系,称为公法之特色。在公法

---

① Larenz,Wolf, *Allgemeiner Teil des Bürgerlichen Rechts*, 9. Aufl., München, 2004, § 1 Rn. 24; Achterberg, *Allgemeines Verwaltungs-recht*, 2. Aufl., C.F. Müller 1982, § 1 Rn. 16.

② Wolf,Neuner, *Allgemeiner Teil des Bürgerlichen Rechts*, 10. Aufl., München, § 2 Rn. 17ff.; Medicus, *Allgemeiner Teil des BGB*, 2. Aufl., 1985 Heidelberg, § 1 Rn. 7.

上,有关机关以单方行为(行政处分)形成其与私人之公法关系,例如税捐稽征机关以课税处分对纳税义务人课以缴纳税捐之义务。该纳税义务之课予,固然必须依据经过立法机关制定,或依据经其授权,由行政机关制定之法规命令,①但并不需要得到个别纳税义务人之同意。此即从属关系说(Subordinationstheorie)。当事人间之相对关系,为上下关系时,规范该法律关系之法律,原则上固为公法。但公法所规范之法律关系,有时亦有平等关系之属性,例如行政机关因业务上之需要,依法规将其权限之一部分,委托不相隶属之行政机关执行("行政程序法"第15条第2项)②。

上述从属关系固为一般公法关系的共同特征,但一方面因为有些公法关系,以当事人双方之对等地位为基础,例如同级行政机关间,行政机关与大学间,通过缔结行政契约,维护高权上的任务。另一方面有些私法关系,以双方之不对等的从属关系为基础,例如除前述亲子间之教养的关系外,在社团,社团之决议对于其社员("民法"第52条、第53条、第56条),公寓管理委员会之决议对于各区分所有权人("公寓大厦管理条例"第8条、第11条、第14条、第18条、第22条、第23条、第26条),团体协约对于团体协约关系人("团体协约法"第17条、第19条)的拘束力。所以,从属关系说并不能完全妥适说明一切公法关系。

3.主体说

主体说(Die Subjektstheorie)开始时,以法律关系之主体至少一方是否为高权主体为标准,认定规范该法律关系之法律是公法,还是私法。仅有私人为其当事人者,为私法;有一方之当事人是高权主体者,为公法。而后来加以修正,认为应以法律关系之当事人于该法律关系中,系以何种资格扮演其角色作为区分公法、私法的标准。具体言之,以其所规范之法律关系之当事人,是否以公权力之主体的资格行使公权力,以形成该法律关系为断,只要当事人一方是以公权力主体的资格,且以行使公权力作为参与该法律关系之形成的方法,则规范此种关系的法律即当称为公法。例如公权力机关以协议价购之方式,取得私人土地者,为私法关系;以征收之方式,取得者为公法关系。各级政府机关需用公有土地时,商同该管"直辖市"或县(市)政府层请行政事务主管部门核准拨用者("土地法"第26条),亦同。另行政机关还可能委托个人或团体行使公权力,在此种情形,受托行使公权力之个人或团体,于委托范围内,视为行政机关("行政程序法"第2条第3项)。从而规范其行使受托之公权力所形成之法律关系的法律亦为公法。

根据"行政程序法"第2条第2项规定,可知公法所规定的法律关系,具有两种特征:(1)至少当事人之一方须有公权力主体之资格;(2)以行使公权力之方式,参与该法律关系之形成。③

由于高权主体,不论其为各级政府机关,或为各种依公法设立之法人,皆可能依私法的规定,与他人成立私法契约的关系,例如从事买卖(协议价购土地)、雇用劳工(清洁办公处所)、缔结各种交易契约取得其所需之货物或劳务,因此当初主体说以法律关系之主体,是否有一方为高权主体,区分其规范之法律究为公法或私法,尚不贴切。

---

① 参见释字第 705 号解释。

② Wolf, Neuner, *Allgemeiner Teil des Bürgerlichen Rechts*, 10. Aufl., München, § 2 Rn. 20ff.; Medicus, *Allgemeiner Teil des BGB*, 2. Aufl., 1985 Heidelberg, § 1 Rn. 8.

③ Wolf, Neuner, *Allgemeiner Teil des Bürgerlichen Rechts*, 10. Aufl., München, § 2 Rn. 23ff.; Medicus, Allgemeiner Teil des BGB, 2. Aufl., 1985 Heidelberg, § 1 Rn. 9.

有谓如兼以该主体,是否有仅对高权主体授权之任务,并基于该任务享有之权利或负担之义务,参与法律关系之形成为标准,区分规范该法律关系之法规,究为公法或私法,则主体说尚不失为一个可靠的区分标准。此即为将主体说修正后之特别权利说(Sonderrechtstheorie)。①

4.特别权利说

特别权利说,指在一个法律关系中,至少有一方,有只因其是高权主体,始能享有之权利或负有之义务。依该说,高权主体如据其以该高权地位享有之权利或负有之义务,从事一定之行为时,规范因之所形成之法律关系的法律即是公法。此为公法的特征所在。该特别权利,其实就是公权力。非国家机关除受行政机关委托外②不能享有该权力。唯国家机关究竟享有哪些公权力? 这当依具体的宪制对于国家机能之期待,以及宪法上之成文与不成文的规定而定。典型的公权力具有对于政府机关之专属性,亦即对于私人之排斥性。这比较清楚地表现在非国家不得提供之服务上(例如国防与治安)。该服务之抽象的特征为,如涉及人民,有以单方行为,对于人民强制地课以义务的特色,使人民因此必须从事一定之给付,或容忍国家对其基本权利为一定之介入或剥夺(介入行政),例如处罚、课税、征收、检疫;或对于人民个别许以一定之利益(给付行政或授益处分),例如救助、营业特许、证照之发给。不过,例外亦有以公权力为基础缔结之公法上的契约。若不涉及公权力,则其法律关系的形成原则上应由相干的人,以契约的方式为之(契约原则)。同样的,虽不涉及公权力,亦有当事人之一方,依法律或依契约,例外享有形成权,得以单方行为使私人间之法律关系发生、变更或消灭。为避免将在这里所称之特别权利,误解为特别权力关系意义下之特别权力,宜将特别权利说称为公权力说。亦即将规范基于公权力之行使而发生、变更或消灭之法律关系的法律,定性为公法。公权力说意义下之特别权利说在德国已逐渐获得一般的肯认。③

不过,一定之服务的提供是否基于公权力,其认定常受传统的影响,并不一直皆有明显的道理。例如在德国,其联邦铁路(Bundesbahn)及联邦邮局(Bundespost)皆有提供汽车客运服务,而前者被归类为私法关系,后者被归类为公法关系。因此,德国 Medicus 教授认为公法与私法之界线难以一概抽象划定。④ 即使如此,大趋势依然是以公权力为基础,划分规范其所形成之法律关系的属性:以公权力为基础者,是公法;非以公权力为基础者,是私法。至于所谓相同服务或货物之提供,有随传统或随财政需要,而指派其提供者之主体资格,或是否需有公权力为基础的情形,在生产事业(公用事业)之自由化,或公营事业之民营化的浪

---

① Larenz, Wolf, *Allgemeiner Teil des Bürgerlichen Rechts*, 9. Aufl., München, 2004, § 1 Rn. 25f.; Achterberg, *Allgemeines Verwaltungsrecht*, 2. Aufl. C.F. Müller 1986, § 1 Rn.17.

② 行政机关得依法规将其权限之一部分,委托民间团体或个人办理("行政程序法"第 16 条第 1 项)。受托行使公权力之个人或团体,于委托范围内,视为行政机关(同法第 2 条第 3 项)。

③ Larenz, Wolf, *Allgemeiner Teil des Bürgerlichen Rechts*, 9. Aufl., München, 2004, § 1 Rn. 27ff.; Achterberg, *Allgemeines Verwaltungsrecht*, 2. Aufl., Heidelberg 1986, § 1 Rn. 18.

④ Medicus, Allgemeiner Teil des BGB, 2. Aufl., 1985 Heidelberg, § 2 Rn. 10.

潮下已逐渐减少。① 例如电信及金融产业之自由化,烟酒专卖制度之废止,改以烟酒税("烟酒税法"第 1 条)或烟品健康福利捐("烟害防制法"第 4 条)筹集烟酒之财政利益。

(二)公法与私法之交织

公法与私法之关系时有交织的情形。例如同一个销售关系,在私法上为私人间之交易关系,在公法上可能涉及产品标示、食品安全及营业税义务等公法关系。相邻关系亦因建筑、环境保护、公共卫生之规范而有交错。私人间未经许可("公平交易法"第 15 条),而以联合行为的方式,限制竞争,可能因违反公平交易法的规定,而有民事("公平交易法"第 30 条、第 31 条)、行政(同法第 40 条)及刑事责任(同法第 34 条)②。

以上的交织情况,其实只是在不同法典或相同法典对于同一法律事实分别有其规定。另还有一种情形,为在同一规定中交织着公法与私法之规范,例如在具有社会法性质之法规。其典型为劳工法及租赁法(特别是关于"耕地之三七五租约")。学者有谓,这应属于单纯公法或私法关系外之第三种类型。③

(三)公私法之不同的基础原则及其任务

Larenz 认为,在私法的建制,除自由原则外,作为其建制基础之私法自治原则并以自治优先,规制其次的候补原则为其支柱。依候补原则,规范的权限及责任原则上应优先分配给较小的组织单位,以符自治的意旨。必须在较小的组织单位不能透过自治,妥适解决其事务的时候,始依大小顺序,逆向由小而大,逐步赋予较大之团体以职权(例如先乡镇而后县市,先县市而后省,先省而后中央),介入较小单位之事务。依循小单位自治优先的理念,个人基于私法自治权,建构之私法上的规范秩序,原则上优先于基于公共利益支配之公法所定之规范秩序。不过,仍应注意私法自治权之行使不得"违反强制或禁止之规定"("民法"第 71 条),或"背于公共秩序或善良风俗"(第 72 条)。

超出私法的范围,候补原则亦影响到公法内关于各级国家机关之权限的划分。Larenz、Wolf 称此为小单位优先原则。④

---

① 生产事业(公用事业)之自由化,或公营事业之民营化之目的在于激发事业之企业活力。公营事业与私营事业之区别主要在于其大股东(资本主)不同。公营事业之大股东为各级政府机关,而私营事业为私人。为何大股东是各级政府机关便会使公营事业失去企业活力?那是因为各级政府机关利用其拥有之公股,介入董监事的选举,并干预经理人之任命,而又不用人唯才,反将公营事业之董监事及经理职位用来酬庸其党友,而台湾地区现行财经法规对之却束手无策。鉴于私营事业之掌权之大股东所握有之股份一般也不多,所以只要公股不介入董监事的选举,不干预经理人之任命,公营事业便能够取得与私营事业相同之运作机制,激发企业活力。公股与私股不同,透过税务之稽查及检察机关之侦办,在公营事业真有违法经营的情形,并不难对其实时深入监督,不用借助于担任其董监事或经理人。实务上不能有效监督时,为何常常发生在公营事业,其中道理便是:目的事业主管机关难以对其转任为董监事或经理人之昔日长官或同僚为应有之监督。

② Wolf,Neuner,*Allgemeiner Teil des Bürgerlichen Rechts*,10. Aufl.,München,§ 2 Rn. 29.

③ Wolf,Neuner,*Allgemeiner Teil des Bürgerlichen Rechts*,10. Aufl.,München,§ 2 Rn. 30.

④ Larenz,Wolf,*Allgemeiner Teil des Bürgerlichen Rechts*,9. Aufl.,München,2004,§ 1 Rn. 5f.;Achterberg,Allgemeines Verwaltungsrecht,2. Aufl.,C.F. Müller 1986,§ 1 Rn. 15.

二、法律

这里所称之法律,指实证法意义下的法律,而非指法哲学意义下的法律。所以它首先包括制定法与习惯法;其次,在私法自治原则的肯认下,当事人间的契约、产业间的规约、家族自治规约,以及团体规约,与法律一样,对其当事人或成员有效力。不过,因其拘束力尚源自受规范者之自愿参与,且除对其当事人或成员外,并无一般的规范效力,所以,与法律或习惯法尚有不同。因此,有人认为不宜将之归类为法规范(Rechtsnormen),[①]肯认其为法源之一。

(一)制定法

制定法是指"立法"机关所制定之规范,它并包括行政机关基于"立法"机关之授权(委任"立法")所制定之行政法规(法规性命令),可分为"中央"法规与地方法规。

1."中央"法规

是指台湾地区"立法"事务主管部门通过且公布之有关规定,以及行政机关基于"立法"机关之授权(委任"立法")所制定之与法律有同一效力之行政法规(法规性命令)。

2.地方法规

鉴于台湾地区宪制性规定中关于权限划分的明文规定(第 107 条至第 111 条),该法第 170 条所称之"立法事务主管部门"有做相应修正的必要,亦即应包括地方"立法"机关在内。同理,其公布的机关,以贯彻该法推行地方自治的基本价值决定。因此,该条所称之"法律",应包括地方(自治)机关所制定的单行法规。但应注意地方自治法规之地域性,以及其位阶常被定性为次于"中央"命令之地方级的命令。

3.制定法接纳之习惯法或习惯已成为制定法

习惯法及习惯如经制定法接纳,而成为法律之明文规定的组成部分,则已成为制定法,而不再是习惯法或习惯。例如"民法"第 450 条第 3 项、第 483 条第 2 项、第 491 条第 2 项、第 524 条第 2 项、第 547 条、第 582 条中所定之习惯。

(二)习惯法

1.意义及要件

习惯法,指人人对之有法的确信之事实上的惯行。申言之,习惯法之成立要件有两个:(1)事实上的惯行及,(2)人人对之有法的确信。[②] 在这个定义上,将习惯法与习惯加以比较,即可发现,其区别点全在于人人是否对系争的习惯有法的确信。如有,它即已演变成习惯法;如无,那么它仍仅只是习惯。至于构成习惯法之习惯,是否必须为法令所未规定之事项,也不尽然。习惯法与制定法有同样之权力基础,它与制定法之区别只在于制定的程序。至于它们之间的关系,在必要时,应依法律竞合的理论去解决。

---

① Larenz,Wolf, *Allgemeiner Teil des Bürgerlichen Rechts*, 9. Aufl., München, 2004, § 3 Rn. 5.

② Larenz,Wolf, *Allgemeiner Teil des Bürgerlichen Rechts*, 9. Aufl., München, 2004, § 3 Rn. 31.

2.举证责任

主张习惯法存在之一方,应负举证责任(参照"民事诉讼法"第283条)①。

(三)契约

私法自治权之实践为契约自由原则的肯认,所以私人通过契约自由权利之行使,所缔结之契约,在规范上对当事人具有法律的地位。在此了解下,契约在规范上具有双重身份,其一为法律规范,其二为法律事实。第一种身份只有在系争契约合法成立且充分有效要件后,始能具备并发挥其功能。至于第二种身份,除有效之契约外,即使是一个不成立或无效的"契约",也能具备。这便是通常所习见之无效法律行为(契约)之法律效力的问题。对之,法律已为明文规定者,例如:"民法"第91条、第113条。在这些规定中被撤销或无效的法律行为所扮演的角色,即为充分该等规定之构成要件的法律事实。有效契约之效力内容,除取决于其表示之合法、确定及可能之法效意思外,并包含该契约所该当之法律规定中,具有规整(强行规定)或补充(任意规定)的规范内容。

(四)产业自治规约

此为关于产业自治权之肯认的问题。肯认该自治权时,其行使会牵涉民事法上之契约及经济法上之(不当)竞业限制及各种与该产业有关之经济管制的问题。

基于产业自治所制定之产业自治法规与地方自治法规一样,具有类似委任立法之性质。

(五)家族自治规约

传统上肯认家族自治规约对于族众自有拘束之效力。② 其规范事项主要为:(1)谱例。其为阖族关于谱牒之规则,实即宗族团体之一种规约。③ 必依此项规约或惯例所为之决议,始有拘束族人之效力。④ (2)家族中之祭祀公产之权利应本于从前习惯适用于家族团体之

---

① 台湾地区"最高法院"1991年台上字第2427号民事判决:"查上诉人主张被上诉人违反无记名式载货证券原则上不准担保提货及不得于开发信用状当日即为担保提货行为之国际惯例,依'民事诉讼法'第283条前段规定,上诉人自有就上述国际惯例存在与否,负举证之责任。原审以上诉人未尽其举证之责任而不予相信,实无违背举证责任分配法则之可言。"

② "姓族谱系关于全族人丁及事迹之纪实,其所订条款除显与现行法令及党义政纲相抵触者外,当不失为一姓之自治规约,对于族众自有拘束之效力。"(最高法院1928年上字第39号判例)

③ "谱例乃阖族关于谱牒之规则,实即宗族团体之一种规约"(最高法院1929年上字第2265号判例),"为一族修订族谱之公约,不论系旧有抑系新增,凡由族众或有权代表族众之人所议决,而无背于公共秩序善良风俗者,即具有拘束族众之效力"(最高法院1941年上字第455号判例)。

④ 司法院1940年11月11日院字第2078号解释:"(一)族人对于祠内之权利,除该祠规约有特别订定外,不因拒绝参加修谱而受影响。(二)关于族中事务之决议,应依族众公认之规约或惯例办理,必依此项规约或惯例所为之决议,始有拘束族人之效力。"本号解释既曰:族中事务应依族中"公认"之规约或惯例办理,而不径称依惯例办理。准此,该惯例并非单纯因其为惯例,而具有拘束力,其拘束力来自族众之公认。所以本号解释应属于肯认家族自治之有权解释。

公共规约。① 这已属于祭祀公业的问题。②

(六)团体协约

"团体协约,指雇主或有法人资格之雇主团体,与依工会法成立之工会,以制约劳动关系及相关事项为目的所签订之书面契约。"("团体协约法"第2条)依该规定,团体协约虽是一种契约关系,但同法第17条规定:"团体协约除另有约定者外,下列各款之雇主及劳工均为团体协约关系人,应遵守团体协约所约定之劳动条件:一、为团体协约当事人之雇主。二、属于团体协约当事团体之雇主及劳工。三、团体协约签订后,加入团体协约当事团体之雇主及劳工(第1项)。前项第3款之团体协约关系人,其关于劳动条件之规定,除该团体协约另有约定外,自取得团体协约关系人资格之日起适用之(第2项)。"亦即其实际直接拘束之人,在雇主及劳工皆可能是非参与该契约之缔结之雇主或劳工团体的会员。其效力具有类似于在地方议会民主下,由地方议会制定之地方单行法规,得一般的拘束其管辖区域内之法律关系的特征。另同法第19条规定:"团体协约所约定劳动条件,当然为该团体协约所属雇主及劳工间劳动契约之内容。劳动契约异于该团体协约所约定之劳动条件者,其相异部分无效;无效之部分以团体协约之约定代之。但异于团体协约之约定,为该团体协约所容许或为劳工之利益变更劳动条件,而该团体协约并未禁止者,仍为有效。"依该条规定,团体协约之效力有若关于劳动契约约款之强行规定:劳动契约约款,相较于团体协约之规定,不利于劳工时,团体协约优先于劳动契约约款受适用;有利于劳工时,优先适用劳动契约约款。

三、习惯

(一)本条所称习惯系指事实上之惯行

"民法"第1条及第2条中所称之习惯都是属于事实上的惯行。盖(1)如第2条所称之习惯非专指事实上的惯行,而兼指习惯法,则该条的规定就习惯法部分,即不可理解。又(2)第2条乃承第1条而来,所以第1条上所称之习惯在此理由下亦应专指事实上的惯行。(3)再则,习惯法与制定法系属同一位阶,用法律这个概念予以概称,较之将习惯法与习惯这两个不同位阶的事项,用习惯这一个概念予以概称为妥。(4)习惯法与制定法的关系,应依竞合理论解决,如将习惯法依"民法"第1条定阶为事实上的惯行,则习惯法对制定法势将自始处于"民法"第1条所规定的补充地位。(5)将习惯法与习惯同一化后,使习惯法相对于习惯之特殊地位,无法被表现出来。

(二)习惯对法律之补充性

1.原则
习惯仅在法律未规定时,才有受适用的余地,此即学说与实务所谓之习惯在适用上对于

---

① "(四)家族中之祭祀公产,以男系子孙轮管或分割或分息者,系本于从前习惯为家族团体之公共规约,在女子向无此权,苟非另行约定,自不得与男系同论。"(司法院1931年12月25日院字第647号解释之4)

② "祭祀公业规约倘订有管理人之选任方式,必待依该方式完成选任,派下员与管理人间之选任契约始行有效成立。"(台湾地区"最高法院"2000年台上字第1220号民事判决)

法律之补充性。这是法律与习惯在适用顺位上的原则。

2.例外

然有时法律明文规定习惯应优于制定法受适用。例如:"民法"第 68 条第 1 项、第 207 条第 2 项、第 314 条、第 369 条、第 372 条、第 378 条、第 429 条、第 439 条、第 450 条第 2 项、第 486 条、第 488 条第 2 项、第 537 条、第 560 条、第 570 条、第 579 条、第 592 条、第 632 条第 1 项、第 776 条、第 778 条、第 781 条、第 784 条第 3 项、第 785 条第 3 项、第 786 条第 3 项、第 790 条第 2 款、第 793 条、第 800 条第 1 项、第 834 条第 1 项、第 836 条、第 838 条、第 846 条、第 915 条第 1 项。有时法律直接以习惯为其规范内容,此时该习惯已成为制定法的一部分。

(三)习惯存在之举证

习惯之存在为法院所不知者,主张有习惯存在之一方,应负举证责任("民事诉讼法"第 283 条参照)。

四、法理

这里所称之法理,指一般的法律原则(allgemeine Rechtsgrund-sätze)。就法理而言,与前述之法律一样,必须在实证法的意义下加以了解。是故,法理应指在实证法已予肯认之基本的价值决定。这些基本价值决定主要表现于宪法所定之基本权利中。[1] 这个了解正与现代法学方法的下述要求相符:在法律解释或法律补充上应考虑合宪性的因素。[2] 无论如何,法律与法规性命令及有一般适用性司法判例或决议,固不得抵触宪法中所规定之一般的法律原则,否则即构成违宪。但该一般的法律原则如尚未经足够程度具体化,使其在内容上具有适用上所需之确定性,则其纵使明文的规定于宪法中,还是不能评定为已经实证法化。是故,尚不得直接引用为请求权的规范依据。在具体化上尚处于未完成之状态者,在实务上特别表现在平等原则以及基本权利。[3]

五、基本权利之直接或间接的第三人效力

在法典化国家,宪法固为制定法之一,并为国家基本大法,但就涉及人民基本权利的部分,因其制定目的原在于对于国家公权力设定框架,必须为宪法所定之目的,且有法律为依据。

因为基本权利本来是用来保障个人免于国家限制其受宪法保障之各种权利与自由。所以引起一个疑问:在私人间,是否亦有宪法关于基本权利之规定的直接适用? 此即基本权利之直接的第三人效力(unmittelbare Drittwirkung)。德国通说认为除人的尊严直接受宪法

---

[1] Larenz,Wolf,*Allgemeiner Teil des Bürgerlichen Rechts*,9. Aufl.,München,2004,§ 3 Rn. 35.

[2] 关于合宪性解释,请参见 Larenz,Wolf,*Allgemeiner Teil des Bürgerlichen Rechts*,9. Aufl.,München,2004,§ 4 Rn. 61ff;Larenz,*Methodenlehre der Rechtswissenschaft*,5. Aufl.,Heidelberg 1983,S. 325ff;330,342;及本书第六章之四。

[3] Esser,*Grundsatz und Norm in der richterlichen Fortbildung des Privatrechts* 2. Aufl.,1960 Tübingen,S.67ff.(72ff.).

保障外,其他基本权利的侵害,在私法上都必须通过私法的解释及具体化,特别是通过像诚信原则(《德国民法典》第 242 条、第 307 条)、公序良俗(《德国民法典》第 826 条)等一般条项(Generalklauseln)才能受到适用。此即关于基本权利,宪法之间接的第三人效力(mittelbare Drittwirkung)[①]。

不过,事实上基本权利在私法上之直接适用的情形有逐渐扩大的趋势。其发展样态与人格权之发展息息相关,而且也常与基本权利之竞合或冲突有关。当为人格权之保护,需要进行法律补充时,有时引用宪法为其补充的依据。在此情形下,关于人格权之侵害,宪法规定实际上已被引用,直接适用于民事损害赔偿的关系。另当人格权之保护扩展至隐私及名誉之保障时,隐私权之保障往往与国家收录个人资料(例如指纹)的行政措施相冲突。又个人隐私或名誉之保障有时可能与他人之基本权利冲突,例如与报章业者或其记者之新闻采访或报道自由相冲突。此为宪法保障之人格权与其他私人基本权利间的冲突问题。在这种情形,必须直接引用宪法的规定,权衡互相冲突之利益,以界定其间之分际,而后始能判定其私法关系。此即宪法对于私人之保护效力的态样之一。又在妨碍名誉之案件,法院在判决中命加害人为回复名誉之处分时,其命加害人为公开道歉之表示的内容,不得有使"加害人自我羞辱等损及人性尊严之情事"[②]。

另一种重要的态样为平等原则在私法关系上的适用。[③] 这通常与契约自由有关。[④] 例如关于根本是否缔约之自由、选择缔约对象之自由、契约内容之决定自由、契约类型之选择自由。由于私人原则上享有契约自由,因此其限制必须有宪法以外之法律为其依据。与在公权力之行使当然应遵守平等原则不同,因为"强制平等处理排斥私法自治之决定自由。所以,为不完全挖空私法自治,仅得在例外的情形,要求平等处理"。关于平等处理,如无法律为明文要求时(例如"公平交易法"第 20 条第 2 款规定:无正当理由,对他事业给予差别待遇之行为,而有限制竞争之虞者,事业不得为之),原则上不能直接以台湾地区宪制性规定第 7 条关于平等原则之规定,为其请求权之规范基础,必须其差别待遇构成"故意以背于善良风俗之方法,加损害于他人"时,其相对人始能就其因此所受损害,请求赔偿("民法"第 184 条第 1 项但书)。亦即必须借助于善良风俗,由法院为法律补充。[⑤]

六、基本原则之实证法化及其适用性

关于民事之规范,民法总则之立法例,有明文规定"法理"之可适用性,亦有对之不为明文规定。但不论是否明文加以规定,除非关于民法之体系,采封闭的立场,法院不得补充。否则,"法理"在民事之裁判上的地位,最终并不受成文化与否的影响。在实务上,法理还是可透过法律解释或法律补充,参与决定现行法之内容。只是如果有明文规定,"民事,在法律及习惯无规定的情形,适用法理",法院可以因民法有明白授权适用法理,而使法律补充之活

---

① Larenz, Wolf, *Allgemeiner Teil des Bürgerlichen Rechts*, 9. Aufl., München, 2004, § 4 Rn. 64ff.

② 参见释字第 656 号解释。

③ 关于宪法中所定的原则,特别是平等原则对于法官造法的意义,请参见 Esser, *Grundsatz und Norm in der richterlichen Fortbildung des Privatrechts* 2. Aufl., 1960 Tübingen, S.67ff.(72ff.)。

④ 参见释字第 716 号解释。

⑤ Larenz, Wolf, *Allgemeiner Teil des Bürgerlichen Rechts*, 9. Aufl., München, 2004, § 4 Rn. 68f.

动的开展,自始得到学说与实务没有疑虑的支持。不然,民法之法律补充,有可能需要经历,关于依立法者的意思,由法律及习惯构成之规范体系,是否封闭,以及是否容许法院补充的论辩。①

然即便明文肯认"法理"或"法原则"的适用性,为其对于具体案件之适用性,除在内容上尚须视情形,经过一定程度之具体化,以达到其适用上所需之明确性外,在程序上也尚须经立法或司法程序,或经长期具有法确信之惯行的洗练,将之体现于制度,给予实证法化,才能取得其法源地位上之合法性,始能成为实证法的一部分。经立法程序,指由立法机关将其制定于制定法中;经司法程序,指由法院在实证法之既有规定的基础上,利用类推适用、目的性限缩、目的性扩张或创制性推演等法律补充的方法,将法理或一般法原则(allgemeine Rechtsprinzipien)制度化为实证法的组成部分。此为法理之实证法化所需经历之过程。②在法理或一般法原则之实证法化上,即便在法典化的立法例,司法裁判之参与,在体制上有特别重要的功能。③

第三节　税捐法之法源

税捐之课征,会深刻介入纳税义务人之财产权及工作权,影响其自由发展的机会,因此,现代法治国家莫不肯认税捐法定主义,认为没有法律依据,便没有纳税义务(Gesetzesvorbehalt)。然则何谓法律? 是否限指立法机关制定之形式意义的法律(Parlamentsvorbehalt)④? 或者还包括经立法机关授权制定之"法规性命令"(Rechtsverordnung),或甚至包括行政机关基于其职权所颁布之"行政规则"(Verwaltungsvorschriften)? 这些问题属于学说上所称之"法源"(Rechtsquelle)问题。其澄清与共识为税捐法定主义之贯彻上的重要基础。以下兹从民主法治国家的观点,分就(1)法源的表现形式,(2)法规性命令,(3)行政规则,(4)自治法规,及(5)税法上之法规性命令说明之:

---

① 请参见龙卫球、刘保玉主编:《中华人民共和国民法总则释义与适用指导》,中国法制出版社 2017 年版,第 40～41 页、第 67 页。

② Esser, *Grundsatz und Norm*, *Grundsatz und Norm in der richterlichen Fortbildung des Privatrechts* 2.Aufl., 1960 Tübingen, S. 132ff.

③ Esser, Grundsatz und Norm, *Grundsatz und Norm in der richterlichen Fortbildung des Privatrechts* 2.Aufl., 1960 Tübingen, S. 267.

④ 参见释字第 705 号解释。"关于法律保留事项,亦即税捐构成要件中之重要的要件要素(例如税捐主体、税捐客体、税基、税率),德国宪法法院的判决认为,应以国会制定之法律定之,亦即采国会保留。该德国税捐法学向来的见解与宪法法院对于基本法第 20 条所持重要性理论之判决相同。参见 BVerfGE 49, 89 (126f.); 57, 295 (320f.); 77, 170 (230f.); 88, 103 (116); 98, 218 (243)。不过,关于税率,是否应以国会制定之法律为依据的必要性 BVerfGE 108, 186 (235) 暂置不论。"(Englisch in Tipke/ Lang, Steuerrecht, 22. Aufl., Köln 2015, § 5 Rz. 8)由此可见,关于法规命令之制定的授权,"大法官"解释的见解,虽显然继受自《德国基本法》第 80 条,认为其制定应经国会在制定内容、目的、范围明确授权,但关于其得规范之事项仍有重大差异。关于法规命令得规范之事项,如上引释字第 705 号解释所示,几无限制,与一般法律同其范围。

一、法源表现形式的态样

依前述法源的表现形式,其态样在国内法方面可分为:(1)制定法;(2)习惯法;(3)法规性命令;(4)自治团体之规章;(5)契约。此外,法院的判(决)例即使尚未演为习惯法,也常被论为法源之一。

唯涉及外国人之民事事件,依涉外民事法律适用法之规定,有应适用外国法的情形。此际,相关之外国法即具有法源地位。[①] 此外,国际条约或协议经内国法针对法定类型明文引用者,对属于该类型之事件亦有直接的拘束力。[②] 国际条约除有"条约及协议处理准则"第 9 条所定情形外,应依同处理准则第 11 条规定完成批准手续,对于人民始生与内国法同一之效力。以下兹就内国法部分说明之:

(一)制定法

制定法首先指立法机关通过,领导人公布之法律。制定法属于形式意义之法源,其效力只有在违反法之实质要求时,始被质疑,此即"恶法亦法"或"恶法非法"的问题。在现代宪制国家,对于恶法的监控,主要靠司法机关对于法规之违宪审查。法律,不论其为制定法或习惯法,皆应符合正义之要求,这在"民法"第 1 条并没有适当地表达出来,该条规定"民事,法律所未规定者,依习惯;无习惯者,依法理"。因为法理所包含者,主要为正义之要求,所以从"具体规定"对于"一般规定"在适用上的优先关系而论,该条规定之适用顺位,固然妥当,此为体系之逻辑关系;但从法律不应违反正义的观点而论,法律与习惯皆应符合法理的要求,始有其效力上的正当性,从而法律或习惯不应违背法理,此为体系之价值关系。

关于民事法之法律补充,"民法"第 1 条为对于法院之一般的授权规定。"民法"第 184 条第 1 项后段规定,"故意以背于善良风俗之方法,加损害于他人者亦同"。关于侵权行为责任,该规定同样具有授权法院为法律补充的意义。因上开规定而使民事法体系具有开放性,可随时空情势之发展,调整其规范内容。

(二)法院的裁判

法院的裁判为对于个别案件所下之法律上的判断,因此,法院的裁判原则上应只是就其所审理之个案,对于该案之当事人及其继受人,而非对于有类似税务案件之所有国民有拘束力。[③] 是故,法院的裁判不是法源。此为法律之适用(Rechtsanwendung)与法律之制定(Rechtsetzung)不同之处,而裁判仅是法律之适用。

不过,即使法院的裁判仅是为了个案之审判,而适用法律,但台湾地区"最高法院"在个

---

① 参见台湾地区"最高法院"2005 年台抗字第 81 号民事裁定。
② 参见"计算机处理个人资料保护法"第 24 条。
③ K. Tipke, *Die Steuerrechtsordnung*, *Band* Ⅲ, Otto Schmidt 1993, S.1178.

案之裁判中所表示的"法律见解"①，基于"法的平等性"（Rechtsgleichheit）、信赖保护（Vertrauensschutz）及"法的安定性"（Rechtssicherheit）仍有其"事实上的拘束力"（faktische Bindung an die Präjudizien）②。此固与英美法中，其判决先例之"形式上的拘束力"（förmliche Bindung an die precedents im angelsächsischen Recht）有所不同，但法院仍非得不具理由，而不依判决先例中所持见解从事裁判。③ 当其裁判之规范依据以法律之解释为基础，则新见解如较为符合法律之立法意旨，便可变更过去裁判的见解。同理，新法的公布实施，一样可以引为变更判决先例的理由。当其规范依据以法律补充为基础，则社会事实的变迁、科技的进步常常是过去裁判的见解所以必须变更的正当理由。④ 此外，法律实际上之规范内容仍待法院之解释适用，而具体化，而生活化。因此，法院的裁判不论其是仅为法律解释，或进一步涉及法律补充，实际上最后皆赋与法律以与时推移的生命。结果法院裁判工作的重点，越来越多地从单纯根据法源，适用法律（Rechtsanwendung），移至法的发现（Rechtsfindung）⑤。在此意义下，法院的裁判"形式上"固然不是，但在"事实上"却具有法源的意义。唯无论如何，除非法院裁判中所持见解已演变为习惯法，⑥法院之裁判仍非独立之法源，其拘束力基本上仍依附在制定法上。⑦

有疑问者为，"最高行政法院"在裁判中所持见解演变为习惯法前，税捐稽征机关在其他案件，是否得具理由或甚至不具理由采取相异之见解稽征税捐？关于这个问题，现行实务显然认为，纵使是"最高行政法院"在裁判中所持见解，在其演变为习惯法前，除对于该判决所审理之本案外，对于行政机关并无拘束力。有一般拘束力者限于"大法官"对于法律或命令所作之统一解释。⑧

"'大法官'审理案件法"第 7 条第 1 项第 1 款规定："有左（下）列情形之一者，得声请统一解释：一、'中央'或地方机关，就其职权上适用法律或命令所持见解，与本机关或他机关适用同一法律或命令时所已表示之见解有异者。但该机关依法应受本机关或他机关见解之拘束，或得变更其见解者，不在此限。"从该款规定观之，该款所规定机关间之见解有异的情形，除指无隶属关系之行政机关间，⑨或行政机关与"立法"机关间外，⑩是否还包括司法机关与

---

① Larenz, *Methodenlehre der Rechtswissenschaft*, 5. Aufl., Springer-Verlag 1983, S.415："在此，有拘束力的，不是法院的裁判全部，而是其在裁判中所表示作为裁判理由的法律见解。而且只有当其法律见解以法律之中肯的解释或补充为其基础，或以足为示范的方式，将法律原则具体化时，才有拘束力。是否如此，一直得予审查，不论是本庭或他庭所做之裁判，法官不被要求盲目地追随一个判决先例。"

② O. A. Germann, *Probleme und Methoden der Rechtsfindung*, 2. Aufl. 1967, S. 246ff., 268ff. (273); Tipke, *Die Steuerrechtsordnung Band* Ⅲ, 1993 Köln, S. 1179.在此所称之事实上的拘束力，M. Kriele 称之为假定的拘束力（präsumtive Bindung）。该拘束力以对于判决先例之正确性的推定为基础（M. Kriele, Theorie der Rechtsgewinnung, 1967, S. 160，165，245，247ff.，258ff.）。

③ Larenz, aaO.(Fn.34), S.412f.; Tipke, aaO. (Fn.4), S. 1179ff.

④ Germann, aaO. (Fn.52), S.254ff.

⑤ Germann, aaO. (Fn.52), S.275.

⑥ 请参见 Germann, aaO.(Fn.52), S.268.

⑦ Dahm, aaO.(Fn.1), S.35f.

⑧ 参见释字第 185 号、第 188 号解释。

⑨ 参见释字第 2 号解释。

⑩ 参见释字第 387 号解释。

行政机关间？司法机关不受行政机关之见解的拘束业经释字第 216 号解释所肯认，[1]但行政机关是否不受司法机关（"最高行政法院"或"最高法院"）之见解的拘束，尚待司法事务主管部门予以厘清。[2] 以形势论，因个案之争议最后终审于司法机关，所以对于个案，司法机关原则上有最后的决定权。[3] 是故，关于特定法律规定之解释，除非基于法律之特别规定，行政机关享有判断余地，就其解释之结果得拘束司法机关，否则，在个案最后总是以司法机关的意见为准。[4] 不过，有时因为"行政法院"各庭关于税法的见解不同，也会使税捐稽征机关莫衷一是。[5] 倘行政机关因之受制于司法机关，而又认为司法机关的见解未必正确时，可依法声请"大法官"统一解释法律，以化解僵局。

---

[1] 参见释字第 216 号解释。司法机关除不受行政机关之法律见解的拘束外，关于事实之认定，亦然。例如释字第 407 号解释。

[2] 关于这个问题，Tipke 就德国法所表示之下述见解可供参考："因为法律也直接（§§ 11 Ⅳ，115 Ⅱ Nr.1 FGO）或间接（§ 176 Ⅰ AO；§ 122 Ⅱ FGO）肯认联邦财政法院（BFH）之判决的原则性及与之相随之（事实上的）一般拘束力，所以财政行政机关原则上也必须接受联邦财政法院的判解。唯由于财政机关亦有责任发现正法，……自亦也有权利在一般的适用该判解之前审酌之。唯应当只有在判解由财政部看来显然在法上站不住脚的情形，始可宣布不予适用。……而且不予适用之宣布应附以理由以符公开与公平的要求。此外，基于法安定性的理由，并应将之公告于联邦税务公报。……不过，不应单纯为了财政理由而将联邦财政法院的判解宣告为无可适用性。……只要系争之判解在于确保税捐法制的进步，财政行政机关之单独的或与立法机关合作起来之反对司法的行为皆是违背法治国家原则的。反之，阻挡司法机关开启法制之错误的发展亦为财政行政机关依法治国家原则所当负的责任。立法机关如有违宪之不当的情事，税务法院应向宪法法院声请解释。"（Tipke, aaO.(FN.4)，S.1183f.）

[3] 参见释字第 368 号解释。

[4] 关于司法判决与行政机关之判断余地的关系，请参见 Wolf, Bachof, Stober, *Verwaltungsrecht Ⅰ*, 10. Aufl., 1994 München. § 31 Rn. 16ff.

[5] 关于虚报进项税额，其漏税罚问题，虽然因释字第 337 号解释及"行政法院"第三庭在 1996 年判字第 493 号判决采无漏税结果，即无漏税罚的观点，而在漏税罚方面略见缓和，但在行为罚之科处上还是相当不易沟通。目前只要涉及有交易事实，而虚报进项税额，行为罚除因与漏税罚竞合而免罚外，几乎必课。至于补税，"行政法院"第三庭与第五庭的见解，则意外地互相摆荡于补与不补之间。其结果，自然也减损了"最高行政法院"关于税法之见解在税捐稽征机关的权威性。详请参见黄茂荣：《虚报进项税额之罚则》，《植根杂志》1997 年第 9 期，第 383 页以下。

学说上有主张,将法院的裁判径论为法源,赋与规范性拘束力者。[①] 这不是一个妥当的做法,盖如此主张不但混淆了"立法"与"司法"的分际,而且也使法院之裁判或其见解,趋于固定或僵化,难以适应变动不羁之经社活动的需要。

(三)习惯法

所谓习惯法,其形成在台湾地区实际上认为应满足下述要件:(1)有事实上之惯行,(2)对该惯行,其生活(交易)圈内的人对之有法的确信,[②](3)惯行之内容不背于公序良俗。其中事实上惯行之存在为一种"事实","法的确信"是该惯行流行之生活(交易)圈中人之主观上的态度,"不背于公序良俗"则为从政府及社会生活的角度对于惯行之"实质"内容的监控。

当事实上惯行满足前述要件,该惯行即转变为"习惯法",成为法源之一。在法律体系中,其位阶与制定法相同。习惯法在实际应用上的困难是,如何认知其发生之构成要件业经满足。比较实际的标准,常常是经由法院在裁判中引用,甚至将之宣称为已演成习惯法。自此而论,习惯法与裁判在法源上有重要的关联。习惯法借裁判的途径,裁判借习惯法之名,

_____

① Larenz,aaO.(Fn.34),S.415 Anm.153.关于这个问题 Esser 认为:法源的看法是"观点及称呼的问题(Anschauungs-und Begriffs-problem),我们到底要将法源了解为'法制化的过程'(Positivierungsvorgang),亦即当作建立实证法之社会事实或制度;或将之了解成像自然法学者所称之客观、明了的法律真理(Rechtswahrheiten)?后者我拟称之为法律之认识源(Rechtserkenntnisquelle)。此种对极化的安排:将'权威'与'法理'反映到法源问题来。对我们来说,在认识上(erkenntnismäßig)法的拘束力不只是以一个命令层次之形式的立法行为做依据,而系以实质(Substanz)为其内容之理想的存在(ein ideales Sein)为基础,后来始经其价值结构(Wertstruktur)及实证将之转为法源。然则该价值秩序如何能成功地挺过与之全然不同之权力表现的世界(die Welt der Machtäußerungen),以及该权力的表现如何成功地具有该理想存在的质地?⋯⋯我认为,系借助于造法者之企图关系,执法者及遵守法律而生活者之理解关系。⋯⋯在此意义下,带有法律效力之有意的、造法的社会行为是为实际上的法源;至于法律原则自己则非法源,必须直到有一个取向于法律原则之行为,取得具体之法律效力时,始成为法源。要之,使新法规取得效力之社会行为为实在的法源(Realität der Rechtsquelle)。⋯⋯不过,社会行为并不需要是单一的行为(例如立法机关之立法行为),它也可以是继续之同样的惯行(例如习惯法),或制度上之权威的表现(例如法官造法)。其中,依不同之实证法体制,有个别之裁判便享有制度上之权威者,也有必须是继续(相同见解)之裁判,或仅具有特别资格之位阶或内容之裁判才享有制度上之权威者。唯无论如何,将个别之裁判或行政处分称为法源,总是会有为难,盖议会之决议或裁判之行为并非法源。立法行为或司法行为固然创造法律规范,但其效力基础仍在于各该宪法所定,得创造法律之行为的体制及组织。司法作为制度,在今日对其法源性格鲜有争议。法官造法所必须之权威,在今日也为各方所肯认。有拘束力之造法规范的存在,使正义原则中未经各该领域定于实证法者,在具体化后其事后审查成为可能。该等正义原则之角色,不系于实证法中某一可能的观点,或自然法的驱策。其角色全然依司法之补充、完善及更新法律的固有任务定之。在此范围内,裁判是制度上的法源"(Esser, *Grundsatz und Norm in der richterlichen Fortbildung des Privatrechts* 2.Aufl.,1964 Tübingen,S.132ff.[134ff.])。在这里,正义原则与法院之裁判间的关系为:正义原则经法院之裁判具体化后,取得其充为法源所需要之"形式";法院之裁判,因以经具体化之正义原则为其内容,而取得其成为法源所需要之"实质"。

② 此种圈内人之法的确信,主要指适用该惯行从事经社活动者之法律观,而非裁判者、立法者或行政人员之法律观。唯实际上圈内人之法律观如与公权力机关不同,其法律观可能会被定性为违反"公序良俗"。此外,学说、舆论的看法为何,对于"法的确信"之有无的判断,也有重要的影响。这些看法不仅适用于民间惯行,而且也适用于法院的一贯裁判,以判断其是否已具有要转变为"习惯法"所需要之"法的确信"。详请参见 Larenz,aaO.(Fn.34),S.416.

取得其形式上的法源地位。① 因此,不但民间的惯行,而且法院的裁判都必须演变为习惯法后,始有规范上的拘束力,取得法源的资格。②

Kelsen 认为:"习惯法与制定法的关系间,在竞合时,依特别法的原则决定其适用顺位。制定的普通法固然不能废止形式意义之宪法,而只能由此种宪法自己废止或修正之,但习惯法对于形式意义之宪法却也有修废的效力,即使宪法明文排除习惯法之适用者亦然。"其道理为,依 Savigny 代表之德国历史法学派的看法认为"法(律)既非经由立法,也非经由习惯,而系经由民族精神产生,不论经由此种或他种程序,皆仅在于确认早已生效之法(律)的存在。⋯⋯依此理论,立法或习惯皆非创设,而是宣示性的主张经确认之法律的效力。⋯⋯此为自然法学派的一种看法。⋯⋯对于实证法学,虽不认为有想象中存在之民族精神,但对于习惯与立法同具有创设法(律)的功能,并无怀疑"③。唯 Kelsen 对于为何无疑,并未进一步说明。审其理由应在于"习惯"符合现代宪制上,立法应由人民参与之"民主原则",且习惯法之形成,比立法机关之制定法律,有受规范之人民更广泛及直接之参与。关于习惯法或制定法,何者应该比较优越的问题,Savigny 认为人们宁可让默默运转之内在的力量,而不让立法者的恣意演进法律;类似的,Jhering 认为目的才是全部法的创造者。④

就与税捐债务之发生有关之构成要件的规定,肯认国会保留的立法例,其税捐法上,是否有习惯法之发展余地,倾向于采否定的看法。反之,在这方面采比较宽松之要求的立法例,则有采肯定见解的可能。唯即便认为,立法机关可以有限度地授权行政机关制定法规性命令具体化、解释或甚至补充税捐法中之一部分构成要件的规定,亦不宜因此流于浮滥。是故,在法治国家原则之实践中,关于税捐法上之习惯法的肯认或发展,一直都应该极为小心处理、应对。不可以有过度躁进的做法。基于基本权利的保障,在税捐构成要件之文义范围内,或在法律效力之裁量余地内都有可能发展出习惯法。其作用为限制税捐机关之解释或裁量的回旋余地,从而提高法的可预见性。超出这个限度,事实上不能经由习惯法的创设产生关于税捐主体、税捐客体、税基及税率的规定。唯已经存在之规定有漏洞,Tipke 认为得予补充。盖法律补充对于既存之税捐法虽有所增补,但尚非全然无中生有。如果认为法院可以补充税捐法之漏洞,则在此限度,法官所造之法何时可转化为习惯法之难题便可暂时置而不论。⑤

---

① Hans Kelsen,aaO.(Fn.4),S.230ff.(S.234f.),另请参见 Dahm,aaO.(Fn.1),S.36f.

② Larenz,aaO.(Fn.34),S.416.学说同样也必须经由台湾地区"最高法院"或"最高行政法院"之裁判的肯认,首先取得判决先例之事实上的拘束力,而后在成为法院所采取之一贯见解的持续性下,逐步演变为习惯法,成为实证法上的制度[Tipke,aaO.(Fn.4),S.1180]。

③ Hans Kelsen,aaO.(Fn.4),S.233f.

④ Gustav Radbruch,aaO.(Fn.3),S.48.

⑤ Tipke,aaO.(Fn.52),S.1155ff.;Tipke,Kruse,Kommentar zur AO und FGO,15. Aufl.,1994,§ 4 AO Tz. 41 m.w.N.:"依习惯法可以产生新的规定,甚至修正或废止既存之规定。⋯⋯Tipke/Lang 完全不同意该见解(Steuerrecht,13. Aufl.,1991,S. 84)。习惯法固不限于补充制定法中之漏洞,但税捐之发生的构成要件仍不得以习惯法规范之。⋯⋯除此而外,习惯法之发展并无限制;例如限缩由制定法规定之裁量余地。"另详请参见 H. W. Kruse,*Über Gewohnheitsrecht*,StuW 1959,209ff.; ders.,*Über Kirchensteuer und Gewohnheitsrecht*,StuW 1961,57ff.

(四)契约或协约

法律上平等地位的主体,为规范其间之事务,可以利用意思表示之合致,来形成规范,此即契约或协约。契约或协约对于参与意思表示者有规范上的拘束力,因此,契约或协约也是一种法源。不过,在主权国家底下,因国家主张对于其主权领域内之法律活动得为规范,所以契约或协约之法源地位应受法令之限制。

契约或协约之拘束或效力的对象,基于私法自治原则,原则上固以表意人及受意人为限,但仍有例外,例如劳工团体与雇主(团体)为劳动条件缔结之团体协约,虽非由其会员亲自缔结,但可以拘束其会员。另私人间的共同事务亦有依法律,应在会议以多数决的方式,而不以全体同意的方式形成其共同意思,以决定其法律关系之内容者,例如应经公司股东会议、人民团体会员大会、债权人会议决议之事项。

(五)学说

文献上有时也将学说列为法源之一。此种看法在实务上的意义为,学说常常是帮助法院或实务认识社会之规范需要(存在),及其应该之规范内容(当为)的主要媒介或依据。当学说确实反映了"存在"之真象及"当为"之要求,其内容构成"实质意义之法律"从而具有法源的意义。唯此际,并非学说本身创造了法,而是学说发现了法,将法介绍给社会大众认识。在实务上,学说至少尚待于法院之引用,而后经由裁判之"事实上的拘束力",逐渐演变为"习惯法"时,才取得"形式的或规范的拘束力",成为正式的法源。①

(六)国际法

国际法主要指两国或多国缔结之条约、协议,或超国家团体决议之国际规范。原则上,国际条约或协议以国家为其规范对象,而不直接对于缔约国之国民发生效力。原则上必须经缔约国将条约或协议之内容转为国内法,始对其国民有拘束力。② 在税捐法上之国际法法源主要存在于双边缔结之避免重复课税协议(Doppelbesteuerungsabkommen)。③

以上这些"法源"中,制定法、契约、协约、条约、协议因其"形式"而取得法源地位,习惯法、法院之裁判、学说因其"实质"而取得法源地位。不过,当非以"形式"正式取得,其最后如何获得规范上拘束力的过程,仍然值得注意。又以"形式"取得法源资格者,如其规范内容违背正义之要求,该形式意义之法律(制定法),仍可能经司法审查宣告为无效的法律,从而丧失其法源资格。

二、法规性命令

由于立法机关之工作负荷过重及立法机关对于行政事务在信息及技术上之陌生,在现

---

① 参见 Dahm,aaO.(Fn.1),S.36.

② 不过,近代关于战争犯罪,在第二次世界大战后,有直接对于自然人,不经其所属国家立法,而直接适用的案例。在这种情形,甚至纵其战争犯罪行为为其国内法所容,亦不免其国际法上的责任。Dahm,aaO.(Fn.1),S.37f.

③ 参见 Tipke,aaO.(FN.4),S.1157.

代法治国家,其立法机关常常授权行政机关制定具有法规性质之行政规章(法规性命令)以具体化行政法之规定的内容。学说及实务称此种授权为委任立法,涉及权力区分原则之遵守,及由此延伸之法源的问题。是故,行政规章属于导出的法源,其宪法上之适法性仍应建立在权力区分原则上。其间,立法机关之授权原则上固为必要之"形式"要件,但并不充分,在"实质"上仍然必须是属于含有较少"政策性决定"之技术性的、暂时性的、应变性的或专业性的规定。① 在此认识下,授权行政机关制定法规性命令具有减轻立法机关之立法负担,补充立法机关之行政专业经验不足,以及补救立法机关立法决议缓不济急的作用,唯其利用,也应以借助这些作用为目的,为限界。否则,其授权在结果上会改变权力区分制度的精神,会造成行政权侵越立法权的专制危机,此为德国在第三帝国的血泪经验。一般认为系对于这个经验的反省,《德国基本法》第 80 条第 1 项乃规定:"联邦政府,联邦部长或邦政府得依法律之授权,制颁法规性命令(Rechtsverordnung)。授权时,应在该法律中确定授权之内容、目的及范围。在法规性命令中应表明其制定的法律依据。法律规定基于该授权得更为复授权者,则该复授权应以法规性命令为之。"② 所以德国学者认为:"立法机关,以及行政机关在具体的要件下得为立法,并不违反德国基本法意义下之法治国家原则。由行政机关立法固然与狭义了解之权力区分原则不符,但基本法并非以权力区分之僵硬的概念为其规范之基础。从基本法第 80 条可知,基本法在该条所定情形,明文准许行政机关立法。从而偏离狭义之权力区分原则有其宪法上的效力。制宪者并不受限于一个法治国家之固定的内容,而仍可赋与对制宪者来说,其认为法治国家当有之内容。对于权力区分之例外,不一定破坏法治国家原则。"③唯无论如何,行政机关不管是行使委任立法权或从事行政行为皆应受法律之拘束,皆需要法律的授权。是故,行政机关基于立法机关之授权,接受委任所制定之法规性命令不得与法律互相抵触,此为法律对于法规性命令之优位。

不过为了避免委任立法趋于浮滥,维护权力区分原则的精神,必须对前述授权,在形式上给予必要的限制。形式上的限制主要为:(1)必须有形式意义之法律的明文授权,④(2)在法规性命令中必须表明其制定之授权依据,(3)在授权规定中必须界定授权之内容、目的及范围,此为授权之明确性要求,⑤(4)必须公布于政府公报。⑥ 在德国,法规性命令如果违反前开形式要件之要求,该法规性命令无效。就此种无效事由一般法院即得自为审查,在其有违反之情形,便得直接以之为无效法令待之,不须求助于宪法法院。⑦

为说明《德国基本法》第 80 条所定之授权的明确性要求,其联邦宪法法院理出一个广为

---

① Fritz Ossenbühl, in: Erichesn/Martens, Allg, VerwR, 7. A. S. 78f.

② Fritz Ossenbühl, aaO.(Fn.29), S.81.

③ Maunz, Dürig, *Grundgesetz*, *Loseblattkommentar*, Stand: Lieferung 1-28, 1990, Art. 80 Rn.1.

④ Maunz, Dürig, aaO.(Fn.31), Art.80 Rn. 4, 14.形式意义的法律指由宪法规定之立法机关依宪法规定之立法程序所制定的法律。形式意义的法律之类型特征在于制定的程序,而不在于其内容是否符合法律正义之实质的要求。因此,形式意义的法律原则上应当是,但不一定会是实质意义的法律。

⑤ 关于授权之明确性要求,释字第 313 号解释还是持肯定的看法。除该号就民用航空运输业管理规则所作解释外,关于罚则尚有释字第 394 号就营造业之管理规则中所定之罚则,释字第 491 号解释就公务人员之惩戒,关于空气污染防制费之征收,释字第 426 号重申授权明确性的要求。

⑥ Hartmut Maurer, *Allgemeines Verwaltungsrecht*, 6. Aufl., 1988, S. 47; Tipke, Lang, *Steuerrecht*, 15. Aufl. 1996, § 5 Rz. 8.

⑦ Tipke, Lang, aaO.(FN.34), § 5 Rz. 9.

学说引用的看法:"联邦宪法法院为解释基本法第80条,在一连串之判决中,发展出一般原则。依该等原则,倘其授权如此不确定,以致不能预见,在那种案件,依那种趋势会利用该授权,以及依据该授权可能发布如何内容之法规性命令,则该授权规定便不具备当有之确定性〔BVerfGE 1,14(60);vgl. auch BVerfGE 2,307(334);7,267(274f.);10,251(258);15,153(160);18,52(63)〕。所以立法者应自己决定,哪些问题应予规范,并设定此种规定之限界,以及表明这些规定要实现的目标〔BVerfGE 2,307(334);5,71,(76);15,153(160)〕。法律本身必须已斟酌过,所要者为何〔BVerfGE 2,07(334);7,282(304)〕并为法规性命令之制定者订下该法规性命令所应实践的计划〔BVerfGE 5,71(77);8,274(307)〕。唯在这当中,立法者并不用明文规定授权之内容、目的及范围。一般的解释原则对于授权规定之解释亦有适用。从而为澄清授权目的、内容及范围得像法律规定之解释一样,考虑该规定与其他规定间之关联意旨,及整体法律规定所要实现的目标。只要从整体法律能探知其授权之内容、目的及范围,便已充分。作为标准者为在规定中表示出来之立法者的客观意思,例如自授权规定之文义,和其意旨上的关联所已呈现者。此外,特别是为印证解释的结果,也得引用授权规定之发生的历史资料〔BVerfGE 8,274(307);vgl. auch BVerfGE 15,153(160f.);19,17〕。"〔BVerfGE 19,354(361)〕①

行政机关利用法规性命令基于立法机关之授权可以规范与人民之权利或义务有关的事项。就此而论,法规性命令具有法律的地位,而且与法律一样是抽象的对一般事件对于一般人加以规范,并在此意义具有规范上的拘束力,属于法源之一。法院虽得在形式上审查其是否经合法授权,在内容上审查是否超越授权范围,以及审查其是否符合实质正义的要求,但仍不失为法院裁判时所应依据之法律。② 在此意义下,以法规性命令作为国家行为的依据,尚符"法律保留原则"之要求。对人民之自由、财产的干预行为,在现代民主法治国家,原则上于"法律保留"之上,进一步要求"国会保留"(Parlamentsvorbehalt)③。其结果为禁止概括授权 ④行政机关制定"法规性命令"取代"形式意义之法律"作为干预人民自由或财产的依据。此种要求主要表现在刑法及税法。⑤ 因此,在税法上法规性命令是否属于其法源之一

---

① 参见 Tipke, Kruse, AO, 12. Aufl, § 4 Tz 21.

② Ernst Forsthoff, *Lehrbuch des Verwaltungsrechts*, 10. Aufl., 1973, S. 138.

③ "国会保留"为"民主原则"的表现。在"法律保留"之上进一步要求国会保留的意义,为限制法律之"形式的资格",亦即认为经国会制定的规范始为法律,从而约束或改变了对于法律的定义。

④ 德国联邦宪法法院认为:"法治国家原则要求,只有在经法律授权时,行政始得介入个人的权利范围。且该授权必须按其内容、客体、目的及范围充分加以确定与限制,俾使该介入可以'量度',并让人民在相当程度内可以预见、计算之。"(BVerfGE 9,147)该"可量度性"之要求的目的,在于要求"立法者自己列述行政机关从事行政行为时应遵守的标准,以便司法机关事后可以审查行政活动是否与立法者之特别意思相符"(Dietrich Jesch, *Gesetz und Verwaltung*, 2. Aufl. 1968,S. 219)。

⑤ Dietrich Jesch, aaO.(Fn.39),S. 102ff.,213.

或对于那些税法上之事项得以法规性命令规范之,乃特别重要。[①]

三、行政规则

行政规则(Verwaltungsvorschriften)为在行政组织内,由上级机关或官员对于下级机关或官员所下之规则,其任务在于为不特定的多数案件规范其行政行为。行政规则的发布依据为上级行政机关对于下级行政机关之指挥监督权,以确保正确、合于目的及统一的行政活动。其中最重要者为具体化不确定的法律概念,以统一见解,订定裁量规则,以防止行政裁量流于擅断。[②] 在此基础上,实务上还进一步为简化行政的目的发展出各种认定标准,以提高效率,满足税捐之大量行政上的需求,有时甚至试图补充法律漏洞。[③] 其主要的正面贡献为降低税捐行政之劳动强度,提高税捐法之效力的可预见性和可规划性,实现平等课税的原则;其负面的作用则为,税捐行政规则琐细、量多,不易完整掌握。[④] 虽有"财政部税制委员会"不断研审,大大提高了税捐行政规则及行政令函之透明度,对其系统的掌握相对于其他法律还是较为复杂与困难。行政规则按其内容可区分为:组织规程(Organisationsvorschriften)、解释性规则(norminterpretierende Verwaltungsvorschriften)、类型化规则(Typisierungsvorschriften)及裁量准则(Ermessensrichtlinien)[⑤]。

行政规则与法规性命令类似。两者从法源的观点加以比较,仍有根本的差异。法规性命令为法源之一,有规范上的拘束力;行政规则非法源之一,在实务上固有事实上的拘束力,

---

① 以法规性命令之法源资格的问题,在税捐法上就与税捐债务之构成要件有关事项之规定特别受到重视。现行法上经法律明文授权由行政机关制定与税捐构成要件之规定者,例如税捐主体("营业税法"第13条关于小规模营业人之认定标准)、税捐客体(同法第11条第1项、第18条第2项)、税基(同法第19条)、税率或应征税额("货物税条例"第7条关于水泥税率、第10条关于油气类之税率)。与税捐客体对于税捐主体有关,而行政机关在法律授权下得对于个案介入者,为土地税之代缴义务人的指定("土地税法"第4条);其指定之结果虽不改变纳税义务人,但使第三人因此就他人之地价税负代缴义务。

② 就行政规则,台湾地区"行政程序法"第159条将之定义为:"本法所称行政规则,系指上级机关对下级机关,或长官对属官,依其权限或职权为规范机关内部秩序及运作,所为非直接对外发生法规范效力之一般、抽象之规定(第1项)。行政规则包括下列各款之规定:一、关于机关内部之组织、事务之分配,业务处理方式,人事管理等一般性规定。二、为协助下级机关或属官统一解释法令、认定事实,及行使裁量权,而订颁之解释性规定及裁量基准(第2项)。"

③ Fritz Ossenbühl, aaO.(Fn.29), S.86, 89f.Ossenbühl 认为"关于行政管辖及程序的规定得由,但不一定必须由形式意义之法律规定。亦即不受法律保留之适用"(S.89),不过,他又认为"在程序法的制定上当然还是必须注意法律保留原则的效力范围,行政规则不得包含深刻切入基本权利的程序规定。所以联邦行政法院宣告关于长途货品运送许可之资格目标行政规则违宪,是对的,盖该规则介入基本法第12条第1项保障之基本权利(工作权),从而其制定需要法律的依据"(S.90)。

④ Tipke, aaO.(Fn.4), S.1176.

⑤ K. Tipke, H. W. Kruse, AO/FGO, 16. Aufl., Köln 1996, § 4 AO Tz.32f.

但无规范上的拘束力。① 不过,学者有因其对外具有事实上的拘束力,而主张行政规则亦为一种法源的看法。② 此种见解似乎忽略规范上拘束力与事实上拘束力间之区别,在法源论上,或在权力区分上的意义或重要性。由于行政规则对外并无规范上的拘束力,所以其发布与法规性命令不同,不需要法律的授权,属于行政机关之固有行政权力。要之,除非立法机关在法律中为明确授权,规定行政机关得为一定目的,在一定范围制定一定内容之法规命令;或就一定之法律规定或用语,授权行政机关在解释上有一定之判断余地,否则,行政机关不能制定对于司法机关或人民有直接规范上拘束力的行政法规(法规性命令)或发布有该效力之行政解释。

行政规则与法规性命令除了有上述效力上的区别外,其存在上的形式或外观亦有区别:法规性命令之制定不但应有法律之授权依据,而且应在其规定中揭露其制定依据;反之,行政规则之制定因属行政机关之固有行政权力,所以只要制定机关确有该权力,并表明其制定机关即可。是故,严谨论之,应无所谓欠缺授权依据,或未揭露其制定依据之法规性命令的存在余地。倘有经宣称为特定法律之法规性命令,而不具授权依据或未揭露其制定依据者,该法规性命令充其量仅能取得行政规则的规范地位。这时候应视其内容有无超越行政规则所得担负者,决定其是否得具有事实上的拘束力。例如行政规则不得用来规定法律保留事项(释字第 705 号解释),增加法律所无之限制。盖行政规则既系非经法律具体明确之授权而制定,自不得对人民自由权利增加法律所无之限制(释字第 530 号解释)。

行政机关固可利用行政规则或职权命令说明或解释不确定的法律概念,以划一行政机关的见解,③以减轻税务机关或其人员的工作负担,提高法的安定性,并有助于平等课税的实践,但行政规则或职权命令在规范上仅对于其发布机关内部或下级机关有(内部的)拘束力,④对于人民或法院并无(外部的)拘束力,⑤此与法规性命令(Rechtsverordnung)不同。

---

① 台湾地区"行政程序法"第 160 条规定:"行政规则应下达下级机关或属官(第 1 项)。行政机关订定前条第 2 项第 2 款之行政规则,应由其首长签署,并登载于'政府公报'发布之(第 2 项)。"其中第 159 条第 2 项第 2 款所称之行政规则,指"为协助下级机关或属官统一解释法令、认定事实,及行使裁量权,而订颁之解释性规定及裁量基准"。由于"有效下达之行政规则,具有拘束订定机关、其下级机关及属官之效力"(第 161 条),所以,行政规则经其在行政机关内部之拘束力,而取得对外之事实上的拘束。该事实上的拘束力以平等原则及信赖保护原则为基础,对人民提供保护。

② Fritz Ossenbühl, aaO.(Fn.29), S.90ff.(94).

③ 行政规则除了用来解释法律之外,还用来规范行政机关之内部组织或作业手续有关的事项("行政程序法"第 159 条)。参照 Tipke/Lang, aaO. (Fn.34), § 5 Rz. 20ff.

④ "行政程序法"第 161 条规定:"有效下达之行政规则,具有拘束订定机关、其下级机关及属官之效力。"因此,应受行政规则拘束之公务人员如果违反其拘束而为之,构成职务之违反,可能受到惩戒。其如认为行政规则有违法的情形,应向直接上级长官报告,请求指示,以解免其个人之违法责任。德国法上的规定详请参见 Tipke, aaO. (Fn.4), S.1165ff.,1168ff.。

⑤ 关于行政解释对于法院没有拘束力的见解,请参见释字第 216 号解释。

行政规则或职权命令在此意义下仅具有以平等权为基础之间接的对外效力。① 是故,行政规则或职权命令即使对外发布对于一般人亦无拘束力,而仅有信息意义,②至于人民是否因其发布,③而得主张信赖保护则属另一个问题。④ 与之类似,但不相同者为与行政裁量有关之裁量规则。

在法律的解释,以法院之见解为准,故行政解释对法院无规范上的拘束力,已如前述,但

---

① 行政规则对于行政机关之拘束力,亦即"行政之对己拘束(die Selbstbindung der Vewaltung)并非以行政规则(Verwaltungsvor-schriften)有规范上的一般拘束力,而以基本法第 3 条之平等原则为依据,此与法律及法规性命令不同"(Hübschmann/Hepp/Spitaler, *Kommentar zur Abgabenordnung und Finanzgerichtsordnung*, 8. Aufl, 1981,§4 Rn.73),"行政规则对于财政法院并无拘束力。财政法院可以独立判断行政规则是否抵触基本法及法律,如果抵触,则在具体案件,便可以不管行政规则之规定。联邦宪法法院在 1961 年 2 月 21 日,1 BvR 314/60 之判决中指出财政法院及联邦财政法院不受行政机关内部之法律适用规则的拘束,而应独立判断其是否抵触基本法及法律。行政规则并非《联邦宪法法院法》第 95 条第 3 项意义下之法律。因其非为法律,所以不由宪法法院宣告其无效。倘法院认为一个行政规则违法,则法院固不得将之废止,但在具体案件可以不予适用"[Hübschmann/Hepp/ Spitaler, aaO.(FN.51)§4 Rn 75]。不过,由于行政机关如果不遵守行政规则,会受到惩戒,或会构成《德国民法典》第 839 条之公务员的侵权行为责任,因此行政规则对于第三人(私人)虽不直接规定其权利义务,但第三人仍享有反射的利益。其结果,行政规则带来法律之统一的适用(解释、评价或裁量),并经由法律适用之平等性要求,间接地取得与法律类似的,亦即对己拘束的意义:倘自始可以期待行政机关会遵守行政规则,则除非该行政规则违法或其违反在具体案件有特别理由可予正当化,否则其违反便构成违反宪法之不平等待遇(Wolf/Bachof, aaO.(Fn.2), S. 119)。与之相反为,当行政机关改变其见解,修正或废止行政规则时,其修正或废止对于修正或废止前已完成之事件是否亦有适用?此为信赖保护及行政规则之修正或废止的溯及效力的问题。对此,请参见释字第 287 号解释。

② Maunz/Dürig, aaO.(FN.31), Art. 80 Rn. 15f.;Tipke/Lang, *Steuerrecht*, 12. Aufl., 1989,S.96.

③ 多年来台湾地区"财政部"不定期将其对于各种税法所发布之解释令函审查后汇编成册,公开发行。以 1990 年版《所得税法令汇编》为例,其于编首函示:"'本部'及各权责机关在 1990 年 7 月 31 日前发布之所得税释示函令,凡未编入 1990 年版《所得税法令汇编》者,除属部分个案核示者另行列入有关工作手册外,自 1990 年 11 月 5 日起,非经'本部'重行核定,一律不再援引适用。"("财政部"1990 年 10 月 18 日台财税第 790714334 号函)经此种程序发布之解释税法的行政令函,其原非法规性命令者,仍不因此取得法源地位或规范上的拘束力。其法律上的地位仅仅属于"财政部"对于税法之行政解释。"行政程序法"第 159 条称之为行政规则。此种解释对于法院没有拘束力。"税捐稽征法"第 1 条之 1 规定"'财政部'依本法或税法所发布之解释函令,对于据以申请之案件发生效力。但有利于纳税义务人者,对于尚未核课确定之案件适用之"。该条规定虽似有肯认"财政部"关于税法之行政解释之规范上拘束力的意味,但仍应采否定的见解,其解释对于法院还是没有拘束力,应接受法院之司法审查。盖如采肯定见解,等于认为,"立法"机关得就整部税捐法之解释,赋与"财政部"以判断余地。这与公权力应予划分,原则上应将行政、"立法"、"司法"等权力分别赋与不同机关的基本体制不符。唯即便如此,在事实上拘束力的层次,该条规定还是厘清了一些可能存在的疑义。首先该条应是针对"财政部"之见解变更的情形而为规定,且其变更属于有利于纳税义务人之变更。按在见解变更时,引起类似于法律变更的情势,对于变更前已经完成之法律事实有溯及效力的问题。该条规定等于宣示:对于尚未核课确定之案件,其税捐之实体关系采从旧从轻原则,以避开为其适用可能需要根据平等原则而做之复杂说明。其说理基准首先是该解释对于所以为解释之申请应有适用,而后再以之为基础将之平等适用至未核课确定之案件。至于已核课确定案件,则从确定案件之实质确定力或法的安定性的观点经由立法,明定不再给予救济。至于系争解释如为不利于申请人及其他未核课确定案件之纳税义务人,则基于信赖保护原则,新解释对其是否得适用,有溯及效力之禁止上的疑虑。

④ Fritz Ossenbühl, aaO.(Fn.29), S.93f.

在行政裁量,因在裁量权范围内,行政机关享有裁量的判断余地,法院应受行政裁量之拘束,这当中,行政机关固应遵守裁量规则,而"法院依平等原则同样得,而且应该遵守正确无误的裁量规则(Ermessensanordnung)"①。不过,行政机关之裁量是否违反平等原则,"行政法院仍得借助平等权审查之"②。自裁量规则能够拘束法院而论,裁量规则具有法源的性格,但仍不得因此认为其他行政规则亦具有拘束法院的效力。③

行政机关除发布"关于机关内部之组织、事务之分配,业务处理方式,人事管理等"具有高度内部性之一般性行政规则外,为协助下级机关或属官统一解释法令、认定事实,及行使裁量权,还订颁解释性规定及裁量基准("行政程序法"第159条第2项)。在税捐法上基于大量行政之需求,以及关于课税事实之调查上的烦琐,该项第2款中所定关于认定事实之行政规则,在不知不觉中取得容易被忽略也应该对其小心对待的重要地位。其结果,法院常常毫无警觉,未加谨慎思索,便依循财税机关所定关于课税事实之调查规则,或其根据该规则所认定之事实。这通常与税基之计算标准或评价有关。例如关于遗产或赠与财产之价值的评价,土地或房屋之评价,销售额、成本费用或利润标准等。④

四、自治法规

自治可以包含地方自治与职业团体的自治。自治制度的建立或承认目的在于避免中央集权(dezentralisieren),此与授权行政机关制定法规性命令的目的在于分散过度集中(dekonzentrieren)之立法权者不同。自治的实践以国家权力在中央与自治团体间之划分为其核心,在事的层次,主要表现于事务与财政;在权力的层次,关于税捐主要表现于立法高权、行政高权及收益高权之划分。权的内容含国家立法高权在中央与自治团体间的划分。

自治权即使认为系来自国家之承认或授权,自治法规之制定的授权,并不像授权行政机关制定法规性命令一样,需要形式意义之法律的具体授权,一个对于自治团体为其自治事项之立法的概括授权便已足够,本于该授权自治团体便可为其自治之实施制定必要之自治法规。这些自治法规,在其自治权限所及范围内,具有法源的地位,享有一般之规范上的拘

---

① Tipke, Lang, aaO.(Fn.52), S.97; Heiko Faber, *Verwaltungsrecht*, 2. Aufl., 1989, S. 68.

② Fritz Ossenbühl, aaO.(Fn. 29), S. 92; Achterberg, *Allgemeines Verwaltungsrecht*, 2. Aufl., 1986, S. 298ff.(303)."只要裁量规则系活动于裁量余地中,基于行政应受平等原则(Art. 3 I GG)之拘束,裁量规则即引起行政之自我拘束的效力。可以假定,税捐稽征机关在大多数的案件会遵守裁量规则。除非是在一个应予特别处理之特殊案件,否则,在个案如背离裁量规则,即违反平等原则。"(Tipke, aaO. (Fn.4), S.1172)

③ 不论是行政规则或裁量规则,其拘束力的主要依据还是在于平等原则。因此,不但行政机关只要能够证明新案不同于旧案,行政机关即可采取不同的措施;而且当行政机关发现过去的看法不正确,亦可据理改正,此为"事实上拘束力"与"规范上拘束力"对于行政机关或法院在拘束程度上不同之处。此亦为行政规则,虽有事实上拘束力,而仍不应认定其为法源之一的道理。不同见解请参见 Fritz Ossenbühl, aaO.(Fn. 29), S.94。唯应注意在行政规则或裁量规则有不利于纳税义务人之变更时,如要将之适用于变更前已完成而未核课确定之案件,会有与信赖保护原则相冲突的问题。详请参见黄茂荣:《夫妻剩余财产差额分配请求权之规定的溯及效力》,《植根杂志》2001年第9期。

④ Tipke,aaO. (Fn.4), S.1172ff.

束力。①

五、税法上之法规性命令

自《德国基本法》第80条观之，乍看之下，《德国基本法》似乎一般地容许立法机关在各种法律领域授权行政机关制定具有法源地位之"法规性命令"。不过，这种看法，在税法上一般并不为其学说所采。其通说认为"在税法上，学说认为税捐之主要的构成要件要素（税捐客体、税捐主体、税基、税率）必须以形式意义之法律定之"②。为什么税法上与税捐构成要件有关的事项，应以形式意义之法律定之，亦即应适用国会保留（Parlamentsvorbehalt）？为说明这种问题，学说及实务有不同的理论。③

归纳之，关于委任立法，亦即授权行政机关制定法规性命令，主要牵涉两个问题：（1）立法机关根本可不可以授权行政机关制定法规性命令，此为国会保留的问题，（2）立法机关如得为授权，应如何授权的问题，此为《德国基本法》第80条第1项第2句规定之问题。以下兹简介德国学说与实务上的看法，供为参考：

（一）国会保留

Kruse想用宪法上之习惯法④的观点说明为何税捐构成要件应以形式意义之法律定之。盖在宪制发展史上税捐之课征，已渐承认税捐之课征，应经人民代表的同意，此即议会对于课征税捐之同意权。而只有在法律及地方自治规章，其发生始有国民选举之代表参与。此外，他还认为在税捐法中，关于是否应对某一生活事实课税，并无事务法则（Sachgesetzlichkeit）可资依循。此种见解亦为Kruse所以认为税捐之课征应以形式意义之法律为依据的主要理由，盖税捐之课征在国民与国家间既有重大利益冲突，而又无事务法则可判断其中之曲直，则其正当性就只有诉诸国民的"同意"，其在现代民主国家的表现，自为"国会保留"⑤。

根据Papier的看法，税捐之课征所以应以形式意义之法律为依据的主要理由为：（1）在

---

① 参见 Fritz Ossenbühl, aaO.(Fn.29), S.100f.

② Tipke, Lang, aaO. (Fn.52), S.90；Jesch, aaO.(Fn.39). S. 107f.；Papier, *Die finanzrechtlichen Gesetzesvorbehalte und das grundgesetzliche Demokratieprinzip*, 1973, 67ff., 117；Brinkmann, *Tatbestandsmäßigkeit der Besteuerung und formeller Gesetzesbegriff*, 1982.

③ 其中有以系争规定对于基本权利之介入是否特别重要为标准者，此即"重要说"（Wesentlichkeitslehre）。该说固然言之成理，但何种介入为重要？其认定标准为何？仍有更深一层的理由。另一种看法为鉴于立法机关之立法负担太重，必须减轻，以及行政机关事实上也有其国民的信赖基础，因此，要求某些事项之规范非以形式意义之法律定之不可，其意旨所在，应置重于国会程序之特别的性质：公开［Hans Peter Bull, *Allgemeines Verwaltungsrecht*, 2, Aufl. 1986, Rn. 317ff.(324, 327, 328, 331)］。亦即借重其公开听证，立法过程，充分说明、讨论，以在政府与民间形成如何权衡对立利益的共识。如是制定之规范，虽然不一定完美，但因符合充分沟通的民主过程，一可防弊，二可经由妥协降低敌对的意识，如是其公布、实行，始能期盼达到定分止争、建立法律和平的目的。是故，国会保留之适用，只有在其制定过程之公开，会有重要作用的情形，始有不可取代之价值或意义。

④ 同样的见解参见 Brinkmann, aaO. (Fn.61), S130ff.

⑤ Kruse, Steuerrecht, I., Allgemeiner Teil, 3. Aufl. 1973, S. 39f.

税捐的介入上,以比例原则之形式所能提供之实体保护工具尚不能取代国会保留的民主功能,(2)依《德国基本法》第110条第2项第1句,关于预算应在年度开始前依预算法编列之规定,领导国家之活动应由国会为之。配合支出面上关于预算之国会保留的强制规定,在收入面上,关于税捐之课征,亦应同样要求强制的国会保留。因此,为完全的规范国家之财经事务的领导,必须将《德国基本法》第110条第2项第1句类推适用至税捐构成要件要素,要求以形式意义之法律定之。[①] 至于该项第2句,Papier认为并非排除关于税捐之法规性命令的依据。[②]

为说明保留理论,Kloepfer将之区分为法条保留(Rechtssatzvorbehalt)与国会保留(Parlamentsvorbehalt)。他认为"法条保留之意旨不仅在于排除恣意的特权或歧视,以确保正义,而且在于使削减自由,侵害平等的措施,随其对外效力,而强制适用于一般人,特别是平等适用于社会上或政治上有权势的族群。抽象的一般规定经由平等适用,对决策阶层造成政治上之'对己威吓'(Selbstgefährdung)。该威吓对自由平等的侵害有预防的保障作用……反之,国会保留的意旨主要在于确保国会在宪法规定之权力区分架构中的决议权限所具有之民主机能。关于重要政策决议,国会决议之保留确保了民主所必须之公开辩论。并维护民主领导阶层与国民间对于民主存续攸关之基本共识。唯个人权益之保护并非国会保留的直接目的,而只是国会民主之国家形式的深一层法统基础。自国会民主才导出国会保留"[③]。由于Kloepfer显然将基本权利之保障寄望于法条保留;因此,他对于国会保留的坚持,认为只要符合《德国基本法》第80条第1项第2句,便已充分:"形式意义之法律保留(禁止委任立法),亦即国会保留的适用事项,原则上以基本法明文规定者为限。"[④]

要之,国会保留除了具有法律保留的传统功能,即确保法的安定性外,还具有议会民主之公开讨论,形成共识的整合作用。该公开的功能是议会政治在政党同时控制行政与立法部门时,所以还有意义的道理所在。唯国会保留在实务上还是遭遇到一些困难:(1)国会决议耗费时日,特别在财经法案上难以迅速反应多变,而又必须及时处理的景气问题;(2)国会立法工作负荷过重,在个别法案,为求周全而费时过多时,难免顾此失彼。为克服这些困难,法律保留原则之适用,在德国有一种矛盾发展的情势:一方面将法律保留原则之适用从"介入行政"扩大至"给付行政";另一方面又比较多地借重委任立法,[⑤]以减轻国会之立法工作的负担。不过,这并不是说,德国学说或实务,已不在任何法律领域坚持国会保留。不但关于在哪些情形应该坚持国会保留,而且在关于如何授权制定法规性命令都是学说与实务关切的问题,以避免法律保留,在现代政党常常兼控行政与立法,以及议会工作繁重的双重影响下,渐渐变成没有作用的形式。

然则应利用什么标准或方法解决这一个左右为难的局面?对于这一个问题Kisker提出了一个值得参考的看法。他认为国会民主的主要意义既然在于其公开的功能(Veröffentlichungs-funktion),则只要能发展出一种可以确保其公开功能的设计,便可从宽

---

① Papier, aaO. (Fn.61),S. 45ff.,101ff.,104;同样见解如 Paul Kirchhof, *Das Hervorbringen von Normen und sontigem Recht durch die Finanz-behörden*, StuW 75, 362ff.

② Papier, aaO. (Fn.61),S. 50.

③ Kloepfer, *Der Vorbehalt des Gesetzes im Wandel*, JZ 1984,S. 693f.

④ Kloepfer, aaO.(Fn.67),S. 695f.

⑤ Günter Kisker,*Neue Aspekte im Streit um den Vorbehalt des Gesetzes*, NJW 1977, S. 1313ff.

解释授权委任立法的要件,包括《德国基本法》第80条第1项第2句所定之确定性的要求。Kisker建议设计为:就法规性命令分别情形,肯认国会之同意权(Zustimmungsvorbehalt)、否决权(Vetosvorbehalt)及废止权(Kassationsvorbehalt)。同意权之作用为法规性命令应经国会同意之决议始生效力,如此安排可以节省法案制定时,应经三读之冗长时间;否决权之作用为,以国会在一定期间内不处理该案,为该法规性命令之生效的停止条件,如是可在同意权之外,更进一步节省国会立法工作的负担;废止权之作用为,国会得事后废止已生效之法规性命令。为使此种设计在实际上能具有国会保留之公开功能,必须同时肯认,只要国会中有人或一定成数之少数人表示要行使该等权利,该法规性命令便必须像一般法律案一样,交付委员、院会讨论而后由国会制定之。此外,为协助少数党能发现值得讨论的法规性命令,国会应将行政机关送来国会之法规性命令加以集中公布,俾可能受该法规性命令影响之社会大众能提醒国会议员注意。①

基本上延续此种看法,Brinkmann认为:虽然《德国基本法》第1条第3项规定:"下列之基本权利为对于立法、行政及司法有直接拘束效力的权利。"但依同法第80条第1项第2句这些基本权利在税捐之课征上仍非不得依据法规性命令限制之。因此在德国,为说明为何税捐之课征,必须依据形式意义之法律,并不能单以税捐之课征的结果会介入基本权利,特别是会介入财产权(同法第14条)、工作权(同法第12条)、一般自由权(同法第2条)、平等权(同法第3条)及家庭婚姻权(同法第6条)为依据。此外,由于《德国基本法》第102条第2项关于罪刑法定主义所称之法律,也不以形式意义之法律为限,因此该条规定不能作为建立依税捐法定主义,课征税捐应"依形式意义之法律"的依据。是故关于课征税捐之国会保留必须另寻依据。其最主要依据为以民主原则为基础之国会保留。盖立法程序具有经由论辩、公开、协商、斡旋、妥协而理性地达到协议之意义。以此为基础,国会能够权衡不同的,有的甚至互相冲突的利益,并在公开的意思形成过程中,决定宪法未予规定之共同生活上有关的问题。国会中仔细的讨论及其决议的程序,比法规性命令具有较大的规范价值。此外,因"谁来同意,便不会不义于谁"(Volenti non fitinjuria)故由人民自己或其代表自己来决定税捐义务,在难以辨明税捐之课征是否属于公权力之恣意时,最能弥补该判断上的差异或出入。②

(二)如何委任立法

关于委任立法,德国学说与实务之说明的着眼点一般说来,偏重于如何将《德国基本法》第80条第1项第2句落实到关于法规性命令之立法授权上来。亦即在何种情形下,可以认为其授权规定在内容、范围及目的上已经足够明确,同时能够使行政机关适当分担立法机关之立法工作上的负担。

---

① Kisker,aaO.(Fn.69),S. 1317ff.(1319f.)为说明"重要说",因不够明确而难以列为是否准予授权行政机关制定法规性命令,以及该如何授权的标准,他并认为政治上争议之所在,便是重要之所在(Das Wesentliche ist das politisch Kontroverse.)。此种设计可以使大众认为有争议者,便有机会获得国会保留的保障。而这正是法律保留学说的目的(Kisker,aaO.(Fn.69),S. 1318,1320)。Brinkmann虽然同意Kisker关于国会保留之公开机能的论点,但不同意其关于可以为了应对时势之弹性的理由,将税捐构成要件,例如税率委诸法规性命令(Brinkmann,aaO.(Fn.61),S. 127f.)。

② Brinkmann,aaO.(Fn.61),S. 116ff.

根据 Tipke/Kruse 的观察,"为达到此目的,在授权规定中立法者固不必抢先预拟法规性命令中之重要的文句,不过,立法者还是必须为拟规范之问题,自己想过,并且有自己的主张[BVerfGE 7,282(301)]。无论如何,一个课以税捐的法律不得授权法规性命令之制定者,规定该税捐之重要部分。自该法律必须已可,而非自该法规性命令始能认识,得向那一个税捐义务人请求什么[BVerfGE 7,282 (302);10,20 (51);15,153 (160); 15,153 (160); 18,52 (62)]。因此,不得授权法规性命令之制定者,制定关于税捐之计算的规定[BVerfGE 18,52(64)]。……以上要求在法律所授权者究为不利或有利于税捐义务人之法规性命令间,并不存在重要的区别[BVerfGE 23,62 (72)]。……由于联邦宪法法院常常必须裁判一些案件,在这些案件中,其委任立法的授权是否确定,正处于确定与不确定之临界在线,结果该裁判便可左,可右。加上实在没有任何人能够有把握地说,什么是确定的,什么是不确定的。确定与否的概念,本身便是这么不确定,所以很难预测联邦宪法法院的裁判将会如何。这是联邦宪法法院为何总是带有主观判断的特征,以及带有取向于代表当时实用需要之特征的缘故"[1]。

根据 Hübschmann、Hepp、Spitaler 之观察:"德国联邦宪法法院虽然认为,基本法第 80 条第 1 项第 2 句的目的为'在立法的领域,限制行政权,并强化立法机关对于法规性命令之内容的责任。基本法第 80 条应强制要求立法者自己制定对于生活秩序有决定性的条文。而且立法机关只要有授权行政机关制定具体规定之情形,便必须自己规定其倾向及范围,使将颁布之法规性命令的可能内容得以预见'[BVerfGE 7,282 (301)],又'法治国家原则,该授权也当如此确定,俾自该授权已可,而非必须从以之为依据之法规性命令始能认识或预见,可能对国民要求什么。……是故,在将基本法第 80 条第 1 项第 2 句适用到介入法中之授权规定时,当然必须特别严格要求。属于介入法者在警察法之外,主要为税法'[BVerfGE 7,302]。不过德国联邦宪法法院在税法并不排斥给予法规性命令之制定者一些形成自由[BVerfGE 31,145 (176)]。例如德国 1963 年有效之《营业税法》第 4 条第 1 款规定,在依同法第 1 条应课百分之四营业税之销售中,属于进口德国产制上必须之原、物料,且该原、物料为国内没有生产,或不能充分生产供应者,免税。在该法中并授权联邦政府指定这些产品之名称。当时德国联邦宪法法院认为该授权依其内容、目的及范围已充分并肯认联邦政府,在法律所定之范围内,得视随时快速变化之目的性的考虑,为经济政策上之裁量决定。该法律上之授权已清楚标出,在何种范围内,法规性命令之制定者享有其决定的自由[BVerfGE 31, 145 (176)]。"[2]唯在此仍应注意,在该营业税法的授权中,具有两个重要特征:(1)征营业税,(2)免税客体为进口德国国内需要而不生产,或虽生产而供应不充分的原、物料。此与课以税捐义务者仍有不同。免税规定除了带有税捐法的外观外,实质上还兼具经济法的意义。[3]

关于《德国基本法》第 80 条第 1 项之适用,Manfred Lepa 认为"在判断立法机关之授权是否已满足基本法第 80 条第 1 项第 2 句之具体化上的先决要件时,必须为两阶段之区分。

---

[1] Tipke, Kruse, aaO. (Fn.25), § 4 AO Tz. 21b.

[2] Hübschmann, Hepp, Spitaler, aaO.(Fn.51) §4 Rn. 10ff. 在台湾地区"关税法"第 47 条之 1 有此种授权之规定。

[3] Tipke, Lang, aaO.(Fn.52), S.618.

唯该两阶段之认定仍互相影响。在第一阶段应先审查,立法者委任行政机关规范者为哪一种事项。从而决定该具体化先决条件之解释,在具体适用情形应采从严或从宽的立场。并在系于具体状况的解释原则底下,在各该授权之解释,从下述观点适用确定性之形成因素的标准:内容之确定上的弱点,由范围之界定补强,范围之确定上的弱点,由目的之界定补强(具体化上之补偿:Konkretisierungskompensation)。由此证明目的为其确定性之形成的中心因素,对其具体化应有最严格的要求"①。根据这种看法,Lepa 固然主张"在授权补充刑事法、税法时,或一般地说来,在授权补充之法律与介入,特别是与基本权利保护之领域的介入有关时,以及其授权会给予行政机关以违反法律中之原则的可能性时,关于具体化先决条件之解释应该从严"②。唯他并不认为在税法之领域,关于税捐之发生的构成要件,根本不得授权行政机关以法规性命令定之。

在法规性命令中最重要的类型为施行细则(Durchführungs-verordnung)。望文生义,施行细则的任务在于协助母法之施行。因此,其规定内容不在于表现法规性命令之制定者的意思,而在于进一步发扬立法者的意思。其方法不外乎将母法中所已规定者,加以细分、区别,此为具体化的工作。在此应避免其与母法之直接或间接的意思互相冲突。

此外,在母法中不免有些概念需要进一步说明。在施行细则说明这些母法中不够清楚的法律概念固非法律所禁止,但这些说明所构成之"行政解释",是否属于立法机关对于行政机关之"解释"的授权,从而使行政机关在该等概念之解释上取得"判断余地"(Beurteilungsspielraum)值得探讨。鉴于"法规性命令不得扩张或限制母法中的概念,而只得具体化阐明它。这一切都以法律概念之意旨本身的明确为前提。倘法律概念本身不确定,则说明这些概念之授权也便不确定,并使法规性命令的制定者取得机会,发展自己的意思。此种授权(德国学者认为)违反基本法第 80 条第 1 项第 2 句"。在此见解下,一般说来,制定施行细则或法规性命令的授权,尚非授与行政机关"判断余地",使其对于母法中之法律概念的解释,取得对于司法机关之拘束力的适当依据。唯海关税则虽具有广泛由立法机关授权行政机关利用法规性命令界定货品所属税则的意义,但仍为德国联邦宪法法院所肯认〔BVerfGE 19,17(30ff)〕③。

税捐行政属于大量行政,不但税捐稽征机关之行政负担极重,而且人民的遵守负担也不轻。因此如何简化稽征作业,推行便民服务,便成为税政上的重要课题。俾有限之税务行政的产能,能管理及服务最多的税务案件,以符合税捐法定主义在税捐稽征上之"依法课征原则"(Legalitätsprinzip)的要求。依该原则,只要可归属于特定人之法律事实满足了税捐之发生的构成要件,便应课征,不得有折让的处分。唯实际上税务行政人力、物力仍然有限,是故为能尽可能地达到全面执行的目的,常常必须借助于简化稽征作业的规定。这些规定有在法律之授权下,以法规性命令的型态出现者;④有税捐稽征机关未经授权或未经表现制定依

---

① Manfred Lepa, *Verfassungsrechtliche Probleme der Rechtsetzung durch Rechtsverordnung*,AöR 105(1980),S. 346.

② Lepa,aaO.(Fn.75),S.344f.

③ Tipke/Kruse,aaO.(Fn.25), § 4 AO Tz. 24.

④ 例如台湾地区行政事务主管部门依"所得税法"第 51 条第 2 项及第 121 条制定公布之"固定资产耐用年数表"。

据而制定公布者;①也有以行政规则出现者。② 这些基于简化稽征作业所发布的法规性命令或行政规则,核其内容多与法律规定之解释适用或课税事实之认定有关,而且属于一种"通案"的认定标准。此与税基大小之认定应就个案实际情形为何计算之,以符量能课税原则的要求有别。③ 是故,这些标准如因其存在于法规性命令中,而认为应具有规范上的拘束力,则其正当性的依据便在于税捐行政上之"实用性"的考虑。亦即为了简化税捐行政,而就课税事实之认定赋与行政机关设定"通案"标准的"权限"。④ 不过,一方面鉴于通案认定标准的发布,为了达到简化稽征作业的目的,常常会有过度一般化的情形,另一方面鉴于通案认定标准本身核其性质原为法律解释,故仍以认为通案认定标准应接受法院之司法审查为妥:首先审查基于税捐行政的现况,有无利用系争通案认定标准简化稽征作业的必要,然后审查简化之范围与其简化之利弊的比例是否相当。要之,通案的认定标准,不因其存在于法规性命令中而具有法源地位,对于法院没有规范上的拘束力。⑤ 唯该标准如经纳税义务人选定做为计算税额的方法,则在选定后对于该位选定之纳税义务人便具有规范上的拘束力。⑥ 此际其拘束力的来源为纳税义务人自己在税额计算标准之决定上的参与。因为在此所涉者为税额之计算标准,而非应纳税额本身,故与对于税捐债务数额之合意仍有不同,并不违反"依法课征原则"(Legalitätsprinzip)。

在讨论税捐法源的专门论著中,对于法规性命令在税捐构成要件上之引用,据理力争,无论如何全面反对到底像 Brinkmann 者,并不多见。⑦ 唯一般仍倾向于认为应避免以法规性命令规定税捐构成要件。⑧ 其理由主要为国会的公开功能,尚为维护税捐正义所必要。反之,其有时不坚持的理由,则主要为使税捐具有政策上的应变能力。何去何从? 在实务上需要立法机关的努力,行政机关的自制,以及司法机关的监督。

德国学说与实务一般仍认为行政机关要制定法规性命令,应经立法机关明确之授权,以及法规性命令之规定内容,不得逾越其所由之母法。对于这个问题,其看法很少歧异。

---

① 例如"1989 年度房屋及土地当地一般租金标准"(台湾地区"财政部"台财税第 790029240 号函)、"财产租赁收入、必要损耗及费用标准"(台湾地区"财政部"台财税第 800022517 号函)等。

② 例如"1989 年度扩大书面审核营利事业所得税结算申报案件实施要点"(台湾地区"财政部"台财税第 780397160 号函)。

③ 参见释字第 247 号解释。自该号解释之意旨,"非谓纳税义务人申报额在标准以上者,即不负诚实申报之义务"可知,前开"各业所得额标准"并无规范上的拘束力,亦即不具法源地位。

④ Hans-Wolfgang Arndt, *Praktikabilitaet und Effizienz*, 1983, S. 76ff., 98ff.

⑤ Papier 认为:"倘类型观察法使适用法律的机关,在决定法律效力之三段论法中,关于法律事实之认定,不以事实上存在并经确认之法律事实为准,而以依其类型拟制为存在之法律事实为准,则税法上之类型观察法(Typisierende Betrachtungsweise)便与税法上之保留原则冲突。……是故,类型观察法只得引为减轻行政机关之举证责任的依据,至容许'表现证据'(Anscheinsbeweis, Prima-facie Beweis)为度,但不得据之主张纯粹之举证责任的倒置,要税捐义务人负举证责任。"[Papier, aaO.(Fn.61), S. 202ff.(209, 216)] 现行法规性命令中涉及举证责任之移转者,例如"遗产及赠与税法施行细则"第 13 条。对于该条规定,参见释字第 221 号解释。仅单纯涉及行政机关关于课税事实之认定方法者,例如释字第 217 号解释。

⑥ 与此有关之案例,请参见释字第 248 号解释。

⑦ Brinkmann, aaO.(Fn.61), S. 115ff.(127).

⑧ Tipke, Lang, aaO.(Fn.52), S.90.

六、法规性命令之适用情形

法规性命令在台湾地区之适用情形值得探讨者主要有以下几个问题：(1)法规性命令之制定有无法律依据及其法律依据为何？(2)法律应如何授权行政机关订定法规性命令？(3)法规性命令之内容有无超越母法？以及(4)得否以法规性命令规范与税捐构成要件有关之事项？兹分述之：

(一)法规性命令之制定应经法律授权

首先，依"法规标准法"第7条"各机关依其法定职权或基于法律授权订定之命令，应视其性质分别下达或发布，并即送'立法院'"，其中依法律授权所订定之命令，即为学说所称之法规性命令。① 因此，行政机关拟发布法规性命令，需要"立法"机关依法律之授权。唯在台湾地区现行税捐实务上，行政事务主管部门或"财政部"还公布了一些没有授权依据的法规性命令。经授权者，例如"所得税法施行细则"。在依"所得税法"第121条之授权下，该细则由"财政部"拟定，呈请行政事务主管部门核定公布之，行政事务主管部门并在该施行细则第

---

① 为整顿、规范法规命令，"行政程序法"第150条规定："本法所称法规命令，系指行政机关基于法律授权，对多数不特定人民就一事项所作抽象之对外发生法律效果之规定(第1项)。法规命令之内容应明列其法律授权之依据，并不得逾越法律授权之范围与'立法'精神(第2项)。"在该法施行前，"行政机关依'法规标准法'第7条订定之命令，须以法律规定或以法律明列其授权依据者，应于本法施行后一年内，以法律规定或以法律明列其授权依据后修正或订定；逾期失效"(同法第174条之1)。

1条规定其制定的授权依据。① 未经授权者,例如"营利事业所得税结算申报书面审核案件抽查办法"[1977 年 11 月 29 日"财政部"(1977)台财税第 38063 号令修正发布]、"储蓄投资特别扣除登记证实施办法"[1985 年 2 月 12 日"财政部"(1985)台财税第 11842 号令修正发布]、"薪资所得扣缴办法"②、"储蓄免扣证实施办法"③。这些办法皆未规定其制定之授权依据。另有一种类型是引用众多法规名称,而未引用具体条次为其制定依据,例如"营利事业

---

① 关于施行细则这种法规性命令,其存在的问题通常不在于其制定是否有母法之明文的授权依据,而在于其内容是否逾越母法之授权范围,或抵触母法。就这个问题,Tipke/Kruse 以德国实务上的见解为基础,提出下述看法:"施行细则应限于填充法律已划定之范围[BFH BStBl. 64, 602(604);74, 674]。亦即不在于表达其制定者自己之意思,而在于将立法者的意思继续发展下去。从而仅可将法律已包含者凸显、区分、专门化及细致化[BFH BStBl. 64, 602(604);69, 86(89);72, 552],而不得有与法律意旨直接或间接矛盾之规定[BVerfGE 16, 332(339);BFH BStBl. 55, 113;69, 86(89);83, 349]。在具体情形,一个施行细则是否尚具施行细则之性格,而非已超越之,从而不再为其法律授权所涵盖可能深有疑义。自施行的概念及其与其所自之法律内容的关联可以导出充分之专门化上的特征。防止滥用的规定原则上属于为法律之施行的规定范畴(BFH BStBl. 59, 163),为特殊场合解释法律中之概念应当也是如此。利用施行细则阐释法律中之概念固非当然不容许(BFH BStBl. 61, 55),但立法者也不得毫无限制地将其对于法定定义之权限(Die Befugnis zur Legaldefinition)移转给受托者(行政机关)[BVerfGE 18, 52(60)]。施行细则中的概念应置于法律中的概念之下,所以法律得包含上位概念,施行细则仅得包含下位概念。其结果,施行细则不得扩张或限缩法律的概念,而仅得具体化或阐释之。唯这一切皆以法律概念之意旨内容明确为前提。法律概念本身如不确定,则用以阐明这些概念的授权自也不确定,从而给予细则之制定者以发展自己之意思的可能性。此种授权抵触基本法第 80 条第 1 项第 2 句[BVerfGE 18, 52(61)]。然法律并不需要自己定义其使用之概念,而可以引用其他法律之概念。其引用也可以是动态的引用(dynamische Verweisungen),亦即随其所引用之法律中之概念的修正而变动[BFH BStBl. 93, 468(470)]。细则包含不确定概念并不抵触基本法第 80 条第 1 项第 2 句(BFH BStBl.92, 132)。关于程序上之技术性细节的规定原则上属于为法律之施行所作的规定。唯不变之法定期间的规定仍须明文的授权(肯定说:BFH BStBl.73, 484;75, 11;否定说:BFH BStBl.70, 480;73, 521)。除施行细则外,尚有一种用来补充法律的法规性命令。这可称为补充性的细则(Ergänzungsverordnungen)。其机能在于补充不完整之法律规定。此种法律中,因为有一些事项不适合由法律加以规定,其立法者有意地将之保留给细则之制定者规范之。于是,对该法律需要就这些事项加以补充规定,始能发生完全之效力(vgl. BFH BStBl. 69, 86)。在此种情形需要一个很特别之授权。"[Tipke, Kruse, aaO.(Fn.45), § 4 AO Tz. 24]。归纳之,细则首先应以程序上之技术性的细节规定为其规范内容,而后及于需要具体化或阐释其内容之法律概念或规定。其具体化或解释应限于法律所划定之范畴,不可以有逾越授权范围或抵触母法之意旨的情事。另应避免过度授与行政机关拟定法定定义或为规范之补充的权限,以明立法与行政之分际。

② "薪资所得扣缴办法"自 1972 年 12 月 30 日"行政院"台财字第 12377 号令第一次订定发布,至 1998 年 4 月 8 日"行政院"令修正第 8 条条文,共经 15 次修正,但历次修正皆未增定其制定之授权依据。

③ 自 1982 年 12 月 1 日"财政部"台财税字第 38665 号令首次订定发布,迄 1998 年 11 月 18 日"财政部"台财税字第 871971110 号令修正名称及第 1 条、第 5 条条文(原名称:"储蓄投资免扣证实施办法"),共经 4 次修正,但历次修正皆未增定其制定之授权依据。

所得税查核准则"。①

(二)如何授权

其次,所谓法律应如何授权行政机关订定法规性命令,指相当于《德国基本法》第 80 条第 1 项第 2 句之规定所要求之授权方式而言。该条项规定之内容为:"联邦政府,联邦部长或邦政府得依法律之授权,制颁法规性命令(Rechtsverordnung)。授权时,应在该法律中确定授权之内容、目的及范围。在法规性命令中应表明其制定的法律依据。法律规定基于该授权得更为复授权者,则该复授权应以法规性命令为之。"该规定之意旨在于要求授权内容、目的及范围的确定性,以避免经由"空白授权"使立法机关之立法权旁落于行政机关。授权规定具有此种情形者,例如:"促进产业升级条例"第 8 条第 2 项规定"第 1 项重要科技事业、重要投资事业及创业投资事业之适用范围,由'行政院'定之,并每二年检讨一次"。第 15 条第 2 项规定"前项重要产业之范围,由'行政院'定之,并每二年检讨一次"。就各该条规定之重要事业的范围,该等规定授权行政事务主管部门定之,而未就何谓"重要"之认定标准并予规定。故该等规定对行政机关之授权具有"空白授权"之情形。

(三)法规性命令不得超越母法

至于,法规性命令超越母法的情形,主要发生在与所得税税基之计算有关的规定。例如:关于买卖房屋之财产交易所得,"财政部"台财税字第 33523 号函所做之行政解释"一律以出售年度房屋评定价格之 20% 计算财产交易所得"。因该行政解释超越(违背)母法意旨,故释字第 218 号解释认为该行政解释"与'所得税法'所定推计核定之意旨未尽相符,应自本解释公布之日起六个月内停止适用"。

(四)以法规性命令规范税捐构成要件

依税捐法定主义及由之延伸出来之法律保留,对于税捐债务之发生的构成要件,是否容许其以法规性命令规范之,为台湾地区宪制性规定上及税捐法上之重要课题。在台湾地区实务上采肯定的见解。唯纵使肯认之,其授权还是应限于例外有此需要的情形。兹将其实践的情形简介如下:

---

① "营利事业所得税查核准则"第 1 条:"本准则系依'税捐稽征法'、'所得税法'、'营业税法'、'促进产业升级条例'、'中小企业发展条例'、'商业会计法'、'税捐稽征机关管理营利事业会计账簿凭证办法'、'商业会计处理准则'及其他有关法令之规定订定之。"其授权上特色为制定依据众多,但未引具体条文。作为"营利事业所得税查核准则"制定依据之一的"税捐稽征机关管理营利事业会计账簿凭证办法",自己便是一个法规性命令,除其是否可以再充为其他法规性命令之制定依据值得探讨外,其第 1 条规定"为促使营利事业保持足以正确计算其销售额及营利事业所得额之账簿凭证及会计纪录,依'所得税法'第 21 条第 2 项并参照'商业会计法'等有关规定,订定本办法"中以"参照'商业会计法'等有关规定"作为其一部分之制定依据的规定方式亦颇具特色。"所得税法"第 21 条第 2 项:"前项账簿凭证及会计纪录之设置、取得、使用、保管、验印、会计处理及其他有关事项之管理办法,由'财政部'另定之。""商业会计处理准则"第 1 条:"本准则依'商业会计法'第 13 条规定订定之。"关于账簿凭证与会计纪录之制定依据,在法律层次,该二条规定为其最基础的规定。就营利事业所得税查核有关事项之法规性命令的制定,"税捐稽征法"、"营业税法"、"促进产业升级条例"及"中小企业发展条例"无授权之明确规定。目前该准则之制定的授权规定已经化约为"所得税法"第 80 条第 5 项。

关于税捐主体,例如台湾地区"财政部"1976 年 10 月 16 日修正发布之"海关管理货柜办法"第 16 条。该条规定认为"关税法"第 4 条所称货物之持有人包括运送人。运送人在事实上固为货物之持有人,唯其持有如非自主占有,而仅系为运送之目的而为持有,则无最终取得对于该货物权利之意思。因此,在这种情形将运送人一概解释为"关税法"第 4 条所称货物持有人之一种,显然扩张该条所订之纳税义务人的主体范围。不过,对于该行政解释,释字第 219 号解释认为与租税法律主义并无抵触。

就税捐客体,台湾地区行政事务主管部门于 1981 年 8 月 31 日发布之"奖励投资条例施行细则"第 27 条规定"所称各种利息,包括公债、公司债、金融债券、金融机构之存款及工商企业借入款之利息"。对于该施行细则中该条规定之利息,"财政部"(1981)台财税字第 37930 号函并认"不包括私人间借款之利息"。关于限额免纳所得税之利息,1980 年 12 月 30 日修正公布之"奖励投资条例"第 23 条第 3 项第 1 款系规定"除邮政存簿储金及短期票券以外之各种利息",并未排除私人间无投资性之借款利息,而 1981 年 8 月 31 日发布之"奖励投资条例施行细则"第 27 条认该款"所称各种利息,包括公债、公司债、金融债券、金融机构之存款及工商企业借入款之利息","财政部"(1981)台财税字第 37930 号函并认"不包括私人间借款之利息"。该细则第 27 条规定及该号解释显然已经限缩了"奖励投资条例"第 23 条第 3 项第 1 款本来应涵盖的范围,从而有法规性命令(施行细则)超越母法的情形。因此,释字第 210 号解释认为,其纵符奖励投资之目的,唯径以命令订定,仍与当时有效之首述法条"各种利息"之明文规定不合,有违租税法律主义之本旨。

关于税基之计算,例如"土地法施行细则"第 30 条规定:"依本法第 32 条规定计算土地涨价总数额时,应按土地权利人及义务人向当地地政事务所申报移转现值收件当时最近一个月已公告之一般趸售物价指数调整原规定地价及前次移转时核计土地增值税之现值。"释字第 196 号解释认为,该条规定"旨在使土地涨价总数额之计算,臻于公平合理",与租税法律主义并无抵触。[①] 又释字第 218 号解释所解释者亦与税基有关。

关于税率,法律明定授权法规性命令或地方民意机关订定者有"房屋税条例"第 24 条规定:"'直辖市'及县(市)政府得视地方实际情形,在前条规定税率范围内,分别规定房屋税征收率,提经当地民意机关通过,报请或层转'财政部'备案。但在县(市)部分,省政府认有统一规定房屋税征收率之必要时,得提经省民意机关通过,报'财政部'备案。"依该条规定,地方政府制定有"台北市房屋税征收细则"第 4 条等。类似规定见于"娱乐税法"第 17 条:"'直辖市'及县(市)政府得视地方实际情形,在前条规定税率范围内,分别规定娱乐税征收率,提经'直辖市'及县(市)民意机关通过,报请或层转'财政部'核备。"依该条规定,地方政府制定有"高雄市娱乐税征收自治条例"第 5 条等。又"关税法"第 47 条之 1 亦授权行政机关得以行政命令增减海关税则规定之税率。

关于授权制定税捐减免之法规性命令者,例如"奖励投资条例"第 3 条第 3 项规定"第 1

---

① 以法规性命令规定税捐构成要件之情形,以规定其税额之计算方法,亦即规定其中关于税基之计算最为常见。

项各款事业奖励类目及标准,由'行政院'定之"①、"促进产业升级条例"第 6 条第 3 项规定"第 1 项各款投资抵减之适用范围、施行期限及抵减率,由'行政院'定之"。

七、法规范之位阶构造

(一)位阶构造及其抵触之效力

由以上的说明可见,法规范依其来源之不同,而在拘束力上有所高低,从而构成位阶关系。此即法规范或法秩序之位阶构造(der Stufenbau der Rechtsordnung)。上位规范的效力高于下位规范。于是,上位规范与下位规范间如因冲突,②而有抵触的情形,下位规范的规定或者即当然无效,或可经有权机关将之宣告为无效。③

(二)无效或得宣告为无效

法令抵触上位阶之规定者,似乎皆应当然无效,唯即便所抵触者为台湾地区宪制性规定,以"大法官"之"违宪"审查实务为例,"违宪"法令不但必须经"大法官"解释为"违宪"并宣告为无效,方始无效,而且也不一定宣告自始无效。其中有宣告为"违宪",但仅指明应尽速改善,④而不宣告为无效者;有不附期限⑤或附以期限宣告为无效者。⑥ 唯也有仅宣告为"违宪",而就其是否应为无效不置可否者。⑦ 仅指明应尽速改善或附以期限宣告为无效者,该"违宪"的法律在解释所定之期限内继续维持其效力。

然所抵触之上位阶的规范不是台湾地区宪制性规定,而下位规范属于地方自治法规者,"地方制度法"第 30 条规定:"第 1 项及第 2 项发生抵触无效者,分别由'行政院'、'中央'各

---

① "奖励投资条例"虽于 1990 年 12 月 31 日依同条例第 89 条废止,唯基于既得权利之保护,废止前已依该条例申准之税捐减免的奖励优惠仍继续有效。故该条例虽经废止,对那些投资案件仍继续有其效力。对于该条例废止前已申准之税捐减免案件,在废止后,是否应继续给予优惠,相对于废止之法律属于法律后续效力;相对于废止之规定属于废止之溯及效力的问题。对于此种问题,必要时应制定过渡规定缓冲之。在此种情形,因该条例之废止,而立即不再给予优惠,衡诸该条例第 89 条之规定,是否有既得利益之侵害,或法律废止宣示之溯及效力问题,值得商榷。原则上应采否定看法,认为这是后续效力或其过渡规定的肯认或制定问题。"立法"机关在为废止之决议时应做全盘考虑,权衡公共利益及享受该条例减免优惠之厂商与不享受该条例减免优惠之厂商间的竞争利益。这当中要特别防止优惠规定关门前之申请案的暴增。

② 同位阶之规范的规定间也有存在冲突的可能。这时候发生竞合的问题。这时必须就各该规范之相互地位,及其规定之内容、属性定其竞合之类型。竞合之类型主要可区分为:排斥性竞合(normenverdrängender Konkurrenz)、选择性竞合(alternative oder elektive Konkurrenz)、累积性竞合(kumulative Konkurrenz)、请求权竞合(Anspruchskonkurrenz)或请求权规范竞合(Anspruchsnormenkonkurrenz)。详请参见黄茂荣:《债法总论(第一册)》,植根法学丛书编辑室 2005 年修订版,第 72 页以下。

③ Hans Kelsen, aaO.(Fn.4),S.280ff.

④ 参见释字第 311 号、第 318 号解释。

⑤ 参见释字第 413 号解释。

⑥ 参见释字第 218 号解释。

⑦ 参见释字第 321 号解释。

该主管机关、县政府予以函告。第 3 项发生抵触无效者,由委办机关予以函告无效(第 4 项)。"属于地方议会关于自治事项之议决者,"地方制度法"第 43 条第 4 项规定"前三项议决事项无效者,除总预算案应依第 40 条第 5 项规定处理外,'直辖市'议会议决事项由'行政院'予以函告;县(市)议会议决事项由'中央'各该主管机关予以函告;乡(镇、市)民代表会议决事项由县政府予以函告。"不须经由"大法官"之解释。

(三)抵触之疑义的解释

法令是否抵触上位规范,有疑义时,悉由司法事务主管部门解释之,并不以"违宪"的情形为限。包括其无效系由上级行政机关或委托机关函告之自治法规及议会关于自治事项之议决,或地方政府办理自治事项如有是否抵触上位规范的疑义,皆得声请司法事务主管部门解释。但地方行政机关对同级"立法"机关议决事项发生执行之争议时,应依"地方制度法"第 38 条、第 39 条等相关规定处理,尚不得径向司法事务主管部门声请解释。原通过决议事项或自治法规之各级地方"立法"机关,本身亦不得通过决议案又同时认该决议有抵触台湾地区宪制性规定、"中央"法规或上级自治团体自治法规疑义而声请解释(释字第 527 号解释文第二点后段)。

八、"最高行政法院"之判例

"最高行政法院"之判例仅对于当事人有既判力,在此意义下该判例对于一般事件并无规范上的拘束力,从而也不具法源资格应无疑义。有疑问者为:在权力区分的制度下,是否应肯认判例之事实上的拘束力? 这应采肯定的见解。盖就法律,立法机关虽然得为权威的立法解释,但只要其未在相关法律中为立法解释,即应以司法机关之解释为准。司法机关在判例中就法律所做之解释虽非不得变更,但其见解之变更应备适当理由。如不备理由而恣意变更,其变更即违反平等原则,构成上诉第三审的理由。[①] 此即"最高行政法院"之判例所具之事实上的拘束力。[②] 唯现行法不但无判例之事实上拘束力的明文规定,而且对于未被选为判例之判决先例更根本不承认其事实上的拘束力。

九、结论

关于法源的探讨,在台湾地区由于实际上还在法治建制阶段,因此,有很多基本的问题还需要在学说上、实务上进一步探讨、沟通以形成必要的共识,作为建制的观念基础。并且

---

① 《德国财政法院法》第 115 条第 2 项第 2 款规定准许对于下级财政法院背离联邦财政法院或联邦宪法法院的法律见解,并以该背离的见解为基础所做之判决向掌理法律审之终审上诉。这里所称之联邦财政法院的判决并无判例或非判例,亦未经公布或未经公布之差别,也不以当事人或下级审法院是否知悉该终审法院之不同的法律见解为据。该条规定之制度上的意义,除维护个案之正义的实现外,并用以确保法律适用之一致性,以使立法机关制定之法律制度能经由司法机关在审判中之解释适用构成一个统一的无矛盾之价值逻辑体系。请参见 Roman Seer in Tipke/Kruse, *Kommentar zur AO und FGO*,§ 115 Rz.57,59,65.

② Tipke,*Die Steuerrechtsordnung*,Band Ⅲ,1993,S.1179.

尽快把一些目前应以法律为依据,而非以法律为依据的行政事务,改正过来,以坚定公权力机关依法行政的意志,培养人民遵守法律的意愿,使民主法治的建设能够成为深入人心的目标。

一般说来,在台湾地区谈法源的要求,还停留在简单引述"法规标准法"第5条的阶段,认为:"左(下)列事项应以法律定之:一、宪制性规定或法律有明文规定,应以法律定之者。二、关于人民之权利、义务者。三、关于各机关之组织者。四、其他重要事项之应以法律定之者。"然而在人民的生活中,有哪些事项与人民之权利、义务无关,从而其规范依该条之规定不需要依据法律?极其量可指特别权力关系及给付行政的情形。但这些情形,经过检讨,在现代法治先进国家和地区已渐认为没有引为法律保留之例外的充分理由。反倒是经验上发现容其例外,弊端丛生。这在补贴或特许(给付行政)容易恣意而行、严重侵害公正的竞争秩序,可以为证。此即法律保留原则在德国学说与实务主张予以扩大适用范围到特别权力关系及给付行政的道理,值得参考。

其次,在台湾地区法律保留原则之贯彻,其法律上的可能困难是,"法规标准法"第7条规定:"各机关依其法定职权或基于法律授权订定之命令,应视其性质分别下达或发布,并即送'立法院'。"该条不像《德国基本法》第80条第1项第2句,对于立法机关向行政机关授权制定法规性命令给予一些要件上的要求,以避免其流于浮滥。正由于该句规定在德国学说与实务,引起许多讨论,探讨哪些事项可以授权,以及应该如何授权,以便立法机关及行政机关能够共同肩负制定法令的任务。所以,在法制的比较研究上特别值得借镜。

第二章　论法理

一、法理之概念与正法思想

法律体系具有位阶之层级构造,其体系化之建构基础存在于:法律概念或类型①之逻辑上高低不等的抽象程度,及其立基之规范价值之高低不等的根本程度。法律概念通常被认为是组成法律规定或整套法律体系的基本单位。由法律概念或类型组成法律体系。在其组成上,有如由原子组成分子,再由一种或由多种分子混合或化合组成各色各样的物质,而后

---

①　法律概念与类型之不同,出于法学方法上对其含义之设定:二者之共相为,皆是取向于价值,取舍所要规范之对象的特征建构而成;其殊相为,法律概念取舍后所留下来之特征,在定义上具有不可增减之封闭性。例如成年人之特征为自然人且年满法定年龄(依台湾地区"民法"第 12 条为满 20 周岁;依原《中华人民共和国民法总则》第 17 条为满 18 周岁),一个自然人的年龄,少一天便不成其为成年人。反之,构成法律类型之特征则具有流动性,例如关于让与之债的契约,只要有偿,不论其对价之高低,皆论为买卖;然其对价如降至零,便转为赠与。亦即买卖特征之量的变化,至其极,可能引起质变,转为赠与。但只要还具有其类型建构上之特征,即使只剩微量,其量变,除非有违反诚信原则之质疑,原则上无碍于其类型之该当性。这特别见诸融资性租赁中,租赁双方约定:承租人给付最后一期租金后,再给付出租人一元,承租人即可取得租赁物所有权之约定。该给付一元的约定之目的在于使"移转租赁物所有权之约定"具有有偿性,从而出租人事后不得以该约定为无偿之债务约定为理由,事后反悔。在顺利履行时,融资性租赁与附(保留所有权之停止)条件之分期付款买卖,功能上几无差异:都是以分期给付对价的方式,在分期给付中,即取得目标物之用益权,并在分期给付后,最终取得其所有权。类似的问题存在于抵押权与让与担保(担保信托)间。当在量变,抵押权所担保之债权金额即便逼近于抵押物之市场价值,依然归类于抵押。至最后虽还是为担保目的,但抵押人与抵押权人却约定,改将抵押物之所有权移转于抵押人供为担保时,则质变为让与担保。因为所有权为物权法定主义下,肯认之物权种类,而物权法并不干预物权之设定或让与之目的,所以让与担保之设定,并不抵触物权法定主义。唯抵押权人如意在规避"民法"第 873 条之 1,关于流质约款之禁止规定,其让与担保契约在抵押权人与抵押人间的内部效力,仍应受该条第 2 项之调整:"抵押权人请求抵押人为抵押物所有权之移转时,抵押物价值超过担保债权部分,应返还抵押人;不足清偿担保债权者,仍得请求债务人清偿。抵押人在抵押物所有权移转于抵押权人前,得清偿抵押权担保之债权,以消灭该抵押权。"亦即让与担保仍然不失其担保性质。对于让与担保之担保物,让与人及受让人之债权人得主张之权利,同受让人及受让人之内部关系的限制:受让人之债权人仅在所担保之债权额的范围内,让与人之债权人仅就扣除受让人及其债权人得主张之担保利益后之余额,就担保物得主张其担保利益。然受让人(担保权人)如以所有权人的地位就该物与第三人为处分或设定行为,仍属有权处分,第三人不需引用善意取得的规定,即可主张其效力。此为让与担保对于第三人之外部效力。

由这些物质组成这个大千世界。类似于混合物者，例如对向或同向之混合契约；类似于化合物者，例如加盟契约或智财权授权契约。

其所谓之"基本单位"还是相对的。概念与概念或类型与类型之间，不但有由"其抽象化程度"，而且也有由"其所负荷之价值的根本性程度"的高低所决定下来之位阶构造。当从"价值"或功能（die Funktion）的实质角度来观察法律概念，这种法律概念常常随着其所负荷之价值的根本性或一般性的升高，而被称为法理（das Rechtsprinzip）或法原则（der Rechtsgrundsatz）。不论称其为"法理"或"法原则"，其表述都有一点外来（语）性，其说文解字式的论辩，因此难以超出仅是文学式之表述的意义，对其价值内容的认识与理解，难有帮助。

没有疑问的是：相约成俗，"法理"或"法原则"所指称者为法律据以建构或所取向之价值。其至高者，习称为"正义"（Die Gerechtigkeit）。至其内容究竟为何，犹如北斗星，只可向往，而不真可及之。[1] 然其指引功能并不因其不能及，而丧失。"正义"依然是法制与法学所当永远不断追求的目标或境界。是故，在思考上可先将"法理"或"法原则"理解为"正义"经具体化下来之规范。

法律体系为逻辑的价值系统。法理源自正义，位于法律体系之最上位。在实践中，其内容事实上也被逐步具体化，并积累下来。在不同立法例所呈现之"法理"或"法原则"的内容，虽不尽相同，但在长期之交流互动中，其实也渐肯认一些普适价值，例如自由、平等、和平、诚信、民主、容忍、法治、扶贫与环保。只是其实践，因个别经济与社会条件不同，尚需一些在发展中不得不然的调适。应如何调适至该时空所能消受的至佳程度，并进一步推演，考验着各个民族及国家的集体智慧，必须自己寻求答案，没有人能够帮忙。在现代宪制国家，当这些普适价值以成文或不成文的方式，承认其为宪法规定的一部分，其将因此成为下位法令不得抵触的宪法原则或规定。如有抵触，即构成违宪。在法律体系的建构上，该普适价值有如 Hans Kelsen 所称之基础规范（Grundnorm）。该基础规范为其依序往下具体化之下位阶规范的效力来源。[2]

二、法理之概念及其传统构成因素

法律以人类的生活为其规范对象，并以将法理念或正义实现于人类生活中为其规范目标。所以在规范的形成上，除了必须取向于法理念外，还必须取向于其所规范之对象的性质，方不会使法律因与人类的社会生活关系脱节，以致成为人类和平发展的障碍。

法体系为规范人类生活之一种价值的逻辑系统。该系统据以建构或所取向之价值源自

---

[1] 关于什么是正义，Hans Kelsen 曾写道："使读者相信，我能够说出正义是什么，是自我抬举。这是最伟大的思想家也办不到的事。实际上，我不知道，也不能说出什么是绝对的正义。这是人类梦寐以求的美梦。我必须满足于相对的正义，而只能说对我来讲，什么是正义。……这便是自由的正义（Gerechtigkeit der Freiheit）、和平的正义（Gerechtigkeit des Friedens），以及民主的正义（Gerechtigkeit der Demokratie）及容忍的正义（Gerechtigkeit der Toleranz）。"（Hans Kelsen, *Was ist Gerechtigkeit*? 2. Aufl., 1975, S.43）

[2] Hans Kelsen, *Reine Rechtslehre*, 2. Aufl., 2. Aufl, Franz Deuticke Wien 1960, S.196f.

正法思想,其至高者,习称为"法理念"(die Rechtsidee)。此为法之应然面(Sollen)的最高价值。该最高价值即是正义。然何谓正义尚无确切之最终定义。因其为最高价值,所以再无可追溯之伦理上的更高基础概念。法体系所规范之生活事实中具有一定之性质(事务之性质)。学说上称之为"事务之性质"(die Natur der Sache)。在此拟以"事理"简称之。由该性质导出一定之实然面(Sein)的事务法则,在规范规划上应受其制约。所以,法理学说将该事务之性质及上述之法理念合称为法理,分别指向法体系据以建构之事实面及价值面的道理。

在规范的形成上,"事理"的考虑属于"事实面"的观点。其关切者为法律所拟去规范的事项。对法律而言,它属于"法前之既存情况"①(die Vorgegebenheit des Rechts),例如男女(婚姻)、成年与未成年(行为能力)、动产与不动产或无体财产(公示与产权之移转方法)、亲子(扶养义务);让与之债、用益之债、劳务之债(委任、雇佣、承揽);买卖与租赁(分期付款与融资性租赁);劳动契约与居间契约;将来之债的买卖或担保信托;将来之债的赠与及其价值之计算。② 反之,"法理念"所考虑者,则属于"理想面"或"价值面"的观点。其关切者为人类间之至善的实现。对法律而言,它属于"法的任务"(die Aufgegebenheit des Rechts)③。法律的发展固应以至善为目标,但仍必须注意既存情况的局限。是故,一部可行的实证法常常必需是"理想"与"现实"之折中的结果。此所以称:"应然与实然之相符部分即是法。"(Recht ist die Entsprechung von Sollen und Sein.)④

在这里固不能以"既存情况"所构成之现实条件为理由,根本放弃向上的努力;也不宜将法理念绝对化,忽视现实条件所容许的极限。实证法的制定者或适用者,在遵守其所应遵守之法理念时,应斟酌事理及个案之具体情况。因此,在法律解释或法律补充上,事理也当是应予斟酌的因素或论点,⑤以检讨由事理所构成之法规的发展条件,考察实证法与事理间的落差,并避免实证法悖于事理、操切急进,或因过度迁就,致误判,而受存在之现实条件的过度拘束,放慢了趋于至善(法理念)的努力。

---

① Henkel, *Einführung in die Rechtsphilosophie*, 1964, §25; Coing, *Grunzüge der Rechtsphilosophie*, 2. Aufl., Berlin 1969, S. 185:"事理在此所提供者为:构成规范之因素,而非规范本身。其考虑显示:事理与法律秩序有关,社会生活并非一团混沌,而是已具有法律秩序可以,而且也应该连结之形态。不过,该形态之存在的确认,并不免除对之加以评价的及规范的调整之责任。是故,它并不使制定法律之规范行为成为莫须有。相反的,应认为只有评价趋近于生活事实,才使前述构成事理之形态明白地显示出来,并取得其重要性。这在利用法律处理人类的事务便已显然。当然,法首先考虑者为:人类本来是什么,及其一切的性质。不过,法律不该一直停留在那里,法律不会让人类顺其本能及苦难自由滋长,法律毋宁必须限制某些人类的特性,激励另外一些特性,并使其发生作用。为此,法律必须对人加以评价。此外,法律对人类也提出某些要求,要其为不道德或不理智的行为,依据(当时的)文化(所要求)的规范负责,不准一走了之。"

② 在将来之债的赠与,因税捐稽征实务上认为赠与效力在赠与时已发生,所以即要对赠与人课征赠与税,然因将来之债的给付在将来才能实现,所以如要在赠与时便课税,就必须计算该赠与之债在赠与时的现值为其税基,因此引起折现标准之选取,及其如果不准时,当如何调整的问题。该问题特别存在于殖利率不确定之将来股利债权的赠与或孳息他益信托("遗产及赠与税法"第5条之1、第10条之2)。

③ Henkel, *Einführung in die Rechtsphilosophie*, 1964. §26.

④ Arthur Kaufmann, 2. Aufl., Rechtsphilosophie, München 1997, S. 148.

⑤ Henkel, aaO. S. 291; Larenz, *Methodenlehre der Rechtswissenschaft*, 5. Aufl., Springer 1983 S. 401ff.; Esser, *Grundsatz und Norm*, 2. Aufl., 1964 Tübingen, S.101ff.

三、法理念之现代内容的扩展

（一）公平因素之扩展

法理中所称之法理念,传统上原指平等性意义下之正义。当中所谓平等,纵使没有关于"相同"之认定上的疑难,而且真能办到"法律之前人人平等":等者,等之;不等者,相应其不等而为处理,其结果,亦可能只是办到对人人一样的坏,而不一定是一样的尽可能的好。由于平等性仅形式上要求法律之前人人无差别之平等对待,而未顾及其对于人民之平等对待的实质:可能是一样好或一样坏,而且未要求其应该是尽可能的好。所以,后来在公平之范畴内,Gustav Radbruch 主张对法理念,在平等性意义下之正义中,另注入一些实质性的因素,以充实其内容,确保其在规范上之合目的性及法安定性。于是,公平意义下之法理念因素扩展为:（1）平等性之正义（Gleichheit als Gerechtigkeit）;（2）合目的性（Zweckmäßigkeit）:适情合于财政目的、经济目的、社会目的、政治目的、文化目的;（3）法之安定性:实证性（Positivität）、实用性（Praktikabilität）、稳定性（Invariabilität）、明确性、溯及适用之禁止。

然这些法理念间可能存在矛盾。关于合目的性与平等性间之矛盾:有时为一定之目的而违反平等性,例如为促进经济发展或为弥平企业活动之正面外部性,而违反平等原则,给予特定企业税捐优惠。关于合目的性与法之安定性间之矛盾:为保护交易安全,而牺牲静态利益,保护动态利益,建立善意取得、表见代理制度。另亦有为新秩序之安定性牺牲旧秩序之安定性,以建立新的和平秩序。此为法安定性与法安定性间之自我冲突,例如时效取得或时效消灭（诉讼时效）制度、既判力、习惯法之承认等。其中比较尖锐之冲突为:关于溯及效力的主张,片面立法将国家对公教人员之劳务待遇中关于退休金的给付关系定性为恩给,从而使之质变为不受法律保护之自然债务,国家得随意增减给付。关于安定性与平等性或正义间之矛盾,表现在恶法亦法的主张。[1]

关于平等性、合目的性与法之安定性间之矛盾情形,Gustav Radbruch 总结评述如下:[2]"正义、目的性及安定性为法理念之三个面相。虽然这些因素相互间可能有尖锐的矛盾,他们还是在方方面面共同管控着法。可是在不同的时代可能偏重于一个或另一个原则。例如在警察国家,尝试使合目的性原则优越于其他原则,政府对案件之非法干预的优势地位毫不迟疑地将正义及法安定性推到一边。又如在自然法时代,试图由形式之正义原则变出全部的法内容,并同时赋与效力。另如在过去之法实证主义的时代,呈现最为灾难性之片面性,只看到法之实证性及安定性,使植基于有计划之合目的性及正义之探讨的法停摆,法哲学及法政策学几十年中几乎陷于沉寂。不过,该先后交替时代之片面性正好适合将法理念之充

---

① Gustav Radbruch, *Rechtsphilosophie*, 7. Aufl., Stuttgart 1970, S. 168ff.

② Gustav Radbruch, *Rechtsphilosophie*, 7. Aufl., Stuttgart 1970, S. 173.

满矛盾的多面相性,展示出来。"

当中之目的性因素,必须:(1)合于宪法所定之目的。例如必须是"为防止妨碍他人自由,避免紧急危难,维持社会秩序,或增进公共利益"。(2)有法律为依据。(3)符合比例原则。

比例原则指:"一、采取之方法应有助于目的之达成。二、有多种同样能达成目的之方法时,应选择对人民权益损害最少者。三、采取之方法所造成之损害不得与欲达成目的之利益显失均衡。"("行政程序法"第 7 条)

在形式上,有谓"平等是民主的伦理。民主是正义之基础形式,应以平等原则为其最高的指导思想"[1]。民主之最原始的表现形式为"一人一票,票票等值;自己决定,自己负责"意义下之形式民主。在实践上要确保其产生符合正义之完善的治理结果,证诸古今中外之施行的结果,还系于诸多先决要件。不论是何种政治体制,最终的困难都归结到,由谁决定,由谁如何为最完善之治理。"由谁决定"是最原始之"民主"主张的问题,其功能在于启动参与的热情与活力。"由谁如何为最完善之治理",因涉及"价值"与"名器",容易产生"当仁不让"或"舍我其谁"之固执。所以"价值之相对性"的认识,以及对不同意见之忍让、包容的涵养,在民主制度之建立便很重要。[2] 必须通过诚心诚意、殚精竭虑、世代相续理性之实践的过程,才能逐步落实。[3] 民主之路,必须面对做决定而不需负责之平均政治人,他们不像经济人,事事必须自己负责。因此,不一定有做决定时所需之足够理性或有成熟的知识。是故,忧天下之忧者,必要时,或不得已时,要能忍一时,以让他人接续完成千秋大业。然人有寿限,此一时,彼一时,如何后继有人,时时相续,重于一切。

这是需要智慧与耐心的工作。不但尚无一蹴可就的模式可资依循,而且纵使已有所成,亦不乏因一时放松,而前功尽弃的实例。其中成败关键之一,在于如何在形式民主中,注入能够兼顾法理价值之实质因素,同时体现实质民主,以在维系普遍参与之形式时,能够透过专家之系统的(公开)论证,确保决策质量,避免形式民主之民粹化倾向。在法治建设上,"形式"与"实质"民主固然相辅相成,但分别有其实践之时空条件的制约,不能无条件地加以绝对化,必须审时度势,善加运用,始能自然互相促进,发挥最佳之效果。

以上为公平意义下之法理念。

(二)由公平扩展至效率

传统上以正义为法规范所取向之基本价值。该基本价值由于经济学及社会主义之兴起有崭新的演进。在正义意义下之法理,偏重于法规范之"公平"面的价值,然后来经济学之发展,特别是从市场经济意识到经济"效率"的重要性。发现没有效率的制度,不足以在尽可能的程度,实现各种期望的理想。因此,在规范的领域引入经济的效率因素,要求在法律制度的规划、设计与实施,必须从事经济分析,以便在公平与效率有冲突时,能比较周全地权衡其

---

[1]　Arthur Kaufmann, 2. Aufl., Rechtsphilosophie, München 1997, S. 152.

[2]　Arthur Kaufmann, 2. Aufl., Rechtsphilosophie, München 1997, S. 207ff.

[3]　Arthur Kaufmann, 2. Aufl., Rechtsphilosophie, München 1997, S. 298.

间之短期或长期的利益。以从事一时的或永久的取舍决定，[①]例如资源分配效率与正义、消费者保护及环境保护与效率、市场结构（独占或优势企业）或其市场行为的管制与效率。[②]

经济效率主要源自市场之公平的竞争机能。其维护必须借助于公平交易法（不正当竞争及限制竞争行为禁止法）、经济管制法（矫正负面外部性）、经济补贴法（填补正面外部性）、政府采购法（避免扭曲市场竞争秩序）、消费者保护法、公司法及关系企业法、劳工法（劳工共同决定权、劳工教育、职业训练、健康职灾及职病保险）、商品标示法及证照制度，以维持交易秩序、降低交易成本、启动市场机能。其功能在：建立交易秩序、降低交易成本（信息不对称与商品标示、证照），或启动市场机能（建立及维护竞争平台，对经营成果提供制度保障，健全心安理得之致富观念，鼓励捐助公益，并予适当表扬）。

（三）由效率扩展至和谐

在建立市场经济及私有财产制度后，经过运转一段时间，很快的会发生，财产及经济力量趋于集中使一部分人先富起来的现象，引起贫富之间的矛盾。首先关于人与人的关系，引起劳工与雇主间、大股东与小股东间、大企业与小企业间、关系企业间、企业与消费者间之经济利益的矛盾；关于人与环境的关系，引起经济发展与环境保护之冲突。另因国家经由市场参与（投资与采购）、经济管制及经济补贴，对于经济产生之重大影响有如超级大企业集团。以上现象最后总结为所得或财产之分配不均，常使富者之资源使用效率下降，经济弱势者之生存与发展受到威胁。因此，制度上如何鼓励乐善好施、打开善门、济弱扶倾，确保人人皆有可自力更生的机会，极其重要。

于是，在法规范之"公平"及市场经济之"效率"外，必须导入维护国家民族、经济、社会永续发展，以及保障经济弱势者符合人性尊严之生存及发展可能性之社会主义的价值因素：（1）透过教育、职业训练、就业及创业辅导，改善个人及中小企业之营生条件或环境，（2）健全工作、安全、卫生及健康保险，（3）健全失业及退休之生活保障，（4）健全学生、劳工及社会住宅制度，保障学生、劳工及低收入户之居住需要，（5）受薪者储蓄投资之辅导与保障，（6）健全医疗产业及公共卫生之基础建设，确保其能普遍提供一定水平之社会保险给付，以及一定能量之援外需求，（7）矫正因市场经济之运行所造成之贫穷问题，避免最后损及市场效率之缺失，[③]以维护国家民族、经济、社会永续发展，缓和贫富不均。社会照顾的价值在德国通常以社会国家原则或社会均衡原则（Das Prinzip des sozialen Ausgleichs）[④]概括之，值得参考。

---

① 关于效率与公平难以兼得时，其权衡取舍（a trade-off between efficiency and equity）请参见（N. Gregory Mankiw, *Principles of Economics*, 6th Ed. 2012, p, 251；R. Glenn Hubbard/ Anthony P. O'Brien, *Economics*, 2006 Pearson Education Inc. pp. 9-10.

② SchäferOtt, Lehrbuch der ökonomischen Analyse des Zivilrechts, 2. Aufl., Springer 1995, S. 5ff.

③ SchäferOtt, Lehrbuch der ökonomischen Analyse des Zivilrechts, 2. Aufl., Springer 1995, S. 6ff.

④ Larenz, Richtiges Recht, München 1979, S. 132ff.

四、民法总则所含之法理因素

台湾地区"民法"第 1 条规定："民事，法律所未规定者，依习惯；无习惯者，依法理。"该条明文肯认法理为规范民事的法源之一。[①] 然法理所指为何，并无明确之内容。所以，究诸实际，该条规定等于只是对于法院关于补充法律漏洞之一种空白的概括授权。[②]

原《中华人民共和国民法总则》虽未将法理明定为其渊源（法源），然上述与法规范有关之基本思想仍表现于原《中华人民共和国民法总则》第 1 条关于立法目的之规定："为了保护民事主体的合法权益，调整民事关系，维护社会和经济秩序，适应中国特色社会主义发展要求，弘扬社会主义核心价值观，根据宪法，制定本法。"

其中关于保护民事主体的合法权益及维护社会和经济秩序，可归类为法规范之"公平"及市场经济之"效率"价值，"适应中国特色社会主义发展要求，弘扬社会主义核心价值观"当可归类于"社会价值"。因当其适当实现，会呈现"和谐"的结果，所以不妨以"和谐"概括社会主义之最终价值，扼要地将社会"和谐"与法律"公平"、经济"效率"相对应，充实现代法理的价值内容，以之为目标，逐步在实践中，予以具体化成为现行实证法的价值与内容。

五、法理之渊源地位的立法技术

法典化上利用之立法技术主要有概括性规定方式：抽象化的及一般化的方法（abstrahierende, generalisierende Methode）及例示性规定方式：例示的方法（kasuistische Methode）[③]。

（一）概括性规定方式

所谓概括性规定方式：抽象化的及一般化的方法，指利用抽象化的及一般化的概念，表

---

① "大法官"蔡明诚在释字第 736 号之协同意见书："……如法律所未规定者，依习惯，无习惯者，依法理，此为'民法'第 1 条所明定，亦即法理得作为法源，以补充法律规定之不足。"

② "大法官"黄茂荣在释字第 668 号之协同意见书："……按'民法'第 1 条规定：'民事，法律所未规定者，依习惯；无习惯者，依法理。'关于民事法之法律漏洞的补充，该条规定系'立法机关'对于司法机关之概括授权。所以，在'立法机关'长期未就上述漏洞为补充，且已引起司法机关在裁判上之法律意见不统一的情形，自有由司法机关，特别是由'司法院'透过统一解释补充该漏洞，以消弭相关纷争的必要。"

③ 关于民法典之立法所需考量的问题，德国关于其 2000 年前后关于其新民法典的编纂过程及经验，在立法理论及实务的思维，皆有许多值得借镜的资料可供参考。其简约的介绍，可参见 Beck-Verlag 为其民法典小册子之发行，请 Dr. Helmut Köhler 教授纂写之导论（Einführung）（Bürgerliches Gesetzbuch, 81. Aufl., 2018, S. IX～XXXI）。

示其规范意思的内容。当中,按所使用之概念之抽象程度及逻辑关系,构成一般规定与个别规定,形成其规范体系。① 例如台湾地区"民法"(总则)第1条及《瑞士民法》第1条。不过,其在概括中亦尚有例示之规定。概括性规定之意义为:(1)肯定法体系之开放性;(2)授权法院补充法律漏洞。

关于法理,有明文概括规定得为适用者,例如:台湾地区"民法"第1条便继受《瑞士民法》第1条的规定。②

(二)例示性规定方式

在例举式之立法方式(kasuistische Methode),会有比较多的例示(例如原《中华人民共和国民法总则》第5章民事权利的规定便具有例示的特征)。例举式之立法方式虽然易懂,但不易周全。易懂与周全,在立法规划上难以完美兼顾,其极端又难以克服其分别所具的缺点。所以发展的结果,实际上只能力求在适当处,给予折中的处理,以使所拟之法典,能够尽可能周全,而又易懂。其方法为例示后,再以"其他具相同特征之情形,亦同"的方式,予以概括。③ 例如原《中华人民共和国民法总则》第1条至第9条,以及德国民法对法理之渊源地位没有概括规定但有散置民法中之例示规定。

关于法理无明文概括规定,得为适用者,例如原《中华人民共和国民法总则》第10条规定:"处理民事纠纷,应当依照法律;法律没有规定的,可以适用习惯,但是不得违背公序良俗。"《德国民法典》总则亦无与《瑞士民法》第1条之相当规定,但关于法理有散置于民法各

---

① 崔建远:《债法总则与中国民法典的制定》,《清华大学学报(哲学社会科学版)》2003年第4期。

② 《瑞士民法》第1条(法之适用)规定:"法律适用于依其文义或解释,对之含有规定之一切法律问题(第1项)。如不能由法律取得规定,则法院应依习惯法,在无习惯法的情形,依其自居于立法者将制定之规定裁判(第2项)。当中,法院应依循可靠的学说及传统(第3项)。"该条第2项前段首先明文规定,无法律时,其所备位引用者为习惯法,而非事实上之惯行。后段则明白授权法院得为法律补充。第3项规定在为法律补充时,应依循可靠的学说及传统,而没有提到法理。另《瑞士民法》尚有下列引导规定。《瑞士民法》第2条:行为应依诚实信用原则;第3条:无过失之善意(不知情)的保护;第4条:法院之裁量应依法及衡平为之;第7条:债法之中关于契约之发生、履行及消灭的一般规定亦适用于其他私法关系;第8条:举证责任;第9条:公文书之证据力。

③ 例如原《中华人民共和国民法总则》第123条规定:"民事主体依法享有知识产权(第1款)。知识产权是权利人依法就下列客体享有的专有的权利:(一)作品;(二)发明、实用新型、外观设计;(三)商标;(四)地理标志;(五)商业秘密;(六)集成电路布图设计;(七)植物新品种;(八)法律规定的其他客体(第2款)。"其第2款即是采先例示后,再以其他项予以概括的规范方式。

编之规定。[①]

六、法理在法律位阶上的地位

(一)由抽象程度所构成的位阶

法律所使用之概念在逻辑上的抽象化程度,有高低之别。例如买卖之抽象化的程度比有偿契约低,有偿契约之抽象化的程度比契约低,契约之抽象化的程度比法律行为低。由抽象化的程度,决定下来的位阶,对其有关规定之适用顺位的影响是:原则上在体系构造中之下位阶者(抽象化程度低者)优先于上位阶者(抽象化程度高者)受适用。亦即在同一概念体系上含有要件要素之特征越多者,其规定应优先受适用。此即是法律竞合理论上所称特别法优于普通法或具体法优于一般法的原则。但该排斥原则之适用以其分别规定之法律效力有排斥性为前提。有偿契约与无偿契约在逻辑上,其抽象化程度属于同位阶之类型。所以,法律分别对于有偿契约或无偿契约所做之规定,原则上固分别适用于有偿契约或无偿契约。例如当有偿契约的效力规定与无偿契约的效力规定不同时,有偿契约具有排斥性的效力规定,只适用于有偿契约;无偿契约具有排斥性的效力规定,也只适用于无偿契约。例如(1)"民法"第535条规定:"受任人处理委任事务,应依委任人之指示,并与处理自己事务为同一

---

① 例如:就诚信原则,关于契约之解释规定于第157条,关于条件之成就或不成就规定于第162条,关于债务之履行规定于第242条,关于部分不履行之同时履行抗辩规定于第320条,关于阻止成果之达成规定于第815条。关于无过失之善意(不知情)的保护,规定关于文书或动产之占有之权利推定的信赖保护(第405条、第720条、第851条、第926条、第932条、第933条、第934条、第937条、第945条、第955条、第957条、第990条、第991条、第1007条、第1058条、第1207条、第1208条、第1244条、第2024条、第2025条)。关于举证责任之分配,除就一些情形有具体规定外,主要还是根据实体法之规定结构,依规范说分配客观之举证责任。特别值得注意者为,关于给付不能(第283条)、关于债务人主张债务已履行(第345条)、关于消费者之撤回权之期间的开始(第361条)、关于物及权利之瑕疵(第363条)、关于租赁之终止(第543条)、关于受雇人之责任(第619a条)、关于医疗人员之过咎(第630h条)。关于危险负担之移转,第477条规定:"自危险负担移转时起六个月内,显示物之瑕疵者,推定该物在危险负担时已有瑕疵。但该推定与该物或瑕疵之种类不符者,不在此限。"德国民法虽无法院得依循可靠的学说及传统,或法理为法律补充之明文规定,但学说上认为,"在法律有漏洞时,法院有权补充法律是没有疑问的"(Larenz, *Methodenlehre der Rechtswissenschaft*, 6. Aufl., Springer-Verlag 1991 S.370)。

之注意,其受有报酬者,应以善良管理人之注意为之。"(2)无偿契约之要物的悔约规定,[①]只适用于无偿的使用借贷,而不应适用于附有利息约款之有偿的消费借贷。[②]

"民法"第 422 条、第 760 条[③]分别是关于不动产租赁或移转、设定的要式规定。它们是契约或法律行为之方式自由的限制规定。其所以有相同之要式规定,乃因其同为不动产之重要的使用或处分行为,足以深入影响不动产所有权人之利益。然对一般案型及具体案型所作之重复规定间,并不当然皆处于互不两立的关系。它们也可能处于互相补充、印证的关系。例如规定于"民法"债编分则之第 487 条,主要即在于重申规定于"民法"债编总则之第 267 条的"损益相抵原则"[④],它们之间并无排斥性。另债法所定之契约责任或侵权责任,是否互相排斥,学说的发展,由排斥说,再演变为请求权竞合说,最后再演变为请求权规范竞合说。在请求权规范竞合的情形,不一定皆是契约规定优先于侵权规定;反之,侵权规定也不

---

① 无偿契约之要物的悔约规定,指对无偿契约附以法定之"要物"的随意条件,以无偿契约之债务人履行其因该无偿契约所负之债务,为该债务契约之生效要件。附有此种随意条件之契约称为"要物契约"。"要物要件"之延伸,使消费借贷之贷与人,为证明消费借贷契约之生效,应负已交付借款事实之举证责任。因之,台湾地区"最高法院"1980 年第 27 次民事庭会议决议:"消费借贷契约为要物契约,因借用物之交付而生效力。甲提出借据(借用证),如未表明已收到借款,尚不足证明其交付借款之事实,如经乙争执,仍须就交付借款之事实负举证责任('本院'1966 年台上字第 952 号、1968 年台上字第 2674 号及 1969 年台上字第 990 号判决)。至于借据即借用证有未表明已收到借款,则属事实之认定问题。"另台湾地区"最高法院"2015 年台简抗字第 220 号民事裁定:"本票虽为无因证券,然发票人非不得以自己与执票人间所存之抗辩事由对抗执票人。又金钱消费借贷为要物契约,须当事人间互相表示借贷之意思一致,且贷与人将金钱之所有权移转于借用人,始生效力。票据执票人倘主张其执有票据之原因为消费借贷,而经发票人否认时,对其已交付借款事实,自应负举证责任。"

② "民法"第 465 条原规定:"使用借贷,因借用物之交付而生效力。"第 475 条原规定:"消费借贷,因金钱或其他代替物之交付而生效力。"该二条分别将使用借贷及消费借贷规定为要物契约。唯后来皆被删除,而代以第 465 条之 1:"使用借贷预约成立后,预约贷与人得撤销其约定。但预约借用人已请求履行预约而预约贷与人未实时撤销者,不在此限。"及第 475 条之 1:"消费借贷之预约,其约定之消费借贷有利息或其他报偿,当事人之一方于预约成立后,成为无支付能力者,预约贷与人得撤销其预约(第 1 项)。消费借贷之预约,其约定之消费借贷为无报偿者,准用第 465 条之 1 之规定(第 2 项)。"其实该预约,本来系因"民法"第 475 条未区分消费借贷是否附有利息或其他报偿,而一概规定为要物契约,所造成关于有偿消费借贷之漏洞,而做之法律补充的规定,用以目的性限缩第 475 条之适用范围,将有偿消费借贷排除在外。然"立法者"在关于消费借贷之修法时,因没有正确了解要物规定之正确的规范机制,以致修法,以"撤销"之赋与,替代"要物要件",并同时累及使用借贷。其中之不妥,由如果使用借贷及消费借贷未经规定为要物契约在先,何来使用借贷及消费借贷之预约,亦可明白。

③ "民法"第 760 条已删除,取而代之者为"民法"第 166 条之 1 第 1 项规定:"契约以负担不动产物权之移转、设定或变更之义务为标的者,应由公证人作成公证书。""民法"第 760 条本来只要求不动产物权之移转、设定或变更之物权契约应以书面为之,而后来竟因负担不动产物权之移转、设定或变更之义务的债权契约,无要示规定,二者不协调,而将之删除。代之以"民法"第 166 条之 1 规定其债权契约应经公证。该公证要件因与民事习惯不符,且增加不动产之交易成本,因此,在施行上遭遇困难。实际上大都还是以物权行为之书面代之,并于完成登记后,依"民法"第 166 条之 1 第 2 项,发生效力。这是法律规定因与交易习惯不符,而实际上未能获得遵守之重要案例。

④ 关于法条或法律规定间之竞合关系,请参见黄茂荣:《论法条之存在上及法律适用上的逻辑结构》,载《戴炎辉先生七秩华诞祝贺论文集》,成文出版社 1978 年版,第 179 页以下。该文经修正后收录为本书第四章。

一定皆优先于契约规定。关于注意义务,如果契约规定不同于侵权规定,原则上契约规定优先于侵权规定。例如关于承租人就租赁物之失火责任,"民法"第434条特别规定:"租赁物因承租人之重大过失,致失火而毁损、灭失者,承租人对于出租人负损害赔偿责任。"而依"民法"第184条第1项前段,行为人应为其(轻)过失,不法侵害他人之权利,负损害赔偿责任。前述规定之竞合,结果应适用"民法"第434条关于租赁契约之特别规定,承租人仅就重大过失烧毁租赁物之行为,负损害赔偿责任。

(二)由负荷之价值所构成的位阶

在因概念所负荷之价值的根本性构成的位阶,基于其价值之根本性的高低,原则上,"上位阶者"优于"下位阶者"。然除非其上位阶之规范内容已足够地被具体化出来,达于适用上所需之明确性的程度,该优势主要透过"下位阶之规定"不得抵触"上位阶之规定"的方式,而不是以"上位阶者"优先于"下位阶者"受适用的方式表现出来。此所以"法理"因其未经足够具体化,只能够在法律未规定,且无习惯时,始得补充地被引用的道理。然切莫因此忽略了最终透过司法裁判,法理对法律及习惯之实质妥当性的监督机能,以及其监督在法律价值系统之建立与促进的意义。

1.法理对法律的监督功能:恶法非法

"民法"第1条授权法院,候补地引用"法理"处理"民事"问题。该授权之意义为承认法院针对个案补充法律漏洞的权限。关于法理之补充法律的功能,由于法律文义已臻明了,对之一般多无异议。不过还是必须注意,犹如台湾地区宪制性规定中与基本权利有关规定,对于私法关系之直接适用,有其内容必须已明确,以及已经实证法化(positiviert)的要求。法理之直接适用在法制上,亦有类似的要求。此即"法理"或"法原则"之实证法化在其适用上的必要性问题。[①] 反之,对法理之监督法律或习惯之妥当性的功能,则因法律对之并未为明文规定,而常被忽略,或甚至予以否认。这里面涉及的问题犹如"恶法非法"和"恶法亦法"之间的争辩。苟认为"恶法亦法",当然没有承认法理具有监督法律妥当性之功能的余地。唯若认为"恶法非法",则法理对法律之妥当性的监督功能便成了自明的道理。

2.诚信原则对契约的监督功能:恶约非约

这种关系也表现在契约与诚实信用原则之间。契约除经引用任意规定,而尚有漏洞时,得引用诚实信用原则补充其漏洞外,契约约款的妥当性也受诚实信用原则的监督,此为诚信原则之框架功能(die Schrankenfunktion)[②]。德国原《契约一般条款法》在第9条肯定该法律思想。该条规定:"在契约一般条款中,其规定违反诚实信用原则,过分不利于相对人者,该规定无效(第1项)。有下列情形之一者,有疑义时,推定为过分不利:(1)与法律规定不同之条款,违反该法律规定重要之基本精神者,或(2)由契约之性质所导出的基本权利或义务,

---

① Esser,Grundsatz und Norm,2. Aufl.,1964 Tübingen,S. 132ff.

② Esser,Schuldrecht,2. Aufl.,1960 Karlsruhe,§ 31,1 b)(S. 100).

因受限制,以致危及契约目的之达成者(第 2 项)。"①

该条规定已经修定纳入新《德国民法典》第 307 条(内容之控制)规定:"一般契约约款中之约款,违反诚信原则,过度不利于约款使用者之契约相对人者,无效。约款不清楚或不能理解者,亦是过度不利(第 1 项)。一个约款有下列情形之一者,有疑义时,应认定为过度不利:(1)与所排除适用之法律规定中的基本思想不符,或(2)自该契约所生基本权利或义务受到限制,致其契约目的之达成陷于危险者(第 2 项)。第 1 项及第 2 项及第 308 条第 309 条只适用于契约一般约款中之约款,且其约定排除法律规定或补充该规定者。其他约款得依第 1 项第 2 句连结第 1 项第 1 句而无效(第 3 项)。"台湾地区"民法"与之相当者为第 247 条之 1 规定:"依照当事人一方预定用于同类契约之条款而订定之契约,为左(下)列各款之约定,按其情形显失公平者,该部分约定无效:一、免除或减轻预定契约条款之当事人之责任者。二、加重他方当事人之责任者。三、使他方当事人抛弃权利或限制其行使权利者。四、其他于他方当事人有重大不利益者。"②

3.正法思想在实证法上的基础

由实质的,亦即由妥当性的观点,处理规范间之这种上下位阶的关系,在实务上并不像理论上用"恶法非法"一句话便可以解决。因此,为实务运作上的方便,通常将该法律思想用"形式意义之法律"表现出来。这便是"法律与宪法抵触者无效"及"命令与宪法或法律抵触者无效"等规定的由来。这些规定使得"恶法非法"的法律思想获得实证法的基础,从而一方面在上位阶规范所承认之价值的限度内,能够省去关于"恶法"是否应该"非法"的争辩,另一方面也确定了"恶法"的标准。在这里已经可以看到利用"形式"或"外在逻辑"来控制"实质"或"内在价值"的设计。

4.法理在民事法上的地位

"民法"第 1 条规定:"民事,法律所未规定者,依习惯;无习惯者,依法理。"就该条规定之文义观之,法理在民事法体系上之地位似乎仅在于候补于法律、习惯法及事实上之习惯,充为补充法律之材料。唯现代法治国家莫不要求形式意义之法律,③至少在经由解释后,必须

---

① 关于该条之详细注释,请参见 Brandner in Ulmer-Brandner-Hensen, AGB-Gesetz, 3. Aufl. §9。契约一般条款的监督为实现契约上之正义的必要措施。在就决定如何监督所需的了解,还不够深入前,主要还是要仰仗法院妥善引用诚实信用原则加强监督。不对契约一般条款进行必要之监督足以促成滥用经济权力(优势)之气候的形成。那种气候足以广泛而且彻底地摧毁一个正直社会所赖以维系之向善的意志。像"……保证人抛弃'民法'债编第 24 节保证各法条内有关保证人之权利"便是一个极端偷懒,而又嚣张之定型化契约的约定,亟待法院否定其拘束力。

② 台湾地区"民法"第 247 条之 1 与《德国契约一般条款法》(ABG)第 9 条的规定意旨虽相近,但关于举证责任的分配,仍有重要不同。关于是否有"按其情形显失公平"之情形,依"民法"第 247 条之 1,约款之使用人的相对人负举证责任,而依《德国契约一般条款法》第 9 条第 2 项规定,关于其一般约款之规定是否有"违反诚实信用原则,过分不利于相对人"之情形,"有疑义时,推定为过分不利",亦即一般约款使用人负举证责任。

③ 所谓绝对的或严格意义之形式意义的法律,指经立法机关制定之法律,亦即适用国会保留意义下之法律。非国会保留意义下之法律则另含经立法机关在其制定之法律中授权行政机关制定之法规命令。此为民主原则之不等程度的实践。

符合正法的要求,亦即法律规范必须符合实质意义之法律的要求。申言之,在受"绝对的形式的法律保留"(国会保留)之要求的法律(例如税捐法、刑法),至少其不利于人民之规定,必须兼符形式意义之法律及实质意义之法律资格的要求;在不受"绝对的形式的法律保留"之要求的法律(例如民法),虽不要求其法律必须为形式意义之法律,但必须为实质意义之法律。该观点即为恶法非法。是故,法理在法律体系上的地位,当不止于候补法源,当还兼具供为审查法律之标准的功能,以认定其是否符合正法要求。该审查活动对恶法之修正而言,具有补充法律的意义。法理与习惯法在具体化的程度不同。习惯法已将其规范意旨明确地构成要件化,从而能被直接适用于个别案件;反之,法理则尚仅属于一些抽象的正法价值观点或原则。其具体化尚未达到能供法官直接适用于个别案件的程度。① 因此,引用法理补充法律前,尚必须就法理进一步加以具体化。该具体化的工作,常由学说或实务在日积月累的努力中逐步完成。此即学说对实务之准备工作,以及实务在个案处理上之演进法律或造法的功能。

5.正法思想在实务上之实践的障碍

虽然,法律与宪法抵触者无效,然其有关规定的适用,因囿于既成的事实,在实务上不是毫无问题。例如是否宣告一个违宪的法律或命令无效,除了必须考虑已经依该法律或命令所形成的法律状态(法律安定性)外,还必须考虑立法机关是否能及时制定一套法律,以取代该违宪的法律,以及在宣告该法律无效后,至合宪的法律制定生效前,所涉及之法律事实应如何处理的问题。这种问题通常可用司法解释(或判决)之"溯及效力"或"滞延效力"称之。②

关于这些问题 Wilhelm Karl Geck 教授于 1981 年 3 月 16 日在台大法学院所作演讲中,对德国的情形曾经作了以下说明。Geck 教授略谓:"就抽象的法规审查(abstrakte Normenkontrolle)程序,《德国联邦宪法法院法》第 78 条规定:宪法法院如认为联邦法抵触基本法,或邦法抵触上位阶之联邦法,则应宣告下位阶之法律无效。依基本法第 100 条第 1 项,该规定亦适用于具体的法规审查(konkrete Normenkontrolle)。这些判决并具有法律的效力。此外,联邦宪法法院过去还依据《德国联邦宪法法院法》第 78 条的立法史在其一贯之判决中,判认法规之无效的宣告,原则上一直溯及自其抵触上位阶之法律生效时发生效力

---

① O. A. Germann, *Probleme und Methoden der Rechtsfindung*, 2. Aufl, 1967 Stämpfli, S. 156:"自方法论的观点,必须强调:原则上一般的法律原则,尚非可以不再加以处理,即可用来作为裁判个别案件的依据。……纵使对于一个法律原则没有争议,而且已经学说论证及阐明,然苟非仅事关法律原则之消极作用,否则,为在实务上直接将之适用于特定案件,尚必须经由法律补充。该必要性并不因该法律原则业经着于实证法中之一部分,而有所不同。是故,就像法律已明文规定(法律适用者)得如立法者般造法,或得衡平裁量,或得准用等情形,其涉及之规定皆非可直接适用于个别案件之法律规定。为将之适用于个别案件,尚须利用补充法律的方法始克为之。正像探讨一般法律原则,利用补充法律之方法,使上述法律原则可适用于个案,亦属于学说的重要任务。"

② 以该司法解释(或判决)之公布时点为准,其使经宣告为"违宪"之法令自始无效者,该司法解释(或判决)对于施行在其公布前之法令有"溯及效力";其使经宣告为"违宪"之法令自该司法解释(或判决)公布时起,或公布后一定期间时起,始无效者,该司法解释(或判决)对于施行在其公布前之法令有"滞延效力"。然在后一情形,就声请解释之原因案件,还是得据该将系争法令宣告为"违宪"之解释,声请再审或非常上诉("行政诉讼法"第 273 条)。另参见释字第 177 号、第 185 号、第 193 号及第 725 号解释。

[BVerfGE 1，14(37)；21,292 (305)]。其批评者认为,由于如此废弃法律为联邦宪法法院之专属权,因此其对形式的议会制定法违宪的确认,应直自判决时方始生效,亦即该判决应是'创设的'(konstitutiv)判决。这批评至目前虽尚未被广为接受,但近来联邦宪法法院亦常以不同的方式背离与宪法抵触之法律依法当然无效的原则。例如仅宣告系争法律'抵触宪法',而不同时作《德国联邦宪法法院法》第 78 条所规定之无效的宣告[BVerf GE 51，193(221)]。法院在一些案子中,甚至宣告系争违宪的法律至所定之期日前继续有效[例如 BVerfGE 33，1(13)；41,251(266f.)]。这种案子大多数的情形是涉及立法者在制定奖助规定时,违宪地忽略了某一团体。在这种情形,假设联邦宪法法院将该违反平等原则之法律宣示为违宪,从而无效,则不但该被忽略之团体还是不能因而获得奖助,而且会使其他本当获得奖助的团体也连累地丧失其依该法律所能获得之给付[BVerfGE 52，369(379)]。另外一些例子是,法院认为一下子用来取代违宪之法律规定的那种空白,会引来不能承受的后果。例如德国联邦宪法法院曾以德国之营业税法违反平等原则为理由,宣告其部分违宪。不过,该法院认为'部分无效'之宣告为不可能,盖其'合宪部分'与'违宪部分''不可分'。而国家却不能放弃'全部'之营业税法,盖营业税的税入在当时,占德国联邦之税入 41%。即使仅仅一年丧失该笔收入皆足以引起联邦财政的重大灾难。于是,该法院便以暂时地让该部分违宪之法律继续有效,对该受不平等处遇之宪法诉愿人并非不可忍受,以及立法者已在努力制定合宪的解决方案,并将在相当期间内提出为理由安慰自己[BVerfGE 21，12(39ff.)]。

"在另外一个案子,联邦宪法法院虽然确认,萨尔邦法中关于邦议会之某些规定违反基本法,但却不宣告其无效。该判决认为,废弃该法律的结果,会使选出之邦议会议员中有一部分丧失其身份上所必须的法律基础。于是,该法院便让该法律至该次立法会期届满前继续有效,并课邦议会以义务,在该次会期内制定合乎宪法规定之新法律,这便是所谓之'要求创制的判决'(Appel-Entscheidung)。宣告法律违宪时,联邦宪法法院有时会提示立法者,该法律必须具有如何之规定,方始合乎宪法的要求[BVerfGE 40，296(328ff.)]。

"不宣告'违宪之法律'无效的理由原则上是对的。不过,这种与《德国联邦宪法法院法》第 78 条之文义互相违反的做法却也很有问题。同样地宪法法院在这里所享有的斟酌余地也大有商榷余地。为解决这些难题,最好或该修改法律,但确实也不知如何表达方始允当。此外,联邦宪法法院在其宣告法律违宪的判决中,就新的合宪法律应该如何,指示立法者的做法,纵使并不一直引起立法者对之感到不快,但也一样地有检讨的必要。"①

七、法理在民事法体系中的地位

法理在民事法体系中的地位,决定法理之存在的态样。关于这个问题可以分成两方面

---

① Wilhelm Karl Geck,于 1981 年 3 月 16 日在台湾大学法学院的讲稿 Das Bundesverfassungsgericht und seine Zuständigkeiten, S. 37f.。在 Geck 教授上述演讲中所提及的情节,同样一一先后发生在"大法官"就税捐法所做之解释中。详请参见黄茂荣:《法学方法与现代税法——税法总论第一册》,植根法学丛书编辑室 2012 年增订 3 版,第 206 页以下;《税法解释与司法审查——税法总论第二册》,植根法学丛书编辑室 2015 年增订 3 版,第 255 页以下。

加以说明:(1)法理与实证法之关系,(2)法理之存在态样。兹分述之:

(一)法理与实证法之关系

法理与实证法之关系有三种态样:(1)存在于法律明文,(2)存在于法律基础,(3)存在于法律上面。

1.存在于法律明文

存在于法律明文之法理,系指直接存在于制定法甚至习惯法之明文中的法律原则。[①]存在于法律明文中之法理,例如"民法"第2条规定:"民事所适用之习惯,以不背于公共秩序或善良风俗者为限。"第148条第2项规定:"行使权利,履行义务,应依诚实及信用方法。"[②]这些原则虽皆因已规定于法律中,而具有实证法上之明文规定的地位,法官应受其拘束,然是否得直接以之为请求权的发生基础,尚待于具体化或逐一检证。比较肯定的是:得以之为如何行使权利,或如何履行义务的准绳。

2.存在于法律基础

本类型所称之法律原则,"虽然并不以原则的型态为宪法或法律在其规定所明定,但在宪法或法律之规定中,终究已有规定以该原则为其规范基础"[③],亦即以该法律原则之实践为其立法目的。在私法上,民法虽显以私法自治原则、契约原则、契约自由原则、[④]私有财产应予保障、[⑤]自己

①　通常虽称习惯法为不成文法,但实际上习惯法并非不形诸文字,而只是非以制定法的形式存在于文字而已。是故,在这里称存在于习惯法之构成要件中的法理已存在于法律明文,并不矛盾。

②　Germann, aaO. (Fn. 34) S. 152:"这些原则虽皆因规定于宪制性规定或法律中,而分别自法律原则,变为实证法上之规定,法官应受其拘束。不过,由于其内容极为概括,所以,一个个案是否能涵摄于其下,常常不确定。是故,为使其能适用于个案,尚须经由法律补充所获得之具体的法规予以具体化。"

③　Germann, aaO. (Fn. 34), S. 152.

④　关于契约自由原则,详请参见黄茂荣:《民法总则》,植根法学丛书编辑室1982年增订版,第395~409页。

⑤　私有财产应予保障,对于民法及税捐法,该规定究应如何体现,尚待于更具体的规定,始臻明确。此外,自权利(例如所有权)之社会责任的观点出发,也使私有财产之保障的立法原则更加需要经由具体规定予以澄清。像"民法"第179条(不当得利)、第184条(侵权行为)、第767条(所有人之物上请求权)、第962条(占有人之物上请求权)莫不以私有财产之保护为其"立法"基础。唯关于所有权之保护,于"民法"第765条已显示其保护并非绝对。该条规定:"所有人于法令限制之范围内,得自由使用、收益、处分其所有物,并排除他人之干涉。"亦即其受保护之程度限于"法令限制之范围内"。

责任主义、①过失责任主义、②信赖责任、③比例原则、④损益相抵⑤及权利负有社会责任⑥为其立法基础,但这些原则并未经法律在法条中明白加以宣示。

---

① 自己责任主义为自私法自治原则衍生出来的原则。其例外即为一个人对于他人行为依法所负之责任。例如"民法"第 28 条规定:"法人对于其董事或其他有代表权之人,因执行职务所加于他人之损害,与该行为人连带负赔偿之责。"此为法人对于其机关之行为所负的责任。第 188 条关于雇用人就其受雇人因执行职务,不法侵害他人之权利之侵权行为所负之连带损害赔偿责任。第 224 条规定之债务人的履辅责任。另"民法"第 538 条就违约或不违约之复委任亦有受任人应为次受任人之行为负责的规定。根据以上规定可以归纳出,只于法律有明文之例外规定时,始有为他人之行为负责之义务。换言之,"民法"采自己责任主义,亦即原则上每个人只为自己之行为负责。

② 由"民法"第 220 条第 1 项、第 230 条、第 225 条第 1 项、第 226 条第 1 项、第 184 条第 1 项等规定可以归纳出:不论在债务不履行或侵权行为,原则上皆以债务人或行为人就损害之发生有过失,为其赔偿责任的要件。换言之,无过失所引起之损害,原则上只有在法律有例外之明文规定时,始当负责。例如"民法"第 174 条第 1 项、第 231 条第 2 项、第 538 条第 1 项关于违反第一次义务后之结果责任;第 187 条第 3 项关于法定代理人对于无行为能力人或限制行为能力人之侵权行为,及第 188 条第 2 项关于雇用人对于受雇人之侵权行为所负之衡平责任;"消费者保护法"第 7 条关于企业经营者对于消费者或第三人所负之危险责任。

③ 关于信赖责任,详请参见 Canaris, *Die Vertrauenshaftung im deutschen Privatrecht*, 1971 München。以信赖责任为"立法"基础者例如:"民法"第 169 条(表见代理)、第 298 条(表见让与)。该两条规定之法律效力虽以责任称之,但其表现型态则为:使基于表见代理从事之代理行为对于本人有效;相对于债务人,使表见让与对于让与人生让与之效力。更为典型者为:"民法"第 86 条规定:"表意人无欲为其意思表示所拘束之意,而为意思表示者,其意思表示,不因之无效。但其情形为相对人所明知者,不在此限。"盖一个意思表示本以法效意思及表示行为为其要素。而心中保留因无法效意思,本当不成其为意思表示,从而不能生意思表示之效力。唯因表意人明知无法效意思,而恶意为意思表示,所以,利用规定该"意思表示,不因之无效"的方法,使负信赖责任。不过,其义务态样不以责任,而以视为存在之意定内容为其内容之法律行为义务的型态表现出来。心中保留的类型特征与附撤回保留之要约("民法"第 154 条)似同而实异。盖在附撤回保留之要约,要约人在要约当时已预先声明不受拘束,或依其情形或事件之性质,可认当事人无受其拘束之意,亦即无心中保留的情事。附撤回保留之要约所以还是要约,其理由为:在要约人撤回其要约前,受要约人如为承诺,该承诺还是能够与该要约结合为一个有效之契约。该契约之缔结如以非对话的方式为之,在采到达生效主义的情形,如果撤回通知发出后,承诺通知到达,实务上可能引起撤回在先或承诺在先的争议。为防止该争议,附撤回保留而为要约者,在其要约中应明示,该要约之撤回通知采发信生效主义,并妥善处理其撤回要约之通知时点及承诺之到达时点的存证工作。

④ 以比例原则为其"立法"基础者例如:"民法"第 149 条(过当防卫);第 150 条第 1 项但书(紧急避难以未逾越危险所能致之损害程度为限);第 787 条第 2 项袋地所有人之必要通行权,应于通行必要之范围内,择其周围地损害最少之处所及方法为之)。比例原则在行政法为"行政程序法"第 7 条。此为关于权力滥用之禁止的一般规定。

⑤ 以损益相抵为立法基础者,其关于给付不能,规定于"民法"第 267 条;关于雇用,于雇用人受领迟延时,受雇人之报酬请求权应扣除受雇人因不服劳务所减省之费用,或转向他处服劳务所取得或故意怠于取得之利益,规定于第 487 条;关于运送,于运送物因丧失、毁损而得请求损害赔偿者,应自损害赔偿额中,扣除无须支付之运费及其他费用,规定于第 638 条第 2 项。该关于债之履行的损益相抵原则,于 2000 年 4 月 26 日修正"民法"债编时,并将之增定于第 216 条之 1,成为损害赔偿之债的一般原则。该条规定:"基于同一原因事实受有损害并受有利益者,其请求之赔偿金额,应扣除所受之利益。"

⑥ 以社会责任为其"立法"基础者例如:关于耕地租赁的终止,规定于"耕地三七五减租条例"第 19 条及第 20 条。该两条规定显然相反于定期契约,于期间届满时消灭之一般原则,而规定耕地租约期满时,如有该条例第 19 条所规定之情形,出租人不得收回自耕,而应依第 20 条于承租人愿继续承租时,续定租约。关于土地之使用义务,除规定应依编定之地目使用外,并于不依法使用,就建地课征空地税("土地税法"第 21 条),就农业及其他生产用地课征荒地税("土地税法"第 174 条)。

3.存在于法律上面

本类型所称之法律原则,不但尚未直接为宪法,其他制定法或习惯法所明文规定,而且不能明显自宪法或法律规定归纳出:实证法以其为规范基础。这些法律原则虽居于法律之上,但本于现代法治国家对于实证法之正法要求,仍有其规范上的意义。这些法律原则之效力基础,来自实质法治国家原则对于正义或与正法相关之基本价值的肯认。法哲学确信其为基本价值之最高层次,通常以正义(die Gerechtigheit)或法理念(die Rechtsidee)称之。①由于这些原则尚未落实于实证法上,所以,其引用常与自然法的论点相关联。

纵使这些原则不存在于法律明文,也不明显存在于法律基础,但由于这里所称之法律原则,在理解上认为与法律所应实现之最高价值最接近,是故,“这些法律原则也被称为位阶最高的法源,其他法源与之抵触者,其正法资格即生动摇”②。这涉及恶法亦法或恶法非法的论辩。

法律原则常因此被认为系超越一切实际上存在之实证法,也先于一切实际存在之实证法而存在,并赋与实证法以规范的目标和准绳。③倘实证法不以包含于法律原则中之价值的实现为其目标,或其规范内容不符合该准绳的要求,则该实证法即非正法,而仅属于基于国家权力之强制规范。此种规范纵有国家权力为其后盾,终难建立并维持一个可长可久的和平秩序。因为本类型所称之法律原则过于抽象,所以,在这里正如正义这种基本价值,必须利用其他的伦理、习惯所承认之价值予以具体化,方能确实实践。例如一方面应从个人之人格权的尊严予以具体化;另一方面应由人类之环境或其共同体之社会价值(例如诚实、信用、可靠)加以补充。

本类型之法律原则的拘束力以独立于实证法外之法的确信为基础。由于这个缘故,在其拘束力之说明上,可能常引用某些自然法之观点,但这也并非必须如此不可。同样地,也可以从价值的观点直接予以论证。究其实际,这里所探讨之法律原则,大部分可能属于法政策或伦理上之建制的设定(Postulate rechtspolitischer oder ethischer Art)。这里所讨论之法律原则,于经学说进一步加以研究和阐明后始能转为现行法。

以上将这些原则分为三类,与其历史和内容皆无关系,其分类之目的,全为此处方法上之考虑。盖一个落实于实证法之原则,可分享实证法之拘束力;其他原则则必须受法律补充之方法的限制。唯实证法如显然抵触法理念,则该以实证法为依据之拘束力,也可能因而动摇。“以法哲学,特别是批判的价值,为依据之拘束力固然可能如学说一再强调者,居于较高的地位,但是切勿因此忽略法官在实务上通常遵守之顺位关系正好相反,该顺位以法律优先

---

① Franz Bydlinski, *Juristische Methodenlehre und Rechtsbegriff*, 2. Aufl., Wien 1991, S. 486f.;“包含于法理念中之正义、法的安定性、合目的性等基础原则,应被承认为一般的法原则。只要在这些原则之指引内容所及,他们也能指引探寻其他较为下位之原则的方向,并控制或限制该探询。”

② Germann, aaO. (Fn. 34), S. 154.

③ 在所谓超越时空的法律原则中,常被提及者有:“人类尊严之尊重、平等原则、善良风俗、交易上之诚实信用原则、法的安定性原则、禁止恣意、公共福利之维护等”[Germann, aaO. (Fn. 34), S. 154]。由于本类型所讨论之法律原则常涉及自然法学派所称之超乎时空,放诸古今中外而皆准的法律原则。是故,前述所讨论存于法律明文,或存于法律基础之法律原则中,也有些可能并入本类型。

为基础。"①

（二）法理经具体化的内容

自法理具体化下来的内容，主要有：(1)平等原则，(2)立法意旨，(3)法理念，(4)事务之性质：事理。这些法理之具体化的层次不一，其与实证法之关系的密切程度亦不尽相同，已如前述。大致说来，这些法理之应用，在价值上，最终必须取向于法理念，亦即正义之要求；在事理上，必须取向于法律所规范之客体的性质，以一方面求其合于正法之要求，另一方面不与生活脱节。盖法律规范的最终目的，在于将正义实现至人间。法理念与事理距离规范化固然较为遥远，但其对法律之制定及解释或补充并非毫无作用。实际上它们之中有些都已经由立法机关之立法，或适用法律的机关之法律解释或续造，而或深或浅渗入实证法中。是故，法理念及事理与实证法间，在前述三个层面（存在于法律明文、存在于法律基础、存在于法律上面）都可能发生关系。当其比较具体地渗入实证法，成为其基础，即构成该实证法之立法意旨。此为法理在实证法上最常见的一种体现方式。至于平等原则本身则为由法理念所导出，并为现行法所肯认之法律原则。平等原则在法律补充上占有极为重要的地位。盖平等原则为确认法律体系是否有矛盾（法律漏洞）之平实有效的标准。兹分述之：

1.平等原则

所谓平等原则，系指原则上要求：相同案件，应相同地处理；不同案件，应不同地处理。② 自相同案件，应相同处理的要求，导出类推适用之法律补充的方法；自不同案件，应不同处理的要求，导出反面解释或目的性限缩之法律补充的方法。

法律依相同案件应相同处理，或不同案件应不同处理的要求，经认定有漏洞者，其漏洞在学说上虽有所谓明显的（前者）与隐藏的（后者）漏洞之别，但其认定或补充，以平等原则为基础者，皆以实证法既有之规定③为其补充的依据。

不过，在平等原则的适用上，由于拟处理之案件与法律所规定之案型间究竟相同或不相同的认定，并不能自平等原则自身获得说明，所以，其认定尚须引用系争法律之立法意旨。④

在类推适用的情形，由于在拟处理之案件与法律所规定之案型间，其特征并非同一，故关于其"相同"之认定，事实上仅属于"类似"之判断。

---

① Germann，aaO.（Fn. 34），S. 155f.

② Larenz，*Methodenlehre der Rechtswissenschaft*，Springer-Verlag 1975，S 366，378；5. Aufl.，1983 S.402；Canaris，*Die Feststellung von Lücken im Gesetz*，Berlin，1964，S. 70ff.有诸多法学者推崇平等为正义之思想上的基础（Larenz，*Richtiges Recht*，München 1979，S.38ff.）。然平等只是形式性的要求，对相同事件之处理，不得有双重标准的恣意，但并未指出应如何处理。Larenz 认为应如何处理，尚取决于与该事件所涉法律事实之性质（die Natur der Sache）或事务法则（die Sachgerechtigkeit od. Sachgesetzlichkeit）及所涉冲突利益的权衡。这当中，正义与和平可能一时难以周全，而处于辩证的关系，互为制约，交替发展。例如消灭时效、善意取得及判决既判力制度皆有牺牲正义，迁就法之安定性，以维护法之和平的意旨（Larenz，aaO. S. 39ff.）。

③ Canaris，aaO，（Fn. 34），S. 83.

④ Canaris，aaO.（Fn. 34），S. 72，83；Larenz，aaO. S. 366f.

所谓两个法律事实互相"类似",其意义为它们在某些方面一样,但在另一些方面则不一样。如果每一方面都一样,那么它们是相同而非类似。在类推适用的情形,拟处理之案件的特征,与法律所规定之案型的特征,既非相同,也非绝对的不同。不过,在规范之评价有意义的事项上,它们必须具有相同之特征。困难的是:哪些事项或特征在规范之评价上应论为有意义之事项或特征。它们是否类似,不是逻辑上之同一或非同一的判断。在该类似性之有无的判断上,必须以系争法律之立法意旨为依归。① 首先,必须先探讨系争法律规定之规范意旨,然后才能认定其规范评价有意义之事项,并据以判断拟处理之案件是否具有法律所规定案型之一切重要的特征。至于拟处理之案件如另具有其他法律所规定之重要特征,会引起是否因此应将之认定为不相同的问题。②

反之,在目的性限缩的情形,其推求的重点则在于:是否有依该法律之规范意旨应加以考虑,而法律未予明文规定之特征。如果有,则应以之为标准,加以类型化,然后对各类型进行差别待遇。引入依立法意旨所应考虑,但未明文规定之特征的结果,使本来在原来之法律明文规定下"相同"之案型,在该立法意旨下,成为不相同之类型。于是,依平等原则之要求(不同之案件,应为不同之处理),必须将其中之一,排除于原来规定之适用外。其应用有时系基于立法意旨,增加原规定之构成要件,全面限缩该规定之适用范围;③有时只对原规定加上一些例外规定。④ 然在实务上,有时也发生增加法律所无之限制要件,不当目的性限缩,而为目的性限缩的情形。⑤

前者,例如关于请求返还不当得利,"民法"第 180 条第 1 项第 4 款规定,因不法之原因而为给付者,不得请求返还。在这里,自该款的文义观之,似仅以其给付之原因不法为要件,而不考虑该不法行为者就该不法行为是否有主观上之可非难性(Persönliche Vorwerfbarkeit des Handelns)。此处由于非以损害赔偿义务为内容,而似无考虑主观要件的余地。但因为其规范结果究为剥夺给付人请求法律保护的权利,并使相对人获有不当之利益。所以,在这种情形,如不考虑给付人主观上之可非难性,权衡当事人间之利益,显不尽符合正义的要求。⑥

---

① Larenz, aaO. S. 366f.

② 释字第 576 号解释:"人身保险契约,并非为填补被保险人之财产上损害,亦不生类如财产保险之保险金额是否超过保险目标价值之问题,自不受保险法关于复保险相关规定之限制。'最高法院'1987 年台上字第 1166 号判例,将上开保险法有关复保险之规定适用于人身保险契约,对人民之契约自由,增加法律所无之限制,应不再援用。"违反立法意旨对法律为规定之案型为不利之类推适用或扩张适用,等于对所类推或扩张适用之案型,增加法律所无之限制,违反平等原则,对不相同之案件,为相同之规定。人身保险与产物(财产)保险虽同为保险,但因其所承保之危险所涉目标之性质不同:一个是人身无价,另一个是财产价值有限。所以关于其复保险所涉之道德危险的规范需要不同。是故,不适合为相同之规定。

③ 参见释字第 609 号解释。

④ 目的性限缩需有符合立法意旨之正当理由。否则,其限缩违反法律保留原则。参见释字第 658 号解释;就公务人员之退休金请求权,在其再任公务人员的情形,增加法律所无之限制要件,系属违反法律保留原则之目的性限缩。

⑤ 参见释字第 478 号解释。对于减免税捐之规定,增加法律所无之限制要件,系违反立法意旨之目的性限缩,抵触税捐法定原则。

⑥ Canaris 认为应对与本条款相当之《德国民法典》第 817 条第 2 句附以可非难性之构成要件。该构成要件经此附加之结果,使原规定之适用范围,全面受到目的性之限缩(Canaris, aaO. S. 88f.)。

后者,例如关于限制行为能力人之代理资格,"民法"第104条规定:"代理人所为或所受意思表示之效力,不因其为限制行为能力人而受影响。"对于该条规定,关于有限公司,"公司法"第108条规定,其董事应"就有行为能力之股东中选任之";关于股份有限公司,"公司法"第192条第1项亦规定其董事应"由股东会就有行为能力之人选任之"。但关于无限公司之执行业务股东,"公司法"并未为类似之规定。于是,其执行业务股东是否得由限制行为能力人充任之,便不无疑问。倘认为限制行为能力人不得充任之,[1]其结果等于在"公司法"第108条及第192条第1项外,新增一个"民法"第104条之例外规定。但仍非经由构成要件之附加,全盘目的性限缩"民法"第104条。此与前例不同。

以上关于目的性限缩的讨论,其论据亦直接从平等原则出发。其与类推适用不同者为:在目的性限缩所欲贯彻之平等原则为对不同之案件应做不同之处理;反之,在类推适用所欲贯彻者为,对相同之案件,应做相同之处理。

2.立法意旨

所谓立法意旨,系指存在于法律基础之客观目的。该意旨使系争规定成为一个公正并符合目的之有意义的规定。在立法意旨中,不但显示法律之实用的,而且也显示出法律之伦理基础。立法意旨不但得自主观解释,而且得自客观解释。[2] 所谓主观解释,系指探求立法者之意思;所谓客观解释,系指探求存在于法律之客观意旨。是故,为认知立法意旨,固应斟酌历史因素,但并不以历史因素,亦即不以立法者之意思为唯一依据。

为探求存在于法律基础之立法意旨,得以单一规定或以多数规定为其探讨对象。倘只能自单一规定出发,且在法律体系中另无与该规定相类之规定时,应注意法律是否有正要将存在于该规定之法律原则的适用范围(暂)限于该条明文规定的情形。纵使有一群规定针对类似案型给予相同效力,亦应注意法律还是可能要将存在于该等法律中之法律原则的适用范围(暂)限于已规定的案型。例如关于危险责任,[3]各地立法例莫不小心地从一些案型逐步制定特别规定认许之,而对其一般规定暂时保留。[4]

所谓危险责任,系指因从事带有一定危险之活动,或持有或使用具有一定危险之物(机器、设备、动物、交通工具),而对第三人因该危险所受损害所负之无过失责任。关于危险责任之规定的立法理由为:营运有危险性之设备(例如核能发电厂)、使用危险性之机器(例如汽车、飞机、雪橇)或饲养动物,而造成法律所容许之危险者,因其自该危险享有利益,必须为

---

① 关于限制行为能力人,是否得充任无限公司之执行业务股东,德国法亦有类似问题。对之,Carnaris认为限制行为能力人不得充任执行业务股东,亦即他认为应予目的性限缩(Canaris, aaO, S. 82f.)。

② Coing, *Grundzüge der Rechtsphilosophie*, Berlin 1969, S. 321f.

③ 关于危险责任的规定,例如:"消费者保护法"第7条,"矿业法"第49条,"民用航空法"第89~91条、第99条之6,"核子损害赔偿法"第18条。至其详细说明,请参见王泽鉴:《侵权行为法之危机及其发展趋势》,载王泽鉴:《民法学说与判例研究(第二册)》,作者自刊1979年版,第156~169页。

④ "民法"第191条之3规定:"经营一定事业或从事其他工作或活动之人,其工作或活动之性质或其使用之工具或方法有生损害于他人之危险者,对他人之损害应负赔偿责任。但损害非由于其工作或活动或其使用之工具或方法所致,或于防止损害之发生已尽相当之注意者,不在此限。"该条规定虽尚系界于过失责任与无过失责任间的中间责任,但已显示出一般的肯认危险责任之趋势。

因该危险对他人所造成之损害负赔偿责任。该损害之归属并非因其有义务之违反,而是因为在这种情形,纵使其已尽法律所要求之注意义务,也不足以完全防止该危险导致损害之发生。针对该危险,在法秩序之规划上,立法者本来可直截了当禁止该危险之引入,以根本杜绝由之导致损害的可能性。不过,由于科技发展或生活物资之满足上的需要,不能不冒一定之风险,摸索于目前尚不能确实掌握的领域,以确保生存,谋图进步。是故,基于经济或社会政策的理由,不得不容许利用一些带有危险之物或服务。于是,如何处理自该危险引起的损害,便成为规范上之重要课题。早期,单纯从在法定注意义务的基础上建立起来之过失理论,以及过失责任主义,认为无过失由该危险引起之损害只好由受害人负担。后来认为,可以课从事该危险之活动者分散该损害的义务,补偿受害人。从而发展出有强制之限额责任保险配套的危险责任制度,[①]使与生活或生产、制造活动相随之必要危险对于他人所引起的损害,不再继续成为无赔偿请求权保护的意外(Zufall)灾难。[②]

一般说来,自多数规定归纳而得之共同的立法意旨,比较能够求得蕴涵正义,并经实证法证实之一般法律原则。不过,仍应注意是否有反于该一般法律原则之其他法律规定。此外,即使该一般法律原则可获得肯定,还是要注意:在体系上协调其与其他法律原则间之关系,并去除矛盾,以决定其适当之适用范围。[③]

前述关于平等原则之讨论,以立法意旨为其评价基础,已如前述。但立法意旨对法律补充之意义,并不仅限于:以案型之"类似性"为基础,要求平等适用;或以案型之"差异性"为基础,要求差别待遇。有时还可基于立法意旨本身直接引起对法律加以补充的要求。例如基于立法意旨,将系争法律之适用范围扩及于其文义所及之范围外(目的性扩张:teleologische Extension),或将之限缩至不包括一部分本来显为其文义所及之部分(目的性限缩:teleologische Reduktion)。[④] 在这些法律补充中,其属于目的性扩张者与类推适用之不同在

---

① Esser, Schuldrecht Allgemeiner Teil Teilband 1, 5.Aufl. 1976. S. 72; Esser/ Weyers, Schuldrecht Band Ⅱ Besonderer Teil Teilband 25, 8. Aufl. 2000 Heidelberg, S. 266ff.; Canaris, aaO. S. 95f:"危险责任固以下列原则为基础:自物享有利益者,应负担典型与该物相随之危险。该原则以分配的正义为依据。不过,因尚不能将该原则当成现行法的一部分,所以,不将危险责任肯认为一般规定,虽然十足是一个法律政策上的缺失,但绝非一个超出规划的法律漏洞。盖自法律分际分明地胪列其已承认之危险责任的构成要件,足以显示其尚不拟制定(肯认危险责任之)一般规定。"危险责任固然是一种无过失责任,但与同系无过失责任之结果责任的理论基础不同。危险责任之发展依然建立在过失责任的背景下,所以认为,不但赔偿义务人之赔偿责任应当是有限额的,而且应有强制责任保险制度与之配套,以避免由于部分应负危险责任者不投保或不提列赔偿准备,而发生劣币驱逐良币的结果,或引起过大的财务风险。反之,在结果责任,只是单纯认为:谁引起损害结果,谁便应负赔偿责任。这根本推翻过失责任主义,断丧经由该主义之实践可能敦促行为人,防止损害发生的机能。此外,从结果责任出发,不容易产生限额(保险)责任的谅解。或谓危险责任也同样会使行为人丧失注意的诱因。其实不然,盖不但出险率,而且过失之有无,都会影响该行为人后来应适用之保险费率。"危险责任只是对于日常危险或企业危险之负责理由的一种社会主义化的型态,还不致于以落伍为理由,使过失责任原则退位。"(Esser, *Grundsatz und Norm*, 2. Aufl., Tübingen 1964, S. 331)

② 请参见黄茂荣:《债法总论(第二册增三版)》,植根法学丛书编辑室 2010 年版,第 163 页以下、第 333 页以下。

③ Larenz, aaO. S. 370.

④ 参见释字第 711 号解释。本号解释所要求者为:系争规定,依其立法意旨,尚有应有之例外规定未为规定,以致有过度限制保障之工作权的情形。

于:不以案型间之类似性为推论基础。① 至于直接以立法意旨,而不引用平等原则之目的性限缩,与引用平等原则之目的性限缩的区别在于:引用者,系对明文规定原来选取之案例,构成例外案型。这其实是主张,该例外案型与法律明文规定者间有规范上重要之点的区别(例如就给付不能,区分自始主观不能与自始客观不能,并将"民法"第246条所规定者限于自始客观不能)。反之,前者,则系对于原来规定附以新的构成要件要素,全面限缩其适用范围,以使之更为符合系争规定之立法意旨(例如就代理,可区分为意定代理与法定代理;法定代理尚可区分为基于及非基于监护关系之代理,并将"民法"第217条第3项所规定之代理人目的限缩为不包含基于监护关系之代理)②。就此,已于关于平等原则之讨论中论及,不再深述。以下兹就目的性扩张的情形要述之。

再如虽然"民法"第760条规定"不动产物权之移转或设定,应以书面为之",但"民法"债编买卖节就不动产之买卖并未规定应以书面为之。于是,引起一个疑问:究竟不动产之买卖,是否应以书面为之。对该问题,台湾地区"最高法院"之一贯见解认为:不动产买卖不必以书面为之。③

---

① Canaris,aaO,S. 90;Larenz,aaO. S. 384ff.

② 台湾地区"最高法院"1984年台上字第2201号判例:"'民法'第224条所谓代理人,应包括法定代理人在内,该条可类推适用于同法第217条被害人与有过失之规定,亦即在适用'民法'第217条之场合,损害赔偿权利人之代理人或使用人之过失,可视同损害赔偿权利人之过失,适用过失相抵之法则。"该判例的见解后来在2000年4月26日修正"民法"第217条时,经增定第3项予以明文规定:"前二项之规定,于被害人之代理人或使用人与有过失者,准用之。"在"民法"第224条关于债务人之履行辅助人固然适宜将法定代理人纳入,但这是否亦适用于"民法"第217条关于与有过失的规定,不无疑问。盖第224条之适用,以双方有债务关系存在为要件,而第217条则否。何况,法定代理尚可区分为基于及非基于监护关系之代理。在基于监护关系之代理,将法定代理人之过失论为受其监护之人的过失,显然违反该法定代理所据以发生之规定的立法意旨:保护受监护人。是故,"民法"第217条第3项所定之代理人应目的限缩至基于监护关系之代理以外之代理人,而不宜泛就法定代理人立论。例如甲之四岁小儿乙在路上玩耍时,为丙过失撞伤。在此,如认为甲之疏于看管乙,亦为该事件的发生原因,则会引起丙是否得将甲之过失,主张为乙之与有过失的问题。应采否定的见解。盖在该案例中,就乙之损害,甲之所以应负赔偿责任,乃因其违反对于乙之监护义务;丙所以应负赔偿责任,乃因其对于乙之侵权行为。甲与丙所以应负赔偿责任之规范依据虽然不同,但应赔偿者则同为乙因该事件所受之损害。从而具备"民法"第273条第1项所定关于连带债务之外部连带效力的特征:"……债权人,得对于债务人中之一人或数人或其全体,同时或先后请求全部或一部之给付。"应论为连带债务。至其内部连带之效力为何,应按与连带债务人之内部关系有关的规定定之。就连带债务人相互间之分担义务,"民法"第280条规定"连带债务人相互间,除法律另有规定或契约另有订定外,应平均分担义务。但因债务人中之一人应单独负责之事由所致之损害及支付之费用,由该债务人负担"。设甲、丙之过失为乙之损害的共同发生原因,则依该条但书之规定意旨,自当按其原因力所占比例分担损害。此为甲丙间关于责任分担的内部关系,双方只可据之互为主张,丙不得据之对于乙主张:乙应就甲之过失依与有过失("民法"第217条第3项)的规定负责,以减免其对乙之赔偿责任。采连带债务说,而不采与有过失说,在甲无资力,而丙有资力赔偿时,对于乙有实益:乙能先自丙获得完全之赔偿,而丙只能俟甲有资力偿还时,向甲为有效果的求偿("民法"第281条)。

③ 例如台湾地区"最高法院"1968年台上字第1436号判例载:"不动产物权之移转,应以书面为之,其移转不动产物权之书面如未合法成立,固不能生移转之效力。唯关于买卖不动产之债权契约,乃非要式行为,若双方就其移转之不动产及价金已互相同意,则其买卖契约即为成立。出卖不动产之一方,自应负交付该不动产并使他方取得该不动产所有权之义务。买受人若取得出卖人协同办理所有权移转登记之确定判决,则得单独声请登记取得所有权。移转不动产物权书面之欠缺,即因之而补正。"

然书面要式的意旨应在于提醒当事人避免轻率为不动产之移转行为。今若不因为"民法"第 760 条之要式规定,而一并要求不动产之买卖亦应以书面为之,则该条规定之规范意旨势难贯彻。基于以上的看法,为贯彻"民法"第 760 条之规范意旨,显有将其适用范围扩及其原因行为(债权行为)的必要。① 由于债权行为与物权行为间并无类似性,所以,不以其间有类似性为理由,而基于该条规定之立法意旨,将之扩张至债权行为的适用方法,应属于目的性扩张,而非类推适用。② 针对这个问题,后来增定"民法"第 166 条之 1:"契约以负担不动产物权之移转、设定或变更之义务为目标者,应由公证人作成公证书(第 1 项)。未依前项规定公证之契约,如当事人已合意为不动产物权之移转、设定或变更而完成登记者,仍为有效。"依该条第 1 项,其所定之债务契约未经公证者,依"民法"第 73 条但书,其效力要件属于仅可依第 166 条之 1 第 2 项补正之契约。所以,其债权人并不得据未经公证之契约,请求债务人履行不动产物权之移转、设定或变更的义务,以补正之。

3.法理念

"法理念"(Rechtsidee)是人类追求至善之意志的表现。学者常将之再解析为三个因素:(1) 正 义(Gerechtigkeit),(2) 合 目 的 性(Zweckmäßigkeit)及(3)法 的 安 定 性(Rechtssicherheit)。为法理念之实现,这些因素之作用关系为"相反相成"③。其所以如此,主要是由于可支配之资源的有限性,使得必须从比较效益观点,从事一个最佳的决定。例如为正义之实现,在有限资源的限制下,不能不顾机会成本,而不计代价。是故,在税捐法上有

---

① 物权行为具有无因性的意义,仅止于:因物权行为之作成所生之物权得丧变更的效力,纯以该物权行为为依据,不受当事人所以从事该物权行为之原因行为的影响。但这并非谓其原因行为,对于该物权行为之效力的维持没有意义。倘该原因行为无效,该物权行为所造成之产权的得丧变更,便不具有法律上原因,得依不当得利有关规定请求返还。是故,若要对产权之移转为要式要求,则其要求至少亦应对债权行为为之;如仅对物权行为为之,根本不能发生防止轻率移转之作用。

② 《德国商法》第 49 条第 2 项规定亦有类似的问题。依该条项之规定,代办商就不动产不得为移转或设定负担之行为。依法律之文义,该条所限制者似乎仅为物权行为。但为达到该条之立法目的,必须将其适用范围扩及债权行为,否则第三人得以该债权行为为其基础,请求本人移转不动产。此即立法目的要求扩张法律之适用范围的情形。其详细的讨论请参见 Canaris, aaO. S. 89f.

③ Radbruch, Rechtsphilosophien, Stuttgart 1950, S. 168ff.; Henkel, Einführung in die Rechtsphilosophie, C. H. Beck 1964, §31.正义、合目的性及法的安定性间的关系,见仁见智,其强调也常随时代背景之变迁而不同。在绝对的警察国家时代,"合目的性"显然具有主导的地位,例如,在德国普通法时代之调查程序的发展中,关于确保"法的安定性"和"公正之平等待遇"之程序规定和方式,渐渐地被排除,以致为实质真实的发现,赋与法官几乎毫无限制的裁量权。其结果,嫌疑人在程序法上应有之保障,几全丧失。至该时代之末叶,合目的性原则几乎主宰了法律之制定与适用。而当发展至欧洲在十八世纪之启蒙运动时代,其政治上之主要目标为:使人民在国家至高无上之权力下获得安全及保障。于是,法的安定性成为主导的角色:人民有免于国家机关之恣意或不受法律拘束之裁量的自由。换言之,所谓自由,系指仅受法律之限制,而且该法律必须符合法之安定性的要求,亦即其构成要件必须明确;其法律效果必须可以预见。法的安定性之主导的角色延续至启蒙时代后之法实证主义。唯由于实证法之慢慢发生僵化的情形,自二十世纪初以来开始反实证法主义的运动,该运动反对法之安定性思想的优位性,认为应以正义作为法律的最后目标。(Henkel, aaO. S. 342f; Radbruch, aaO. S. 168ff.)

时会为了"税捐经济"之"合目的性"考虑，而委屈"量能课税原则"[1]；有时则为防止公权力机关滥用权力，而基于"税捐法定主义"禁止"类推适用"及"法律之溯及效力"，以贯彻"法的安定性"[2]之要求，因而使正义所要求之平等原则一下子不能获得贯彻。在这里，其委曲求全，是为争千秋，而不计一时。为了整合其间的关系，有将之诉诸正义优位者，[3]有诉诸所谓更上一层之价值者。[4] 对于 Radbruch 及 Henkel 二位法哲学家上述将"法理念"（Rechtsidee）总结为正义（Gerechtigkeit）、合目的性（Zweckmäßigkeit）及法的安定性（Rechtssicherheit）的观点，Larenz 有不同的看法，他认为：法安定性只是包含于法和平之重要因素，而合目的性则根本不是法理念的成分。盖其并不标明法之最终目的。他同意 Helmue Coing 的看法，特别强调"法秩序即是和平秩序。……和平不仅是法的最终目的，而且也是法之实现的前提"[5]。

由于法理念之最后内容是什么，人类一直还在摸索中。所以，法理念在实务上的意义，常仅是人类追求至善时的取向。[6] 盖人类所认识之法理念的内容常常是人类在特定时空的文化水平上，所能设想得到或理解得到的至善。这些作为一个抽象的概念，常感圆满，成为值得努力的目标，深具鼓舞向上的力量。但在实践上，欲使之发生确实的正面作用，尚需要进一步的具体化。

该具体化的工作必须双向进行，亦即由上而下，自法理念向一般法律原则具体化；以及由下而上，自具体的案件向一般法律原则归纳。[7] 在具体化的过程中，偶有心得，人类常常用合乎正义来加以标记。虽然法理念之最后内容是什么，一直处在发展中，其内容随着人类文化的演进而递变，人类对之尚未有终局的认识。但由它延伸出来，或被认为由它延伸出来的具体原则，对法律之合理化已有不少可贵的贡献。对实际上存在或想象中存在之至善的仰慕及思考，不但启导人类去构思，也鼓舞人类去实现至善的世界。正因这一番仰慕及思考，使人类的文化世界生生不息，迈向至善。唯由于正义的标记，人人想贴；其结果，在实践

---

① 例如关于税捐客体之归属，营业税法选取营业人为纳税义务人，固然与消费税依量能课税原则所决定之本来的归属不同，但将其税捐客体自消费转为销售，并归属于营业人，却有大量减少营业税之申报单位，从而降低征纳成本的税捐稽征经济。唯为确保营业税之课征不因此而不符合量能课税原则，应保障营业人之转嫁的可能性。该认识对于营业税法之规范规划及执行有重要意义。例如是否肯认以收款时为其税捐客体之发生时，或为凭证之开立时点；如认为在营业人履行债务时，不待于收款时，即应开立凭证，并据以自动报缴税款，则事后如果发生倒账，是否容许其请求退还已缴之营业税税款？

② 关于税捐法，Tipke 认为："法的安定性意在制止恣意，以及意在（税捐之）可透视性、计算性、预见性和信赖的保护。利用税捐法定主义、法律的明确性、禁止法律及行政行为之溯及效力、禁止法律补充、保护对主管机关之措施的信赖来确保法的安定性。"（Steuerrecht, Otto Schmidt 1983, S. 41）

③ Radbruch, aaO. S. 71f., 322, 335f., 352ff.

④ Henkel, aaO. §33："Der Grundwert des Rechts: das Gemeinwohl."

⑤ Larenz, Richtiges Recht, München 1979, S. 33. Bydlinski 赞成 Larenz 前述看法（Franz Bydlinski, Juristische Methodenlehre und Rechtsbegriff, 2. Aufl., Wien 1991, S. 137f.）。

⑥ Henkel 将正义、合目的性及法的安定性三者合称为法理念之三个趋向（drei Tendenzen der Rechtsidee）（Henkel, aaO. S. 340）。

⑦ Canaris, aaO. S. 106f.："这在方法上通常并非以演绎的方法行之，而是利用 Topisches Denken：在一个具体案件发现解决问题的方法，并以'法律思想'称之，然后在一连串的案件认识其类型，并将该法律思想落实为原则……为说明该原则之拘束力，常常必须逐级而上，回溯到法的最高原则即法理念。"这里所应用的工具是"类型化"的法学方法。按"类型化"具有将"抽象的具体化""具体的抽象化"的双向作用。请参见 Leenen, Typus und Rechtsfindung, 1971, §§2, 6.

上,其引用,常属空洞的论据,较之具体的法律原则,隐藏更多滥用的危险。是故,为了避免冒进,或避免法理念的引用成为精英分子的独裁,其引用除了在方法上,应利用类型化来加以具体化外;在价值上,也应该落实到一般条项(Generalklauseln)。让一般条项扮演将法理念的内容适当具体化,并将之接引到实证法之管道的角色。[1]

4.事务之性质:事理

从中华社会文化认识之社会规范出发,用来判断人际关系的准绳为:情、理、法。而且向有应以何者为先的争议。该争议并未配合现代法治思想的发展给予醇化,而一直停留在社会常识的阶段。其实,关于社会规范之理,应当指存在于事务中的法则:事务法则。有疑问的是:谁有宣示该法则之内容的权威?或依据一定之权威所宣示之事务法则的内容是否与其真正存在者相符,或仅是该权威者主观上的认识?在没有任何人有宣示其内容之权威,或所宣示者被怀疑与其真正之内容不符时,理之规范效力自然受到质疑。至于情所指者则是一个具体案件之个别情状。个别情状虽不一定普遍,但因以一般适用为出发点之法律,对于相关案件之事先考虑可能未尽周全,而未虑及适合于该个别情状的道理,事后必须为其特别情境,给予例外性之补救。[2] 当有此种情形,顾及个案之情,不即是徇私。重要的是:如何将事务法则通过国家权力正确注入法律中,使法、理相通,在因法律思虑不周,未能顾及个案之正当利益时,衡平实现个案的正义,也是现代法律哲学与法学方法致力研究,以及立法上必须注意的课题。[3]

作为法律规范对象之人类的社会生活,主要由人、物、事及人与人间之社会关系所组成。其中,例如人之性别、年龄、婚姻、宗教、种族、阶级、党派关系;物之为动产或不动产、主物或从物;人对物之占有、所有;人与人之间之各种债的关系,或身份的关系;以及人类之社会生活的建立与维持关系,特别是结社或其与国家之关系。[4] 申言之,未成年人为何不能享有完全之行为能力(“民法”第13条第1项、第75至第85条);结婚之未成年人为何赋与行为能力(“民法”第13条第3项);动产与不动产之所有权的移转为何适用不同之规定(“民法”第758至第761条);所有与占有为何分别受不同程度之保护(“民法”物权篇第二章、第四章);各种债之关系为何,根据其不同之给付内容分别加以规定;亲属间为何有扶养义务及继承权;人民对国家为何有纳税、服兵役之义务,以及国家对人民为何有刑事制裁的权利等等。

---

① 关于一般条项接引法理念至实证法的功能详请参见 Esser, *Grundsatz und Norm*, 2. Aufl., 1964 Tübingen, S. 150ff., 335; Gunther Teubner, *Standards und Direktiven in Generalklauseln*, Anthenäum Verlag 1971.

② 在德国税法上重要的相关规定为其《税捐通则》第227条规定:“税捐之征收依个案之情状,有失衡平者,该管税捐稽征机关得免除由该税捐债务关系所生全部或部分请求权;已征起之税额在相同要件下,得予退还或扣抵。”此种类型之个别情状的一般性未到得据以一般限缩其适用之程度,所以,不以限缩解释或目的性限缩,而以个别例外处理为其解决方法。当中尚借助于税捐稽征机关之衡平裁量。该衡平裁量虽有《税捐通则》第227条为其依据,但仍与税捐法定原则所要求之依法课征原则不尽相符。

③ 此为参酌事理补充法律漏洞, Larenz, *Methodenlehre der Rechtswissenschaft*, 5. Aufl., Springer Verlag, 1983 S. 401ff.。在德国税法上重要的相关规定为其《税捐通则》第227条规定:“税捐之征收依个案之情状,有失衡平者,该管税捐稽征机关得免除由该税捐债务关系所生全部或部分请求权;已征起之税额在相同要件下得予退还或扣抵。”

④ Coing, aaO. (Fn. 4), S. 187f.

这些莫不以人类的社会生活所具有之性质为其规范上之发展的基点。人类并在既有条件下,积极或消极参与决定实证法之内容的形成。在法律补充上,斟酌"事理"之目的,在于检讨由事理所构成之法规的发展条件,以考察实证法与事理间的落差,并避免实证法悖于事理、操切急进,或因过度迁就,致误判而受存在之现实条件的拘束,放慢了趋于至善(法理念)的努力。[1]

八、正法与实证法间有差距

自存在论所导出法律逻辑的最高原则:同一律、矛盾律、排他律及充分律。其中同一律之适用的前提,亦即同一性的认定,规范方式(禁止或容许)的决定皆不属于逻辑问题,待于价值判断。关于同一性的判断,首先表现在规范对象之特征的取舍(概念的形成),亦即法律上重要之点的选取,它不但与概念的形成、类推适用,而且与利用平等原则形成体系有关。关于规范形式,亦即究竟容许或禁止某一种特定行为,其为价值上之政策判断而非逻辑问题,更不待言。

在立法时,抽象上关于概念或类型特征的取舍,在执法时,具体上关于客体特征的取舍(同一性的判断、小前提的认定)和法律效果之赋与(规范形式的选择:禁止或容许)既属于人类所做之法律伦理(价值)上的判断,其判断自然受判断时之客观条件的限制,以致其判断的结果常不能符合理想的要求。其结果,由制定法、命令、(判决)及习惯法所组成之"实证法"(Gesetz)与"正法"(richtiges Recht)[2]间自然可能会有差距存在。该差距的存在并非偶然,而是存在上的,但必须在立法上透过法律之修定,在司法上透过法律补充,力求缩短的常态,以缩短形式意义之法律与实质意义之法律间的落差。其间,特别是在禁止法律补充之部门法(例如刑法、税捐法),当发现法律有漏洞时,应尽速透过立法填补漏洞,而不适合由司法机

---

[1]　文中所述事理对实证法之作用,属于"存在"与"当为"之关系的问题。通常所讨论者为:自"存在"是否能导出"当为"的规范。详请参见 Canaris, aaO. S. 118;Coing, aaO. (Fn. 4),S. 181ff.

[2]　关于正法之专论,请参见 Karl Larenz, *Richtiges Recht*, München 1979。

关曲予回护,以扩张文义涵盖范围的方法,隐藏其法律补充之实务。[1]

九、引起差距的原因:追求至善的能力及其有限性

法之存在与法之本质间所以存在落差的理由,在于人类追求至善的能力与意志。由于其具有追求至善的能力,因此其享有趋于至善的自由。[2] 唯鉴于人类能力之有限性,至善的境界迄今尚未实现。其结果,不但在人类的存在与人类的本质(至善之人)间,而且关于人类的精神产物(法),法之存在与法之本质间自然存有差距,盖有能力而且有自由和责任来自己做决定,便有误解自己之本质而做错决定的可能。就该差距,人类必须承担过去的资产和负债,并有计划地展望将来,以对现在采取一个正确的,亦即符合时宜的立场(zeitgerechte Haltung)。是故,享有决定的自由,固然是一份荣誉,但也是一份负担。

只要承认人类认知能力之有限性,便会承认人类不能掌握绝对的真或全部的真理。人类不曾获得纯粹而且完全的绝对之真。当人类认为已掌握绝对之真时,其所掌握者老早便不再是绝对的,盖绝对之真一旦为人所认知,鉴于人类追求至善之能力及意志,便即刻转为相对。一切新知皆是进一步之认识的起点。因此,当认识到存在与本质之间的不同,当可了解一切的努力,仅是不断迈向至善的旅程,法律之动态性或渐进性之存在论上的基础在此。

人类所完成的事务例如法律规范,虽然囿于人类的能力而带有缺点,致与至善有差距,

---

[1] 参见释字第 705 号解释。另,释字第 697 号解释:"……'本条例'第 8 条第 1 项规定:'饮料品:凡设厂机制之清凉饮料品均属之。……其中有关清凉饮料品之规定,与法律明确性原则尚无不合。"其解释理由书谓:"……立法使用不确定法律概念或其他抽象概念者,苟其意义非难以理解,且为受规范者所得预见,并可经由司法审查加以确认,即不得谓与法律明确性原则相违('本院'释字第 521 号解释参照)。……同条……未就'清凉饮料品'予以定义。唯所谓'清凉'者,乃相对之概念,并非与温度有绝对关联,而市售此类饮料种类众多,立法者实无从预先巨细靡遗加以规定。消费者于购买饮料品后,开封即可饮用,凡符合此一特性者,即属于清凉饮料品,此非受规范者所不能预见,与法律明确性原则尚无不合。……应否课征货物税,以该项饮料品是否'内含固体量达到 50%'作为认定标准。……此系由主管机关本于职权作成解释性函释,以供下级机关于个案中具体判断,该认定标准符合社会通念对于饮料品之认知,与一般法律解释方法无违,尚不违反租税法律主义之意旨('本院'释字第 635 号、第 685 号解释参照)。……唯饮料品之种类繁多,产品日新月异,是否属应课征货物税之清凉饮料,其认定标准,有无由立法者以法律或授权主管机关以法规命令规定之必要,相关机关宜适时检讨改进,并此指明。"按"财政部"之上开函示实际上既以"消费者于购买饮料品后,开封即可饮用"及"饮料品是否'内含固体量达到 50%'"为应否课征货物税之认定标准,为何不在"货物税条例"直接以该二特征为要件,规定应课货物税之食品?何必非用不能指摄该二特征之"清凉饮料品"规定应税货物?另应税货物之认定标准与货捐客体之认定有关,属于法律保留事项,应以法律或法规命令定之(释字第 705 号解释)。上开解释中实不宜有"有无由立法者以法律或授权主管机关以法规命令规定之必要"之疑问,要"相关机关宜适时检讨改进",而应即为"应以法律或法规命令加以规定"的解释,才不会发生"货物税条例"第 8 条第 1 项关于清凉饮料品之应税规定,迄今了无修正。

[2] 根据这个观点,像石头这种无生命之物,其存在与其本质自然同一。至于像动物这种有生命之物,其存在与其本质是否同一,应视该种动物,是否具有追求至善的能力和意志而定(Arthur Kaufmann, die ontologische Struktur des Rechts, S. 499 in "die ontologische Begründung des Rechts" herausgegeben von Arthur Kaufmann, 1965)。

但还是不得过度强调该缺点，一概否定这种规范的效力，认为行政决定或司法裁判可以不依据法律。这一个立场，与"恶法亦法"的立场，似同而实异。持"恶法亦法"之立场者认为，只要是实证法不论其内容为何，亦即不论是否有重大悖离正义的情形，皆肯定其拘束力。而这里所述立场则只是首先推定实证法之正确性，及以之为基础承认其拘束力，但并不排除根据上位价值的规范，否定背离基本价值之实证法之效力的可能性。这种看法在现行体制上的表现为法规之"违宪"审查。此所以称，不得以实证法与至善尚有差距为理由，一概否定实证法之拘束力。此外，自实证法上所承认之正义（基本价值）事实上仅为立法机关中之多数所肯定的正义而观，以至善为标准根本否认实证法之拘束力并无实务上的意义。盖其主张固有追求至善或劝人为善的意义，但若试求在实务上予以贯彻，其结果，不但会带来立法机关与执法机关（特别是司法机关）间，或既得利益者与非既得利益者间之紧张关系，而且有使执行法律机关所赖以裁断的标准，因失其客观依据，而流于擅断之虞。然倘"违宪"审查机关（"大法官"）不能善尽其清除恶法的机能，则正义最后将不能以和平的方法实现。[①]

十、学说对该差距的立场

（一）极端的实证法学派

对这个差距，极端的自然法学派与极端的实证法学派各自采取不能妥协的立场。极端的实证法学派片面强调法之存在面（实证性 die Positivität），将法之实在视同法之本质，从而使法之存在（die Existenz）吞噬了法之本质（die Essenz）。其结果，实证法之内容为何？其是否具有法之性质便成无关紧要。然"欲使'正法'成为'实在'（Wirklichkeit），并非仅仅将之制定为实证法便已充分，盖只有当正法的本质为实证法所包含时，正法始取得其存在，纵使其所包含之内容还仅是接近于正法者亦然。否则，一个罪恶的法律即使经正式制定，从而具有实证法的地位，亦绝非'正法'"[②]。

---

① 针对此种问题，关于宪法原则，《德国基本法》第 20 条规定："(1)德意志共和国是一个民主及社会联邦国家。(2)一切国家权力皆来自国民。该权力以选举及表决，并经由立法、行政及司法之特别机关行使之。(3)立法机关受宪法秩序、行政机关及司法机关受实证法（Gesetz）及正法（Recht）的拘束。(4)对于任何从事排除该宪法秩序者，如其他补救方法不可能时，所有德国人皆有权利，起来反抗。"该条第 4 项的规定即是学说上所称之人民的抵抗权。唯这应不适用于一个机关对于他机关间，特别是不适用于行政机关及司法机关对于立法机关制定的法律。盖行政机关及司法机关应受立法机关制定之法律的拘束。行政机关或司法机关对于立法机关制定之法律如有是否违反正法，在实务上其实即系有是否违反宪法之疑义。关于正义与和平之关联，请参见 Larenz, Richtiges Recht, München 1979, S. 33ff.。

② Arthur Kaufmann, "Die ontologische Struktur des Rechts", S. 474f.; Eduardo García Máynez, "Die höchsten Prinzipien der formalen Rechtsontologie und der juristischen Logik", S. 422ff. in "Die ontologische Begründung des Rechts". herausgegeben von Arthur Kaufmann, 1965.

（二）极端的自然法学派

反之，极端的自然法学派则片面强调法之本质面，将法之本质视同法之实在，从而使法之本质吞噬了法之存在。其结果，法律概念或法律规定并不以经过制定加以实证化为必要，亦即认为有一个超越实证法，或先于实证法存在的法规范。既为具有正法内容之规范，依其见解为绝对的正确，一切的人类行为皆应受其规范。以上两种极端的立场或看法显然皆与法之存在论上的结构不相一致。[①]

（三）折中说

1.正法与实证法独立并存说

或谓可以依据前述两种不同的见解构成两套同时有效并互相独立的法秩序。该观点依前述之矛盾律在法律逻辑上不能成立，至为显然。因为该不同，但同属有效之法秩序，倘赋与同一行为互相矛盾的法律效力（"容许"相对于"禁止"），则由于两个不同之法秩序的要求，实际上不能同时获得遵守，行为人或裁判者将不得不，必须择一而从。此际，如谓：自然法，可施行于理想面；而实证法，可施行于实在面，其见解亦不成立。因为不但规范必须实际上存在，才能有效果；而且有效的规范也必须是一个符合正法要求的规范。一个纯属于理想的规范，对吾人并无实益。正法必须经过实证化，始能取得其现实生活上之积极意义，此为正法要获得现实意义之不可欠缺的条件。

2.正法与实证法对极并存说

为使行为规范趋于妥当，"不但正法的概念（Der Begriff des richtigen Rechts）必须包含实证（positiv），而且实证法的任务（die Aufgabe des positiven Rechts）也必须包含内容的正当（richtig）"[②]。直至同时兼顾法之本质及存在，方始尽符法之实在的存在论上的结构。是故，关于法之存在，前述片面之极端的观点皆不适合，而应采取双元的看法。盖法之存在与本质的内容间固不尽相符，但也非属于互相排斥之选择的关系，而系属于对极的关系（das Verhältnis der Polarität），亦即其间具有互相牵连、补充和支持的关系。该关系具有相生相克的特点。由这种对极关系始能适当了解或说明正义与法的安定性间（Gerechtigkeit und Rechtssicherheit）或法与权力间（Recht und Macht）的关系：两者既非相符，亦非不相并容，而系一种相生相克、相辅相成的"对极关系"。片面强调正义或片面认为强制的权力是决定规范之法的性质之见解者，皆不能如实说明法之存在论上的结构。像正义这种超实证的法律原则，固待于引入实证法方始实在；而实证法，亦因具有正义的内容，在正法的观点下方始有效（gültig）。不但忽视实证性，会危及法的安定性，而且忽略正义，除不能维持法秩序之和平外，也会危及法的安定性。实证（die Positivität）与正义（die Gerechtigkeit）间之相辅相成，

---

① 关于法之存在论上的结构，详请参见 Kaufmann, aaO., S. 470ff.。
② Radbruch, *Rechtsphilosophie*, 7. Aufl. Stuttgart, 1970, S. 169f.

由此可见。① 其现实上之一时的不一致或落差，必须透过立法机关的修正及司法机关的法律补充，辩证地逐步缩短。

十一、法理之实证法化及其适用性

法理之实证法化主要有两个意义：(1)将法理具体化，以满足构成要件明确性之要求，确保其规范内容之可理解性及可预测性。(2)透过法律漏洞之确认及其补充方法的论证，确立其适用之民主正当性。

关于民事之规范，民法总则之立法例，有明文规定"法理"之可适用性，亦有对之不为明文规定。但不论是否明文加以规定，除非关于民法之体系，采封闭的立场，法院不得补充，否则，"法理"在民事之裁判上的地位，最终并不受成文化与否的影响。在实务上，法理还是可透过法律解释或法律补充，参与决定现行法之内容。只是如果有明文规定"民事，在法律及习惯无规定的情形，适用法理"，法院可以因民法有明白授权，得适用法理，而使法律补充之活动的开展，自始得到学说与实务没有疑虑的支持，否则，为民法之法律补充，就法律及习惯构成之规范体系，是否封闭，以及是否容许法院补充，对此，其立法者的意思究竟为何有可能还需要经历一段为时不短、见仁见智、难衷一是的论辩。

然即便明文肯认"法理"或"法原则"的适用性，其对于具体案件之适用性，除在内容上，尚须视情形，经过一定程度之具体化，以达到其适用上所需之明确性外，在程序上，也尚须经立法或司法程序，或经长期具有法确信之惯行的洗练，将之体现于制度，给予实证法化，才能取得其法源地位上之合法性，才能成为实证法的一部分。经立法程序，指由立法机关将其制定于制定法中；经司法程序，指由法院在实证法之既有规定的基础上，利用类推适用、目的性限缩、目的性扩张或创制性补充等法律补充的方法，将法理或一般法原则（allgemeine Rechtsprinzipien）制度化为实证法的组成部分。此为法理之实证法化所需经历的过程。② 在法理或一般法原则之实证法化上，即便在法典化的立法例，司法裁判之参与，在体制上还是有特别重要的功能。③

十二、是否规定法理为法渊源之检讨

原《中华人民共和国民法总则》第10条没有将"法理"并引为必要时得用以规范民事关系之法渊源，值得检讨。其理由为：法理为何固有其不确定性，但终究是法治所当追求之至善的原则。所以，犹如公平，必须时时悬为法治所追寻的目标，不但在法律之解释、习惯法之

---

① Kaufmann, aaO., S. 478f.

② Esser, *Grundsatz und Norm*, 2. Aufl., 1964 Tübingen, S. 132ff.

③ Esser, *Grundsatz und Norm*, 2. Aufl., 1964 Tübingen, S. 267.

发展,以及法律漏洞之确认及补充皆应取向于法理。如果不将法理并列为规范渊源,可能引起法律漏洞之存在的否认,以及一般禁止法律补充的看法。这在民事法会妨碍其因应时势或法规范思想之发展,而演进。

然明文规定法理为法渊源,在实务上,是否真可以直接将法理引用为请求权的规范基础,或者该规定只是一种补充法律漏洞之授权规定? 依该授权,在为具体个案之裁判时,还待法院经由类推适用、目的性扩张、目的性限缩或创制性补充等方法,将法理之规范内容实证法化,使其具有明确之构成要件,并连结适当之法律效力。这特别表现在宪法所定基本权利之直接对第三人效力及一般法律原则之实证法化的要求。如未经法律补充之论证过程,将法理具体化并联系于实证法,法理之适用,便可能流为裁判者不受制约之规范意思的实践。

十三、正法与实证法间的依存关系

(一)正法的实现依赖实证法

正法(das richtige Recht)以实证法(das positive Gesetz)为其实现上之前提,没有据为裁判之实证规范,即没有判断对错的标准(der Maßstab des Richtigen);没有"对错"的标准即无符合"正法"的裁判。是故,"在存在论上"正法优位于实证法;反之,"在逻辑上"实证法优先被引用,正法退居于补充的地位。正法与实证法间之这种相辅相成的关系,在现行法上已经"民法"第 1 条所明白肯定。该条规定:"民事,法律所未规定者,依习惯;无习惯者,依法理",其中所谓之"法理"即为"正法"。依该条规定,法理之适用顺位后于法律,亦即法理(正法)之引用在这里,首先处于后补的地位。但这并非表示法律规定(实证法)的内容,可以违反正法。法律规定之内容并不因该条之规定,而不受法理之监督,亦即与正法思想相违反者,在现行体制下,仍得根据"违宪"审查否定其效力。[①] 在正法与实证法间,以上关于其适用顺位之看似矛盾的关系,其发生原因在于:依法律概念之抽象程度所构成的逻辑体系,其下位阶者优先于上位阶者受适用。此即法律竞合理论上所称"特别法优于普通法"或"具体

[①] 基于对法律之合宪性的推定,以及对立法机关之权威的尊重,各地立法例在"违宪"审查,对有"违宪"之虞的法律皆尽可能经由解释,调整法律规定之内容,予以补救,亦即尽可能不宣告其为"违宪"。反之,在与其相对应之私法自治权的监督,则较为严格,其结果,契约约款常常根据诚实信用原则予以调整或否定其效力。这种监督对一般契约约款显得特别迫切。关于利用诚信原则监督一般契约约款,修正后之《德国民法典》第 307 条第 1 项规定:"一般契约约款中有因违反诚信原则,而过分不利于一般约款使用人之相对人的约款者,该不利于相对人之约款无效。一般约款亦可能因其不清楚或不能理解而发生过分不利。"关于契约一般约款的监督,其所属业务之目的事业主管机关或消费者保护机关常会采取一些事先审查的监理措施。该措施虽能排除使用不当一般契约约款者之行政责任,但不能排除其民事责任。盖行政机关关于一般契约约款之事前审查的结果,对于司法机关并无拘束力。这应是《德国民法典》所以特辟专节,在第 305 条至第 310 条对于一般契约约款给予详细规定的道理。

法优于一般法"的原则;反之,依负荷价值之基本性程度所构成的价值体系,其上位阶者优先于下位阶者受适用,此即法律竞合理论上所称"基本规范(宪法)优于一般规范(法律命令)或个别规范(契约)"①。因此,实证法相对于正法(法理)在实务之适用上处于优先的地位,但其地位之取得,并非由于实证法具有较高之价值,而是基于实证法通常属于基本价值原则之更为具体的表现之假设。②

(二)实证法的内容应受正法的监督

欲维持实证法之可以被适用的地位,实证法必须具有真正属于基本价值原则之较具体规定的实质;否则,该实证法便丧失其效力的价值基础。此所以实证法的内容应受正法的监督。正法所包含之价值正是依赖这种方式,亦即利用实证法加以具体化,始能实现。为使实证法能善尽其实现正法之功能,不但在立法上,而且在法律的执行上,皆必须注意到其所规范之客体的具体情形。因此,其具体化并非单纯地依赖演绎正法所包含之价值即可达成,而必须同时引用归纳的方法,将具体的适用情形加以归纳,以检证适用的结果,是否符合上位阶之价值原则。

按实证法既非完全的抽象,也非完全的具体;既非完全超越时空,也非完全受时空之限制,它总是或多或少地受当代之历史环境的约束。法或实证法便是这样子慢慢地经由人类追求至善的努力向前演进。其演进在现行体系上,自其具体化的程度可分为三个阶段:(1)宪法;(2)法律、命令;(3)行政机关之行政处分及司法机关之裁判。在这里法院固然扮演着重要的角色,但国家或各级政府之其他机关的活动对正法之具体化、实现及现行法之补充、演进,相较之下其角色之分量或贡献,亦不逊色。它们共同的贡献或任务是:使实证法渐近于正法。一个国家是否力求其实证法渐近于正法,为正法国家(Rechtsstaat)与实证法国家(Gesetzesstaat)之区别所在。在实证法国家,主张实证法之绝对性,从而以为实证法即是正法,只有立法者能够决定正法的内容。反之,在正法国家,严肃地肯定实证法尚有可能不及于正法之处,从而认为国家的公权力,应该协力促使正法的实现,且以此作为权力区分之真谛所在。③

在具体化的过程中,利用特征之加减来控制其具体化的程度,其妥当与否,取决于该加减之特征在正法意义下之规范价值。就其规范价值之认识如有偏差,而有误入或误出的情事,其具体化或类型化便会有过度与不及的问题。不论是过度或不及,皆分别违反平等原则。其理由为:在不应经由类型化进一步细分,而予细分时,其过度之类型化,使在规范上本来应属于同一类者,不属于同一类,以致不当地受到不同的处理。同理,但相反的是,在应经

---

① 关于基本规范、一般规范和个别规范的意义,详请参见韩忠谟:《法学绪论》,作者自刊 1962 年版,第 50 页以下;关于 Der Stufenbau der Rechtsordnung(法秩序的位阶构造)详请参见 Kelsen, *Reine Rechtslehre*, 2. Aufl, Franz Deuticke Wien 1967, S. 228ff.。

② 在国家权力区分的宪制下,这还基于:立法机关相对于司法机关或其他执行法律的机关,就规范的基本价值有具体化优先权。是故,关于民事,倘法律已有明文规定,则因法理(基本价值)已经立法机关针对系争民事问题具体化为法律,除非其具体化的内容有规范冲突或价值矛盾,造成法律漏洞的情事,司法机关自当依法律而为审判,不得越过法律,直接诉诸法理。

③ Kaufmann, aaO., S. 508.

由类型化进一步细分,而不予细分时,其不及之类型化,使在规范上本来不应属于同一类者,属于同一类,以致不当地受到相同的处理。此外,过度的区分也会使法律丧失其一般规定的性质。

(三)正法促使规范体系化

在前述将正法(法律伦理)经由具体化到实证法,以将公平正义实现于人间之追求至善的努力过程中,只要立法者或执行法律的机关(特别是司法机关)一旦曾经为价值判断,它便"必需"将该价值判断"贯彻"到底,以符合正义所要求之"平等原则"。该原则之贯彻的结果,使法律规范的存在状态,在价值判断上具备"一贯性"(Folgerichtigkeit)。此为体系之第一个特征。又实证法应以实现正法为其最终目标,因此,自正法具体化下来的实证法,有经归纳向最高法律原则趋近的倾向,其趋近的结果,使法律规范的存在状态,在价值判断上具备"统一性"(Einheit)①,此为体系之第二个特征。

此外,基于正法与实证法所共同肯定,并为实证法所特别强调之法的安定性(die Rechtssicherheit),亦使法律趋向体系化,盖所考究者不管是法之确定性及可预见性,或立法与司法之稳定性与继续性,或简单的只是法律适用上之实用性,这些考虑依赖一贯而且统一的体系,远比依赖无法综览之互不相属,有时甚至互相矛盾的个别规范更能获得实现。只要认为实证法是正法之具体化的结果,则体系思维实为实证法之存在论上的要求,而非仅属于为将法律学科学化所做之假设,同时亦为实现正法上的价值,或从事法律思维所必需的前提。"一贯性"与"统一性"在实际上纵使尚只能片段地实现,但只要已有片段的实现,基于人类追求至善的能力及意志,该片段的实现便可能蓄积渐多,而趋于完整。这当非一个不切实际的空想。体系思维或规范之体系化的任务即在说明并实现法秩序在价值判断上之一贯性与统一性。②

十四、期盼:"法治中国"与"法理中国"

大陆学者在著书立说中,对于如何实现"法治与法理",透过深入的思考表示:在法学研究中,法律偶有被描述为被改造、修正或者可废止的对象,在有些人看来法律甚至是可有可无的,主张无法司法以及无需法律的秩序。③ 然以现代法治为基本依托的国家治理现代化,仍是一个从人治型的国家治理体系向法治型的国家治理体系的历史性转变的过程。它所反映的,是我们这个时代从法律思想到法律制度、从法律制度到法律实践的多方面进程的变革

---

① 参见 Radbruch, Rechtsphilosophie, 5. Aufl. 1956, S. 170; Coing, Grundzüge der Rechtsphilosophie, Walter de Gruyter Berlin 1969, S. 127f.; Engisch, Die Idee der Konkretisierung in Recht und Rechtswissenschaft unserer Zeit, 1968, S.199ff. Mit weiteren Nachw. Canaris, aaO, S.17.

② Canaris, aaO., S. 17ff.

③ 陈金钊:《法律人思维中的规范隐退》,《中国法学》2012年第1期。

取向。① 台湾地区现今各项法律制度,大多继受于"六法全书"并在此基础上不断完善,可见,在中国制定一部优秀的民法典并非不可能完成的使命。②

"以良法善治为本质特征的法治中国,在理论上最精确的概括性表达也许就是'法理中国'。'法治中国'与'法理中国'是并行的,一个是制度创新,一个是理论建构,推进法治中国建设与推进法理中国建设是相辅相成、相得益彰的;不仅要加快推进法治中国建设,而且要把中国特色社会主义法治理论和法理体系贯彻其始终。"③过程中,应在尊重多元价值的基础上来凝练法治共识,并按照法治建设自身的规律和逻辑,来重构和倡导新时期的法治价值观,充分弘扬权力制约、法律至上、公平正义、独立司法、正当程序、人权保障等法治价值,使之成为"法治中国"建设的精神动力和方向指引。④

不过,仍应注意:在公私不分、私德本位的社会背景下,个人自由的放任、群众满意度的强调必然导致分节性结构的分崩离析,诱发公共性危机,并为那种行使强制性权力的法外决断提供依据或者口实。⑤

法治应当在完善国家治理体系、提升国家治理能力上发挥主导作用,立法机关对社会需求的反应,行政机关对社会事务的调控,司法机关对纠纷案件的解决,社会组织对国家事务的参与,公民个人政治责任的履行等,都必须借助法治来加以推行。⑥ 理性主义的建构思路、国家主义色彩、立法中心—行政辅助的运作模式和简约主义的风格,是迄今为止中国政府尤其是立法机关在法律体系构建的认识和实践上所表现出来的主要技术特征。⑦ 司法的法理功能是法律活动专业化的结果,司法的社会功能是法律活动外部化的结果。⑧

法学与人文艺术学科相比,极少讲境界,是一门世俗的学科。法学追求务实,尊重规范,紧扣条文;与经济学等学科相比,法学研究的是固定的规则、制度、原理。面对人间层出不穷的变动情势,如果墨守成规,而不重视科研,便不可能有太多的创新性;这些特点直接导致了法律职业病的产生及使法律之成为"小技"的状况。⑨ 克服之道在于体认:法理学也必须具有批判性和反思性,需要结合时代的条件对以往的知识确信进行挑战。⑩ 任何法学形态的进步,都必然会关注现实社会中的重大问题,尽管其关注的表现在各个国家各个时代可能非常不同。⑪

马克思主义法律思想中国化研究,乃是一个涉及面极广的领域。既需要从历史与现实的对比中,探求马克思主义法律思想中国化的合理机制与模式选择,还有必要对包括民族精神、风土人情和传统文化在内的问题进行深入研究,⑫这样始能使"法治中国"与"法理中国"的目标逐步达于至善之境。

————————————

① 公丕祥:《当代中国马克思主义法学发展的新境界》,《光明日报》2016 年 8 月 13 日第 1 版。

② 秦前红、李雷:《民法典热背景下的宪法学冷思考》,《暨南学报》2017 年第 8 期。

③ 张文显:《法理:法理学的中心主题和法学的共同关注》,《清华法学》2017 年第 4 期。

④ 马长山:《"全面推进依法治国"需要重建法治价值观》,《国家检察官学院学报》2015 年第 1 期。

⑤ 季卫东:《中国法学理论的转机》,《中国社会科学报》2011 年 12 月 27 日第 10 版。

⑥ 胡玉鸿:《通过法治的国家治理》,《法制与社会发展》2014 年第 5 期。

⑦ 张志铭:《转型中国的法律体系建构》,《中国法学》2009 年第 2 期。

⑧ 孙笑侠、吴彦:《论司法的法理功能与社会功能》,《中国法律评论》2016 年第 4 期。

⑨ 孙笑侠:《法律思维方法的"器"与治国理政的"道"》,《暨南学报》第 35 卷第 11 期。

⑩ 葛洪义:《法理学的定义与意义》,《法律科学》2001 年第 3 期。

⑪ 何勤华:《新中国法学发展规律考》,《中国法学》2013 年第 3 期。

⑫ 付子堂:《马克思主义法律思想中国化研究论纲》,《现代法学》2007 年第 5 期。

第三章 法律概念

一、探讨法律概念与法律体系的重要性

法律概念与法律体系的探讨至少具有下述意义：在一个比较后进的法律社会，通常具备一种特征，倾向于以比较纯逻辑，或比较拘泥于法律文字了解法律、适用法律，未能随社会之变迁，适时检讨法律，以致常常受制于恶法。当基于该认知而试图容许引用较富弹性之价值标准或一般条款来避免被法律概念所僵化的法律之恶时，却又发现该容许很容易流于个人的专断。其结果，许多法律规定本来拟达到的公平正义，不能在实际运作中，真正地实践出来。

基于上述认识，必须一起探讨，到底应如何建构法律概念与法律体系，认识其功能的界限。有了该了解后，才不会对法律概念有过度的期待，以致想要通过法律系统的逻辑运作，获得法律概念不能提供的功能。

二、概念之定义

论述概念，首先必须说明：在法学方法论上，对概念一词有自己的定义。如果这里所称的概念系对应于德文的 der Begriff，则自法学方法论之术语而论，概念之意涵经设定为：已经穷尽地列举，概念所要描述之对象的特征。① 所谓已穷尽地列举概念所要描述之对象的特征，实际上，其本身即系一个概念性的设定。该设定假设，在概念中，已将其所要描述之对象的特征穷尽列举。在该概念之涵摄（die Subsumtion）上，该列举的特征不可缺少、不可替代，也不可另予附加。如有附加，会将该概念进一步具体化为其下位概念。例如当将满二十周岁之自然人定义为成年人之概念特征，自然人之年龄的增减，决定其是成年人或未成年人

---

① Larenz, *Methodenlehre der Rechtswissenschaft*, 6. Aufl. Berlin, Heidelberg, New York, Tokyo, 1991, S. 216, 303.

（"民法"第12条）。① 具备该列举特征，是将一个具体事实涵摄于该概念的充要条件。不过，实际上，法学在概念之适用，并没有如此严格地遵守该概念的定义。上述概念之定义的强调，只是提醒纯正概念指称对象的特征，以及究诸实际，法律用语时有不确定性的情形。此所以，在适用上，法律需先经解释，始能阐明其意旨，以及不确定概念之解释及关于其解释行政机关是否有判断余地的问题。② 如有判断余地行政解释对于司法机关有拘束力。

在一个概念特征之程度上的增减，可能由量变引起质变，例如在将要约之概念为如下之定义的前提下："当受意人表示同意时，表意人愿意以其表示之内容，与受意人成立契约之表示。"在该定义之基础上，"民法"第154条第1项前段规定："契约之要约人，因要约而受拘束。"而后于但书规定："但要约当时预先声明不受拘束，或依其情形或事件之性质，可认当事人无受其拘束之意思者，不在此限。"前段规定为要约之拘束力的常态。但书为其拘束力之减弱的态样。当其减弱未至全部丧失的程度，该表示仍不失其为要约。然如减弱至全部丧失的程度，则已非要约，而极其量仅是要约诱引。有最大程度之减弱，而又未至全部丧失之程度的情形，例如在要约时，保留得在承诺前随时撤回。该撤回权之保留的效力特征为：要约虽已生效，但基于事先之保留，而仍得撤回。此与"民法"第95条第1项后段所定关于非对话意思表示，在通知达到相对人，发生效力前，表意人得任意撤回的情形，不同。其理由为：当就非对话意思表示之生效采到达主义，则在其到达前因尚未发生效力，所以其表意人基于契约自由原则中，关于得不为缔约之自由，得不具理由，任意撤回其已因发信而成立，但尚未生效之契约。但一个成立而尚未生效之意思表示，并不因其尚未生效而全无规范上之意义。只要后来其生效要件能够成就，纵使"表意人于发出通知后死亡或丧失行为能力或其行为能力受限制者，其意思表示，不因之失其效力"（同条第2项）。

又如当将意思表示定义为：将法效意思表示出来的行为，并由之解析意思表示由法效意思及表示行为二个要素构成时，引起例外以拟制的方法肯认其为意思表示之效力的规范需要(1)表示行为而无法效意思（"民法"第86条：心中保留），(2)法效意思及表示行为皆欠缺（"民法"第80条第2项、第170条第2项、第302条第1项、第386条：视为拒绝承认；"民法"第356条第2、3项、第387条：视为承认）。另有"民法"第161条所定之意思实现，外表上仅有法效意思而无表示行为或表示行为未到达，然同样肯认其为有效之意思表示。

三、概念之建构

法律概念之上述定义，决定其建构方法为：取向于规范目的，不多、不少、穷尽取舍所拟描述或规范之对象的特征。

---

① 与之类似之特征的增减，发生于类型时，称为类型之特征的流动性，例如承揽契约所承揽之工作如系运送，且其劳务债务人系以运送为其营业，则该承揽契约除保留其承揽性质外，并已具体化为运送契约。

② Ernst Forsthoff, 10. Aufl., München 1973, S. 90; Wolff, Bachof, Stober, Verwaltungsrecht I, 10. Aufl., München 1994, § 31 Rdnr. 14ff.; Schmidt-Aßmann, in: Maunz, Dürig, München 1990, Art. 19 Ⅳ Rdnr. 183.

（一）方法：舍弃不重要之特征

在法律概念的论述上设定：纯正概念已将其所拟描述或规范之对象的特征穷尽列举。该设定之存在基础，并不在于概念的设计者已完全掌握该对象之一切重要的特征，而在于假定，其基于目的性之考虑（规范意旨）[①]，取舍该对象已认知之特征时，已将其充分而且必要之特征保留下来。从而后来在该概念之适用上，亦即在将事实涵摄于该概念之操作中（例如将法律事实涵摄于构成要件要素），在规范上把保留下来以外之特征一概视为不重要。是故，倘其特征之舍弃有超过或不及的情形，相应于其规范意旨[②]便会发生概念的涵盖范围太

[①] Larenz, aaO.(Fn.1)，S.440："在抽象概念之建构上，收留在定义中之特征的选择，主要受有关学科拟利用该概念之形成达到之目的所决定。因此法律概念指称之对象，并不一直与其他学科之相应概念，有时甚至不与日常惯用语所了解者相同。例如'动物'（das Tier）这个法律概念虽导自日常惯用语对该用语的看法，但基于法律规定之意旨，一般认为像单细胞动物（Bakterien），在动物学上纵使可能一直将之当成动物看待，但却非法律上（《德国民法典》第 833 条关于饲养动物之责任，台湾地区"民法"第 190 条）所称之动物。"

[②] 构成法律概念之特征究竟是否有过多或不及的情形，学者就其判断标准意见不一。Engisch 认为：应以立法者之主观的意思，亦即应以立法者之规范观，作为判断的标准［Engisch, *Einführung in das Juristische Denken*，8. Aufl. Stuttgart, 1983, S. 100ff.(105)］。在法律概念之文义所涵盖的范围，较之立法者的意思所意指者为广时，应予限缩；反之，应予扩张。对这种看法 Larenz 并不赞同，"盖立法者之意思（规范观）不过为法律解释时所应考虑的标准之一。它对法律解释者并无绝对的拘束力。解释之最后目的并不在于探求立法者在立法当时之实际意思，而在于探求当今法律的标准意旨。该意旨固然如吾人所一再强调者，必须尚在法律用语之可能文义范围内，但正如吾人所知，该可能文义是可变的。在该用语之各种不同的意义中，其相对上涵盖较窄者，应称为狭义；反之，涵盖较广者，应称为广义。就那些取自于日常用语的词汇，其较窄的意义，原则上与所谓之意义核心所示的范围重合。使用该用语时所指称者首先当为该核心意义。其结果，或多或少大于该范围之意义，当皆属于广义。唯倘其较广之意义已逾越该词汇在日常生活任何曾经意指的范围，或毫无疑问问已挤压到该词汇之核心意义，则以该意义为内容者，已非该词汇之解释。它在第一种情形可能与类推适用或目的性扩张，在第二种情形与目的性限缩有关"［Larenz, aaO.（Fn.1），S. 354］。

广或太狭的情事。于是,为贯彻其规范意旨,在其适用上有经由限缩(解释或补充)①或扩张(解释或补充)②加以调整的必要。有时甚至在立法阶段,便已利用立法解释、拟制、授权类推适用、限制适用或其他调整的规定,加以补充、调整。例如"民法"第 12 条规定满二十岁者为成年人。该条将成年人这个概念设定成只包含两个特征:第一,所涉及者必须是个生物学上的人;第二,必须满二十岁。成年人的概念虽是配合私法自治之重要的制度,但却是一个利用外部形式,而非内部实质的特征建构之技术性的概念。具备该二特征时,就是成年人。其他的特征皆不相干。此为法律概念在思考方法上之严格的设定。在该设定下,"民法"规定成年人只具有,而且必须具有该二特征。是故,一个未满七岁的小天才,纵使聪明能干仿

---

① 这里所称之限缩,指限缩解释与目的性限缩。其区别在:限缩程度是否已损及文义的核心(der Begriffskern)。如已损及文义的核心,则它便是目的性限缩;如未损及,则它仍是限缩解释。唯可以理解的,该界限并不一直很清楚(实务与学说为强化自己的见解在现行法上的依据,倾向于尽可能将自己的论理评价为限缩解释,请参见 Enneccerus/Nipperdey, Allgemeiner Teil des Bügerlichen Rechts, 15. Aufl. Tübingen 1960, S. 348)。例如倘解释"所得税法"第 4 条第 1 项第 5、7 款所称之"劳工"不包括代表雇主行使管理权之受雇人[参照"财政部"(1973)台财税第 30866 号令;已不见于公报],其见解可谓属于限缩解释的结果;倘进一步解释不包括不具备产职业工会会员资格的受雇人[参照"财政厅"(1970)财税一字第 109802 号;已不见于公报],认为未加入工会者,即非该条款所称之劳工,则其见解显然非经目的性限缩不能获致。盖为雇主行使管理权者,以及根本不具备工会会员之入会资格者,其劳工身份,自劳工立场的观点,固可认为不具备,但对具备入会资格而未实际入会者,在法律上径予否认其实际所具备之劳工身份,便显然迁就财政目的,逾越劳工法之规范意旨,对从劳工法演进而来的用语,在税捐法上给予目的性限缩。关于劳工之定义,后来"财政部"1985 年 4 月 30 日台财税字第 15285 号又函释(尚见于公报):"'所得税法'第 4 条第 4 款及第 5 款'劳工'一词之定义,奉'行政院'核释,应依'劳动基准法'之规定办理,即'劳动基准法'第 3 条所定行业之雇主雇用从事工作获致工资者,自该法公布生效之日起适用。"按依"劳动基准法"第 3 条,该法有适用行业之范围上的限制,而"劳工法"与"所得税法"各有其立法目的,倘"劳动基准法"尚未适用于一切雇佣关系,则在"所得税法"将其劳工之概念,以行政解释限缩至适用"劳动基准法"之劳动关系的受雇人,是否妥当,非无疑义。又如在"土地税法"上关于该法第 9 条所指之自用住宅用地,在法律明文以设籍为其构成要件之情形下,向内挤压该要件之文义范围,进一步要求自用人除了必须设籍外,尚须实际居住于该地,该实际居住于该地之新构成要件的附加,对设籍所涵盖之范围,也有加以目的性限缩的作用[参照"财政部"(1981)台财税第 31199 号函]。另"财政部"1984 年 12 月 27 日台财税第 65634 号函谓:"土地所有权人出售自用住宅用地,于二年内重购土地者,除自完成移转登记之日起,不得有出租或营业情事外,并须经稽征机关核准按自用住宅用地税率课征地价税者,始准依'土地税法'第 35 条第 1 项第 1 款规定,退还已纳土地增值税。"(依"财政部"1999 年 4 月 22 日台财税字第 881910551 号函规定,停止适用)释字第 478 号解释认为,该函以"'须经稽征机关核准按自用住宅用地税率课征地价税'为申请退税之要件部分,系增加'土地税法'第 35 条第 1 项第 1 款所无之限制",有违租税法律主义,应不予援用。亦即其目的性限缩"土地税法"第 9 条关于自用住宅之概念,构成"违宪"。

② 将各级民意代表解释为"系依法从事公务之人员,属刑法之公务员"(参照释字第 15、22 号解释)属于"扩张解释",唯倘将各级民意代表解释为"公务员服务法"或"公务员退休法"所称之公务员,认为各级民意代表应服从"院长"或"议长"之命令,或应受该法所定退休之限制,享受退休之待遇,则其见解显已逾越自该等法律之规范意旨所揭示之公务员的文义范围,应属于目的性扩张,其性质为法律补充,而非法律解释。此外,类推适用亦属于逾越文义范围之扩张适用,其与目的性扩张之不同在:类推适用的论理依据是诉诸已规范与未规范之拟处理案型间的类似性(die Ähnlichkeit),而目的性扩张则是直接诉诸已存在的规范意旨(ratio legis=der Sinn des Gesetzes)[请参见 Larenz, aaO.(Fn.1), S.397ff.;Canaris, Die Feststellung von Lücken im Gesetz, S. 89ff.]。另关于狭义及广义解释详请参见 Larenz, aaO.(Fn.1), S. 353ff.。

如一般满二十岁的人,但因他未满二十岁在法律上还是未成年人,且因他未满七岁,而规定其无行为能力;反之,一只满二十岁的猩猩,虽然能骑车、表演、吃饭,比很多满二十岁的智障者都聪明,但因它不是人,因此也不能算是成年人。只要该动物是猩猩,不论其多聪明能干,皆不重要。重要者为:是否具备在定义成年人之概念时,设定为必须具备之特征。具备之特征若不相干,则不论有多少个理由,主张那些特征有多重要,亦不加以考虑。现代法学方法所称的概念,其意义如此。其是否尽善尽美,由前例已可略见端倪。由于在概念中所作之概略性的基本设定常不完美,所以事实上,不但在立法阶段,而且在适用阶段(实务上)皆应致力于调整,以和缓这个问题。因此,常必须利用例外规定,予以微调。例如结婚成年制("民法"第 13 条第 3 项)①、监护之宣告("民法"第 14 条)、辅助之宣告("民法"第 15 条之 1)②,以及"虽非无行为能力人,而其意思表示系在无意识或精神错乱中所为者,其意思表示无效"("民法"第 75 条后段)等规定皆是为缓和僵化之成年人或其行为能力之概念,在"立法"阶段所作的调整规定。

以下是利用"立法"解释所做之调整的规定,以使法律本来定义之概念更能符合其规范目的:(1)例如"土地法"第 87 条第 1 项首先将空地定义为"凡编为建筑用地,而未依法使用者",然后再利用同条第 2 项之拟制规定,将第 1 项所称空地之指称范围扩张到"土地建筑改良物价值不及所占基地申报地价 20%"的情形。又如"民法"第 1061 条首先将婚生子女定义为"由婚姻关系受胎而生之子女",然后再利用同法第 1064 条将"非婚生子女,其生父与生母结婚者,视为婚生子女"。(2)利用"民法"第 1077 条规定:"养子女与养父母之关系,除法律另有规定外,与婚生子女同",使养子女原则上享有与婚生子女相同之法律待遇,以缓和以自然血亲为出发点制定之亲子关系的规定,不尽契合养子女与养父母之关系的情形,使之贴近事实上存在于养子女和养父母间之情义关系。

将概念如是定义之意旨在:只有当该概念之一切的特征皆存在于某一对象时始得,而且

①　配合私法自治,"民法"必须规定私人取得行为能力的标准。其标准通常为满一定之年龄,并将满一定年龄者规定为成年人。例如"民法"第 12 条规定:"满二十岁为成年。"而成年在私法自治上的效力即为原则上有行为能力。在此了解下,将某种人规定为成年人或有行为能力人在法律效力上并没有区别。其区别只在于是否利用成年身份之取得作为赋与行为能力的依据,或直接赋与行为能力。该问题或考虑发生在未达一定年龄而因一定事由(例如结婚)而拟赋与行为能力的情形。对未成年人已结婚者,直接赋与行为能力,与经由承认其为成年人,然后使之取得行为能力,在结果(即行为能力之取得)上,并无两样。所以规定未成年人已结婚者"为成年"或"有行为能力"对于(1)"未成年人结婚而取得行为能力,有无最低年龄的限制?及(2)婚姻消灭后,其行为能力是否丧失?"之考虑,当不至于有影响。盖不问规定为哪种情形,只要承认其结婚本身之效力,已结婚之未成年人皆直接基于像"民法"第 13 条第 3 项之规定,或间接基于规定其为成年,而取得行为能力。使之取得或不取得行为能力的关键皆在于其结婚是否有效。其他的考虑皆涉及法律(例如"民法"第 13 条第 3 项)适用范围之目的性限缩的问题。不因规定,未成年人已结婚者有行为能力或成年而不同。关于未成年人结婚而取得行为能力,有无最低年龄之限制的问题,实务上认为,在婚姻因当事人未达法定结婚年龄而经撤销者,即回复为限制行为能力人(司法院 1935 年院解字 1282 号)。婚姻消灭后,其行为能力是否丧失,实务认为婚姻因不具备"民法"第 982 条之 1 之方式,或因违反近亲结婚之限制,或因重婚而致该婚姻自始无效者,该未成年人自始不因结婚而取得行为能力。("民法"第 988 条、第 982 条之 1、第 983 条、第 985 条)反之,若于未成年前,该婚姻关系因离婚或配偶死亡而归于消灭,该未成年人是否又回复为限制行为能力人? 通说与实务采否定说。

②　2008 年 5 月 23 日"民法"总则第 14、15 条修正前,与监护之宣告对应之制度,规定为禁治产宣告。在该次修正,并增定辅助之宣告(同法第 15 条之 1、第 15 条之 2)之规定。

一直应将该对象涵摄于该概念之下,并认为该对象属于该概念所指称的客体之一。在该涵摄的过程中,(1)该概念的定义为其大前提,(2)经由观察认定特定客体具备该定义所称之全部特征时,该特定客体为其小前提,(3)然后经由涵摄,获得该特定客体为该概念所指称的客体之一的认识,作为其推论的结论。"当该大前提由含构成要件及法律效力之完全规定构成,则归属于该法条之构成要件下之具体法律事实(案件)为其小前提。其推论之结果为:法律规定中所提之法律效力适用于该法律事实。"①

在法律的适用上,该过程所导出的结论为:"某法律事实为某概念所构成之法律构成要件所规范的案例之一",或"该法律规定中所提之法律效力适用于该法律事实"。该操作方法即是逻辑学上通常所称之三段论法。由于法律的适用通常具备这种外观,因此,常认为法律的适用过程属于三段论法。其结果,常过度强调其推演过程之纯逻辑性,而(1)忽略存在于法律大前提中之是非,②认为恶法亦法,③或在法律之解释或适用过程,拘泥于法律所使用之

---

① Larenz,aaO.(Fn.1),S. 272.

② 按法律之制定,包含法律概念之建构,必然基于一定之价值判断。所谓价值判断,所判断者即为事情之对错。此所以认为,法律适用之大前提有是非在。在民间传说中与之有关之故事为:《白蛇传》。当中说,妖精是恶的,应予收拾(大前提)。白蛇娘娘是妖精(小前提)。所以,白蛇娘娘不论有无做什么,皆应予收拾。这样的是非观,对我们的法律观究竟产生什么影响,值得探讨。这应该与选举时,容易倾向于不论是非,而只简单将对手妖魔化的操作有关。

③ 所谓恶法,大原则系指违反宪制所承认之基本价值的法律,亦即违宪的法律。小原则系指不能善尽规范功能维护法律上的和平,并协助人民共同在公平理念的引导下充分发展自己。例如,民事法上法定夫妻财产制与所得税法上夫妻合并申报的要求,不但分别在夫妻间,以及在法律婚姻与事实婚姻者间,涉及平等原则的违反,而且关于债务之取偿,在夫妻分别与债权人间,或夫妻之债权人相互间带来无限的纷扰。盖依修正前"民法"第1017条第2项规定:"联合财产中夫之原有财产及不属于妻之原有财产之部分,为夫所有",妻并不因同甘共苦而得分享所有权;依"所得税法"关于累进税率及申报单位的规定,使夫妻之所得税因合并申报的结果,不但适用较高之税率,而且享受较少之扣除单位(例如分别申报可享受两个标准扣除额,合并申报则只得享受一个);又因依前述属于联合财产制的规定,除在婚姻存续中取得之财产,妻不得分享所有权外,妻之原有财产及特有财产也常常因不能为适当之举证,而遭夫之债权人依强制执行程序取偿。其间纵使后来能够证明,也常不免于遭受池鱼之殃,其结果不但耗费精力,而且所花之律师费用亦根本无法获得补偿。

文字,不顾法律追求的价值,①(2)或贬低程序公正②之重要性,轻视证据法则,③忽视小前提之认定的对错,以致发生指鹿为马的情事。为了避免利用法律概念构成规范,所可能导出之前述弊端,必须进一步探讨、肯定建构法律概念之目的,并以之为基础,从功能的观点来认识、了解、演进法律概念,使之切于实际、臻于圆满。

(二)取向于公平

1.法律概念为目的而生

法律应为公平而存在,是故,法律概念之建构应取向于公平,以公平之实现为其最高的规范目的。当中,因为公平至为抽象,所以需要将公平具体化,用为规范个别情况之法律的规范目的,以契合于各种个别情况。

---

① 例如最高法院 1939 年上字第 2233 号民事判例认为:"物之出卖人依《民法》第 348 条第 1 项之规定,负有使买受人取得该物所有权之义务,不动产所有权之移转,应以书面为之,为《民法》第 760 条之所明定,不动产之出卖人对于买受人自有订立书面,以移转其所有权于买受人之义务。""民法"第 760 条虽然规定"不动产物权之移转或设定,应以书面为之",但因前开判例,以该条规定于物权编为理由,认为该书面之要式要求仅适用于不动产物权之移转的物权行为,而不及于其债权行为,以致不但不能按该方式要求所拟达到之目的[(1)避免当事人做轻率的决定;(2)预留可靠之证据方法,明朗涉及重要法益之法律关系],而且使该条规定形同具文。盖依口头之债权契约既可诉请让与人协同作成关于让与之物权契约的书据,则该条规定之作用除了配合地政机关之书面审理作业外,了无其他用处。该条规定后来于修正时删除。另于"民法"第 758 条增定第 2 项规定:不动产物权,依法律行为而取得、设定、丧失及变更者,"应以书面为之"。该修正后之规定内容与原来规定并无实质差异,因此,对原规定在适用上引起之问题的解决,并无帮助。对该问题,后来试图透过增定"民法"第 166 条之 1 补救:"契约以负担不动产物权之移转、设定或变更之义务为目标者,应由公证人作成公证书(第 1 项)。未经前项规定公证之契约,如当事人已合意为不动产物权之移转、设定或变更而完成登记者,仍为有效(第 2 项)。"由于民间通常无为不动产交易而为公证之习惯,所以,结果上,依该条第 2 项治愈以"不动产物权之移转、设定或变更之义务"为内容之债权契约的方式欠缺。

② 与程序公正有关之著例如:刑求、刑事侦查中不使选任辩护人在场。刑求不但侵害基本人权,而且使审判所依据之证据,在取得上丧失正当性,在证据价值上丧失可靠性;刑事侦查中不使选任辩护人在场,使刑事诉讼之双方在诉讼之攻击防卫上,不但在法律知识,而且在气势上立于不平等地位。此外,还给疑虑丛生之刑求问题,带来发生之条件。再如:诉讼程序中倘若不让当事人实际阅览笔录,即要求其在笔录后签字,亦悖于程序公正之要求。这些与程序公正之要求不符之规定或做法,一旦发生作用便有使所认定之法律事实,与真正之事实不符的危险,以致在有意无意中指鹿为马,操纵三段论法中的小前提。与之有关之发展请参见释字第 737 号解释。

③ 关于证据或证据法则,传统上关心的是证据的取得(例如刑求、疲劳侦讯),侦讯的程序(侦查中是否容许辩护人在场),笔录制作是否如实,判决中就证据的取舍理由,引用之证据与待证事实是否相干。其中关于相干的问题,值得进一步注意。例如有利息之约定的消费借贷契约及其抵押权之设定等证据方法固可证明利息债权之存在,但是否能证明利息债权之实现在税务争讼上引起疑问。例如,释字第 217 号解释:"'财政部'1983 年 2 月 24 日(1983)台财税字第 31229 号函示所属财税机关,对设定抵押权为担保之债权,并载明约定利息者,得依地政机关抵押权设定及涂销登记数据,核计债权人之利息所得,课征所得税,当事人如主张其未收取利息者,应就其事实负举证责任等语,系对于稽征机关本身就课税原因事实之认定方法所为之指示,既非不许当事人提出反证,法院于审判案件时,仍应斟酌全辩论意旨及调查证据之结果,判断事实之真伪,并不受其拘束,尚难谓已侵害人民权利……"

为一定规范目的而生之法律是社会生活的行为规范,透过连结于一定之法律效力而产生规范人类行为之作用,以实现公平之和平。促成公平之和平的实现是法律之最终目的所在,法律只是一种手段,以和平的方法获致人间之公平。然如果茫无实现公平之正当目的,而只是要禁止或限制人的行为,则其法律之制定只是作威作福。

基于法律之手段的地位,自应受目的之节制。即便是正当目的,其手段亦应符合比例原则,[1]不得有似得理不饶人,认为可以为达目的,而不择手段。更不得将法律自其最终实现公平之目的剥离,滥用国家权力,而专为规范而规范,利用法律进行政争。要之,法律概念不是毫不为正当目的而诞生,也不是毫无目的地被凑合在一起。对之,我们必须念念不忘。

法律作为人类的行为规范,其制定或接受既然是有所为而来,则在法律之制定、接受或在探讨时,人们对之自当有所期待,希望借助于法律,能够达到所为之正当目的:促成公平之和平的实现。因此,在法律概念的建构上,必须考虑到拟借助于该法律概念达到之目的,或实现的价值。亦即必须考虑:建构之法律概念(政策工具),是否具备透过其规范机制,实现期待之目的或价值(政策目标)的功能。[2] 令人惊奇的是:这样一个自明的道理在理论,以及在实务上,要被接受或确实实践,一下子似乎并不那么容易! 推究其原因,主要当在于:心态上,认为事不关己,犯不着为它舍三段论法的形式思维,而花心思去探讨所定法律是否能公平、有效率地实现众所盼望之目的或价值。其结果,在实际的法律生活中,立法者、裁判者,甚至研究者所认识之法律,有时便与法律所当发挥的功能,或实现的价值格格不入。当发现有该格格不入的情形,择恶固执的论据通常是:在法言法,维护法的安定性。这当中显示法的安定性与实质正义间之冲突。当中,如更夹杂偏执的政治立场,会更混淆是非,妨碍正法思想的实践。

法律要对之加以规范之对象有无尽的特征,但相对于一定之规范目的,并非样样皆有规范上的重要性。法律概念既然是为着一定之目的,自需取舍其特征,将一部分特征保留下来,以组合或排列在一起,设计为该概念之构成要件,并将一定之价值储存于其中,以构成一个当为的命题。目的不同时,其取舍之特征,亦不同。[3] 该设计之好坏,应从其实现规划目的,亦即从其将正义体现在人类共同生活上的功能,验证之。该功能之有无及效率,取决于法律设计的运转机制,是否符合事务法则。为确保建构之概念能公平、经济、有效地实现其规范目的,其建构、适用与调整自当心系于该概念,是否有实现默认之价值的功能。这是法律解释或法律补充必须取向于价值、取决于产生功能之机制的理由,[4]以及法律概念之建构最后应按其功能,加以验证的道理。离开价值取向,法律的适用将只是单纯之符号逻辑的推演,或文字之注释的过程。该过程既难以,或不能检证大前提(法律规定)的是非,也不能检证小前提(法律事实)之认定的对错。其三段论法之推论结果,难以确保没有错误。

---

① 行政处分之附款不得违背行政处分之目的,并应与该处分之目的具有正当合理之关联("行政程序法"第 94 条)。行政契约中人民之给付与行政机关之给付应相当,并具有正当合理之关联(同法第 137 条第 1 项第 3 款)。

② 法律概念之目的或规范意旨,系从制定者、适用者之地位对法律概念所提出之主观的期待或要求;反之,法律概念的功能,则是法律概念之客观的作用。功能之好坏取决于其对所期待之价值的实现所能提供的贡献。

③ Larenz, aaO.(Fn.1),S. 440.

④ 关于法律规定之功能意识,"行政程序法"第 7 条和第 94 条的规定能够清楚显示出来。

2.为合理化,而将价值概念化

价值的内容为何？言人人殊。所以当取向于价值,建构法律概念时,不但关于为其建构,其特征应如何取舍,以及取舍后,该概念所指涉之规范内容究当为何,皆充满争议。然即使如此,作为特征取舍标准之价值,还是因此建构该概念,该价值随之在一定的程度被概念化。该价值以概念的形式表现出来;表现该价值之概念因此带有价值,成为价值概念。例如"民法"第 6 条规定:"人之权利能力,始于出生,终于死亡。"该规定外表上看似单纯描述一个自然人享有(一般)权利能力之事实,不带有价值的规范意旨。但其实,其描述之事实是:每一个人皆平等地具有资格,当然得享有普遍的权利或负担普遍的义务。该规定立基于自然人与生俱来,便有不能被否认或抛弃("民法"第 16 条)之(一般)权利能力的基本价值信仰。至于享有特种的权利或负担特种的义务之资格,非每一个人当然具有,该资格称为特种权利能力。这通常在经济管制法,利用证照制度,加以规定。此种证照规定,因涉及人民受台湾地区宪制性规定保障之职业或营业自由的限制,应有正当法源(法律或法规命令),并符合比例原则。

因为法律概念之默认功能在于规范其所在之社会的行为,所以,其建构在于表示(立法者之)规范意思,而不在于描写其所在之社会。[1] 虽然从法律概念或由其组成之法律规定,可探知该概念所在之政治、经济、社会背景,但通常认为法律概念主要具有规范价值(der Regelungswert),而不是叙事价值(der Aussagewert)。为使法律概念能达到其规范功能,并顺应大量而且可靠之法务处理的要求,法律概念之概念化实为合理化上的必然结果。不过,基于概念化只是一种手段,因此在其概念化上不应忽略其规范目的。一般而言,亦即不应忽略所以设法定制的初衷:将公平正义实现于社会生活的期待。是故,在法律概念的建构过程中,在取舍处理对象之特征时,应将其立基之价值负荷上去(die Wertspeicherung)。当中,没有特征的取舍(das Abschneiden der Merkmalen),不能造就概念的形式;没有价值的负荷,不能赋与法律概念的实质,以实现规范的使命,使之有助于将公平正义实现在社会生活上。例如将双方一致的意思表示定义为契约,即蕴藏私法自治原则的基本价值。

由于法律概念的应用,在时序上,发生在法律概念建构或定型之后,因此容易忽略法律

---

[1] "叙事句子"(der Aussagesatz)的功能在描述事实。例如:"张三的'六法全书'是蓝皮的。""规范句子"(der Regelungssatz)的功能则在下达一定的规范要件及其效力。例如:"物之出卖人,负交付其物于买受人并使其取得该物所有权之义务。"由于这种句子包含着对物之出卖人的命令或要求,因此法律条文也常常用命令式句式。唯法律条文(der Rechtssatz)并不全然由这种句式所组成。例如规定代理权、处分权、权利能力或行为能力之取得或丧失的规定便无命令或要求的意味("民法"第 167 条、第 108 条、第 358 条第 3 项、第 6 条、第 12 条、第 65 条)。然其实当中仍含规范性意涵。详另请参见 Larenz, aaO.(Fn.1), S.250ff.

概念之应用所兼具之演进法律概念的功能。[1] 关于法律概念之建构,如只凸显其特征的取舍,而忽视其据以取舍之价值标准,容易只看到法律概念之逻辑上的位阶,认识到越抽象之法律概念,其涵盖范围越广。而忽略在法律概念的建构过程中,通常已对之负荷以价值,以致经过抽象化的法律概念,常常会自当初所据以设计该法律概念的价值或规范目的剥离。其结果,不但其适用有时背离其原应促其实现之价值或规范目的,而且丧失随其适用向前演进,以更圆满地实现其所自出之规范意旨或价值的动力。

虽然如此,在法律的研究上,跟其他科学一样,有时为了说明上的方便,以及为了运作上之合理性化(效率化),常常假设:实证法已忠实地反映其所应追求的价值(正义);其所引用之法律概念已具备适当之功能,来实现其所要的正义。然后在该假设上,对法律的外在结构进行纯逻辑的解剖。这种研究方法,虽然常常引导后进的法律社会,误入恶法亦法的歧途,但它对使法律规范系统分明、结构严密,以达到易于透视、了解、应用之境地,还是有不可磨灭的贡献。利用此种概念构成之法律规范的系统,学说上称之为外在的或抽象概念的法律系统(Das äußere oder abstraktbegriffliche Rechtssystem)[2],其功能在于使法律概念及法律规定各安其位,以达到说明法律结构之目的。Philipp Heck 将该目的所反映之利益称为说明利益(das Darstellungsinteresse)[3]。

3.编纂概念与当为概念

为易于透视、了解、应用担负规范任务之法律概念,立法者或研究者必须建构一些编纂概念。因此,按法律概念之功能,除固有之当为概念(die Sollbegriffe)外,还有编纂概念(die Ordnungsbegriffe)[4]。这两种概念群的功能不同。例如"民法"第148条第2项规定:"行使权利,履行义务,应依诚实及信用方法。"其使用的概念或用语,显然属于当为性概念。

关于法律行为、契约在民法总论、债法总论及债法各论上的安排,因为法律行为与"民法"各编皆有关联,无疑问地适合规定于民法总论,而契约中只与契约之缔结有关,而不涉及"民法"各编之事项,例如不涉及债之发生,物权之设定或处分,亲属关系或继承关系之成立、变更或消灭者,同样适合规定于民法总论。而其与债之发生有关之一般事项适合规定于债法总论,与各种契约之权利义务有关的事项,应规定于债法各论。至与物权、亲属或继承之得丧变更有关事项应规定于物权、亲属及继承各编。此为《德国民法典》之编纂情形。"民

---

[1] 按法律概念之适用构成法律适用的一部分。而法律之适用本身,应具有思考地演进所适用之法律的功能,为现代法学所要求与强调。法律之适用固要求其适用者应服从法律。但该服从应该是经过思维的服从(denkendes Rechtsgehorsam)而非不加思辨之盲从(blindes Rechtsgehorsam)。这便是在哪种情形法官可以造法,以及法官之法律忠诚义务的问题。法官适用法律或造法的同时,会演进法律的观点,与法官应依法律审判之权力区分原则,在逻辑上虽不尽一致,但在实务上却是一个事实上不得不如此的要求。盖不但欲实现法律的规范意旨,而且欲保持法律能切合于不断演变的社会生活,皆有赖于法官在审判过程中的价值判断。必也如是,"法"(das Recht)才能发挥其充为化解社会冲突之"缓和系统"(Entschärfungssystem)的功能。否则,恶法之下所能形成者,只是怨声载道。其结果,社会冲突的级次自然节节升高。详请参见 Esser, *Vorverständnis und Methodenwahl in der Rechtsfindung*, Athenäum Verlag 1970, S. 93ff. (195)

[2] Larenz, aaO.(Fn.1), S. 439ff.

[3] Philipp Heck, *Begriffsbildung und Interessenjurisprudenz*, Verlag Gehlen, 1968, S. 188.

[4] Philipp Heck, aaO. (Fn.23), S. 188.

法"与之不同者为,将契约之缔结的一般事项,与各种法定之债(无因管理、不当得利、侵权行为)皆规定于债法总论,并列为债之发生原因。上开规范规划上的安排,最低限度,皆可称其有一部分是根据编纂概念所作的安排。Heck 认为"只有利益(die Interessen)经转为当为观念后(die Sollvorstellung),对法规范(die Rechtsnormen)的产生才有因果关系;反之,编纂概念仅属观察法律,说明法律的衍生结果,对法规范的产生,并无因果关系"①。所以,主张应区别编纂概念与当为概念。

然因任何法律用语除了非常技术性者外,上面都负荷着价值,所以很难辨清某概念一定是纯编纂性或纯当为性。是故,同一个用语在观察或适用时,仍可能由特定(即从编纂的或当为的)角度加以观察,显示其不同的功能。例如:自下述角度观察买卖,认定买卖是有偿契约的一种,有偿契约之上有契约,契约之上有法律行为,法律行为之上有意思表示,如此一级一级抽象上去,便是从编纂概念的角度所作之观察的结果。

然而,类型化有一定之目的,并为该目的而选取一定之类型化的标准。② 是故,对所观察的对象进行类型化时,便已有基本的价值取向在里面。不但将契约分为有偿、无偿;将法律行为分为契约、非契约,而且将买卖定性为让与之债中之有偿契约,以与用益之债、劳务之债相区别,皆不完全离开价值的考虑。这属于当为的问题。

区分标准的选取,会决定类型化的结果是否能适当达到所要达到之目的。一个法学较落后的地方,其法律的适用,所以不能适当地达到规范目的,主要常肇因于在设计制度时,拟负荷上去的功能没有处理好。例如应否对空头支票连结刑事制裁。在这里头,不区分即期支票与远期支票,而一概认为应全部处罚或全不处罚,就是一种没有对其规范对象进行适当之类型化的适例。基本上,这些做法都有过犹不及的缺点。按远期支票是否能够兑现,系于发票人将来的财务能力,而将来的业务发展难以十足掌握,所以如对后来未顺利获得兑现之远期支票的发票人,课以刑事责任,显然无规范功能,无法通过刑事制裁,有效地规整参与经济活动者的行为。反之,若对开即期空头支票的人,也免掉刑事制裁,因其具有诈欺的特征,本书认为一下子也没有必要走那么远。这是一个必须探讨的问题。③ 应进一步类型化而不类型化,其在概念或类型之建构上的谬误,属于过度舍弃规范对象的特征,它和逻辑上所称之过度一般化(Overgeneralization)的谬误相当。

不过,除了非常技术性的规定外,法律用语都负荷有价值。欲找出一法律用语,其上不负荷价值,不带有当为命题,是比较不容易的。话虽如是说,从竞合的观点,看法律与法律之间的关系时,马上会发觉,分别从当为概念或编纂概念的立场来观察,其结果是有差异的。例如:法理对于下位阶的规定因具有恶法非法意义下之监督功能,所以,下位阶规定与其基本价值决定冲突时,法律的具体规定(下位阶规定)无效。这主要是从当为的观点出发所成

---

① Philipp Heck, aaO.(Fn.23), S. 167.

② 按用不同的方法来区分,其区分的结果就有不同的功能,这些不同功能的设定本身便具有目的性,它是带有意志的价值判断。举例而言,若以是否戴眼镜为标准,将戴眼镜与没戴眼镜的同学分成两群。这个区分在雨天要指定到户外工作的人员时,便用得上。盖戴眼镜者,因镜片遇水模糊,不适在雨天从事户外工作。一般说来,只要选取适当的区分标准,以该标准所区分出来的类型便能够达到适当的功能。否则,就像以同学的性别、高度为区分标准,决定在雨天到户外工作的人员,其区分结果当比较不具备筛选的功能。

③ 关于空头支票之刑事责任的问题,请参阅黄茂荣:《刑罚万能观——评远期支票的刑事责任》《得饶人处且饶人——引介"禁止过分原则"》,《工商时报》1981 年 1 月 21 日第 12 版及 1981 年 4 月 2 日第 9 版。

立的看法。反之,虽然很多规定都是从诚信原则导出,例如情事变更原则、损益相抵原则。对之,关于损害赔偿之债及双务契约之给付义务,"民法"各有明文的具体规定(第 227 条之 2、第 216 条之 1、第 267 条)。此际,何以应先适用该具体规定,而不先适用诚信原则(法理)?其主要的理由是:从逻辑的或编纂的角度来看它,愈具体的规定,规范者的规范意旨表现得愈清楚。这时应依规范意旨较清楚的规定规范之。此所以"民法"第 1 条规定:"民事,法律所未规定者,依习惯;无习惯者,依法理。"法理之适用顺位,后于法律及习惯。另还必须注意到:纵有"民法"第 1 条之明文规定,其实法理还是不能直接引用为法律关系中之权利义务或请求权之规范基础。还必须针对具体情况,经由法律补充之论证,将法理实证法化才能引用为权利义务或请求权之规范基础。[①]

4.逻辑(体系)思维与价值判断

Philipp Heck 所持之取向于利益的法律学,对利益法学的发展产生关键的影响。不过,以这种新的思考方法来了解法律,构成法律系统,而不单纯地引用抽象的法律概念及与之相随的抽象化和涵摄的逻辑程序,虽然已开始了一个世纪以上,[②]但是根据 Larenz 教授的观察,这种思考方法还只能算是仅刚刚开始对法律学有一些影响。这至少可从下述情况获得印证:法学方法论的书虽然已一再提及法律判断为一种价值判断,但总是还囿于传统,在法律解释或法律补充所必须考虑之因素的说明上,将体系因素与目的因素互相区分,将体系思维与价值思维互相区分,并且将体系思维中所称之体系等同于由抽象概念所构成的体系。将法律思维等同为抽象概念之纯逻辑的涵摄(三段论法),固然能使法律学所使用的方法,看起来像自然科学,但该方法因不尽符合法律学所处理之对象特征的需要,致勉强将就,以维护法律学之科学形象,到头来亦只是浪得虚名而已。[③] 是故,为今之计,重要的还是恰如其能地引用体系的思维方法,协助将公平正义普及于大地。要之,诚如 Esser 教授所言:"概念的建构及其建构式的运用(Konstrukitve Verwendung),曾经是合理化复杂之法律规范的一条途径。换言之,它是导向体系思维的路径(Der Weg zum Systemdenken)。唯过分强调体系思维却已使之自其他观点孤立开来,并演成畸型的过度发展。……究诸实际,使概念法学脱线之真正原因并非法律思维之概念性,而是基本上过分强调处理法律问题之教条性外观。"[④]因此,在现代化法律文化的努力上,首先必须从法律概念,在其建构过程中,所具有之储藏价值的功能,以及在其适用过程中,所具有之减轻重复思维负担的功能,说明法律概念之建构及其适用的限界或应注意的事项。然后再从法律系统之建构所具有之使法律规范的相互关联趋于明朗的功能,说明其如何协助检查法律规范间的矛盾,或其整体的漏洞,以贯彻平等原则,并促成接近于圆满之法律规范的发现,以正确评估法律概念及体系思维对提高法律规范之了解及适用效率(合理化)上的贡献,避免过犹不及的缺失。

---

① Esser, *Grundsatz und Norm*, 2. Aufl., Tübingen 1964, S. 132ff.

② Philipp Heck, *Gesetzesauslegung und Interessenjurisprudenz*, Tübingen: J. C. B. Mohr (Paul Siebeck) 1914. 自该文发表于 1914 年起算,至今已过了 100 多年。

③ Larenz, aaO. (Fn.1), S. 453ff.

④ Esser, *Vorverständnis und Methodenwahl in der Rechtsfindung*, Athenäum Verlag 1970, S. 87.

（三）作用

概念的作用在于特定价值之承认、共识、储藏，从而使之构成特定文化的一部分，产生减轻后来者为实现该特定价值所必须之思维以及说服的工作负担。

1.承认、共识及储藏价值

法律用语是一种传递信息、表达规范意思的语言符号。其建构一般需经历相约成俗之使用的过程。[①] 当中除纯技术性者外，包含价值之共识的过程。因此其相约成俗建构之法律用语在其价值之共识的过程中，通常已将一定之价值负荷上去；且必须完成该负荷价值的阶段，符号才有负载价值信息的能力。此即法律概念储藏价值（wertspeicherung）的功能。这是特定价值经由个别的承认到群体的共识而后融入（integration）特定文化的过程，也是利用概念来思维所以能减轻后来者之思维以及说服上之工作负担的运作基础。基于该观点，现代法学方法对于法律概念及法律体系的了解，一直强调必须取向于该规定或该用语在建构过程中所负荷上去的价值。这就是 Esser 教授提到在法律解释或补充上必须考虑其先前之默契或了解（vorverständnis）[②]的问题。因为设计一个法律规定或用语当时，必是有所为而来，亦即对其设计有功能上的期待，希望其有助于解决当时、当地所遭遇的问题。因此，一个法律概念的建构并非一个人，而是整个民族或社会的创作，集体相约成俗取舍特征，以建构概念，表示互相共识的价值。该概念因此具备负荷该价值的能力。同样的情形也发生在外国法的继受上。在外国法的继受，自然涉及外国法所使用之概念，及由这些概念所组成之规定的移植。此际，继受国必须经由思考，承认该等概念所肯定的价值，然后经过必要之修正，在本国形成一定之价值的共识，并将该共识的价值储藏在该引进的概念中。此即引进外国法所必须历经之价值的同化过程，以使该原为外国法所肯认之价值符合本国的国情。若欠缺该价值的同化过程，该外来的价值不但难以落地生根，反而会被利用为误导价值观念的工具。所谓"自由！自由！多少罪恶假汝之名以行！"即是其惨痛的写照。这当中，圆满的成果绝无幸至。理性学习、检讨、总结的哲学与社会运动是不可缺的经历过程。[③]

---

① Franz Bydlinski, *Juristische Methodenlehre und Rechtsbegriff*, 2. Aufl., Wien 1991, S. 300ff.

② Esser, aaO.（Fn.28），S. 99ff.（101），133ff.Esser 认为："概念之语意上的表达能力，完全受其发生上之沟通所决定。因此在此限度内，其逻辑上的运作效果也完全取决于经沟通而负载于该概念上的信息、价值，以及取决于这些负载与既存之其他共识观点和共同期待间的配合。概念之网包含广泛，必须毫无例外地满足不同阶层之不同问题和期待，并面面俱到地代表既存的看法和秩序观。从而能够利用语言链接于社会上的沟通，并打开通往各阶层所容许或期待之价值判断的可能性。其意义为：在体系中形成每一个规范概念时，在目标的设定或价值标准上，承认先于体系或规范而存在之关系因素。"[Esser, aaO.（Fn.21），101]以上的观点所要说明的是：一个具体的社会之法律（概念）如何产生，其适用者应如何了解、认识法律。因此 Esser 认为："倘若忽视法之先行的了解及其共识的必要性，则人民想要确保裁判之正确性的需要，便停留在对法律适用者之不能用理性加以保证的希望，亦即其裁判固系依职权为之，但其结果是否令人满意，还只是裁判者的感情之见"[Esser, aaO.（Fn.21），S.139]。其特点为不仅容易忽略过去至目前正义之士的意见、期待，而且不注意其判断对将来的影响。是故，裁判者必须注意，使其"裁判具有一般的事务合理性（generell sachgerecht），并与整个规范体系相谐和"[Esser, aaO.（Fn.21），S. 136]。

③ Franz Bydlinski, aaO.（Fn. 32），S. 317ff.

2.减轻思维的工作负担

将法律所肯定的价值概念化后,已把很多复杂之价值或技术的考虑,储藏在法律所运用之用语里头。因该法律概念负载了价值,后来者不必再重复去考虑这些情事,便可应用法律概念来传递带有该价值意识之信息,并利用逻辑的运作来减轻思维的负担。[1] 不过,在解释法律概念时,仍应注意当年该法律概念之设计者考虑的事项及在该法律概念负荷的价值,以归其真,作为坚实的出发点。否则,当年该用语究竟基于什么价值或技术的考虑而发展,在其适用上便会受到忽略。[2]

但是,也不要因为该考虑而陷入窠臼中,认为前人的观点有绝对的拘束力。此所以关于公害的损害赔偿责任,能够由过失责任,再向无过失之危险责任发展的道理。前述的提醒仅及于必须注意:设计或引用一个法律概念或规定,绝不是无所为而来,而是有所期待:想利用它以可理解及事后可检证的方式,把大家共同追求的真理,比较有把握地实现在人间。此时,应再三检讨的是,这样的法律用语、法律规定是否能够不负所托地达成任务?此处要考虑的是,该用语、规定从今日时空的立场来看,它能替我们做什么事,我们能够期待它做什么,这里面有什么差距。该用语之最初设计者,在设计时想的是什么,固为法律解释上必须考虑的(历史)因素,但并没有绝对的规范性拘束力。这是法律解释上及演进上之历史性的观点。[3] 它强调的是:任何规定只对特定的时空有其妥当性。换言之,对特定时空妥当之规范一直都必须由生活在该时空的人,努力自己把它设计演进出来,不可超过程度地依赖先人或外国的先知。盖不仅就先人,而且就外国人所肯定之价值,当代人皆必须经历重新认识、承认、沟通的过程,才能使该价值取得当代之社会的、文化的存在基础。否则,不但本国固有的价值观会慢慢瓦解,而且移植进来的外国制度也会因未经同化而遭排斥,终至丧失功能。最后,应强调的是:任何价值都必须通过力行,才能落地生根。

兹以法律行为、无权处分和无权代理为例说明概念之承认、共识、储藏价值,以及减轻思维之工作负担的作用。

(1)法律行为

所谓法律行为系指包含意思表示的行为。而意思表示则指将法效意思表示出来的行为。所谓法效意思系指想要"根据自己意思之内容"形成、变更或消灭法律关系的意思。法律行为制度之目的在于肯认:权利主体得根据自己的意思形成、变更或消灭关于私法自治事项的法律关系。此即为私法自治原则所肯定之价值在私法制度上的表现。由此可见,法律行为的概念中储藏有私法自治原则这一基本价值。其储藏之所以可能,则在于使用该概念

---

① Franz Bydlinski, aaO. (Fn. 32), S. 369f.

② 例如当为分散企业危险所造成之损害,而对企业课以危险责任时,应考虑其透过保险加以分散之可能性,因此危险责任应有最高赔偿金额的限制,以及强制责任保险的配套规定。另"营业税法"之税捐客体所以舍消费,而改以销售,系基于税捐稽征之经济的技术考虑而来。因此,该法将营业税规定为法定间接税,期待经由转嫁使其税捐负担复归于购买人(消费者),以符合量能课税原则。是故,"营业税法"之规定的设计及解释应维护营业人之转嫁机会,才不违反营业税是法定间接税的意旨。其维护的方法,纵使不能因此规定其税捐之发生以营业人收到价金或报酬为要件,至少应容许其在发生呆账时,得不解除契约办理销货退回,即可申请退还为该发生呆账之销售已缴纳之营业税的税款,待收回呆账时,再为补缴。

③ Larenz, aaO. (Fn. 1), S. 260ff., 486ff.

之社会已经承认,并共同肯定私法自治原则。倘私法自治原则未被承认并共同肯定,则即使该社会亦使用法律行为这个用语,生活于该社会之权利主体,实际上亦没有利用法律行为,根据自己之法效意思形成、变更或消灭其与他人间之私法关系的可能。

基于私法自治之同样的考虑,有将法律行为进一步区分为单独行为与契约行为的要求,并认为利用来形成、变更或消灭私人间之法律关系的法律行为,除法律有特别规定或契约有特别约定,一方享有形成权外,原则上以契约行为为限。盖必须是契约行为才能使涉及的权利主体共同决定其间之私法关系,而不使其中一方超过自治,同时享有支配他人的权利,以确保每一个权利主体之私法自治权的完整。[①] 此即契约原则。[②] 此与在行政法上,公权力机关依法基于公权力,原则上以行政处分单方,例外才以行政契约("行政程序法"第 136 条至第 149 条)形成、变更或消灭行政法上之法律关系者,不同。

(2)无权处分、无权代理

所谓无权处分,系指非真正权利人以自己之名义处分他人之权利;而无权代理则指未经授有代理权者,以本人之名义从事代理行为,管理他人之事务。这种越权的行为如果可以无条件直接对真正权利人或本人发生效力,则真正权利人或本人的私法自治权便会受到侵害。盖所谓自治的真谛,在于参与,而参与的方法虽不限于亲自为之,但至少必须经自己之授权,他人始得代为处分或处理。是故,为维护真正权利人或本人之私法自治权,无权处分行为或无权代理行为之法律效力原则上仍待于真正权利人或本人之承认,对其始生效力,亦即利用事后追认的方法来参与。由是显示,在无权处分和无权代理制度上同样储藏着私法自治原则的价值。

由以上说明,可见法律概念之承认、共识及储藏价值的作用。这些概念所肯定之私法自治原则虽为先圣先贤的智慧结晶,并经其不断争取奋斗所获得的结果,但今日不论引用该等概念者是否知悉法律行为,无权处分、无权代理等概念的价值基础,皆可在引用这些用语时,

---

① Larenz,aaO.(Fn.1),S. 485f.

② 契约原则应与契约自由原则区别。契约原则指私法关系的发生、变更或消灭原则上应由该关系之当事人以契约的方式为之。必须有法律或特约为其规范依据,当事人之一方始例外地有权利,以单独行为为之。该权利即是形成权。契约自由原则主要指契约当事人之一方关于契约之缔结的下列自由:(1)决定根本是否缔约,(2)选择相对人,(3)共同决定契约内容,(4)选择契约类型,(5)选择缔约方式等。由契约自由原则又引申出其限制:(1) 缔约强制,例如电信事业之互连义务("电信法"第 16 条)。缔约强制的结果,使透过缔约协商决定双务契约之对价关系的机能失效,因此随之而来必须再强制其对价关系。这可谓是对于契约自由之最深的介入。(2)限制交易对象的选择权,例如基地租赁双方关于土地或房屋有优先承买权("民法"第 426 条之 2、第 460 条之 1)。这一定的程度会妨碍第三者之交易意愿,从而使受限制的一方在市场处于不利的地位。(3)限制契约内容,例如关于耕地地租租额受有法定限制("耕地三七五减租条例"第 2 条)。(4)类型强制,例如租用基地建筑房屋者得请求出租人为地上权之登记("民法"第 422 条之 1)。关于用益权之授与或取得,这使债法上之单纯的租赁与物权法上之地上权在类型上趋于模糊。关于保险之招揽,保险业务员与其所属保险人间之劳务契约,有是否得自由约定为劳动契约或居间契约的疑问。参见释字第 740 号解释:"保险业务员与其所属保险公司所签订之保险招揽劳务契约,是否为'劳动基准法'第 2 条第 6 款所称劳动契约,应视劳务债务人(保险业务员)得否自由决定劳务给付之方式(包含工作时间),并自行负担业务风险(例如按所招揽之保险收受之保险费为基础计算其报酬)以为断,不得径以保险业务员管理规则为认定依据。"(5)法定方式,例如期限逾一年之不动产租赁契约应以字据订立之("民法"第 422 条)。这限制了方式自由。方式自由之限制目的,主要为了交易安全,保护双方当事人。所以,在各种限制契约自由的法律中,这是对于当事人虽有限制,但少有不良影响的规定。

实践该价值。不过,引用该等概念者倘果真不知其建构上的价值基础,则该概念的引用、演进当然也有偏差或甚至误入歧途。

基于以上的认识,不但法律概念之了解、适用必须取向于其所负载之价值,方能符合其规范意旨,而且在制定法律的阶段也必须使拟经由法律实现之价值能够在该法律所将适用之社会获得充分之沟通,以使该价值能够获得承认,并进而形成共识。否则,将难免不同的人使用共同的字眼,指称不同的价值,以致各说各话,不能形成共同的认识。这种各说各话的现象,特别容易存在于上位的法律概念。例如不但抽象者如诚信原则、基本权利、公序良俗等所指称之内容究竟为何,必然见仁见智,而且具体者如营利事业、劳工、国会议员、流氓等,也常不免于意见纷纭。有时甚至像居间契约及劳动契约之区分,因弱者应予保护之意识形态,[1]或清凉饮料之定义,因课税目的,而都难以明了。[2]

3.承认、共识及储藏价值过程之省略

这个概念化的过程:经由承认、共识将价值储藏于概念,不但不能因为强制力,也不能因为无限的好意,而加以省略。兹分述如次:

(1)基于强制力之省略

强制力的泉源可能来自议会之多数决或执行机关的决定。立法机关固可根据多数决对某种行为加以非难,执行法律机关可以根据这些法律对从事该等行为者加以制裁,但人民如果不认同立法机关所作之非难的价值判断,则非难该行为之法律,对人民根本就没有伦理上的说服力,而只有勉强人民遵守之强制力。法律概念的建构必须经由价值之承认、共识、储藏的过程,其理由在此。[3]

过去法令中其所秉持之价值观点,显然不为舆论所接受者中,有由"立法"机关所制定者,例如,对远期空头支票之刑事制裁("票据法"第141条);有由行政机关所制定者,例如"台湾省'戒严'时期取缔流氓办法"所规定之流氓的定义及其处置。

关于远期空头支票之处罚由于影响将来之付款能力的因素很多,不尽皆属于在刑事法上可以加以非难的事由,因此该规定为舆论批评为迷信刑法之恶法。其结果对票据犯根本不能生刑事罚本当具备之伦理制裁的意义。

关于流氓的定义,现行办法有着相当笼统的解释("台湾省'戒严'时期取缔流氓办法"第3条),由于该解释太过笼统,以及可能受该条例适用之人对该解释所立基之价值判断不尽苟同,因此一再引起各界的反对。

在法律概念的建构上,立法者(或行政机关)基于自己的观点所作的定义,后来由于人民的反对,而加以修正的过程,便是在法律概念之建构过程中的承认、共识和储藏其所当负载之价值的过程。在经由该过程达到起码之圆满程度前,纵使行政机关之决定或议会之多数决能将其肯定之价值,负载到使用之法律概念上来,并使之在形式上获得规范性的强制力,但却不能因此做到,使一般人接受该法律概念之规范内容的妥当性。该差距的存在,不但会

---

① 参见释字第740号解释。

② 参见释字第697号解释。

③ Esser, aaO. (Fn. 21)认为:"共识是可证明规范之社会正确性的唯一指标(S.25)。……规范内容之正当性存在于其文案中不受历史局限之理性,以及适用法律者及受法律规范者关于其价值观间之合乎理性的共识(S. 115)。"与Esser之论点相关的详细讨论,请参见Franz Bydlinski, aaO. (Fn. 32), S. 155ff.。

减损该法律概念本来应具有之伦理的说服力,而且当该现象存在于太多法律概念时,它也慢慢地会侵蚀法律整体之伦理的说服力。

(2)基于"无限的好意"之省略

当前几乎没有一个国家不基于人道上之无限好意的考虑,而在其宪法中明白肯定人民的基本权利,并以之为文明与野蛮的分际。但对何谓基本权利及其内涵为何却不是在任何国家都已获得同等程度的具体化。其结果,在具体化程度较低的国家,其人民与政府对基本权利的了解便比较有限,以致不能利用该概念来传递经由相约成俗共识的信息或价值,或团结人民的力量。推其缘故,乃因基本权利这个概念在这些国家之引用尚未经历要将基本权利予以概念化所需之承认、共识储藏于该基本权利之价值的过程,亦即该过程由于好意而被省略。导致经过该过程之迟缓现象的理由固然很多,但一般人误以为规定于宪法或法律,便已完成该价值之承认和共识的过程,亦扮演着决定性的角色。该过程激烈时,便是 Rudolf von Jhering 所称为权利而奋斗的过程。①

由以上的说明显示,再动听的伦理价值要求,皆必须经由承认、沟通,以获得共识后,才能真正落实到实际的法律制度。否则,再无限的好意一样地无济于事,它反而会成为空洞说理(Leere Begründung)②的依据或忍受非必要之罪恶的借口。③

(四)副作用

1.诱引自价值剥离

虽然我们一再强调,在概念之建构过程中,通常必须践行之过程为:认识经由该概念所欲实现之价值,以进一步获得对该价值之共识,并将之储藏于该概念上,但在实际上,不仅执行法律者,而且立法者,也常常忽略该过程。其结果,学习法律或研究法律者,更可能不知应有此过程的存在,而只知在现行规定之语意基础上,对现行法进行逻辑的分析、组合。此即

---

① Rudolf von Jhering, *Der Kampf ums Recht*, 18. Aufl., Wien 1913.

② 在说理上擅为拟制与滥引一般条项(诚信原则)一样,是最典型之"空洞说理"。此为在遭到说理的难题时,便逃往一般条项的现象。参见 Hedemann, *Die Flucht in die Generalklauseln*, 1933(逃向一般条项)。关于空洞说理,详请参见 Brecher, *Scheinbegründungen und Methodenehrlichkeit im Zivilrecht*, in Festschrift für Arthur Nikisch, 1958, S. 227ff.。在引用"法理"或"诚信原则"监督下层规范时,必须兼顾"下层规范与上层规范间"之"具体对一般的关系"。基于该认识,有学者提出法律解释固应符合宪法;但宪法的解释亦应符合法律的观点,例如 Hesse 认为"在合乎宪法之解释,不仅要探寻正要审查之法律内容,而且也要探寻依据来审查该法律之宪法的内容,是故在合乎宪法之解释过程中,不仅需要为法律之解释,而且需要为宪法之解释。因为'法律之合宪性的审查'不仅基于'实体'(materiell)而且基于'功能'(funktionell)之整体规范的考虑,皆指向于该法律之维持(按尽可能不判定法律抵触宪法)。所以在合乎宪法之解释中,应尽可能以立法者将宪法具体化下来的意义,来解释正要解释之宪法。是故法律之合宪性的解释对宪法解释产生回馈的影响:要求对宪法做符合法律之解释。这里面显示出法院解释宪法之另一个(大致上可称为间接的)原则。该回馈的效果同时证实法律与宪法相互间之密切关系,以及法秩序之统一性的思想"(Hesse, *Grundzüge des Vefassungsrechts der Bundesrepublik Deutschland*, 12. Aufl. S.34)。宪法与法律间之相互的影响,在有关基本权的规范上表现得最为明显。

③ 罗兰夫人名言"自由!自由!多少罪恶假汝之名以行!"即属描写这种现象的代表。

概念逻辑所带来之诱引自价值剥离的现象。例如:(1)与限制行为能力人从事法律行为有关规定之认识,常陷于简单接受法律所规定之结果,而不力求认识储藏于该规定,或其所利用之法律概念的价值观:只认知限制行为能力人为意思表示及受意思表示原则上应得法定代理人之允许(参照"民法"第77条前段);未得法定代理人之允许者,限制行为能力人所为之单独行为无效(参照"民法"第78条);所订立之契约须经法定代理人之承认,始生效力(参照"民法"第79条)的规定,而不认知隐藏于该等规定中之价值(私法自治权)。(2)同样地在无权代理及无权处分的情形,只认知无权代理行为或无权处分行为须经本人或真正权利人之承认始生效力(参照"民法"第170条第1项,第118条第1项)。(3)在共有物之处分、变更及设定负担的情形,只认知其应得共有人全体之同意(参照"民法"第819条第2项)[1]等规定而不认知其同样以私法自治权为其所储藏之价值。[2] 其忽略的结果,不但容易使人只知其规定之文义为何,而且丧失培养认知其所以如此规定之理由的机会,以致不能发现不同之法律规定间之价值的关联;然后在必要时从这些在价值上互相关联的规定,导出其所共同之法律原则(价值),并以之为基础将之类推适用到其他具有共同特征,而为法律所未规定的案型。其结果,造成在法律规定之探求(解释或补充)上,或不认识法律之规范意旨,而拘泥于文字,无视于法律规定所欲实现之价值;或虽欲不拘泥于文字,而却没有摆脱法律文义之束缚,推求隐藏于其中之价值的能力。

其实,法律适用上之困难,主要在于诠释上,而非在于语意上的问题(Die Schwierigkeiten der Rechtsanwendung liegen weniger im semasiologischen als im hermeneutischen Problem)。盖在适用法律之际,其所困扰者并非在于法律规定之文义,而在于利用这些文字所要表达之规范意旨的探求。因为语意学上的探求,只能说明法律所使用之文字的文义所在,而无法说明该规定之规范意旨所在。探求文字(规定)之意旨所在者,为诠释学的功能。只有诠释学上的探讨,才能充分考虑预先储藏于该规定中的价值。为使诠释学在规范意旨的探求上能发挥其功能,在概念之建构过程中,便应重视拟利用规范实现之价值的承认、共识与储藏。只有经由共识加以储藏,该规范所欲实现之价值才能经由相约,而成为日常用语之成俗的内容,变为俗语中所肯定之伦理观的一部分。[3] 是故,为求正确把握法律的规范意旨,应注意避免由于利用概念,而自价值剥离。

2.过度抽象化

所谓过度抽象化,系指在概念化上将所描述之对象的特征作了过多的舍弃。

在概念的建构上,其抽象化是否过度,本身属于价值判断的问题。只能相对于利用该概念所欲达到的规范功能,亦即所欲实现之价值判断之,难以一概而论。过度抽象化的情形可能发生在法律规定之构成要件或法律效力上。当其发生在构成要件,必须依据其规范意旨,

---

① 共有物之处分未经共有人全体之同意者,其法律效力如何,法律虽未为明文规定,但不生效力为最高法院判例对之一贯所采的见解(参见最高法院1943年上字第11号)。所谓不生效力,当指须经真正权利人(其他共有人)之承认始生效力而言,而非自始无效。是故,这种法律行为之效力,属于效力未定之类型,而非自始有效或无效的类型。此为适用"民法"第118条关于无权处分之规定所得的结果。盖共有人未经其他共有人之同意而擅为处分共有物,其处分行为对其他共有人之应有部分而言,自然构成无权处分。

② Larenz, aaO.(Fn.1), S. 480, 482, 485f.

③ Esser, aaO. (Fn.21), S. 99ff.(102).

将其类型化后,利用区别待遇予以补救;当其发生于法律效力,则主要根据其规范意旨,将其类型化后,利用衡平原则加以具体化或调整。兹分述之:

(1)在构成要件过度抽象化的情形

就规范目的论之,构成要件如果过度抽象化,其外延便会过大,亦即适用对象超出适合的范围。这时必须利用限缩解释或目的性限缩给予补救。组成构成要件之法律概念发生过度抽象化的原因有:①由于立法者之疏忽者;②由于适用法律之机关(司法者)之疏忽者;③嗣后之情事变更而造成者。第一种情形相当于学说上所称之自始的法律漏洞;第三种情形相当于学说上所称之嗣后的法律漏洞。至于第二种情形,原则上因其不足以演成习惯法,因此尚不得因其存在,且具有事实上之拘束力,而认为有法律漏洞存在。不过,因其具有事实上之拘束力,在实务上已足以引起与法律漏洞同样的问题。所不同者仅为关于第二种情形所引起之漏洞,其排除仅属判决先例上所持见解之变更或适用的拒绝而已,不涉及法律适用之拒绝。兹分述之:

①由于"立法"者之疏忽

"民法"第 246 条前段规定:"以不能之给付为契约目标者,其契约为无效",而不区分主观不能、客观不能。于是使契约之给付目标有自始主观不能之情形者,亦与自始客观不能一样地一概论为无效。

由于像他人之物的买卖,基于买卖契约之债权性,并无侵害真正权利人之权利的能力,在伦理上并无可非难性,从而得承认其存在。当然在像他人之物的买卖这种契约自明地会由之产生其特有的问题,即出卖人"有无"及在"哪种限度下"负有为买受人获取买卖目标物的义务。

出卖人能否履行该获取义务,系于他人之协力:他人同意转让该买卖标的物,而他人之协力,对出卖人言,是一种可期待而不能绝对把握的外部因素。不管他人在法律上是否有提供协力的义务,该他人如一旦拒绝协力,出卖人对买受人之给付不能的状态便显露出来。这种不能,不具有"无人能"之绝对性之客观不能,而具有"有人能,但债务人不能"之相对性之主观不能的特征。由于该主观不能的状态需要他人协力,始能除去,且该主观不能的状态在买卖契约缔结时便已存在,故这种不能属于自始主观不能。以上分析显示,获取义务与自始主观不能之克服有密切关系,即获取义务是出卖人克服其自始主观不能的义务。[①] 基于这个了解,只要获取义务存在,出卖人便必须相应其义务之范围,为其自始主观不能负责。[②]

[①] 同样的见解,请参见 Esser, *Schuldrecht*, AT, 4. Aufl. S. 206f., 210ff.。他说:"债篇各论内有关权利瑕疵担保责任的规定,即包含这种获取义务的担保因素,这些规定毫无例外地都与自始主观不能有关。"(S. 207)

[②] Esser,aaO.(Fn.52),S. 211f.

因此,在其义务范围内,其自始主观不能状态的继续存在当被判定为可归责于出卖人。① 又由于自始主观不能之状态是否存在及它是否能被克服,在当事人间,自始主观不能之一方(此为出卖人)知之最详,而且在法律上可认为他有义务去知道,所以原则上他应对自己之自始主观不能负完全责任。这是应区别对待自始主观不能与自始客观不能的理由。② 是故,任何人如果想免除其为自始主观不能应负之责任,他便应将其不能的状态及其克服之难度向相对人说明(Die Aufklärungspflicht:说明义务),以透过双方明示或默示之意思表示的合致,来确定其获取义务的有无与范围。③ "民法"第 246 条不将给付不能区分为自始主观不能与自始客观不能,其构成要件便有过度抽象化的情事,盖光凭该条第 1 项但书规定以不能情形除去为停止条件,或第 2 项规定附停止条件或始期之契约,于条件成就或期限届至前,不能之情形已除去者,其契约为有效等,并不能满足自始主观不能之全部类型的规范需求,确保给予自始主观不能的案件(例如他人之物的买卖④)以适当的法律效果。

②由于执行法律机关之疏忽

由于"营业税法"第 19 条第 1 项第 5 款规定,购进自用乘人小汽车之进项税额,不得扣抵销项税额,使自用乘人小汽车成为"营业税法"上争议多且重要的概念。该法施行细则第 26 条第 2 项并为行政解释如下:本法第 19 条第 1 项第 5 款所称自用乘人小汽车,系指非供销售或提供劳务使用之九座以下乘人小客车。关于自用乘人小汽车之概念有三个重要的特

---

① 这里所称之"可归责"(das Vertretenmüssen)与"过咎(=故意或过失)"(das Verschulden)并不相等。它可能包括无过失责任的归责态样[Esser, aaO.(Fn.52), S. 211]。在"民法"债编中关于责任之主观要件要素所以舍故意或过失,而采可归责理由,除上述有时为兼顾无过失的归责态样外,主要在弹性因应不同债务关系可能有之不同注意程度的要求。例如"民法"第 410 条规定:"赠与人仅就其故意或重大过失,对于受赠人负给付不能之责任。"亦即赠与就轻过失不负赔偿责任。另第 535 条规定:"受任人处理委任事务,应依委任人之指示,并与处理自己事务为同一之注意,其受有报酬者,应以善良管理人之注意为之。"在委任,受任人就债务不履行所负者虽皆是过失责任,但在有偿委任应就抽象轻过失,在无偿委任应就具体轻过失负责。基于上述规定,债法中以可归责为其责任要件要素者适用至赠与或委任时,其具体之规范内容并不相同。

② Esser, aaO. (Fn.49), S. 206f.

③ 关于权利瑕疵,"民法"首先在第 349 条规定:"出卖人应担保第三人就买卖之目标物,对于买受人不得主张任何权利。"接着又在第 350 条规定:"债权或其他权利之出卖人,应担保其权利确系存在,有价证券之出卖人,并应担保其证券未因公示催告而宣示为无效。"要之,除买卖契约另有订定外,原则上出卖人应负权利瑕疵担保责任。唯"买受人于契约成立时,知有权利之瑕疵者,出卖人不负担保之责。但契约另有订定者,不在此限"(第 351 条)。关于权利瑕疵的担保责任,第 351 条前段的意义为:在此情形,推定双方有出卖人不负权利瑕疵担保责任的意思。对该推定之事实,依同条但书买受人得以反证推翻。依此见解,"民法"第 351 条之主要功能当在举证责任的移转。是故,就于契约成立时,是否知有权利瑕疵存在,当事人间如有争执,依举证责任分配之原则,应由出卖人负举证之责(台湾地区"最高法院"1960 年台上字第 605号)。同理,关于"民法"第 351 条但书之事实的存在,则应由买受人负举证责任。然由于默示的合意是否存在,应参酌个案之具体情形认定之,所以在这里,出卖人所提出以证明买受人知权利有瑕疵的证据,常同时得为同条但书所称之特约的证据。因此,在"民法"第 351 条的适用上,于出卖人提出能认明买受人知有权利瑕疵的证据时,固应注意勿即教条地认为,出卖人不负权利瑕疵担保责任,但也勿即不附理由地认为,出卖人与买受人间就权利瑕疵担保有默示的特约存在,而应依个案的具体情形妥予审酌。

④ 关于他人之物的买卖,详请参见黄茂荣:《民事法判解评释》,植根法学丛书编辑室 1985 年增订版,第 274 页以下。

征：自用、九人以下、载客用。为自用小汽车之认定，"财政部"1997 年 6 月 23 日台财税第 860300850 号并函释"营业人购买之自用小汽车是否属九人座以下乘人小客车，应以行车执照所载之用途作为认定之依据"。该见解并为"行政法院"2000 年 1 月 13 日 2000 年判字第 41 号判决所采。

关于自用，该法施行细则第 26 条第 2 项以"非供销售或提供劳务使用"定义其特征。该定义虽未区分为直接或间接"供销售或提供劳务使用"，但在稽征实务上显然将之限于直接供销售或提供劳务使用的情形。对此，"行政法院"并无异见。① 因此，稽征实务认为，购买即供转售、计程或计时出租、②融资性租赁者、③汽车经销商购置乘人小汽车供试车活动使用④属非供自用；而保全公司购置九人座以下乘人小客车，供其保全人员巡逻侦防使用，⑤却认定是供自用。租车载运员工上下班，其所租之汽车为乘人小汽车者，其进项税额亦不得扣抵。⑥ 另关于载客用，稽征实务上虽然认为只要是客货两用，即非乘人汽车，⑦ 但是否纯供载客使用的认定，实务上以行车执照上的记载，而非以实际之使用情形为准。这亦有违实质课税原则。鉴于进项税额是否得扣抵销项税额之认定的分野，依加值型营业税的建制原则应在于：是否为供本业及附属业务使用而购买货物或劳务（"营业税法"第 19 条）。所以，稽征机关及司法机关上述关于自用乘人小汽车之概念的见解，其与加值型营业税的建制原则

---

① "最高行政法院"并于 2002 年判字第 819 号判决认为："查行为时'营业税法'第 19 条第 1 项第 5 款所称之自用乘人小汽车，系指汽车依其性质使用于搭乘人员，且实际上供营业主体内部之使用者而言，有别于供销售之用，如汽车商行之出售，或供提供劳务使用，如客运业用以载运客人者。本件上诉人经营印刷业，无销售汽车或用以提供载客服务之业务，其购入系争汽车，为自用小客车，性质上使用于搭乘人员，又系供上诉人内部使用，自属自用乘人小汽车，依前述法条规定，其进项税额不得扣抵销项税额。"此为以"营业税法施行细则"第 26 条第 2 项为依据，就自用小客车之概念的阐释。

② "财政部"1989 年 10 月 16 日台财税字第 780349891 号函："小客车租赁业所领之小客车号牌，依'公路法'规定在公路汽车运输分类上系属营业汽车之一种，并在行车执照上盖有'租赁小客车'戳记，系属营业上使用，并非'营业税法'第 19 条第 1 项规定之自用乘人小汽车，其支付之进项税额得扣抵销项税额，如有溢付税额可依'营业税法'第 39 条第 2 项规定办理留抵或退税。"

③ "财政部"1986 年 4 月 15 日台财税字第 7539634 函："融资租赁实际上系分期付款买卖性质，尚非自用。"

④ "财政部"2010 年 10 月 26 日台财税字第 09900404670 号函："汽车经销商购置 9 座以下乘人小客车供试车活动使用，核属与其经营本业及附属业务有关，所支付之进项税额并取得符合'加值型及非加值型营业税法'第 33 条规定之凭证者，准予申报扣抵销项税额。"

⑤ "财政部"1996 年 3 月 13 日台财税字第 851899022 号函："保全公司购置九人座以下乘人小客车，供其保全人员巡逻侦防使用，核属'营业税法'第 19 条第 1 项第 5 款所称之自用乘人小汽车，其进项税额不得申报扣抵销项税额。"

⑥ "财政部"1990 年 7 月 4 日台财税字第 790178955 号函："营业人购进自用乘人小汽车，其进项税额不得扣抵，为'营业税法'第 19 条所规定。又'本部'1986 年 4 月 15 日台财税第 7539634 号函规定，承租人给付租赁业乘人小汽车之租金、利息及手续费所支付之进项税额不得扣抵销项税额。至营业人租用汽车载运员工上下班，系属购买本业或附属业务使用之劳务，其有关之进项税额，除乘人小汽车依上开规定不得扣抵外，应准予扣抵。"该函中就乘人小汽车所持的见解，其实与其下述理由是矛盾的："营业人租用汽车载运员工上下班，系属购买供本业或附属业务使用之劳务。"该段理由才是应否准许扣抵进项税额的实质理由所在。

⑦ "财政部"1986 年 10 月 6 日台财税字第 7567129 号函："'营业税法'第 19 条第 1 项第 5 款系规定自用乘人小汽车进项税额不得扣抵销项税额，客货两用车所支付之进项税额，税法尚无不准扣抵之规定。"

不符的部分,皆有涵盖过广意义下之构成要件过度抽象化的疏忽。与加值型营业税之税额扣除或税基扣除类似的问题是:"所得税法"上之成本、费用、损失应与收入配合之公平原则("所得税法"第 24 条第 1 项;费用与收入配合原则)(释字第 492 号解释)①。

另"关于公司超过票面金额发行股票之溢额所得,应否免税及免税之范围如何?"应依实质课税原则或量能课税原则认定之。② 但释字第 315 号解释却认为,"立法机关依租税法律主义,得为合理之裁量"。这等于不论立法机关裁量之结果是否符合实质课税原则,皆因其符合税捐法定主义而论为"合宪"。该见解与税捐法规之司法审查的重要任务之一,即在于审查其有无违反实质课税原则,与符合实质法治原则的意旨不符。按股东或非股东对股票发行公司认购新发行之股票,是投资关系,而非股票之买卖关系,不但认购者与公司间,而且原来股东与新发行之股票的认股者间,皆无该发行之股票的交易关系。因此,无所谓因股票之溢价发行,而使发行公司或原股东取得交易所得。对于原股东而言系亦稀释其持股比例为代价,使发行公司取得新发行股票之股款。发行新股后,对新旧股东而言,新旧股票之评价相等,亦即其股票换算之市值并不因溢价发行而有增减。实际市价在发行后是否有增减,为市场之评价结果,实际交易前,不发生股票之交易所得。

然关于工业用房屋之房屋税的优惠,实务上采实质及形式兼顾原则。③ 亦即房屋除必须事实上直接供工业生产使用外,尚必须将符合减免之使用情形检附有关证件(如工厂登记证等)向当地主管稽征机关申报。其结果,在未申报的情形,便会发生房屋税之课征不符实质课税原则的情事。这同样有构成要件过度抽象化的问题。④

---

① "所得税法"第 24 条第 1 项前段规定:"营利事业所得之计算,以其本年度收入总额减除各项成本费用、损失及税捐后之纯益额为所得额。"依该项前段规定,营利事业所得之计算,就"收入"及"费用"(成本费用、损失及税捐)之计算本来皆采综合原则,不分别就各笔"费用"归属其"收入"。首先只有在涉有应税所得及免税所得时,在其所得额之计算上,依同条项后段才有"费用"对其"收入"之归属的限制:"其相关之成本、费用或损失,除可直接合理明确归属者,得个别归属认列外,应作合理之分摊;其分摊办法,由'财政部'定之。"直接合理明确归属为核实之归属,依分摊办法合理分摊为间接推计归属。该"费用"对其"收入"之归属的限制规定,亦适用于一个营利事业之所得中有适用不同税率之情形。

② 参见释字第 315 号解释。其所涉有关函释固与税捐法定主义尚无抵触,但却与实质课税原则或量能课税原则相违。释字第 420 号解释始第一次引用实质课税原则,解释"奖励投资条例"第 27 条所指"非以有价证券买卖为专业者"的认定标准,应采实质原则,而不采以"公司登记或商业登记之营业项目"为标准的形式原则。实质课税原则不可只引用为不利于,而且也应引用为有利于纳税义务人之理由。

③ 关于房屋税之构成要件的规定,"房屋税条例"首先于第 5 条将房屋区分为住家用及非住家用房屋,而后就非住家用再区分为营业用及非营业用,以分别规定其应适用之税率。在此意义下,可谓"房屋税条例"基本上先将房屋分成三类,作为其基础的三套构成要件。然后又于第 15 条就私有房屋规定其减免事由。为配合上述规定,"房屋税条例"第 7 条规定"纳税义务人应于房屋建造完成之日起三十日内检附有关文件,向当地主管稽征机关申报房屋税籍有关事项及使用情形;其有增建、改建、变更使用或移转、承典时,亦同"。由于关于房屋税优惠税率之适用,"房屋税条例"采实质与形式兼顾原则,所以,只要"纳税义务人未依第 7 条规定之期限申报,因而发生漏税者,(便)除责令补缴应纳税额外,并按所漏税额处以二倍以下罚款"(第 16 条)。反之,"依第 1 项第 1 款至第 8 款、第 10 款、第 11 款及第 2 项规定减免房屋税者,应由纳税义务人于减免原因、事实发生之日起三十日内申报当地主管稽征机关调查核定之;逾期申报者,自申报日当月份起减免"(第 15 条)。

④ 参见释字第 537 号解释。依此,纳税义务人如有违反申报之协力义务,即生失权效力。是否过苛,值得检讨。

2000 年 1 月 26 日删除"土地法"第 30 条前,该条本来规定:"私有农地所有权之移转,其承受人以能自耕者为限,并不得移转为共有。但因继承而移转者,得为共有(第 1 项)。违反前项规定者,其所有权之移转无效(第 2 项)。"自该条规定之文义及规范意旨观之,该条规定之适用对象,当以移转私有农地所有权的物权行为为限。盖该条第 1 项首称:"私有农地所有权之'移转'……"而所谓移转,当指物权行为而言。债权行为,例如土地买卖,系以土地所有权之移转为给付义务的内容,而非以土地所有权之移转为内容,故当不在禁止之列。唯依目前实务的见解认为土地买卖这种债权行为亦应受该条之规范,从而进一步认为土地买卖契约之买受人如无自耕能力,则除非在缔约时自始明白约定出卖人应将买卖目标物之所有权直接移转给有自耕能力之第三人,亦即附以向第三人给付之约款("民法"第 269 条),否则,该买卖契约,依"土地法"第 30 条第 2 项应属无效。① 鉴于该条规定之规范意旨在于避免耕地落入无自耕能力者之手,且实务上既已容许向有自耕能力之第三人给付之约款,②则在买受人无自耕能力的情形认为,买受人不得事后指定,将土地所有权移转于有自耕能力之第三人,从而主张这种非自始附有向有自耕能力之第三人给付之买卖契约无效,便有商榷余地。③ 该实务见解之过度抽象化的特征表现在:将关于物权行为(移转耕地所有权于无自耕能力者)之规定,扩张适用至其原因行为(买卖契约)。不过,仍应注意其指示给付之原因行为系信托行为时,该信托行为可能是一个脱法行为,从而应当无效。例如甲向乙购买农地,但因自己无自耕能力,而甲、丙非基于赠与,而基于其间(在通谋虚伪之赠与契约中,所隐藏,以信托人甲为受益人之自益)信托契约,指示乙将该农地移转给有自耕能力之丙(受托人),而后丙最后才移转于甲,或基于甲之指示再移转于有自耕能力之丁,以规避删除前之"土地法"第 30 条的适用者,该信托契约中脱法之(自益于甲的)约款仍应无效。甲基于该脱法行为,指示出卖人乙,将耕地所有权直接或间接移转于丙者,乙基于甲之指示而为之给付为指示给付,丙仍可因此取得所受移转之耕地所有权,不受其原因行为是通谋虚伪之赠与契约的

---

① "查系争土地系属耕地,第一审命上诉人与被上诉人订立之买卖契约,其所约定之给付,亦为移转私有农地之所有权于被上诉人。第以被上诉人系营利私法人,如非以农耕为业务,依法不得为系争田地所有权之承受人。则第一审命上诉人与被上诉人订立之买卖契约所约定之给付,即属违反'土地法'第 30 条第 1 项强制规定之行为,亦即(有)法律上之给付不能,依'民法'第 246 条第 1 项规定,以不能之给付为契约目标者,其契约为无效。"(台湾地区"最高法院"1980 年台上字第 1834 号)

② "约定移转私有农地之所有权于无自耕能力之人而所订立之农地买卖契约,因约定之给付属于违反'土地法'第 30 条强制规定之行为,即属法律上之给付不能。此项以不能给付为目标之契约,依'民法'第 246 条第 1 项本文之规定,固属无效。但如又约定预期于不能情形除去后,为给付者,则依同条项但书规定该契约仍为有效。"(台湾地区"最高法院"1980 年台再字第 163 号)"'土地法'第 30 条第 1 项前段仅规定:私有农地所有权之移转,其承受人以能自耕者为限。并未限定不能自耕者,不得于买受农地时,约定将所有权移转于有自耕能力之人。不动产之买卖,在契约内订明得由买受人自由指定所有权移转登记之名义人者,事所恒有。本件买卖在契约书内既已特别订明上诉人可任意换名登记,则上诉人依约请求移转登记为陈春易所有,如果陈春易为有自耕能力之人,则其约定尚难指为违法而给付不能。"(台湾地区"最高法院"1980 年台上字第 2563 号)不过,在这种情形仍应注意:买受人与其指定受该耕地所有权之移转的第三人间的关系。该第三人如仅是以信托关系包装之人头,实质上该土地所有权仍属该无自耕能力之买受人者,则该信托行为应论为"土地法"第 30 条之脱法行为。依该条规定还是无效。

③ 不过,为防杜关于"土地法"第 30 条之脱法行为,买受人之第一次指定,即需指定移转于有自耕能力者,且其指定给付之原因行为,必须是赠与契约。此外,该移转耕地所有权之请求权,亦不得有偿移转。

影响。然因甲、丙间之原因行为(以甲为受益人之自益信托)不法,该指示给付应论为基于不法原因之给付。唯依"民法"第 180 条第 4 款,甲对丙不得请求不当得利之返还。

③由于情事的变更

随着工商活动态样的变迁,旧有的融资方法已不尽能满足交易上的需要。因此,金融业者引进了融资性租赁的制度。其特点为:代替过去之"资金",而以"物品"作为融资之内容,并以租赁为其表现的法律类型。其基本的类型特征与本来意义下之租赁有很大的差别。其结果,如欲以本来意义之租赁涵盖融资性租赁,便有涵盖过广之虞。是故,有将融资性租赁自本来意义之租赁解析出来加以规范的必要。亦即有限缩本来意义之租赁的外延,使之不包含融资性租赁,以恰如其实针对融资性租赁之融物的特点给予适当的规范。鉴于本来意义之租赁相对于新演变出来之融资性租赁,有涵盖过广的情形,系因融资性租赁之产生始引起,所以,可将因此所生限缩本来意义之租赁的必要,认定为:因情事变更所引起之构成要件过度抽象的情形。

同样的情形,例如后来发展之信托让与。盖信托让与除具有让与之特点外,还具有一般让与所不具有之为担保、管理或投资之目的,而为信托的因素。将信托让与直视为让与,而不考虑其信托因素,在概念的建构上具有过度舍弃所处理对象之特征(信托目的)的情形,构成过度抽象化。其缺点为:可能根据概念的逻辑,将信托让与涵摄至让与之下,将关于让与的规定不加限制地适用到信托让与之虞,以致不能合理处理因信托让与所引起之内部与外部关系。

按信托行为(Fiduziarische Geschäfte oder Treuhandgeschäfte),系指信托人(Treugeber)为信托目的,将财产(信托财产 Treugut)移转与受托人(Treuhänder),使受托人成为该财产之名义上的权利人,双方形成一种超过其经济目的(担保、管理或投资)之法律关系,以达到当事人间约定之一定经济目的之法律行为。由于信托行为中包含为信托目的所作之让与行为,因此常称信托行为为信托让与。信托行为依其信托目的,主要可分为担保信托、管理信托与投资信托。信托行为不同于一般法律行为之处在于:其行为目的与为其手段之法律行为的效力,在范围上不一致。是故,基于信托目的,就对外关系而言,受托人是物的所有人;但在内部关系,亦即受托人对于信托人之关系,受托人仅得行使信托人所赋与的权限,享有约定之有限度的利益,不得喧宾夺主。

信托人与受托人间之内部关系,主要依据双方为成立信托关系所作之约定决定之,其内容不能一概而论。内部关系对受托人之约束主要为:在受托人违反其与信托人之内部约定而为处分行为,致使信托人丧失其权利的情形,受托人应负损害赔偿责任(参见"民法"第 535

条、第 544 条)①。至于信托财产之归属,在内部关系上主要应取决于根据信托目的所决定下来之经济利益的归属状态,而不应取决于因该信托行为所做成之形式上的移转。该利益在内部之归属原则对信托人、受托人或双方之债权人皆有适用。盖充为信托人或受托人之债权人对信托人或受托人所享有之债权之总担保者,限于依该内部关系分别归属于信托人或受托人的利益。在这里,并无信赖该利益之形式上归属之善意保护的问题。要之,基于该信托关系以外之关系对于信托人或受托人享有债权者,关于信托财产适用信托人与受托人之内部关系。关于该债权人是否得依强制执行或破产程序就信托财产取偿,其处理的原则为:该第三人所得主张之权利,应依决定信托人与受托人之利益归属的内部关系定之。此乃由债务之总担保,除有第三人担保之情形外,原则上以属于债务人之财产为限。而决定债务人财产之大小者,在这里为信托人与受托人间之内部关系,乃自明的道理。

所谓外部关系特别是指:(善意)第三人以信托财产为目标,与受托人从事交易时所发生之法律关系。这涉及该第三人得否就信托财产依强制执行或破产程序取偿,以及善意第三人自受托人取得对于信托财产之权利者,是否受保护的问题。这原则上应采肯定的见解。原则上也非属于善意取得制度规范的事项。盖受托人既为信托财产之形式上的所有权人,其就信托财产所为之处分即为有权处分。既属有权处分,其保护便无待于善意取得制度。至于第三人明知受托人违反信托契约之约定而与其交易时,其所冒的法律风险为:信托人可能据诚信原则或诈害债权有关规定,请求撤销其取得之权利,②或基于第三人侵害债权,③依侵权行为,请求以赔偿损害的方法,返还其取得之权利或利益。

---

① 信托人之所以受损害,主要由于因该处分行为而受让对该信托财产之权利的第三人,不论其是否明知受托人违反信托契约之约定而为处分,原则上皆已取得可对抗信托人之权利。唯倘受托人与该第三人,所作之法律行为,尚止于债权行为的阶段,而受托人事后反悔不为履行或甚至经破产之宣告,则在这种情形,该第三人最后仅得以受托人之债权人的地位,依强制执行或破产程序就其所受损害对受托人请求赔偿。盖信托财产,在管理信托的情形不属于受托人之财产,在担保信托的情形仅于担保目的所及,以其所担保之债权的从权利之地位,构成受托人之财产的一部分。是故,该第三人不当然得就信托财产取偿。纵使在担保信托的情形,第三人所直接取偿者,亦为信托财产所担保之债权,而非该信托财产。因此,取偿之结果,使第三人对受托人之债权以及受托人对信托人之债权,在该第三人因取偿而受满足之限度内,同受清偿。

② "民法"第 244 条规定:"债务人所为之有偿行为,于行为时明知有损害于债权人之权利者,以受益人于受益时亦知其情事者为限,债权人得声请法院撤销之(第 2 项)。债权人依第 1 项或第 2 项之规定声请法院撤销时,得并声请命受益人或转得人回复原状。但转得人于转得时不知有撤销原因者,不在此限(第 4 项)。"

③ 虽然"民法"第 184 条第 1 项前段规定:"因故意或过失,不法侵害他人之权利者,负损害赔偿责任。"但仍有债权是否为该项所定,受保护之权利所涵盖的疑问。此为第三人侵害债权是否构成侵权行为的问题。该疑问的产生,源自债权仅是得对债务人主张之相对权的看法,以及《德国民法典》第 823 条第 1 项将其保护之客体限于"生命、身体、健康、自由、所有权或其他权利"之比较法上的观点。鉴于所谓债权之相对性所涉者首先为债务人对于债权人之给付义务,而后与之相关之个别的保护义务。所以,超出该范围,债权之于第三人,其实亦有一般保护义务意义下之不可侵害性。是故,第三人如非为竞争之正当目的(参照"民法"第 244 条第 3 项),而故意妨碍他人债权之实现者,亦应可构成侵权行为。例如为使债权人不能实现其债权,而以正当竞争行为以外之方法("民法"第 244 条第 3 项;因竞买,而使缔约在先之买受人的债权不能实现),故意毁损债之目标,使债务人不能履行劳务债务,致债权人不能实现其债权时,该第三人侵害债权之行为,在故意、因果关系、违法性等侵权行为之要件的充分,皆没有障碍。

任将信托让与①当成一般让与所可能带来之处理上的偏差,主要发生在:容许信托人或受托人之债权人就信托财产声请依强制执行或破产程序取偿,例如:台湾地区"最高法院"1973 年台上字第 2996 号判例要旨称:"我'民法'并无关于信托行为之规定,亦无信托法之颁行,通常所谓信托行为,系指信托人将财产所有权移转与受托人,使其成为权利人,以达到当事人间一定目的之法律行为而言,受托人在法律上为所有权人,其就受托财产所为一切处分行为,完全有效。纵令其处分违反信托之内部约定,信托人亦不过得请求赔偿因违反约定所受之损害,在受托人未将受托财产移转信托人以前,不能谓该财产仍为信托人之所有。"从而"上诉人(按即信托人)主张由其出资以受托人名义购地建屋,并办理所有权登记各节,就令非虚,上诉人亦仅得依据信托关系享有请求受托人返还房地所有权之债权而已,讼争房地之所有权人既为执行债务人(受托人),上诉人即无足以排除强制执行之权利"(台湾地区"最高法院"1979 年台上字第 3190 号判决)。按台湾地区"最高法院"1973 年台上字第 2996 号判例上述见解并没有错,错的是台湾地区"最高法院"1979 年台上字第 3190 号民事判决没有正确区分信托行为在其内部关系与外部关系之不同的意义。是故,司法事务主管部门 2002 年 10 月 15 日、2002 年第 13 次民事庭会议决议通过:不再援用台湾地区"最高法院"1973 年台上字第 2996 号判例,堪称错怪了该判例的意旨。

"信托法"虽已于 1996 年 1 月 26 日制定,并于 2009 年 12 月 30 日修正第 21 条、第 45 条、第 53 条、第 86 条,但对上述信托人、受托人及其债权人间关于信托财产及信托利益之享有范围的冲突问题,依然未明确妥当规定。

(2)在法律效力过度抽象化的情形

关于法律效力之过度抽象化的规定,最显著的例子表现在因法律行为(契约)之损害赔偿上。其所以引起这种过度抽象化的原因,当在于民事法之立法者在立法时尚未能适当区分因法律行为所可能引起之损害的类型。

按因法律行为而引起之损害,依其类型可区分为:(1)消极利益(信赖利益);(2)积极利益(给付利益、履行利益)。消极利益之下又可分为:为缔约而支付之费用、为准备给付或准备受领给付而支付之费用。至于基于无效,经解除、撤销之法律行为而做之给付,其返还则主要根据不当得利之返还的原则处理或规范之(例如"民法"第 259 条)。权利人对之所享有的利益,学说上称为"回复利益";其性质不属于损害赔偿。至于固有利益之损害,系由于契约上或契约外之保护义务的违反所引起。纵使依法律行为可能发生个别的保护义务,但其违反之法律关系属于另一个范畴。其学说与实务上之特殊问题的表现主要在:由之发生之

---

① 信托让与依其让与目的,可区分为担保信托、管理信托及投资信托。其中关于担保信托,亦即让与担保可谓是大陆法系关于信托制度之发展的滥觞。其发生之必要性源自,抵押权及质权不能完全满足担保态样之需要。当采物权法定主义,首先是否得设定让与担保,发生疑问。然因物权法上关于所有权之移转,并无原因关系之限制,所以,实际上没有办法能阻止为担保目的,约定以移转所有权为方法,提供担保。只是因其担保手段超出担保之需要,而可能不利于担保人及其债权人。因此,在让与担保,有在法制上,是否应对担保人提供恰如其分之保护的问题。当采肯定之见解,则必须肯认让与担保之担保属性,对其在担保人与担保权人间(内部关系)之效力,如其设立之目的(信托目的)加以制约。如是,则其效力范围会与抵押权相当。但其实行方法可能比较便捷。不过,为保护交易安全,应有登记制度相配合,为保护担保人在实行上,仍应有关于流质之禁止及合理变价之正当程序的要求。请参见 Rolf Serick, *Eigentumsvorbehalt und Sicherungsübereignung*, 2. Aufl., Heidelberg 1993.

契约责任与侵权责任之请求权规范竞合问题。兹以承揽为例说明之。

"民法"债编第二章各种之债第八节承揽,其关于损害赔偿之规定计有:

第 495 条第 1 项:"因可归责于承揽人之事由,致工作发生瑕疵者,定作人除依前二条之规定,请求修补或解除契约,或请求减少报酬外,并得请求损害赔偿。"

第 502 条:"因可归责于承揽人之事由,致工作逾约定期限始完成,或未定期限而逾相当时期始完成者,定作人得请求减少报酬或请求赔偿因迟延而生之损害(第 1 项)。前项情形,如以工作于特定期限完成或交付为契约之要素者,定作人得解除契约,并得请求赔偿因不履行而生之损害(第 2 项)。"

第 503 条:"因可归责于承揽人之事由,迟延工作,显可预见其不能于限期内完成而其迟延可为工作完成后解除契约之原因者,定作人得依前条第 2 项之规定解除契约,并请求损害赔偿。"

第 506 条:"订立契约时,仅估计报酬之概数者,如其报酬,因非可归责于定作人之事由,超过概数甚巨者,定作人得于工作进行中或完成后,解除契约(第 1 项)。前项情形,工作如为建筑物或其他土地上之工作物或为此等工作物之重大修缮者,定作人仅得请求相当减少报酬,如工作物尚未完成者,定作人得通知承揽人停止工作,并得解除契约(第 2 项)。定作人依前二项之规定解除契约时,对于承揽人,应赔偿相当之损害(第 3 项)。"

第 507 条:"工作需定作人之行为始能完成者,而定作人不为其行为时,承揽人得定相当期限,催告定作人为之(第 1 项)。定作人不于前项期限内为其行为者,承揽人得解除契约,并得请求赔偿因契约解除而生之损害(第 2 项)。"

第 509 条:"于定作人受领工作前,因其所供给材料之瑕疵或其指示不适当,致工作毁损、灭失或不能完成者,承揽人如及时将材料之瑕疵或指示不适当之情事通知定作人时,得请求其已服劳务之报酬及垫款之偿还,定作人有过失者,并得请求损害赔偿。"

第 511 条:"工作未完成前,定作人得随时终止契约。但应赔偿承揽人因契约终止而生之损害。"

第 512 条:"承揽之工作,以承揽人个人之技能为契约之要素者,如承揽人死亡或非因其过失致不能完成其约定之工作时,其契约为终止(第 1 项)。工作已完成之部分,于定作人为有用者,定作人有受领及给付相当报酬之义务(第 2 项)。"

除第 512 条所定者为不可归责于双方之事由而终止之受领及给付义务外,以上规定之法律效力虽皆提及损害赔偿,但就其得请求赔偿之损害所属利益的类别并未规定。核其观点,似乎认为损害赔偿的范围一直可以依据"民法"第 213 条以下的规定,给予圆满的处理。然鉴于得请求填补之损害所属利益别的归属,在抽象的层次已经同时决定得请求填补之范围。因此,单从回复原状的观点,并不能划定因法律行为所引起之损害赔偿的适当范围,而必须先决定其应赔偿之利益别,始能决定应回复之原状的目标:在信赖利益为以回复至就像无展开缔约活动,或无契约之缔结时之利益状态为目标;给付利益则以回复至就像系争契约债务经圆满履行时之利益状态为目标。至于固有利益则以若无违反保护义务之损害事件发生,受害人本来会享有的利益状态为目标。泛引"民法"第 213 条以下之规定处理因法律行为引起的损害赔偿,其范围之认定的偏差主要来自"民法"第 216 条。该条规定容易使人误以为,所失利益即是履行利益,在这里得无条件地请求赔偿履行利益。该误解显然与法律行为法之建制精神不符。盖以私法自治原则为基础之法律行为法,原则上认为,只有依有效的

法律行为,始得请求约定之给付或其替代之给付利益。兹详述之:

①债务不履行

按因可归责于债务人之事由而不履行债务者,如债权人不解除契约,债务人原则上应负给付利益之赔偿责任。[①] 是故,因可归责于承揽人之事由,致工作发生瑕疵者,定作人依"民法"第495条得请求之损害赔偿的抽象范围应为给付利益。这亦适用于预售屋之买卖。盖不论将预售屋定性为买卖或工作物供给契约,后来交付之房屋若有瑕疵,皆属于嗣后瑕疵。在买卖,不仅有物之瑕疵担保规定,而且有债务不履行一般规定之适用。[②] 在承揽更不待言。同理,因可归责于承揽人之事由,致不能完成约定之工作者,定作人亦得依"民法"第226条请求给付利益之赔偿(参照"民法"第512条第1项后段[③])。不过,在这种情形,债权人亦得解除契约,请求信赖利益,而不请求给付利益之赔偿。在实务上这主要适用于,原来约定之对价关系对于债权人不利的情形。

②债权人拒绝受领

债权人不得利用拒绝受领免除对待给付之义务,乃自明的道理。是故,定作人依"民法"第511条于工作未完成前,随时终止契约者,其所负之损害赔偿责任应以给付利益为其抽象的范围。盖契约之终止在这里,其作用与拒绝受领相当。而法律所以容许定作人随时终止者,其理由乃在避免因继续完成对定作人可能已无利益之工作所可能引起之损害的扩大。

---

① 按依过失责任主义,除法律或当事人特约债务人应负担保责任外,债务人就债务不履行仅负过失责任。唯为适应不同债务关系之不同程度注意义务的规定,关于债务人之主观责任要件通常以可归责定之。例如关于给付不能,依"民法"第226条规定:"因可归责于债务人之事由,致给付不能者,债权人得请求赔偿损害(第1项)。前项情形,给付一部不能者,若其他部分之履行,于债权人无利益时,债权人得拒绝该部之给付,请求全部不履行之损害赔偿(第2项)。"所谓不履行之损害赔偿即为学说与实务上通称之"给付利益"的赔偿。类似的情形,就给付迟延,第232条规定:"迟延后之给付,于债权人无利益者,债权人得拒绝其给付,并得请求赔偿因不履行而生之损害(给付利益)。"另关于不完全给付,第227条第1项规定:"因可归责于债务人之事由,致为不完全给付者,债权人得依关于给付迟延或给付不能之规定行使其权利。"既依关于给付迟延或给付不能之规定行使其权利,则得请求者,亦为给付利益之赔偿。同条第2项规定:"因不完全给付而生前项以外之损害者,债权人并得请求赔偿。"该项所称前项以外之损害当指固有利益之损害。此为保护义务之违反导致之损害的特征。在契约之债,保护义务之违反除可能损害约定之给付外,还可能损害债权人之固有利益。例如出卖人给付之电视机爆炸时,除使给付物归于灭失外,并可能损害买受人之身体、健康及财产。

② 给付之预售屋有瑕疵时,台湾地区"最高法院"2000年台上字第408号民事判决认为,"按出卖人就其交付之买卖目标物有应负担保责任之瑕疵,而其瑕疵系于契约成立后始发生,且因可归责于出卖人之事由所致者,则出卖人除负物之瑕疵担保责任外,同时构成不完全给付之债务不履行责任。又出卖人应负不完全给付之债务不履行责任者,买受人得类推适用'民法'第226条第2款规定请求损害赔偿,或类推适用给付迟延之法则,请求补正或赔偿损害,并有'民法'第264条规定之适用"。

③ 按"民法"第512条所规定者为不可归责于承揽人之给付不能的情形。因不可归责于债务人之事由,致给付不能者,债权人免为对待给付之义务本来即为"民法"第266条所明文规定。依第226条第2项之反面解释,部分给付不能者,其他部分之履行,于债权人有利益时,债权人(定作人)不得拒绝,从而应依"民法"第266条第1项后段,按可能部分之比例为对待给付(报酬)。唯在承揽契约,因为依"民法"第490条以完成一定之工作为承揽人之给付义务的内容,所以依其性质,本来不容许部分给付。然鉴于已完成之部分工作,对定作人可能有利益,故为衡平双方之利益,乃在因不可归责于承揽人致不能完成工作的情形,例外地以"民法"第512条第2项规定:"工作已完成之部分,于定作人为有用者,定作人有受领及给付相当报酬之义务。"其内容与"民法"第266条第1项所规定者相当。

唯在终止后,承揽人因不必继续工作,所可能获得之额外利益(费用之节省及因利用其他工作机会所取得之报酬)准用"民法"第 267 条应自所得请求之损害赔偿额中扣除。[①]

③债权人违反对己义务

在定作人经催告而仍不尽其协力义务(对己义务)的情形,倘其不为协力系因可归责于定作人之事由,则亦应与定作人任意终止做相同之处理,使定作人负给付利益之赔偿责任,[②]但得减除承揽人因不必为工作之完成所受之利益(准用"民法"第 267 条)[③]。盖在工作须定作人之行为始能完成者,定作人若不为其行为,其作用与事后反悔,片面终止契约一样;反之,倘其不为协力系因不可归责于定作人之事由者,则应准用"民法"第 509 条前段规定之法律效果:得请求已服劳务之报酬及垫款之偿还。盖两者皆同属于因不可归责于定作人之事由致不能完成约定之工作。

因定作人所供给材料之瑕疵或其指示不适当,致工作于定作人受领前毁损灭失或不能完成,同属因定作人方之事由所引起的不利益。依管领说(Sphärentheorie)应由定作人负担。换言之,为避免该不利益,定作人负有自己小心为自己防止该等事由发生的对己义务,否则定作人即依"民法"第 509 条所示危险负担之归属原则,承受"报酬危险及相对人准备履约之费用的危险"。是故在这种情形承揽人得请求已服劳务之报酬及垫款之偿还。唯这些权利在这里并不以损害赔偿的方式表现出来:就已服劳务之部分,以约定之报酬请求权的方式,垫款部分始以费用之偿还的方式表现出来。前者属于约定之本来给付,后者属于管理费用之返还义务。因为承揽人已得请求一部分之本来约定之给付,故不再得请求信赖利益中关于缔约所支出之费用。

不过定作人就所供给材料之瑕疵或指示不适当,倘有过失,则承揽人依第 509 条后段,就未服劳务部分得请求以给付利益为抽象范围的损害赔偿。

④对报酬之计算结果有错误

"民法"第 506 条所规定者为关于对待给付(报酬)之计算结果有错误的情形。这种错误与对计算方法(计算报酬之基础)有错误的情形不同。倘对计算报酬之基础及方法有错误,则构成"民法"第 88 条所称之表示内容的错误。反之,若仅其计算结果有错误者,则不构成

① 《德国民法典》第 649 条规定:"至工作完成前定作人得随时终止契约。定作人终止契约者,承揽人得请求约定之报酬,但应扣除承揽人因契约之终止而节省之费用,或因就其劳力为其他之利用所取得之报酬,或因故意不为利用所失之报酬。"德国民法就本案型之处理系利用请求原来约定之给付的方法为之,与台湾地区"民法"利用损害赔偿之方法为之者不同。

② Esser, *Schuldrecht*, 2. Aufl. 1960, S. 603.

③ "民法"第 216 条之 1 与第 267 条固同为损益相抵的规定。唯其规范对象不同。第 216 条之 1 规定:"基于同一原因事实受有损害并受有利益者,其请求之赔偿金额,应扣除所受之利益。"其规范对象为损害赔偿之债。而第 267 条规定:"当事人之一方因可归责于他方之事由,致不能给付者,得请求对待给付。但其因免给付义务所得之利益或应得之利益,均应由其所得请求之对待给付中扣除之。"其规范对象为在双务契约,"当事人之一方因可归责于他方之事由,致不能给付"时,其对待给付之请求及与之相随损益相抵的问题,与损害赔偿无关。

该条所称之表示内容的错误。① 是故,有"民法"第506条所称"订立契约时,仅估计报酬之概数者,如其报酬,因非可归责于定作人之事言,超过概数甚巨"之情形者,定作人本不得依"民法"第88条撤销其意思表示,使承揽契约归于无效。因此"民法"第506条第1项容许定作人于承揽工作为非建筑物或其他土地上之工作物或为此等工作物之重大修缮的情形,解除契约,堪称为在此限度内扩张"民法"第88条之错误的概念范围,从而构成其例外规定。同样的处理也发生在同法条第2项的情形。该条项规定:"工作如为建筑物,或其他土地上之工作物,或为此等工作物之重大修缮者,定作人仅得请求相当减少报酬,如工作物尚未完成者,定作人得通知承揽人停止工作,并得解除契约。"该条第3项虽然规定:"定作人依前二项之规定解除契约时,对于承揽人,应赔偿相当之损害。"唯对所谓"相当之损害"的内容,法律并无进一步之规定。倘认为本条所规定之情形属于意思表示之内容有错误,而认为应与"民法"第91条所规定之情形一样地以信赖利益为其抽象的范围,或认为契约既经解除,承揽人之损害赔偿请求权亦应以信赖利益为其抽象范围。然衡诸本条所规定之情形与"民法"第509条所规定之情形,同样以定作人之指示为基础,开始并进行承揽工作,两者相较,其法律效力显失衡平。② 因此,"民法"第506条所定情形之法律效力,亦即承揽人得请求之损害赔偿的范围,应准用"民法"第509条定之,方始妥当。③ 亦即该概数之估计失实,非可归责于双方者,承揽人得请求已服劳务之报酬及垫款之偿还;其可归责于定作人者,承揽人得请求以给付利益为范围之损害赔偿;其可归责于承揽人者,承揽人应负担因此所生之风险;就定作人所受之利益,仅得依不当得利的规定请求返还。

---

① 所谓计算上之错误,系指"表意人或者对其所表示之数目的计算,或者关于该计算所依据之基础有错误的情形。德国帝国法院认为,倘该计算或其基础,已告知于相对人,或者在缔约过程中已经明白显示,则该计算上之错误属于意思表示内容之错误"(Larenz,Wolf,*Allgemeiner Teil des Deutschen Bürgerlichen Rechts*,9. Aufl. München 2004,§ 36 Rn. 58ff.)。唯"倘当事人已就计算之基础获得合意,则因计算过程中之计算错误所导出之计算结果,无论如何应以所合意之计算基础为标准加以订定。是故,不能以计算结果有错误为理由,主张撤销意思表示,盖所合意者与当事人之意思相符"(Soergel-Hefermehl,*Kommentar zum BGB*,1967,§ 119 Bem. 24)。关于计算基础之错误,请参见 Enn/Nipperdey,aaO.(Fn.6),§ 167 Ⅳ 4;Werner Flume,*Das Rechtsgeschäft*,3. Aufl.,Springer-Verlag 1979,S. 469ff.。

② 订立承揽契约时仅估计报酬之概数者,其所以如此,当因承揽人不愿就报酬之估计的正确性负担保责任。盖倘其愿负担保责任,双方所约定之报酬,在性质上应属于定数,而非概数。今双方既以已估计之概数大致表示所需之报酬,则关于承揽工作之进行双方事后本不得再以估计报酬之概数与实际所需者不符为理由,任为主张,而应依双方所合意之计算基础,计算其报酬。是故,倘欲依"民法"第506条这种规定,给予定作人以解除(按其实当为终止)契约之权利,定作人应负与"民法"第509条所规定者相当之责任,盖当双方皆明知所估计之报酬仅为概数的情形下,双方既进一步决定让承揽人依定作人之指示开始并继续承揽工作,甚至至于完成,则关于承揽人之报酬的计算,自当以双方所约定之计算基础为准,始与当事人之意思较为相当。因为该计算基础业约定为契约之确定的内容,至于所估计之概数,其法律地位原止于参考之内容而已,尚非双方所合意之契约内容。倘无"民法"第506条之规定,该估计之概数并无法律上意义。

③ 就相当于"民法"第506条所规定之案型,其法律效力,《德国民法典》第650条规定为定作人得"终止"契约。至定作人因终止而应对承揽人补偿之范围,则规定准用《德国民法典》第645条第1项(相当于台湾地区"民法"第509条)处理之。《德国民法典》第650条规定:"承揽契约仅估计报酬之概数者,倘承揽人就该估计之正确性不为担保,且定作人因非付出远超出该估计之数额不能完成该工作而终止契约者,承揽人仅享有第645条第1项规定之请求权(第1项)。该概数之超过,如可预见,则承揽人应立即通知定作人(第2项)。"

由以上的说明可见,"民法"在债法各论承揽节中关于损害赔偿之规定,在法律效力上显有过度抽象化的情形。是故,有进一步利用受害之利益别为如文中所述之具体化的必要,以划定其抽象的赔偿范围,避免解释和适用上之见解的歧异。这些考虑不因关于损害赔偿之方法及范围,"民法"第213条以下已有一般性的规定,而成多余。盖该等规定,非取向于因法律行为而加害他人所作之规定,不能针对法律行为之个别案型的特点,抽象地决定在各该类型应予填补之利益,究为信赖利益或给付利益,以及在信赖利益的情形,进一步决定所得填补者,究为缔约所生之费用或因准备受领给付所生之费用,或包括这一切信赖利益。

3.过度具体化

利用概念建构构成要件,其使用之概念不仅可能有前述过度抽象化,也可能有过度具体化的情形。就规范目的论之,使用于构成要件之建构的概念如有过度具体化的情形,其外延便会过小,亦即适用对象不及适合的范围。这时在其相关法律之适用,必须利用扩张解释、类推适用或目的性扩张给予补救。法律所引用之概念相对于其所拟实现之价值(规范意旨)所以发生太具体,致其外延太狭,其原因一样可能归于:(1)"立法"者之疏忽;(2)执行法律(司法)机关之疏忽,或(3)情事的变更。兹分述之:

(1)由于"立法"者之疏忽

关于著作权的取得,"著作权法"原采注册主义(参照"著作权法"第1条),非经依"著作权法"注册之著作,不受"著作权法"之保护。换言之,"著作权法"所保护之著作权除其须为一个著作外,尚须依"著作权法"申请准予注册。亦即以注册作为构成该法所定著作权之概念特征之一。其结果,该法所保护之著作权的外延,自始因该特征(注册)的引入而缩小。该定义与一般见解所主张者为小,盖其认为著作属于人格权的延伸,其著作权应因著作而产生,不以注册为必要。本此见解,"著作权法"原来肯认之著作权的范围便有太狭,亦即太具体之嫌。该观点部分亦已为"司法机关"所接受,[①]认为未经注册之著作物虽非"著作权法"所保护,但仍得受"民法"关于侵权行为有关规定的保护。顺应著作权之保护需要,就著作权之取得,现行"著作权法"第10条已改采创作主义:"著作人于著作完成时享有著作权。"

与之类似的问题为商标之保护要件。对此,"商标法"第2条规定:"欲取得商标权、证明标章权、团体标章权或团体商标权者,应依本法申请注册。"亦即就商标权之取得,该法原则上采注册主义。因此,在商标权之保护上,就未经注册之商标,亦有其保护之商标概念的外延是否有因未及于著名商标,而过狭的问题。针对这个问题,后来采肯定的见解,首先在"公

---

① "未依'著作权法'取得著作权,或制版权之著作物,遇有非著作人以之制版或照像翻印,及非制版人以之照像翻印者,著作人或制版人得依'民法'侵权行为之规定诉请司法机关办理,'著作权法施行细则'第23条定有明文。是著作物未经注册者,固不得依'著作权法'之规定对于他人之翻印等行为提起诉讼,唯仍得依'民法'侵权行为之规定诉请赔偿,至为明显。"(台湾地区"最高法院"1966年台上字第1779号判决)是故,著作"纵使未经'内政部'依'著作权法'准予注册取得著作权,及制版权,但既属于被上诉人所有之著作物,即应受'民法'之保护"(台湾地区"最高法院"1967年台上字第3421号判决)。就著作权之取得,该判决所依据之规定以注册主义为基础。唯关于著作权之取得,现行"著作权法"第10条规定:"著作人于著作完成时享有著作权。但本法另有规定者,从其规定。"亦即原则已改采创作主义。至于是否适合因改采创作主义,而不再办理著作权之注册,是另一个在经济行政上值得探讨的问题。采创作主义后办理著作权注册的意义为:利用其推定效力可以提高法的安定性。

平交易法"第22条规定:"事业就其营业所提供之商品或服务,不得有下列行为:一、以著名之他人姓名、商号或公司名称、商标、商品容器、包装、外观或其他显示他人商品之表征,于同一或类似之商品,为相同或近似之使用,致与他人商品混淆,或贩卖、运送、输出或输入使用该项表征之商品者。二、以著名之他人姓名、商号或公司名称、标章或其他表示他人营业、服务之表征,于同一或类似之服务为相同或近似之使用,致与他人营业或服务之设施或活动混淆者(第1项)。前项姓名、商号或公司名称、商标、商品容器、包装、外观或其他显示他人商品或服务之表征,依法注册取得商标权者,不适用之(第2项)。"上开规定在一定的程度对于未经注册之商标或其他显示商品、服务或营业的表征,提供保护,以防止仿冒。构成注册主义之例外。

按著名商标之保护的意义,应不在于否定注册主义,而在于防止非商标权人以不正当方法稀释著名商标的标识力,损害商标权人或消费者之利益。所以,后来增定"商标法"第30条第1项第11款规定:"商标有下列情形之一,不得注册:⋯⋯十一、相同或近似于他人著名商标或标章,有致相关公众混淆误认之虞,或有减损著名商标或标章之识别性或信誉之虞者。但得该商标或标章之所有人同意申请注册者,不在此限。"并增定第70条对著名商标提供禁止侵害的保护规定:"未得商标权人同意,有下列情形之一,视为侵害商标权:一、明知为他人著名之注册商标,而使用相同或近似之商标,有致减损该商标之识别性或信誉之虞者。二、明知为他人著名之注册商标,而以该著名商标中之文字作为自己公司、商号、团体、网域或其他表彰营业主体之名称,有致相关消费者混淆误认之虞或减损该商标之识别性或信誉之虞者。"

由于商标权之取得不难,且注册容易经济地厘清商标专用权,所以,例外于注册主义,对未申请注册之著名商标的保护,在要件及程序上的规定,仍应适度。

(2)由于执行法律机关之疏忽

"所得税法"第2条第2项规定"非台湾地区境内居住之个人,而有台湾地区来源所得者,除本法另有规定外,其应纳税额,分别就源扣缴。"而同法第15条第1项前段规定"纳税义务人之配偶,及合于第17条规定得申报减除扶养亲属免税额之受扶养亲属,有前条各类所得者,应由纳税义务人合并报缴。"于是,引起一个疑问:纳税义务人之配偶如系非台湾地区境内居住之个人,其配偶之所得是否还是应由纳税义务人合并报缴? 对此,"财政部"原来认为,"非台湾地区境内居住之个人其所得已依法扣缴仍应由境内配偶合并申报"[①],后来变

---

① "财政部"1970年9月19日台财税字第27159号令:"查'所得税法'第15条规定:'纳税义务人之配偶及合于本法第17条规定得申报减除扶养亲属宽减额之受扶养亲属,有前条各类所得者,应由纳税义务人合并申报课税。'依上开法条规定,纳税义务人之配偶,不论系'台湾地区境内居住之个人'或'非台湾地区境内居住之个人',凡有台湾地区来源所得者,应由纳税义务人合并其配偶之所得申报课税。本案非台湾地区境内居住之个人,在境内之所得已就源扣缴,如其妻属于台湾地区境内居住之个人,年终办理结算申报,不适用同法第73条第1项就源扣缴之规定,但原扣缴税款应准依法抵缴。"

更其见解,容许选择就源扣缴或由境内配偶合并申报。① 这亦适用于纳税义务人之配偶依
"奖励投资条例"(现已失效)第 16 条第 1 项第 1 款及"促进产业升级条例"第 11 条第 1 项,
按所定税率就源扣缴,不适用"所得税法"结算申报之规定缴纳所得税的情形。② 上述情形
所涉者为强制合并申报之要件要素的解释问题:是否含非台湾地区境内居住之配偶? 其结
论为:必须纳税义务人及配偶皆应办理结算申报时,始强制合并申报。

"所得税法"第 15 条第 1 项后来虽经修正为:"自 2014 年 1 月 1 日起,纳税义务人、配偶
及合于第 17 条规定得申报减除扶养亲属免税额之受扶养亲属,有第 14 条第 1 项各类所得
者,除纳税义务人与配偶分居,得各自依本法规定办理结算申报及计算税额外,应由纳税义
务人合并申报及计算税额。纳税义务人主体一经选定,得于该申报年度结算申报期间届满
之次日起算六个月内申请变更。"但该修正并未就前述适用上之疑义,给予规定。

过去,关于劳工抚恤金、养老金、退休金、赡养费免纳所得税有关规定中之劳工概念的解
释,有由于税捐稽征机关之限缩解释而引起是否妥适的疑问。③

关于退休金之所得税的课税问题,后来变革极大。最近的规定为:"所得税法"第 14 条
第九类:"退职所得:凡个人领取之退休金、资遣费、退职金、离职金、终身俸、非属保险给付之
养老金及依'劳工退休金条例'规定办理年金保险之保险给付等所得。但个人历年自薪资所
得中自行缴付之储金或依'劳工退休金条例'规定提缴之年金保险费,于提缴年度已计入薪
资所得课税部分及其孳息,不在此限:一、一次领取者,其所得额之计算方式如下:(一)一次
领取总额在 15 万元(新台币;后同)乘以退职服务年资之金额以下者,所得额为零。(二)超
过 15 万元乘以退职服务年资之金额,未达 30 万元乘以退职服务年资之金额部分,以其半数
为所得额。(三)超过 30 万元乘以退职服务年资之金额部分,全数为所得额。退职服务年资
之尾数未满六个月者,以半年计;满六个月者,以一年计(第 1 项)。二、分期领取者,以全年

① "财政部"1998 年 12 月 13 日台财税字第 871980772 号函:"非台湾地区境内居住之个人,而有台湾
地区来源所得者,其配偶如属台湾地区境内居住之个人时,非台湾地区境内居住之个人可选择依'所得税
法'第 15 条规定与其配偶合并申报或依同法第 73 条之规定课征所得税。至其选择依第 73 条之规定课征
所得税者,其所得不再并入其在台湾地区境内居住者身份之配偶综合所得总额申报,其扣缴税款及依规定
税率申报纳税之税额亦不得扣抵,并不得再减除相关之免税额、扣除额。"

② 参见释字第 413 号解释。

③ "所得税法"第 4 条第 4 款规定:公、教、军、警人员,劳工、残废者及无谋生能力者所领之抚恤金、养
老金、退休金、赡养费免纳所得税。唯该款之适用,关于"劳工"身份之定义,经税捐机关界定为:除因其服务
处所或从事业别,无产职业工会组织,无法成为劳工工会会员者外,该条款所称之劳工,以加入产职业工会
为会员者为限(参照"财政厅"(1970)财税一字第 109802 号令,"财政部"(1973)台财税字第 30866 号令,"财
政厅"(1973)财税一字第 039717 号令)。按"工会法"关于强制入会之规定的规范意旨,与"所得税法"第 4
条关于劳工之抚恤金、养老金、退休金、赡养费免纳所得税的规范意旨不同,前者在协助工会组织,强化工会
功能;后者在体恤劳工之生活,因此,不应以实质上之劳工在形式上未遵守"工会法"强制入会之规定("工会
法"第 12 条),而剥夺其依"所得税法"第 4 条第 4 款所得享有之体恤。该条款之适用,核其规范意旨,不仅
不应以劳工未遵守强制入会之规定而拒绝其适用,而且应将其适用范围扩张至"工会法"第 13 条所称"代表
雇方行使管理权之各级业务行政主管人员",盖该等人员基于其在企业内所扮演之角色,相对于其他劳工,
固不适合为工会会员,但相对于雇主仍无改其劳工身份之基本地位。何况该等人员之业务行政主管地位的
取得不尽得完全自主,而且其所得亦不当然高于其他身份之劳工,从而仍然具有接受同等体恤的实质理由。
基于以上的观点,财税机关就"所得税法"第 4 条第 4 款所称"劳工"之行政解释,便有为税收利益,将劳工之
定义加以过度具体化,以缩小关于劳工之税捐优惠规定之适用范围之嫌。

领取总额,减除 65 万元后之余额为所得额(第 2 项)。三、兼领一次退职所得及分期退职所得者,前二款规定可减除之金额,应依其领取一次及分期退职所得之比例分别计算之。"

（3）由于情事的变更

"民法"就婚姻关系的发生要求践行法定方式("民法"第 982 条),即结婚应有公开之仪式及二人以上之证人。换言之,不承认事实上的婚姻。不过,这种规定,在事实上婚姻慢慢地蔓延的影响下,随其普遍的程度,在不同的法律社会,渐渐引起来自人伦或信赖责任之观点的检讨。申言之,男女双方协议开始事实上的婚姻生活时,或多或少总会引起他方一定的信赖,相信对方将与自己共度一生。该信赖之深度自然与日俱增,使其在精神上(感情上)及财产上投入日多,终至于不能自拔。于是,引起对该信赖,及以该信赖为基础之不能自拔的投入,在法律上应给予如何之保护的问题,其考虑的焦点为:在如何之程度内得将关于法律婚的规定类推适用到事实婚。

只要固有伦理不能阻绝事实婚,为公平处理事实婚之当事人间的身份上及财产上的关系,便不应消极否认其存在,而应正面承认其存在。然后设法给予适当的规范,以满足由事实婚引起之规范上的需要。[①] 该需要的产生,来自社会生活需要的演变,以及现行婚姻制度不能配合该演变的事实。所以,倘认为该被排除之事实婚,应受与法律婚同等之规范,则现行法上关于婚姻之定义,至少从信赖责任的角度观之,便有因情事变更而过度具体化(窄)的情形。

4.补救方法

取向于储藏在法律概念或规定之价值,补救法律概念之副作用的方法,应随其副作用之类别而异:(1)因受概念之诱引而自价值剥离的副作用,应在解释或补充法律时,取向于在概念形成过程中储藏于该概念之价值补救之。(2)因概念之过度抽象化引起的副作用,应利用限缩解释或目的性限缩,缩小该概念的涵盖范围补救之。反之,(3)在因过度具体化引起的副作用,其补救应利用扩张解释、类推适用或目的性扩张,扩大该概念的涵盖范围。[②] 在权力区分制度下,台湾地区"最高法院""行政法院""大法官"是从事这些补救措施的权力机关。其中尤以"大法官"的解释最具权威性。"大法官"不但有权宣告法律与命令"违宪",使之无效,并有权统一解释法律(释字第 2 号解释),其解释的结果具有规范性的拘束力,能够一般地拘束各级政府、机关。

在法律适用上应取向于储藏于法律概念或规定中之目的、价值。亦即应注重法律立基之原则(Rechtsprinzipien)、要实现之政策,以及规范要保护之目的(Schutzzweck der Norm)。申言之,在法律解释,要求考虑目的因素;在法律补充,容许或要求类推适用或为目的而限缩或扩张法律适用的范围。

因为法律规定的内容总是难以完全达意,所以在法律适用上,必须借助于规范目的(Normzweck)诠释之,以探求其真意。例如,债务人未经让与人或受让人之通知,而知悉债

---

① 生活上的需要不但是习惯及习惯法之产生的真正理由〔Enn/Nipperdey, aaO. (Fn.6), S.270 Anm.4〕,而且是认定漏洞之有无,以及补充法律漏洞所必需考虑的因素。在法学方法论上,此为斟酌事务性质从事法律补充的问题;在法哲学上,此为存在与当为之关系的问题〔Larenz, aaO.(Fn.1), S.417ff.〕。

② Esser, aaO.(Fn.21), S.159ff.

权让与事实者,如对新债权人为给付,其给付是否发生清偿效力?

债权之让与系准物权行为,除非附以期限或条件,于其缔结时原可产生使系争债权即生移转的效力。所以,债务人倘因受通知以外的情事,而知悉让与债权之事实,并对于受让人为给付,则债务人对于受让人之给付仍应论为有清偿效力。反之,若债权未经让与,则债务人应自负非债清偿的风险:此时,其履行债务不生清偿效力,只能依不当得利的规定,对于非真正的受让人请求返还不当得利。

自"民法"第 297 条第 1 项前段观之,债务人未经通知债权让与,而对受让人清偿债务,似无清偿效力。然依该项之规范目的,认定其无清偿效力,显然不妥。盖债权之移转系权利之处分行为,应以债权人(让与人)与受让人为当事人,无需债务人之参与即可发生移转效力("民法"第 294 条第 1 项)。此与第三人与债务人订立契约承担债务,非经债权人承认,对于债权人不生效力者,不同("民法"第 301 条)。然因债权之让与可能影响债务人之利益,所以,为保护债务人的利益,第 297 条第 1 项前段乃特别规定:非经通知债务人,对于债务人不生效力。其保护之利益为:使债务人在未受通知的情形,不但其向原债权人之清偿对于受让人有清偿效力,而且债务人在受通知时,对于原债权人(让与人)如有可抵销之债权,或有得对抗之事由,在受通知后得对受让人主张抵销,或以之对抗受让人("民法"第 299 条)。因此,如果债权确实已经移转,则债务人未受通知,而对受让人给付者,债务人之清偿仍当有效,不得执第 297 条第 1 项前述规定,认为系非债清偿。否则,与该项系保护债务人之规定的意旨不符。

然在未受通知而对受让人为给付的情形,债务人如果明知原债权人之债权让与的意思表示有瑕疵,则他日原债权人倘依"民法"第 86 条以下之规定主张其意思表示无效,或撤销其意思表示时,债务人所为之给付,对于原债权人同样无清偿效力。在此,债务人系因其恶意,而依"民法"第 86 条以下之规定遭受该不利益,而非因未受通知。在此情形,"民法"第 298 条亦不能对债务人提供保护。盖该条项以"让与人将债权之让与通知债务人"为其构成要件。只有在让与人自为通知的情形,才有表见让与之适用,使债务人于债权纵未让与或让与无效时,仍得以其得对抗受让人之事由,对抗让与人。

在损害赔偿上,法律或契约之保护目的,对损害赔偿责任之成立或范围的规定也有重要意义。[①] 这主要发生在各该规定或约定保护之目标的界定。申言之,关于保护目标之认定,应依具体法律或契约之规范目的个别的,而非脱离具体情形一般的、公式性的认断。盖任何法律或契约皆有其要满足之利益或要防止之损害,与法律或契约之违反有因果关系者,并不必然属于该法律或契约所欲保护之利益。例如,运送人误称托运人送来之托运物,并将所称结果记载于提单上时,倘托运人根据提单上偏低之重量将托运物转卖他人,以致遭受损失,

---

① 关于违法性关联说(die Lehre vom Rechtswidrigkeitszusammenhang)参见 Lange, Schadensersatz, Tübingen 1990, § 3 Ⅷ,关于保护目的说(die Schutzzwecklehre)参见 Lange, aaO. § 3 Ⅸ。关于其间之关系,Lange,认为:"因为保护目的说自一个约定或法定义务立论,所以当所涉责任规定以违法性为要件时,保护目的说与违法性关联说适用上是相同的。然假使系争行为义务不是为该发生之损害的防止,而为规定,则导出该赔偿义务的结果,并非该行为之非难判断的基础。保护目的说涵盖的范围大于违法性关联说(只论赔偿义务,无涉行为之违法性或可非难性),例如在合法行为之赔偿义务,固有系争规定,是否为防止该发生之损害而制定的问题可提,但不再论该引起赔偿义务之行为的可非难判断,与该损害之关系的问题(aaO. § 3 Ⅸ 2)。"

该损害之发生,虽与运送人之误称有因果关系,但该损害应非运送契约之目的所要保护的利益,因此,托运人不得根据运送契约向运送人请求赔偿该损害。类似的问题,经法律明文规定,例如"民法"第 638 条规定:"运送物有丧失、毁损或迟到者,其损害赔偿额,应依其应交付时目的地之价值计算之(第 1 项)。运费及其他费用,因运送物之丧失、毁损无须支付者,应由前项赔偿额中扣除之(第 2 项)。运送物之丧失、毁损或迟到,系因运送人之故意或重大过失所致者,如有其他损害,托运人并得请求赔偿(第 3 项)。"第 1 项规定之意旨在于将损害赔偿额按市场价格客观化,使之不包含在个别情形可能发生在托运物之市场价值以外之延伸损害,而第 3 项则是将之包括进来。因为托运物之转售价格系以托运人与第三人在转售契约中约定之主观价格为准,所以应以第 3 项,而非第 1 项为依据。①

在商品制作人之责任亦有根据规范目的调整契约所保护之范围的情形。例如,客人因食用主人所招待之食物,而受有损害者,倘引起损害之原因来自食物之瑕疵,则该客人虽非该食品之买受人,仍得依该买卖契约对商品制作人请求赔偿。盖购买食品者,既可能供他人食用,其契约目的自应兼惠其他可能食用之人。同理,在雇主买机器供受雇人操作的情形,受雇人倘因机器之设计上或材质上的瑕疵,而在操作中受到损害,该受雇人亦得对机器制造商请求损害赔偿。② 此为契约对于第三人之保护效力。由于以契约为基础对于契约当事人以外之人提供保护,容易遭遇受害人与契约当事人间无直接契约关系,或不在契约保护目的之范围内的质疑,所以"消费者保护法"第 7 条以法律,而不以契约作为从事设计、生产、制造商品或提供服务之企业经营者之消费者保护责任的规范基础。

侵权行为法中,关于"违反保护他人之法律,致生损害于他人者,负赔偿责任"("民法"第 184 条第 2 项前段)之规定的适用,其保护对象及保护利益均应依各该保护他人法律之规范目的定之。③ 例如"道路交通管理处罚条例"是"为加强道路交通管理,维护交通秩序,确保交通安全"而制定(第 1 条),属于"民法"第 184 条第 2 项所称保护他人之法律。因其违反,

---

① 台湾地区"最高法院"1991 年台上字第 1354 号民事判决:"按运送物有丧失、毁损或迟到者,其损害赔偿额应依其应交付时目的地之价值计算之。运费及其他费用因运送物之丧失、毁损,无须支付者,应由前项赔偿额中扣除之,'民法'第 638 条第 1、2 项定有明文。此为'民法'就运送物之灭失、毁损或迟到所特设之规定(参'本院'1982 年台上字第 2275 号判例)。本件被上诉人托运之系争立扇 1763 组失窃,被上诉人既依运送契约之规定请求上诉人赔偿所受损害,则不得置'民法'第 638 条规定于不问,乃原审竟依被上诉人出售上开立扇于诉外人森俪公司之价格为计算损害之依据,未就运送之立扇应交付时目的之价值,并审究有无应扣除之费用,以判断上诉人应赔偿之金额,于法已属未合。且按运送物之丧失、毁损或迟到,系因运送人之故意或重大过失所致者,如有其他损害,托运人并得请求赔偿,'民法'第 638 条第 3 项亦定有明文。本件系争立扇被窃,致被上诉人不能依约交货而须赔偿森俪公司系争立扇总价 687570 元之不到三成,计 206271 元,为原审所认定。然依上开规定,被上诉人如就此项损害请求上诉人赔偿,即应就运送物之丧失、毁损或迟到,系因上诉人之故意或重大过失所致,负举证责任,于法始属无违,乃原审未注意及此,遽谓上诉人不能举证证明系争货品之丧失,系出于不可抗力或被上诉人有过失,而命上诉人如数赔偿,亦欠允洽。"

② Larenz, Lehrbuch des Schuldrechts, AT, 12. Aufl. S. 364ff.关于债之关系对第三人的保护效力,请参见 Esser-Schmidt, Schuldrecht, Bd. I, Allgemeiner Teil, Teilband 2, 8. Aufl., Heidelberg 2000, § 34 Ⅳ 2; Esser, Schuldrecht, 2. Aufl., Karlsruhe 1960, § 50; Gernhuber, Das Schuldver- hältnis, Tübingen 1989, § 21.

③ Esser-Weyers, Schuldrecht, Bd. Ⅱ, BT, Teilband 2. 8. Aufl. Heidelberg 2000, § 56 Ⅰ; Esser, Schuldrecht, 2. Aufl., Karlsruhe 1960, § 202 2 b).

而致他人遭受损害者,依其规范目的,在闯红灯致生车祸时,其赔偿范围应限于因交通事故,而遭致之人身或财产上的损害,不含因此而致其他使用道路者,因时间受到耽误而遭受之损害。有疑问者为:擅闯平交道,致火车发生事故,引起误点超出运送契约所定时间长度,而发生乘客退票或对其补偿误点损失时,铁路公司得否对擅闯平交道者,请求赔偿? 从相当因果关系立论,该误点造成之损害,属于擅闯平交道可以预见之结果,所以应采肯定之见解。不过,在这种情形,不一定必须引用交通法规作为其请求权之规范基础。

四、概念之演变

(一)法律概念之历史性

人活在今天,盼望将来。因此,将制定于过去的法律适用于现在,应并为将来着想。为使法律规定能妥当解决今天的问题,并使将来充满希望,固然必须借重于昨天的经验,受过去制定之法律的拘束,但仍必须针对今天的情况,以及对将来的展望,调整在过去制定之法律的内容,以今天的观点及规范需要了解过去制定之法律的规范意旨。申言之,过去的法律只是当今之人处理当今之事在规范上的出发点,而非其最后的依据。必如是,才不致以古泥今。

法律之适用本身带有演进法律的作用和任务。这一个演进的过程,永生不息。在各阶段之演进的结果,即为当代之现行法。至于影响其演进成果者,除过去之立法者表示的规范意旨外,尚有掌理审判的司法机关、执行法律的行政机关,以及参与法律生活的社会大众。这些参与法律之演进的主体,其影响力容有大小,或有直接与间接之别,但一个有效而且妥当之法律的演进,仍系于代表这些主体之力量的折冲,以及其所肯定之价值的同化与融合。

由于可能时过境迁,引起不同之规范需要,所以,为前述法律所当扮演之规范的角色,法律必须随时间之经过而演进,始能契合因时间之经过而变迁的社会情况,应无疑义。其结果,构成法律规定的概念,自与法律同样有历史性的时间结构(die Zeitstruktur der Geschichtlichkeit),必须随历史之变迁而演进。[①]

例如"民法"第 6 条规定:"人之权利能力,始于出生,终于死亡。"其中关于出生,"民法"第 7 条规定:"胎儿以将来非死产者为限,关于其个人利益之保护,视为既已出生。"亦即为保护依第 6 条之定义,尚未出生之胎儿,在其保护所需之情形,为其出生后之权益的保护,将其法定出生时点,拟制至胎儿的阶段。由于人工生殖技术之引用,该规定之适用,是否应再往前拟制至胚胎时期? 此外,如精子、卵子之捐赠,代理孕母之利用,也引申出关于亲子关系之认定,以及孕母在怀胎期间,对于将来出生之婴儿的保护义务等诸多人工生殖技术伦理的问题。

---

① Larenz, aaO.(Fn.1), S. 115f.; Gerhart Husserl, *Recht und Zeit*, 1955, S. 10ff.

（二）取向于目的、价值而演变

纵使法律概念系应目的而生，但由于法律规定从外表上看来，似乎是由符号化之法律概念所组成，所以人们常以为法规范可由法律概念之排列创生。这种观点便是概念法学派所主张之法概念体系的自给自生能力。不过，由于事多随时而移，因此"没有一个法律概念，在教条上是完全不变的，并且在其功能上也因而一直可以公式化地应用于所有之法律事务"①，是故，要求法律概念在规范上能超越时空，"放诸四海而皆准，俟诸百世而不惑"显然已逾越法律概念所能扮演的角色。② 其结果，不但法律概念的建构，而且其意义嗣后之演变，莫不针对所欲处理之事务，相对于借助该法律概念所欲达成之规范功能，取向于所欲实现之价值而发生。因此，可谓法律概念的建构与演变是价值之承认、共识的过程及结果。

（三）学说上的见解

关于法律概念的建构及演变是否应取向于其规范功能，以及法律的解释、补充和适用是否应取向于价值，构成"概念法学派"与"利益法学派"或"价值法学派"间之重要争论。该争论的意义，在法律漏洞理论上，最容易表现出来。概念法学派倾向于绝对化、逻辑化法律概念、法律规定，反对为使法律规定的适用，更能一般地实现正义的要求，并给该具体个案带来合乎正义（衡平）的结果，而在法律适用的阶段容许法律适用者进行价值判断。

1.Kelsen 的看法（纯粹法学）

（1）无漏洞的实证法

对于这种问题，属于概念法学派的代表人物 Hans Kelsen 认为："纵使依法院的看法，一个法规范（eine Rechtsordnung）对被告之行为并未以正面的（positiv）方式，给予一般的明文规定，亦即并未规定，被告有义务从事一件私法上之原告或公法上之追诉者主张其未从事之行为，该法规范一直还是得适用于该具体案件。盖在这种案件，其行为已经法规范反面地（negativ）予以规定，亦即被告在法律上并不被禁止，而是在此意义下容许从事该行为。唯传统上，法律学在某些情况下，称这种情形构成法律的漏洞。该漏洞理论之判断基础为：先确定一定情形，以用来根据该理论认定有漏洞。根据该理论，倘无与具体案件相关的一般规定（generelle Rechtsnorm），现行法便不能适用于该具体案件。因此，负责审判该案件的法院必须透过创造一个对应的规定填补该漏洞。该论点的要旨在：将'一般'推论到'特别'之现行法的适用。这在逻辑上是不可能的。盖欠缺必须的大前提（一般规定）。然这种理论是错的，因为它以忽视下列事实为其理论基础：倘法规范规定个人无从事特定行为的义务，则法规范便是容许该行为。传统理论认为，法律就某案件有漏洞时，现行法在该案之适用逻辑上

---

① Esser，aaO.(Fn.21)，S. 99.

② Larenz，aaO.(Fn.1)，S. 53："Heck 正确地否定下述见解。该见解认为对任何想象得到的案子，法律皆已做了决定，因此只要将之涵摄于既存的规范，便能做成应有的判决。申言之，法律是无漏洞的。此外，Heck 也反对概念法学派所持经由逻辑的推论，能够从一般的法律概念导出法律所未明文规定之新规定的见解。他称这种推论为'逆向论法'（die Inversionsmethode 或 das Inversionsverfahren）。"

便不可能。然在这种情形,一个个别法规范之适用固然不可能,但整部法的适用是可能的。而这也是法的适用。① 此处法的适用在逻辑上并未被排除。事实上,在现行法对于原告所主张之被告的义务未为规定时,人们并不皆认为有漏洞存在。只要进一步观察,当会发现,只有当适用法律的机关认为,该法规的缺点是法政策上(rechtspolitisch)所不乐见,其适用将导致不衡平,或不正义的结果,从而基于法政策的理由,否定该现行法之逻辑上可能的适用时,始认为有漏洞存在。唯现行法之适用,不仅在其无课被告以特定义务之规定时,而且在其有此种规定时,皆有可能被认定为不衡平,或不正义。② ……倘仅在因欠缺规定,而不亦在因有规定,而引起不衡平(对具体个案的不正义),或不正义(对一般情形的不正义)之结果的情形,同样认为有法律漏洞,那至少在标准上是不一贯的。犹有进者,认为法规范欠缺某种内容便是不衡平或不正义的判断,本是极为相对的价值判断。对之。总有相对立的价值判断。设若就职员在执行职务中所引起之损害,法规范不包含一个一般规定,课企业主以损害赔偿责任,从而法院必须驳回一个以该企业主为被告之诉,并只能认为一个以该职员为被告之诉有理由,则该现行法之适用将被社会主义者判断为不允当,而被自由主义者判断为允当。同样地,由于欠缺(课以义务之)明文规定,而在民事上驳回原告之诉,或在刑事上,判决无罪,开释被告,大致说来,总会满被告的意,因此也被其认为是衡平,而且正义;反之,却不会满原告的意,因此,也被其认为是不衡平,而且不正义。"③

Kelsen 之观点的特征,主要表现在其对实证法之形式意义的忠诚上。他深怕,因承认法律漏洞的存在,并授权司法机关加以补充,会导致立法权的转移。他认为:"倘因现行法之适用,在其正审理之案件不能获致合乎该法院之道德观或政治观的结果,便容许法院依自己之裁量裁判,那就显然赋与法院以太广泛的权限。……假若让法院之道德观或政治观代替立法者之道德观或政治观,那便无异于要立法者将其职位让给法官。"④

---

① 在无可适用之规定的情形,依现代的法理论,可适用之法规范的发现及适用,并非逻辑上之不可能。因为固然无可直接适用之法律规定,但在容许法律补充之情形,可透过法律漏洞之存在的确认及其补充,寻找其应适用之法律规定(Canaris, *Die Feststellung von Lücken im Gesetz*, Berlin 1964;Larenz, aaO. (Fn. 1), S. 370;Esser, aaO. (Fn. 21), S. 174ff.)。

② 因法律未为规定,而引起之无法规的不圆满状态(漏洞),通常以"类推适用"或"目的性扩张"之方式来加以补充,例如将原来为双务契约之给付不能而规定之"损益相抵原则",亦即"民法"第 267 条(同样的规定精神亦表现在"民法"第 487 条)类推适用到因侵权行为所引起之损害赔偿之债。关于损益相抵原则在损害赔偿之债的适用,"民法"债编于 2000 年 4 月 26 日修正时已增定第 216 条之 1 明文规定。将关于法律行为的规定,类推适用到准法律行为[例如,催告请求给付("民法"第 229 条第 2 项)、定期催告请求给付(同法第 254 条)、定期催告请求承认(同法第 80 条)、瑕疵之通知(同法第 356 条)等];反之,法律虽已有规定,但因该规定所涵盖之范围太广,所引起之不圆满的状态(漏洞),通常以"目的性限缩"之方式来补充其"限缩规定之欠缺"。例如将"民法"第 246 条所规定之给付不能,限缩为客观之给付不能,将第 269 条之适用对象,限缩在有利益第三人之意思的情形,亦即承认在向第三人给付之意思中并不一定具有利益第三人之意思,又如将"票据法"第 143 条限缩为付款人在该条所规定之情形只相对于发票人始有付款之责;反之,相对于持票人,付款人除有"保付"之情形外,鉴于支票属于由发票人单独指示付款人付款这种"指示证券"的性质,付款人对持票人并不负有付款义务。是故"票据法"第 143 条规定之适用范围显然因违反指示证券之本旨而太广,应为目的性限缩。

③ Kelsen, *Reine Rechtslehre*, 2. Aufl., Franz Deuticke Wien 1960,S.251f.

④ Keslen,aaO.(Fn.98),S.253.

（2）消除漏洞的方法：逆向论法

纵使承认有漏洞的存在，概念法学派所引用之补充方法亦倾向于纯概念的操作：求助于更抽象的，更高一层的概念，自演绎的体系本身补充其漏洞，并据之作成裁判。该补充漏洞的过程，与概念体系之建构过程在方向上刚刚相反。在概念体系之建构上，系自具体到一般，而且内涵越来越少，越来越抽象。例如将各种法律上有效之行为抽象化后构成"法律行为"的概念。反之，在法律漏洞的补充上，则自该概念之定义导出对"新案件"①之裁判。由于这种自具体到一般的关系于补充漏洞时在方向上刚刚颠倒过来，因此 Heck 称这种方法为"逆向论法"（Inversionsmethode）②。这种方法的特点是：只要与定义相符，便可受适用。至于生活之需要，不仅在概念之建构，而且在其后之涵摄皆非斟酌的事项。于是，按照这种方法，既不须考虑需要（das Bedürfnis），也不须考虑目的（der Zweck），便可单纯地透过纯逻辑的运作填补法律漏洞。③

2.检讨：利益法学或价值法学的看法

（1）立法权需要司法权的监督与鞭策

承认法律漏洞的存在，以及承认法院可以补充漏洞，固然会发生司法权介入立法权的外观。不过，一方面立法权的行使需要司法权的监督与鞭策，另一方面司法机关之造法活动与立法机关之立法活动亦有一些基本上的不同，当不会引起司法机关真正取立法机关而代之，以致权力区分制度失效的情况。究诸实际，司法机关的造法活动，不但不会伤害权力区分制度的精神，反而会使之更能确保各机关应有的功能。申言之，司法机关之造法活动只是候补于立法机关，就个案，尝试地从事法律漏洞的补充，以修正立法机关迟迟不修正的法律（监督功能），或"创制"立法机关迟迟不制定的法律（鞭策功能）。因为它只针对个案生效，而且只是候补于立法机关所作之造法的尝试，因此，不但并未侵害立法机关之立法的"优先权"，而且造法的结果，还是停留在逐案尝试的阶段，与立法机关之为一般案件制定决定性之法案者不同。法官造法这种逐案尝试的特点，常常被忽略，而误以为法官造法跟立法机关之立法一样地是为一般案件给予决定性的规范。正因为法官造法之个案性与尝试性，因此它特别适宜候补地用来演进立法者对之尚不甚了解的案型。盖对这种案型立法者既尚不甚了解，勉强立法一般地加以规范，只有使得对该案型之规范陷入僵局，于事无补。所谓"恶规定胜于无规定"对司法水平高的社会并不正确。对司法水平高的社会，立法机关若能善自谦虚，而不制定恶规定，当能使司法机关获得为社会，在"尝试与错误中"演进最佳规范的机会。Kelsen 强调"正因为立法者没有能力对未预见之案型加以规定，所以认为将对法官造法之授权，限制在立法机关所未预见之案型的看法亦不可采。……盖立法者的意思，只有在其利用制定之法律表示出来时，方始能被有把握地掌握"④。这种看法显然忽视遭遇难题时，逐案演进的必要性。

---

① 所谓新案件系指在原抽象化过程中，未被考虑的案件。

② Heck，aaO.(Fn.23)，S.18,196.

③ Heck，aaO.(Fn.23)，S.18.

④ Kelsen，aaO.(Fn.98)，S. 253.

（2）概念语意以规范目的为基础

只要立法者不是万能，不是先知，不能预知一切，不能为千秋万世预先规划一切，便应留下余地，不使法规范流于僵化。不仅在法律概念之建构的过程中，应取向于通过该概念所拟达到之目的，慎选标准，以取舍该法律概念所拟描述或规范之对象的特征（die Merkmale），并且在适用阶段，应检证该概念之体系逻辑的适用结果，确认其与体系之正确性标准（价值）是否相符，以弹性控制之（相对化）。① 鉴于实际上，一个法律社会所肯定之价值通常因时空而转移，以及在一个概念之建构或法律规定之制定的过程中，常常不能预见一切可能受其适用之对象和其适用之结果，将法律概念取向于功能、价值予以相对化，予以演进的必要性一直存在着。"在此意义下，每一个法律概念对应其负荷之规制任务（die gestellte Ordnungsaufgabe）是相对的。这并非法律概念所专有的特性。每一个概念之符号值（der Zeichenwert）皆由其具体之宣示任务（seine konkrete Sprachaufgabe）所决定。……概念总是对应其负荷之功能或任务，有其特别意义。纵使在看似严密确定的概念塔（die scheinbar festgelegten Begriffspyramiden）也不是以一成不变之语意学上的意义为其基础。其语意学上的意义一直随其'规范目的'而变。是故，法律概念之语意学上的观察，一直带有'目的性'（final），亦即与当时对该概念之适用有决定性之规范关联（der Ordnungszusammenhang）有关。"②

（四）规范目的对法律概念之意义的影响

特定法律概念之意义在建构上及演变上常常受规范目的之支配，其结果，纵使法规范与其他科学或日常用语使用相同的字眼，其所指称者也常常并不同一。③

1.以"人"为例

"人"这个概念，其日常生活上的了解与生物学上的了解并无不同。但法律上，"人"这个概念除用来指称"自然人"，亦即生物学上之人外，还用来指称"法人"。然即使是自然人，在法制史上也不一直全部承认其有法律上之"人的资格"。亦即并不承认一切的自然人皆有"权利能力"（Rechtsfähigkeit）④。例如在承认奴隶制度之国家或地区，奴隶在当地依其法律并无权利能力。而只是属于其主人的"物"，不能为"权利之主体"，而只能为"权利之客体"⑤。当今文明国家固皆已承认自然人之"人的资格"，亦即承认其为"权利义务之主体"，

---

① Esser，aaO.(Fn.21)，S. 87f.

② Esser，aaO.(Fn.21)，S. 100.

③ 关于法律与其他学科使用同一用语指称不完全同一内容的情形，Larenz，以《德国民法典》第 833 条（相当于台湾地区"民法"第 190 条）所称之"动物"为例，作了精彩的说明[aaO. (Fn. 1)，S. 439ff.]。

④ "民法"第 6 条虽规定"人之权利能力，始于出生，终于死亡"，但第 7 条又规定"胎儿以将来非死产者为限，关于其个人利益之保护，视为既已出生"。第 7 条所运用者为拟制的方法。这种方法的运用最足以表现法律适用之逻辑推论的特征及其对于法律事实之操纵。拟制之功能即在于：在"立法"上操纵小前提。以该条为例，即透过将胎儿拟制为既已出生，以使之该当于第 6 条规定之大前提中的构成要件，从而获得该胎儿已有权利能力，即取得"人的资格"之结论。

⑤ 参见 Max Kaser，*Römisches Privatrecht*，7. Aufl.，München 1972，§15(S.67).

而非"权利之客体",但"人之资格"的具体内涵为何,依然尚待探讨、发展。

由人之资格的肯认,在私法上引申出人格权的保护、一般人格权之承认及其损害赔偿、营业权与财产权的保障,在公法上引申出宪法及行政法上关于基本权利之保护原则与规定、隐私权与大众传播权间之冲突、提审权、选举资格与被选举资格的限制、职业歧视、身份歧视。然刑法上之"人格权"的内容究竟为何?应给予如何之保护方始允当?例如:堕胎之容许或禁止、器官移植、可疑疫苗对稚龄儿童的注射或接种、死刑之存废、受刑人之基本权利等等不胜枚举。就这些问题所采取的立场,当然会影响到人在法律上之实质意义的内容。对这些问题的解答,主要地系于该法律社会之主导力量所肯定之价值的变迁。[①]

2.以"公务员"为例

与"人"有关,但纯由规范所设计出来的概念,例如"公务员"所指称之内容,也同样地随其规范目的,而给予不同的定义。"'国家'赔偿法"第2条第1项及"刑法"第10条第2项[②]称公务员为"依法令从事于公务之人员","公务人员退休法"第2条所称之公务人员为"依公务人员任用法律任用之现职人员",其施行细则第2条第2项并进一步规定本法第2条"所称公务人员以有给专任者为限","公务人员抚恤法"第2条则规定"依本法抚恤之公务人员,以现职经铨叙机关审定资格登记有案者为限"。

3.以"法律行为"与"事实行为"为例

"法律行为"与"事实行为"之区别在于一个行为是否包含法效意思。包含法效意思者为法律行为;不含法效意思者为事实行为。其区别在效力上的意义为:法律行为,当其有效,以其所含之法效意思的内容为其效力内容;事实行为以法律规定之内容为其效力内容。这并非单纯之"叙述性"(deskriptiv)的区别。它们一样地是取向于不同之规范上的需要而作之目的性(teleologisch)的区分。对法律概念之专门意义的熟悉,固能培养出一种说明技术,以不费特别之解释,自法律概念导出,在该概念之适用上所应遵守的价值标准。这特别表现在技术性较强之法规,例如票据法。唯这还是有其成立之理论基础及限界。人们总是在一定之关联情况下,为了对某件事做成裁判,才去探讨某一法律概念的意义。倘不知为何要探讨某一表示的意义,而将"法律行为"与"事实行为"这两个概念的区分无端地适用于该表示,那便显无任何意义。

申言之,设甲将小面包置于餐桌上后,乙取而食之。假使将甲、乙分别之所为间的关联,完全切断,倾向于认定他们分别之所为系不含"法效意思"之事实行为。然假设该面包之置、取行为,在时间上紧接在一起,在空间上发生在餐厅,在身份上甲、乙分别为餐厅老板与顾客,则不适当将该置、取两个行为间之社会性关联完全切断,以便从该关联推求甲、乙分别在置、取面包时是否各具有卖或买的法效意思,亦即探究该行为是否为法律行为。倘其系法律

---

① Tipke, *Steuerrecht*, 7. Aufl., 1979, S.23:"正义的概念不但抽象,而且没有内容。……税捐是一个历史性的现象。自变迁的国家学说,国家哲学观之,税捐由主导的社会伦理价值观、当时的社会经济条件,以及变迁的政治、社会观所决定。在一个议会民主,并为议会中之多数党的正义观所支配。"进一步的引证另请再参照该书同页注2。

② 关于公务员之定义,"刑法"第10条第2项后来虽有比较详细的规定,但归纳之,与原来之规定内容并无显著差异。

行为,则其间的法律关系,应依契约法,并根据私法自治原则(der Grundsatz von Privatautonomie)处理之;倘其为事实行为,主要应依不当得利或侵权行为法,并根据补偿责任原则(der Grundsatz von Ausgleichshaftung)或损害赔偿原则(der Grundsatz von Schadensersatz)处理之。这些原则虽皆立基于补偿正义,但分别具有之规范功能并不相同。私法自治原则注重者为如何协助私人,通过私法生活上之自治,发展自己。其相关法律关系之发生、变更与消灭主要取决于意思表示之有无及其内容。而补偿责任原则或损害赔偿原则则重在透过不当得利的返还或损害之赔偿,衡平双方由于财产利益之移动或消灭所引起之利益的冲突关系。

4.以"意思表示"与"意思通知"为例

意思表示与意思通知虽皆含有一定之意思,但其所含之意思仍有不同:意思表示所含者为愿意按其表示之意思的内容发生法律效力的意思(法效意思)。其典型者为要约、承诺以及行使各种形成权(撤销权、解除权、终止权、选择权、抵销权)之单方的意思表示。在肯认私法自治的前提下,只要表示之法效意思合法、确定、可能,即可按其表示之法效意思的内容发生法律效力。所谓意思表示有效或无效皆是相对于是否引起以表示之法效意思的内容为内容之法律效力而言。无效之意思表示只是不引起以表示之法效意思的内容为内容之法律效力而已,而非谓其必然不引起任何法律效力。无效之意思表示最可能引起之法律效力为缔约上过失之损害赔偿责任。反之,意思通知所含者为愿意按法律所定之效力内容发生法律效力的意思。债权人对于迟延给付之债务人催告履行债务的效力,不依催告者之法效意思,而依"民法"第254条定之:债务人如于催告期限内不履行时,债权人得解除其契约。① 此所以将催告定性为意思通知,而非意思表示。

5.以"不当得利"与"侵权行为"为例

由私法自治原则引申出财产权应予保障的原则。财产权的保障在私法上的表现为:(1)故意或过失不法侵害他人权利者应负侵权行为责任,(2)无法律上原因而有财产利益之移动

---

① 在此有两个疑问:(1)在基于催告,债权人已得为解除契约的情形,债权人得否依"民法"第232条对债务人主张,迟延后之给付,于债权人已无利益,从而不解除契约而拒绝其给付,并请求赔偿因不履行而生之损害。这应采肯定的见解。盖解除契约的结果之一,即是拒绝受领迟延后之给付。既然如此,在这种情形,应容许债权人选择解除契约以请求信赖利益之赔偿,或不解除契约,但拒绝其给付,并请求因不履行而生之损害(履行利益)的赔偿。(2)迟延给付之债务的消灭时效已完成者,其债权人是否尚得主张同时履行抗辩,或经由定相当期限催告给付,取得解除权,以解除该债务所据以发生之双务契约?这皆应采肯定的见解。盖同时履行抗辩以相对人未为对待给付之状态为要件,对待给付之消灭时效期间是否经过,与该状态之有无的认定无干("民法"第264条)。同理,"民法"第254条所定之解除权的发生要件为:债务人经债权人定相当期限催告其履行,而于期限内不履行为要件。系争债权之请求权的消灭时效期间是否已完成,非该解除权之发生的障碍事由。对于后一问题,台湾地区"最高法院"2004年台上字第651号民事判决认为"查消灭时效完成,仅债务人取得拒绝履行之抗辩权,得执以拒绝给付而已,其原有之法律关系并不因而消灭,债权人仍得为给付之请求。故倘债务人迟延给付,经债权人定相当期限催告其履行,于期限内不履行,复未提出时效抗辩,债权人仍非不得以此为由解除契约。原审未查明上诉人于1997年5月21日催告被上诉人交付第二批房屋之同意书后,被上诉人有否提出时效抗辩,徒以上诉人系于时效完成后始为是项催告,即认其上开催告及其后于1997年8月13日解约不生效力,自有未合"。

时,因此受到损害者得对因此受有利益者请求返还该不当之利得。此即不当得利返还请求权。在不当得利的情形,主要考虑者为财产利益之移动是否无正当原因(法律上原因)。其规范目的在于返还因他人之损害取得之不当利益。因此,在不当得利,并不考虑主观要件(意思或过咎),也不倚仗于其他返还义务。侵权行为与不当得利虽然同样地并不以法效意思,而以法律为其规范基础,但侵权行为并不与不当得利一样地,以义务人是否受有财产上之增益为标准,而单纯地以损害赔偿请求权人所受之损害为准。唯损害赔偿之债最后是否发生,以及可以向谁请求,最后还必须考虑因果关系,加害行为之违法性以及归责(die Zurechnung)的因素,以决定系争损害在规范上,是否得归属于受害人以外之人。关于因果关系,有行为与损害之因果是否因过远(too remote),而欠缺其相当性;[①]关于违法性,有该损害之赔偿是否符合系争规范之规范目的(der Normzweck)[②],或与该违法行为是否有违法性的关联(der Rechtswidrigkeitszusammenhang)[③];关于归责,则有究采何种归责原则的问

[①] 关于因果关系的讨论,详请参见 Esser-Schmidt,aaO.(Fn.91),§ 33 Ⅰ-Ⅳ.;Larenz,Lehrbuch des Schuldrechts,AT,11. Aufl. 1976,S.351ff.。

[②] 每一个法律规定总有其规范目的,倘一个损害之发生的防止,不在系争规定之规范目的内,则该规定不足以被引为请求赔偿的规范基础,例如"民法"第 190 条之规范目的,在于使动物之占有人为因该动物之特性所引起之损害负责。倘系争损害非因该动物之特性而发生,则"民法"第 190 条便非适当之请求基础。例如猫抓伤人固为该条所规范;但摩托车骑士为闪避突然窜出之猫,而跌倒受伤,或夜行人为睡于石阶之猫所绊倒而骨折,则非该条规范目的之所及。此外,关于哪种权利是"民法"第 184 条第 1 项所保护之权利,例如人格权、债权是否为该条项所称之权利的讨论亦是关于规范目的之范围的讨论。关于这个问题详请参见 Esser-Schmidt,aaO.(Fn.91),§ 33 Ⅲ 1。人格权受侵害所以不能依第 184 条第 1 项请求赔偿,系因第 18 条第 2 项就人格权之侵权行为采特别人格权主义。因债之目标或劳务之债之债务人受侵害、挖角、竞买等事由,而致债权受侵害时,所以有依第 184 条第 1 项请求赔偿之障碍,乃因其损害赔偿请求权之主观要件、相当因果关系或违法性的要件可能不满足。

[③] "'违法性的关联'之论点与'规范目的'之论点不同。'规范目的'之论点在于划清责任规定之构成要件的界限,并一般地量度其适用范围;而'违法性关联'之论点,则在于探讨外观上已足以引起系争请求权之事件,是否因其具体的个别情况而不予追究。因为这个问题仅在'不法责任'始被提出,所以得将之称为'违法性关联'。假使在遵守法律行事的情形,该侵害犹不免于发生,那么在这种情形若仍追究其责任,则所以为不法结果负责之主要理由:违法性便丧失其功能。……'规范目的'与'违法性关联'之论点的区别也可以在证据的层面表现出来。规范目的属于评价的,专属于法官去说明之法律问题,不需要任何传统程序法上之事实证明;反之,'违法性关联'这一负责事由则以由个别因素所构成之假设事件流程中的相当因果关系为理由。这些因素有时待于当事人加以证明。""违法性关联"这一免责事由,虽为"民法"一些条文所明文肯认,例如,"民法"第 231 条第 2 项但书(相当于《德国民法典》第 287 条但书)、第 187 条第 2 项(相当于《德国民法典》第 832 条第 1 项第 2 句)、第 188 条第 1 项但书(相当于《德国民法典》第 831 条第 1 项第 2 句)、第 591 条第 2 项但书、第 593 条第 1 项但书,但该论点尚未发展至成熟的阶段,学说上仍多争执。盖以假定的因果关系否定事实上的因果关系,究属怪异之谈,不易原则化。暂时只能逐案型地尝试。详请参见 Esser,aaO.(Fn.80),§ 61.承认这一免责事由之标准规定要素为:"纵不迟延给付"或"纵加以相当之监督"或"纵加以相当之注意"而"仍不免发生损害"。

题。当采过咎主义(das Verschuldensprinzip),必须考虑要求之注意程度的高低；①当不采过咎主义,亦即不以过咎之有无为归责要件,其考虑点,随案型而异,所属下位案型要有：(1)危险责任,(2)结果责任,(3)担保责任,(4)一部分之信赖责任,(5)衡平责任。这些不以过咎为主观要素的损害赔偿之债,学说与实务,多已将之自侵权行为分开,自成体系。其理由主要在于民法在建制上,将不法(das Unrecht)与不幸(das Unglück)予以区分,并将不法侵害造成损害的情形,称为侵权行为。它不但以违法性,而且以过咎为构成要件。反之,不幸则与违法和过咎无关。其结果,对由之所引起之损害的归属也采取不同的立场："不法行为所引起之损害,回落于加害人；由不幸所引起之损害,留落于受害人。"②因为使不幸的人独担损害的立场,不符合当今的社会思潮,所以随着社会财富增加,以及因产业发展所带来之日增的危险,和分散危险之工具(保险制度)的健全,开始检讨该立场的妥当性,并在越来越多的情形获得修正。这些不以过咎为要件的案型,可用"无过失责任"作为其上位概念。

6.以"无过失责任"为例

(1)危险责任

与过咎责任(die Verschuldenshaftung)不同,危险责任(die Gefährdungshaftung)并不考虑"合法"或"不法"的问题。因此"违法性"(rechtswidrig)及"过咎"(schuldhaft)的因素对危险责任并无意义。③ 它所注意者仅为将源自特定危险(die Gefahr)所造成之意外损害(die Unglücksschäden, die Unfallschäden),根据下述原则予以分散开去：管领危险源者,或为一定之利益而经营具有危险性之企业者,应负担因该危险所生之损害。④ 由于肯认危险责任的立论基础,主要还是在于通过该企业利用货物或劳务之定价的调整,分散危险的社会功能。因此危险责任的承认与否,常系于对该危险所可能引起之损害的大小与盖然率之估算

---

① 法律所要求于行为人之注意程度,因附随情况而异,例如在有偿契约,原则上应尽"善良管理人之注意"("民法"第535条后段,第590条后段)；反之,在无偿契约,则原则上仅应尽"与处理自己事务为同一之注意"(同法第535条前段,第590条前段)。此外,"民法"有时也减轻债务人之注意程度至只就"重大过失"方始负责(第434条)。这种契约法上的规定,在契约责任与侵权行为责任发生竞合的情形,有修正侵权行为法上对应规定的效力。欲说明这种修正效力,以"请求权规范竞合说"最能圆满地达成使命,此外,也以请求权规范竞合说最能配合现代诉讼法对诉讼目标所持的看法[Esser, aaO.(Fn.92), S. 834]。

② Esser, *Grundlagen und Entwicklung der Gefährdungshaftung*, 2. Aufl. 1969, S. 2.

③ Esser, aaO.(Fn.92), S. 833："危险责任不以负损害赔偿责任者之行为合法且无过失为要件。行为之违法性或合法性以及过咎的问题,在这里根本不受考虑。……以分散损害之社会思想为基础之危险责任,并不排除常常在结果上较有利于受害人之过咎责任的适用。同样地在系争损害系经由危险责任规定所规范之典型的危险所发生的情形,(纵有过咎)过咎责任规定亦不排除危险责任规定之适用。"换言之,它们之间互不具有对方之特别规定的性格[Esser, aaO.(Fn.92), S.833]；Larenz/Canaris, *Lehrbuch des Schuldrechts Band* Ⅱ. *Halbband* 2, *Besonderer Teil*, 13. Aufl., München 1994, § 84 I 3. 此外,有时也常通过所要求之注意程度的提高,或举证责任的倒置来达到与承认危险责任类似的效果。因为过失之举证负担的移转,使赔偿义务人所负之责任介于过失责任与无过失责任之间,所以,学说与实务习称此为中间责任(例如"民法"第190条至第191条之3)。其实,客观的过失概念(抽象的轻过失)中便已隐藏有危险责任的因素。是故,这些方法常常被学者或法院引用来处理一些因尚未承认危险责任,而为其认为不允当的案型,例如商品制作人的责任[请参见 Esser-Weyers, aaO.(Fn. 96), § 55a Ⅲ]。

④ Esser, aaO.(Fn.116), § 12；Esser-Weyers, aaO.(Fn.92), § 54 Ⅱ.

的可能性,这是分散危险可能造成之损害,事先所需具备的条件,以透过投保责任保险分散该风险。因此,可将此种危险责任定性为保险性的危险责任。然不管是否求助于保险业,在难以计算该危险所可能肇致之损害的大小时,通常还是必须以限制最高责任数额的方法权变。① 这是考虑承认商品之危险责任时,不得忽略的问题。② 为达到此目的,必须界定特定危险责任之规定所要分散之企业危险(die Betriebsgefahr)的范围。这些皆涉及规范目的之探讨的问题。③ 危险责任只对系争规定所规范之企业危险引起之损害负责,而非单纯对结果负责。就此而言它与下述的结果责任不同。

(2)结果责任

结果责任的例子见于:(1)"民法"第 231 条第 2 项。依该项规定:"前项债务人,在迟延中,对于因不可抗力而生之损害,亦应负责。但债务人证明纵不迟延给付,而仍不免发生损害者,不在此限。"本项使陷于给付迟延之债务人,对迟延后发生于迟延之给付上的一切损害,不论其过咎之有无,甚至不论其因果关系之有无,皆负损害赔偿责任。④ 其特征在对某种行为(给付迟延)后之"结果"负责。该结果并不立基于"该行为"所引起之"危险"。该特征与通常在担保责任项下所讨论之案型极为类似。因此学者亦多将两者等同视之。⑤ (2)"民法"第 174 条第 1 项规定:"管理人违反本人明示或可得推知之意思,而为事务之管理者,对于因其管理所生之损害,虽无过失,亦应负赔偿之责。"本项为关于不适法无因管理之管理人的结果责任。以上为违反第一次义务后,对其违反义务后所生损害所负之结果责任。

与之类似者为"民法"第 634 条规定:"运送人对于运送物之丧失、毁损或迟到,应负责任。但运送人能证明其丧失、毁损或迟到,系因不可抗力或因运送物之性质或因托运人或受

---

① Esser, aaO.(Fn.116), § 14; Esser-Weyers, aaO.(Fn.92), § 63 Ⅱ 5 b; Larenz, *Lehrbuch des Schuldrecht*, AT, 11. Aufl. § 31 Ⅱ; Larenz/Canaris, aaO.(Fn.117), § 84 Ⅰ 5; Taschner/ Frietsch, *Produkthaftungsgesetz und EG-Produkthaftungsrichtlinie*, 2. Aufl., S. 395ff.

② 商品的质量常常并受技术条件的限制。因此在利用危险责任分散由该产品所引起之危险时,如果不考虑分散该危险的能力,其结果将可能使该商品退出市场。这不一定是社会之福。此所以危险责任制度常配以强制责任保险及以事件与被害人为单位之责任限额("强制汽车责任保险法"第 6 条、第 27 条)。

③ 参照 Esser-Weyers, aaO.(Fn. 92), § 63 Ⅱ 2. Esser-Weyers 认为这里所涉者为危险性关联(der Gefährdungszusammenhang)。此为相当于违法性关联(der Rechtswidrigkeitszusammenhang)的问题。该观点与 Esser-Schmidt 的观点不同[Esser/Schmidt, aaO.(Fn.91), § 33 Ⅲ 2]。按依那里所作之说明,关于责任规定之构成要件及其适用范围的界定,属于规范目的之斟酌的范围。而这里所涉及者正是该危险责任之构成要件要素:企业与危险应如何界定的问题。所以贯彻前开见解,本问题应属于规范目的之问题。

④ 德国通说亦认为在这种情形,依《德国民法典》(第 287 条)与本条相当之规定,为成立加重之迟延责任,并不以给付迟延与其后之给付不能间有相当因果关系为必要[引自 Larenz, aaO.(Fn.124), S. 288]。唯鉴于相当因果关系之存在为成立损害赔偿之债的共通要素。因此,在说明上,只能称在这种情形,其间之相当因果关系被拟制或推定为存在。

⑤ 例如 Esser/Schmidt 认为"担保契约(Garantievetrag)的意义,既非保证,亦非债务承担,而是一件结果责任之承担(die Übernahme einer Erfolgshaftung)"[Esser/ Schmidt, aaO.(Fn. 91) § 57 Ⅱ 2 c]; Larenz, aaO.(Fn. 117), S. 511 索引"Erfolgshaftung 288; s. auch Garantiehaftung"("结果责任",第 288 页;另见"担保责任")。

货人之过失而致者,不在此限。"①不同者为,其所涉损害,在发生时序上,不是运送物丧失、毁损或迟到后始发生之损害,而是因该损害事故,不能实现之给付的利益。所以,其损害赔偿额,"应依其应交付时目的地之价值计算之"。另其"运费及其他费用,因运送物之丧失、毁损无须支付者,应由前项赔偿额中扣除之"("民法"第 638 条第 1 项、第 2 项)②。

(3)担保责任

属于担保责任之案型例如:为撤销错误之意思表示("民法"第 88 条、第 91 条),或代理权之限制或撤回(同法第 107 条)所负之责任。由于这并不以表意人之不法及过咎为要件,因此,在其相对人因过失而不知其意思表示之瑕疵时(第 91 条但书、第 107 条但书),表意人便已不用负责。③ 唯除法律有特别规定之情形外,在无过失责任之情形,只要受害人与有过失之行为是损害之发生的共同原因,还是有"民法"第 217 条关于与有过失规定的适用:法院得减轻赔偿金额,或免除;而非因受害人与有过失,加害人便已全不负赔偿责任。④ 此为一种由法院裁量之衡平酌减,⑤其规范基础与"民法"第 187 条第 3 项及第 188 条第 2 项所定由法院酌情令为赔偿的情形相同,皆是衡平规定。唯在"民法"第 187 条第 3 项及第 188 条第 2 项所定情形,其适用仍待于适格当事人之声请;而在"民法"第 217 条所定情形,在裁判上法院得不经当事人之声请,依职权减轻或免除之。⑥

---

① 台湾地区"最高法院"1960 年台上字第 713 号民事判例:"关于运送人之责任,只须运送物有丧失、毁损或迟到情事,经托运人或受货人证明属实,而运送人未能证明运送物之丧失、毁损或迟到系因不可抗力,或因运送物之性质,或因托运人或受货人之过失所致者,则不问其丧失、毁损或迟到之原因是否为可归责于运送人之事由,运送人均应负法律上或契约之责任。"

② 台湾地区"最高法院"1982 年台上字第 2275 号民事判例:"运送物有丧失、毁损或迟到者,其损害赔偿额应依其'应交付时''目的地'之价值计算之。运费及其他费用因运送物之丧失毁损无须支付者,应由前项赔偿额扣除之,'民法'第 638 条第 1 项及第 2 项定有明文,此为'民法'就运送物之灭失、毁损或迟到所特设之规定。依上开规定,托运人自不得按关于损害赔偿之一般原则而为回复原状之请求。"

③ Flume, aaO.(Fn. 82), § 21, 7.

④ 按"损害之发生或扩大,被害人与有过失者,法院得减轻赔偿金额或免除之,'民法'第 217 条第 1 项定有明文。此项规定之目的在谋求加害人与被害人间之公平,倘受害人于事故之发生亦有过失时,由加害人负全部赔偿责任,未免失诸过酷,是以赋与法院得不待当事人之主张,减轻其赔偿金额或免除之职权。此所谓被害人与有过失,只须其行为为损害之共同原因,且其过失行为并有助成损害之发生或扩大者,即属相当,不问赔偿义务人应负故意、过失或无过失责任,均有该条项规定之适用"(台湾地区"最高法院"2004 年台上字第 1012 号民事判决)。该意旨早经台湾地区"最高法院"1990 年台上字第 2734 号采为判例:"'民法'第 217 条关于被害人与有过失之规定,于债务人应负无过失责任者,亦有其适用。"此为'该院'一贯之见解。与有过失之规定在无过失责任之适用疑问存在于:当要按双方过失比例分担责任时,无过失之一方在逻辑上无分担比例。该判例在实务上的意义为:如法律无特别规定,无过失责任的赔偿义务人在受害人与有过失时,不当然免其责任,而只是减轻其责任。

⑤ 台湾地区"最高法院"2017 年台上字第 70 号民事判决:"按'民法'第 217 条第 1 项规定,损害之发生或扩大,被害人与有过失者,法院得减轻赔偿金额,或免除之。法院就与有过失责任比例之认定,虽有裁量之权限,仍应斟酌双方原因力之强弱与过失之轻重以定之。查上诉人受逾期罚款及监造损失之损害,非仅因被上诉人迟延完工之单一因素所致,尚受现场施工艰难及境外 RO 设备进口延迟影响,该设备非属被上诉人承包范围,足见同时系因上诉人自身因素所造成等情,为原审所认定。"

⑥ 台湾地区"最高法院"2017 年台上字第 945 号民事判决:"按损害之发生或扩大,被害人与有过失者,法院得减轻赔偿金额或免除之,'民法'第 217 条第 1 项定有明文。此项规定之目的,在谋求加害人与被害人间之公平,故在裁判上法院得以职权减轻或免除之。"

另有关于以物或权利之瑕疵担保规定为依据之担保责任,亦不以过失为要件。① 此与给付有瑕疵为原因致债权人之固有利益受到损害之加害给付,不同。加害给付所致损害之赔偿的规范基础不是物之瑕疵担保的规定,而是不完全给付(积极侵害债权)之损害赔偿规定,以其发生有可归责于债务人之事由,为责任要件("民法"第 227 条第 2 项)②。

另有依法律或依契约而就一定债务之履行负担保责任的情形,其基于法律之规定者例如"民法"第 268 条所定之第三人负担契约。③ 其基于契约者,例如承揽契约之第三人履约担保。

(4)信赖责任

至于信赖责任(die Vertrauenshaftung)之归责原则,并不全以有"过咎"为必要,④仍视具体情况而定。

依 Claus-Wilhelm Canaris 在其所著 *Die Vertrauenshaftung im Deutschen Privatrecht* 一书之研究,在德国信赖责任系属以由诚信原则所导出之法伦理的需要为依据。他进一步将得请求给付利益者区分为三种下位案型:

①以"恶意行为"为基础之信赖责任,例如:明知关于不动产买卖有法定方式之规定(《德国民法典》第 125 条),而恶意欺瞒对方,使其相信系争契约系不要式契约,致双方未遵守该法定方式的规定缔结不动产买卖契约。⑤

②以"矛盾行为"为基础之信赖责任,例如:于不动产的买卖,告诉对方,契约上所书明之价金可以低于约定价金,而不伤及契约之效力,但事后却据之主张该契约无效;德国帝国法院对这种案型认为:在这里,就系争契约之要式性,主张契约无效之一方,虽无在前述第一种案型意义下,欺瞒对方之恶意行为,但他以该契约无效为基础,对相对人所作之返还买卖目标物的请求,却与可归责于他之过去的行为互相矛盾,从而与基于诚信原则所导出之"不得做与自己过去之行为相违反之主张"的要求互相违背(venire contra fatum proprium)⑥。

③以"权利取得"(Erwirkung)思想为基础之信赖责任,例如:在不动产的让与,就法定的方式,没有任何一方对其相对人恶意欺瞒该契约之要式性,也没有任何一方怂恿对方不遵守该要式规定。换言之,在这里,前述两种案型之构成要件并不充分。在这种情形,本来不会使任何一方负信赖责任。不过,当事人之一方若信赖该契约为有效,而将其一生,或其全部

---

① 台湾地区"最高法院"2017 年台上字第 1049 号民事判决:"不完全给付债务不履行责任,非如物之瑕疵担保责任采法定无过失责任,而系以过失责任主义为原则,自须以有可归责于债务人之事由为其成立要件。"

② 加害给付之责任通常以违反基于契约债务关系而发生之个别保护义务为基础,所以首先定性为契约责任。因此,引申出契约责任与侵权责任之竞合的问题。其理论先有契约责任排斥侵权责任,后有不排斥,而生请求权竞合或请求权规范竞合的论点。

③ 台湾地区"最高法院"1997 年台上字第 2700 号民事判决:"债务承担,不论为免责的债务承担或约定之并存的债务承担……,均必以第三人与债权人互相表示意思一致,为成立该承担契约之前提。苟无该承担债务之合致意思表示,纵第三人基于其他原因(例:'民法'第 268 条所定之第三人负担契约),须对债权人为给付,仍非属于债务承担。"

④ 关于信赖责任与归责理论(Vertrauenshaftung und Zurechnungslehre),详请参见 Canaris, *Die Vertrauenshaftung im deutschen Privatrecht*, 1971, § § 37, 38。

⑤ Canaris, aaO.(Fn.133), S.273ff.

⑥ Canaris, aaO.(Fn.133), S.288ff.(290).

的经济生命,信赖地投注上去,而且整个事态在经过时间的发展后,由于已欲罢不能,致变得不可回复,则由其事务性质论,便与"权利取得"之情形相当,应生取得权利之法律效力。在本案型重要的不是其中某一特定事件,而是在经过长时间之发展后,所构成之事态的全体。[1] 权利取得与权利失效(Verwirkung)之规范基础(诚信原则)相同,唯其效力相反。兹举例以明之:

甲与乙缔结一买卖契约,将系争土地卖给乙,供乙建筑一栋十层楼房,在契约缔结后所有权移转前,甲并允许乙在土地上开工兴建。假设后来由于该买卖契约有无效,或得撤销之原因,而复归于消灭,致系争土地之所有权一直未移转给乙,且嗣后再无为该移转之法律上原因。假设双方直至该房屋建到五楼时,方始获悉前述情况,则乙是否得为续建?已完成之建筑物的所有权究竟应该如何归属?乙若不顾已知该买卖契约已失效之事实,而继续完成该建筑物,又当如何?这些问题不依诚信原则显然皆不能获得圆满的解决。依诚信原则处理本问题,主要考虑的是:乙就甲对其所作得于所有权移转前开始建筑之允诺是否得予信赖,以及该信赖在法律上是否应受保护。这是信赖责任(Vertrauenshaftung)的问题。信赖责任是由诚信原则发展出来的制度。它与定着物之法律性质的考虑,[2]分别自成体系。该案型究属于前述三种下位案型中的哪一种,须视具体情况认定之。如就该契约之无效或得撤销的原因,在出卖人有恶意的情形存在,则它可充分第一种案型。若其虽无前述恶意的情形,但却曾有使对方相信其不主张该契约无效或得撤销,则它可充分第二种案型。若出卖人虽无前述二种情形,但买受人已在出卖人认知之情形下,信赖系争契约之将被履行,而投入其毕生或全部的经济生命,或已采取重要而不能罢手之措施,则它可充分第三种案型。前述三种案型,除第一种案型,因行为人之恶意,依诚信原则无疑义地可认为,其应对他人因其恶意所引起之信赖负责外,在其他两种案型,到底应再附加哪些构成要件,以及行为人之过咎程度的意义如何,在学说上都是容易引起争议的。主要的争点集中在:可归责性的构成要件及其程度、信赖人投入之程度的大小、已造成之事态的回复可能性,和行为人不得因其行为而受到好处等等。[3]

(5)衡平责任

当事人之一方,是否应负无过失责任,法律如规定其要件,尚系于法院,就个案具体情形而为裁量,则此种无过失责任称为衡平责任。例如"民法"第187条第3项规定:"法院因被害人之声请,得斟酌行为人及其法定代理人与被害人之经济状况,令行为人或其法定代理人为全部或一部之损害赔偿。""民法"第188条第2项规定:"法院因其声请,得斟酌雇用人与被害人之经济状况,令雇用人为全部或一部之损害赔偿。"[4]该二项所定赔偿要件含"由法

---

① Canaris,aaO.(Fn.133),S.374ff.

② 关于定着物的构成要件,详请参见黄茂荣:《民事法判解评释》,植根法学丛书编辑室1985年增订版,第25页以下。

③ 关于信赖责任之构成要件要素在具体案件之交互的补充问题,详请参见Canaris,aaO.(Fn.133),§44。

④ 台湾地区"最高法院"2002年台上字第1099号民事裁定:"按'民法'第188条第2项之规定,学者称之为无过失责任或衡平责任,其适用须于雇用人已尽应当之注意,或纵加以注意仍不免发生损害,而无须与受雇人连带负赔偿责任时,法院始得因'被害人'之声请,斟酌雇用人与被害人之经济情况,令雇用人为全部或一部之赔偿。是以得为此项声请乃乃'被害人',非'雇用人'。"

院斟酌个别案件当事人之经济情况定之",所以,称其为衡平责任。

7.小结

由以上的说明可知,在不以过咎为要件的责任规定,其所欲达到之规范功能并不一致。无过失责任之概念,除了用来统称上述不以过失为损害之归属要件的案型外,无过失责任尚不足以利用来表现所以承认上述无过失责任类型之理论基础:事理(实质)上的观点或论据。这些观点或论据,一方面左右了这些责任类型之建立,另一方面也支配着这些类型的演进、发展。前面所述之其他法律概念的意义,不管在形成之际或演进时,莫不一样地受其规范目的之影响。

五、法律概念之位阶性:体系化的基础

法律概念通常被认为是组成法律规定或整套法律的基本单位。它们之间有点像由原子组成分子,再由分子组成各色各样的物质,而后由这些物质组成这个世界。当然所谓"基本单位"还是相对的,概念与概念之间不但有由"其抽象化程度"的高低,而且也有由"其所负荷之价值的根本性"所决定下来之位阶构造。当从"价值"或功能(die Funktion)的角度来观察法律概念,这种"法律概念常常随着其所负荷之价值的根本性,或一般性的升高,而被称为原则(der Rechtsgrundsatz)或法理(das Rechtsprinzip)"。法律概念之位阶性是将法律体系化的逻辑基础。

法律概念之位阶性有由抽象程度所构成者,亦有由负荷价值所构成者;对此,本书第二章之六论之甚详,此不重述。以下专论"概念与类型谱"。

在法律体系的建构上,从外部结构观察,有垂直的上下位阶关系,有水平的类型关系。上下的位阶性之存在基础为概念之逻辑的抽象程度或价值的根本性。水平的类型关系之存在基础为概念所含特征之交集及差异。交集之特征为各下位类型之上位类型所具的特征。属于同一大类型之下位类型通常可构成一个类型谱,表现该下位类型间之界线的流动性。例如人与物;成年人与未成年人,完全无行为能力人、限制行为能力人与完全行为能力人;成分、从物与主物;动产与不动产;特定之物与种类之物;天然孳息与法定孳息;债权行为与物权行为;负担行为与处分行为;必要费用、有益费用与添附性加工;①重大过失、具体轻过失与抽象轻过失;主观不能与客观不能;给付迟延、给付不能与不完全给付;信赖利益、给付利益与固有利益;客观举证责任与主观举证责任。

---

① 为生产或制造物而支出之费用是该物的取得成本。后来为防止该物毁损或灭失而支出者是必要费用;为增益其价值而支出者是有益费用。其增益之价值超出该物原来之价值者,是添附意义下之加工。加工后之物的所有权除材料所有人及加工者间有承揽契约外,由加工者取得("民法"第814条)。由加工者取得时,该加工费用由有益费用转为取得成本。因动产加工丧失权利而受损害者,得依关于不当得利之规定,请求偿金(第816条)。上述必要费用与有益费用之区分标准是客观的。然为增益物之价值而支出之费用如有(委任)契约为其依据,该费用不论为有益费用,而论为必要费用。这时该费用之区分标准在针对具体案件意义下,是主观的。这是为何在委任契约,受任人依第546条仅得请求必要费用,而不得请求有益费用,而在(适法)无因管理,管理人得请求必要费用及有益费用之偿还的道理。盖在委任契约,受任人支付之费用只要符合契约本旨,皆属必要费用;只要不符合,而有财产之增益者,即属有益费用。该有益费用之支出所处理的事务,因逾越委任契约之本旨,属于(不适法)无因管理。其请求之规范基础应在于无因管理或不当得利,而非委任。有时一笔费用之支出兼具一部分为必要费用,一部分为有益费用的特征。例如甲损害乙之汽车的旧轮胎,而甲委任丙以回复原状的方法,为其赔偿损害时,丙如以新轮胎替换该受损之旧轮胎赔偿损害,以回复原状,这当中,丙之赔偿有超过的情事。为该超过部分支付的费用是有益费用。从而其支出之赔偿费用中有一部分为必要费用,一部分为有益费用。此为以回复原状的方法赔偿损害常常发生之回复超过的情形。当然,回复原状的结果也有可能不足。例如在前述旧轮胎损害案中,倘以补胎的方法赔偿,则其赔偿基本上虽能回复该轮胎的效用,但不能完全回复其市场价值。其落差将只能利用辅以金钱赔偿的方法。

第四章　法律规定之逻辑结构*

一、法规范之存在上的逻辑结构

（一）法条、法律规定与法规范

1.法条的概念

法规范是一个规范体系。解析之,可先以规范事务之领域为标准划分成下位之子系统,例如宪法及各种行政法、民事法、刑事法。在各种法域底下又可区分成更小的子系统,例如在民事法可区分成民法、公司法、票据法、海商法、保险法。后四者可谓是传统的商事法。现代的商事法有银行法、信托法、信托业法、证券交易法……民法又可分五编:总则编、债编、物权编、亲属编及继承编。当由民法向商事法移动,其规范内容中便有越来越多之公法规定。当中之公法规定指关于公权力机关对于私法自治活动之管制的规定。[①] 在各种法底下又规定构成各该法域之制度。每一制度由数个法律规定,各个法律规定又由各种法条组成。将法条再解析之,比较复杂者(例如"所得税法"第 14 条)又可能由项款目组成。在至条、项、款或目到了尽头时,如再往下分解,则可得构成条、项、款、目之概念或类型。其中所谓法条是制定法底下,基于立法技术之需要所发展出来的建构单元。其形式特征为:以条次的编号带头分辨其起始。并以下一条之起始标识本条之终了。无下一条者,以不见续文而告终。在立法上,关于规范内容在法条配置上的安排,实务上尚无成熟的实质规则可资依循。在财经法常见者为:将有相同法律效力,例如同属免税规定("所得税法"第 4 条、"营业税法"第 8

---

　　* 本章修订前原载于《戴炎辉先生七秩华诞祝贺论文集》,成文出版社 1978 年版,第 179 页以下。

　　① 　不但学说与实务向有公法与私法应予区分的看法,而且现行法律体制,特别是法律救济制度亦基本上建立在公法与私法有别的基础上。例如公法争讼以行政法院,私法争讼以普通法院为其管辖法院。此外,法律学院也常以公法与私法为标准分组,规划其重点学习科目。不过,事实上公法与私法的规定常存在于同一法典中。例如不但在典型的基础私法民法总则中有公法的规定("民法"第 30 条以下关于法人之登记监督有关规定),而且在特别民事法中更是屡见不鲜("公司法""银行法""信托业法"关于公司与银行之登记监督有关规定)。关于公法与私法互相渗入的现象,苏永钦教授以私法与公法接轨称之,参见苏永钦:《民事立法与公私法的接轨》,北京大学出版社 2005 年版,第 27 页以下。

条),或将课以相同裁量范围之行政秩序罚者("营业税法"第 46 条、第 47 条)规定在一起。为配合由法条灵活组合成法律规定之规范发展上的需要,①单一法条所规定之事务不适合繁杂。

当一个法律条文事实上规定两个以上之不同的事务,在实务上其实也便把它当成数个法条看待。例如"民法"第 184 条规定:"因故意或过失,不法侵害他人之权利者,负损害赔偿责任。故意以背于善良风俗之方法,加损害于他人者亦同(第 1 项)。违反保护他人之法律,致生损害于他人者,负赔偿责任。但能证明其行为无过失者,不在此限(第 2 项)。"该条包含两项,规定三套侵权行为的基本构成要件,亦即第 1 项前后段各一套,第 2 项一套。且第 1 项前段以权利,后段及第 2 项除权利外并含以其他不具权利地位之财产利益为其保护客体。② 该条实质上等于包含三个法条。是故,法学方法论上所称之法条,通常固指法典中各个以条号界定之条文,但事实上仍应再按一个条文所包含之规范事项或构成要件是否互相独立认定,应否再予划分。能再划分者,应论为该条文有数个法条。显著的以一个条文规定二套以上之构成要件,而在实质上包含两个以上之法条者,又如"民法"第 638 条规定:"运送物有丧失、毁损或迟到者,其损害赔偿额,应依其应交付时目的地之价值计算之(第 1 项)。运费及其他费用,因运送物之丧失、毁损无须支付者,应由前项赔偿额中扣除之(第 2 项)。运送物之丧失、毁损或迟到,系因运送人之故意或重大过失所致者,如有其他损害,托运人并得请求赔偿(第 3 项)。"该条第 1 项及第 3 项属于第 216 条之特别规定。用以分别按运送人过失之程度,区别或限制托运人得请求赔偿之损害的项目范围。在此意义下,该二项规定为两套互相独立之构成要件。至于第 2 项外观上看似损益相抵的规定,其实是:在双务契约,请求履行利益之赔偿的债权人,仍负对待给付之义务的原则。是故,该条第 2 项之正确规定方式应移至最后一项,规定:"托运人请求前二项规定之损害赔偿者,负运费及其他费用之给付义务。其尚未给付者,运送人得自前二项赔偿额中扣除之。"其理由为:首先重申在给付不能时,双务契约双方当事人之给付与对待给付的义务。其次规定,当双方之给付义务的内容,因一方(运送人)所负之给付义务的内容,由非金钱转为金钱,而致相同时,负给付数额较多之一方得主张抵销。然因抵销之主张为权利之行使,所以不宜如原来第 2 项,将其扣除(抵销)以"应"定之。

外观上以及实务上虽显然将第 184 条前后段及第 2 项当成一个完整的法律规定加以引用,然其实这些构成要件都还需要其他规定说明、限制或补充才能构成一个完整的规定。例

---

① 例如权利能力的规定适用于一切法律关系;行为能力的规定适用于一切以法律行为为其得丧变更之事由的法律关系;责任能力适用于各种侵权行为;除法律或契约别有规定外(例如"民法"第 638 条),损害赔偿之一般规定适用于各种损害赔偿之债。上述特别规定主要涉及责任要件(例如"民法"第 174 条、第 434 条、第 535 条)、赔偿范围("民法"第 538 条、第 638 条)、赔偿方法("民法"第 196 条)、消灭时效("民法"第 245 条之 1、第 247 条、第 456 条、第 473 条、第 514 条、第 514 条之 12、第 563 条、第 601 条之 2、第 611 条、第 623 条、第 666 条)。

② 关于以财产为保护客体之对比主要有两对:有权利地位及无权利地位;财产上损害与非财产上损害。是故,学说或实务论及纯粹财产之损害时,其指涉之对比究竟是:强调其不具权利地位("民法"第 184 条前段保护之对象限于具权利地位之财产权;该条后段及第 2 项保护之对象兼及于不具权利地位之单纯的财产利益),或强调其不属于非财产上损害(非财产上损害,限于人格权及身份权受侵害的情形,始得依"民法"第 194 条、第 195 条、第 227 条之 1 请求赔偿),应予厘清。

如关于故意或过失的认定标准("民法"第174条、第434条、第535条;积极侵害债权与侵权行为之请求权规范竞合)、其违反构成不法之保护义务的依据(带对第三人之保护效力的契约)、损害赔偿的方法(同法第196条、第213条以下)与范围(一般规定:同法第216条、第216条之1、第217条、第218条;特别规定:第165条第1项、第638条、第639条、第654条第2项、第756条之2),以及善良风俗与保护他人之法律等视情形都需要其他法条说明、限制或补充。不过,在实务上除基础法条(例如第184条前后段或第2项)外,通常仅再引用有争议部分之法条。例如在因物之毁损而引起的侵权行为责任,如双方所争议者为:受害人得否直接请求金钱赔偿,则只需再引用第196条为其请求依据。反之,如其拟直接请求回复原状,则应引用第213条。至于无争议之事项有关的规定则尽在不言中,无须引用。

与之类似之规定为含"……有左(下)列情形之一者,……"之条文。这种条文所规定之内容主要有下列不同态样:

(1)其中应论为一个法条者例如:①对于同一债权有数款关于其让与性之限制规定("民法"第294条第1项)。因债权只有一个,所以应论为一个法条。②关于一个损害赔偿请求权有数个衡平减轻之事由。例如第756条之6关于人事保证之责任。③规定同一请求权之发生的障碍事由,例如第180条。因请求权只有一个,所以虽有数款规定,还是只构成一套关于不当得利返还请求权之消极要件的规定。④关于一个契约有数款终止事由之规定。在此,因可将之终止的契约同一,所以可将之论为一套构成要件,只构成一个法条。例如第458条、第472条、第756条之5第2项。⑤关于一个权利有数个失权事由,例如第746条关于先诉抗辩权之丧失的规定。⑥关于一个义务有数个除去请求权,例如第750条关于保证责任之除去请求权。

(2)其中应论为数个法条者例如:①规定不同请求权之发生事由。在此,因为请求权不同一,所以各款规定构成互相独立之构成要件。实质上等于有数法条。例如第245条之1关于缔约上过失之一般规定。②就同一契约之解除,在一个条文中有数款视情形规定其不同之效力,例如第259条。这究诸实际,有数个构成要件,从而给予不同的效力。所以应论为数个法条。

2.法律规定

法规范系由法条及法律规定构成的体系。在其体系的建构上,从外部观之,其样态之最简单的描述,可见由法条(Rechtssatz)组成法律规定(Regelung),再由法律规定组成法规范(Rechtsordnung)。这主要是迁就构成要件与法律效力之规范结构,而发展出来用以描述法律规范之存在态样的方式。由于单一法条通常不能构成一个包含构成要件及法律效力之完全的规定,所以,在法典中,不容易将一套规范用单一法条完全表示出来。原则上必须先在一个领导性的价值观点下,将数个法条组合成一个规定单元后,才能发挥其不矛盾的规范功能。为忠实描述该事实乃以法条为基础,再进一步组成一个包容更广的规范,并以法律规定称之。

法条之于法律规定,固有体系意义下之部分与全体的关系,但一方面一个法条并不一定只属于一个法律规定的组成分子,它可能分别与不同的法条组成不同的法律规定("民法"第223条之于各种损害赔偿之债);另一方面在法律体系下,法律规定从水平论之,不是一个独立的;从垂直论之,不是最高的组成单元。数个法律规定可能分别对于一个法律事实加以规范(不当得利与侵权行为)构成请求权规范竞合或请求权竞合(有间接给付关系之货款债权与票据债权),或组成一个法律制度(债之发生原因:约定之债、无因管理、不当得利、侵权行为、缔约上过失、积极侵害债权)。这时在民事法上,基于对于同一法益,虽提供重复保护,但不得重复满足的原则,其适用便可能发生排斥性("民法"第 215 条之于第 213 条)、候补性(同法第 214 条之于第 213 条)、选择性(同法第 196 条与第 213 条)或重叠性竞合(同法第 192 条与第 194 条、第 193 条与第 195 条)的情形。

法规范是包含一切法律规定与制度之总称。法律规定或法律制度之于法规范亦有体系关系。法规范本身是一个完整但变动的开放体系。其下又分成各个较小的规范单元或体系。法规范必须被整体地了解。法规范不是通过单独的法条孤立地达成其规范任务,早已为现代法学及实务所认知。申言之,法规范底下之各个法条实际上是先在一个领导性的价值观点下组合成一个规定的单元,而后才发挥其不矛盾的规范功能。换言之,各个法条只有当其取向于一定之价值标准,针对一定之生活类型被组合成一套规定以后,它对系争生活类型之意义才能相对地确定下来,并发挥其规范功能。

同一个法条在为不同类型之生活事实所组成的不同法律规定中之意义也不一定相同。例如"民法"第 225 条第 1 项、第 226 条第 1 项、第 230 条所称之"不可归责于债务人之事由"中之"不可归责"的意义,便常因其所属契约之为有偿或无偿而异(参照"民法"第 220 条、第 410 条、第 535 条)。以上的说明要强调的是:法条由法律概念或用语所组成;法律规定由法条所组成。法条与法条之间并非不相关联地并列在一起。它们一直是取向于一定的价值,针对某种生活类型被作成各种组合,而后才成为能达成一定规范功能的法律规定。

在学说上所称之完全的法条(vollständiger Rechtssatz)通常只意指那些在同一法条中包含有构成要件与法律效力这两个部分者,而非指系争法条得不与其他法条组合在一起便已能够独立发挥规范功能者而言。实际上,如前所述,几乎没有一个单独的法条能独立发挥规范功能。换言之,由法条之需要先组合成法律规定才能发挥其规范功能论,几乎没有一个法条是完全的。所以,即便是完全的法条通常也需要其他法条来补充或说明(关于法条与法条间的关系,容后在关于不完全法条的说明中讨论之)。从规范的功能,强调法规范系由法律规定所组成,其注重的不是法规范之最小的组成组件是什么,而是这些组件至少必须组合到哪一个层次,其规范意义及规范功能才能显现出来。该组合的活动具有体系化的作用。

当法条组合成法律规定后,不同的法律规定间虽然各自具有比较高的独立性,但他们之间仍须取向于法规范体系及法规范所追求之目的,互相协调。特别是当不同的法律规定因以同一生活事实作为其规范对象而形成竞合的情形,更是如此。

为了说明法条只是一个法律规定的部分,Larenz 引用《德国民法典》第 447 条第 1 项(相当于台湾地区"民法"第 374 条)之规定作为例子。[①] 该条项规定:"出卖人依买受人之请求,将买卖目标物送往清偿地以外之处所者,自出卖人交付该目标物于承揽运送人、运送人或其他指定来执行运送事务之人时起,目标物之危险负担移转于买受人。"该条项之规定由其文义观之似乎是很清楚的。不过,什么是清偿地,以及什么是危险负担之移转,显然非更进一步联合其他法条不能清楚认知。关于买卖目标物的清偿地,原则上应依"民法"第 314 条定之。至于危险负担的意义,则应联合"民法"第 266 条第 1 项及第 354 条以下的规定定之。

① Larenz, *Methodenlehre der Rechtswissenschaft*, 6. Aufl., Springer-Verlag 1991, S. 265ff.

危险负担在买卖的情形,系指当买卖目标物在交付于买受人前,或当买受人请求送交至清偿地以外之处所,且出卖人将其目标物交付于运送承揽人前,若买卖目标物因不可归责于双方之事由而致灭失或严重毁损(给付不能),或因而带有物的瑕疵,则出卖人将丧失其全部或一部价金的请求权(给付不能或因物之瑕疵而契约被解除),或被请求减少价金("民法"第359条、第360条、第364条参照)而言。这里所涉及之危险,学说与实务通常将之称为价金危险。危险负担之移转的意义为:出卖人对在危险负担的移转时点以后发生之物的毁损或灭失,依法不再向买受人负责,而买受人仍应给付全部价金。在"民法"第374条规定之情形,该条规定在出卖人将买卖目标物交付于为运送之人或承揽运送人后,交付买受人前,危险负担便移转于买受人。其理由为:系争买卖目标物系应买受人之请求而送交清偿地以外之处所。换言之,出卖人所从事者已超出其本来负担之义务的范围。在这种情形,纵使出卖人愿意负担该送交之附随的给付义务,在双方当事人无特约时,亦不当然可认为出卖人愿意负担因此增加的危险。盖清偿地之决定,同时决定出卖人应在哪里履行其债务,以及买受人应在哪里受领买卖目标物(行使债权)。这是双方决定对价关系的主要因素之一,自然影响由于买卖目标物之毁损或灭失可能引起之危险的负担。事后无改变清偿地之意思,而仅约定改变交付地者,不应因而动摇当事人商就之给付与对待给付间的对价关系。

送交地固然常与清偿地一致,但却不必然如此。"民法"第374条即为基于该认识所作的规定。以上说明显示,关于危险负担之归属的规范基础,"民法"第266条及第354条以下(特别是第359条、第360条、第364条)构成第374条(当然也构成"民法"第373条)的一部分。第266条或第354条以下与第373条或第374条在组合成一个规范单元后,分别是由它们组合起来之危险负担规定的一部分。第266条或第354条以下首先分别规定不可归责于双方当事人发生给付不能或瑕疵时,其不利益(价金全部或部分请求权的丧失)归属于出卖人。此为第373条或第374条之规定的出发点。由该出发点开始发展,自买卖目标物交付于买受人,或买受人请求将目标物送交清偿地以外之处所者,自出卖人依买受人之指示,交付该目标物于为运送之人或承揽运送人时起,分别依第373条或第374条,目标物之危险,由买受人负担。

相同的情形又如"民法"第13条第3项规定:"未成年人已结婚者,有行为能力。"其中何谓未成年人?必须通过"民法"第12条"满二十岁为成年"之反面解释,才明了;又何谓结婚?则须通过"民法"第980条以下(特别是第982条、第983条、第988条)之规定,始能获得说明。又"民法"第230条规定:"因不可归责于债务人之事由,致未为给付者,债务人不负迟延责任。"何谓可归责?应依法律或契约关于各该法律关系之注意程度的规定定之。又何谓给付?其抽象的意义规定于"民法"第199条。至于第229条规定之"迟延责任",则规定于第231条以下。又像第231条规定之损害赔偿,应如何赔偿及其范围,必须依损害赔偿之一般规定(例如"民法"第213条、第216条、第216条之1、第217条、第218条、第220条第2项、第267条)及特别规定(例如同法第638条)决定之。下文关于不完全法条之说明中所引述的例子,皆为适例。

3.法规范

法律概念、法律类型、法条、法律规定、法律制度等,由下而上组成法规范。法规范是社会生活的规范之一,它和风俗习惯与道德共同规范着人类的社会生活。法规范本身是一个体系,为使整个法规范体系能不矛盾地发挥其规范功能,各个法律规定必须被互相协调地组合在一起,才能正确地运作。为确保整个法规范体系能不矛盾地运转,各该法律规定一直必须考虑到它们相互间的关系才能被正确地了解。由于法律所规范之社会与国家生活千变万化,制定法难以全部涵盖,所以,构成法规范之主要法源除制定法外,还有习惯法。然纵使将习惯法包括进来,有时还是不能完全满足规范上的需要,而产生法律漏洞。是故,在法源论的讨论上,不但常提到前述两种来源以外之法源,而且有时也必须透过法律漏洞之补充,寻找适当的规范。这当中,学说及法院的裁判或判例扮演重要的角色。这使法规范具有变动性及开放性。

学说及法院的裁判或判例,在其演变为习惯法或被立法机关接受,而以制定法的方式予以承认之前,自其是否得直接被适用的标准观之,它们的法源性尚待斟酌。事实上,在该发展阶段,它们所扮演的角色主要是对于法律的阐释。固然人们也常喜欢认为,裁判在法律漏洞的补充活动中有造法的功能。[①] 但无论如何,裁判纵使针对其正处理之个案实际上有补充法律的意义,法院在该裁判中所持的法律见解,并不真的能一劳永逸地马上补充其所欲补充的法律漏洞。该裁判所完成者,极其量只不过是确定系争法律漏洞的存在,并进一步针对其正在处理之案件做了法律补充。至于针对其他类似的案件,其所完成者仅是如何补充系争法律漏洞的建议而已。换言之,由实证法之来源论,法律漏洞之补充的性质只是造法的尝试。其成功与否仍系于其引来补充该法律漏洞之法律见解后来是否演变成习惯法。Larenz固然认为构成法规范之法律规定,除了制定法与习惯法外,尚包括由现行法所推论出来或由法律原则所具体化出来的规定。唯他同样认为,取向于个案导引出来的规定,必须具有一般化的可能性,才能演变为一个新的法律规定。至于一般化之可能性的有无,则系于该被导引出来的法律规定是否已适当地考虑到系争案件所属类型的特征。[②]

(二)法条或法律规定的性质

1.行为规范与裁判规范

法条或法律规定之意旨,若在于要求受规范之人,取向于它们而为行为,则它们便是行为规范(Verhaltensnormen);法条或法律规定之意旨,若在于要求裁判法律上争端之人或机关,以它们为裁判之标准进行裁判,则它们便是裁判规范(Entscheidungsnormen)。行为规范并不限于那些命令作为或不作为之规定。盖法律规定固然可以通过命令为一定之作为或不作为,来影响不特定人,决定是否从事该作为或不作为,但法律规定同样也可以透过法律上利益之赋与,来引导人们决定是否从事该规定所欲引导之作为或不作为。要之,在这里不宜望文生义地认为行为规范所规定者,仅与命令规定或禁止规定有关。由于裁判机关进行裁判时,当然必须以行为规范为其裁判的标准,故行为规范在规范逻辑上当同时为裁判规范。[③] 若行为规范不同时为裁判规范,则行为规范所预示之法律效力不能贯彻于裁判中,从

---

① 关于法律漏洞及其补充,详见本书第七章。

② Larenz, Methodenlehre der Rechtswissenschaft,6. Aufl.,Springer-Verlag 1991,S. 429ff.

③ 类似的见解请参见 Henkel, Einführung in die Rechtsphilosophie,1964,S. 61f.

而失去命令或引导人们从事其所命令或引导之作为或不作为的功能。这正像公示制度（例如动产之占有、不动产之登记）必须以公信力（例如动产之占有人或不动产之登记簿上所载之权利人推定其为该动产[①]或不动产[②]之真正权利人）之赋与为其后盾，否则公示制度便成空壳。反之，裁判规范并不必然是行为规范。裁判规范中如有单纯以裁判之人或机关为其规范对象时，这些裁判规范对于受裁判之人并非其行为规范。这与行为规范首先系对行为者而发，然后为贯彻其规范系争行为之意旨，才又进一步要求裁判者，依据该行为规范而为裁判，从而使这些行为规范兼具裁判规范之性质者不同。前述专对裁判者规定之裁判规范，亦即不兼有行为规范之性质的裁判规范，其适例为衡平规定，例如"民法"第 217 条（与有过失）、第 218 条（按赔偿义务人之生计关系而为酌减）、第 220 条第 2 项（过失责任之酌定）、第 318 条（部分清偿或缓期清偿之允许），以及"民法"第 227 条之 2（情事变更原则）。又如"民法"第 1 条，更是对裁判者在法律的补充上，所为之一般的裁判规范。

2.规范性与一般性

不论一个法律规定是行为规范或裁判规范，皆具有两个共同的特征：（1）首先，它们皆对于抽象的对象（例如行为人或裁判者）要求，依其规范意旨从事一定的行为，或依一定的标准而为裁判。这些要求对于被要求者皆具有拘束力。此即法律规定之规范的性格（normativer Charakter）。（2）其次，其所要求之对象并非专对特定的案件，而是在其效力所及之时间与空间的范围内，对于一切相同案型皆有拘束力。此即法律规定之一般的性格（genereller Charakter）或称为法律之普遍性（die Allgemeinheit des Gesetzes）[③]。规范性与一般性即为法律规定与行政处分或司法裁判之区别所在。行政处分与司法裁判之具体的性格，即针对特定案件之性格，是比较没有争论的。比较有争论的是，行政处分与司法裁判是否一样地具

---

① 台湾地区"最高法院"2007 年台上字第 188 号民事判决："按占有人于占有物上行使之权利，推定其适法有此权利。占有人，推定其以所有之意思，善意、和平及公然占有者。'民法'第 943 条、第 944 条第 1 项分别定有明文。是物之占有人，纵令为无合法法律关系之无权占有，然其占有，对于物之真正所有人以外之'第三人'而言，依同法第 962 条及上开法条之规定，仍应受占有之保护。此与该物是否有真正所有人存在及该所有人是否对其'无权占有'有所主张，应属二事。是真正所有人以外之'第三人'对其占有倘有侵害，占有人非不得依侵权行为法则请求该'第三人'赔偿其损害。"

② 台湾地区"最高法院"2012 年台上字第 1828 号民事判决："按登记为物权公示方法之一，登记名义人除不得援以对抗其直接前手之真正权利人外，对其他第三人均得主张其登记之权利。若登记名义人之登记有无效或应涂销之情形，于依法定程序涂销该登记前，其直接前手以外之第三人，尚不得径否认登记名义人之物权。"

③ Arthur Kaufmann, *Rechtsphilosophie*, München 1997, S. 101, 144f., 149, 160："一切法源之本质上的因素为其普遍性，亦即法源适用于与法有关之不特定多数的生活事实。措施法（Maßnahmegesetz）及个别案件法（Einzelfallgesetz）是有问题的（problematisch）（S.101）。……当今可惜有人所称之措施法及个别案件法，与现代意义之法律，仅有相同的名称，而没有相同的概念。德国联邦宪法法院（BVerfGE 10, 234；13, 225）正确地一直守住普遍性属于法律概念之因素（S. 144f.）。"关于法律规定或行政法规之一般性以及行政处分之具体性，请参见翁岳生：《行政法与现代法治》，作者自刊 1976 年版，第 30 页以下。他认为："目前德国之法例倾向以（事件）作为法规与行政处分区别之准绳，至为显明。但就台湾地区行政法学之发展阶段而言，对行政法规与行政处分之划分，以易于识别之行政行为相对人确定与否，为二者之界限似较妥当。即在台湾地区，行政行为所规律者为具体之事件，但涉及之相对人不确定者，亦即以一般人为对象者，应视其为行政法规；至于行政行为规律一般事件，而涉及之相对人确定者，如另无规定时，宜认其为行政处分。"

有规范的性格。欲解答这个问题,首先必须澄清(1)行政处分或司法裁判所使用之叙述性的句式与法条所使用之规范性的句式间的区别;以及(2)行政处分或司法裁判是否有与构成要件相当的部分,并应据之直接引起一定之法律效力。叙述性的句式被用来描述,所描述之客体事实上是什么,或其有数客体者,该客体间之关系如何。例如,甲之女友丙因与甲同居而于 2018 年 8 月 1 日生了乙男。于是,可以用两个叙述句描述甲乙之间的关系:乙是甲所生的,或是乙是甲的儿子。第一句描述一件过去发生的事实;第二句则在该过去之事实的基础上,描述甲乙间之自然的[非必然是法律上的,例如甲丙后来未结婚("民法"第 1064 条),或甲未认领乙(同法第 1065 条第 1 项)]亲子关系。这二个句子所描述者既然是事实性的,那么它们便有真伪的问题。至于其真伪则以其所描述者是否与事实相符为断。反之,法条并非以事实为其描述对象。例如"民法"第 1061 条规定:"称婚生子女者,谓由婚姻关系受胎而生之子女。"它并不描述某一在过去、现在或将来发生或可能发生之事实,而是规范在哪种情形下受胎而生之子女是法律上所称之本来意义的①婚生子女。是故,在这里并不引起该法条或法律规定之内容的真伪问题。这里可能存在的问题仅是:该法条或法律规定是否有效。换言之,它是否构成现行法规范的一部分。

由"民法"第 1061 条这个例子观之,一个法条当其完全时,包含两个部分:(1)它首先将一个通过抽象的方式加以一般描述之法律事实规定为构成要件;(2)然后再将同样以抽象方式加以一般描述之法律效力,连结或归属于该抽象的法律事实。将该法律效力作如是之连结或归属的意义在:当该构成要件所描述之法律事实存在时,该法律效力便因而发生。换言之,该法律效力便在具体的案型发生效力。在前述的例子中相关的构成要件是"在婚姻关系存续中受胎而生之子女"。其中所称婚姻关系存续中,系指在依"民法"第 982 条以下所规定之有效法律婚的存续中。所称在婚姻关系存续中受胎,系指其受胎期间与婚姻关系之存续期间有交集之情形。又受胎期间之意义,"民法"第 1062 条规定为:"从子女出生日回溯第181 日起至第 302 日止,为受胎期间(第 1 项);能证明受胎回溯在前项第 302 日以前者,以其期间为受胎期间(第 2 项)。"又系争子女因系争之受胎而出生。以上所述者为"民法"第 1061条之构成要件的意义。当这些要件皆为具体的法律事实(法律上有意义之生活事实)充分

---

① "民法"第 1061 条所规定之婚生子女,所以称之为本来意义之婚生子女,乃相对于第 1064 条(准正)及第 1065 条第 1 项(认领)所规定之"视为婚生子女"者而言。"民法"第 1064 条及第 1065 条第 1 项所规定之子女,在生物学上不管是否经准正或认领,皆不影响他们与其生父间之自然的亲子关系,唯其法律上之亲子关系的取得,则以准正或认领为必要(在这种情形也有发生收养自己之自然血亲的可能),且其准正或认领的结果,在法律上也仅是使这些非婚生子女取得拟制的婚生子女地位而已。这些规定是当年旧法对非婚生子女之歧视在现代法上的残留。鉴于现行"民法"对本来意义之婚生子女与经准正或认领始成为婚生子女者,在后者取得婚生子女之身份后,并未为区别待遇,且这些原为非婚生子女者事实上由系争生父所出,此与本来意义之婚生子女并无差异,故"民法"第 1064 条与第 1065 条第 1 项将他们规定为拟制的婚生子女,在"立法"技术上便有斟酌的余地。盖拟制的规定通常应限于用在所规定者与当然与事实不符的情形。或谓这里强调的是系争子女是否在婚姻存续中所生(婚生),而非其在生物学上是否自生父所出。但这个理由是不充分的。盖依现行"民法",若一个人之生物学上的子女被否定为其婚生子女,至少他们在"民法"上,便彻头彻尾与其生父间不具有任何亲属关系。换言之,这里所计较者是亲子(亲属)关系之有无的问题,而不是婚生身份之有无的问题。申言之,不是计较系争子女究竟系妻生子或妾生子,而是计较在法律上根本是不是系争生父之子女的问题。在此了解下,"民法"第 1064 条及第 1065 条第 1 项所规定之法律效力"视为婚生子女",仍以改为"亦为婚生子女"为妥。

时,这些法律事实便引起该条所规定的法律效力:系争子女在法律上被定性为系争生父之婚生子女。

由于不使用像"民法"第 1114 条第 1 项:"左(下)列亲属'互负'扶养之'义务'",或第 1115 条第 1 项:"负扶养义务者有数人时,'应'依左(下)列顺序定其履行义务之人",同条第 3 项:"负扶养义务者有数人,而其亲等同一时,'应'各依其经济能力,分担'义务'"等所使用之"负……义务","应……"这种描写"规范性"之事项的句式,而使第 1061 条之规范性格从文字的外观论,不够明显。但这并不表示第 1061 条不具有规范性格。盖不在婚姻关系存续中受胎而生之子女,其若事后不经准正或认领,他们在法律上将被规范地定性为非婚生子女。唯"民法"第 1061 条与第 1114 条、第 1115 条这种规定间之句式上的区别,在法律上也不是全无意义。像第 1061 条这种类似于叙述性句式(定义性句式)的引用,使其规范的法律效力,在其连结之构成要件被具体的法律事实充分时,马上实现。该条之适用无实效性上之落差的问题。反之,在"民法"第 1114 条以下规定的情形,在构成要件充分时,固使某一亲属对另一亲属负扶养义务,但该扶养义务之实现,即其实际的效果,并不随同该义务之发生(规范上的法律效力)而实现。该扶养义务还待于履行才能实现。要之,"法律效力必定规定在规范的领域中,它与立法者所追求之事实上的结果(系争规范之实效)并不相同。换言之,由立法者所追求之实效观之,法律所规范之法律效力多少只不过是引导该等实效之发生的适当手段而已。法律效力作为一种规范上之法律事实(即一个义务之发生),当然能够借着系争法条之效力而发生,不过系争法律所追求之事实上的效果是否能够实现,则系于许多进一步的因素。此所以在具体的案件中与构成要件相当之法律事实虽已发生,亦即构成要件虽已充分,但系争法条追求之事实上的效果,却可能会不发生"[1]。例如,"民法"第 1114 条以下虽规定一定的亲属间在哪种情形应负扶养义务,但当一切构成要件被充分后,负扶养义务之一方实际上并不一定履行其扶养义务,以实现"立法者"所期望实现之结果:需要扶养之人能因该当亲属之扶养而受到适当的帮助,以弥补社会福利制度之不足。[2]

将法律效力连结或归属于构成要件之意义为效力规定(Geltungsanordnung),而非如叙述性的句子仅在描写一个主张。换言之,前者规定在哪种情形,即在那要件下,系争法律效力应该发生。立法者并不通过法条来表示事实上这是什么,而在表示什么才是对的,或什么应该受适用。当然这些法条或规定欲取得其规范资格,以制定该法条或规定者在法律上享有制定这些法条或规定之权限为其前提。否则,其所制定之法条或规定便不具有规范上的拘束力。关于立法者之权限的问题,已非关于法条之存在上的逻辑结构所讨论的范围。它们或属于立法权之有无,或属于法哲学上所讨论之法律应该是什么,亦即"恶法亦法"或"恶法非法"的问题。[3]

行为规范所以能够具有规范功能,因:(1)人类的行为并非自始由自由意思以外的情事

---

① Larenz, *Methodenlehre der Rechtswissenschaft*, 3. Aufl., Springer-Verlag 1975, S. 234.

② 由于法律所规定者是将来的事项,是故一方面它们并不一定被遵守,另一方面当其被遵守或违反时,因其遵守或违反,依系争规定本来已发生之法律效力,事实上也不一定实现。不过,除非其不遵守的程度已如此普遍,使得系争法律规定因否定其存在或效力之习惯法的产生,致受到影响,这种情形之存在并不使系争法律规定之存在或其效力因而丧失(参见 Henkel, aaO. S. 60)。

③ Larenz, aaO.(Fn. 12), S. 235.

所完全决定(非决定论);(2)人类可能因一定之诱因,而有一定之行为。① 盖假若人类的行为自始由因果律所决定,不能通过自由意思参与决定,则人类的一切行为事实上便被自始决定下来。从而自规范的角度观之,它们已是不再能透过法律效力之预示,加以防止或引导的事项。它们向将来并不具有可塑性。

在决定论的观点下,因为人类的行为自始便非其自由意思所能左右,所以行为规范是没有意义的。因果律决定下来之人类的行为②与行为规范所要求者相符时,自规范功能论,该行为规范是多余的。反之,若它们与要求者不相符,则行为规范所要求于行为人者,为一种不可能。在无过失责任的课予,以及对无过失行为之处罚,③由行为规范的角度观之,也会发生像前述采取决定论的观点同样的问题。盖理论上,因为无过失之行为并不能透过行为规范对之进行防止或引导,所以,就系争应被课予责任或处罚之无过失行为的防止或引导论,该责任之课予或处罚并不能发挥其规范行为之功能。然因为无过失责任之课予,在规范上还是具有危险之归属或分配的功能,所以就功能论,无过失责任之课予尚有其规范的意义,即促使行为人采取进一步分散该危险的必要措施(例如商品制作人就其商品所引起之危险若被课予无过失责任,则他可能因而为该危险投保责任保险,使受害人之损害赔偿获得保障)。反之,对无过失行为之处罚,由上面的说明观之,是否具有任何行为规范上的意义,便有疑义。盖行为之处罚仅具有防止或引导,而不具有分散危险的功能。而一个行为若被定性为无过失之行为,则在规范上便假定没有透过法律效力之预示,加以防止或引导的可能。从而其处罚因不具有规范功能,而没有丝毫之规范意义。

反观行政处分或司法裁判,它们所使用的句式是叙述性的,其处理的对象是过去的生活事实。此外,它们也没有相当于法条或法律规定之构成要件的部分。它们所具有的特征是将一个具体的法律效力归属到一个具体的生活事实,从而使该具体的法律效力因系争行政

---

① N. Gregory Mankiw, *Principles of Economics*, 6ᵗʰ Edition, 2012, p. 7:"因为理性的人透过比较成本与利益来做决定,所以他们对于诱因会有所回应。……又因对于市场如何作用的分析具有关键性。例如当苹果价格上升时,人们会决定吃比较少的苹果。而同时苹果庄主会决定雇用较多任务人,生产较多苹果。换言之,较高的价格提供一个诱因,使购买者少消费,并提供一个诱因,使销售者生产多一些。"

② 受因果律所决定之人类的活动,在规范上不被定性为行为。关于行为的概念,请参见 Larenz, *Lehrbuch des Schuldrechts*, BT, 11. Aufl. 1977. S. 523f.。

③ 例如行政机关及"行政法院"曾认为行政罚不以故意或过失为要件。该见解直至释字第 275 号解释后始变更。该号解释文为:"人民违反法律上之义务而应受行政罚之行为,法律无特别规定时,虽不以出于故意为必要,仍须以过失为其责任条件。但应受行政罚之行为,仅须违反禁止规定或作为义务,而不以发生损害或危险为其要件者,推定为有过失,于行为人不能举证证明自己无过失时,即应受处罚。'行政法院'1973 年度判字第 30 号判例谓:'行政罚不以故意或过失为责任条件',及同年度判字第 350 号判例谓:'行政犯行为之成立,不以故意为要件,其所以导致伪报货物质量价值之等级原因为何,应可不问',其与上开意旨不符部分,与台湾地区宪制性规定保障人民权利之本旨抵触,应不再援用。"这样一个自明的道理,都要等到 1991 年劳动"大法官"将之解释为"违宪"才能获得厘清,可见现代法治原则实践之难,以及"行政法院"之保守。

处分或司法裁判而直接发生。[1] 在这种性质下,行政处分或司法裁判便不可能具有规范的性格,盖对过去的生活事实赋与具体的法律效力,只能了结一个生活事实在规范意义下之发展的阶段,而不能通过它事后防止或引导行为人在过去做或不做系争行为。

固然,行政处分或司法裁判所要求之行为若被违反,可能进一步引起其他法律效力,但该法律效力之引起系以系争行政处分或司法裁判之存在及对其要求之违反等法律事实充分其他法律规定的构成要件为其理由。[2] 换言之,系争行政处分或司法裁判在规范意义下了结一个生活事实之发展阶段的性质,并不因之而受影响。

唯在法官造法的意义下,司法裁判中所持之法律见解对系争案件以外之类似案型,可能具有规范上的意义,倒是存在的。不过,即使在这种情形,还是必须注意到:其规范意义纵使存在,仍然只对与其类似之其他案件有规范的意义。而且该见解所享有之这种规范的功能,在该见解演变成习惯法之前,并不是以实证法的地位而取得,而是主要基于平等原则及信赖保护原则的考虑,使其具有事实上的拘束力。[3]

由以上说明之法条或法律规定的性质(特别是其规范性),很容易使人认为,法条或法律规定的性质毫无疑问具有命令的性格。强调该命令性格以致认为一切法律规定的性质都是命令性的见解,在学说上称为"命令说"。一切法律规定固然皆具有规范性,但它们并未如命

---

[1] 关于行政处分以直接引起法律效力为要件,请参见翁岳生:《行政法与现代法治国家》,作者自刊1976 年版,第 13 页以下,以及 Forsthoff, *Lehrbuch des Verwaltungsrechts*,AT, 10. Aufl. 1973, S. 198f.。所谓因行政处分直接引起法律效力,系指由该行政行为直接将一个具体的法律效力归属到一个具体的生活事实而言;反之,不将具体的法律效力直接归属到一个具体的生活事实之行为,便非行政处分,纵使因该行为足以导致一个行政处分之作成亦然。例如货物税之驻厂稽征员,向其所属之税捐稽征机关报告其所驻厂商之税捐的违章事项时,虽然其所属之税捐稽征机关可能以其报告为基础,对该厂商为违章处分,但其报告对该厂商并不直接引起任何法律效力。是故,该报告不是行政处分;反之,以该报告为基础之违章处分,则为行政处分,盖后者对该厂商直接将一定之法律效力归属于其违章行为。同样地,司法裁判也是因其裁判而直接在一个具体的案件,将具体之法律效力归属于充分系争法律所定构成要件之具体的生活事实。关于司法裁判的概念,请参见 Rosenberg/Schwab, *Zivilprozeßrecht*, 12. Aufl. 1977, S. 289。值得注意者为:请求履行债务之催告在"民法"上论为意思通知,而非意思表示。催告知作用为:使未定确定清偿期之债转为以在催告中所定之期限为其确定清偿期之债务("民法"第 229 条第 2 项)。然与之有相同作用之课税处分在税捐法上论为行政处分(法律行为)。唯税捐债务为法定之债,于其发生之法定要件充分时即已发生,其课税处分并非其发生要件,而仅是具有使已发生之税捐债务成为具有确定清偿期之命令缴纳税款的表示。在此意义下,课税处分仅具意思通知的意义,其法律效力依法律之规定,而非依表示之法效意思的内容。由于意思表示与意思通知在区别上并不容易,所以为实务之需要,有无将意思表示与意思通知加以区别,非无疑问。

[2] 违反行政处分之命令时,可能引起之法律效力有三种:(1)行政机关可能以该行政处分为执行名义,移送法院强制执行。例如逾期缴纳税捐者,除加征滞纳金外,在其滞纳逾越滞纳期间后,税捐稽征机关得移送法院强制执行("税捐稽征法"第 20 条)。(2)行政机关可能自己依"行政执行法"第 4 条执行之。但公法上金钱给付义务逾期不履行者,移送"法务部行政执行署"所属行政执行处执行之。(3)对于违规行为,行政机关得限期命违规者停止、改正其行为或采取必要更正措施,并得处以罚款;逾期仍不停止、改正其行为或未采取必要更正措施者,得继续限期命其停止、改正其行为或采取必要更正措施,并按次连续处以罚款,至停止、改正其行为或采取必要更正措施为止("公平交易法"第 41 条)。在此种情形,违规行为构成该当另一法律关系之构成要件的法律事实。

[3] 关于判决先例之事实上的拘束力,请参见本书第六章之五(二)。

令说所称者,全皆具有命令性格。因此,命令说在十九世纪虽然盛极一时,但在近代却备受批评。

3.对命令说之批评

将法条或法律规定的性质不例外地定性为命令,至少在三方面不能与事实相符,从而衍生出一些为了正当化其主张之矫作的说明(gekünstelte Konstruktion):(1)法律规定之发生,亦即法源,并不以制定法为限,习惯法亦被公认为法源之一。在制定法的情形,人们固尚可主张这些规定是立法者所作之权威性的命令,但在习惯法的情形,这种观点显然与事实并不相符。在习惯法的形成过程中,并无所谓享有为命令之权威的立法机关。(2)何况纵使在制定法的情形,其所谓命令亦与通常所了解之命令的本来意义不符。命令本来系指对特定人①要求为特定行为的指令,而法律规定基于其一般性,并不具有这种特征。盖法律规定纵使系一种命令,它也是对于一般大众所发之防止或引导其为一定行为之要求。换言之,命令之目标在于直接引起特定人之服从,而法律规定之目标则在于将其所要求者树为标准,使之通过对将来可能发生之行为,在其发生时进行评价,而具有规范意义下的效力。申言之,命令所追求之直接的效果,亦即服从命令,存在于将发生或正在发生之事实的层面,而法律规定所追求者,即其所作要求之效力,则存在于规范的层面,亦即存在于:透过将一般之抽象的法律效力连结于一般之抽象的法律事实(构成要件)所产生之引导人类行为的规范功能。是故,纵使当某些法律规定具有命令一般人为某种行为的意涵,从而具有命令性质,它们和通常所称之命令的前述区别,还是存在的。学说将像具有命令性质之法律规定称为一般的命令(generelle Imperative),而将前述本来意义之命令称为个别的命令(individuelle Imperative)。不过,纵使法律规定所定者为一般的命令,在这种情形,它们也是以规范一定之法律效力为其目标。例如"民法"第348条第1项使"物之出卖人负交付其物于买受人,并使其取得该物所有权之义务",便是一种这里所称之一般的命令。它对所有的出卖人(一般地而非特定地决定之出卖人)要求相应于该条项之规定而行为。不管出卖人是否依从该条项之要求,亦即不管该条项之实效性为何,该条项作为一个一般的命令,皆因其存在而使出卖人负有该条项所定之义务。这个一般地被决定之法律效力存在于法律规范的层面。该条项因其不仅为命令,而且主要因其兼具规范的性格,始能引起该法律效力。这是法律规定这种效力规定(Geltungsanordnung)所特有的功能。② (3)此外,法律规定的种类,依其内容,也不限于命令规定。它也常一般地对充分某种构成要件之人授与,或使其失去某种资格(例如"律师法"第3条使通过律师考试者取得律师资格,又第4条使有该条所定情形之一者,因被撤销而丧失其律师资格)、能力(例如"民法"第12条使满二十岁者取得行为能力,又第15条使受监护宣告之人,丧失其行为能力)、权限("民法"第27条第2项使法人之董事取得对外代表法人之权限,第50条第2款使社团之总会享有任免董事之权限,从而若该总会依其可决而为解任某董事之决议,则系争董事便因而丧失对外代表该社团之权限。"民法"第167

---

① 在此,特定之明确性有时只要达到得特定之程度即可。此即"行政程序法"第92条所定之一般处分:"行政机关决定或措施之相对人虽非特定,而依一般性特征可得确定其范围者,为一般处分,适用本法有关行政处分之规定。"一般处分并不因此被认为不具有行政处分之具体性的构成要件。

② Larenz, *Methodenlehre der Rechtswissenschaft*, 3. Aufl.,1975, S. 238f.

条使代理人享有就所授与之事项代本人为法律行为之权限;若本人依第 108 条第 2 项撤回代理权,则除依系争法律关系之性质不得撤回者外,系争代理权因经撤回而消灭。① 但依第 107 条其撤回不得对抗善意第三人)。法律亦可能规定,基于一定要件而取得或丧失某种权利(例如依"民法"第 802 条,人们得因先占而取得所有权;又依"民法"第 811 条以下,人们可能因添附而取得或丧失所有权)。又当人们享有某种权利(例如所有权)时,他自然得享受该权利或对其客体有使用,收益及处分权(例如依"民法"第 765 条,所有人于法令限制之范围内得自由使用收益,处分其所有物)。以上所引之法律规定皆不具有一般地命令特定人为特定行为之性格。至于像"民法"第 765 条后段关于所有权人得排除他人对其使用,收益或处分其所有物之干涉的规定固似具有命令规定的性格,其实不然。实际上这是对于所有权人之授与防卫权限的规定。该条前、后段之规定在功能上虽是相辅相成,并规定于一个条文中,但就其规范功能论,仍可论为两个规定。其规定之复数性,正如前述"法条的概念"部分,并不因其将数事项规定于同一法条中而当然被否定。盖所有权之归属的功能(按:即将对所有物之用益权及处分权归属于所有权人之功能)与所有权之排他的功能,固然相辅相成,但该相辅相成的现象并不能将其中之一定性为另外一个之反射,从而使其中之一处于附属的地位。将所有物归属于所有权人与该所有权之禁止任何第三人对其有所侵害(亦即对任何第三人要求尊重其所有权)两者事实上对所有权之概念而言皆是必要的因素。换言之,不得认为其中之一系以另外一个为其基础,从而使其中之一丧失其作为所有权之必要组成因素的地位。当一个法条规定甲丧失对某物之所有权,同时并为乙所取得(按:例如"民法"第 811 条以下),则该法条不但导出下述结果,即所有第三人自现在起不得侵害现在成为该物所有权人之乙对该物的所有权,而且,最主要地,该法条还在使乙得就该物从事一切一个所有权人就其所有物所得从事之行为。要之,该法律效力事实上即为:甲丧失其所有权人之法律上地位,而乙则取得该地位,并使一切因所有权之归属的转换所可能发生的后果,皆因而发生。这种情形在抵押权、债权或其他权利之取得,也都没有两样。申言之,"有许多的法律规定,其直接的法律效力并不限于课予或变更一个义务,而在于一个权利之取得或丧失"②。

由于命令说的主张,正如前述,与事实并不相符,所以,命令说的代表者尝试透过一些矫作的说明来弥补其前述之部分缺点。特别是为了弥补法律规定并不尽然以命令性规范为其内容这一事实上的落差,使法律规定到处被看起来像是皆以命令为其内容,命令说将判别法律规定之性格的重心,由其直接法律效力移至包括由该法律效力所导出之规定或其他相牵连的规定。正是通过这种说理方式,命令说的代表者认为所有权之意义在于禁止任何第三人对之为侵害行为,从而所有权或债权之移转的意义,也一方面在使系争权利之取得人得对

---

① 当针对代理在本人与相对人间之外部关系,为代理行为之交易安全,而在原因上将代理权自其所以授与的基础关系抽离,代理权之授与即成为一个使代理人纯获一定权限的无因行为。不过,由于代理权之行使系为本人处理事务,所以,在本人与代理人间,关于代理权之存续仍应受其内部之基础关系的约制。此所以代理权之消灭,应依其所由授与之法律关系定之。本人原则上得于其所由授与之法律关系存续中,随时撤回代理权。例外始不得撤回("民法"第 108 条)。例如债务人为担保其债务,而授权债权人代理收取其对于第三人之债权者,因其授权兼有保护代理人对于本人享有之债权的意义,所以,事后本人不得任意撤回。

② Larenz, *Methodenlehre der Rechtswissenschaft*, 6. Aufl., Springer-Verlag 1991, S. 254;另见 Enn-Nipperdey, *Lehrbuch des Bürgerlichen Rechts*, *AT des Bürgerlichen Rechts*, 15., Aufl. 1959, S. 199ff.

第三人命令其不侵害系争权利,另一方面随同新权利人之取得系争权利,也使旧权利人从此就第三人对系争权利之介入,不得为任何主张。同样的,在自然人之行为能力之取得的情形,命令说的代表者也认为该取得系意味着要求第三人承认该人所从事之法律行为的有效性。要之,命令说的代表者尝试通过前述的说明,证明一切的法律规定皆是命令性的。唯这种说明方式纵使在逻辑上能够自圆其说,但它到底还是太过矫作,以致可能使人们不能直截了当地掌握授与性法条或规定(Gewährungsrechtssätze)之性质及其与命令规定(Gebotsrechtssätze)间的区别。[①]

(三)法条之种类

依各种不同标准,可将法条分类如下:

1.严格规定与衡平规定

法条可依其对主管机关(特别是法院)之拘束力的强弱,区分为严格规定与衡平规定。称严格规定,指将一个一般而清楚之法律效力连结于一个一般而清楚之构成要件上的法律规定。基于上述特征,当其构成要件被充分时,连结于其上之法律效力便毫无例外地因而发生。法院或其他主管机关对之不享有判断余地(关于法律构成要件部分)或裁量余地(关于法律效力部分)[②]。相对于适用该法条之机关,该等法条在此意义下定性为严格规定。称衡平规定,主要指就所定法律效力之发生与否及其范围,赋与法院或其他主管机关以裁量余地的法律规定(例如"民法"第 217 条第 1 项、第 218 条、第 220 条第 2 项、第 227 条之 2)。唯有时也兼指将一定之法律效力系于并未明确规定之构成要件,亦即构成要件中包含有不确定概念(例如"民法"第 74 条规定:所约定之给付,依当时情形"显失公平";"所得税法"第 43 条之 1 规定:关系企业间"如有以不合'营业常规'之安排,规避或减少纳税义务者,稽征机关为正确计算该事业之所得额,得报经'财政部'核准,按营业常规予以调整")或一般条项(例如"民法"第 184 条第 1 项后段规定:故意以背于"善良风俗"之方法,加损害于他人)的法律规定。相对于被授权裁量或判断之机关,这些法律规定便是衡平规定。盖依这些法律规定,经授权之法院或其他主管机关(例如税捐稽征机关)或者就法律效力有裁量权,或者对该法律效力所连结之构成要件中的不确定概念或一般条项有解释或具体化的余地。其解释或具体化首先由行政机关基于执行法律之需要而为之者,可能引起其解释或具体化对于司法机关有无拘束力的问题。这视立法机关就其解释或具体化,有无赋与行政机关判断余地(Beurteilungsspielraum)而定。近代裁量学说与不确定法律概念之理论的发展,对行政机关就法律构成要件中之不确定概念或一般条项的解释或具体化,是否享有判断余地,有热烈的争论。[③] 依现代宪法中之权力区分的理论,法律由立法机关制定,但就其解释或适用,司法机关享有最后的审查权。是故,除非立法机关有特别授权,行政机关就不确定概念之解释或

---

① Henkel, aaO. S. 67;关于命令说之批评,详见 Larenz, aaO.(Fn.24), S. 253ff.。

② Englisch in:Tipke/Lang, Steuerrecht, 23. Aufl., Köln, 2018, § 5 Rz.147:"裁量的授权应与不确定概念区别。……原则上不对一个法律规定之构成要件面,而仅对法律效力面授与裁量权。"

③ 关于裁量行为与判断余地的问题,详请参见翁岳生:《行政法与现代法治》,作者自刊 1976 年版,第 37 页以下。

具体化,原则上不享有判断余地。其解释或具体化不是最后的,应受法院之审查。[①] 以防止行政权侵越立法权,而无可制衡之机关。因此,构成要件之规定由于含有不确定概念或一般条项而具有之衡平性只对于法院才有针对个案之规范需要,调整其规范力度的衡平意义。反之,法律效力之规定由于含有裁量之授权而具有的衡平性对于经授权为法律效力之裁量的机关,不论是法院或行政机关皆有衡平的意义。关于债之给付关系,有法院得依职权减轻债务人之债务者,例如"民法"第 218 条规定:"损害非因故意或重大过失所致者,如其赔偿致赔偿义务人之生计有重大影响时,法院得减轻其赔偿金额。"第 252 条规定:"约定之违约金额过高者,法院得减至相当之数额。"有经当事人之声请,法院得增减债务人之债务者,例如"民法"第 227 条之 2 第 1 项规定:"契约成立后,情事变更,非当时所得预料,而依其原有效果显失公平者,当事人得声请法院增、减其给付或变更其他原有之效果。"第 442 条规定:"租赁物为不动产者,因其价值之升降,当事人得声请法院增减其租金。但其租赁定有期限者,不在此限。"[②]第 572 条规定:"约定之报酬,较居间人所任劳务之价值,为数过巨失其公平者,法院得因报酬给付义务人之请求酌减之。但报酬已给付者,不得请求返还。"关于行政秩序罚,例如"营业税法"第 47 条及第 51 条皆规定:稽征机关"……得停止其营业……"。此为处罚规定之标准的规范模式。这与关于税捐债务,基于税收法定原则,税捐稽征机关原则上应依法稽征,既无裁量权,[③]亦不得与纳税义务人为减免税捐之协议者,[④]不同。被授权裁量之

---

① 关于法院就行政机关对不确定概念之了解或具体化的审查权,请参见翁岳生:《行政法与现代法治》,作者自刊 1976 年版,第 37 页以下。Paulick, *Lehrbuch des allgemeinen Steuerrechts*, 2. Aufl. 1972, Rdn.278ff.; Hey in Tipke/ Lang, *Steuerrecht*. 23. Aufl., Otto Schmidt 2018, Rz. 2247.

② "民法"第 442 条系以情事变更为理由之具体的调整规定。所谓情事变更主要指足以影响对价关系之外部事实。通常与物价、币制改革有关。此与第 435 条第 1 项所定者虽同属事后调整租金的规定,但不相同:"租赁关系存续中,因不可归责于承租人之事由,致租赁物之一部灭失者,承租人得按灭失之部分,请求减少租金。"后者所定者为:不可归责于双方当事人致一部给付不能时之租金危险负担的归属问题。论诸实际,第 435 条第 1 项仅是第 266 条第 1 项规定之重申。该项后段就一部不能规定:"因不可归责于双方当事人之事由,致……一部不能者,应按其比例,减少对待给付。"该条第 2 项还规定:"前项情形已为全部或一部之对待给付者,得依关于不当得利之规定,请求返还。"是故,以一部不能为理由请求减少租金者,其得请求减少之租金的范围当然自不能状态发生时起算。反之,在情事变更,其调整范围固属于法院之裁量权。但其裁量仍应符合事理。原则上,在第 442 条所定租赁不动产价值明显升降的情形,其调整之请求有理由者,应自请求时起调整之;在承揽或营造契约,因建材价格或劳务薪资明显升降而有调整对价关系之必要的情形,应从该价格或薪资之升降对给付与对待给付之对价关系的冲击程度,整体决定其报酬之调整幅度,而非严格拘泥于自请求时点或因素价格变动的时点。盖景气或物价的变动通常是渐进而来,不易决然以日期客观划分其当然之调整时日。实务上,后来虽可能基于调整之计算上的技术需要,而决定调整标准之开始实施时点,但仍不得将之与一部不能之调整效力的固定起算时点混为一谈。关于情事变更与调整租金的起效时点,请参见黄茂荣:《债法各论》,植根法学丛书编辑室 2006 年版,第 91～92 页。

③ 关于税捐之稽征,税捐稽征机关例外地有裁量权者,例如税捐因纳税义务人之申请,而准予延期或分期缴纳("税捐稽征法"第 26 条、"遗产及赠与税法"第 30 条)。

④ Seer in Tipke/ Lang, *Steuerrecht*. 23. Aufl., Otto Schmidt 2018, § 21 Rz. 146f.

机关如为行政机关,法院对其裁量之结果并无审查权。[①] 唯关于税捐法上之不确定概念的解释,"行政法院"如果常不批判地依随税捐稽征机关的见解,随其变更而变更,则会引起"行政法院"认为税捐稽征机关就不确定概念之解释享有判断余地的印象。[②] 这不妥当。

2.任意规定与强行规定

不若文义所显示的那样,任意规定与强行规定这对法律规定的分类并非衡平规定与严格规定之同义语。任意规定与强行规定之区别在于:当事人是否得依其意思,或依其与相对人之合意拒绝系争规定之适用或修正其规定之内容。若然,则它便是任意规定;否则,便是强行规定。反之,如前所述,衡平规定与严格规定系以法院或其他主管机关是否就系争规定的适用享有判断余地(构成要件)或裁量余地(法律效力)而定。[③]判断余地或裁量余地之适用的结果,常常导致类似于系争规定并未被引用的外观,例如"民法"第 318 条。盖当法院事实上已经斟酌债务人之情况,但认为并无为容许债务人分期给付或缓期清偿之妥当性时,法院并不须将其考虑之经过,以及其所以认为不必容许债务人分期给付或缓期清偿的理由,叙述出来。因为债务人本无分期给付或缓期清偿之权利,所以依债权人本来享有之权利已足以正当化其裁判。在此情况下,"民法"第 318 条从外表上看来,便与被拒绝适用一样。纵然如此,严格言之,法律规定之不适用的决定本身已是法律的适用,它是一种消极的适用。所谓当法院适用一个法条时,它等于适用了全部的法律,其意义在此。这是在法律体系要求下的当然结果。

由于任意规定与强行规定和衡平规定与严格规定之区别标准并不同一,是故衡平规定可能是强行规定。例如"民法"第 74 条。该条一方面赋与法院以判断余地(所约定之给付是

---

① "在法律效力的决定上,赋与行政机关以裁量的余地,属于对权力区分原则之修正,盖在裁量余地之范围内,行政机关不再受法律之严格的拘束,而得在裁量余地之范围内自主地决定。"(Tipke, *Steuerrecht*, 4. Aufl. 1977, S. 104)Seer in Tipke/ Lang, *Steuerrecht*. 23. Aufl., Otto Schmidt 2018, § 22 Rz. 201:"就裁量处分,法院仅得审查财税机关,是否逾越法定之裁量界限或以不符合其授权目的之方式,行使其裁量权。"

② 关于营利事业的概念在"营业税法"上的解释,在建屋出售的案型,"财政部"在其所颁之(1970)台财税发字第 23911 号释令首先认为从事建屋出售者若为自然人,则他们并非"营业税法"上之营利事业,该见解曾为"行政法院"所采,并著为判决先例。唯后来"财政部"又以"同部"(1970)台财税字第 27107 号释令变更前引释令之见解,认为私人建屋出售,"不问其有无经常性与持续性,如足以认有营利之目的,且为事实上之营业行为,即应课征营业税"("行政法院"1975 年判字第 587 号)。鉴于依"营业税法"第 1 条之规定,营业税之纳税主体以营利事业为其范围,故在个人建屋出售的案型,"财政部"前述见解的变更,事实上系其对营利事业这个不确定概念之具体化上的见解变更。既然"行政法院"在该判决中进一步认为"查原告建造大批房屋出售,不能谓无营利之意思,其先后出售之房屋,多达 63 栋,尤难谓非事实上之营业行为",即应直接以该法律事实为论据,以系争兴建房屋出售者兴建房屋销售之经济活动具有"经常性与持续性"为理由,将其论为营业人。不适合引起好似"行政法院"系因税捐稽征机关之法律见解变更,才跟着变更其见解的印象。令人误以为:"行政法院"认为,"财政部"就不确定概念(营利事业)之具体化上的见解对"行政法院"亦有拘束力,"行政法院"对之无审查权。亦即肯认:"财政部"就不确定概念的具体化(Konkretisierung)有判断余地。这不妥当。至于行政解释或司法解释之见解的变更,亦即法律解释之适用,是否应始于法律生效之日,是另一个与法律规定之溯及效力有关的重要问题。该判决采"法律解释之通用,始于法律生效之日,与法律规定不溯既往之情形迥然不同"的看法。

③ Jürgen Baumann, *Einführung in die Rechtswissenschaft*, 2. Aufl. S. 67f.

否显失公平之判断)与裁量余地(减轻给付之程度的裁量),另一方面却不容许当事人透过合意,排除其适用性。再者,任意规定也可能同时是严格规定,例如"民法"第351条关于出卖人之权利瑕疵担保责任的规定,即为适例。该规定一方面容许当事人透过合意,排除其适用性;另一方面却不赋与法院以判断余地,决定是否适用该条规定,或赋与法院以裁量余地,决定在适用该条规定时,其法律效力应为如何。又任意规定也可能同时为衡平规定,例如"民法"第359条。就该条根本是否有适用性,买卖双方在事先固享有透过合意加以决定的权限,唯他们若不为特约,则在法院认为解除契约显失公平时,买受人仅得请求减少价金,而不得解除契约。换言之,在这里,法院就买受人解除契约之权利的有无享有判断余地。此外,强行规定也可能同时是严格规定,例如"民法"第758条至第760条。^① 就这些规定的适用性,不但当事人不得通过合意予以排除,而且法院也严格受其拘束。亦即法院就其适用性并不享有判断余地或裁量余地。

当然,由不确定概念的观点立论,严格说来,法院对它们一直都享有判断余地。前述说明在此限度内,因而应受限制。纵使如此,裁量余地与经由不确定概念所赋与之判断余地间仍有区别。不确定概念在私法上对于下级法院,具有在公法上其对于行政机关类似的意义。下级法院关于不确定概念之适用的结果,属于上级法院,特别是台湾地区"最高法院"之审查的对象。其不正确之适用构成上诉第三审的理由。盖不确定概念之适用不是事实问题,而是法律问题。同理,除非行政机关对于不确定概念之解释有判断余地,否则,法院就行政机关之解释亦有审查权。反之,台湾地区"最高法院"对下级法院关于法律效力之裁量,则仅得审查其有无滥用或逾越权限的情形。只要其基于裁量所作之选择并无滥用或逾越权限的情形,则台湾地区"最高法院"对之并无审查权。以上关于裁量的观点,对依法律(例如"民法"第359条)或依当事人之意思(例如同法第309条)赋与当事人或第三人以裁量权(选择权)的情形,亦有适用性。亦即台湾地区"最高法院"对其行使亦得审查,是否有滥用或逾越权限的情形。只要其基于裁量所作之选择无滥用或逾越权限的情形,台湾地区"最高法院"对之并无审查权。^②

---

① "民法"第760条规定:"不动产物权之移转或设定,应以书面为之。"与该条配套之原因行为的要式规定为第166条之1第1项规定"契约以负担不动产物权之移转、设定或变更之义务为目标者,应由公证人作成公证书"。该项规定既是严格规定,亦是强行规定。违反该项规定之契约,依第73条,无效。但第166条之1第2项规定:"未依前项规定公证之契约,如当事人已合意为不动产物权之移转、设定或变更而完成登记者,仍为有效。"亦即当事人得以履行行为排除第166条之1第1项之要式规定的适用。这使该项规定在结果上,看似任意规定。不过,究其实际情形仍与典型的任意规定的情形不同。按在典型的任意规定,当事人单凭意思表示即得视情形,以单方行为或契约自始排除其适用。而在第166条之1第1项所定情形,违反该项规定之契约首先还是无效的。只是因其要式之欠缺后来因其履行而受补正,这相当于以一个兼有债权行为之新的物权行为替代原无效之契约。要之,该条第1项并不因其第2项之规定而不属于强行规定。

② Enn-Nipperdey, aaO. S. 310. 按买卖因物有瑕疵,而出卖人依前五条之规定,应负担保之责者,买受人得解除其契约或请求减少其价金("民法"第359条)。亦即就出卖人之物的瑕疵担保责任,买受人在解除契约或请求减少其价金间本有选择权。但依该条但书,依情形,解除契约显失公平者,买受人仅得请求减少价金。换言之,有该条但书规定之情形者,买受人如选择解除契约,其选择权之行使构成滥用。其结果,依该条但书之规定,台湾地区"最高法院"对其选择权之行使是否构成滥用,有审查权。关于税捐法上之裁量的审查,请参见 Englisch in: Tipke/Lang, *Steuerrecht*, 23. Aufl., Köln, 2018, § 5 Rz.151ff.。

3.命令行为之规定与授权规定

有一些法条的规范内容在于命令或禁止当事人为一定的作为或不作为。命令为一定行为之规定的规范形式主要以"……应……"表现出来,例如"公司每届会计年度终了,应将营业报告书、财务报表及盈余分派或亏损拨补之议案,提请股东同意或股东常会承认(第1项)。公司资本额达一定数额以上或未达一定数额而达一定规模者,其财务报表,应先经会计师查核签证;……(第2项)"("公司法"第20条)。命令的对象不限于人民,亦有以政府机关为其命令对象者。例如"公司之经营有违反法令受勒令歇业处分确定者,应由处分机关通知'中央'主管机关,废止其公司登记或部分登记事项"("公司法"第17条之1)。禁止为一定行为之规定的规范形式主要以"……不得……"表现出来,例如"民法"第31条规定"法人登记后,有应登记之事项而不登记,或已登记之事项有变更而不为变更之登记者,不得以其事项对抗第三人"。"公司法"第13条关于公司之转投资,第15条关于公司资金之贷与,第16条关于公司之保证,第19条关于公司未经设立登记不得营业的限制或禁止规定。有以"……违反……(之行为)无效"的方式,例如"公司法"第191条规定"股东会决议之内容,违反法令或章程者无效"。或以"……违反……负赔偿之责……"的方式表现出来,例如"公司法"第193条规定"董事会执行业务,应依照法令章程及股东会之决议(第1项)。董事会之决议违反前项规定,致公司受损害时,参与决议之董事,对于公司负赔偿之责。……(第2项)"。如上所述,有的禁止规定以一定之命令规定为前提。在"公司法"第193条之规定中,其第1项为命令规定,第2项为第1项之违反的禁止及其违反的效力规定。在此意义下,第1项兼具命令规定与禁止规定的属性。这类规定的特征为:命令规定与禁止规定在规范上常相表里。学说上称本类型为命令规定(Gebotsrechtssätze)。另外有一些法条的规范意旨在于授与当事人以一个法律上的地位,例如"民法"第765条关于所有权之内容的规定。这里授与其权利主体之法律上地位,称为所有权。其主体称为所有权人。学说上称本类型为授权规定(Gewährungsrechtssätze)①。要之,法规范不单单透过命令行为之规定(即命令规定),有时也透过授权规定,来规范或引导人类的共同生活。换言之,法规范并不单由前述二者之一所组成。授权规定之存在即被引为批评命令说之主要依据,已如前述[见前文一、(二)3.中关于命令说之批评]。

4.完全法条

法规范由法律规定组成,而法律规定又由法条所组成。法律规定为组成法规范之承上启下的单位,盖只有当法条在一个领导性的价值观点下组合成一个包含构成要件及法律效力之规定单元后,才能发挥不矛盾的规范功能。是故,由能否发挥规范功能的角度观之,原则上没有一个法条是完全的。唯为说明上的方便,还是按比较不求全的标准,将法条区分为完全法条与不完全法条,以说明法条与法条间的相互关系。从而这里所称之完全法条的完全性,应在这个意义下了解之。换言之,应该避免认为完全法条便是一种不依靠,亦即不联合其他法条,便能发挥规范功能之最简单的法律规定。

所谓完全法条,学说实际上仅用来指称已兼备构成要件与法律效力这二个要素,并将该

---

① Enn-Nipperdey, aaO. S. 199ff.; Jürgen Baumann, aaO. S. 68.

法律效力连结于该构成要件的单一法条。由于资格、能力、权限或权利之赋与，或义务之课予，实际上皆已具有赋与法律效力的性格，是故，具有资格、能力、权限或权利之赋与，或义务之课予的规范内容者，可论为这里所称之完全法条，应该都是没有疑义的。

那些仅具有命令为一定行为之规定的法条，其完全性便非无斟酌余地。盖命为一定行为之命令规定，其所命者可能是作为或不作为。① 命令为一定之作为者，可谓是狭义的命令规定；命令为一定之不作为者，可谓是禁止规定。② 因为依命令为一定之作为的命令规定，已得对于受命令者，在诉讼上或诉讼外请求为规定之作为，所以，此种规定已包含构成要件及法律效力的要素，可称为完全法条。反之，依仅命令为一定之不作为的禁止规定，不一定得对于受命令者在诉讼上或诉讼外为一定行为之请求。以为防止一定结果之发生，对于受命令者是否得在诉讼上或诉讼外事先请求为一定之行为，或只能事后就其违反行为加以制裁为标准，得将禁止规定类型化。在得事先请求为一定之行为的情形，得主动对受命令者提起不作为之诉，例如"民法"第 18 条第 1 项规定："人格权受侵害时，得请求法院除去其侵害；有受侵害之虞时，得请求防止之。"第 767 条规定："所有人对于无权占有或侵夺其所有物者，得请求返还之；对于妨害其所有权者，得请求除去之；有妨害其所有权之虞者，得请求防止之。"第 962 条规定："占有人，其占有被侵夺者，得请求返还其占有物；占有被妨害者，得请求除去其妨害；占有有被妨害之虞者，得请求防止其妨害。"这在诉讼法上之表现即是不作为之诉的提起。就损害之防止而言，损害防止请求权属于一种防卫性的请求。因此，其请求并不以有损害发生，或相对人有故意或过失为必要。③ 在这种情形，系争禁止规定（即命令不作为之规定）在此阶段便已能构成完全法条，盖其已具备完全法条之特征；对一定之构成要件连结一定之法律效力。

反之，在不得请求防止的情形，只能在违反行为发生时，依其制裁规定请求之。例如"民法"第 983 条关于近亲婚之禁止的规定，虽以命令不作为为其内容，但因没有任何人得依该条规定事先主动请求义务人不作为，则在没有对其违反行为之制裁规定的配合下，该条规定不具有促使特定人不作为的规范作用。是故，制裁规定之存在，成为该禁止规定之完全化所必需。"民法"第 988 条第 2 款之于"民法"第 983 条，即属于在法律效力的规范要素上，使"民法"第 983 条趋于完全之制裁规定。在无与之相配合之制裁规定时，便认为仅具有命令

---

① 不仅债之给付（"民法"第 199 条第 3 项），而且侵权行为构成要件中之不法行为皆不限于作为。不作为除可作为债之给付内容外，亦可能是导致损害之不法行为。唯"不作为应负侵权行为之责任者，以依法律或契约对于受损害人负有作为之义务者为限"（台湾地区"最高法院"1969 年台上字第 1064 号民事判决）。然所谓依法律……对于受损害人负有作为之义务，含防范因自己引起或管领之危险造成损害的义务。盖"侵权行为损害赔偿责任规范之目的乃在防范危险，凡因自己之行为致有发生一定损害之危险时，即负有防范危险发生之义务。如因防范危险之发生，依当时情况，应有所作为，即得防止危险之发生者，则因其不作为，致他人权利受损害，其不作为与损害有因果关系，应负不作为侵权行为损害赔偿责任"（台湾地区"最高法院"2001 年台上字第 1682 号民事判决）。

② 禁止规定中之禁止的意义，本来命令不为一定之行为。换言之，以命令不作为为其内容。是故，禁止规定事实上系以不作为为其内容之命令规定。此所以在行为之概念底下，命令规定的概念应得涵盖禁止规定。

③ 详请参见 Esser, *Schuldrecht*, 2. Aufl., Karlsruhe, 1960, § 211.

不作为之规范内容的规定,已是完全法条的见解,与学说上所了解之完全法条,并不相符。[1]

5.不完全法条

承前述关于完全法条之了解,不完全法条主要当指不具备法律效力之规范要素的规定。[2] 因为不具备法律效力之规范要素的规定,当然只能被用为进一步说明(例如"民法"第66条至第69条)、限制(例如"民法"第983条,"耕地三七五减租条例"第1条)或引用(例如"民法"第187条第4项、第347条、第197条第2项)另外一个法条或章节的依据。是故,这种法条若不与其他法条联合,以组成命令或授权规定,仅是法条的一部分或不完全的法条,在规范上不能发挥规范功能。盖法律只有当其已能对人类之共同生活给予规整性的影响时,才具有规范作用:对人类的生活一般地加以吓阻与引导。不完全法条之存在的必要性乃基于立法技术上的需要。在立法上,若欲将所有的法条皆规定成完全法条,那么各个法条势必或者一再重复彼此共同的部分,或者必须将很多事项规定在一个条文中,其结果,法条不但在结构上会更复杂,而且会显得臃肿不堪。[3] 有疑问的是,那些被说明、限制或引用的法条,是否因其待于说明、限制或引用,而在逻辑上不具有完全性。

需要说明的法条:法规范必须对一切应予规范的事项给予清楚的答案。由逻辑论,一个法条既然需要说明而后才清楚,而不清楚的法条不能对法律事实提供必要之规范上的答案,则是自明的道理。因此,当一个法条不能对其规范的对象,单独地给予清楚的答案时,便具有类似于法律漏洞意义下的不圆满性,亦即该法条具有漏洞。为使该法条能发挥其规范功能,必须补充该漏洞。在此意义下,需要其他法条加以说明之法条的不完全性,是存在的。

被限制的法条:限制的法条在逻辑上构成被限制法条之适用上的消极构成要件。为将被限制的法条适用到系争法律事实,一方面必须确认该法律事实已充分了被限制法条所规定之积极构成要件,另一方面还必须确认限制的法条所规定之消极构成要件未被充分。在此意义下,被限制的法条必须与限制它的法条一起被引用,才能正确地发挥如立法者所预期之规范功能,是没有疑义的。因此,其不完全性当也是明显的。在规定于限制法条中之消极构成要件不被充分的情形,实务上通常并不并引限制法条,而仅单独引用被限制的法条,并不足以引为否定被限制法条,实际上以限制法条所规定之事项为其消极构成要件之事实。至于限制法条之不完全性,由其所扮演之角色在于规定被限制法条之消极的构成要件观之,更无疑义。[4]

被引用的法条:被引用的法条相对于其本来规范的生活事实,若已具有完全法条之特征,则其相对于本来规范之生活事实的完全性,并不因其被引用来规范其他生活事实而丧失。唯该被引用的法条,若无系争引用法条之引用规定,对系争引用法条所规范之其他生活事实便无拘束力。换言之,被引用的法条对该生活事实之拘束力,来自引用法条的规定。因

---

[1] Enn-Nipperdey 将完全法条了解为那些以命令为一定行为或授与资格、能力、权限或权利为其内容之法条(aaO. S. 196)。关于不完全法条的说明,请另参见本书第六章。

[2] Enn-Nipperdey, aaO. S. 197.

[3] Enn-Nipperdey, aaO. S. 197; Larenz, aaO. (Fn.24), S. 252f.

[4] 限制的法条之规范态样,主要有:但书("民法"第188条第1项)、除外规定(同法第187条第2项、第320条)、消极要件(同法第230条、第356条、第358条)。因其规范作用属于消极构成要件,所以相对于积极要件所规定的情形具有移转举证责任的效力。

此,当援用被引用法条规范该生活事实时,必须将引用法条一起援用以明其规范基础。是故,相对于该生活事实,被引用法条并非完全法条。由此可知,法条之完全性,应相对于被规范之生活事实认定之,亦即法条之完全性的认定具有相对性。例如买卖规定中之完全法条,首先相对于买卖的生活事实,具有完全性,应无疑义。唯当其依"民法"第347条准用至买卖契约以外之有偿契约时,它的完全性便有疑义。按债法各论中关于买卖的规定,若无"民法"第347条之规定,非经法律补充,对于买卖契约以外之有偿契约本来并无适用。要之,买卖规定对非买卖之有偿契约的拘束力,来自"民法"第347条。因此,当引用买卖规定规范买卖契约以外之有偿契约时,必须并引"民法"第347条以明其规范基础。是故,相对于非买卖之有偿契约,买卖之规定一概皆非完全法条。

以上关于法条之完全性的说明,系由请求权基础(Anspruchsgrundlage)的观点立论。正如前述,欲对某一案型有关之法律规定作完整的说明,至少必须达于引用前述意义下之法律规定的规范层次,或甚至如法学方法论上常常要强调者,事实上已达于引用整个法规范之程度。但在实务上,这是不切实际的。所以事实上所要求于法院或其他主管机关者,亦当止于明白引用权利或义务所由发生之基础的法条(权利或义务的基础)。此为"刑事诉讼法"第264条第2项第2款及同法第310条第7款所明定。"民事诉讼法"对之虽未为像"刑事诉讼法"这样明白地规定,但"民事诉讼法"第226条第3项:"(判决)理由项下应记载关于攻击或防御方法之意见,及法律上之意见"之规定,应作相同之了解。盖该条项所定之法律上的意见,应指支持其在理由中所持法律见解之法律依据。法院之裁判倘可不引用其所据为裁判基础之法律条文,则不但第三人在事后将难以检证法院所持法律意见的对错,而且在审判的过程中,法院也失去自我检证的机会。法律思维的经验显示,人们首先常常直觉地认为拟被处理或正被处理之法律事实,应被赋与某种法律效力,然后再尝试为它找寻法律依据。然在法律依据的找寻过程中,常常由于更深入的考虑,而修正或甚至放弃对其本来直觉认为妥当之法律效力或其依据。事实上,常常在法律效力的预定及其法律依据之找寻间互为回馈的斟酌后,最后的法律效力始被决定下来。假若法院在裁判的理由中不必明白交代,其裁判之法条依据及该法条所以为适当之依据的理由,则无法被客观认知,法院在裁判的形成中是否曾为慎重思维的过程。当省略该过程,则法院凭直觉所作之裁判的正确性,便深深值得怀疑。①

要之,所谓完全法条与非完全法条的区别,应以系争法条在请求权基础的观点下

---

① 反对说,请参见姚瑞光:《民事诉讼法论》,作者自刊2004年版,第324页:"判决理由项下,是否必须记载所适用之法律条文须依具体事件分别情形定之。通常一般诉讼事件当事人对于请求原因之法律关系不争执,或应适用如何之法律为判断又极明显者,无须于判决理由项下,记载所适用之法律条文"。王甲乙、杨建华、郑健才:《民事诉讼法新论》,三民书局1975年版,第227页:"……关于所适用之法规,如当事人未主张反对之意见,无须多为解释或理论上之说明,亦不必皆援引其条文。"以上见解似乎认为包括法律事实之定性,即认定系争法律事实之法律上的意义,亦受当事人处分权主义或辩论主义之适用。按法院在裁判上系依当事人所提出之证据或陈述(包括自认、舍弃、认诺)认定事实,然后适用适当之法律裁判之,是故当事人所得自由处分者,在处分权主义所容许之范围内,首先当只限于法律事实的部分。换言之,其处分对法院就当事人所提出之事实,独立依自己之法律意见,适用法律进行裁判之职权,并无约束力。因此,所谓"当事人对于请求原因之法律关系不争执"时,法院"无须于判决理由项下,记载所适用之法律条文"的见解,便有商榷余地。又所谓"应适用如何之法律为判断又极明显者,无须于判决理由项下,记载所适用之法律条文",亦有流于凭直觉以为裁判的危险。

（Anspruchsgrundlage）是否单独地足为请求权之发生依据为标准。超出该层次的要求，徒使一切的法条被评定为不完全法条。法条在该意义下之不完全性，已在关于法条并非法规范之规范单位，而仅是构成法律规定之一部分的说明中，清楚地显示出来。是故，在理论的建构上，并没有在法条之相互关系的说明中予以重申的必要。由于这里所讨论之法条间的相互关系（说明、限制、引用的关系），以请求权之规范基础所形成的问题为其核心，故法条之完全性，相应地也当以是否足为请求权之规范基础为其标准。如是不但能使实务上及学说上关于请求权之规范基础的说明获得法学方法论上的理论基础，而且也使法学方法论上关于法条之相互关系的讨论，能落实到实体法上之法律关系的关键问题所在。① 兹将不完全法条依其立法技术区分如下：②

（1）说明性法条（erläutende Rechtssätze）

说明性的法条常常以定义的体裁为之。例如"民法"第 66 条至第 69 条的规定，即为适例。定义性的规定，固然常如第 66 条至第 69 条所示，因为只单纯地对系争法律用语给予定义性的说明，而不同时赋与法律效力（即命为一定之行为或授与一定之资格、能力、权限或权利），而具有不完全性。唯定义性的规定却不必然是不完全法条。例如"民法"第 1061 条规定："称婚生子女者，谓由婚姻关系受胎而生之子女。"该条固然属于定义性的规定，但因该条同时赋与具备"由婚姻关系受胎而生之子女"以"婚生子女"之法律地位的法律效力，故该条并不因具有定义性，而相对于婚生地位之认定被认为是不完全的。然当第 1061 条被引来说明第 1084 条所称之子女的意义时，其相对于第 1084 条以下关于亲子关系之规定，便具有不完全性。盖其任务只在说明第 1084 条以下规定中关于子女之构成要件要素的意义。一般说来，说明性的不完全法条之任务在于进一步比较详细地描述其他法条中之构成要件要素（即该构成要件所使用之概念、类型）或其法律效力，或进一步加以具体化、类型化或加以补充。例如"民法"第 66 条及第 67 条将物进一步类型化为不动产与动产，然后在"物权法"上，再针对物之不动产性与动产性，给予区别待遇。例如"民法"第 758 条至第 760 条关于产权之得丧变更的要件或方式，第 860 条以下及第 884 条以下关于担保物权之设定，不胜枚举。③ 又"民法"第 68 条第 1 项首先将物类型化为主物或从物，然后再以第 68 条第 2 项规定："主物之处分及于从物"；第 362 条规定："因主物有瑕疵而解除契约者，其效力及于从物（第 1 项）；从物有瑕疵者，买受人仅得就从物之部分为解除（第 2 项）"；以及第 862 条第 1 项规定："抵押权之效力及于抵押物之从物与从权利"。又如"民法"第 213 条以下就依其他规定所生损害赔偿之债的内容（法律效力），亦即就其损害赔偿方法，进一步地做了比较详细的补充，规定损害赔偿方法：以回复原状为原则，以金钱赔偿为例外。亦即先回复原状，后金钱赔偿。该二赔偿方法有先后位，而非选择的关系。唯就毁损他人之物的损害赔偿方法，第 196 条对于第 213 条做了些许调整。关于毁损他人之物的损害赔偿方法，经该调整，使回复原状与金钱赔偿处于选择关系。"民法"第 1061 条对第 1084 条以下关于亲子关系的规定中之构成要

① 关于请求权之规范基础的详细论证及举例，请参见王泽鉴：《法律思维与案例演习（请求权基础理论体系）》，作者自刊 2019 年增订版。

② Jürgen Baumann, aaO. S. 68ff.不完全法条之不完全性的发生乃基于立法技术上的需要。盖任何组成一个法律规定之数个法条实际上皆能够以虽然臃肿，但完全的体裁予以规范。

③ 事实上物权法即建立在将物区分为不动产与动产这个架构上。

件要素(子女),亦有类似的补充作用。①

"民法"债篇各论就其所定各种有名契约的类型做了不包含法律效力的定义性规定。是故,它们之单纯的说明性格较之德国民法相应的规定远为明显。像"民法"之规定方式的优点在于不引起下述误会:认为负担契约(负担行为)的法律效力非来自双方缔结负担契约之合意,而系来自对该等契约之(含有法律效力的)定义性规定。② 唯就所欲定义之对象的描写,定义性的规定并不一定皆能详尽为之,所以这些定义所描述的用语之解释或甚至补充的必要,并没有因其定义规定之存在而被排除。鉴于现代生活演进快速,应当避免定义规定之教条性的拘束,而应保留其一定之开放性,以适应后来相关事务之发展引起之调整的需要。

(2)限制性法条(einschränkende Rechtssätze)

法律使用之用语涵盖的范围,相对于其规范意旨如果太广,涵盖了其不应涵盖的事项,则必须透过其他要件要素或其他法条对该涵盖太广的用语给予限制,以使其适用可以被限制在适当的范围内。其限制的方法有:(1)利用在拟限制其适用范围之法条或法律规定之构成要件中,增加其要件要素。其要件要素之增加的态样,有在同一法条中附上但书、③嵌入

---

① 法学方法论上所谓之补充,系指填补本来应予规定而未规定之空白,以满足规范需要。"民法"上关于损害赔偿之规定,例如第 184 条以下(除第 196 条)关于侵权行为,以及第 226 条、第 231 条、第 260 条等关于债务不履行之规定,就其法律效力皆只简单提到应负损害赔偿责任。至于损害赔偿义务之内容或赔偿之方法为何,皆略而不提。是故,说明这些法条所定之损害赔偿内容或赔偿方法的规定,便具有补充性。盖该规定的作用在于填补那些"立法者"本来应予规定而未规定之空白。该补充性的说明法条,可以为了补充构成要件要素,也可以为了补充法律效力的内容而被制定。其制定方式,主要系于"立法"技术上的需要,当无所谓在性质上大多数适用在法律效力的情形。唯 Larenz 认为在德国立法例,补充性的说明法条(ausfüllende Rechtssätze)大多数用于法律效力之内容的说明[aaO. (Fn.24),S. 258]。

② 参照 Larenz, aaO. (Fn.24),S. 259.

③ 所谓但书,指法律规定中,在先做原则性之规定后,以"但"字开头并续以否定语法的规定。例如"民法"第 163 条之 1 规定:"因完成前条之行为而可取得一定之权利者,其权利属于行为人。但广告另有声明者,不在此限。"第 168 条规定:"但代理人有数人者,其代理行为应共同为之。但法律另有规定或本人另有意思表示者,不在此限。"第 169 条规定:"由自己之行为表示以代理权授与他人,或知他人表示为其代理人而不为反对之表示者,对于第三人应负授权人之责任。但第三人明知其无代理权或可得而知者,不在此限。"第 171 条规定:"无代理权人所为之法律行为,其相对人于本人未承认前,得撤回之。但为法律行为时,明知其无代理权者,不在此限。"这些但书规定皆具有原则之例外规定的特征。唯也有具备但书外观,而例外性格不明显者。例如"民法"第 154 条规定:"契约之要约人,因要约而受拘束。但要约当时预先声明不受拘束,或依其情形或事件之性质,可认当事人无受其拘束之意思者,不在此限(第 1 项)。货物标定卖价陈列者,视为要约。但价目表之寄送,不视为要约(第 2 项)。"盖其第 1 项所定者并非其要约全无拘束力,而是其拘束力之存续,视其保留之情形,可能受有时、空、数量或随意撤回的限制。唯只要受要约人在其拘束力之存续中承诺之,还是能缔结一个有效的契约。这是该项所定之意思表示依然是要约,而非要约诱引的道理所在。至于第 2 项但书所定者与其说是该项前段之例外,不如说是另一不同类型的厘清。盖价目表之寄送本来便不是货物标定卖价陈列。只是因为恐怕引起疑问,而特别以"立法"解释的方法明示其不同。

除外规定①或另项增加消极要件。(2)利用在另一法条增加消极要件者。

一个法条中既含有限制性要件要素者,同一法条中便含有限制的及被限制的部分。这主要以但书或除外规定的态样表现出来。限制性要件要素存在于被限制法条外之另一法条者,该用来限制一个法条之其他法条,学说及实务称为限制性的法条。这主要以消极要件的态样表现出来。例如"民法"第 2 条将第 1 条所称之习惯限制在不背于公共秩序或善良风俗之习惯。第 230 条规定"因不可归责于债务人之事由,致未为给付者,债务人不负迟延责任"。限制性法条之限制作用,在第 2 条系利用限缩另一个法条中之构成要件要素之定义范围的方法来达成;②在第 230 条系利用消极要件。至于第 356 条第 2 项、第 3 项系利用拟制承认其所受领之物无瑕疵,第 358 条第 2 项系利用推定于买卖目标物于受领时为无瑕疵,使物之瑕疵担保请求权不发生。

下述规定间的关系亦以消极要件的态样表现出来。唯这些法条间之原则与例外的关系,在表现形式上比较隐晦。关于善意受让的保护,"民法"第 948 条首先规定:"以动产所有权或其他物权之移转或设定为目的,而善意受让该动产之占有者,纵其让与人无让与之权利,其占有仍受法律之保护。"这可谓为:占有之善意受让应受保护的原则。唯紧接着,第 949 条规定:"占有物如系盗赃或遗失物,其被害人或遗失人,自被盗或遗失之时起,二年以内,得向占有人请求回复其物。"该条虽附有时效期间,但仍属对于前条规定的例外。不过,对于第 949 条所定之盗赃遗失物回复请求权,第 950 条又给予限制:"盗赃或遗失物,如占有人由拍卖或公共市场或由贩卖与其物同种之物之商人,以善意买得者,非偿还其支出之价金,不得回复其物。"此外,第 951 条亦规定:"盗赃或遗失物,如系金钱或无记名证券,不得向其善意占有人请求回复。"第 949 条限制第 948 条所规定之占有物的范围,第 950 条及第 951 条又限制第 949 条之占有物的范围。它们的限制方式同以占有之来源或取得的方式为其标准;申言之,就占有之取得来源论,第 949 条所规定者,较第 948 条所规定者多了一个特征,即占有之取得肇因于遗失或窃盗(包括抢夺、强盗等)。它们的共同特征是原占有人非基于其意思而失去占有。第 950 条所规定者,较第 949 条所规定者,又多了一个特征,即占有物虽系盗赃或遗失物,但占有人系由拍卖或公共市场或由贩卖与其物同种之物之商人善意买得者。第 951 条所规定者,较第 949 条所规定者,也多了一个特征,即占有物(盗赃或遗失物)系金钱或无记名证券。由以上的说明观之,对被限制之法条而言,限制的法条事实上具有消极的构成要件要素之功能。该消极构成要件要素必须与被限制法条中之积极的构成要件要素结

---

① 除外规定的语法为"……,除……外,……"。其作用与但书基本上相同。除外规定之内容属于例外,其对之除外之规定为原则。例如"民法"第 160 条第 1 项规定:"迟到之承诺,除前条情形外,视为新要约。"第 165 条第 1 项规定:"预定报酬之广告,如于行为完成前撤回时,除广告人证明行为人不能完成其行为外,对于行为人因该广告善意所受之损害,应负赔偿之责。但以不超过预定报酬额为限。"第 165 条之 3 规定:"被评定为优等之人有数人同等时,除广告另有声明外,共同取得报酬请求权。"第 175 条规定:"管理人为免除本人之生命、身体或财产上之急迫危险而为事务之管理者,对于因其管理所生之损害,除恶意或重大过失者外,不负赔偿之责。"第 178 条规定:"管理事务经本人承认者,除当事人有特别意思表示外,溯及管理事务开始时,适用关于委任之规定。"不过,除外部分,也有不属于例外,而反倒是原则规定者,例如第 181 条规定:"不当得利之受领人,除返还其所受之利益外,如本于该利益更有所取得者,并应返还。但依其利益之性质或其他情形不能返还者,应偿还其价额。"

② "民法"第 2 条这种规定实际上兼具说明性法条的性质。

合在一起,才能被了解,也才能发挥其规范功能。立法者所以采取这种规定方式,其目的或在避免臃肿、不美观或甚至难以理解的法条,或在通过原则与例外之规范模式,来分配当事人间的举证责任。①

由于被限制的法条之适用范围,直至法律上对其所加之限制产生作用后,才能被清楚地显示出来,所以,被限制法条与限制的法条必须结合在一起,才能构成"完全的法条"。换言之,分离地加以观察,它们在此意义下固然各皆仅是不完全的法条,但在前述权利(请求权)之规范基础的理论下,被限制法条并不必然是不完全的。盖限制性法条之得被引用来否定以被限制法条为基础的权利(请求权),以能证明限制性法条之消极构成要件已充分为前提。如果不能证明,则限制性法条当因构成要件未被充分而没有适用性,从而以被限制法条为基础之权利(请求权),便单纯地以该被限制法条为其规范基础。其结果,在法条的引用上,只引该被限制的法条及其他可能被并引的法条为已足,不必兼引与之有关之限制性法条。例如在前述例子中,若无第 949 条以下所定的情形存在,则善意占有之保护的法律依据为第948 条。在此限度内,第 948 条具有完全法条之性质。其不完全性,只在相对于占有物系盗赃或遗失物时,始然。设若占有物为盗赃或遗失物,且该占有物为金钱或无记名证券,则保护善意受让人之善意占有的规范依据为"民法"第 948 条、第 949 条以及第 951 条。在此情形下,它们三条便皆非完全法条;且第 949 条与第 951 条之不完全性,系自始已然。

立法者不一定将消极的构成要件要素一直规定在不同的法条中。只要情况许可,即只要将其规定在同一法条中,不至于使该法条太过臃肿、不美观或甚至不能被适当地了解,则消极的构成要件要素还是常常和积极的构成要件要素规定在同一个法条中。一般说来,法条之但书及除外规定即为适例。例如"民法"第 68 条第 1 项规定:"非主物之成分,常助主物之效用,而同属于一人者,为从物。但交易上有特别习惯者,依其习惯";第 71 条规定:"法律行为违反强制或禁止规定者无效。但其规定并不以之为无效者,不在此限";第 73 条规定:"法律行为不依法定方式者无效。但法律另有规定者,不在此限。"其中像"民法"第 71 条与第 73 条这种规定,自外表上观之,像是由一个条文构成一个兼具限制性法条与被限制法条的法条,但事实上它们是由两个以上的法条组成,亦即事实上它们系由存在于它们之外的其他法条来加以限制,例如第 74 条(暴利之禁止规定)、第 205 条(超额利息之禁止规定)与第449 条第 1 项(租赁期限之限制)等为第 71 条之限制规定。又如"民法"第 422 条(一年以上之不动产租赁契约的要式性)、第 1193 条(违反密封遗嘱之要式规定)与"票据法"第 24 条(对汇票应记载之事项的违反)等为"民法"第 73 条之限制规定。实际上"民法"第 68 条第 1 项但书中之习惯,亦具有同样的意义,盖习惯具有另外一个法条之性格。至于单纯地以法条本身之但书,而不再借助其他法条即可尽其限制本条规定的例子,例如"民法"第 82 条:"限制行为能力人所订立之契约,未经承认前,相对人得撤回之。但订立契约时知其未得有允许者,不在此限。"第 86 条规定:"表意人无欲为其意思表示所拘束之意,而为意思表示者,其意思表示不因之无效。但其情形为相对人所明知者,不在此限。"第 87 条规定:"表意人与相对人通谋而为虚伪意思表示者,其意思表示无效。但不得以其无效对抗善意第三人。"

由前述关于限制性法条与被限制法条间之关系[即限制性法条在构成要件上,比被限制

---

① Larenz, aaO. (Fn.24), S. 259.关于"原则与例外"关系在举证责任之分配上的意义,详请参见Rosenberg, *Die Beweislast*, 5. Aufl. 1965, S. 124ff., 388f。

法条至少多了一个附加的特征(构成要件要素),以及限制性法条与被限制法条联合适用之法律效力和被限制法条单独适用之法律效力不并容]观之,被限制法条与限制性法条间具有法条竞合之特征,且属于普通与特别这种法条竞合之类型。限制性法条并以相对于被限制法条之特别法的地位,优先于后者而被适用。是故 Larenz 赞同 Minas-v. Savigny 的见解,认为"一切的限制性法条因此可以被当成(与被限制法条相)竞合的法条看待。纵使这种竞合只是表见的(scheinbar),习惯上人们在一个法条,依其文义或依其在法律体系上的地位,清楚地表现其是另一法条之限制性法条的情形,并不将它们之间的关系称呼为竞合性的,而只有当其间的限制关系有疑义时,始当成竞合的关系来加以处理"①。

(3)引用性法条(verweisende Rechtssätze)

法条常在其构成要件或法律效力的规定中,引用其他的法条。这种法条在法学方法论上称为引用性法条。引用性法条的主要功能,由立法技术的观点论,在避免烦琐的重复规定或避免挂一漏万的规定;由法律适用的观点论,这种法条具有授权法院或其他主管机关为法律补充的功能。在允许法律补充的法域,这种法律补充之授权的意义,以类推适用为例,在于使适用法律的机关,于下述避免烦琐的重复规定之案型,不必为其类推适用,先行认定拟处理之案型与被类推适用(被准用)之法条所规定的案型间有类似性。至于在下述避免挂一漏万之规定的案型,法院或其他主管机关仍应附以理由说明拟处理之案型与系争法条所例示之案型间的类似性。在其他法律补充的案型,就所以得为如是补充,依此类推,亦可免除本来应该践行的说理。

①引用性法条与说明性法条之可能的关系

引用性法条常与说明性法条有关。在这种情形,被引用的法条说明引用性法条。唯这种与说明性法条有关之引用性法条和典型之引用性法条(即准用性法条),在外观上还是有一些区别。亦即在前者(非典型的情形),引用性法条并不明白使用"依……之规定""适用"或"准用"何条或何章节之规定的语法,而只是因为使用了某一用语,而为共同使用该用语的规定,特别是说明该用语的规定所引用。例如"民法"第 213 条第 1 项规定:"负损害赔偿责任者,除法律另有规定或契约另有订定外,应回复他方损害发生前之原状。"该项因为使用了"负损害赔偿责任者"这一用语,而被一切规定损害赔偿义务之法条所引用;同时该条项(即说明性法条)也说明了作为各该损害赔偿义务之发生基础的法条(即引用性法条)之法律效力的内容。②此为引用其他法条之内容作为法律效力的情形。此外,亦有引用其他法条之

---

① Larenz, *Methodenlehre der Rechtswissenschaft*, 6. Aufl., Springer-Verlag 1991, S. 267 Anm. 26.

② 在这种情形,Larenz 认为《德国民法典》第 249 条(相当于台湾地区"民法"第 213 条)一方面是作为损害赔偿发生基础的法条之法律效力的说明性法条[aaO. (Fn.55), S. 258],另一方面又认为该条系它们的引用性法条[aaO. (Fn.55), S. 260f.]。亦即《德国民法典》第 249 条,相对于那些作为损害赔偿义务之发生基础的法条,同时兼具说明性与引用性法条之性格。在引用性法条之功能系为避免烦琐之重复规定的假定下,若谓引用性法条对其所引用的法条兼具说明性法条的性格,是不合逻辑的。盖逻辑上必须被引用的法条具有说明引用性法条中之一部分用语,才有简化引用性法条的功能。例如"民法"第 422 条规定:"不动产之租赁契约,其期限逾一年者,应以字据订立之,未以字据订立者,视为不定期限之租赁。"依前述关于说明性法条的说明,"民法"第 66 条为"民法"第 422 条之说明性法条是没有疑问的。而进一步观察第 66 条及第 422 条,与其说前者引用了后者,不如说后者引用了前者。正因为前者能够分别为各个使用"不动产"这个用语之法条(例如"民法"第 445 条第 1 项、第 758 条、第 760 条、第 773 条以下、第 860 条以下等)所引用,它才因说明性的功能,而使被说明的法条能透过引用说明性的法条,发挥简化法律规定的功能。

内容作为构成要件的情形,例如"民法"第 422 条、第 445 条第 1 项、第 758 条以及第 769 条等关于不动产的规定,自然引用第 66 条第 1 项关于不动产之定义规定,说明其构成要件要素。

②引用性法条的类型

兹将避免烦琐的重复规定与避免挂一漏万的规定,分述如下:

A. 避免烦琐的重复规定

在本类型中,法律常以拟处理之案型与拟引用之法条所规定之案型的相同与否,或其类似性的高低为标准,分别使用不同的字眼或语法,表现其间之引用关系。常用的字眼或语法可分为下述几类:一是"适用(关于)……之规定";二是"准用……之规定"或"比照……之规定";三是"……亦同","……有同一效力";四是"依(关于)……之规定"。兹分述之:

a."适用(关于)……之规定"

这种语法用于:拟处理之案型与拟引用之法条所规范之案型之抽象的法律事实实际上同一,或在规范上被评价为同一的情形。例如"民法"第 87 条第 2 项规定:"虚伪意思表示,隐藏他项法律行为者,适用关于该项法律行为之规定。"第 529 条规定:"关于劳务给付之契约,不属于法律所定其他契约之种类者,适用关于委任之规定。"第 569 条第 2 项规定:"前项规定,于居间人已为报告或媒介而契约不成立者,适用之。"第 577 条规定:"行纪,除本节有规定者外,适用关于委任之规定。"第 651 条规定:"前条之规定,于受领权之归属有诉讼,致交付迟延者适用之。"第 657 条规定:"运送人对于旅客所交托之行李,纵不另收运费,其权利义务,除本款另有规定外,适用关于物品运送之规定。"第 696 条规定:"以合伙契约,选任合伙人中一人或数人为清算人者,适用第 674 条之规定。"第 583 条第 1 项规定:"行纪人为委托人之计算所买入或卖出之物,为其占有时,适用寄托之规定。"第 178 条规定:"管理事务经本人承认者,除当事人有特别意思表示外,溯及管理事务开始时,适用关于委任之规定。"等等使用"适用"字眼的规定,具有一个共同特征,即拟处理之案型与被适用(引用)之法条规定之案型所涉抽象的法律事实,或者根本就是同一(前引自"民法"第 87 条至第 696 条之案型即为适例),或者可评价为同一(例如前引"民法"第 683 条)。或者由于事后之追认而宜被等同于事前同意处理,从而在规范上认为,其与被适用(引用)之法条规定之案型所涉法律事实同一(例如"民法"第 178 条)。在这种情形,既然拟处理之案型的法律事实之特征与引用之法条所处理之案型的法律事实之特征实际上同一,或评价为同一,则为避免烦琐的重复规定,引用其他法条既有之规定,自为最简洁明了的"重复"①。

b."准用……之规定"或"比照……之规定"

这种用语用于:拟处理之案型与拟引用之法条所规范之类型之抽象的法律事实虽不相同,但却类似,从而基于平等原则,对它们应做同一处理的情形。然由于它们之间究竟只是类似而不相同,故"准用"与"适用"在范围上仍有区别。亦即在准用的情形,一直必须注意系争二个法律事实间之特征上的差异,并针对该差异,慎重地认定为拟处理之案型,是否有限

---

① 这些法条各自规定之法律事实的特征既然同一,则其规定之并存,自然构成对同一法律事实的重复规定。在法律的规范规划上,有时为了避免由于具体化可能引起之一般规定是否尚有适用性的疑虑,适度的重复还是必要的。为使这种重复不流于烦琐,引用性法条的制定诚为适当的手段。

制或修正拟准用之法条的必要。① 该考虑对以下三个案型,亦即"……亦同""……有同一效力"或"依(关于)……之规定",亦有其适用性。

"准用"的案型,又可进一步细分为下述几种:

(i)拟处理的案型与拟准用之法条所规范之案型,有时相对于系争问题,就其法律上重要之点而论,其法律事实之特征实际上是相同的。例如"民法"第103条规定:"代理人于代理权限内,以本人名义所为之意思表示,直接对本人发生效力(第1项)。前项规定,于应向本人为意思表示,而向其代理人为之者,准用之(第2项)。"该条第1项与第2项所规定之客体的差异,仅在主动(代为)或被动(代受)意思表示。而该差异对本条规定之问题,即代理行为是否应直接对本人发生效力,并没有意义。是故,它们之间就法律上重要之点论,并没有区别。又如第163条规定:"前条之规定,于承诺之撤回准用之。"该条所定案型与其所拟准用之法条(第162条)规定者之差异,仅在前者为承诺,而后者为要约。该差异对该二条文规定之问题,即意思表示之撤回,并无意义。换言之,就其规范者为意思表示之撤回论,二者所规范之对象同为意思表示,没有区别。再如第377条规定:"以权利为买卖之目标,如出卖人因其权利而得占有一定之物者,准用前四条之规定。"固然相对于物之买卖与权利之买卖,"物"之意义有轻重之别,但就该条所定法律问题(物之瑕疵)而言,所涉法律事实并无差异。第602条第1项规定:"寄托物为代替物时,如约定寄托物之所有权移转于受寄人,并由受寄人以种类、质量、数量相同之物返还者,为消费寄托。自受寄人受领该物时起,准用关于消费借贷之规定。"就系争目标物之所有权的归属而论,消费寄托与消费借贷并无两样,从而其规范需要自然相同。因此,可为相同之规范。唯为凸显消费寄托与消费借贷终究不属于相同类型,将原来关于消费寄托"适用关于消费借贷之规定",于2000年4月26日修正为"准用关于消费借贷之规定"。所以规定消费寄托准用消费借贷之规定,而非消费借贷准用消费寄托之规定,乃因相对于消费寄托,消费借贷比较常见。不过,为彰显存款之非融资性质,对于金融机构之存款关系,实务上定性为消费寄托。其结果,以数量论,交易上消费寄托可能多于消费借贷。第81条规定:"限制行为能力人于限制原因消灭后,承认其所订立之契约者,其承认与法定代理人之承认,有同一效力(第1项)。前条规定,于前项情形准用之(第2项)。"该条第2项所规定者为承认权人之相对人的催告权。按该催告权之赋与为各种承认权所共同,其功能在于能比较早地结束由于承认权之存在而引起之不确定状态,以缓和效力未定对于相对人构成的负担。因之,同样可谓其规范之法律事实的特征相同。第957条规

---

① 鉴于"准(用)"系以与明文规定者,或与典型者有一定之类似性为基础,所以,不涉及有权、无权或真、假的问题。例如占有与准占有之区别不在于占有人之有权或无权占有系争目标,而在于系争目标之为有体物或无体物(无体财产权)。对于有体物有事实上管领之力为占有(第940条),对于表征无体财产权之信物(通常为证明权利之文件)有事实上管领之力为准占有。至于第966条规定,不论是否占有表征无体财产权之信物,只要是行使该财产权之人,即为准占有人,并不是正确的立法解释。债权之移转的行为所以定性为准物权行为的意旨亦是如此。因所移转者是债权,而非物权;所以当其移转行为有处分行为之效力时,将之称为准物权行为,以与典型之物权行为相区别。

定"恶意占有人,因保存占有物所支出之必要费用,①对于回复请求人,得依关于无因管理之规定,请求偿还"。在此所谓依无因管理之规定,含其构成要件及法律效力。必须特别注意的是:适法及不适法无因管理与不当得利有关规定在适用上的关系。②

(ii)在下述案型,其法律事实与拟引用之法条所规范之案型的法律事实间存在着比较大的差异。亦即首先它们实际上是不同的。所同者是由这些法律事实分别引起之法律效力相同或类似。在这种情形,系争法律效力已是下一阶段之法律适用上的法律事实(小前提)。在此意义下,为其下一阶段之法律的适用,其法律事实是相同或类似的。例如"民法"第 114 条第 2 项规定:"当事人知其得撤销,或可得而知者,其法律行为撤销时,准用前条之规定。"撤销引起之法律效力:使系争法律行为溯及地归于无效(同条第 1 项:视为自始无效),与自始无效同。故撤销与自始无效在本条第 2 项所规定之法律问题的处理上,应受同等待遇。又如第 342 条规定:"第 321 至第 323 条之规定,于抵销准用之。"按抵销,与本来意义之清偿,只是手段不同而已。故与清偿上之抵充有关的规定,对于抵销自应同有其适用性。再如第 288 条规定:"连带债权人中之一人,向债务人免除债务者,除该债权人应享有之部分外,他债权人之权利,仍不消灭(第 1 项)。前项规定,于连带债权人中之一人,消灭时效已完成者,准用之(第 2 项)。"消灭时效之完成固不引起请求权之消灭,而只使债务人得拒绝给付(第 144 条第 1 项)。但就其效果论,则与本权已经消灭没有大异。盖非出于债务人之自愿,债权人实际上已不能为有效果之请求。然鉴于时效之完成以及债务之免除效力的相对性(亦即谁对谁免除,或谁对谁的请求权罹于时效),故在连带债权的情形,关于其效力,首先应同样地限制在系争相对人间。至其对其他连带债权人的效力,相应地也当以该债权人所应

---

① 台湾地区"最高法院"1954 年台上字第 433 号判例:"上诉人就其占有之系争房屋,关于建筑未完工部分出资修建,系在被上诉人向原所有人某甲买受之后,业经双方因本权涉讼,上诉人受败诉之判决确定在案。依'民法'第 959 条之规定,上诉人自本权诉讼系属发生之日起,即应视为恶意占有人,固不得依同法第 955 条,以改良占有物所支出之有益费用为原因,请求偿还。唯恶意占有人因保存占有物所支出之必要费用,对于回复请求人,依关于无因管理之规定请求偿还,仍为同法第 957 条之所许。"占有人对于占有物支出费用者,其返还请求权固有"民法"第 955 条及第 957 条分别为善意占有人及恶意占有人之规范依据。深究之,其实质上的道理又如何? 如果依不当得利,得请求返还与否,系于所有权人是否因该费用之支出而获有利益;如果依无因管理,则系于其究为适法或不适法无因管理。第 955 条显然将善意占有人对于占有物支出有益费用论为适法无因管理;至于恶意占有人支出必要费用究竟论为适法或不适法无因管理,自第 957 条观之,尚不明朗。从其属于不真正无因管理中之不法管理观之,应论为不适法无因管理。

② 当满足适法无因管理之要件时,无因管理规定(特别是第 176 条)之适用与否,本人无权决定。反之,在不适法无因管理,本人有三种选择可能:选择承认(第 178 条),以适用关于委任之规定;选择享有因管理所得之利益,并在所得利益的限度内负管理费用的返还义务;既不承认,也不选择享有因管理所得之利益,而依不当得利的规定返还取得之管理利益。台湾地区"最高法院"2002 年台上字第 887 号民事判决:"1999 年 4 月 21 日修正、2000 年 5 月 5 日施行前之'民法'债编第 177 条,固未如修正后之第 2 项增设有'准无因管理'之规定而得准用同条第 1 项'未尽义务人无因管理'(按指:不适法无因管理)之规定向本人请求其所得之利益,且该准无因管理人明知他人之事务而以自己之利益为管理,如属恶意之不法管理,衡诸诚信原则,亦不得径依同法第 816 条按关于不当得利之规定请求偿金。唯该准无因管理人若为恶意占有人,其因保存占有物不可欠缺所支出之必要费用,自仍得依关于无因管理之规定对本人请求偿还,此观同法第 957 条规定甚明。"依上述说明,究竟哪方当事人有权选择依什么规定请求偿还费用或返还利益,必须视具体情况而定。至于是否得依第 816 条按关于不当得利之规定请求偿金,不是系于其请求是否违反诚信原则,而是系于本人有无选择依无因管理或不当得利的规定规范双方关系的权利。

享有之部分为限。又如第 263 条规定："第 258 条及第 260 条之规定,于当事人依法律之规定终止契约者,准用之。"纵使终止不具有溯及效力,此与解除不同。但就向将来的部分而论,终止与解除皆有使系争契约归于消灭的效果。故将解除的规定准用于终止,就其向将来的部分而言,亦属以类似或相同(向将来的部分)的法律效力为其准用的依据。

(iii)有时法律也以拟处理之案型与被引用之法条所规定的案型之法律事实虽不相同,但因其实际上引起相同或类似的结果,而以之作为它们应做相同处理之依据。盖在这种情形,该相同或类似的结果已是下一阶段之法律适用上的法律事实(小前提)。在此意义下,为其下一阶段之法律的适用,其法律事实是相同或类似的。例如"民法"第 253 条:"前三条之规定,于约定违约时应为金钱以外之给付者,准用之。"违约罚之内容为何,只要无不能、不法或不确定的情形皆可。所以,其内容不重要是显然的。重要的是其幅度。又如第 426 条规定:"出租人就租赁物设定物权,致妨碍承租人之使用收益者,准用第 425 条之规定。"第 436 条规定:"前条规定,于承租人因第三人就租赁物主张权利,致不能为约定之使用收益者准用之。"在这两条所定的情形,重要的是租赁物能不被干扰地供如所约定之使用。又在第 813 条规定:"动产与他人之动产混合,不能识别或识别需费过巨者,准用前条之规定。"在该条所定情形,重要的是不能再予分离,或其分离需费过巨,而附合或混合在事实上皆可能引起不能分离或分离需费过巨的情形。第 187 条第 4 项规定:"前项规定,于其他之人,在无意识或精神错乱中所为之行为致第三人受损害时,准用之。"在该条所定情形,重要的是行为人无识别能力。在无意识或精神错乱中侵害他人权利者,在行为时既无识别能力,则与无识别能力之无行为能力人或限制行为能力人相同,皆无责任能力。是故,在有该条第 3 项所定情事时,在无意识或精神错乱中侵害他人权利者,当然也应同样地负衡平责任。这种法律事实不同,但其实际上影响相同的案型,法律有时使用"比照"[①]的字眼,而不使用"准用"的字眼,唯其功能还是相同的。例如第 89 条规定:"意思表示,因传达人或传达机关传达不实者,得比照前条之规定撤销之。"第 318 条第 3 项规定:"给付不可分者,法院得比照第 1 项但书之规

---

① 唯"民法"有时虽使用"比照"之字眼,但它并不意味着系争法条在准用另一个规定。其意义实际上可能系指"按其比例"而言。例如第 251 条规定:"债务已为一部履行者,法院得比照债权人因一部履行所受之利益,减少违约金。"其实,以"按其比例"规范一部不能引起之对待给付的调整需要,第 266 条第 1 项已有明文:"因不可归责于双方当事人之事由,致一方之给付全部不能者,他方免为对待给付之义务;如仅一部不能者,应按其比例,减少对待给付。"按"比照"系由"比附援引"而来。其本来的意义在"类推适用"这个层次。是故,第 251 条将之相异于第 89 条与第 318 条第 2 项而为使用,实有紊乱法律用语之定义的缺点。此为立法技术上亟应避免之缺失。

定,许其缓期清偿。"①此外,那些整章整节规定之准用,也多属于本类型。它们的特征是彼此分别所规范的法律事实虽然不同,但就系争问题,其法律上重要之点却是相同的。例如"民法"第 347 条规定:"本节规定,于买卖契约以外之有偿契约准用之。但为其契约性质所不许者,不在此限。"第 398 条规定:"当事人双方约定互相移转金钱以外之财产权者,准用关于买卖之规定。"第 399 条规定:"当事人之一方,约定移转前条所定之财产权,并应交付金钱者,其金钱部分,准用关于买卖价金之规定。"第 883 条规定:"本章抵押权之规定,于前条抵押权及法定抵押权准用之。"第 901 条规定:"权利质权,除本节有规定外,准用关于动产质权之规定。"第 41 条规定:"清算之程序,除本通则有规定外,准用股份有限公司清算之规定。"

c."……亦同"或"……有同一效力"

本案型之特征,首先在它们通常被用于法律效力的准用上,其次是它们所在之法条拟处理之案型与拟引用之法条所规范之案型所涉之法律事实同属于一个上位类型。这些法律事实间,除了具有使它们同属于该上位类型所必要之共同特征外,或者由于其间之个别的差异太大,欠缺引用"准用……之规定"的规范方式所必需之类似性;或者由于其法律上意义之特征相同,个别差异太小,不适合引用"准用……之规定"的规范方式。

差别太大,不具类似者,例如"民法"第 1146 条第 2 项规定:"前项回复请求权,自知悉被侵害之时起,二年间不行使而消灭;自继承开始时起逾十年者,亦同。"第 197 条第 1 项规定:"因侵权行为所生之损害赔偿请求权,自请求权人知有损害及赔偿义务人时起,二年间不行使而消灭,自有侵权行为时起,逾十年者亦同。"第 360 条规定:"买卖之物,缺少出卖人所保证之质量者,买受人得不解除契约或请求减少价金,而请求不履行之损害赔偿;出卖人故意不告知物之瑕疵者亦同。"第 416 条第 2 项规定:"前项撤销权,自赠与人知有撤销原因之时起,一年内不行使而消灭。赠与人对于受赠人已为宥恕之表示者,亦同。"第 144 条第 2 项规定:"请求权已经时效消灭,债务人仍为履行之给付者,不得以不知时效为理由,请求返还;其以契约承认该债务,或提出担保者,亦同。"第 61 条规定:"依第 606 条至第 608 条之规定所生之损害赔偿请求权,自发见丧失或毁损之时起,六个月间不行使而消灭;自客人离去场所后,经过六个月者,亦同。"第 971 条规定:"姻亲关系,因离婚而消灭,结婚经撤销者亦同。"第 184 条第 1 项规定:"因故意或过失,不法侵害他人之权利者,负损害赔偿责任。故意以背于善良风俗之方法,加损害于他人者亦同。"第 185 条第 1 项规定:"数人共同不法侵害他人之权利者,连带负损害赔偿责任。不能知其中孰为加害人者亦同。"

---

① 一部不能在法律上常比例地依全部不能的规定处理之。此际就其依比例论,相对于给付不能的部分,其给付不能与全部不能相同。故在法律事实上并没有差异,其等同待遇的要求,不待于准用或比照而然。唯相对于债务人无为部分给付之权利,苟有部分之给付不能,其所引为依据之契约的存在,便可能受到影响。是故这种案型相对于全部不能的案型,为了清楚的需要,有必要分别为尚为有效,以及已因不能而无效的部分,重申本来为全部之给付所作之规定。在这种情形,为了避免重复的烦琐规定,便有使用引用性法条的必要。至于其引用的方式,若强调拟处理案型与被引用之法条所处理之案型之相同性,则以"适用(关于)……之规定"的方式为之;反之,若强调其间之任何被认为有意义的差异,便以"准用……的规定"之方式为之。关于"准用……之规定"的方式,"民法"第 247 条规定:"契约因以不能之给付为目标而无效者,当事人于订约时知其不能或可得而知者,对于非因过失而信契约为有效致受损害之他方当事人,负赔偿责任(第1项)。给付一部不能,而契约就其他部分仍为有效者,或依选择而定之数宗给付中有一宗给付不能者,准用前项之规定(第2项)。"该条规定即为适例。

差别太小,不适合以类似为理由,规定得为准用者,例如"民法"第1203条:"遗嘱人因遗赠物灭失、毁损、变造或丧失物之占有,而对于他人取得权利时,推定以其权利为遗赠;因遗赠物与他物附合或混合而对于所附合或混合之物取得权利时亦同"(同为代位物)①。第262条规定:"有解除权人,因可归责于自己之事由,致其所受领之给付物有毁损、灭失或其他情形不能返还者,解除权消灭;因加工或改造,将所受领之给付物变其种类者亦同"(同属返还义务陷于给付不能)。第75条规定:"无行为能力人之意思表示,无效;虽非无行为能力人,而其意思表示,系在无意识或精神错乱中所为者亦同"(同属无意思能力)。第271条规定:"数人负同一债务或有同一债权,而其给付可分者,除法律另有规定或契约另有订定外,应各平均分担或分受之;其给付本不可分而变为可分者,亦同"(终极地同属可分之给付)。第179条规定:"无法律上之原因而受利益,致他人受损害者,应返还其利益。虽有法律上之原因,而其后已不存在者,亦同"(同属无法律上之原因)。第945条规定:"占有,依其所由发生之事实之性质,无所有之意思者,其占有人对于使其占有之人表示所有之意思时起,为以所有之意思而占有;其因新事实变为以所有之意思占有者亦同"(同属事后变为自主占有)。②第323条规定:"清偿人所提出之给付,应先抵充费用,次充利息,次充原本;其依前二条之规定抵充债务者亦同"(同为债务之抵充)。第1212条规定:"遗嘱保管人知有继承开始之事实时,应即将遗嘱提示于亲属会议;无保管人而由继承人发见遗嘱者亦同"(同为遗嘱之保管)。第930条规定:"动产之留置,如违反公共秩序或善良风俗者,不得为之;其与债权人所承担之义务,或与债务人于交付动产前或交付时所为之指示相抵触者亦同"(本条后段所规范的案型为前段所规范者之具体化)。第608条第2项规定:"主人无正当理由拒绝为客人保管前项物品者,对于其毁损、丧失,应负责任。其物品因主人或其使用人之故意或过失而致毁损、丧失者,亦同"(前段所规范的案型为后段所规范者之具体化)。

至于"……有同一效力"这个用语,则几乎都用于拟处理之案型与拟被引用之法条所规范之案型所涉法律事实不同的情形。它们所以被赋与同一法律效力的理由与"……亦同"之案型一样地,系基于同一之规范上的评价。本案型之例子,例如"民法"第3条:"如有用印章代签名者,其盖章与签名生同等之效力(第2项)。如以指印、十字或其他符号代签名者,在文件上,经二人签名证明,亦与签名生同等之效力(第3项)。"第81条第1项规定:"限制行为能力人于限制原因消灭后,承认其所订立之契约者,其承认与法定代理人之承认,有同一效力。"第129条第2项规定:"左(下)列事项,与起诉有同一效力:一、依督促程序,声请发支付命令。二、声请调解或提付仲裁。三、申报和解债权或破产债权。四、告知诉讼。五、开始执行行为或声请强制执行。"第229条第2项规定:"给付无确定期限者,债务人于债权人得请求给付时,经其催告而未为给付,自受催告时起,负迟延责任,其经债权人起诉而送达诉状,或依督促程序送达支付命令,或为其他相类之行为者,与催告有同一之效力。"第297条

---

① 在"民法"第1203条后段规定之情形,因添附丧失权利而受损害者,依第816条取得之不当得利返还请求权,以受遗赠人为债务人。

② 本条后段所规定者,与第161条第1项所规定之意思实现类似。

第 2 项规定："受让人将让与人所立之让与字据提示于债务人者,与通知有同一之效力。"①第 629 条规定："交付提单于有受领物品权利之人时,其交付就物品所有权移转之关系,与物品之交付有同一之效力"②"民事诉讼法"第 380 条第 1 项:"和解成立者,与确定判决有同一之效力。"

d."依(关于)……之规定"

"依(或适用)左列(或下列)(各款)之规定"的语法,用来规划引用性法条之规范模式。其立法技术上之意义,主要在于避免重复,或启示引用规定与被引用规定间之事务上的关联,或其间之共通的事项。

项文中有法律效力之规定者,各款只规定连结该效力之不同的构成要件。在这种情形,各款所引起之效力之具体目的如果不同,则这些构成要件虽然规定在同一条文中,其实与规定在不同条文无异。不过,其各款所规定之构成要件类型间,原则上会有一定之事务上的关联,或至少有共同之评价的观点为其所以规定在一起的考虑基础。例如"民法"第 247 条之 1 规定:"依照当事人一方预定用于同类契约之条款而订定之契约,为左(下)列各款之约定,按其情形显失公平者,该部分约定无效:一、免除或减轻预定契约条款之当事人之责任者。二、加重他方当事人之责任者。三、使他方当事人抛弃权利或限制其行使权利者。四、其他于他方当事人有重大不利益者。"其效力规定之具体目的如果相同,则可能因其目的相同,而使其连结之法律效力发生之请求权或形成权(规范)构成竞合。

请求权竞合者,例如第 750 条第 1 项:"保证人受主债务人之委任,而为保证者,有左(下)列各款情形之一时,得向主债务人请求除去其保证责任:一、主债务人之财产显形减少者。二、保证契约成立后,主债务人之住所、营业所或居所有变更,致向其请求清偿发生困难者。三、主债务人履行债务迟延者。四、债权人依确定判决得令保证人清偿者。"

---

① 台湾地区"最高法院"1953 年台上字第 626 号判例:"债权之让与,依'民法'第 297 条第 1 项之规定,虽须经让与人或受让人通知债务人始生效力,但不以债务人之承诺为必要,而让与之通知,为通知债权让与事实之行为,原得以言词或文书为之,不需何等之方式,故让与人与受让人间成立债权让与契约时,债权即移转于受让人,除法律另有规定外,如经让与人或受让人通知债务人,即生债权移转之效力。至同法条第 2 项所谓受让人将让与人所立之让与字据提示于债务人,盖使债务人阅览让与字据,可知让与之事实与通知有同一之效力,并非以提示让与字据为发生债权让与效力之要件。"该判例并没有适切地将该条第 2 项所定"受让人将让与人所立之让与字据提示于债务人"之法律上意义阐释出来。按受让人以出示"让与人所立之让与字据"作为对债务人通知方法的意义在于:使该通知兼具由让与人通知的效力。从而在让与人纵未为让与或让与无效时,债务人仍得以其对抗受让人之事由,对抗让与人(第 298 条第 1 项:表见让与)。此外,判例要旨中所称"让与人与受让人间成立债权让与契约时,债权'即移转于受让人',除法律另有规定外,如经让与人或受让人通知债务人,'即生债权移转之效力'"亦是矛盾。盖债权既于让与契约成立时"即移转于受让人",即不再附有生效要件。而其后所谓"经让与人或受让人通知债务人,'即生债权移转之效力'"是生效要件的语法。第 297 条第 1 项前段规定:"债权之让与,非经让与人或受让人通知债务人,对于债务人不生效力。"其实,该项是债权让与契约之对抗要件,而非生效要件的规定。亦即该项采通知对抗主义,而非通知生效主义。

② 按提单所表征者系一种证券债权,以请求返还托运物为其内容。其以让与为目的之交付,属于提单持有人(让与人)对于运送人之托运物返还请求权的让与(指示交付)。该指示交付可以代替动产物权之让与所需之现实交付(第 761 条第 3 项)。第 629 条所定"交付提单于有受领物品权利之人时,其交付就物品所有权移转之关系,与物品之交付有同一之效力"当指第 761 条第 3 项所定,以指示交付代替现实交付而言。

　　形成权竞合者,例如第 416 条第 1 项规定:"受赠人对于赠与人,有左(下)列情事之一者,赠与人得撤销其赠与:一、对于赠与人、其配偶、直系血亲、三亲等内旁系血亲或二亲等内姻亲,有故意侵害之行为,依刑法有处罚之明文者。二、对于赠与人有扶养义务而不履行者。"第 458 条规定:"耕作地租赁于租期届满前,有左(下)列情形之一时,出租人得终止契约:一、承租人死亡而无继承人或继承人无耕作能力者。二、承租人非因不可抗力不为耕作继续一年以上者。三、承租人将耕作地全部或一部转租于他人者。四、租金积欠达两年之总额者。五、耕作地依法编定或变更为非耕作地使用者。"第 472 条规定:"有左(下)列各款情形之一者,贷与人得终止契约:一、贷与人因不可预知之情事,自己需用借用物者。二、借用人违反约定或依物之性质而定之方法使用借用物,或未经贷与人同意允许第三人使用者。三、因借用人怠于注意,致借用物毁损或有毁损之虞者。四、借用人死亡者。"第 687 条规定:"合伙人除依前二条规定退伙外,因左(下)列事项之一而退伙:一、合伙人死亡者,但契约订明其继承人得继承者,不在此限。二、合伙人受破产或禁治产之宣告者。三、合伙人经开除者。"第 708 条规定:"除依第 686 条之规定得声明退伙外,隐名合伙契约,因左(下)列事项之一而终止:一、存续期限届满者。二、当事人同意者。三、目的之事业已完成或不能完成者。四、出名营业人死亡或受禁治产之宣告者。五、出名营业人或隐名合伙人受破产之宣告者。六、营业之废止或转让者。"第 738 条规定:"和解不得以错误为理由撤销之。但有左(下)列事项之一者,不在此限:一、和解所依据之文件,事后发见为伪造或变造,而和解当事人若知其为伪造或变造,即不为和解者。二、和解事件,经法院确定判决,而为当事人双方或一方于和解当时所不知者。三、当事人之一方,对于他方当事人之资格或对于重要之争点有错误,而为和解者。"

　　项文中无法律效力之规定者,各款除有不同之构成要件外,还有与之连结之不同的法律效力。例如:第 249 条规定:"定金除当事人另有订定外,适用左(下)列之规定:一、契约履行时,定金应返还或作为给付之一部。二、契约因可归责于付定金当事人之事由,致不能履行时,定金不得请求返还。三、契约因可归责于受定金当事人之事由,致不能履行时,该当事人应加倍返还其所受之定金。四、契约因不可归责于双方当事人之事由,致不能履行时,定金应返还之。"第 259 条规定:"契约解除时,当事人双方回复原状之义务,除法律另有规定或契约另有订定外,依左(下)列之规定:一、由他方所受领之给付物,应返还之。二、受领之给付为金钱者,应附加以自受领时起之利息偿还之。三、受领之给付为劳务或为物之使用者,应照受领时之价额,以金钱偿还之。四、受领之给付物生有孳息者,应返还之。五、就返还之物,已支出必要或有益之费用,得于他方受返还时所得利益之限度内,请求其返还。六、应返还之物有毁损、灭失,或因其他事由,致不能返还者,应偿还其价额。"第 310 条规定:"向第三人为清偿,经其受领者,其效力依左(下)列各款之规定:一、经债权人承认,或受领人于受领后取得其债权者,有清偿之效力。二、受领人系债权之准占有人者,以债务人不知其非债权人者为限,有清偿之效力。三、除前二款情形外,于债权人因而受利益之限度内,有清偿之效力。"第 314 条规定:"清偿地,除法律另有规定或契约另有订定,或另有习惯,或得依债之性质或其他情形决定者外,应依左(下)列各款之规定:一、以给付特定物为目标者,于订约时,其物所在地为之。二、其他之债,于债权人之住所地为之。"第 322 条规定:"清偿人不为前条之指定者,依左(下)列之规定,定其应抵充之债务:一、债务已届清偿期者,尽先抵充。二、债务均已届清偿期或均未届清偿期者,以债务之担保最少者,尽先抵充;担保相等者,以债务人因清偿而获益最多者,尽先抵充;获益相等者,以先到期之债务,尽先抵充。三、获益及清偿期均相等者,各按比例,抵充其一部。"第 378 条规定:"买卖费用之负担,除法律另有规定,或契约另有订定,或另有习惯外,依左(下)列之规定:一、买卖契约之费用,由当事人双方平均负担。二、移转权利之费用、运送目标物至清偿地之费用及交付之费用,由出卖人负担。三、受领目标物之费用、登记之费用及送交清偿地以外处所之费用,由买受人负担。"第 480 条规定:"金钱借贷之返还,除契约另有订定外,应依左(下)列之规定:一、以通用货币为借贷者,如于返还时,已失其通用效力,应以返还时有通用效力之货币偿还之。二、金钱借贷,约定折合通用货币计算者,不问借用人所受领货币价格之增减,均应以返还时有通用效力之货币偿还之。三、金钱借贷,约定以特种货币为计算者,应以该特种货币,或按返还时、返还地之市价,以通用货币偿还之。"第 486 条规定:"报酬,应依约定之期限给付之。无约定者,依习惯,无约定,亦无习惯者,依左(下)列之规定:一、报酬分期计算者,应于每期届满时给付之。二、报酬非分期计算者,应于劳务完毕时给付之。"这论诸实际等于将数个互相独立之条项或法条规定在一起。在一个条文中以一项之前后段分别规定不同之构成要件者,例如第 184 条第 1 项规定:"因故意或过失,不法侵害他人之权利者,负损害赔偿责任。故意以背于善良风俗之方法,加损害于他人者亦同。"又同条第 2 项亦另成一独立的构成要件:"违反保护他人之法律,致生损害于他人者,负赔偿责任。但能证明其行为无过失者,不在此限。"要之,第 184 条等于有三套构成要件。此外,其法律效力虽看似同为行为人"负损害赔偿责任",但受害人得请求赔偿之损害在第 1 项前段限于侵害权利所造成之损害,[1]而第 1 项后段及第 2 项则含侵害不具权利地位之财产造成之损害。这些规定所以如此安排,乃因其发生或所涉之原因事实同一或相关联。

使用"依(关于)……之规定"语法之真正引用性法条,尚可视该用语所在之法条,是否已经可不依靠拟引用之法条,来形成完全的构成要件,区分为法律效力的引用,与法律原因的引用(即包括构成要件的引用)两个案型。若已能形成完全的构成要件,则因它已不再需依靠被引用之法条,来形成完全的构成要件,以资为法律原因的依据,故这种法条所引用者,将仅限于被引用之法条的法律效力。例如"民法"第 266 条:"因不可归责于双方当事人之事由,致一方之给付全部不能者,他方免为对待给付之义务;如仅一部不能者,应按其比例,减少对待给付(第 1 项)。前项情形已为全部或一部之对待给付者,得依关于不当得利之规定,请求返还(第 2 项)。"第 419 条第 2 项:"赠与撤销后,赠与人得依关于不当得利之规定请求返还赠与物。"

若尚未能形成完全的构成要件,则这种法条所引用者,将不限于被引用的法条之法律效力,而包括其构成要件。例如"民法"第 45 条:"以营利为目的之社团,其取得法人资格,依特别法之规定。"第 809 条:"发见之埋藏物,足供学术、艺术、考古,或历史之资料者,其所有权之归属,依特别法之规定。"第 119 条:"法令、审判或法律行为所定之期日及期间,除有特别订定外,其计算依本章之规定。"第 902 条:"权利质权之设定,除本节有规定外,应依关于其

---

① 台湾地区"最高法院"1973 年第三次民庭庭推总会议决议:"因被强奸生育子女而支出子女之扶养费,为因侵权行为所生财产上损害,以实际已经支出之费用额为限,得依'民法'第 184 条第 1 项规定请求赔偿。"因被强奸生子而支出子女之扶养费,究属侵害权利或侵害不具权利地位之财产造成之损害?或两者皆非,而是属于亲属法上之扶养义务?当以扶养义务说为当。其请求依据可以是:(1)母亲代理该子女而为请求,(2)母亲在代为清偿后之代偿请求权(第 312 条)或(3)适法无因管理之费用偿还请求权。

权利让与之规定为之。"第 830 条第 2 项:"公同共有物分割之方法,除法律另有规定外,应依关于共有物分割之规定。"第 97 条:"表意人非因自己之过失,不知相对人之姓名、居所者,得依民事诉讼法公示送达之规定,以公示送达为意思表示之通知。"第 957 条:"恶意占有人,因保存占有物所支出之必要费用,对于回复请求人,得依关于无因管理之规定,请求偿还。"第 35 条:"目标物之危险,于交付前已应由买受人负担者,出卖人于危险移转后,目标物之交付前,所支出之必要费用,买受人应依关于委任之规定,负偿还责任(第 1 项)。前项情形,出卖人所支出之费用,如非必要者,买受人应依关于无因管理之规定,负偿还责任(第 2 项)。"第 197 条第 2 项:"损害赔偿之义务人,因侵权行为受利益,致被害人受损害者,于前项时效完成后,仍应依关于不当得利之规定,返还其所受之利益于被害人。"第 816 条:"因前五条之规定,丧失权利而受损害者,得依关于不当得利之规定,请求偿金。"第 221 条:"债务人为无行为能力人或限制行为能力人者,其责任依第 187 条之规定定之。"[①]以上所引的案型,是属于比较没有争论的情形。

至于像第 353 条:"出卖人不履行第 348 条至第 351 条所定之义务者,买受人得依关于债务不履行之规定,行使其权利"与第 879 条:"为债务人设定抵押权之第三人,代为清偿债务,或因抵押权人实行抵押权致失抵押物之所有权时,依关于保证之规定,对于债务人有求偿权"这两个案型,其引用是否兼及构成要件的部分,便有一些争议。关于第 353 条所定之权利瑕疵担保,首先其所定者若是一个真正的担保责任,则只要客观上有权利瑕疵存在,该担保责任不以责任债务人主观上有可归责事由为要件。因此,在这种情形,不适合再引用一般债务不履行责任之可归责要件的规定。其结果,只能直接引用一般债务不履行责任之法律效力的规定。[②]有疑问者为:第 353 条对于发生在缔约后之嗣后权利瑕疵是否同有其适

---

① "民法"第 221 条的引用关系本来并不复杂。盖首先该条系关于主观责任要件的规定,其次是其条文中之关系代名词"其",在文法上所指者清楚的是具无行为能力人或限制行为能力人地位之债务人,而非其法定代理人。另第 187 条中规定之事项有二:(1)无行为能力人或限制行为能力人之责任能力,(2)其法定代理人之赔偿责任。二者仅责任能力与无行为能力人或限制行为能力人之责任有关,亦仅责任能力与主观责任要件有关。是故,该条规定不应被引用为其法定代理人为债务人之债务不履行责任连带负责的依据。

② Esser 认为《德国民法典》第 440 条第 1 项(相当于台湾地区"民法"第 353 条),为法律效力的引用规定。盖其认为,在这种案型,并不以可归责事由的存在为必要(相当于台湾地区"民法"第 225 条、第 226 条、第 230 条、第 266 条、第 267 条等规定)。甚至在《德国民法典》第 437 条(相当于台湾地区"民法"第 350 条)规定的情形,纵使系争债权或其他权利之存在系属客观不能,亦相反于《德国民法典》第 306 条(相当于台湾地区"民法"第 246 条)应负以给付利益为内容的损害赔偿责任(Esser, *Schuldrecht*, AT, 4. Aufl. 1970, S. 215)。同样的,Larenz 也认为,在《德国民法典》第 440 条第 1 项所规定的情形,若出卖人有自始主观不能,则纵使他并无过咎,仍应负责,是故除有《德国民法典》第 439 条(相当于台湾地区"民法"第 351 条)所定买受人于契约成立时知有权利瑕疵之情形外,出卖人恒应依《德国民法典》第 325 条第 1 项(相当于台湾地区"民法"第 226 条)负损害赔偿责任。要之,在这里《德国民法典》第 440 条第 1 项联合其他法条之适用的结果为:买受人除有《德国民法典》第 439 条所定之买受人明知有权利瑕疵之情形外,如果出卖人自始就系争权利瑕疵之排除有主观不能的情形,则出卖人恒应负损害赔偿责任。反之,若出卖人直至缔约后才就系争权利之取得陷于主观的给付不能,则他便只有在《德国民法典》第 276 条至第 278 条(相当于台湾地区"民法"第 220 条第 1 项、第 223 条、第 224 条)所规定之可归责的情形,始负损害赔偿责任(Larenz, *Lehrbuch des Schuldrechts*, BT, 11. Aufl. 1977, S. 30f.)。Soergel-Huber 称此为德国学说与实务所持之通说的见解(Soergel-Huber, *Kommentar zum BGB*, 11. Aufl., Stuttgart 1986, § 440 Rz. 15)。

用？鉴于并无事理上的理由可以支持,嗣后权利瑕疵应与因其他事由引起之债务不履行,不同处理。所以,一般债务不履行责任之构成要件对于嗣后权利瑕疵应同有其适用:亦即以可归责于出卖人为限,出卖人始负债务不履行责任。其结果,就嗣后瑕疵在主观要件,一般债务不履行责任与第353条因竞合而发生规范冲突:前者,以可归责于出卖人为要件;后者,不以可归责于出卖人为要件。因该竞合系因不排除一般债务不履行规定之适用而发生,该规范冲突自当从贯彻一般债务不履行规定之适用化解之。这等于出卖人就嗣后权利瑕疵只负一般债务不履行责任,而不负瑕疵担保责任。①

关于"民法"第879条所定物上保证人之求偿权的问题,其引用之范围因所涉及之被求偿的债务人是否兼及从债务人(其他人的或物的保证人)而异。若兼及从债务人,则为处理这些保证人间的债务分摊的问题,便显然不是简单地引用"民法"第749条的法律效力所能圆满解决。② 这个问题至少必须考虑人的保证与物上担保之发生的先后,以明其提供人的保证或物上担保时之缔约基础,以便在当事人之意思不明时,得据以认定其在缔约时可能愿意负担之风险范围。

以上有争议的案例显示,引用性法条所引用者究竟限于法律效力或兼及构成要件(法律原因),事实上是带有价值判断之法律解释的问题,并不能由法条所使用之外表的形式(即用语),完全厘清。纵然如此,不可忽略其引用是否兼及构成要件所具有之实务上的意义。例如"民法"第419条第2项与第197条第2项和第816条,固皆同样引用不当得利之全部规定,但其引用的范围,在第419条第2项仅限于法律效力,而在后二者则兼及构成要件。其理由在,侵权行为之损害赔偿请求权罹于时效,并非使侵权行为人继续保有其侵权行为成果的(在不当得利制度意义下的)法律上原因;同样的,"民法"第811条至第815条所规定之

---

① Larenz认为,旧《德国民法典》第440条第1项就嗣后主观不能之部分而言,该条之引用兼及法律构成要件,亦即不但引用《德国民法典》第320条至第327条之法律效力,而且还引用这些条文中关于可归责之构成要件要素的规定(《德国民法典》第276条至第278条)(Larenz, *Lehrbuch des Schuldrechts*, Band Ⅱ. *Halbband* 1, *Besonderer Teil*, 13. Aufl., München, 1986, S.32ff.)。在此意义下,出卖人就嗣后之权利瑕疵已不负担保责任,而仅负以可归责为要件之一般的债务不履行责任。

② 台湾地区"最高法院"1991年台上字第2508号民事判决:"依最高法院1930年上字第330号判例意旨谓:'债权关系如于设定担保物权以外并有保证人者,该主债务人不清偿其债务时,依原则固应先尽担保物拍卖充偿,唯当事人间如有特别约定,仍从其特约'云云,系采物之担保责任优先说。盖以物之担保,担保物之提供人仅以担保物为限,负物之有限责任;而人之保证,保证人系以其全部财产,负无限责任,其所负责任较重,基于公平起见,使物之担保责任优先,以保护保证人,并无不当。是依《民法》第751条规定,债权人抛弃为其债权担保之物权者,保证人就债权人所抛弃权利之限度内,免其责任。反之,债权人抛弃其对保证人之权利者,于债权担保之物则无影响。二者之责任基础及责任范围并不相同,自难类推适用《民法》第748条有关共同保证、第280条有关联带债务人相互间分担义务之规定,使物之担保与人之保证,平均分担其义务。"该判决下述论点并无理由:"物之担保,担保物之提供人仅以担保物为限,负物之有限责任;而人之保证,保证人系以其全部财产,负无限责任,其所负责任较重,基于公平起见,使物之担保责任优先,以保护保证人,并无不当。"盖所谓保证人负无限责任,在数量上并不一定大于扣除物之担保责任额后之余额。倒是保证人原所承诺者为保证债务之全部,而物之担保所承诺者如仅为其一部,按其承诺之比例分担责任,比较有根据。

添附,亦不是因添附而受有利益之人取得其所受利益之法律上原因。[1] 因此他们是否终极地得继续保有其分别因侵权行为或添附所取得之利益,尚须依不当得利之一般规定,探究其是否另有其他足以正当化继续保有其利得之法律上原因。这个探究显然涉及不当得利之成立的问题。[2] 这与其他不属于这种案型之不当得利规定的引用不同。例如在"民法"第419条第2项:"赠与撤销后,赠与人得依关于不当得利之规定请求返还"所规定之情形,不当得利返还请求权,已因赠与之撤销而成立,故第419条第2项所引用者唯不当得利之法律效力。这种引用在该条项所规定之案型的实益是:排除"民法"第180条有关不当得利之消极成立要件的适用性。所以,在这里,即使原赠与行为系在履行道德上义务,但如该赠与因受赠人不履行其负担,而被赠与人撤销,赠与人依"民法"第419条即径对受赠人取得不当得利返还请求权,受赠人不得执第180条第1款以为抗辩。盖非如此,第419条即失其法律上的存在意义。因契约之撤销,本为法律上原因之消灭事由。对这种情形第179条已予规定。如立法者无意在第419条第1项径认不当得利返还请求权已因赠与之撤销而成立,则无为该条项之规定的必要。何况,如持相反见解,则在附有负担之履行道德义务的赠与情形,若其受赠人不履行负担,赠与人除请求其履行外,对之将莫可奈何。对受赠人给予这种保护,在法规范上显无价值。[3]

B.避免挂一漏万的规定:例示规定在立法上常常会遭遇到对拟规范之事项难以穷举,或其穷举太烦琐,但又担心挂一漏万,致疏未加以规定的难题。这时立法技术上通常利用适当的例示后,再予概括的方法,以穷尽地涵盖之。其概括的语法为"……及其他……"。例示的类型愈多,其特征之交集部分愈具体,从而以其共同特征构成之概括规定也愈明确。例如"民法"第69条:"称天然孳息者,谓果实、动物之产物,及其他依物之用法所收获之出产物(第1项)。称法定孳息者,谓利息、租金及其他因法律关系所得之收益(第2项)。"第126条:"利息、红利、租金、赡养费、退职金及其他一年或不及一年之定期给付债权,其各期给付请求权,因五年间不行使而消灭。"第941条:"质权人、承租人、受寄人或基于其他类似之法律关系,对于他人之物为占有者,该他人为间接占有人。"其意旨为:所有权人授与他人为自己之利益而为占有者,该经授权而有权占有之人为直接占有人,其所有权人为间接占有人。另在所有权人授与他人为所有权人之利益而为占有的情形,所有权人依然是直接占有人,该被授权而为占有者为所有权人之占有辅助人。所以,第942条规定:"受雇人、学徒、家属或

---

[1] 台湾地区"最高法院"1999年台上字第419号民事判决:"按'民法'第816条之规定系一阐释性之条文,旨在揭诸依同法第811条至第815条规定因添附丧失权利而受损害者,仍得依不当得利之法则向受利益者请求偿金,故该条所谓'依不当得利之规定,请求偿金',系指法律构成要件之准用。易言之,此项偿金请求权之成立,除因添附而受利益致他人受损害外,尚须具备不当得利之一般构成要件始有其适用。"

[2] 此为德国法内相应问题之通说。Soergel-Mühl, *Kommantar zum BGB*, Stuttgart 1968, §951 Rz. 1; Esser, Schuldrecht, Bd. Ⅱ, 4. Aufl., S. 335f.; Larenz, *Methodenlehre der Rechtswissenschaft*, 3. Aufl., 1975, S. 244.

[3] Esser, aaO. (Fn. 73), S. 335. 不同见解,请参见郑玉波:《民法债编各论》,三民书局1970年版,第160页:赠与"若已履行者,则赠与撤销后,赠与人得依关于不当得利之规定,请求返还赠与物('民法'第419条第2项)。唯应注意者,为履行道德义务之赠与,如因受赠人之忘恩负义行为而撤销者,虽成为不当得利,但依'民法'第180条第1款:'给付系履行道德上之义务者,不得请求返还'之规定,仍不得请求返还。因'民法'第419条第2项明定依关于不当得利之规定,请求返还,而'民法'第180条第1款亦为不当得利规定之一部分,于兹自当适用之"。

基于其他类似之关系，受他人之指示，而对于物有管领之力者，仅该他人为占有人。"

反之，例示的类型愈少，其特征之交集部分便因愈不具体，而愈广。从而以该共同特征构成之概括规定的外延也愈不明确。在这种情形，由于例示部分能够提供之信息不充分，因此其概括规定之明确化常必须借助于其立法意旨中之具体化或体系因素，由法院透过解释予以明确化。例如第 206 条："债权人除前条限定之利息外，不得以折扣或其他方法，巧取利益。"该条意旨主要在于利息限额之遵守及利率之透明化。因此，该条所定其他方法之解释，首先在于约定利率不得超过周年 20%（第 205 条），其次为其利率应该透明。有疑问者为，不透明之利率如果未超过周年 20%，是否亦为第 206 条所禁止。关于利息之透明化，"消费者保护法"第 21 条第 3 项就分期付款买卖有违反即无利息请求权的规定。唯市场上虽然多有零利率之促销方法，但公布之民事判决迄无消费者依该规定，主张不负现金交易价格以外价款之给付义务者。

另第 350 条规定："债权或其他权利之出卖人，应担保其权利确系存在，有价证券之出卖人，并应担保其证券未因公示催告而宣示为无效。"债权或其他权利之语法在逻辑上本来虽可能将一切权利包括进来，但一方面因其他一切权利并无法皆具备债权之存在上的特征，另一方面当其目标是所有权时，由于其目标物如不存在，便构成自始客观不能，而依第 246 条以自始客观不能之给付为契约目标者，其契约为无效。因为契约无效与权利瑕疵担保不兼容，导致第 246 条与第 350 条间有规范冲突。为消除该冲突，如不调整第 246 条之规范立场，自当限缩解释第 350 条所定之其他权利，使之不包括所有权。

当然，在立法技术上，本类型亦得使用前述关于避免烦琐重复规定的立法技巧。这两个类型之规范对象间并无本质上的差异。其规定皆具有法内漏洞的性格。本类型有关的考虑，与上述"避免烦琐重复规定"项下的讨论相同。

当法律要件明确性的问题发生在公法，关于地价税或房屋税之税基（例如公告地价或房屋现值之评定），其评定有将之定性为行政处分或行政规则。这时会引起，对其评定如有争议，应如何司法审查的问题；得在其评定公告时，即就之提起行政救济，或必须等到按其评定结果计得之税基，适用该当税率，核定其所涉土地之应纳税额的课税处分送达纳税义务人时，始得就所核定之应纳税额含其税基，提起行政救济。

③被引用法条在适用上之限制与修正

由于引用性法条具有（经立法机关授权法院或其他主管机关）将被引用之法条类推适用到引用性法条所规定之案型的性质。是故，被引用之法条，到底都只是被类推适用到拟规范的案型。这与直接规范究竟不同。在这里，由于拟规范的案型与被引用之法条所规范的案型只是相似而不相同，其间自有大同中的小异。这些小异在法律上每每有足够的意义，可要求将被引用的法条相应于此小异，作必要的限制或修正后，再适用到拟规范的案型上来。① 例如"民事诉讼法"第 380 条第 1 项规定"和解成立者，与确定判决有同一之效力"。在该条关于法律效力之引用时，必须注意被准用的效力规定之原规范案型（在这里即确定判决），与

---

① Larenz, *Methodenlehre der Rechtswissenschaft*, 6. Aufl., Springer-Verlag 1991, S. 261:"即使对此，法律并不明白指出，但法律所定引用性法条的适用仍一直只是一种'准用'（eine entsprechende Anwendung）。所以，与事理不符之等同（unsachgemässe Gleichsetzungen）应予避免。由事务（die Sache），即拟去规范的生活关系，所要求的区分不得加以排除。"

引用规定拟处理之案型（在这里即诉讼上和解）间之本质上的差异，及由该差异可能引起关于引用规定之效力的限制或修正。申言之，在"民事诉讼法"第380条第1项应考虑到"诉讼上和解，依其兼具私法上及诉讼法上行为之性质，是否适宜被赋与既判力"。骆永家先生在其所著《诉讼上之和解与既判力》一文中①曾就诉讼上和解之无效与撤销的情形，详予论证这个问题，并认为：诉讼上和解应无既判力。依诉讼上和解之性质，该和解在解除的情形是否亦应成立？诉讼上和解之无效（或撤销）与诉讼上和解之解除虽皆使和解溯及地丧失效力，但因其所牵涉事由并不一样，故其诉讼法上的法律效力亦不相同。在诉讼上和解之无效或撤销的情形，所牵涉的事由是该和解本身之瑕疵，故当该和解因其瑕疵而归于消灭时，原拟透过该和解去解决之实体上的争执即未受影响地继续存在。此所以"民事诉讼法"第380条第2项规定"和解有无效或得撤销之原因者，当事人得请求继续审判"。反之，在诉讼上和解之解除，所牵涉的事由并不是该和解本身之瑕疵，而是该和解之不履行。由于该和解并无瑕疵，所以当事人间之实体的争点，即转移到解除权之有无，及因该和解契约之解除所引起之"民法"第259条以下所定的法律关系。因为当事人间所争执之实体的法律关系与原来起诉者已不同一，所以此际主张解除权存在，并据以解除该和解的一方，不得主张准用"民事诉讼法"第380条第2项，请求继续审判，而应重新起诉。其"民事诉讼法"上之依据为该法第244条。该见解为台湾地区"最高法院"1977年台抗字第86号民事裁定所采。前述见解："准用的效力有依拟处理之案型予以限制或修正的必要性"，为"民法"在下述规定明文肯认。"民法"第347条规定："本节规定，于买卖契约以外之有偿契约准用之。但为其契约性质所不许者，不在此限。""民法"第26条规定："法人于法令限制内，有享受权利、负担义务之能力。但专属于自然人之权利义务，不在此限。"该肯认是正确的，且应在所有的效力引用规定，"立法"地或司法地予以贯彻。

（4）拟制性法条

拟制性法条的特点在：立法者虽然明知由法律上重要之点（构成要件上所指称的特征）论，其拟处理的案型与其所拟引用之法条本来处理的案型所涉法律事实并不相同，但仍将二者通过拟制赋与同一的法律效力。申言之，拟制之操作所涉及之逻辑层次为三段论法中的小前提。通过拟制将不同的案型当成相同，然后据之做相同的处理，连结相同的法律效力，并非由于立法者之错误而然。

拟制性法条在立法技术上通常使用"视为"这个用语，将其拟制性表现出来。唯有时立法者也在非拟制的情形使用"视为"的字眼。这种做法在立法技术上应当避免。"民法"第812条第2项规定："前项附合之动产，有可视为主物者，该主物所有人，取得合成物之所有权。"鉴于该条显然并无将附合之动产在某种情况下拟制为主物的意思，所以，该项规定中之"视为"的用法便有"立法"技术上的缺失。在该项规定应可以"认定"替代"视为"。

①拟制性法条的类型

拟制性法条可区分为隐藏的引用及隐藏的限缩两个类型。

A. 隐藏的引用

对前文关于引用性法条的说明（见前述"准用……之规定"或"比照……之规定"），本书已明白指出，在大多数的情形，系以拟处理之案型的特征与引用性法条所规范之案型的特征

---

① 骆永家：《既判力之研究》，作者自刊1975年版，第147页以下。

相类似为论据,将后者之明文规定,引用来处理前一案型。唯有时引用性法条也引用规范之案型的特征与拟处理案型的特征不同之法条。在此种情形,其规范结果,实际上与这里所正讨论之拟制无异。所以,学说称这种具有准用功能之拟制为"隐藏的引用"(verdeckte Verweisung)①。例如"民法"第 491 条第 1 项规定:"如依情形,非受报酬即不为完成其工作者,视为允与报酬。"第 554 条第 1 项规定:"经理人对于第三人之关系,就商号或其分号,或其事务之一部,视为其有为管理上之一切必要行为之权。"第 929 条规定:"商人间因营业关系而占有之动产,及其因营业关系所生之债权,视为有前条所定之牵连关系。"

在拟制性法条之制定上,立法者固然已意识到拟处理的案型,与要将之拟制为其一分子之案型,并不相同,但究竟它们之间的关系如何,立法者并没有表示其观点。例如"民法"第 88 条第 2 项将交易上视为重要之当事人资格或物的性质之错误,拟制为意思表示内容之错误,但资格或性质错误与内容错误之事实上的关系为何,并不能由该条获得说明。在这里,立法者之所欲,不过是通过将资格或性质错误等同为内容错误,以使关于内容错误之规定对资格或性质错误亦有适用性。为何立法者在隐藏的引用之情形,不愿使用引用性法条,而要使用拟制性法条,其理由并不尽一致:(1)有时立法者系为了维持原有规定之一贯的外观,② 而进行表见拟制。③ (2)有时则是由于立法者自己也不十分肯定到底系争两个案型是否相同。为了使该不肯定的疑问不影响需要之规定的制定,乃直截了当地通过拟制,在规范上将其视为同一,省却相同与否的论辩。④ 这种拟制通常带有推定的色彩,所以学说上将之称为"推定式的拟制"(die Fiktion in Präsumptions-form)。(3)有时则与引用性法条一样地,是出于在立法技术上力求简洁的考虑。学说上可将之称为"引用性拟制"(die Fiktion als Kurzverweisung)。兹分述之:

a. 矫枉式拟制

如果表意人故意或试图,以违反诚信原则之方法,例如利用心中保留、不正当的方法阻止或促成条件之成就或脱法行为,规避其法律行为上的义务,法律为将其显不正当的行为,导入正轨规定,(1)"心中保留之意思表示依然有效"("民法"第 86 条)。(2)"因条件成就而受不利益之当事人,如以不正当行为阻其条件之成就者,视为条件已成就(第 1 项)。因条件成就而受利益之当事人,如以不正当行为促其条件之成就者,视为条件不成就(第 2 项)"("民法"第 101 条)。(3)约定将超过最高利息限额之利息更改为新债务,其更改之脱法行

---

① 隐藏的引用之特征,在使被引用之法条的适用范围因而增大;反之,隐藏的限缩之特征,则在使被引用之法条的适用范围因而缩小。

② 在外观上不具有拟制的符号,但实际上属于拟制之案型者,在"民法"上亦不乏其中。例如"民法"第 86 条规定之心中保留即为适例。其规范意旨在于:使善意的相对人就心中保留对表意人,借着主张系争意思表示有效,享有请求表示之之给付的权利,并在其不履行时得请求与之相应之履行利益的赔偿。又"民法"第 87 条亦具有拟制之意思表示(fiktive Willenserklärung)的性质。

③ Larenz, *Methodenlehre der Rechtswissenschaft*, 6. Aufl., Springer-Verlag 1991, S.264.

④ Larenz, *Methodenlehre der Rechtswissenschaft*, 6. Aufl., Springer-Verlag 1991, S.262f.

为,无效。① 上开规定之目的在于矫正不正当的法律行为,使其效力回归正当的状况。因其回归之法律关系与其实际上表示之内容不同,所以涉及拟制。鉴于其拟制之目的在于矫正不当行为,是故,所涉之拟制方式可称为"矫枉式拟制"。在立法上与在司法上,矫枉式拟制之论据,一样地借助于假象,因此,可认为其是一种假象的论据(Scheinbegründung)。其发生的原因在于:为处理系争问题,尚未发展出成熟的法律原则,以致必须借助于假象,借用一个在当时已被接受,但不尽该当之法律原则,处理系争案型。假象的借用,一方面可能使本来正确发展出来,并已被接受之法律原则受到扭曲,另一方面可能使系争案型所预示的发展因而受到抑制。例如"民法"第 101 条,即为适例。该条规定:"因条件成就而受不利益之当事人,如以不正当行为阻其条件之成就者,视为条件已成就(第 1 项)。因条件成就而受利益之当事人,如以不正当行为促其条件之成就者,视为条件不成就(第 2 项)。"此种规定遮蔽了关于引起权利假象(Rechtsschein)者之信赖责任(die Rechtsscheinhaftung)制度的发展。②

《德国民法典》与该条相当之规定为第 162 条。在该条制定时,虽然附条件法律行为之效力的发生(停止条件)或复归于消灭(解除条件),依其性质必须系于系争条件之成就的法律原则已被肯认,但在发生"因条件之成就而受不利益之当事人,以不正当行为阻其条件之成就;或因条件之成就而受利益之当事人,以不正当行为促其条件之成就"的情事时究当如何还是引起疑惑。在《德国民法典》第 162 条制定时,一样借用拟制的方法规定,在第一种情形视为条件成就;在第二种情形,视为条件未成就。这与台湾地区"民法"第 86 条一样,其实都是例外地利用法律行为的规定,规范违反诚信原则之责任问题。此为约定债务对于违约行为之责任的替代。③ 这除有法律原则或理论之不一贯的缺点外,其实际的发展确实也有可能发生:纵使因条件成就而受不利益之当事人,未以不正当行为阻其条件之成就,其条件还是不会成就;或纵使因条件成就而受利益之当事人,未以不正当行为促其条件之成就,其条件还是会成就。亦即其拟制之事实可能与实际上会发生者不一致,从而在结果上不尽妥当。不过,不能否认的是:在这种情形,拟制确实能够快刀斩乱麻,省略烦琐的论述,得到适当的规范结果。

表见拟制在说理上的引用,虽然可以济理论贫乏之急,但却未能清楚地将处理上之真正

---

① 台湾地区"最高法院"2002 年台简抗字第 49 号民事判例:"'民法'第 205 条既已立法限制最高利率,明定债权人对于超过周年 20%部分之利息无请求权,则当事人将包含超过周年 20%部分之延欠利息滚入原本,约定期限清偿,其滚入之利息数额,仍应受法定最高利率之限制。故债权人对于滚入原本之超过限额利息部分,应认仍无请求权,以贯彻'防止重利盘剥,保护经济弱者'之"立法"目的。又债之更改,固在消灭旧债务,以成立新债务,唯超过限额部分之利息,法律既特别规定债权人对之无请求权,债权人自不能以债之更改方式,使之成为有请求权,否则无异助长脱法行为,难以保护经济上之弱者。"

② Canaris, *Die Vertrauenshaftung im deutschen Privatrecht*, München 1971, 1. Kapitel (S.9-265).

③ 假设甲乙约定,所约停止条件成就时,甲应将其 A 名画以新台币 1000 万元整卖给乙。后来如甲以不正当行为阻该条件之成就,则依"民法"第 101 条第 1 项,视为该条件已成就。亦即甲对乙,负有应将其 A 名画以新台币 1000 万元整卖给乙的债务。该债务因以甲乙双方之约定为其规范基础,所以是"约定之债"。然其实该债务是以甲有违反约定意旨之不当行为为原因的责任。因此,论诸实际,有以"约定债务"替代"违约责任"充为法律效力之情形。此种责任之内容的态样与心中保留类似。不过,其不当行为之发生阶段不同:"民法"第 101 条第 1 项所定者在缔约后,心中保留(第 86 条)在缔约中。其他属于缔约上过失的类型有表见代理(同法第 169 条)、故意隐藏物之瑕疵或夸大实际上不具备之质量(同法第 360 条)。另详请参见 Mao-zong Huang, *Umfang des Schadensersatzenspruchs bei culpa in contrahendo*, 1974,§ 4.

的考虑表现出来。这可能使系争考虑之基础观点的发展(具体化)受到抑制。与《德国民法典》第162条之处理上的不同尝试是:德国法学家 Staub 对积极侵害契约所引起之问题的处理,及其在理论说明上的努力。① 他以及后来依从其观点之德国帝国法院,皆正面肯认,《德国民法典》未明文将积极侵害契约规定于债务不履行中的事实;认为其所明文规定者仅限于给付迟延及给付不能(消极债务不履行)。从而他们也不将积极侵害契约拟制为给付迟延或给付不能,以借用给付迟延或给付不能的规定,处理关于积极侵害契约的法律漏洞。要之,他们忠实地从肯认《德国民法典》就积极侵害契约有法律漏洞出发,使学说与实务获得比较深入地探讨当中存在的问题,并比较自由地补充该法律漏洞的可能性。最后,学说与实务终于依据自己对系争法律事实的正确判断,成功地发展出有关积极侵害债权的理论,相当圆满地解决了该问题。②

b. 推定式拟制

本书所称推定式拟制适用于两种情形:(1)当事人未为意思表示,而基于规范上的要求,拟制有某种意思表示存在;(2)将不明确之意思表示,拟制为有特定之内容。在第一种情形当事人根本未为意思表示,故其拟制者为:以无为有,或以有为无。例如"民法"第80条:"前条契约相对人,得定一个月以上之期限,催告法定代理人,确答是否承认(第1项)。于前项期限内,法定代理人不为确答者,视为拒绝承认(第2项)。"第170条第2项:"无代理权人以代理人之名义所为之法律行为,非经本人承认,对于本人,不发生效力(第1项)。前项情形,法律行为之相对人,得定相当期限,催告本人确答是否承认,如本人逾期未为确答者,视为拒绝承认。"第302条第1项"前条债务人或承担人,得定相当期限,催告债权人于该期限内确答是否承认,如逾期不为确答者,视为拒绝承认",第1207条"继承人或其他利害关系人,得定相当期限,请求受遗赠人于期限内为承认遗赠与否之表示;期限届满,尚无表示者,视为承认遗赠"皆具有一个共同特征:系争当事人事先未参与系争法律关系的形成;因此,为符合私法自治原则,乃规定让其在相当期间内得以一定之意思表示或意思通知(意欲通知),事后参与。

至于第386条"目标物经试验而未交付者,买受人于约定期限内,未就目标物为承认之表示,视为拒绝;其无约定期限,而于出卖人所定之相当期限内,未为承认之表示者,亦同",第387条第1项"目标物因试验已交付于买受人,而买受人不交还其物,或于约定期限或出卖人所定之相当期限内不为拒绝之表示者,视为承认",该两条所定情形,其法律行为之效力所以尚系于当事人一方之承认,并非由于该方当事人未参与系争法律行为,而是攸关该法律行为之效力的重要之点,有权决定之一方尚未表示其意思。因此,必须有让其表示的机会。

属于当事人根本未为意思表示或意欲通知而被拟制为意思表示或意欲通知存在的案型,尚有"民法"第483条第1项:"如依情形,非受报酬即不服劳务者,视为允与报酬。"第523条第1项:"如依情形非受报酬,即不为著作之交付者,视为允与报酬。"第566条第1项:"如依情形,非受报酬,即不为报告订约机会或媒介者,视为允与报酬。"这些其实是属于"立法"解释的规定。

"立法"解释有时也利用到契约的定性。例如第588条:"行纪人得自为买受人或出卖人

---

① Hermann Staub, *Die positiven Vertragsverletzungen*, Verlag Gehlen, 1969, S.93ff.

② 详请参见 Esser, *Wert und Bedeutung der Rechtsfiktionen*, 1968, S. 88ff.

时,如仅将订立契约之情事通知委托人,而不以他方当事人之姓名告知者,视为自己负担该方当事人之义务。"第 664 条:"就运送全部约定价额,或承揽运送人填发提单于委托人者,视为承揽人自己运送,不得另行请求报酬。"第 842 条第 2 项:"永佃权之设定,定有期限者,视为租赁,适用关于租赁之规定。"

另有一些属于依诚实信用原则所作之补充性的任意规定。其意义接近于"立法"解释。例如第 159 条第 2 项:"承诺之通知,按其传达方法,通常在相当时期内可达到而迟到,其情形为要约人可得而知者,应向相对人即发迟到之通知(第 1 项)。要约人怠于为前项通知者,其承诺视为未迟到(第 2 项)。"第 162 条第 2 项:"撤回要约之通知,其到达在要约到达之后,而按其传达方法,通常在相当时期内应先时或同时到达,其情形为相对人可得而知者,相对人应向要约人即发迟到之通知(第 1 项)。相对人怠于为前项通知者,其要约撤回之通知,视为未迟到(第 2 项)。"第 356 条第 2 项与第 3 项:"买受人怠于为前项之通知者,除依通常之检查不能发现之瑕疵外,视为承认其所受领之物(第 2 项)。不能即知之瑕疵,至日后发见者,应即通知出卖人,怠于为通知者,视为承认其所受领之物(第 3 项)。"

类似的案型还有"民法"第 422 条:"不动产之租赁契约,其期限逾一年者,应以字据订立之,未以字据订立者,视为不定期限之租赁。"第 451 条:"租赁期限届满后,承租人仍为租赁物之使用收益,而出租人不即表示反对之意思者,视为以不定期限继续契约。"第 552 条:"委任关系消灭之事由,系由当事人之一方发生者,于他方知其事由或可得而知其事由前,委任关系视为存续。"第 693 条:"合伙所定期限届满后,合伙人仍继续其事务者,视为以不定期限继续合伙契约。""强制执行法"第 130 条:"命债务人为一定意思表示之判决确定或其他与确定判决有同一效力之执行名义成立者,视为自其确定或成立时,债务人已为意思表示(第 1 项)。前项意思表示有待于对待给付者,于债权人已为提存或执行法院就债权人已为对待给付给予证明书时,视为债务人已为意思表示。公证人就债权人已为对待给付予以公证时,亦同(第 2 项)。"以上案型的共同特征不在于当事人在相当期间内未为意思表示,而在于当事人在一定情况下被规范地期待应有一定之意思表示或意欲通知,但却未为之,因而法律拟制其已有被期待之意思表示或意欲通知。

在第二种情形当事人固曾为意思表示或意欲通知,但其内容却不够明确,因此法律乃斟酌其所属案型之类型特征,拟制其具有被期待之特定内容。故其拟制者为表示之内容。例如第 160 条:"迟到之承诺,除前条情形外,视为新要约(第 1 项)。将要约扩张、限制或为其他变更而承诺者,视为拒绝原要约而为新要约(第 2 项)。"第 530 条:"有承受委托处理一定事务之公然表示者,如对于该事务之委托,不即为拒绝之通知时,视为允受委托。"第 309 条第 2 项:"持有债权人签名之收据者,视为有受领权人。但债务人已知或因过失而不知其无权受领者,不在此限。"第 154 条第 2 项:"货物标定卖价陈列者,视为要约。但价目表之寄送,不视为要约。"第 346 条:"价金虽未具体约定,而依情形可得而定者,视为定有价金(第 1 项)。价金约定依市价者,视为目标物清偿时清偿地之市价。但契约另有订定者,不在此限(第 2 项)。"第 387 条第 2 项:"买受人已支付价金之全部或一部,或就目标物为非试验所必要之行为者,视为承认。"第 388 条:"按照货样约定买卖者,视为出卖人担保其交付之目标物,与货样有同一之品质。"第 1220 条:"前后遗嘱有相抵触者,其抵触之部分,前遗嘱视为撤回。"第 1221 条:"遗嘱人于为遗嘱后所为之行为与遗嘱有相抵触者,其抵触部分,遗嘱视为撤回。"第 1222 条:"遗嘱人故意破毁或涂销遗嘱,或在遗嘱上记明废弃之意思者,其遗嘱视为撤回。"

推定式的拟制实际上是一种法律上的推定，其推定之特征在于通过拟制的方式，使之不能举证推翻。这种拟制若真以推定的方式为之，便是所谓的"不得举证推翻的推定"。以不得举证推翻之推定的方式，表彰这种拟制之意义在于：明白地显示在这种案型，所拟制之法律事实，实际上可能与事实相符。就此而论，它和一般的拟制有根本的不同。然就其不得举证推翻论，它却与推定不同。要之，不得举证推翻之推定，兼具有推定（可能与事实相符）和拟制（不得举证推翻）的性质。[①]

c. 引用性拟制

在不同案型的处理上，立法者有时基于相同的价值判断，对它们做相同的处理。于是，为了简化法条的结构，在这里也运用引用性的立法技术。当该立法技术以拟制的方式表现时，它便是这里所讨论之引用性拟制。这种拟制正如其名，兼具引用与拟制的特征。拟制是其手段，引用则为其目的。唯不可避免的，拟制纵使在结果上不必然过当，但至少在归类上势必会有过当的情形存在。盖拟制的特征在将不同之法律事实拟制为相同，从而使拟处理之案型在归类上被过当地归于被拟制之法条所规范之案型。引用性拟制之例子主要有"民法"第 7 条："胎儿以将来非死产者为限，关于其个人利益之保护，视为既已出生。"第 40 条第 2 项："法人至清算终结止，在清算之必要范围内，视为存续。"第 88 条第 2 项："当事人之资格或物之性质，若交易上认为重要者，其错误，视为意思表示内容之错误。"[②]第 114 条："法律行

---

① 关于拟制与推定之区别，请参见 Jürgen Baumann, aaO. S. 69ff.。推定的主要功能在于举证责任的移转。同理，举证责任之移转的规定，实际上也具有推定的功能（例如"民法"第 187 条第 2 项、第 188 条第 1 项、第 190 条第 1 项、第 191 条第 1 项）。Baumann 将推定区分为"事实上的推定"与"法律上的推定"，并进一步说明所谓事实上的推定系指情况证据（Prima-facie-Beweis, Anscheinsbeweis）之允许的情形（Baumann, aaO. S. 70）。在允许情况证据的情形，原告之举证责任的负担将因而减轻，但却没有因而被免除。是故在事实上的推定之情形，尚未达于举证责任之移转的地步（Larenz, Lehrbuch des Schuldrechts, AT, 1976，S. 304）。"所谓情况证据，并不是一种证据方法，而是在自由心证的范围内，依一般的经验法则所允许斟酌之情况。并不是任何生活经验皆得被称为经验法则，从而也不是任何生活经验皆得被引为情况证据之斟酌的依据。盖这里所引用之生活经验必须足以使法院不必借助于鉴定人，已能确信某种事实之存在或不存在的主张为真。是故该等生活经验必须充分下列之要件：(1)该生活经验必须是由一再发生之同样的生活现象所导出（典型的生活轨迹）；(2)该生活经验必须与该等经验之最新的发展相符；(3)清楚地而且以随时可以被验证的方式加以描写。"（Rosenberg/Schwab, Zivilprozßrecht, 12. Aufl. 1977，S. 616）在此意义下，Baumann 所称之"事实上的推定"（tatsächliche Vermutung），并不具有推定通常所具有之移转举证责任的作用。在此了解下，本书认为把它称呼为事实上的推定是没有意义的，它只会使下述之"法律上的事实推定"，即推定某种事实之存在的法律上推定，因而受到混淆而已。所谓法律上的事实推定（gesetzliche Tatsachenvermutung），系指在某种待证之前提（前提事实）下，推定某种事实（推定事实）之存在。例如"民法"第 944 条第 2 项："经证明前后两时为占有者，推定前后两时之间继续占有。"它和前述所谓事实上的推定之区别在前者具有推定的效力，亦即具有举证责任之移转的效力，而后者则只使举证责任的负担减轻而已。又所谓法律上的权利推定，系指以某种待证之前提（前提事实）为依据，推定一个权利之存在。例如"民法"第 943 条规定："占有人于占有物上行使之权利，推定其适法有此权利。"（参照 Baumann, aaO. S. 70）对该推定，仅真正所有权人或有自所有权人传来之权利者，得举证推翻之。

② "民法"第 88 条第 2 项所定之错误所以有拟制为意思表示内容之错误的必要，源自该错误本来被定性为动机错误。

为经撤销者,视为自始无效。"①第 185 条第 2 项:"造意人及帮助人,视为共同行为人。"第
379 条第 3 项:"原价金之利息,与买受人就目标物所得之利益,视为互相抵销。"第 555 条:
"经理人,就所任之事务,视为有代理商号为原告或被告或其他一切诉讼上行为之权。"第 558
条第 2 项:"代办商对于第三人之关系,就其所代办之事务,视为其有为一切必要行为之权。"
第 959 条:"善意占有人,于本权诉讼败诉时,自其诉讼拘束发生之日起,视为恶意占有人。"
第 1064 条:"非婚生子女,其生父与生母结婚者,视为婚生子女。"第 1065 条:"非婚生子女经
生父认领者,视为婚生子女。其经生父抚育者,视为认领(第 1 项)。非婚生子女与其生母之
关系,视为婚生子女,无须认领(第 2 项)。"第 1215 条第 2 项:"遗嘱执行人因前项职务所为
之行为,视为继承人之代理。"第 1184 条:"第 1178 条所定之期限内,有继承人承认继承时,
遗产管理人在继承人承认继承前所为之职务上行为,视为继承人之代理。"

d. 定义性拟制

在引用性拟制中,亦有实际上属于定义性之规定者,例如"民法"第 216 条第 2 项规定:
"依通常情形,或依已定之计划、设备或其他特别情事,可得预期之利益,视为所失利益。"将
这种定义性规定以拟制的方式为之,由立法技术的角度观之,并非必要。它和前述之矫枉的
拟制皆属于应该避免的拟制(立法模式)。② 该条规定也可以改写为不带拟制之真正的定
义:"称所失利益,指依通常情形,或依已定之计划、设备或其他特别情事,可得预期之利益。"
由是可见,究诸实际,该项可能只是误用语法,没有拟制的意思。不过,从该试拟之定义亦可
发现,立法定义虽看似叙述性的语法,但其实具有将一定之价值内建于法条或法律规定中,
产生规范效力的作用。

B. 隐藏的限缩

拟制的作用通常固然在于透过隐藏的引用,使被引用的法条之适用范围因而增大,但有
时拟制性法条也被用来限缩被引用之法条的适用范围。在后一情形拟制具有隐藏的限缩之
作用。申言之,有时某案型实际上虽属于另一案型之下位案型,但法律为了使该另一案型之
法律效力不被适用到该下位案型,而透过拟制否定该下位案型之为该另一案型的下位案型。
在这种情形,拟制具有限缩规范该另一案型之法条适用范围的作用。因此,学说上将之称为
"隐藏的限缩"(verdeckte Einschränkung)③。例如"民法"第 129 条规定:"消灭时效,因左
(下)列事由而中断:一、请求。二、承认。三、起诉(第 1 项)。左(下)列事项,与起诉有同一
效力:一、依督促程序,声请发支付命令。二、声请调解或提付仲裁。三、申报和解债权或破
产债权。四、告知诉讼。五、开始执行行为或声请强制执行(第 2 项)。"而第 130 条规定:"时
效因请求而中断者,若于请求后六个月内不起诉,视为不中断。"第 131 条规定:"时效因起诉
而中断者,若撤回其诉,或因不合法而受驳回之裁判,其裁判确定,视为不中断。"第 132 条规
定:"时效因声请发支付命令而中断者,若撤回声请,或受驳回之裁判,或支付命令失其效力
时,视为不中断。"第 133 条规定:"时效因声请调解或提付仲裁而中断者,若调解之声请经撤

---

① 按撤销之规定方式适用于:意思表示虽有瑕疵,但法律还是规定其有效的情形。于是,当得撤销之
意思表示后来因其瑕疵而被撤销时,必须溯及地去除其已发生的效力。其去除的方法有规定其溯及自发生
时失其效力或拟制其自始无效。第一种规定较切合实际的情形。

② Esser,aaO. (Fn. 85),S. 89f.,98ff.

③ Larenz,*Methodenlehre der Rechtswissenschaft*,5. Aufl.,Springer Verlag 1983,S.251;6. Aufl.,
Springer Verlag 1991,S. 262.

回、被驳回,调解不成立或仲裁之请求经撤回仲裁不能达成判断时,视为不中断。"第134条规定:"时效因申报和解债权或破产债权而中断者,若债权人撤回其申报,视为不中断。"第135条规定:"时效因告知诉讼而中断者,若于诉讼终结后六个月内不起诉,视为不中断。"第136条规定:"时效因开始执行行为而中断者,若因权利人之声请,或法律上要件之欠缺而撤销其执行处分,视为不中断(第1项)。时效因强制执行而中断者,若撤回其声请,或其声请被驳回时,视为不中断(第2项)。"这些法条在其规定之限度内,限缩了"民法"第129条的适用范围。

②被拟制地引用之法条在适用上之限制与修正

在拟制的情形,由于规范上已丝毫不保留地将拟处理之案型当成被拟制引用之法条所规定的案型,故拟制性法条比引用性法条更容易使人忽略,在该等案型间事实上有构成要件上的区别。由于它们的构成要件实际上是有区别的,所以,由之必然导出性质上的差异。鉴于事务的性质决定事务法则,是故,事务的规范必须取向于事务的性质,始能确保符合事务法则。因此,在规范上自拟制导出之等同处遇,仍应受事务性质的限制与修正。要之,纵使在拟制的情形,被拟制地引用之法条的适用,仍然不失其准用的性质。是故"谁要是将拟制看成所定法律事实之抽象上的同一化,则他更可能毫无保留地将被拟制地引用之法条适用到所拟处理之案型"①。例如在前引推定式拟制的案型中,人们可能真以为系争当事人曾为拒绝或承认之意思表示(例如"民法"第80条第2项、第170条第2项、第387条第1项),从而认为在这种情形也有撤销被拟制为存在之意思表示的可能;亦可能认为有关意思表示之撤销的规定,在概念上与拟制不相并容,从而毫不斟酌具体的法律事实,认为这些规定根本没有被引用的余地,亦即拟制为存在之意思表示无撤销的可能性。"以上两种见解都是没有依据的。盖拟制之作用并不在于将不同的法律事实,事实上予以同一化,而只是要求在规范上给予系争不同的法律事实以相同的评价。是故人们不得简单地由拟制的构成要件导出系争法律效力。只要各该系争情况的性质显示有此必要,那么执行法律的机关(法院)还是必须依据一般的解释原则,针对各个具体案件,斟酌在规范上到哪种程度,将系争不同的法律事实给予相同的评价是正当的。"②例如"民法"第80条第2项与第170条第2项规定:若法定代理人或本人不在相对人所定之相当期间内为承认之意思表示,视为拒绝。换言之,法定代理人或本人之沉默,因依该二条规定具有与为拒绝承认之意思表示同样的法律效力,所以,事后不再能够为承认之意思表示。于是,对其相对人而言,系争法律行为终极地归于无效,不再处于效力未定的状态。在"民法"第80条第2项与第170条第2项规定的情形,法定代理人或本人(即承认权人)是否要通过沉默,表示其拒绝承认之意思,是不重要的。甚至他们在沉默时根本就没有拒绝承认之意思,也不影响该等规定之下述功能:通过使系争法律行为,因拟制为被拒绝而终极地归于无效,以便保护相对人。是故,在该二条规定之情形,与错误有关的规定没有适用性。反之,关于诈欺与胁迫的规定("民法"第92条、第93条),则仍有其适用性。③ 盖如为沉默,其拒绝之意思固然原则上不必存在或不重要;唯其若存在,而其决意系肇因于相对人之诈欺或胁迫,则因该诈欺或胁迫对法定代理人或本人之拒绝的

---

① Esser, aaO(Fn.85). S. 31f.

② Esser, aaO(Fn.85). S. 32.

③ Larenz, *Methodenlehre der Rechtswissenschaft*, 6. Aufl., Springer Verlag 1991, S.263.

决意有不正当的影响,该相对人便不配享有"民法"第 80 条第 2 项与第 170 条第 2 项对他所提供之保护。[①]

③小结

总之,法律上的拟制是法律观点的表现方式之一。它是重要的立法技术。立法者常常用它来定义隐藏的引用或隐藏的限缩。当其被用为引用或限缩时,其规范上的意义,即适用的范围究有多大,必须依其规范意旨,通过解释认定之。

溯及效力的问题也构成拟制。这种案型在法律上已经表现出来者,例如"民法"第 7 条:"胎儿以将来非死产者为限,关于其个人利益之保护,视为既已出生。"该规定在胎儿出生前观之,固然像是法律效力之提前,唯若自胎儿出生时观之,则显然具有溯及效力的特征。[②]同样地在效力之延后,也会构成拟制。它在法律上亦已表现出来,例如"民法"第 40 条第 2 项:"法人至清算终结止,在清算之必要范围内,视为存续。"盖法人之权利能力原则上终于解散。

在裁判的说理上,法院有时也运用拟制的说明方法,因为法院在裁判中的功能不在于制定法律规范,而在于使人确信法院所持之法律见解,以及依之所为之裁判是正确的。然既云拟制,则被裁判之法律事实必然不属于其所引用之法条规定的案型,同时也不相类似(否则,法院在容许的情形,当运用类推适用的方法)。今法院明知其不同,而将之等同处理,固然必有其所以将之等同处理的理由。但在拟制的情形,依其逻辑,这个理由自然略而不提。法院实际上常常没有将其真正的法律见解,以可以被理解的方式表示出来。拟制实际上常流为一种说理的幌子。于是,法院为何为如是裁判,便不再能够为第三人所探知。[③]这使学说对于法院裁判的评释机制无法启动,使法律续造的活动不能顺利开展。所以拟制之说明方法的运用,对法院而言是不正当的,应当避免。[④]

(四)法条或法律规定间之竞合关系

1.法条间的竞合关系

假使两个以上法条的构成要件间有包含、重合或交集的情形,便可能发生同一法律事实同时为数法条所规范的情形。于是,相对于该法律事实,这些法条便处于竞合的状态。法条之竞合问题,只有当其相对于某一抽象的(一般的)或具体的法律事实才会发生,也才有其意义。离开法律事实,便没有竞合的问题。竞合问题所引起之问题的重要性,随系争法条分别

---

① Larenz, *Methodenlehre der Rechtswissenschaft*, 3. Aufl., 1975, S. 246f.

② 在法律行为方面与之类似者有,利用倒填日期,使契约溯及发生效力的安排。此种契约之效力为何,不能一概而论。其与公法有关部分,利用倒填日期所预期之溯及效力原则上不能发生。例如试图利用倒填日期,适用缔约前比较有利之土地移转现值的审核标准("土地税法"第 30 条第 1 项第 1 款:"一、申报人于订定契约之日起三十日内申报者,以订约日当期之公告土地现值为准。")。其与私法有关部分,当视所涉规定是强制规定或任意规定而定。例如在消费借贷契约,利用倒填日期缩短实际贷款期限,以垫高利息者,当因违反"民法"206 条,而依第 71 条无效。

③ 详请参见 Larenz, aaO. 3. Aufl.,(Fn.95). S. 247f.

④ Larenz, *Methodenlehre der Rechtswissenschaft*, 6. Aufl., Springer Verlag 1991, S.264.

所规定之法律效力是否并容而异。兹分述之。

(1)法律效力相同的情形

在法条互相竞合的情形,假若这些法条所规定之法律效力相同,则其竞合并不引起严重的问题,盖其中某一法条是否排除另一法条之适用,并没有多大的实益。唯就由之所导出之请求权的相互关系论,则并不是没有意义。例如"民法"第184条第1项前段与后段所规定之法律效力完全相同。假若有一个人做了一个侵权行为,且该行为同时充分该条第1项前段与后段之构成要件,则加害人依该条项前段或后段的规定,皆负有损害赔偿责任。该损害赔偿责任在法律上有多重的法律依据。在这种两个以上关于请求权之成立的法条规定同一法律事实的情形,学说上就由之导出的请求权,或论为请求权竞合,或论为请求权规范竞合。在性质上得以请求权规范竞合予以说明的情形,同样地也得以请求权竞合说明之。在此限度内,究竟认为所发生者系请求权竞合或请求权规范竞合,在理论上与实务上皆有重要意义。其区别首先在:在这种竞合的情形所导出之请求权究竟是单一还是复数。依请求权规范竞合说,该法律事实所产生之请求权是单一的,它只是具有多重的法律依据而已。此际主要牵涉的是:如何调整各该不同法条间之不一致的规定,例如时效的长短、注意程度的高低、举证责任归谁、请求权的范围、受保护者限于财产权("民法"第184条第1项前段)或含人格权与身份权、限于财产上损害或含非财产上损害(同法第194条、第195条、第227条之1)、限于权利或含不具权利地位之利益("民法"第184条第1项后段及第2项、"公平交易法"第20条)等问题。反之,依请求权竞合说,该法律事实所产生之请求权是复数的。它们的关系除了有不得重复满足的限制外,基本上是互相独立的。例如可以分别独立地移转,各有其时效的规定。对系争请求权之单复数的认定,当然对诉讼目标之单复数,至少在旧诉讼目标理论底下,[1]是有影响的。唯这并不意味着可以成立请求权竞合者也必能成立请求权规范竞合。例如为清偿货款债务(旧债务),而签发票据,负担新债务者("民法"第320条、第712条),由该票据关系所导出的票据债权,与要清偿之货款债务对应之金钱债权(货款债权),基于票据行为之独立性,并不能构成请求权规范竞合。[2]

(2)法律效力不同的情形

规范同一法律事实之数法条所规定的法律效力如果不同,则其中一个法条是否排除另一个法条之适用,便会构成问题。这取决于其构成要件是否有包含的关系,以及其法律效力是否能够并容。

假若规范同一事实之法条所定之不同的法律效力在性质上能够并存,则该法条间并不

---

① 关于所谓新旧诉讼目标理论,详请参见黄茂荣:《论诉讼目标》,《植根杂志》2004年第1期。

② 同说详请参见 Georgiades, *Die Anspruchskonkurrenz im Zivilrecht und Zivilprozeßrecht*,1967,S.236ff.;有关请求权竞合的文献,另请参见 Larenz, aaO. (Fn. 97), S.267 Anm. 25。

生其中某一法条是否排除另一法条之适用的问题；①反之，若在性质上不能并存，则当然两个法条之中便只有一个能够受到适用。盖认为法规范同时要求 A 与非 A 之法律效力，是不能被理解的。是故在这种情形一定必须决定，两者之中哪一个应该让步。②兹将处理本问题所依据之原则分述如下：

①在法律体系位阶上异位阶之法条间：优位法优于劣位法

假使系争两个法条所属之法律领域间，在法律体系的位阶上有优位与劣位的关系，例如宪法优于法律，法律优于命令。此即劣位之法条与优位之法条抵触者无效的原则。

②同位阶之法条间

系争数法条在法律体系的位阶上若无优位与劣位的关系，亦即它们若属于同一位阶，则它们之间是否有一个法条优于另一个法条受适用的情形，必须视系争法条之相对关系而定。申言之，应视具体情形，分别依"后法优于前法"或"特别法优于普通法"原则处理之。兹分述之：

----

① 当两个以上的法条规定同一法律事实时，其法律效力并不必然是不能并存的。例如出卖人依"民法"第 348 条第 1 项，不但负有交付其物与买受人之义务，并负有使买受人取得该物所有权之义务。又如承租人不但负有如期给付租金之义务（"民法"第 439 条），并负有以善良管理人之注意保管租赁物的义务（同法第 432 条第 1 项）。以上出卖人或承租人所负之两个以上的义务，其法律效力虽然不同，但依其性质在结果上却可以并存，从而它们不但在存在上，而且在行使上，都可以无限制地累积。学说上称呼这种竞合为"累积式的法律竞合"（Kumulative Gesetzeskonkurrenz）。请参见 Larenz, aaO（Fn. 97）. S. 250；Enn-Nipperdey, aaO. S. 350. Larenz 认为所有的请求权竞合或请求权规范竞合的案型，皆属于累积式的法律竞合［Larenz, aaO（Fn.98）. S. 253］。这个见解衡诸前开说明，尚有商榷余地。盖在累积式的法律竞合，各请求权不但在存在上是并存的，而且在行使的结果上，皆是累积的。反之，在请求权竞合的情形，各请求权在存在上固系并存的，但在行使的结果上，则不累积。盖请求权之一的满足，使其他请求权在该满足的限度内归于消灭。又在"民法"第 359 条与第 360 条规定的情形，亦即在买卖目标物有瑕疵的情形，买受人得解除契约、请求减少价金（第 359 条），或甚至请求不履行之损害赔偿（第 360 条）。买受人在这里所享有之权利的内容（法律效力）虽然不同，但依其性质在存在上却可以并存。是故，它们之间在存在上并没有哪一个部分之规定排除另外一个部分之规定的适用情形。唯这些在存在上可以并存的权利，在行使上却不并存，而只能择一而行。学说上称呼这种竞合为"择一的法律竞合"（alternative Gesetzeskonkurrenz）。择一的法律竞合与引起请求权竞合之法律竞合的案型，其差异在于：前者，在选择权被行使后，选择权人不得再变更其选择，纵使其所选择之权利后来未能贯彻其法律效力，亦然。例如当买受人依"民法"第 360 条请求减少价金后，纵使价金之减少的幅度双方不能达成协议，买受人亦只能转而请求法院就价金之减少幅度裁判之，而不得改而请求出卖人赔偿不履行所生之损害。反之，于引起请求权竞合之法律竞合的情形，请求权人纵使选择其一而为请求，并不立刻使其他与之相竞合的请求权归于消灭。其他的请求权只有在请求权人所据以请求之请求权被满足的限度内，始因目的已达，而相应地归于消灭。例如买受人为给付价金债务，非以代物清偿或更改，而以间接给付之方式（参照"民法"第 319 条、第 320 条），签发本票二纸给出卖人，则当出卖人所持本票之一受到清偿时，系争价金债务便在出卖人之本票债权受清偿的限度内，同归于消灭（第 712 条第 1 项）。请参见 Enn-Nipperdey, aaO. S. 350f. 唯必须注意：因间接给付之约定构成的请求权竞合仍与一般的请求权竞合不同。在前者，债权人应先行使新债权，必须等到新债权之行使无结果时，始得行使旧债权（"民法"第 712 条第 2 项）。要之，间接给付之约定并无使新旧债务构成选择之债的效力（同法第 208 条）。

② 假若在这种情形，通过以下所将讨论之原则无法决定哪一个法条该优先于另外一个法条受适用，则这种竞合的存在将导致"不能化解的规范矛盾"。依通说的见解，法条之间如有不能化解的规范矛盾，那么它们便会互相把对方废止，而形成一个"碰撞漏洞"。在此了解下，以下所将讨论的原则之功能在化解"可化解的规范矛盾"。详请参见第六章"规范矛盾"部分。

A. 后法优于前法

假若系争法条分属于同阶但不相同之法律,则它们之间优劣位的问题可以通过"后法优于前法"的原则处理之,即新法应优先受到适用。盖可以假定立法者在制定新法之当时,有意废止与新法相抵触之旧法。不过,后法优于前法的原则,必须受"特别法优于普通法"原则的限制。特别法优于普通法原则除适用于不同法律之间以外,它还适用于同一法律中之不同法条间。此与后法优于前法原则只适用于不同法律之间者有异。同一法律中之任何条文的修正或增加,其因修正或增加而公布之法条,对于其他法条并不构成后法与前法的关系。盖其他法条虽未经修正或新增,但容许其与修正或新增法条一起在同一法律中继续存在的事实,显示立法者不因部分法条之修正或新增,而否定其他原有法条的效力。

B. 特别法优于普通法

在前述的说明下,同位阶且无新法与旧法之关系的法条间,其中之一是否优于另一受适用,便赖于特别法优于普通法之原则来处理。然则在哪种情形,系争法条间可以被认为其一系另一之特别法?

在逻辑上,下述两种法条间有普通与特别的关系:若其中之一的构成要件要素为另一法条所包含(亦即该另一法条除具备前一法条之全部构成要件要素外,进一步具有前一法条所无之构成要件要素),则该另一法条相对于前一法条便具有特别性。申言之,在此情形下,假若一个法律事实充分该另一法条之构成要件,则它必能同时充分前一法条的构成要件;而能充分前一法条者,不一定能充分该另一法条之构成要件。于是,该另一法条所规范的案型必然全部为前一法条所涵盖。这种法条间之逻辑上的特别与普通关系,在规范上的意义究竟如何,亦即它在法条之存在的逻辑结构上的意义究竟如何,仍尚有探究余地。盖法条间之逻辑关系并非单纯的逻辑关系,不得想当然地认为,在逻辑上具有特别与普通关系的法条间,在规范上一定有此种特别与普通关系存在。只要它们分别规定的法律效力不互相排斥,则它们纵使在行使的结果上并非累积式的法律竞合,[①]而仅是像请求权竞合或请求权规范竞合的情形,[②]在存在上得以并存。这些法条亦不因为其在逻辑上有特别与普通的关系,而互相排斥。假若认为特别法优于普通法之原则应该成立,同时应贯彻,则为了使该原则在适用

---

① 例如"民法"第767条后段规定之对所有权的妨害防止请求权与第184条规定之对所有权的损害赔偿请求权间之竞合。第767条规定之妨害防止请求权具有向将来的性质,即防止将来可能发生之加害行为或损害;反之,第184条所规定者,具有过去性,即填补已经发生之损害。因此,可能引起一个疑问,即这两个法条所规定之请求权如何发生竞合?按请求权之竞合系由构成要件的观点加以观察,而前述第767条之向将来与第184条之过去性的差别,则存在于法律效力上。该差别对它们之间是否有竞合关系的认定是不相干的。法律效力固非认定有无竞合关系的要素,但却是认定竞合态样的基准。例如一个鲁莽的领班甲有一天为了要促使他所监督的工人乙比较卖力地工作,而用铁锤对乙的机车狠狠地捶了一下,翌日再捶一下。在此情形,乙不但就已经发生之损害,依第184条享有损害赔偿请求权,而且乙为防止甲再继续捶击其机车致进一步引起损害,就甲之同一种行为,即连续地捶击其机车,依第767条后段享有妨害防止请求权。在该例中,因为构成要件事实相同,所以构成竞合。另因该二法条规定之法律效力不冲突,可以并存,所以其竞合属于"累积式的法律竞合"。

② 前者例如基于间接给付之约定,由票据关系所生之请求权(票款债权)与由基础关系所生之请求权(货款债权)间之竞合;后者如"民法"第956条所定之回复请求权人对于恶意占有人因可归责于自己之事由,致占有物灭失或毁损,所享有之损害赔偿请求权,与回复请求权人对于恶意占有人依侵权行为规定所享有的损害赔偿请求权间之竞合。

上不受到干扰,在了解上没有混淆,那么法条间规范上之特别与普通关系的认定,便必须与其单纯之逻辑上的关系做不同的处理。亦即在规范化的过程中,必须将单纯逻辑上之特别与普通关系做规范上的修正。换言之,只有当系争法条分别规定之法律效力,在存在上已规范地评价为不能并存时,该逻辑上的特别与普通关系,才在规范上进一步将之定性为有特别法与普通法的关系,受特别法优于普通法之原则的适用。① 到底系争的法律效力是否互相排斥,属于法律解释的问题。只有当具有逻辑上之特别性的法条规定之法律效力排斥具有逻辑上之普通性的法条规定之法律效力时,该特别法才有必要排斥该普通法之适用。

在前述关于特别与普通之竞合关系的讨论中,一直以特别法在外延上为普通法所包含为其前提;换言之,普通法在构成要件上所包含之特征必须尽为特别法所包括。唯在这里正如在类型化的处理上所遭遇者一般,在系争法条间之特别与普通关系的认定上,会面临如何界定普通法所具有之特征的范围问题。该范围的界定会影响到系争法条分别所具有之构成要件要素为重合、包含或仅是交集而已。在法条之特别与普通关系的认定上,其规范上有意义的特征愈多,则重合的可能性愈低,比较易于形成交集的状态。兹就重合、包含与交集的情形分述于次:

a.构成要件重合

数法条之构成要件重合,而其分别规定之法律效力不同,且互不相容者,构成规范冲突。其结果因乱命不从,互相废止,而构成法律漏洞。反之,法律效力虽然不同,但可并容时,它们在适用上不互相排斥。它们因此也不具备特别法优于普通法意义下之特别与普通关系。它们通常以学说上所称"并存式的法律竞合"②、"择一式的法律竞合"(例如"民法"第360条之相对于第359条)、请求权竞合或请求权规范竞合式的法律竞合③之态样存在。

b. 构成要件包含

当法律要件有包含的情形,含要件多者之适用性优于含要件少者,例如"民法"第196条为关于不法毁损他人之物的损害赔偿请求权的规定,而第213条至第215条为关于各种损害赔偿请求权的规定。前者比后者之构成要件要素多一个,即受害客体限于物。是故,第196条之适用性优于第213条至第215条。至其法律效力,前者规定"被害人得请求赔偿其物因毁损所减少之价额",亦即自始得请求以金钱赔偿其损害。反之,第213条第1项规定:"负损害赔偿责任者,除法律另有规定或契约另有订定外,应回复他方损害发生前之原状。"必须待"应回复原状者,如经债权人定相当期限催告后,逾期不为回复"(第214条),或"不能

---

① 请参见 Larenz, aaO(Fn.97). S. 215f.

② 缔约上过失、积极侵害债权、契约上责任与侵权行为责任间,都可能发生并存式的法律竞合。例如就同一事实,依缔约上过失请求消极利益,同时依侵权行为请求固有利益之赔偿。类似的情形在处罚法上主要有基于一事不二罚原则,是否得以并罚的问题。释字第503号解释"纳税义务人违反作为义务而被处行为罚,仅须其有违反作为义务之行为即应受处罚;而逃漏税捐之被处漏税罚者,则须具有处罚法定要件之漏税事实方得之。二者处罚目的及处罚要件虽不相同,唯其行为如同时符合行为罚及漏税罚之处罚要件时,除处罚之性质与种类不同,必须采用不同之处罚方法或手段,以达行政目的所必要者外,不得重复处罚,乃法治之基本原则。是违反作为义务之行为,同时构成漏税行为之一部或系漏税行为之方法而处罚种类相同者,如从其一重处罚已足达成行政目的时,即不得再就其他行为并予处罚",始符保障人民权利之意旨。

③ 例如贩卖腐败食品,致买受人食后中毒者,其买受人不但依积极侵害债权,而且依侵权行为,皆得对出卖人请求因中毒所生之固有利益上的损害赔偿。依请求权规范竞合说,在这种情形只能成立一个有数个规范依据之损害赔偿请求权。

回复原状或回复显有重大困难"时(第215条),债权人始得请求以金钱赔偿其损害。亦即以回复原状为原则,金钱赔偿为例外。换言之,在原则部分,第196条与第213条所定之法律效力在损害赔偿方法的层次是不并容的。唯因为二者都是关于损害赔偿方法的规定,所以,其竞合之优先适用的关系没有推到不容被害人选择的程度。该选择可能性,第196条利用"……被害人得……"之"得为规定"清楚表示出来。是故。二者之竞合属于选择性竞合而非排斥性竞合应无疑问。唯在2000年4月26日修正前,该条的法律效力,本来规定为"不法毁损他人之物者,应向被害人赔偿其物因毁损所减少之价额",因其使用"应为规定"之语法,乃引起第196条是否排斥第213条之规定的疑问。这时就必须透过解释,厘清其间的关系。按当民事法对于同一法律事实给予重复规定,通常应依重复保护,而不得重复满足的原则解释之。因此,纵使在第196条之旧规定的情形,还是应解释其与第213条的关系是选择性,而非排斥性竞合。[1]

在构成要件要素包含的情形,设若系争法条所规定的法律效力不并存,亦即有矛盾,则它们之间在规范上便具有特别与普通的关系。含要件要素多者为特别法。例如"民法"第440条第2项规定之案型较同条第1项规定者,在构成要件上多了一个特征(即第2项之租赁物以房屋为限),且在法律效力上第2项规定者与第1项规定者不相并容:第1项以出租人定相当期限催告承租人支付租金,而承租人于期限内不为支付,为终止契约之要件;而第2项则进一步规定迟付租金之总额非达两期之租额,不得依第1项之规定终止契约。换言之,租赁物之是否为房屋导致终止要件之增加的规范规划问题。要件是否增加,影响终止权之成立。就房屋在第2项增加其终止之要件后,引起:在只满足第1项之要件要素的情形,就房屋便有依第1项看似得终止契约,而依第2项则不得终止之不一致的情形。要之,该二项规定间就相同之构成要件(第1项所定情形)有不并容的法律效力,从而构成普通法(第1项)与特别法(第2项)的关系。

又如在"民法"第796条与第767条间,在规范上亦有特别与普通的关系。按第767条关于"所有权人……对于妨害其所有权者,得请求除去之……"之规定,以所有人无容忍其所有物被侵害之义务为要件。越界建筑侵害邻地所有权人之所有权,充分第767条之构成要件,固不待言。然在越界建筑,邻地所有人如知其越界而不即提出异议,则依第796条不再得依第767条请求越界建筑者,移去或变更其建筑物。亦即邻地所有权人有容认越界建筑造成之现状的义务。比较第767条及第796条,可见:在构成要件,第796条比第767条多了"邻地所有人如知其越界而不即提出异议"之要件要素。在法律效力,第796条规定"不得请求移去或变更其建筑物",而第767条规定"得请求除去之"。二者不相并容。因此,第796条系第767条之特别规定,自属显然。不过,这只是基于经济之整体考虑所作之不得已的规定,无鼓励越界建筑的规范意旨。是故,邻地所有人依第796条但书仍得请求土地所有人,以相当之价额,购买越界部分之土地;如有损害,并得请求赔偿。亦即第796条虽排斥第767条之适用,但不根本排斥第184条之适用。第796条但书后段与第184条仍可构成请求权规范竞合。唯邻地所有人不得依第184条请求以自然方法意义下之回复原状,赔偿其损害。至于第213条第3项意义下之回复原状的请求,应为第796条但书后段所容许。第796条

---

[1] 关于第196条与第213条在2000年4月26日修正前之竞合关系,请参见黄茂荣:《民事法判解评释》,植根法学丛书编辑室1985年增订版,第369页以下。

但书与第 179 条亦有类似的问题。该但书前段虽不阻止不当得利返还请求权之成立,但限制其返还的方法:只得请求越界建筑者,以相当之价额购买越界部分之土地(第 796 条但书),亦即不得请求返还其所受之利益,而只得请求偿还其价额(第 181 条)。

c. 构成要件交集

在构成要件交集的情形,本来从逻辑的观点不能认为其中之一法条系另一法条的特别规定,盖在交集的情形,系争法条分别拥有另一法条所不具有之构成要件要素。在此意义下,它们相互间分别因其所特别拥有之构成要件要素,相对于对方取得逻辑上之特别与普通的关系。是故,在此情形,它们相互间并无绝对的特别与普通的关系,而仅具有相对于某构成要件要素之特别与普通的关系。与界定普通法应具有之特征范围时一样,这种相对的特别与普通关系之规范上的意义,同样地必须规范地予以评价。评价的结果,若认为相对于某特征(构成要件要素)所形成之特别与普通关系,在规范上应赋与意义,则以该逻辑上特别与普通关系为依据,认定两者在规范上有特别与普通关系。[①]

例如基于顾全社会经济利益的考虑,在土地所有人建筑房屋逾越疆界,而邻地所有人知其越界而不即提出异议的情形,"民法"第 796 条课邻地所有人负担容忍越界建筑的义务;邻地所有人只得请求土地所有人以相当之价额购买越界部分之土地;如有损害,并得请求赔偿。但不得请求拆屋还地,回复原状。第 796 条之规定与第 184 条相较,在构成要件上,第 184 条比第 796 条多出故意或过失之归责要件;反之,第 796 条则较第 184 条多出土地所有人建筑房屋逾越疆界(侵权的态样),而邻地所有人知其越界而不即提出异议之要件。要之,第 184 条与第 796 条相互间在构成要件上,分别具有对方所不具有之构成要件要素。因其分别规定之法律效力不能并存:依第 184 条得请求拆屋还地,回复原状;反之,依第 796 条则否。是故,其存在上的逻辑关系有从竞合的角度加以考虑的必要。就第 796 条所定的情形论,该条虽不以故意或过失为要件,但在实际上属于该条之案型者,土地所有人就越界建筑却可能有故意或过失。亦即有同时充分第 184 条之构成要件的可能。就此情形下,再比较第 796 条及第 184 条,其间在规范上之特别与普通关系,便趋于明显。于是,必须进一步斟酌它们各自特别具有之构成要件上的特征,在其相对关系之评价上的重要性。设若在具体的案型,越界建筑者已具有故意或过失,且若现行法不认为其故意或过失应为第 796 条之消极的构成要件,则针对这种案型,便只有第 796 条相对于第 184 条在构成要件上具有后者所不具备之特征。今它们所规定的法律效力既然不相并容,则在此限度内,第 796 条相对于第

① Larenz 以《德国民法典》第 839 条(相当于台湾地区"民法"第 186 条)关于公务员违反职务之侵权行为为例,在构成要件要素交集的案型,认为应区分交集的案型与重合的案型,且不得将《德国民法典》第 839 条定性为其他侵权行为规定的特别规定[aaO.(Fn. 91), 5. Aufl., S. 252f.]。在侵权行为法上,"民法"第 186 条的意义首先为肯认公务员(一个人)可能因其与国家(相对人)之任用关系(个别关系),而对于第三人负保护义务。其次为相对于一般侵权行为,该条第 1 项后段就过失行为,第 2 项就故意及过失行为,缓和公务员因该保护义务之违反对于第三人所负之侵权责任。相较于其他对于第三人保护效力的契约(Verträge mit Schutzwirkung für Dritte),第 186 条对于公务员而言,其实是减轻,而非加重责任的规定。对于第三人具保护效力的契约不是真正的利益第三人契约,盖因该契约,受保护之第三人并不取得约定之给付的请求权,而只有与债权人相同之受保护的地位。基于该地位,第三人于债务人违反该保护义务致其受损害时,得对于债务人请求赔偿该损害。请参见 Esser, *Schuldrecht*, 2. Aufl., Karlsruhe 1960, § 88 1; Flume, *Allgemeiner Teil des Bürgerlichen Rechts*, *zweiter Band*, *Das Rechtsgeschäft*, 3. Aufl., Berlin/ Heidelberg/ New Tork, 1979, S.330f.

184 条,在规范上便有特别与普通的关系,而且第 796 条是特别规定。唯在越界建筑人并无故意或过失的情形,这二条的规定便根本没有交集,从而也因为其间根本无逻辑上之特别与普通的关系,而不需进一步评价其间在规范上有无特别与普通的关系。

在此了解下,法条间之构成要件若无重合,而仅有交集的情形,则该数法条必须先在双方之构成要件交集的基础上,就其分别多出之构成要件要素,评价地探讨其逻辑上之特别与普通的关系。而后再视其分别所规定之法律效力在存在上是否能并存,以认定其有无规范上之特别与普通的关系。若不能并存,则该关系便演变为规范上之特别与普通的关系。其中之特别法在适用上优于普通法。然因双方分别所定之构成要件本来互有多出的部分,故在决定系争法条中究竟哪一个法条扮演特别法的角色,应以在交集部分外,哪一个法条最后有规范上有意义之多出的构成要件要素为标准。其最后有多出的构成要件要素之法条,取得特别法的地位。

总之,以前引"民法"第 796 条与第 184 条为例,在为越界建筑者有故意或过失的情形,第 184 条相对于第 796 条在抽象层次所多出之构成要件要素(故意过失),在个案情形因已不具特别性,而不再扮演角色。从而便只有第 796 条相对于第 184 条最后有多出的构成要件要素(邻地所有人知越界建筑而不即提出异议)。是故,在此情形,第 796 条与第 184 条间具有与规范上之特别与普通关系相同的实质,而且第 796 条扮演着相应于特别法的角色。

在两个法条之构成要件仅有交集的情形,学说上有认为不宜将其中之一,定性为另一法条之特别规定的见解。[1] 就系争两个法条之抽象的逻辑关系论,该见解固然正确,但究诸具体个案,如前述的说明,该见解有时不能说明构成要件要素交集之规定在具体个案之实际的竞合状态,及其适当之适用上的评价。

2.法律规定间的竞合关系

正如在前面说明的过程中已经显示者,竞合的问题不但可能发生在法条与法条间,而且也可能发生在法律规定与法律规定间。最常被讨论之法律规定间的竞合为契约责任与非契约责任间的竞合。[2] 因为一个法律规定当然包含许多不同的法条,因此法律规定与法律规定间之竞合势必皆属于交集性的竞合,而且其交集的情形较之法条间之竞合的情形,也势必远为复杂。因为不是每一个违反契约的行为皆为侵权行为,所以契约责任与侵权行为责任,并不一直有竞合的现象。契约上的义务主要可区分为给付义务与保护义务。其中,给付义务与侵权行为法所课之义务无交集关系,所以在构成要件上不会构成竞合。只有契约上的保护义务才与侵权行为法上的保护义务发生交集。[3] 其不同首先在于保护义务的规范基础。因契约上的保护义务以契约之债为其规范基础,延伸所及,"民法"第 224 条对之亦有适

---

[1] Larenz, *Methodenlehre der Rechtswissenschaft*, 6. Aufl., Springer-Verlag 1991, S. 262f.

[2] Larenz, *Methodenlehre der Rechtswissenschaft*, 6. Aufl., Springer-Verlag 1991, S. 269ff.

[3] 给付义务与保护义务之区分的意义明显地表现在瑕疵给付与有害给付(积极侵害契约或债权)的区别上。瑕疵给付所违反者为给付义务,其被害法益为履行利益;而有害给付所违反者则为保护义务,其被害法益为固有利益。请参见 Esser, *Schuldrecht*, 2. Aufl., 1960 Karlsruhe, § 107 7.不过,必须注意,在具体案件有时给付义务的违反必然同时损及履行利益与固有利益。例如外科手术之医疗契约的瑕疵给付,常常会不但治不了病,而且还伤身。关于美国法上之侵权行为与契约请求权间的关系,请参见 William L. Prosser, *The Law of Torts*, St. Paul, Minn., 1971, p.613。

用。反之,对应的问题,侵权行为只能适用第 188 条。因而有该条第 1 项但书之不利。人格权受损时,过去,有依侵权行为法始得请求非财产上损害之赔偿(第 194 条、第 195 条;第 195 条第 3 项甚且将保护范围扩及身份法益),而依契约法上之损害赔偿请求权,则不得的问题。但在 2000 年 4 月 26 日修正"民法"债编增定第 227 条之 1 后,该请求项目上的差异已经不再存在。该条规定:"债务人因债务不履行,致债权人之人格权受侵害者,准用第 192 条至第 195 条及第 197 条之规定,负损害赔偿责任。"唯其保护义务仍有契约上之个别保护义务及侵权行为法之一般保护义务的区别。基于该区别,首先有契约上之个别保护义务是否得为侵权行为之不法要素(违法性)的认定基础之疑问。当采否定的见解,这是初期所以认为契约责任与侵权责任不竞合的道理所在。反之,当后来采肯定的见解,契约责任与侵权责任便会竞合。① 肯定见解的发展系从多重保护的观点出发。其肯认的道理是:从陌生人、邻居、宾客至契约相对人,由一般至个别之举轻以明重地论理。盖侵权行为法所定者主要为对于陌生人之一般保护义务。对于陌生人都应负一般的保护义务,则对于有个别保护义务关系之契约相对人更当给予保护。是故,应将个别保护义务纳入侵权行为法之不法或违法性的认定依据。于是,当违反之契约义务为保护义务,致当事人之固有利益受到损害时,违反契约之行为便应同时论为侵权行为法上之不法行为。满足侵权行为之其他构成要件也构成侵权行为。

然只要契约法对于契约上保护义务之违反有特别之损害赔偿的规定,总是会引起疑问:立法者是否拟透过契约法对系争问题做完整的规定,并在此意义下排除侵权行为法对该违反契约之案型的适用性? 这便是学说上争论已久之契约责任与侵权行为责任在存在上是否能够并存的问题。对此德国通说倾向于采取可以并存的观点。亦即原则上契约责任与侵权责任之规定有并存的适用性。唯其目的在于提供重复之保护,而非重复的满足。是故,在这种情形还会有契约责任与侵权责任之请求权之竞合的问题:请求权竞合还是请求权规范竞合? 在这里,该竞合上的区别立基于一次解决纷争之规范经济上的需要,而非事务的实质。

在构成要件或法律效力上,侵权行为法与契约法的规定,对受害人而言,并不一直是其中之一规定对它最有利。这可从它们的主观要件、消灭时效、举证责任之分配与免责要件("民法"第 188 条第 1 项与第 224 条)等规定的不一致,清楚地看出来。② 例如"民法"第 434 条规定:"租赁物因承租人之重大过失,致失火而毁损、灭失者,承租人对于出租人负损害赔偿责任。"该条所定之主观要件,即注意的程度,较第 184 条所定者为低。于是,引起假若租赁物因承租人之轻过失而失火致毁损灭失,承租人是否应依第 184 条第 1 项负侵权行为责任的问题。亦即在承租人因轻过失而失火,致毁损灭失租赁物的情形,"民法"第 434 条对第 184 条是否有优先适用的地位? 在本案的情形,由于若肯认承租人纵使依第 434 条免负损害赔偿责任,但仍应依第 184 条负损害赔偿责任,则第 434 条之规定势成具文,是故通说③认为

---

① 台湾地区"最高法院"1980 年台上字第 1402 号民事判决:"债务人之违约不履行契约上之义务,同时构成侵权行为时,除有特别约定,足认为有排除侵权责任之意思外,债权人非不可择一请求。"

② Esser, *Schuldrecht*, BT, 4. Aufl. S. 459f.

③ 参照郑玉波:《民法债编各论》,三民书局 1970 年版,第 217 页;史尚宽:《债法各论》,作者自刊 1973 年版,第 181~182 页;最高法院 1933 年上字第 1311 号判例:"租赁物因承租人失火而致毁损灭失者,以承租人有重大过失为限,始对出租人负损害赔偿责任,《民法》第 434 条已有特别规定,承租人之失火仅为轻过失者,出租人自不得以侵权行为为理由,依《民法》第 184 条第 1 项之规定请求损害赔偿。"

第 434 条至少相对于第 184 条有优先受适用的地位。其结果是：为了立法者在契约法上所做之决定，目的性限缩侵权行为之主观要件的规定。在时效规定的情形，有时依同样的考虑，亦应使契约上的规定优先于侵权行为法上的规定受适用。例如"民法"第 456 条与第 197条第 1 项。前者规定出租人就租赁物所受损害，自受租赁物返还时起，二年间不行使而消灭。反之，后者规定："因侵权行为所生之损害赔偿请求权，自请求权人知有损害及赔偿义务人时起，二年间不行使而消灭。自有侵权行为时起逾十年者亦同。"在此种情形，契约法上的规定亦应优先于侵权行为法上的规定受适用。盖非如此，一样的会使契约法的规定成为具文。唯一般说来，只有当契约法上之损害赔偿责任的减轻规定，依其规范意旨，实际上要求同时免除加害人之任何侵权行为法上的赔偿责任时，方得正当化契约法上的规定优先于侵权行为法上的规定。① 申言之，依 Esser，Larenz 及 Schlechtriem 的观点：假使债务人之行为侵害到债权人就债务人之契约义务的小心履行本可享有的利益，则契约法上责任减轻的规定应优先于侵权行为法上之责任的规定受适用；反之，假若债务人之行为所侵害者为债权人的其他法益，亦即其固有利益，则不然。亦即在契约上保护义务之违反的情形，侵权行为责任仍继续有其适用性。② 不过，其相关规定之竞合的处理，仍应从请求权规范竞合说，就具

① Larenz，aaO.（Fn. 97），S. 270；Esser，*Schuldrecht*，2. Aufl.，Karlsruhe 1960. § 112；Peter H. Schlechtriem，*Vertragsordnung und außervertragliche Haftung*，1972，S. 333ff.《德国民法典》第 521 条规定："赠与人仅就故意或重大过失负其责任。"台湾地区"民法"与之相当之第 410 条原来规定："赠与人仅就其故意或重大过失，对于受赠人负其责任。"该两条规定之内容可谓完全相同。唯该条后来于 2000 年 4月 26 日修正为："赠与人仅就其故意或重大过失，对于受赠人负给付不能之责任。"修正后之条文内容显然只针对给付义务；而修正前则显然还兼顾保护义务。鉴于无偿契约之保护义务的主观要件原则上都有减轻（典型者例如"民法"第 535 条），所以，第 410 条与"民法"肯认之原则显有冲突。

② Larenz，*Methodenlehre der Rechtswissenschaft*，6. Aufl.，Springer-Verlag 1991，S. 264f.；Esser，aaO.（Fn.113）S. 460f.："侵权行为责任与契约责任之并存，有多重的意义。它们可能由于侵权行为能力与意思能力（行为能力）之有无的不同标准（例如年龄的大小），或由于履行辅助人之责任的不同规定（按：《德国民法典》第 278 条，相当于台湾地区'民法'第 224 条；《德国民法典》第 831 条，相当于台湾地区'民法'第188 条第 1 项），或由于慰抚金之赔偿资格的有无（按：《德国民法典》第 847 条，相当于台湾地区'民法'第194 条、第 195 条）。此外，也由于侵权行为法上之义务的要求对契约法上之平行要求的相关性。例如《德国民法典》第 690 条（按：相当于台湾地区'民法'第 590 条前段）对受寄人只要求较轻之注意义务的规定，对其侵权行为责任不可能没有影响。盖若不然，该契约法上之义务的限制规定将变成没有意义；何况，该侵权行为之损害的可能性，常常来自于法律行为上的接触。其结果，假若行为人之所为已经符合契约法上之义务标准，则纵使其行为客观上已充分侵权行为的构成要件，该行为亦无违法性。当然这个观点，仅以那些契约法上之责任的减轻规定所规范之行为类型为限。例如《德国民法典》第 521 条（按：相当于台湾地区'民法'第 410 条）、第 599 条（按：相当于台湾地区'民法'第 466 条）、第 690 条（按：相当于台湾地区'民法'第590 条前段）之意旨，在限制与契约客体典型地结合在一起之危险，但并不包括那些与系争契约之履行固然有关，从而常常以积极侵害契约的态样发生，但却与前述系争契约之危险无关的行为。例如受赠人到赠与人家里取赠与物，假若受赠人在当时为赠与人家中地板上破旧的地毯所绊倒，则受赠人就其因此所受之损害，仍享有侵权行为法所定之全额的损害赔偿请求权。德国联邦法院并认为，假使契约法的规定仅在限制责任之范围，而不限制义务上的要求，则这种限制并不排除依竞合之侵权行为法上的损害赔偿请求权，请求全额赔偿的权利。"又当契约责任与侵权行为责任并存且其法律效力相同时，Esser 认为应依请求权规范竞合说，而非依请求权竞合说处理之。亦即在这里受害人只享有一个多重法律依据的请求权。盖在德国，只有这个观点才能与其现代的诉讼法上关于诉讼目标之理论相契合。唯在这种情形，到底只有一个有多重法律依据之请求权，或有多个请求权发生，并不能依据形式的逻辑，还是必须透过法律解释上应予考虑之目的因素评价之［Esser aaO.（Fn.113）S. 460］。另详请参见 Georgiades，aaO. S. 278ff.（297）。

体情形论断。

二、法律之适用上的逻辑结构

法律的适用通常被认为系逻辑之三段论法的应用。法律之一般的规定是大前提。将具体的生活事实通过涵摄过程（Vorgang der Subsumtion），归属于法律构成要件底下，形成小前提。然后透过三段论法的推论，导出规范该法律事实的法律效力。大前提之寻找及其内容与意义之确定系法律规定之萃取（Rechtsgewinnung）。这属于法律解释与法律补充的活动。至于本书关于法条之存在上逻辑结构的讨论，则主要在协助处理不完全法条，以形成完全的法律规定［参照一、（三）4.5.］，消除"可化解的规范矛盾"［参照一（四）1.（2）］，以及说明存在上或行使上并存的法律竞合［参照一、（四）］。

关于如何由生活事实，透过涵摄过程形成小前提，请参见第四章。以下将只简单地说明其逻辑上的结构，并将如何通过三段论法由大前提与小前提导出法律效力的逻辑过程，简单地加以说明。

（一）确定法律效力的三段论法

只有完全法律规定才具备完整的构成要件与法律效力，能充为法律之适用上的大前提。然很少法条是完全的，已如前述。在法律的适用上，首先必须透过法律解释或法律补充进行法条的组合，以将之组合成完全的法律规定。而后能将生活事实涵摄于其构成要件下成为其小前提，以求得该当的法律效力。在小前提之涵摄过程中，法律适用者必须来回审视法律事实及其可能相关之法条，以摒除不该当的法条，并发现该当的完全法律规定。当已寻得完全的法律规定后，便可进一步最后确认系争法律事实是否具备该法律规定之构成要件所要求的特征。若具备，则该构成要件便已为该法律事实所充分；该法律事实在逻辑上亦是该构成要件所指称之法律事实。于是透过三段论法的推论，便导出将连结于该构成要件之法律效力，赋与该法律事实的结论。其过程如下：[①]

（1）假使构成要件 T 为任何法律事实所充分，那么法律效力 R 应适用于该法律事实（大前提）；

（2）某具体的法律事实 S 已充分了该构成要件 T，亦即该法律事实是该构成要件所指称之法律事实（小前提）；

（3）则该法律效力 R 应适用于该具体的法律事实 S（结论）。

以上的说明可以简单地用下述公式表示之：

T→R　（R 适用于 T 所指称之任何案子）

S＝T　（S 是 T 所指称之案子之一）

$\overline{\text{S→R}}$　（R 适用于 S）

---

① Larenz, *Methodenlehre der Rechtswissenschaft*, 6. Aufl., Springer-Verlag 1991, S. 271ff.另详请参见 Engisch, *Logische Studien zur Gesetzesanwendung*, Heidelberg 1963, S. 8ff.

以上所作的推论,便是学说上所称确定法律效力的三段论法。在该三段论法中,其大前提系由一个完全的法律规定所构成,透过将一个具体的法律事实涵摄于该法律规定之构成要件,构成小前提。其结论则为该法条所定之法律效力应适用于该法律事实。

以上所例示者为法律适用之最简单的情形。实际上同一法律事实常常能充分两个以上,在适用上可以并存的法条或法律规定,例如同一行为可能违反契约上及侵权行为、缔约上过失、积极侵害债权上之保护义务的规定。在这种情形,有时可能分别由它们导出相同的法律效力,有时也可能导出相异的法律效力,已如前述。若这些法律规定或法条可以导出相同的法律效力,且它们在适用上又是并存的,则它们可以用下述公式表示之:

$$T_1 \rightarrow R \qquad\qquad T_2 \rightarrow R$$
$$\frac{S=T_1}{S \rightarrow R}; \qquad \frac{S=T_2}{S \rightarrow R}; \cdots\cdots$$

当然,在实际的适用上,有时一个法律事实虽然潜在地可能充分两个以上之构成要件,但可能由于举证或消灭时效等问题,致不能分别由这些规定皆导出该同一的法律效力,则这种情形可以用下述公式表示之:

$$T_1 \rightarrow \sim R \qquad\qquad T_2 \rightarrow R$$
$$\frac{S=T_1}{S \rightarrow \sim R}; \qquad \frac{S=T_2}{S \rightarrow R}$$

在这种情形,同一的法律效力虽然或者不能多重地由不同的法条所导出,但只要能由这些法条之一导出系争的法律效力,在结果上还是能使系争法律效力适用于系争法律事实。这种现象明白地告诉我们,否定一个法律事实得涵摄于某一构成要件,并不当然意味着由该构成要件可能导出的法律效力,不能透过将系争法律事实涵摄于其他构成要件来获得。是故,欲终极地否定该法律效力对该法律事实的适用性,必须全面地检证该法律事实是否皆不能涵摄于一切可能导出该法律效力的构成要件。仅任选其一而获得否定的答案,便认为该法律事实不能导出该法律效力,一直可能流于速断。例如通常情形依"民法"第 254 条,债权人若欲以给付迟延为理由解除契约,必须定相当期限催告债务人履行债务,待债务人于该期限内不履行时,始得解除该契约。设若债权人未践行前述催告程序,便径向该债务人为解除契约之意思表示,则该意思表示依该条规定固不生解除契约之法律效力;唯若依该契约之性质或当事人之意思表示,非于一定时期为给付不能达其契约之目的,则在前述情形,债权人所为之解除的意思表示,依"民法"第 255 条的规定,还是可以发生解除该契约的法律效力。

又若相关之法律规定可以导出不同的法律效力,且这些法律效力是可以并存的,则它们可以用下述公式表示之:

$$T_1 \rightarrow R_1 \qquad\qquad T_2 \rightarrow R_2$$
$$\frac{S=T_1}{S \rightarrow R_1 \cdots\cdots(1)}; \qquad \frac{S=T_2}{S \rightarrow R_2 \cdots\cdots(2)}$$

因为 $R_1 \neq R_2$,且 R_1 与 R_2 可以并存,故可以将(1)式与(2)式相加为:

$S \rightarrow R_1 \frown R_2$。亦即基于 S(系争法律事实),得请求 R_1(第一法律效力)及 R_2(第二法律效力)。

(二)小前提之认定：法律事实之涵摄于构成要件

在三段论法中，其结论之真假系于大、小前提的正确性。在法律之适用的三段论法中，其大前提的寻求及其正确性，系于合乎法学方法所要求的法律解释与法律补充。至于其小前提之认定的正确性，则系于将依自由心证认定为存在之法律事实正确地涵摄于构成要件。涵摄之逻辑的过程为：(1)被涵摄之构成要件或其延伸，即其构成要件要素，所内含的特征，必须被完全地列举；(2)拟被涵摄之法律事实必须具备该构成要件及其要素之一切特征；(3)当(1)与(2)皆成立时，始能通过涵摄(subsumtion)认定该法律事实为该构成要件所指称的法律事实。

在逻辑上涵摄式推理的条件为：拟将 A 涵摄于 B 时，A 和 B 的特征皆必须可以被穷尽地列举。换言之，假若它们皆属于"概念"，则它们必须皆能够被定义。盖非如是，无法确定 A 是否包含 B 所具有之一切的特征。例如"鸽子"这个概念所以能够涵摄于"鸟"的概念下，系因为在"鸟"之定义上所必要及充分的特征皆在鸽子的定义中完全再现。当然，在法律事实的涵摄上，实际上并非将一个外延比较窄的下位概念，涵摄于外延比较广的上位概念下。而是将事实涵摄于法律所描写的构成要件。由于涵摄之应用对象本来是概念，因此，欲借用涵摄的推理认定法律事实，必须先将法律事实化为叙述语句(aussage)。该叙述语句必须将其所拟规范之生活事实的一切特征描写出来，以充为将法律事实涵摄于一定构成要件之推理中的小前提。为认定该生活事实的特征，以充作前述涵摄的准备工作，法律适用者必须先行筛选相干的特征而后认定其有无。而这些特征的认定，又常常构成另一个涵摄的过程。例如"民法"第 421 条将租赁的客体限制为物。于是，为适用"民法"第 421 条，必须先依第 66 条以下的规定，认定系争客体是否为物。唯该回溯的连锁涵摄不得无止无休地继续下去。它迟早会达到所必须认定者已是非常基本的地步。这些基本的生活事实，或者可以用自己或他人的感官(例如白天、夜晚)，或者可以依据特定的经验，特别是社会上共认的经验(例如冰箱的新旧)，来探知与判断。要之，将法律事实涵摄于构成要件，并不一直单单透过对系争构成要件进行详尽之概念性特征的解析与列举，并将系争法律事实涵摄于其下，便可达成。实际上，该涵摄过程还以将系争法律事实适用一些标准，加以判断为必要。这些标准虽尚以语言的方式名之，但却已无法再被做进一步的定义。此所以谓：将法律事实涵摄于构成要件，只构成小前提之认定过程中的一部分。

法律上所引为构成要件之要素者，并不一直属于概念性者。亦即它们之必要和充分的特征并不一直被穷尽地列举。例如像买卖、承揽等类型性的用语，与像"显失公平"这种不确定概念等非真正概念性的用语并无法被涵摄，而只能依判断，将系争生活事实归属于这些类型。要之，小前提之认定的过程非涵摄所能尽括。但是这并不意味着涵摄的推理在法条的适用上是不重要的。盖纵使不是全部，但总有许多构成要件已经为法律加以详细的规定，或已经为法学做详尽的探讨，从而使这些构成要件，在大多数的情形，可以被进行接近于涵摄的操作。不过，纵使在这种情形，在其回溯的连锁涵摄中，还是免不了必须倚仗人的感官或社会上所共认的经验，来认定在涵摄连锁的上游之基本的生活事实。[1]

---

[1]　　Larenz，*Methodenlehre der Rechtswissenschaft*，6. Aufl.，Springer-Verlag 1991，S. 268ff.

（三）经由三段论法之结论导出个案的法律效力

　　法律事实涵摄于构成要件的过程,在于抽象化该法律事实之特征,以便将该法律事实的特征,与特定构成要件的特征互相比对,确认二者之特征的该当性,然后认定是否适合将该法律事实涵摄于该构成要件下。此为具体生活事实对于法律规定之抽象构成要件的模拟。在法律适用的三段论法中,因为其大前提所指称的法律效力系以一般的方式描写之抽象的法律效力。所以,当通过法律适用的三段论法导出法律效力时,该法律效力之于具体个案还太抽象,尚不能足够详细并具体地描述该个案所应引起之具体的法律效力。因该法律效力非经具体化尚不能适应具体法律事实的要求,所以必须将由三段论法所获得的结论,即其法律效力的部分进一步具体化。其具体化有时固可简单地以下述方式为之:把与其法律效力中之抽象部分相应的具体事实代进去,例如将人、时、地、事这些具体的事实代入法律效力中与之相应的部位[例如"民法"第 348 条第 1 项被具体化的结果当变为:依第 348 条第 1 项,甲(出卖人)应于 2020 年 1 月 20 日将冰箱(买卖目标物)一台在乙(买受人)的住所交付于乙,并同时使乙取得该冰箱之所有权]①。唯有时无法如此简单地决定其法律效力。例如损害赔偿之债即为适当的例子。盖损害赔偿之方法与范围,正如"民法"第 213 条以下之规定所显示者,非经斟酌系争案件成立时之具体情况,甚至非经斟酌损害赔偿义务成立后之具体情况("民法"第 215 条、第 218 条),无法针对系争案件算定之。例如甲因开车不小心撞伤乙,而依"民法"第 193 条第 1 项对于乙因此丧失或减少劳动能力或增加生活上之需要时,应负损害赔偿责任,以及依第 195 条第 1 项,乙就其所受非财产上之损害,亦得请求赔偿相当之金额。此为由法律适用之三段论法所导出关于该交通事故之法律效力的结论。然由此结论尚不能确知到底甲应对乙如何赔偿及其赔偿范围为何。为决定甲应如何赔偿及其范围,必须以该法律效力为小前提,进一步适用"民法"第 213 条以下的规定决定之。兹假设回复原状为可能,且无第 217 条、第 218 条所规定之情形,以"民法"第 213 条第 1 项为例,可将其推论过程表示如下:

　　(1)负损害赔偿责任者,除法律另有规定或契约另有约定外,应回复他方损害发生前之原状(大前提);

　　(2)甲对乙负损害赔偿责任(小前提);

　　(3)甲应回复乙在损害发生前之原状(结论)。

　　至于回复原状所需之方法,因法律并未进一步加以规定,故只能视具体情况认定其必要且充分的措施。例如(1)所受损害部分:应赔偿使乙痊愈所需之费用:送至医院的交通费,在医院的手术费、医药费、住院费(第 193 条第 1 项)。(2)所失利益部分:应赔偿使乙在痊愈前,因丧失或减少劳动能力所减少之收入(第 193 条第 1 项)。(3)受有非财产上损害者,亦得请求赔偿相当之金额(第 195 条第 1 项)。如是所认定的结果与由前述三段论法所导出之结论的逻辑关系是说明性的。亦即在这里并没有进一步之三段论法的操作。为贯彻第 213 条以下的规定系损害赔偿之债之说明性规定的见解,也可能认为下述关于回复原状义务之三段论法的操作是多余的:以"民法"第 213 条为大前提,以甲对乙负损害赔偿责任为小前

---

　　① 请参见王泽鉴:《法律思维与案例演习(请求权基础理论体系)》,作者自刊 2019 年增订版,第 42 页。

提,进一步通过三段论法,导出甲应回复乙在损害发生前之原状的结论。盖在各该损害赔偿之债的发生规定中之损害赔偿责任,本即应了解为第 213 条以下规定的内容。亦即应将第 213 条以下之规范内容,代进各该损害赔偿之债的发生规定中,以求得损害赔偿责任之比较具体的内容,而非以第 213 条为大前提,将先前通过三段论法,由损害赔偿之债的发生规定导出的法律效力充为小前提,再一次通过三段论法求得系争损害赔偿责任之比较具体的内容。①

---

① 不同的见解,请参见 Larenz,*Methodenlehre der Rechtswissenschaft*,6. Aufl.,Springer-Verlag 1991,S. 271f.。

第五章　法律体系

一、体系的发生背景

以可以理解的方式将公平正义实现到人间,为当今法律学所追求的目标。为了使人能理解实现正义的方式,必须摆脱存在于法律学及法律运作中之神秘或禁忌,使与法律规范有关者,不但其拘束力(效力)的来源,而且其效力之实现,皆必须诉诸法律的伦理并置于科学的监督下。此即法律伦理的建立及法律运作之合理化的期望。[1] 法律伦理的要求及法律运作之合理化的期望为法律学利用体系思维将法律规范体系化的发生背景。

法律伦理为现代国家生活中,受法律规范者及以法律规范人者所当共同护持的善念。其内容固因大道难明,一时不能完全呈现,而致其经体现者随着时间之经过而异(历史性)。但只要人类追求至善之心不变,法律伦理之内容将在其实践的努力下,随着时间的经过,而在演变中更臻于至善的境界。这一个努力至近世终于衍成利用科学方法,合理化其社会规范(法律)的要求。其初步成就为:关于法律规范之效力来源或法源,基本上认为应由立法机关,以民主的方式制定,以获得其效力的基础;[2]关于法律效力之实现,亦即法律之适用,要求执行法律的机关必须附以规范依据,并交代其所以做成如是决定或裁判的理由。[3] 此外,为确保法律之制定过程及案件之审判过程的合理化,原则上并要求其程序之公开,[4]最后并要求将法律及决定或裁判的结果公诸于世。至此,不但法律规范的产生、适用的过程,而且其制定和适用的结果皆因公开而有检证其"对错"或"偏颇"的可能,以避免根本违反正义或局部抵触平等的要求。

为了能够从事有效的科学检证(合理化),在方法上乃试图将现代的科学方法引入法律学及法律实务。其具体的表现为模仿自然科学的方法将法律规范概念化、体系化。唯在这

---

[1]　Larenz, *Methodenlehre der Rechtswissenschaft*, 6. Aufl., Springer-Verlag 1991, S. 148f., 421ff.

[2]　在实践上,这涉及立法程序之形式民主与实质民主,法源论及法律漏洞之确认与补充的问题。详请参见本书第一章及第七章。

[3]　关于行政行为应附理由的规定,例如"行政程序法"第 43 条、第 96 条、第 145 条、第 146 条、第 147 条、第 153 条。关于判决应载明理由的规定,例如"民事诉讼法"第 222 条、第 226 条,"刑事诉讼法"第 222 条、第 310 条,"行政诉讼法"第 189 条、第 209 条。

[4]　关于司法之审判应予公开及其裁判应附理由,在德国之法制史上的发展,请参见 Hattenhauer, *Die Kritik des Zivilurteils*, 1970, S. 14 ff.。

里由于"正义难明",价值观点不彰,正义价值尚非过去及当今人类所能完全把握。是故,法律伦理一直还处于演进的过程中。因此,一般而言,就科学方法;或具体而言,体系思维是否适合于法律学,仍然一直争论不休。在体系思维是否适合于法律学之讨论上,多同时引出法律学是否为科学的问题。对法律学之科学性的怀疑,通常存在于法律判断中,盖以为法律判断为价值判断,非对于存在的认知,而与价值判断有关者见仁见智,其客体不具备科学化所必需之客观性。换言之,怀疑法律学之科学化具备存在论上的基础。

然不论如何,人类力求将公平正义(法律伦理的要求)以可靠而且可以理解的方法(合理化的要求)实现在人间的努力,已促使法律学采用体系思维,向体系化的方向运动。它代表人类引用科学方法力争正义的意志。在其还没有获得决定性的成就以前,其努力的前提看来可能还像一种"大胆假设",尚待"小心求证"始能检证其最后的对错。不过,纵使如此,迄今,体系思维在法律学上的贡献,已是有目共睹:例如(1)利用法律概念构成法律规范;(2)在法律的解释上,甚至在法律的补充上,利用体系的观点把握全体与部分间,在解释学上之循环关系(hermeneutischer Zirkel)①。在使法律的适用除了更能确保其过去与现在间的继续性外,更能使其适用的结果发挥检证已经肯认之规范价值的功能,并经由调整、同化使新的观点能够协调地融入既有之规范。这个过程本身便是行为规范之整合的过程。其整合的效果促成统一(einheitlich)而且贯彻(folgerichtig)之法秩序(Rechtsordnung)的形成与维持。②

法律学之科学性格的假设及其方法上的原理,虽似尚属法律人之想当然尔(Selbstverständnis),而无确证,但对法律学或法秩序之客体结构而言,这至少意味着事出有因。盖倘这些法律学或法秩序之客体结构与方法论之前提或假定有格格不入之处,则其方法上的要求,除非流为虚像,在实务上,就其遵守,法律人便会有不能克服之必须解决的问题。但当今之法律实务的实际情形,其实务之处理虽非无困难,但其方法之遵守并非虚像。然纵使如此,该"事出有因"的假设仍尚不能认为已获得确证。③ 是故,法规范之内在秩序及统一性尚待从其客体之结构,就诸法的规范目标(将公平正义实现到人间)寻求检证,以探讨其存在论上的基础。

---

① Larenz, *Methodenlehre der Rechtswissenschaft*, 6. Aufl., Springer-Verlag 1991, S. 206ff.

② 行为规范之整合的过程,同时是生活于该社会之人间之信赖的形成过程。该信赖为结合其人际关系的基础。信赖的程度越高,人与人间便越有唇齿相依的感情。该感情的厚薄,为建立与维系妥当之人际关系的伦理基础。该伦理基础一旦丧失,人与人间的关切便渐趋淡薄。代之而起者为自私自利,有时甚至损害他人亦在所不计。当毁坏信赖关系之行为浸淫渐广,达于习以为常的地步,便会慢慢演成笑贫不笑娼,道、盗不分。伦理的藩篱一旦毁败至此,虽严刑峻法,亦不足以正风气,其有效的整治,首先仍应自认识法律与适用之整合价值的意义开始。符合体系要求之妥当的法律适用,所以具有整合价值,提高人际之信赖的功能,其理由在于:既有之行为规范通常是当时掌握政经权力之既得利益的反映,倘其在适用过程中,执行法律的机关,特别是司法机关能经由体系化,去除其价值上的矛盾,使之更趋于妥当,则这当意味着既得利益者之自制,及其心向合理的调整,对原不享有利益者之正当利益的肯定。如是,自然使经法律适用而演进后之行为规范,因包容更广而具备更高的妥当性。因此,在开始学习以选举的方法任命各级行政首长及各级民意代表时,其选举人及被选举人之正法思想的认识、培育与实践,特别重要。否则,选上者常常自我感觉良好,而世上依然苦人多,难脱苦海。

③ Canaris, *Systemdenken und Systembegriff in der Jurisprudenz*, Berlin 1969, S. 15.

二、体系化之存在论上的基础

法律规范之体系化在存在论上的基础为："法律概念"之位阶性。法律概念不但自逻辑的观点观之，从其概念之抽象化的程度，在概念间或法律规定间可以构成位阶关系；而且自法律概念所负荷之价值的根本性程度，亦即从其所负荷价值之具体化的程度，在概念间或在法律规定间亦可构成位阶关系。这些位阶关系所形成的关联结构，正与体系的构造相同。因此，只要法律概念或法律规定间在逻辑上自其抽象化的程度，或在价值上自其具体化的程度，形成位阶构造，便有据以将之构成体系的客体基础，而非削足适履：扭曲研究客体（法律概念或法律规定）在体系化上将之强纳于"统一性"（Einheit）及"一贯性"（Folgerichtigkeit）之架构的要求中。

自概念之抽象化程度所构成之位阶或可认为是硬将之概念化所导出的结果，不能引为充分的论据，例如预约与本约、事实上契约与本来意义之契约。[①] 但自价值之具体化程度所构成之位阶则在客观上受所涉价值的限制，非可任意操纵。今自逻辑上之抽象化及价值上之具体化所构成之法律体系，在实际上既然可以并而为之，相辅相成，则自法律概念之抽象化所构成之位阶构造或体系，自非属于由方法论产生的结构，而系属于利用方法论发现的结构。盖如要将形成之体系适用到实际的事务上，而非仅适用于逻辑思维中，其体系的形成自然受其所适用之事务的制约，而不再能够恣意为之。因为"形式"（die Form）固然可以影响或决定"内容"（der Inhalt），但"内容"亦能影响或决定"形式"。正如，一般而论，经由媒妁之言缔结的婚姻关系（形式），可以引导相婚者培养出与婚姻对应之感情（内容）；同样地，一对情侣如发展至具有与婚姻关系对应之感情（内容），通常也可以引导出与该感情对应之婚姻关系（形式）。要之，体系建立在以客体为基础所构成之概念间的相互关系上，不可恣意为之。[②] 存在于具体实务上之体系，仅是经发现其适合于一定之体系，而非经安排或发明其适合于该体系。

上述法律体系之存在论上的基础，在逻辑上系指其遵守与存在论相同之逻辑原则（矛盾律）。在法律学上它是关于"容许"（erlauben）与"禁止"（verbieten）之不并容性的问题；在价值上系指对"本质"（das Wesen）与"存在"（die Existenz）间之差距的认识；在法哲学上它是

---

① 为去除将有偿之消费借贷归类于要物契约时，其贷与人享有之得随意决定是否履行契约之悔约权，肯认其预约具有拘束力且不具要物性，借用人得依该预约，请求贷与人拨款于借用人缔结并履行有偿之消费借贷的本约。其意义等于否认有偿之消费借贷的要物性，不再以贷与人履行债务为其生效要件。类似的情形，亦表现在违法雇用童工之契约，于童工已履行其劳务债务的限度，事实上契约的学说认为，该本当无效之童工契约，在其履行所及的限度，有效。该效力与履行结果治愈要式欠缺类似（参照"民法"第 166 条之 1 第 2 项）(Esser, *Schuldrecht*, 2. Aufl., Karlsruhe 1960, § 10, 4; Esser/ Schmidt, *Schuldrecht Band I allgemeiner Teul Teilband* 1, 8. Aufl., Heidelberg 1995, § 10 I 2.)。

② Binder, *Philosophie des Rechts*, 1925, S. 922；"体系的形式，并不得恣意为之。此即 Husserl 学说之本来意旨所在。他认为：体系本来就'存在'于事务上，我们只是发现它，而非发明它，旨哉斯言，盖体系以根本客体建立起来之概念间的关系为基础。"

关于"正法"(das Recht)与"实证法"(das Gesetz)间之差距的问题。[①] 兹分述之：

（一）形式逻辑之最高原则在存在论上的基础

正如纯粹逻辑(die reine Logik)，法律逻辑亦建立在存在论上。由之导出之纯粹逻辑的最高原则为：(1)同一律：经证明具有同一性者，其判断必真(notwendigwahr)。(2)矛盾律：两个互相矛盾之叙述性判断不可能皆真。(3)排他律：两个互相矛盾之叙述性判断不可能皆假。(4)充分律：为使叙述性之判断为真，该判断必须具备为真之充分条件。

以上纯粹逻辑之最高原则，建立在下述存在论的一般原则之上：(1)同一律：任一客体皆与自己同一。(2)矛盾律：没有一个客体能够同时是 P 及～P。(3)排他律：任一客体必然是 P 或者～P。[②] (4)充分律：任何存在皆有其充分的理由。

在互相矛盾之叙述，固然可主张两者不可能皆真，[③]不过，自逻辑原则却不能导出决定何者为真，何者为假的标准。该问题并不属于纯粹逻辑而系属于"认识论"(Erkenntnistheorie)，其解释以真假标准之存在(die Existenz eines Wahrheitskriteriums)为前提。

（二）法律逻辑之最高原则在存在论上的基础

法律逻辑之最高原则以形式的法律存在论之最高原则为基础。"形式的法律存在论"系指对法律有一般适用性之体系原则，它包含一连串最重要方式(Formen)间之本质的关联(Wesentliche Zusammenhänge)，该方式可以接纳法律所规范之行为(容许或禁止)。这些原则与正法用以规范之行为的方式有关，而法律逻辑之原则则与规范这种行为之(现行)规定有关。后者是做成法律判断之原则，而前者则在于处理可以接纳这些行为的法律方式。

存在论上接纳法律所规范之行为(包括作为及不作为)的"方式"为：对行为之"容许"或"禁止"，已如前述。此为法律之逻辑体系在存在论上的基础。

所谓"禁止"，在法律上的意义系指不得从事与法律上之义务相违反的行为。所谓"容许"，在法律上的意义系指行使权利之行为。

---

① 以下关于存在论的讨论详请参见 Eduardo García Máynez, "Die höchstem Prinzipien der formalen Rechtsontologie und der juristischen Logik" und Arthur Kaufmann, die ontologische Struktur des Rechts in "die ontologische Begründung des Rechts" herausgegeben von Arthur Kaufmann, 1965.

② 这没有疑问地适用于像可用不动产与动产将物穷尽列举的情形（"民法"第 66 条第 1 项、第 67 条）。如要适用于将人之行为能力区分为有行为能力、有限制行为能力及无行为能力的情形，至少在理解上会先有一些犹疑。该逻辑问题所以产生，来自在行为能力之"有""无"之间，尚有"不全有"或"不全无"之受有限制的第三类型。这时，如要以其中之一类型为出发点，建构二分法穷尽的分类，必须更准确地描述其应具之类型特征。例如用有完全行为能力替代有行为能力，用无完全行为能力替代有限制行为能力及完全无行为能力。

③ 所谓叙述(aussagen)系指对事实之描写。例如张三生于台北市。所谓叙述性判断系指关于事实之真假的判断，例如判断张三是否生于台北市。由于在存在上张三不能是生于台北市又生于高雄市，因此，关于"张三生于台北市"与"张三生于高雄市"之叙述性判断不能同时为真。

法律上"禁止之行为"与"不容许之行为";法律上"得为之行为"与"容许之行为",分别属于同义语。

违反义务之行为必然是不许可,行使权利之行为必然是许可的。从而,"不许可性"是违反义务之行为的属性;"许可性"是行使权利行为之属性。盖行使权利之行为,不可能是违反义务的行为,乃自明的道理。是故,许可之"肯定的属性"(das positive Attribut)与不许可之"否定的属性"(das negative Attribut)不可能存在于同一个行为中,此正与形式的法存在论之第二原则(矛盾律)相当,因此法律苟规范一个行为,不可能一方面"容许",另一方面又"禁止"该同一之行为。①

由于法律利用赋与权利或课以义务来规范行为,所以,法律对其加以规定,从而会引起一定效力之行为,必然以下述方式之一表现出来:(1)行使权利之行为;(2)履行义务之行为;(3)不履行义务之行为。

其中第(1)及(2)之情形具有肯定的属性,亦即"容许"的行为;第(3)之情形具有否定的属性,亦即"禁止"的行为,是故,容许的行为,其容许可分为两种类型,相当于权利之行使者,被容许者可作或不作该容许之权利的行使行为。反之,相当于义务之履行的行为,固亦为法律所容许,但义务人不可以不从事该容许的行为,倘其不从事履行义务之容许行为,其不作为便具有违反禁止规定(即禁止不履行义务)的意义,属于不履行义务之行为。② 鉴于一个行为苟为法律所规范,法律仅得容许或禁止之。此正与形式的法存在论的第三原则(排他律)相当,盖在规范上,于禁止和容许之间不会再有第三个可能性。③

将矛盾律和排他律综合言之可得:法律上所规范之行为,不得同时是容许而又禁止的行为,它必须是或者禁止,或者容许。兹更解析如下:(1)法律禁止的行为不得是法律容许的行为;(2)法律容许的行为不得是法律禁止的行为;(3)法律不禁止的行为是法律容许的行为;(4)法律不容许的行为是法律禁止的行为。

以上解析而得的逻辑,在法律已明文规定特定行为时,固然成立,但某一特定行为倘非经法律所明文规定,则其究为法律所容许或禁止之行为,便非遽引第(3)、(4)所示规则便能判定。盖若先引第(3)规则,该行为自为法律所"不明文"禁止之行为,从而,可能判定为"容许"之行为。反之,若先引第(4)规则,该行为自为法律所"不明文"容许之行为,从而可能判定为"禁止"之行为。其判定之结果显然因引用之规则不同而互相矛盾。该矛盾依矛盾律固不得存在,但如何排除并不属于逻辑问题,④已如前述。关于该矛盾之排除的准则,就人民

---

① 唯一定之行为虽为法律所容许,但却不必然因此即豁免其行为人对第三人之"补偿义务"。例如"民法"第787条:袋地通行权,第811条至第816条所定关于添附之效力。其性质属于含基于合法行为引起之不当得利:无法律上原因,而有财产利益之移动。在这里,其与违反法律禁止之行为义务的效力,所不同者为,在后者,其引起之法律效力为具有"非难"意义之侵权行为的"赔偿义务"("民法"第184条:侵权行为)。如引起财产利益之移动的行为涉及不法,则属于侵入性之不当得利,可能构成不当得利与侵权行为之竞合。另尚有行为虽然合法且无过失,但依法仍应对所引起之损害负赔偿义务之危险责任的规定。要之,关于行为之效力的最后规定,在禁止与容许的层次下,尚有进一步之具体化的规定可能性。亦即容许之行为当中,有就其引起之损害,应负或不负赔偿义务之不同。

② Máynez, aaO.(Fn.11), S. 423 ff.

③ 第三个可能性存在于法外空间。存在于法外空间的事实,非法律事实,不生法律效力。例如单纯之社交行为。社交行为、示惠行为与赠与构成一个类型谱,渐次从法外空间进入法律所规范之领域。

④ Máynez, aaO. (Fn.11), S. 430ff.

的权利,现代法治国家采取适用第(3)规则的立场。换言之,在不明文规定的情形,第(4)原则没有适用性。该第(4)原则只适用于,但也应适用于有明文规定之情形。

以上所述之原则虽然与法律上之"禁止""容许"有关,但这些原则并非行为上的规定(Verhaltungsnormen),而是理性上的真理(Vernunftwahrheit)。法律以不同的方式(禁止或容许)规范行为,这些方式间具有本质上的关联(Wesentliche Zusammenhänge)。这些原则在于表明该本质上的牵连,而不在于课以义务。由于这些关联来自该等规范方式之本质,因此,前述原则具有普遍而且永恒的拘束力,不因人之意志而能加以改变。何者该容许,何者该禁止,属于实证法上的问题,而前述原则的遵守则属于逻辑的问题。是故,当现行法禁止一个行为,它不得在同一时空容许该行为:其对同一人容许者,构成矛盾;对不同人容许者,构成平等原则之违反。此所以前述原则虽非法律上的规定,但却是对所有的法律体系皆为有效之法律存在论上的原则。此犹如三角形之三个内角和为180度,不仅对某一个特定之三角形有效,而且是对古往今来之任何三角形皆真。同理,形式的法律存在论上的原则,即法律逻辑上的原则,并不受任何(随)历史(而变更之)内容之实证法的影响。从而,也非立法者所能够加以废止。[①]

有关法律伦理在存在论上的基础,概分"正法与实证法间有差距""学说对该差距的立场""引起差距的原因:追求至善的能力及其有限性"及"正法与实证法间的依存关系"数个面向,本书第二章"论法理"之八、九、十已有详论,此不重述。

以下将以前述第二章之八、九、十之讨论为基础,探讨体系的概念、体系的形成方法与法律体系在法律解释和法律补充上之作用及其限界。

三、体系之定义

(一)学者的观点

存在决定思维的方法。在法学上利用体系思维作为方法由来已久。在法哲学或法学方法论的文献中多对体系加以定义,以表明自己对体系或体系思维的"看法"及"立场"。由于对体系或体系思维的看法及立场必然会影响到其了解、适用法律的方法,其结果,自然也会影响到其对法律的了解和适用。例如,概念法学派主张法律体系为封闭的逻辑体系;利益(或价值)法学派主张法律体系为开放的利益(或价值)体系。该看法或立场的对立对法律的解释和补充皆有深刻的影响。[②] 唯关于体系之概念的特征,不同学派间之见解,究之实际,并无重大区别,所区别者主要在于是否将价值纳入体系,此可由德国战前、战后之著作,同将体系概念的特征定为"一贯性"(Folgerichtig-keit)及"统一性"(Einheit)得到印证,例如:

---

① Máynez, aaO. (Fn.11), S. 428f.
② 参照本书以下关于"体系之应用"。

1.Puchta 所代表之形式的概念法学派的观点

体系化的功能,不仅在于可对所拟处理的数据,获得较好之鸟瞰,以及较佳之掌握的可能性;而且为确保所认识之真知,体系化亦构成其唯一之可能途径。盖非经体系化,不能科学地思考或处理问题,并检证自思考或处理问题之经验中,所取得的知识。自从获得这个认识以后,法律人便开始努力将体系的思考方法引入法律学来。在引入初期,法律人倾向于借重"自然科学"的经验,其结果在法律科学之体系化的过程中,渐渐将法律学建立在"价值中立"之形式逻辑上,从而演进出自十九世纪以来,便一直支配法律科学及实务的"概念法学"。虽然近代学者不断提到概念法学关于体系之见解已经落伍,①唯概念法学所主张之适用法律的方法,实际上至少还相当根本地支配法律人在学术研究及实务上的思考方法。受其支配之负面影响为:直将"法律适用"等于"三段论法",认为其仅是将具体案件涵摄于法律之抽象规定的逻辑过程,其间不但关于大前提(法律规定)的引用,不考虑其是非,强调在法言法,而且,关于小前提(法律事实)之该当性的认定,在个别法律事实之具体特征的取舍,忽略其价值判断的性格。不过,在假定大前提之妥当性以及小前提的该当性皆无疑问,从而认为不必对其进行价值判断便可从事价值中立之思考的情形下,概念法学之研究方法确能帮助法律人,慎密认识法律规定间之逻辑结构的现状,并在该现状之实际或模拟的适用下,认识法律制度的短长,为将来之评价上的检讨提供扎实的基础。这种将价值因素"暂时"隔离开来的观察方法,特别有助于帮助法律人认识法律制度的现状,而不至于太早受见仁见智之评价所误导,或彼此纠缠不休以至于不能沟通。概念法学所强调之形式逻辑在法学或法律之系统化上的正面贡献在此。此由价值因素之引用,在实务上常常容易流于受主观感情之左右可以获得印证。② 于是,在概念法学底下,其法律之适用结果的妥当性,便系于其大前提之符合正法的妥当性,以及小前提之恰如其实的该当性。有问题的是,概念法学本身在方法上并不能提供检证或确保大前提之妥当性,以及小前提之该当性的基础,盖其理论之开展,本来便以大前提及小前提之命题已成立为其基础。

根据概念法学以上的看法,其据以将法律系统化之体系概念,便以"将所有的法律规定加以分析,抽象化后纳入一个在逻辑上位阶分明,且没有矛盾,以及原则上没有漏洞之规范体系为其特征。该体系要求任何可能的生活事实在逻辑上皆必须能够涵摄于该体系之规范下,否则,便不受法律之规范"③。

概念法学之前述的体系观,由于过度强调法律规范或其适用之逻辑面,而利用设定大前提及小前提之命题已成立,强行将法律思维自法律所追求的价值剥离,乃引起往后学说对其进行严厉的批判。盖纵使其所特别强调之逻辑,确为法律学要具备科学性,或要使其论点具有可以检证之一贯性所必需,但这究竟仅是利用规范实现正义之必要条件而已,而非其充分条件。

概念法学之这种缺点,在学说与实务上不仅表现在不能合理说明像类推适用、目的性限

---

① Canaris,aaO.(Fn. 7),S. 21.

② 例如 Larenz 所引 Hermann Isay 关于法院之裁判的观点称"正义之价值判断,依 Isay 的看法根本就不是人所能理解,而裁判却以正义为其目标。其结果,裁判必然是非理性的(notwendig irrational),亦即只是法律感情的产物"(Larenz, *Methodenlehre der Rechtswissenschaft*, 3. Aufl., 1975, S. 67)。

③ Canaris,aaO.(Fn. 7),S. 21.

缩、目的性扩张、反面解释、举轻以明重等与法律补充有关的情形,而且在一些逻辑上看来没有问题之推论,也常常陷入只是表面上看来符合逻辑的表象,不能导出公平的结论。盖错误一旦存在于前提命题中,逻辑对这些错误,既只能中立处之,便不能加以检证:例如(1)依据概念法学之逻辑,一个无效之契约不能再加以撤销;(2)又在无权处分人自其善意取得人,再次取得其所处分之物时,认为必然是该无权处分人,而非原真正权利人取得该权利。倘认为这些例子中之法律效果不妥当,则因其所以不妥当之原因,在于大前提中,从而非依目的之观点不能加以补救。①

根据形式的概念法学之开创者 Puchta 的看法,为将所有之法律规定纳入体系,必须自个别的规定舍弃其特征,将之抽象化,然后逐步归向一个基本的概念,以构成一个统一体,其形状可以比方为类似金字塔之统一体。其最高之概念立于该金字塔的顶端,俯视其余,从而能够取得涵盖最广之鸟瞰。倘自金字塔之底层拾级而上,则可随其步伐,逐步升高其高度,缩小该金字塔在所属高度的底面积。底面积愈小,位阶愈高,鸟瞰度愈佳;反之,底面积愈大,位阶愈低,鸟瞰度愈差。底面积相当于一个抽象概念之内容,位阶之高度则相当于其适用范围。倘能将一切之概念逐次涵摄于较高位阶之概念,然后最后涵摄于一个最高,亦即最一般之概念下,则一个理想的逻辑体系便于焉完成。在该体系中,各个概念间可以经由所含特征之增减,而上下自如:自多数同阶之下位概念,抽象化成共同之上位概念;自一个上位概念,经由附加不同之特征,演绎或具体化成不同之下位概念。Puchta 便是利用这种逻辑体系,明确地将法律学建立起来,从而揭开形式之概念法学的发展序幕,并将由之构成之法律体系称为概念的金字塔。

为了说明该概念的金字塔,Puchta 举出"袋地通行权"作为例子。他说,地役权之概念,首先导自对"客体享有权力之私法上的权利",然后下降为"对物之权利",在此可将之称为物权,接着再根据该物之归属,下降为"对他人之物的权利",亦即,对"他人之物之使用权",于是,该通行权具有对物之使用权的性质。关于为何可以将通行权这种法律概念,经由前述途径,加以解析、定义,以及为何可以经由这个途径,认识人们本来不认识之规定,Puchta 的说明是,每一个较高之概念,皆具有一定之陈述的内容,例如,"权利之概念"之内容为陈述"对客体之权力"。利用将下位概念涵摄于上位概念,其上位概念所具有之内容,必然为其下位概念所兼具,例如,将债权涵摄于权利下之意义为,债权是对一个客体之权利,从而具有使一个客体置于债权人之意志下的意义,该客体可以存在于债务人之劳务或债务人之非劳务的给付行为(例如出卖人之交付买卖目标物之义务)。概念之金字塔的要点在于:自最高概念可以导出其他一切概念,且最高概念之内容并共同决定其他概念之内容。然而,最高概念之内容又是从何而来,却不能自前述方法获得说明。盖倘称概念能告知什么,则该概念总必须有特定的内容,且该内容不得来自由本身导出之下位概念,否则其整体便会构成循环论证。依 Puchta 的观点,最高概念之内容来自法律哲学。利用这种途径,Puchta 取得一个扎实的出发点,以由之"演绎地"构成完整的体系,在其间并得导出新的法律规定,进一步言之,Puchta 之体系的哲学基础可说在于康德关于自由之概念,由该概念,Puchta 在其所著《制度概论》一书第一章至第六章中,在伦理意义下导出"人"这种权利主体的概念,以及"人对于客

---

① Canaris, aaO. (Fn. 7), S. 23f.在这种了解下,利用概念法学的方法适用法律,其妥当性便全系于其法律形式(概念)在形成时所已负荷之法律价值。形成后于适用时,便再也不能加以修正。

体之法律上权力"这种"权利"的概念。直到 Puchta 以这种方法,将概念之金字塔的尖端连结于该伦理的天堂,Puchta 将其系统落实到实证法上来,且逐级而下,直至法律上之最下位的概念。在该逐级而下的过程中,作为出发点之概念的伦理内容自然逐渐转淡,以至于淡到不能感觉的程度。其结果,例如关于通行权或任何其他法律制度之个别法条,皆不再根据其特别目的,或依其在相关的法律制度或法律规定之意旨关联中的功能,而依其在概念金字塔中所应处之位阶判断之。这被认为是形式的概念法学之决定性的谬误。

要之,Puchta 所认识之形式的概念法学,主要具有两个特点:(1)利用演绎的方法建立起来之封闭体系,以可以决定体系内容之基本概念(最高概念)为其出发点,但该基本概念本身并非导自实证法,而是来自法律哲学,而后由实证法科学所引用。只有那些能够涵摄于基本概念下者,始堪称合法。在此限度内,Puchta 之概念法学,仍以法律哲学为其基础;①(2)唯理想主义之哲学对 Puchta 之影响仍局限于决定其基本概念之内容。至于他用来决定下位概念之方法,亦即逻辑之演绎程序,并非来自理想主义的哲学(die idealistische Philosophie),亦非来自黑格尔哲学,而是来自十八世纪之理性主义。②

2.Stammler 的观点

Stammler 认为:"体系是一个经过穷尽枝分的整体。③ 将事务体系地加以处理的意义是:将该事务依特定之方法彻底地加以思考。该方法具有三个特征:(1)利用一个统一的目标决定一个整体,并将每一个细分后的个体皆当成整体一部分,(2)枝分后之个体皆置于上下位的关系,(3)其安排必须能够接纳一切可能考虑到的案型。

这种体系处理的方法可适用于规范意志的领域,盖与这里有关之观点皆受(正)法思想(der Rechtsgedanke)所决定,并因之而纳入一个统一体中。此际这些由人类行为所构成之事务,皆以纯粹思维的方式加以掌握,并根据这些思维方式平等决定之。根据这种对一般有拘束力之范畴(Kategorie)性的法律思维可以将每一个特别之法律上的意思以对一般均有拘束力的方式穷尽地加以枝分定位。其间各该范畴必然以二分法的方式枝分对峙。"④

在 Stammler 意义下之体系,其建制所取向的目标,为"纯粹的基本概念"(reine Grundbegriffe)⑤。这种概念与 Kelsen 在纯粹法学(reine Rechtslehre)中所称之

---

① "自 Puchta 在此尚以法哲学上之观点作为决定其最高概念之基础而论,其据之所建立之概念法学与实证主义,仍有微妙的区别,盖在此观点下,概念法学尚认为立法者自己所创之概念,仍必须从体系之概念,特别是最高概念,获得其拘束力之基础,而非单以其制定法律之权力,为其拘束力之基础。申言之,体系之最高概念,赋与每一个法律概念所应实现之最低实质内容,必也如是,各该概念始具有法律概念之品格,欲符此,立法者自然不得恣意制定法律,而必须守住最高概念所给予之限界,反之,实证主义则认为立法者得恣意设定任何其认为合适之法律概念。"[Larenz, aaO.(Fn.34),3. Aufl., S. 24 Anm. 8]

② 就 Puchta 关于概念法学之看法的介绍引自 Larenz, *Methodenlehre der Rechtswissenschaft*, 6. Aufl., Springer-Verlag 1991S. 20ff.。

③ 是故,体系的构成(Systembildung)过程与概念之构成过程方向上刚刚相反,体系的构成自上而下,亦即自最抽象的一般概念往下枝分成外延愈来愈小之下位概念直到不能再分为止,并逻辑相系地构成一体,而概念的形成则由下向上,经由所欲描述之对象之特征的舍弃,向上归纳形成外延愈来愈广之上位概念,直到不能再上为止(参照 Binder, aaO, S. 923)。

④ Stammler, Rechtsphilosophie, 1928, S. 278f.

⑤ Stammler, Rechtsphilosophie, 1928, S. 250ff.；Canaris, aaO. (Fn. 7), S. 20.

Grundnorm 一样,为其下位规范之效力的来源,并将枝分之法律规定统一为一体。①

由纯粹的基本概念所建立之体系,具有"价值中立"(wertneutral)之形式(formal)性格,因此不能考虑到法律规范所特具之价值的实质因素。其结果,这种体系概念自与现代法学所认识之法律体系不尽符合。②

3.Binder 的观点

Binder 认为关于体系的意义,或可如 Eisler 在其所著哲学字典关于体系一语所作的说明一样描述为:"我们通常将体系了解为'把既存之各色各样的知识或概念,依据一个统一的原则安在一个经由枝分并且在逻辑上互相关联在一起的理论架构中',或可如 Kant 认为:'体系是一个依原则将知识构成的整体,从而一个法学体系可称为系一个根据统一的观点将法律概念构成的整体'。该定义显示该整体之建立与法学方法没有根本的区别,基本上它只是法学方法的应用,其结果正与 Kant 将方法(methodisch)与体系(systematisch)当成同义语使用相一致。此外,体系的形成也不得恣意为之。此即 Husserl 的学说认为,所谓体系并不能发明而只能发现的道理。盖体系存于事务之上,旨哉斯言!因为体系来自自其客体(Objekt)所构成之概念间的关系。以上所述与 Stammler 对体系所下的定义亦可谓互相一致。其定义为体系是'一个经过穷尽枝分之同一体'。倘我们假定 Stammler 在下定义时所思者亦为一个概念的统一体。则我们可以利用这个体系的概念假定体系包含三个要素:统一的(Einheit);枝分(Gliederung)和完整(Vollständigkeit)。申言之,体系应该可以将一切可能发生之个别的情形归到一个整体。但并不是将之归结到一个乱成一团,毫无秩序的,而是归结到一个依据逻辑的观点加以枝分的整体。在该整体中应进一步包含一个要素,即应完全包含前述每一个别情形。亦即其安排必须能够接纳所有可能想象得到的可能性。当然,在这里所论者,仅与体系的概念和体系之建立的可能性有关,而与体系之内容无关。在这里根本尚未论及法的内容。"③是故,"这里所讨论之体系恒限于由一般概念所构成之体系"(Ein System von Allgemeinbe-griffen)④,从而"只承认由法律概念所构成之体系,而不接受将'法本身'加以体系化的想法"⑤。唯"这里所称之'一般概念'并非'纯粹法概念'(reine Rechtsbegriffe),而是'经验的一般概念'(empiri-sche Allgemeinbegriffe)。这些概念之发生的可能性首先系于其在发展上所自之历史上各该存在之法秩序的内容。倘一个法秩序不赋予权利主体以任何权利内容,则在法秩序中便不会有私人权利(subjektives Recht)。……因此,Stammler 认为,可以从'形式的法概念'(formale Rechtsbegriffe)导出'不可侵犯的自治的有拘束力之法效意思'(das unverletzbar selbstherrlich verbindende Wollen)的观点,只有使这个认识隐晦不彰。盖这种概念该属于经验的一般概念"⑥。Larenz 认为 Binder 如此了解之"经验的一般概念"的意义与 Hegel 哲学上之"具体的一般概念"(der

---

① Kelsen, *Reine Rechtslehre*, 2. Aufl, Franz Deuticke Wien 1960,S. 196ff.

② Canaris, aaO. S. (Fn. 7), 20.

③ Binder, aaO. (Fn.9), S. 922f.

④ Binder, aaO. (Fn.9), S. 923.

⑤ Binder, aaO. (Fn.9), S. 928.

⑥ Binder, aaO. (Fn.9), S. 924.

konkretallgemeine Begriff）相近。① 至于使这些概念构成一个统一体的因素（das Einheitsmoment）依 Binder 的看法"首先当是'目的观'（der Zweckgedanke），最后则为'法理念'（die Rechtsidee）"②。盖为对一般案件进行规范，并贯彻规范上之目的及理念，法律概念必须依目的来形成。亦即必须取向于所追求之法之目的、理念。在这过程中，法律概念自然便相系而成一个统一体。反之，倘欲以形式逻辑的方式处理法的问题，则为贯彻规范之一般性，将不能适当考虑法之目的或理念；为贯彻规范所追求的目的，将不能构成对一般案件有适用性的规范，从而无法形成法律概念及其体系。③

4.Heck 即利益法学派的观点④

（1）体系概念的特征

关于体系的概念，Heck 曾经以利益法学派的立场加以说明。他认为：倘从日常的语言习惯观之，则"体系"这个用语之"概念核心"（Begriffskern）当指秩序的思维（der Gedanke der Ordnung）。唯该核心也可以有极为不同的意义。纵使所谈论者为一个书面作品的体系，亦可能有所不同。在这里最重要者可分为三个不同的观点，该三个观点虽然依其构成秩序之客体而有所不同，但仍可以统一于一个整体的概念下，兹分述之：（1）该体系可能系指已完成之思考的产物所构成之秩序。该体系系研究者为说明之利益（das Darstellungsinteresse）利用编纂概念（durch Bildung von Ordnungsbegriffen）所作成，我们可以将该秩序（die Ordnung）称为"外在体系"。此正如为说明之利益，立法者依章节编排其所作之立法上的决定，研究者依章节编排其研究成果。（2）在秩序之安排上所思考者亦可指向思考的过程，亦即指向科学工作本身之体系。这种体系概念与方法的概念相当，⑤属于工作流程之工序。这亦与棋谱中所称之手顺相当，所指称者为：为完成一定工作，或为达到一定目标的合理操作过程。（3）最后体系可以拿来指称研究所得之成果（思想或看法）间之"事务上的关联"（Sachliche Zusammenhang）。该关联以该研究成果间在事务上之共通性及差异性表现出来。该关联由该研究成果之内容自然决定，而非研究者为说明利益从事编纂活动（eine ordnende Tätigkeit）的成果。要之，该体系并非编纂的而系研究的成果。基于该体系是经由观察所获得之众多思想间的相互关系，所以，可将这种体系称为可经验的或可认知的内在体系（ein immanentes System）。前述（2）（3）构成之体系所指称之合理工作方法及其工作成果的关联皆由其内容所决定，皆属于内在体系。是故，Heck 拟以"内在体系"（inneres System）指称经验的内在秩序（die immanente Ordnung）。

在科学用语上，倘将内容与体系（Inhalt und System）加以区分、隔离，则体系习惯上主要是用来说明活动的效果。盖内在体系建立在所处理或观察之事务的内容上，不能与其内容相剥离。如果将体系按其功能归属于说明（Darstellung）这一个上位概念下，并将之当作

① Larenz，*Methodenlehre der Rechtswissenschaft*，3. Aufl. 1975，S. 111ff.
② Binder，aaO.（Fn.9），S.894f.这种立场与 Stammler 之形式逻辑的观点不同［Larenz，aaO.（Fn.48），114］。
③ Binder，aaO.（Fn.9），S. 895.
④ 以下关于 Heck 之见解的介绍，引自 Heck 所著 Begriffsbildung und Interessenjurisprudenz。该文在 1968 年经 Dubischar 重编，由 Gehlen 出版社出版，S. 142ff.。
⑤ 此所以"方法"与"体系"常被等同而论［Binder，aaO.（Fn.9），S. 922］。

具有特别性质之说明,则外在体系所指者为何,将较为明白。盖说明这一个用语之通常的意义正指将已经获得之思想或看法清楚地表现出来。是故,将体系这个用语之使用限于前述第一种情形,而在其他另外两种情形使用"方法"或"事务上的关联"称之,在用语上可能比较合乎目的性(zweckmäßig)。不过,传统上的用语并不做如是观。例如概念法学认为编纂的活动与认知的活动并无区别,从而关于体系也无外在体系与内在体系的区别,及其分别之适用范围的限制与划分。然当今科学还是将受研究或观察对象之内容制约的科学体系与为说明其研究成果而构成之外在体系对立起来,并以科学体系指称前述(3)事务的关联或(2)方法及(3)事务关联所共同组成的体系。[①]

(2)组成体系的成分:冲突的裁断

在这种科学体系的研究上,首先宜将组成体系的"基本成分"及该成分间之"关联"加以区别。实用的法律科学在这里之最后目的皆在于寻找规范,特别是利用说明法律之发生,以探求规范。是故,可将其基本成分的研究课题称为"规范问题"(normative Probleme)之研究。这种规范问题存在于各种法律领域(例如,债法、物权法)及由各种法律组成之法律规范的整体中。经由这种研究便会有一些经由筛选的思想或看法产生出来,同时也可以认识到各种概念间之共同特征。"问题间之关系"便是联系各种思想或看法的纽带。

在该"规范问题"之处理上,会显出各种不同的方法。旧式的观点认为它是一个认识的问题,而且是属于对规范之产生"有因果力之规范概念的认识"(die Erkenntnis kausaler Gebotsbegriffe)。利用"有因果力的规范概念",可以经由一个规定之逻辑的推演,获得新规定。此为概念法学派之基本论点。反之,利益法学派认为不仅是既存的,而且那些正要去探求的法律规定,皆属于对利益冲突之裁断(die Entscheidung von Interessenkonflikten)。在规范之找寻上必须借助利益的探讨,评价生活的情状(Lebenslage)和法律规定(Gesetzesvorschrift)。该评价的过程及其结果可以要称为冲突的裁断。[②]

对个别问题所作之每一个科学的处理,皆会显示:在其进行的顺序上,"批判性之认识的探讨"是一个经过安排的思考过程。此即每一个冲突裁断的过程。我们可以将该过程称为"解决问题的过程"。研究者首先尝试尽可能地将该问题当成"开放的问题"(offene Frage)加以处理。基于该基本态度,推敲各种可能想到的解决方法及其依据。然后经由权衡各种解决方法的正反理由,做成决定,结束该解决问题的过程。经由该处理问题之"手顺"、步骤所获得之"冲突的裁断"会构成法律体系之基本成分,利益法学派将由之所构成之体系称为经验的或认识的体系。[③] 基于此种体系之建构与其组成部分之内容的关联,该体系具有内在性。所以称其为内在的体系(ein immanentes System)。

(3)组成体系的纽带:冲突裁断间的关联

自"冲突的裁断"所以能够构成经验的体系,其理由在于:冲突裁断相互间并非孤立。这些裁断虽然系为个个生活片段所作,但生活片段却经由各色各样的关联(Zusammenhänge)及重叠,而交织在一起。因此,每一个冲突裁断皆可能牵一发而动全身,影响到法秩序的全部内容。此与价值判断之衍生影响有关。由于我们所遭遇之问题结队而出

---

① Heck,aaO.(Fn.51),S. 188ff.

② Heck,aaO. (Fn.51),S. 189.

③ Heck,aaO. (Fn.51),S. 190f.

(Problemkomplexe),对其所作之裁断也便聚结成群(Entscheidungsgruppen)。唯不但其间之关联疏密不一,而且"问题队结"(Problemkomplexe)所涵盖之范围亦广狭不同。在这里应探求任何一个对规范的发现有意义的关联。当认识了其间之共同特征,并在说明上加以总结,则愈来涵盖愈宽广之一般的类型概念便由之产生。从而获得将既存之事务关系,以概念体系的方式加以说明的机会。此为利用类型的方法做成总结的过程。类型化提供在不同的程度观察内在体系的机会。不过,只有经验的秩序及冲突裁断间有异同存在,研究者方得据以将之类型化。其中以"一致性"(Überein-stimmungen)之存在最具重要性。是故,利益法学亦力寻一般概念(allgemeine Begriffe)①。

对冲突裁断间之"一致性"(Übereinstimmungen)与"差异性"(Verschiedenheiten)的认识是对于规范之研究工作的成果。对"一致性"与"差异性"之认识能提高对法规的了解,从而有助于规范之找寻。由其一致性及差异性所构成之事务上的关联,是研究者利用来"说明"规范的基础,并在此限度内构成由研究者来加以说明的客体。当然这些客体仍待经由科学的研究加以认识。此际首先根据者为从事规范工作的原则,而非"说明利益"的要求。唯由之所获得之规范数据就像原料一般,如同法律一样地尚待利用说明,将之塑造成一定的形式。在其塑造上,关于编排的顺序,说明概念之形成及其涵盖范围,说明者皆享有相当的回旋余地,不过其决定主要还是受到说明利益的影响。是故,体系的构成具有两个任务:(1)认识内在体系;(2)利用说明构成外在体系。该两个任务大致分别在先后两个阶段完成,前者先于后者。

在体系的构成上虽然提到利用既存之一致性构成集合的概念(der Gruppenbegriff),以便将个别现象"归入"(Eingliederung)集合中,使之成为全体的一部分,唯利用归入并不能穷尽显示该个别现象的"认识价值"(der Erkenntniswert)。对规范之找寻而言,差异性与一致性一样的重要,应该一体构成科学认识的客体。实用法律之任务当不仅在于构成(法)之"统一性"(Einheit),还应排除其无正当理由的"差异性"②。

利用将冲突裁断加以编序以枝分法规范,既非新闻,亦非不寻常的事务,盖冲突裁断便是规范(Normen),而冲突集合(Konfliktsgruppen)即是规范集合的基础。在规范集合的形成上,所当斟酌之"一致性",在冲突集合之裁断时便已被认为是重要的共通属性。是故,冲突裁断之编序基本上便是法的枝分。因为该枝分在当时便已为立法及学说所决定,所以,它只是反映当时已存在的法体系而已。基于这个了解,冲突裁断之归入虽不得冲毁既存之法体系,但其对之所具有之进一步加以说明,强化其基础,或甚至必要时在个别问题加以修正补充的作用,仍然不能尽予排除。此际决定其归入活动者,依利益法学的观点是利益状态(Interessenlage),该利益状态对法规范的发生有因果力。唯利益状态及其对规范之发生的因果力并非法学者所发明或引进,它只是由其发现并加以续造(fortbilden)而已。③

根据以上的观点,Heck 认为冲突裁断所构成之体系一定能够满足 Hegler 关于体系的要求。Hegler 认为体系应该具备实际上把握"法数据"(ein wirkliches Begreifen des Rechtsstoffes)的功效,以正确加以说明,并知其所以然。Heck 还强调:依据利益法学的方

---

① Heck, aaO. (Fn.51), S. 191.

② Heck, aaO.(Fn.51), S. 192.

③ Heck, aaO. (Fn.51), S. 192f.

法编排问题所构成之秩序,而且也只有这种秩序,才能够具备前述功效。依其他方法,例如将规范概念依据其一般性的程度构成之逻辑的位阶秩序,便不具有这种功效。盖所以然的问题,只能跟事实上具有因果力之因素相连接,而这些因素正是冲突裁断的基础。探讨的领域愈广愈能显示这个事实。因为这种利益冲突紧密地交织在一起,所以利用共同的因素来获得裁断利益冲突之强制规范,当可使整个法律学适于成为一个具有统一的意旨的秩序(das einheitliche Sinngefüge)。各种大的冲突集合间的差异导出统一于整个法律科学中之法律领域间的区别。Heck 对其所建议的方法深具信心,并且认为已经在其债法及物权法概要两本书中,给予印证。倘尚有人不能利用利益法学的方法说明规范问题之所以然(Warumsfrage),Heck 认为这并非方法之错,而是应用之失。盖其认为利益法学之方法的强点,正在于特别能够说明规范之所以然的问题。①

所以然的问题属于价值判断的问题,评者常认为:利益法学虽然赋与个别规范以价值判断,并从事正义(die Gerechtigkeit)或衡平(die Billigkeit)等最高标准的探讨,但却忽略了存在于个别规范与正义或衡平间,以及作为该个别规范所属法律领域之基础的特别目的。对这个批评 Heck 认为它是属于一个关于价值之探讨的难题。按法律社会之利益系经该法律社会所承认之价值所赋与,因此,利益之位阶也正是该价值之位阶。从而在科学上也只能在该价值之位阶底下讨论。在这里,主要的问题为:科学是否能够探得一个对每一个利益冲突皆有实质,而且客观拘束力之一般的法理念。该理念能够给予一个唯一,而且对所有情形皆正确的答案。Heck 和 Rümelin 皆认为这是不可能的事。盖科学仅能认定已存在于生活中,并为法社会所承认之价值。极其量有时仅能利用受主观限制之自己的评价予以补充。只要一直没有一个客观的解决,则该冲突便会继续存在。个别生活冲突之独立性并不排除科学利用凸显之共同性,进行类型化,并将冲突导入价值位阶的可能性。这当中,科学虽然应该将一般的共同性解析出来,并予以突显,但不得因此抹煞存在于其间之特殊性。②

前述的说明与概念体系之形成的新、旧理论间的差异有关。亦即它和关于内在体系的看法密切相关。

(4)概念间之关联的构成:类型化

概念的关联可以利用两种方法建立:(1)利用枝分(Gliederung)由上而下;(2)利用总结(Zusammenfassung)由下而上加以类型化。第一种方法为从最上位的概念向下导引,将一个一般的概念,在其可能的内容范围内向下枝分,以获得下位概念;这些下位概念可以一再地往下枝分,终点就是最特别的概念。第二个方法为,根据既存之个别的事务的共同特征,将其组成上位的集合,该上位集合的称呼便是其上位概念。各集合可再以同样的方法,组成愈来愈一般之概念,涵盖愈来愈广之集合。能够将整个领域涵盖进来之概念立于概念塔的顶端。Wundt 将第一个过程称为解析性的(analytische)类型化;将第二个过程称为叙述性的类型化(deskriptive Klassifikation)。Heck 建议分别用演绎的及归纳的体系(deduktives und induktives System)称呼之。

历史法学派原先系从演绎的体系出发,其最一般的概念存在于民族精神中,自民族精神利用不断的枝分产生所有的下位概念,在这种看法消失后,演绎的体系还是被当成说明的方

---

① Heck, aaO. (Fn.51), S. 193.
② Heck, aaO. (Fn.51), S. 193f.

式紧紧地保留下来。利益法学派不赞成历史法学派之规范的发生观,以及与之相随之类型化上的推论。法律科学所处理之利益的冲突,对利益法学派而言,指生活(包括现行法),亦即法律科学要加以裁断之现实(Wirklichkeit)。这些利益的冲突一直是层出不穷,态样万千。每一个裁断皆以观察为基础。倘我们将共通的因素解析出来,则我们便能够将这些裁断总结为一个较大的,而且愈来愈大的集合。不过,没有一个研究者能够利用解析一个不管用什么方法获得之先验的(a priori)一般概念,将实际发生之生活的各种态样,亦即所有的利益冲突和所有的法规范导引出来。这些对每一个人都该是自明的道理。根据该自明的认识,同时可以进一步确认,利益法学所称之内在体系,仅能够利用叙述的或归纳的,而不能利用解析的或演绎的类型方法正确地加以再现。当然,特别的说明利益有时也能够正当化不正确的表现方法,并在演绎的体系中予以变造。这是属于说明的问题(eine Frage der Darstellung)。但利益法学派的代表学者 Heck 认为,为说明利益而这样做,无论如何,并非善策。①

①演绎法

概念法学派代表演绎的体系这种理想。旧概念法学派对认识的过程与说明的过程之逻辑的特点并未充分加以区别。至少将科学为说明之目的而建构之编纂概念中的一部分当成一个被发现之民族精神的产物,使编纂概念之建构过程看似认识思维的过程。进而以为所认识之概念对法规范的产生有原因力。由之,必定能够产生新的法律规范。这种因果观当今已转用到概念相互间的关系上:认为特别的概念系经由枝分而从一般概念导出之逻辑的产物。于是,以为经由科学活动所得之概念塔,同时可变为科学所认识,能够孳生概念的体系树。利用这种看法产生了演绎系统的理想,或可将之称为"演绎的概念塔"。依该理想可以自尽可能少之概念,或甚至一个单一的概念[例如:"法概念"(der Begriff des Rechts)]导出特别的概念。其结果,认为利用这种方法,借助认识具有因果力之一般概念,进行体系解释,便可将法律的漏洞补充起来。此即概念法学上之逆向论法(die Inversionsmethode)。

这种因果观后来虽被扬弃,但该演绎的说明方法还是被当成方法上的要求保留下来。该逆向论法不仅对概念与法规范间之关系,而且对概念相互间之关系皆有其适用性。逆向论法不仅被用来补充法律漏洞,而且被用来建立概念塔,其结果以归纳的方法产生的体系,被转化为演绎的体系,盖必须这么做,才能确保法体系之逻辑上的封闭性。倘一个下位的概念不足以解决问题,则可以求诸上位概念,以由之获得裁断。亦即,利用体系补充其漏洞。是故,在这个阶段可以认为其演绎的理念建立在实用的理由上,和法规之寻找的需要上。演绎体系之这种理想可称为技术性之概念法学的另一面。②

②归纳法

概念法学之演绎体系的理想,与利益法学的方法是不能协调一致的。由冲突裁断所构成之内在体系仅是一个描述性的类型化,已如前述。它不但仅能利用归纳的方式,而不能利用演绎的方式予以位序,而且其正确的说明也只能以归纳的体系表现出来。其实,演绎的理想在事实上仅是一个理论,对实际的法律及科学体系的建立皆没有原因力,例如,民法体系根本不是由该理论上的理想所演绎出来,而是由以规范事务之关联所构成之内在体系所决

---

① Heck,aaO.(Fn.51),S.194f.

② Heck,aaO.(Fn.51),S.196.

定。关于规范体系之发生究竟是循演绎法或归纳法的观点,波及究竟是先有总则的一般规定,或先有分则之具体规定,以及在法典上,其编排的顺序究当如何的问题。鉴于体系的构成正像概念或类型之构成,皆应取向于构成之目的,所以,为不同之目的,即可能构成不同之体系。是故,其排序并无绝对性。倒是其发生,利益法学认为先有具体规定而后有一般规定。① 至于内在体系之对外的表现方式当然以说明利益为基础,以满足鸟瞰的需要,并使其应用较为容易。这种内在体系仍是由冲突裁断所构成之秩序,且与利益法学所主张者相当。唯利益法学依然也承认说明利益。②

③利益法学派也承认说明利益

对利益法学而言,为了能比较好地掌握、管理法律数据,以帮助记忆并获得更好的鸟瞰,与概念法学一样必须重视说明的问题。唯利益法学强调应将"说明问题"与"规范的寻找问题",亦即客观存在之法数据的认识互相区别。说明问题就其逻辑特点而言,仅属于描述的问题(Formulierungsprobleme)。Heck相信将这两种问题加以区分,较之概念法学将之混为一体当更能分别满足说明的利益以及规范的找寻需求。

为满足说明利益,科学必须继续立法者已经开始的工作,不断形成编纂概念。立法者利用因素的解析和集合概念改造其规范上的要求,使之容易鸟瞰。而科学所作之规范的研究,则在利用与立法理由有关之文献及其对利益和价值的研究,增益与规范有关的资料,并像立法者所作之塑造工作一样地为同一个目的,将这些数据再次加以塑造。唯其研究工作当然不仅限于再现法律上之概念而已。由于基于其观察,常能发现规范中之瑕疵,或立法者所给之定义的缺点。因此,科学常利用由其所设计出来之较好的概念或定义加以取代。其结果,立法者所定之概念经常被科学所塑造出来之无数的概念加以改造补充。这些概念有时甚至与规范的要求有关。这些编纂概念的形成,在科学上首先常由一个研究者所提出,而后因愈来愈多的人引用它,方使其相约成俗地被接受下来,唯无论如何,科学的编纂概念之形成不会有结束的一天。每一个概念在任何时候都有被补充、修正或甚至演为另外一个新概念的可能。当然,概念的形成亦有其限界。唯在其限界内,仍可按可设想的标准自由裁量。申言之,概念必须是:(1)正确的(richtig),即其所总结之特征必须真正存在于所观察之事务上,以及其所利用之概念的形式必须适合总结这些特征;(2)该概念必须在法上是重要的(rechtserheblich),亦即其特征在规范的寻找上总必须以某种方式受到考虑。纵使仅是一个间接的、疏远的关系亦可。不过,还是必须有一个可以设想的关联。这些都取决于层次性的需要。按该标准审查一个概念是否够重要。由于该限界依据说明目的来划定,因此,系于研究者之个别裁量。此犹如在大部头之批注书或手册中应予包含的概念,在概要书中却得略而不谈。根据这种裁量所作之区分或取舍,无所谓正确(richtig)或不正确(unrichtig),而只

---

① Heck, aaO. (Fn.51),S.201f. 缔约上过失及各种新生法律制度的发展过程固然,也应当依循先具体而后一般的顺序。但必须注意就在实务上或其他立法例已经发展到相当成熟之规定的继受,有可能径为引入相当一般的规定。不过,这还是相当冒险的做法。例如"民法"第245条之1第1项第3款规定:"契约未成立时,当事人为准备或商议订立契约而有左(下)列情形之一者,对于非因过失而信契约能成立致受损害之他方当事人,负赔偿责任:……三、其他显然违反诚实及信用方法者。"此外,还必须注意一般与具体的规定间,有诠释学上之部分与全体的关系。就其规范内容的认识与判断互有影响。是故,在宪法及行政法学上有所谓:合乎宪法之行政法的解释,以及合乎行政法之宪法解释的问题。

② Heck,aaO. (Fn.51),S. 195ff.

有合目的(zweckmäßig)与不合目的(unzweckmäßig)。这正像如有作者提出广义的物权概念,来包含非以民法中所称之物为目标之权利,并不能说这个新概念是不合逻辑。可以要求者仅为:必须将之与传统之狭义的物权概念做术语上的区分。

除此而外,在科学上为说明的方便,也常常创设一些代号(Kennwort),以指称具有比较重要之意义的概念,例如:"信赖利益""相当因果关系""积极侵害契约""辅助占有""他主占有"。类似的情形也发生在学说的名称上,例如:关于意思表示之解释的"意思说""表示说";票据行为之"契约说"与"创设说"。由于代号可以更简洁地表达,省却每次的描述将使说明变得很麻烦的不便,以及代号也可以使意思之掌握较为容易,代号成为法学上不可缺少的工具。此为代号之标识、意会及融合思想的功能。正确筛选出来之代号,除具有帮助记忆的功用外,也是帮助读者清楚地把握思想核心之最有效的方法。然凡事有利便有弊。倘读者不能把握代号的含义,则便不能正确了解以之为基础所作之进一步的叙述。这种情形常常发生在不求甚解的读者与专家。[①] 倘不幸而有此情事,代号或学说的误用或恶用将成为各说各话、沽名钓誉,或混淆视听之异端邪说的根本原因。

利用将编纂概念整合在一起所建立者为:外在体系意义下之科学体系。为力求其更为清楚、简洁,具鸟瞰性,说明利益对该体系之进一步的发展具有决定性的意义。根据说明利益的标准,包括冲突裁断之一致性及差异性,来斟酌规范数据,以使之更为清楚,亦为内在体系所要求。其间的关联,固然可以用不同的方式加以表现,但体系之说明(systematische Darstellung)目的还是在于力求使数据之内部的枝分呈现在作品之外部的枝分上。亦即使内在体系与外在体系尽最大的可能有其交集。是故,批注书及法律辞典在一定的程度内有可能将内在体系表现出来。

正如立法者在概念的形成中所显示者一样,一般化有助于满足简洁而且可以鸟瞰的需要,亦即利用共同的特征将个别的事务组成集合,然后将同阶的集合与集合并列。至于其他仅有部分共同的特征者,则可解析出来建立交集的概念。以特征之交集为基础,进一步组成涵盖更广的上位集合。该上位集合同样地可以有其同阶的集合,并进一步基于其同阶集合中之特征的交集,组成其更上位集合。如此进一步发展,最后可以利用最一般的概念组成最高的集合。这种一般化对利益法学与对概念法学虽一样地有其必要,但关于一般概念之内容,其观点间仍有着差别:利益法学一直考虑利益概念(利益状态);而概念法学则无此考虑。[②]

④说明利益仰仗归纳法

将法律数据(冲突裁判)一般化的目的,首先固在于满足数据之掌握与管理上的需要,以使之更为简洁、明了并易于鸟瞰,但在一般化的过程中,也同时将个别数据间之共同特征总结起来,以构成互相区别之集合。各集合之特征间仅部分特征相同者,构成交集。该交集的特征可构成有该交集之特征之各分子集合的上位概念或上位集合,由是产生具体与一般或分则与总则的模式。经由不同集合之交集的特征不断向上构成更为一般之上位集合,最后可以将一切的法律资料置于一个层次分明的系统中,使该数据具有体系化上所必需之统一性(Einheit)。将冲突裁断(法律数据)利用共同特征组成集合,并以此类推,向涵盖愈来愈广

---

① Heck, aaO. (Fn.51), S. 198ff.

② Heck, aaO. (Fn.51), S. 200f.

的上位集合推进,自动地使法律数据归入一个整体的过程正是一个归纳的过程。依利益法学上述方法建立起来之归纳的内在体系与依概念法学建立起来者,在结果之上下位阶的外观构造上并无差异,所不同者为,利益法学所用以建立体系之概念为利益概念,[1]而概念法学所利用者为纯粹的逻辑概念。

在集合之顺位的处理上,虽然习惯于从一般到具体加以序列,但是在说明上其真正发生之时间上的顺序却刚刚相反,在体系中占据第一个位置的概念,直到最后一次抽象化方始诞生。那么前述习惯上的序列究竟以什么为依据? 根据 Heck 的看法,当是以鸟瞰之目的为依据,以使数据之掌握管理成为可能。在这里一般概念扮演联想特别概念之桥梁的角色。不过,自一般概念还是不得导出与之对应之因果力上的关联,也不得导出一般概念之任何逻辑上的优先性。具有优先性者应该是生活,亦即利益状态。发生上的顺序与之相反,已如前述,这既不得误解,也不得加以遮蔽。法学上既存之科学的体系系基于归纳而产生,而非基于将全体枝分或演绎而产生。该体系包罗各色各样之事务的原样,经由一般概念之建构,其有关资料之掌握方始可能。 由此可见,对体系之归纳性格的认识,在许多方面皆具有意义。[2]

以下的观察或规则以基于归纳而产生之体系为基础:

A.一切的规范资料皆接纳于体系中,对外部秩序而论,基于使用之目的所构成之规范概念的顺位(die Reihe der Gebotsbegriffe)原则上具有决定性。法院想知道:法律对其正要裁判之事务是否着有规定。是故,可供鸟瞰地将构成要件依序而列者较为允当。唯因法院也想认识受影响之利益的状态,所以利益概念也补充地属于规范概念。兼含利益概念之规范概念可称之为完全的概念(der Gesamtbegriff)。体系在内容上即是由这种完全概念结合而成。在概念的形成上,究竟是否偏重规范概念或利益概念,或兼顾两者而构成之完全概念,常依个别情形裁断之。不过,基本上最后还是将之连结在一起。此外,在集合概念(Gruppenbegriffe)的形成上,原则上也是如此。纵使在上位概念(Oberbegriffe)常基于特别的理由,将之形成为规范概念,但其下位概念还是应形成为完全概念。盖在归纳的体系,集合概念仅是一个取向上的结合,在其中并不包含可以从其适用导出下位概念之基础观点。[3]

B.在归纳的体系,个别的集合经由个别事务之结合而产生,这些个别事务具有共同的,而且只要可能也只具有它们共同的特征。第二个要求,在事实上不尽为立法者或学者所遵从。是故,集合间可能有交集的情形。亦即,个别的事务常可能兼具两个集合的特征,这既不能避免,也非瑕疵。[4] 例如兼具公务人员身份之劳工、行政机关派驻公民合资企业之公股代表。

C.科学的体系仅是勾出一个轮廓,且具有暂时的性格,研究者间之观点常不相同,以致并非可以一直形成共同的意见。此外,新的观察也常常使得改变或补充既有的观点成为必要,是故,为贯彻一个主张,常常需要一些时间。[5]

D.体系由所形成之编纂概念的结合而产生,鉴于形成编纂概念之因素的取舍系于编纂

---

① Heck, aaO. (Fn.51), S. 201.

② Heck, aaO. (Fn.51), S. 201f.

③ Heck, aaO. (Fn.51), S. 202.

④ Heck, aaO. (Fn.51), S. 202.

⑤ Heck, aaO. (Fn.51), S. 202.

目的,是故,体系的形成也同受影响,为不同之目的可以形成不同之体系。一篇研究性的专论固可以推翻既有的体系,展开一个崭新的讨论,但教科书通常还是宜以法律或通说的观点为基础。唯倘有充分理由,亦可采取悖于传统的观点。① 这是基于教科书的功能应在于传承,而研究性的专论的功能应在于开创而有的不同期待。

将个别的现象归入由编纂概念所构成之体系,对利益法学当然也非常必要,且未为其代表者所忽略,但利益法学并非利用它直接找寻法律或补充法律漏洞,而是为了其他目的。编纂概念中也包含一个判断:规范带有某些特征或与其他规范具有一定的关系。利益法学者一样地斟酌到这种判断,而且也自己下这种判断。唯要直到规范的补充已被做成后,而且系为了证实、矫正或补充,科学的概念体系,方始以之为基础而下该判断。是故,个别(事务的)说明(Einzeldarstellung)原则上并不以将之归入体系而开始,而系以将之归入体系而结束。利益法学称此为体系的或编纂的建构(die systematische oder ordnende Konstruktion)②。

将已获得之规范进行编纂的建构并不包含规范之发生的研究,而仅是一个编纂上的归入,将下位概念涵摄于上位概念之下。其所涵摄者究为所探讨之客体之全部的或仅为解析出来之部分的特征,在所不论。该涵摄当然需要一定之逻辑的前提。只有在上位概念所具有之特征实际上为将被涵摄于该上位概念下之概念所全备的情形,在逻辑上编纂的建构方始可能。也在此限度内,其涵摄具有正确性。要之,其逻辑的前提即是上位概念的内容。是故,倘有不同的上位概念,则要将一个下位事项分别正确地涵摄于其下,在逻辑上并非不可能。此所以关于新的编纂概念之形成,正如吾人所知,享有很大的自由,该自由当然也因而存在于编纂的建构上。③

虽然也有利益法学派的学者认为体系的建构,除了具有其一般的科学价值外,也可由之获得新规范。亦即可以利用与体系中之概念的比较,认知其间之目的上的一致性。这种看法首先与包含规范内容之编纂概念的涵摄有关。在这个讨论上必须将学说上所推崇之建构的认识与自己的判断互相区别。该建构的认识为任何探讨所必需。只有该认识能够成为当时所已获得之成就的媒介。与之不同者为:自己的判断以探知所有的规范数据为前提,而且也直到那时候才能做成。事先做成暂时的判断,依 Heck 的看法,原则上并无助于规范的研究,而只有妨碍。他以选择之债为例说明之。为形成其规范的内容,首先必须认识到各种利益状态及问题,以及法律的规定。法律规定的了解固会引起许多普通法上之建构上的争议,唯必待该当之规范被确定以后,才能回答各种不同之给付内容与该选择之债的客体的关系。谁若要从该最后的问题先回答,则他显然会给予该问题过高的意义,同时会使其对于该规范的问题之事务上的立场陷于错误。基于以上的理由,Heck 对编纂概念的建构在规范寻找上所具有的价值采取审慎的态度。Heck 认为编纂建构的科学价值应在于:澄清一般概念并将之正确地构成体系。④ 亦即编纂建构的价值在于总结过去的成就,迈向未来。

在专门的论著上较之于概要书更受不同方法的影响。在专著中,可能被误认为具有产生规范之原因力的编纂概念,丧失其根本的地位。概念的探讨为冲突裁断之方式所取代,规

---

① Heck,aaO.(Fn.51),S. 202.

② Heck,aaO.(Fn.51),S. 204.

③ Heck,aaO.(Fn.51),S. 204.

④ Heck,aaO.(Fn.51),S. 204f.

范之寻找的基础转为利益状态及法律数据,至于究竟先探讨何者,在顺序上并不拘束,也没有一般的公式可寻。既可以从法律的规定出发,然后再探求具有标准的利益,也可以首先考虑利益状态,而后再探讨可资引用之规范。第一种做法,原则上较适合于教科书;第二种做法较适合于专门的论著。①

（5）学说上对其所作的评价

利益法学派的主要贡献在于区分编纂概念（Ordnungsbegriffe）与利益概念（Interessenbegriffe）,并认为像私权（subjektives Recht）、侵权行为（unerlaubte Handlung）等这种概念仅是法律学为了掌握并序列法律资料,而自既存之实证法秩序中,舍弃其次要的并强调其共同之主要特征所建构的编纂概念。在其建构上并不取向于社会目的观;反之,像利益状态（Interessenlage）、至善利益（Fortbildungs-interesse）、安定利益（Stabilitätsinteresse）等,则是经由对于利益的研究而建构的概念,以据之找出解决问题的方法,就利益冲突作成裁断。然后以冲突裁断间之事务上的关联（sachlicher Zusammenhang）为基础建构体系,例如关于过失责任及危险责任之利益冲突及其归责的判断。② 自此种概念之建构上的双轨制,也导出两种不同意义的体系:（1）"外在体系"及（2）"内在体系"已如前述。不过,实际上 Heck 也尝试将这两种体系加以整合。他强调:为说明利益,为鸟瞰法律数据之目的而引用一般概念。在这里一般概念固然扮演联想具体概念之桥梁的角色,但自该二概念之使用上的时序,既不导出一般概念对于具体概念的发生有与之对应之因果上的关联（kausaler Zusammenhang）,也不导出一般概念之任何逻辑上的优先性。具有优先性者应该是生活,亦即利益状态。③ 不得误认者为:就发生顺序而言,正好相反,具体概念发生在先,一般概念发生在后。是故,Heck 在"规范概念"（Gebotsbegriffe）及利益概念（Interessenbegriffe）外,再提出结合两者之"完全概念"（Gesamtbegriffe）,并认为基本上,体系之内容应由完全概念所构成。④ 唯 Heck 这种看法常常被忽略,认为关于法律概念或体系的建构 Heck 皆仅走了一半。⑤

例如 Larenz 认为:"Heck 未注意到法规中之'规范概念'事先必须正确地建构,亦即应符合作为其基础之价值标准,始能对其有正确之涵摄。解释的结果在确定规范概念之更详

① Heck, aaO.（Fn.51）, S. 203.

② 过失责任建立在行为人,能透过尽法律所要求之注意程度,以避免损害之发生的假设上。因此,有将该损害归属于未尽其注意义务之行为的伦理基础。而危险责任所涉之损害则是行为人纵使已尽法律所要求之注意程度,还是不能防止该损害之发生。于是,在过失责任原则的背景下,引起该损害应归属于引起损害者或受害人的问题。因为引起损害既无过失,则依过失责任原则,应另有法律之例外规定为其归责之规范基础。由之引申立法者有无制定所涉危险责任之例外规定的义务之问题。如有,则应制定而未制定所造成之规定的欠缺便构成法律漏洞,应予补充。其应补充而未补充,导致之法律漏洞的存在,有时论为"违宪"。因"民法"第 1 条规定:"民事,法律所未规定者,依习惯;无习惯者,依法理。"所以,法院在民事裁判时,如不依该条规定而为漏洞之补充,有消极不适用法律之违法。释字第 177 号解释:"确定判决消极地不适用法规,显然影响裁判者,自属'民事诉讼法'第 496 条第 1 项第 1 款所定适用法规显有错误之范围,应许当事人对之提起再审之诉",以贯彻保障人民权益之本旨。"台湾地区'最高法院'1971 年台再字第 170 号判例,与上述见解未洽部分,应不予援用。"

③ Heck, aaO.（Fn.51）, S. 201.

④ Heck, aaO.（Fn.51）, S. 202.

⑤ Larenz, aaO.（Fn.48）, S. 61.

细的内容。就像立法者要引用法律学，号称专为编纂目的所形成的概念，来建立构成要件要素或法律效果时，他也首先必须审查该概念是否适合于其所拟进行之区分或评价。当法律规定，债权人得依债之关系，请求债务人为给付，该规定并非如 Heck 所言，只是为了编纂目的而采取之概念上的划分，而是期望法秩序以之为基础，肯认债权人对于债务人请求给付的权利。从而认为债权人如请求给付，其请求是合法的（im Recht）；反之，如债务人不应其请求而为给付，则债务人之不给付是不法的（im Unrecht）。债权之这种意义至少充分地表现在其抽象之概念的描述上。是故，适用法规者并不得凭其所好任意决定，其是否以涵摄于对其已足够清楚之规范概念为已足，或其是否由之脱离，而'依从利益'（interessengemäß），更准确地说依从基本的价值标准来裁断。他大都还是应该利用经由正确形成的概念，从事与法秩序之意旨相符之正确的价值判断。"①Heck 的看法纵使有这种缺点，但其所推动之利益法学派在德国法律实务上还是具有非比寻常的成就。它依据法秩序所承认之价值标准，使复杂之法律事实之权衡的判断方法，或此际与之相干之利益的评价方法愈来愈多地取代了单纯以形式逻辑为基础之涵摄的方法。从而随着时间的经过，实际上给法律的适用带来革命性的影响。其间利益法学并使法官能心安理得地裁判，而不必借助于一些"表见性的理由"（Scheinbegründung）②，可以更贴近于生活上之利益关系，忠实于真正的考虑，并将之在理由中表现出来。"法院的裁断因而越来越能够接纳各种生活现象，在方法上（methodisch）也变得更有意识、更活泼、更细腻。同样的情形至少也表现在法律学上，甚至犹有过之。是故，今日已可论断，利益法学纵使在理论基础上尚有受指摘之严重的瑕疵，但其本来所追求之实务上的目标，大都已经达成。不过，还是必须超过利益法学往前更进一步。……这中间不可避免地，也应重估利益法学几乎认其为一无是处之概念法学的贡献。"③正如其他法学，利益法学及概念法学其实都满足法学在不同场域之一方面的需要，不是其他法学得予否定或弃置不用。

利用完全概念（Gesamtbegriffe），虽然可以使外在体系与内在体系获得整合，使由之建构的概念或体系更切合实务及法律伦理上的要求，但由于依据 Heck 的观点，组成体系之成分者是"利益冲突的裁断"，而使这些冲突裁断组成体系之纽带，则为存在于其间之"事务上的关联"，并强调利用归纳的类型化方法认识这些关联。其结果，利益法学便具有强调两端，即个别规范（冲突裁断）中之价值判断以及最高价值（正义：Gerechtigkeit；衡平：Billigkeit），而忽略其间（一般的法律原则：allgemeine Rechtsprinzipien）的缺点。而处于个别规范与最高价值之中间的一般的法律原则正是使个别规范取向于最高价值，以构成体系所不可缺少的纽带。这个特点亦表现在利益法学所引用之寻找规范的方法上。利益法学寻找规范（Rechtsgewinnung）的方法，除法律解释外，关于法律补充，其惯用的方法为类推适用及目的性限缩。越出这个层次便直接诉诸法官自己的价值判断。至于作为法律规范之基础的一般法律原则或法律思想，便几乎未被引用过，并给予重要的功能。④ 是故，学者批评：利益法学派的作品虽对个别问题常能提出允当可信的观点，但其观点并不能构成一个统一体。为使

---

① Larenz，aaO.（Fn.48），S. 63.

② Larenz，aaO.（Fn.48），S. 63f.

③ Larenz，aaO.（Fn.48），S. 64.

④ Canaris，aaO.（Fn. 7），S. 38.

规范组成一个统一体，除了自消极面观之，原则上彼此之间必须没有矛盾（Widerspruchslosigkeit）外；自积极面观之，个别规范亦必须组成一个"规范意旨上的统一体"（Sinneinheit）①。例如危险责任之规范意旨在于透过价格之调整或责任保险，分散相随于生活或企业之危险可能对特定人造成之损害，使之不集中于该不幸的受害人或从事该法律所允许之危险活动的人或企业。危险责任之建制的财务可行性系于其保险的可能性。如无财务可行性，危险责任之建制便只能停于空谈。该意旨上的统一体并不能光依生活间的关联，以及规范与生活间的关联来构成。盖法所规范之生活虽可因其"事务的性质"（Natur der Sache），而对"法"（das Recht），从而对"法体系"有所影响，但法体系并不完全直接建立在生活关系上，其间还待一些价值标准及规范技术加以联系。忽视这些价值标准及规范技术，法律学便有转为否定法价值之社会学的危险。② 类似的问题亦存在于认购（售）权证（参照释字第 693 号解释）及保险商品之发行的财务可行性系于其预测风险值之配套的避险技术。

纵使利益法学对法体系的构成，或其所持关于法体系的概念虽尚不尽圆满，但其从利益冲突认识规范需要，以解释法律的内容，并确认法律漏洞之有无及其补充方法，对于实证法之认识及完善，以及体系问题的克服，仍有深具价值的贡献，特别是 Heck 提出与"外在体系"互相区别之"内在体系"的思想，使目的因素在体系中的地位，获得更进一步的肯定及发展的机会。③

5.价值法学派的观点

（1）对利益法学派的批评

Heck 的利益法学理论时而将"利益"（die Interessen）当成"评价的客体"（Bewertungsgegenstand），时而将之当成法律上之评价的标准，时而又将之当成产生法律规范的因素（Kausalfaktoren）。这种看法受到很大的批评。批评者通常主张将"利益"这个概念限指参与权力争议双方之"企求的蓝图"（die Begehrungsvorstellungen），并在此意义下，将利益概念与法律上之评价标准（gesetzliche Bewertungsmaßstäben）严格区分。该评价标准，例如交易安全的保护、所有权的保障，当不宜再称之为利益，而该是最后由立法者，自正义理念所导出之评价标准。在该观点底下，虽然还是认为法官应受立法者所发现之评价因素（Bewertungsfaktoren）的拘束，亦即裁判依其性质，应属于法律中之评价的适用，而非自为评价，然已不再认为立法者的评价系由某种利益的因果所引起，亦即不再采纳"发生学上的利益说"（genetische Interessentheorie）的观点。立法者依据"合目的性及正义的考虑"（nach Zweckmäßigkeits und Gerechtigkeitserwä-gungen）等法理念，④评价利益。适用法律者应依从这些考虑，由此对利用来评价"利益"之"评价标准或观点"展开研究和体系化，以探求这些评价标准或观点及其间的关联，并据以将关于利益冲突的裁断，纳入由价值所构成之

---

① Canaris，aaO.（Fn. 7），S. 35ff.

② Canaris，aaO.（Fn. 7），S. 34f.

③ Canaris，aaO.（Fn. 7），S. 40.

④ 关于法理念 Henkel 将正义、合目的性及法的安定性三者合称为法理念之三个趋向（drei Tendenzen der Rechtsidee）（Henkel，aaO. S. 340）。

位阶中。这便是自"利益法学"迈向"价值法学"(Wertungsjurisprudenz)的演进或转变。①

鉴于正义原本当具有实质性之价值的意涵,所以将之与实质分离,而只留下其形式,显然不能符合人们对于法理念之善念的期待。是故,在德国,关于法理念的理解,后来 Gustav Radbruch 提出下述看法,认为平等性意义下之正义只是法理念的一个面相:形式。此外,应该尚有决定其内容之合目的性,以及确保其功能之法的安定性。该见解为德国法哲学学者所接受。从此,学者认为可将法理念解析为三个因素:除正义(Gerechtigkeit)外,尚含合目的性(Zweckmäßigkeit)及法的安定性(Rechtssicherheit)②。为法理念之实现,这些因素之作用关系为"相反相成"③。

(2)从"利益"(法学)到"价值"(法学)

在该转变的过程中,学者虽仍然肯定利益法学的贡献,认为其启发,"自法律所立基之目的或各种目的,以及法律所保护之利益的认识,可以经由法律解释探得某些规范意旨。但这种方法终究有其局限。因此自应追寻扩大其探寻基础的可能。依 Oscar Adolf German 的看法应从与法律所对应之涵盖较广的社会价值(soziale Werte),亦即从作为法律之基础的内在价值(immanente Wertungen)出发。此种看法与价值批判方法(wertkritische Methode)相当。在法律的解释上,法官所为者当然不是脱离法律之独立的价值判断……而是以已经作为法律之基础的内在价值判断为其依据。从而在此限度内法律解释与价值有关(wertbezogen)。鉴于法官之价值判断应以立法者利用法律追求之目的为基础,因此'目的方法'(teleologische Methode)本身构成价值批判方法的一部分"④。为利用这种方法,自然必须深入法律规定的关联,并将个别的法条植入包含较广之法律的关联中,以便借助这种以关联为基础的体系解释,排除其间的价值判断矛盾(Wertungswidersprüche)。此种关联不是以概念,而是以内在于法律之价值为其取向。

"法官由于必须继续不断裁判极不相同的案件,因此时间上欲保持不落于经常事务之后已至不易,更难求其综览经常散置甚广之'关联'(Zusammenhänge)。是故,就此关联,法官虽偶有未予斟酌,或斟酌不周的情形,实也情有可原。即此之故,法律学的任务,应以价值批

① 详请参见 Larenz, *Methodenlehre der Rechtswissenschaft*, 6. Auf., Springer-Verlag 1991, S. 119ff.

② Radbruch, *Rechtsphilosophie*, Stuttgart 1970, S. 168ff.; Arthur Kaufmann, *Rechtsphilosophie*, 2. Aufl., München 1997, S. 152ff.

③ Radbruch, *Rechtsphilosophie*, 7. Aufl., 1970 Stuttgart, S. 170. Henkel, *Ein-führung in die Rechtsphilosophie*, München 1964, §31. 正义、合目的性及法的安定性间的关系,见仁见智,其强调也常随时代背景之变迁而不同。在绝对的警察国家时代,"合目的性"显然具主导的地位,例如,在德国普通法时代之调查程序的发展中,关于确保"法的安定性"和"公正之平等待遇"之程序规定和方式,渐渐地被排除,以致为实质真实的发现,赋与法官几乎毫无限制的裁量权。其结果,嫌疑人在程序法上应有之保障,几全丧失。至该时代之末叶,合目的性原则几乎主宰了法律之制定与适用。而当发展至欧洲在十八世纪之启蒙运动时代,其政治上之主要目标为:如何使人民在国家至高无上之权力下获得安全及保障。于是,法的安定性成为主导的角色;人民有免于国家机关之恣意或不受法律拘束之裁量的自由。换言之,所谓自由,系指仅受法律之限制,而且该法律必须符合法之安定性的要求,亦即其构成要件必须明确;其法律效力必须可以预见。法的安定性之主导的角色延续至启蒙时代后之法实证主义。唯由于实证法之慢慢发生僵化的情形,自二十世纪初以来开始反实证法主义的运动,该运动反对法之安定性思想的优位性,认为应以正义作为法律的最后目标(Henkel, aaO. S. 342f; Radbruch, aaO. S. 168ff.)。

④ O. A. German, *Probleme und Methoden der Rechtsfindung*, 1967, S. 87f.

判方法为基础,利用体系的说明方法,利用对典型案例之澄清,或利用事后对于司法裁判的解释,尽可能地指出此种关联。"①

前述价值批判方法亦为 Helmut Coing 所依从。② 而且 Coing 与 German,③同样认为:"构成要件与法律效力间的连结,正如在完全的法律规定所见者一般,立基于一个评价……。"该评价系由法条的制定者所作成。其制定者可能是立法者、法官或受咨询的法学者。该评价虽是一个价值判断,也因此被期待应当是合目的性或正义的考虑所决定的结果。唯现实的法律世界所呈现者却可能是:该评价仅是评价者基于自身或所属集团利益所决定的

---

① German, aaO. (Fn. 78), S. 95. 了然法律学与司法这种角色上的区别,司法机关固不必对学界或他人对其判解之评释,耿耿于怀,学界也大可不必基于一些深思熟虑的成果而自骄。互相珍视对方之贡献,当更能促使彼此勇于为正义之实现,而捐弃私誉,面对真理!

② Coing, *Grundzüge der Rechtsphilosophie*, 2. Aufl. Berlin 1969, S. 273ff., 332f.

③ German, aaO., S.88. 他并引述瑞士联邦法院在判决中引证这种看法亦为瑞士实务上所采取。"该判决系关于委任人就受任人因委任事务所受之损害的赔偿责任。依《瑞士债务法》第402条,就受任人因委任契约所受之损害,委任人只在其不能证明该损害基于非可归责于委任人之事由而发生时,始负损害赔偿责任。在该案中,一个农夫应其邻居之请求,爬上该邻居之梨树摇梨。此际,该农夫因所立之树枝断裂,跌了下来,而受重伤。由于就该损害之发生委任人与受任人显然皆无过咎,因此依法律之明文规定,委任人对受伤者并无损害赔偿责任。纵使受害人系基于好意应委任人之希望而无偿地接受了该委任,亦然。苟在本案真依其文义,适用《瑞士债务法》第402条,则会在其与同法第422条间引起一个矛盾。该第422条规定,无因管理人为本人之利益而为管理行为者,本人不仅应偿还管理人之管理费用,并且就其他损害亦应依法官之裁量赔偿管理人。从而本人不像委任人般可免除其责任。为了避免这个因修正债务法第422条关于无因管理之规定所引起的矛盾,联邦法院将同法第402条关于委任的规定予以限缩解释,使之只适用于有偿的委任。"(German, aaO., S. 89)类似的问题亦存在于台湾地区"民法"第546条第2项(关于委任)与第176条第1项(关于无因管理)间。是故,委任的规定亦同样有配合无因管理之规定予以"目的性限缩"的必要。所不同者为在《瑞士债务法》将该法第402条限缩到"有偿"的委任;反之,在台湾地区"民法"则应将第546条第2项限缩到"无偿"的委任。其理由在,依《瑞士债务法》第402条系从"委任人"在何种情形得免除责任进行规定,其结果,虽使"委任人"因而就系争损害在发生上之不可归责于己,负举证责任的不利益,但当其能够证明该损害之发生系不可归责于双方时,却附带地获得"免除责任"的结果,反之,"民法"第546条系从"受任人"在何种情形得请求赔偿进行规定,其结果,虽使"受任人"因而就系争损害在发生上之不可归责于己,负举证责任的不利益,但当其能够证明,该损害之发生系不可归责于双方时,却附带地获得"请求赔偿"的权利。因此在相对于两法相同之无因管理的规定,在《瑞士债务法》在"无偿委任"时便有不应免委任人之责而免其责的情形;反之,在台湾地区"民法",在"有偿委任"时,便有不当赋与受任人损害赔偿请求权,而赋与其权的情形。亦即有应免委任人之责,而未免其责的情形。至于其表现的形态,即应限缩的案型所以有如此差别,其原因乃在于:《瑞士债务法》选择从"消极要件"(免责事由),而台湾地区"民法"选择从"积极要件"(请求权发生要件)加以规定。这种规定方式的不同,除了会影响其举证责任的分配外,在受任人的保护上,在台湾地区"民法"会发生前述"过度",而在《瑞士债务法》则会发生前述"不及"的现象。

结果。这里所称之利益可能是金钱,亦可能是权力。①

伦理的,或自然法上的正法观固然要求,正义的考虑应具有最后的发言权,但即使从这种观点出发,也不得忽略,有许多问题仅具有技术的性质。这些问题皆应依合目的性及依合事理性的观点处理之。此外,在权力与法律关系密切时,也一直会有些规范系以掌握权力者之权力的或经济的利益为基础,或至少受该等利益之影响。只要观察充斥于现代福利国家中之经济法规,便不难发现这种踪迹。自这种观察而论,利益法学大有可能沦为:将规范视为只是分别所代表之利益的对抗结果。②

(3)利益、权力对价值之取舍的影响

完全规定中之构成要件与法律效力之链接,以价值判断为其基础,不是一种特别之法律上的因果关系的表现。立法者在立法时、法官在裁判时,法规范之研究者在法规之研究时,皆必须从事价值判断。在该判断中考虑之价值,首先可能相当于法哲学所称之法理:正义、

---

① 最具有代表性的实例为"劳动基准法"所规定之劳工退休金与"劳工保险条例"所规定之老年给付的竞合问题。与之有关之评价如下:(1)"劳工保险条例"所规定之老年给付及"劳动基准法"所规定之劳工退休金相对于雇主与劳工而言,都是强制储蓄,而非劳工福利。不过,相对于各级政府而言,在其补助之限度属于社会福利。(2)该二给付因给付所附之停止条件不同,而分别具有赡养或安定的功能:"劳工保险条例"所规定之老年给付,只要参加保险之年资合计满一年(同条例第58条第1项第1款)即得请领,所以老年给付并无安定就业,而只有赡养的功能。反之,"劳动基准法"所规定之劳工退休金,必须满足该法所定自请退休条件(第53条)或强制退休条件(第54条)的要件,始得请领,所以劳工退休金除赡养之外并有安定就业,降低劳工之流动的机能,且当以安定就业为其主要机能。(3)以赡养为目的之老年给付,基于社会安全的考虑,国家固得强制施行,反之,以安定为目的之退休给付,国家并无强制其施行的道理。是故,当初"劳动基准法"强制规定以安定为目的之退休给付,可以说是对于制度的误解、误用。(4)如要强制适用,当初制定"劳动基准法"规定劳工退休金的目的应仅在于课雇主以最低的赡养义务,而"劳工保险条例"所规定之老年给付仅是其贯彻之抢先的规定而已。然"劳工保险条例"所规定之老年给付既已抢先制定,在"劳动基准法"其实没有再为劳工退休金之规定的必要。如加以规定,其意义应仅在于事后提供"劳工保险条例"所规定之老年给付的一个属于一般规定层次的系统基础。其关系有若强制汽车责任保险与其他赔偿义务间之关系:"保险人依本法规定给付之保险金,视为加害人或被保险人损害赔偿金额之一部分;加害人或被保险人受赔偿请求时,得扣除之。"("强制汽车责任保险法"第30条)。(5)雇主责任系统之规划上的失误及对于安定给付之介入限制的忽视,使"劳动基准法"所规定之劳工退休金与"劳工保险条例"所规定之老年给付的关系被认定为重叠的竞合。劳工可基于该二规定重复请求同具赡养性质的给付。其实当年如果认为老年给付的数额过低,不足以赡养,大可通过调整保险费率以提高其老年给付金额的方式因应,不需要利用老年给付与退休金给付之重叠的竞合,以致引起自"劳动基准法"制定实施以来关于劳工退休金之无谓的争议。该争议所造成之社会成本难以估量。(6)老年给付或退休金之强制规定首先产生是否应进一步强制提拨给付准备,其次为强制提拨之给付准备的管理、运用的问题。强制提拨的目的除在于确保雇主将来之给付能力,正确归属该给付之费用的归属年度外,还有避免提拨者与未提拨者间之不公平竞争的意义,确有必要。至于强制提拨之给付准备应由谁决定其储存机构及利用方式的规范,则有较多的讨论空间。为防止由于政策性的集中存放或运用不当扭曲金融市场的竞争机能,应由劳工自己决定。(7)今该二强制储蓄的发展既已至此:自2005年7月1日起应强制提拨。应尽快规划避免其提拨资金影响金融市场之竞争机能的措施。其避免方法为:对于金融机构及发行股票与公司债之机构及其金融商品、投资商品等进行评鉴。将评鉴达一定品级者认可劳工自己选择为其劳退准备金之储存或投资的机构与要购买之金融与投资商品。

② Helmut Coing, *Grundzüge der Rechtsphilosophie*, 2. Aufl., Berlin 1969, S. 274.

合目的性及法安定性,[①]而后也扩及事务之性质及利益。[②]

价值判断可能发生在概念、构成要件之建构及其适用之各个阶段。当中,在概念或构成要件之构思时,便可能已考虑到其将连结之法律效力。例如在将权利能力界定为人之所以为人之法律上的基础资格,得享有权利,负担义务时,便同时必须考虑到,其取得之价值(伦理)基础:与生自然俱来或由国家依法授与。认为是"与生自然俱来"者,规定为,"人之权利能力始于出生,终于死亡"("民法"第6条)。认为是"由国家依法授与"者,规定为"人依法享有民事权利,承担民事义务"(原《中华人民共和国民法总则》第13条)。关于契约之规定,立基于契约自由原则。

"此际,相干的利益对伦理的判断并非全无意义。不过,它不是以决定者或以决定性的因素,而是以将予评价之构成要件的因素出现而已。纵使依这里所持的观点,价值判断首先亦以对拟予评价之事实关系的小心分析,以及为该评价所将援引之价值的审查为其前提。该评价过程之各阶段互相关联:在分析事实关系时,已必须考虑到可能援引的价值。有时甚至必须权衡互相对立之不同的价值,并为其定下分际。"[③]

法律规范常常仅是受世界观或利益所限制之政治争执的产物。正如契约或多或少系商谈所力争的结果一般。所以,规范之目的该在止争,并终止争论。纵使是暂时的终止也罢。为达到此目的,重要的是必须尽可能地从规范本身来加以了解、解释,并避免在其适用及解释上,又使之成为政治决定的客体。虽谓司法上所作的解释追究到底亦属意志性的判断,从而也具政治性,但Coing认为"这对法的功能在于维持和平秩序,显有根本的误解。盖正因法律规范来自于政治或经济斗争,其功能便当消弭斗争。此刻应遵守一度达成并被接受的秩序。此一功能在实务上要求适用法律的司法者,尽可能地利用合理的方法(rationale Methode)探求规范的意义,并使之发挥效力。这个努力虽因司法者亦应力使'正法'获得伸张而有其限界,但仍不得因此自始认为前述努力的要求全无意义;也不得因此借正法之名,用自己的价值决定,代替立法者所下的价值决定"[④]。

(4)权力的决定及正法的伸张

在民主宪制国家,虽然实际上权力常常透过行政驾驭其他国家机关,但体制上,其权力之行使,在程序上至少首先必须透过立法,表现其系经过人民认可的统治行为,以合法化其行政行为,并对行政及司法施展其影响力。国家机关与人民或人民之间如有利益上的冲突,依宪法的规定,应求助于法院为公正之裁判。当中,法院固然应依法律裁判,但为使"正法"

---

① Vgl. Gustav Radbruch, *Rechtsphilosophie*, 7. Aufl., 1970 Stuttgart, S. 168ff.; Arthur Kaufmann, *Rechtsphilosophie*, 2. Aufl., 1997 München, 10.-12. Kapitel.

② Helmut Coing, aaO. (Fn. 83), S. 274:法律上之价值判断"可能纯粹由裁决者之利益、合目的性或正义之考虑定之。当然一个伦理所决定之自然法学上的看法会提出,正义的考虑有最后的发言权。不过,即使从该出发点展开,还是不可忽视有许多技术种类的问题。在该问题中,可正当地单纯以合目的性,亦即在最好的情形,以事务法则彰显之正义为其论据。然而在法与权力关系密切时,法规范一直又以有权力者之权力利益或经济利益为其基础,或至少由其共同决定。……依该观察,利益法学得以教示:规范根本只是不同利益之综合体"。当中所称之利益,可能是高尚的,也可能是通俗或甚至卑鄙的。不论其为何种利益,当其具有一种能压迫国家机关之势力,即能影响或甚至支配当时之实证法的形成与适用。

③ Coing, aaO. (Fn. 83), S. 274.

④ Coing, aaO. (Fn. 83), S. 297.

(das Recht)能够获得伸张,以确保国家权力之正确的行使,司法者被要求必须"思考地服从"(denkender Gehorsam),而不得盲从于立法机关所制定之法律。① 因此,不得将法律的适用直视为逻辑的推论(涵摄)过程。司法者在法律的适用上,应将存在于法律之价值判断,不论其属于伦理性(sittliche Art)或权宜性(pragmatische Art),予以再现,使之对系争的具体案件发生效力。换言之,不得简单地将个案的法律事实涵摄于法律规定下,而应先解析存在于该案之对立的利益,参考法律、判决先例及学说,探讨其该当之法律,而后按其规范意旨的价值观点,给予所认定之利益以适当的评价。②

然在这里,可能存在着一个怀疑及一个危险。所怀疑者为:在实务上,纵使不是在大部分的案件,至少在许多案件,司法者到底还是利用简单的涵摄来判案,而不经由前述之仔细的审查。这个怀疑固有几分道理,但仍应注意其妥当性的限界。盖司法机关之人力资源有限,如果件件都要审查其将适用之法律的妥当性,必然顾此失彼,难以周全,而利用涵摄的方法来处理,不但可以节省时间,提高效率,而且正符合平等原则及法的安定性之要求,使每一个案件皆尽可能得到受客观条件制约下之最好的处理。不过,其适用,仍应限于那种不但所涉问题业经明了,而且对应依何种规定裁判,业经判决先例或学说经由解释,加以厘清的情形。然纵使如此,好法官还是应避免完全例行公事,要保持警觉,在必要时给予较为详细的说明,以在法律的适用中,促成法律的完善。如因此而在结果上,有重要不符正法要求的情形,需再透过司法审级制度,给予救济。

所谓危险系指:司法者可能因被要求在将法律适用于具体的法律事实前,应取向于正法,重为该法律的价值判断,而将其个人的价值判断,取代立法者在法律中的价值判断,侵入立法权。没有人能够否认这个危险的存在。不过,倘不要求自法律之基础价值,探求其合理的内容,亦不能期待司法者一定能够恰如其实地体现立法者在法律中所作的价值判断。更不用说,透过司法裁判,演进法律,使之符合新时代的需要,或甚至在必要时,经由司法审查,矫正立法中的错误。帮助解决这个困难,以消弭该危险是法律学探讨正义理论之努力的意义所在。只有钻研这种理论,始能利用其研究经验及成果,洞察价值,以预防法官之主观倾向,并回答来自涵摄实证主义者(der Subsumtionspositivist)的批判。③

倘为了避免前述的危险,而依从涵摄实证主义者的要求,则其"全有或全无"(Alles oder Nichts)的操作方式,势必剪除合理讨论领导司法裁判之观点的机会,从而将法的演进逼入

---

① Coing,aaO.(Fn. 83),S. 328.

② Coing,aaO.(Fn.83),S. 328,333. 法院对于个案所涉对立的利益加以评价时,虽应参考判决先例或学说,但判决先例或学说并没有因此取得"规范上的拘束力"。是故,尚不得以个案之裁判应参考判决先例或学说为理由,认为判决先例或学说具有法源地位。另一个问题是,未经司法机关选为判例之判决先例是否属于法院在裁判时应参考的规范数据? 特别是在当事人有主张引用的情形,得否不具理由,拒绝援引判决先例中对于类似事实的规范评价? 在实务上,这涉及平等原则之保障的问题。如未发现不应予援引的理由,则应予援引。依该见解,判决先例有事实上的拘束力。判决先例或学说中所持见解必须已发展为"习惯法"始具有"规范上的拘束力",成为法院在裁判时,应受拘束之法源之一。此为"规范上的拘束力"与"事实上的拘束力"在效力上之区别。

③ Coing,aaO.(Fn. 83),S. 332.

无意义的本能中，或甚至使法学丧失认识可行与不可行之意见的能力。①

（5）正法价值在实证法中的基础

不仅在个别的法律规定，其构成要件与法律效力的链接必须根据一定的价值判断，而且在不同之构成要件间的区分、连系亦然。盖必如此方能确保一定价值的贯彻。为达到此目的，目前在进步的法治国家，其实务主要取向于宪法所宣示的价值秩序（Wertordnung），特别是其中关于人民之基本权利的规定。② 例如德国联邦宪法法院认为，《德国基本法》（宪法）已打开一个客观的价值秩序。该价值秩序属于宪法上的基本决定。是故，对所有的法律皆有拘束力。所有的法律条文皆必须根据宪法的精神来解释。问题是，宪法的规定不但不完整，而且也常太抽象，以致法官倘不借助于一些中间的价值标准（法律原则）常常不能明确裁断要其裁判之价值冲突（Wertkonflikte）。因此，一方面在理论上如何建立一个价值体系，另一方面在实务上如何利用宪法将分歧的价值统一起来，便成为现代法学之努力的重点之一。在这里所借助的是已为法律所明文规定之一些"一般条项"（Generalklauseln）：例如诚实信用原则（"民法"第 148 条第 2 项）③，以及隐藏于法律规定中之法律原则（Rechtsprinzipien）④。这些隐藏在法律规定中的法律原则便是那些有意识或无意识地被储藏在法律概念或法律规定中的价值。经由探求，反省储藏于法律概念或法律规定中之价值，以修正或再次肯定先前所承认或共识的价值，并以之为基础，认识法律规定间之"意旨上的关联"（der Sinnzusammenhang）。该认识使该关联，成为建立法律体系的纽带。

（6）价值法学的特征

价值法学派的贡献在于指出法律概念之储藏价值的功能，或发现隐藏于法概念后面的价值，并以之为基础开展其对"法律概念"与"法律原则"间之关系的探讨，而后进一步以之为基础构成其以法律原则为纽带的体系理论。这种体系理论的主要特点在于"活化法律体系"，使法律不因体系化而僵化。不但使之具有开放性（die Offenheit）⑤，以向将来随着人类

---

① Kriele, *Theorie der Rechtsgewinnung*, 1967, S.54. Kriele 进一步指出："当然，涵摄实证主义者可能驳称，所谓之理性（Rationalität）究其实际不过为一种'意识形态'（Ideologie）。其特性到底为何，只有使人迷惑而已。唯认为'法的理性'（Rechtsvernunft）与'意识形态'不能区分是不正确的。因此，将'法的理性'自'意识形态的批判'（Ideologiekritik）中抢救出来，乃成当务之急。"（aaO. S. 54）Kriele 前揭书主要在说明如何依"法的理性"寻找规范。

② Coing, aaO.（Fn. 97），S. 275；German, aaO. S. 91ff.；Larenz, *Methodenlehre der Rechtswissenschaft*, 6. Aufl., Springer-Verlag 1991, S. 339.

③ 诚实信用原则原规定于"民法"第 219 条。其内容为："行使债权，履行债务，应依诚实及信用方法。"该条规定于第 148 条增定第 2 项规定后："行使权利，履行义务，应依诚实及信用方法。"于 1999 年 4 月 21 日经修正删除。在德国，由于诚信原则规定于民法总则关于契约之解释及条件之成就或不成就，和规定于债法关于债务之履行，所以，向来有诚信原则之适用是否应限于债务关系的疑问。限于债务关系固然显然过窄，但也不是可适用于任何法律关系。是故，将之规定于债法有扩张适用，规定于民法总则有限缩适用的需要。此为自法律原则在法典中的体系位置所导出的问题。请参见 Esser, *Schuldrecht*, 2. Aufl., 1960, Karlsruhe, § 31 4."行政程序法"第 8 条规定："行政行为，应以诚实信用之方法为之，并应保护人民正当合理之信赖。"此为诚信原则及信赖保护原则在行政法上之概括性的一般规定。

④ Larenz, aaO.（Fn.92），S. 169f.

⑤ Canaris, aaO.（Fn. 7），S. 61ff.

日新月异的社会生活而演进;而且使之具有动态性(die Beweglichkeit)①,以配合当前人类各色各样的社会生活的变迁而调整。这些活力的来源便是"法律原则"。直到法律原则的认识、了解,方使正义思想的实现获得其科学的实践基础。在这之前,正义的理想固为人类或法学家所向往,但由于欠缺"法律原则"的协助,使之较臻于明确,其引用总易流于空泛,不切实际,或反成权力机关贯彻其主观偏见之适法的(legitim)②工具。自从认识了法律原则,法学者与法律实务家注意到法律概念之储藏价值(法律原则)的功能,发现了隐藏于法律规定后面的价值(法律原则)。从此不但可以将负荷相同法律原则之法律规定连系在一起(例如信赖责任及危险责任之制度的发展)③,而且也可以检查法律原则实际上是否获得贯彻,在这个基础上,大大提高了认识法律原则间之冲突,并加以权衡、调整的能力,开创形成一个以价值为基础之法律体系所必需的条件。

在体系化的过程中,当法秩序随时空而演变时,可以影响到储藏于其中之价值。在这里,一般法律原则并不专以制定法为其效力基础(der Geltungsgrund),组成"法理念"(Rechtsidee)之正义及"事务的性质"(die Natur der Sache)④更最后实质地支配其效力的有无,这虽指出其最后的决定标准,但却莫因此认为法律原则有恒久不变的内容,⑤或忽略制定法之即刻的或短期的决定力量,⑥也莫因此以为法律原则之实效性不受时空之伦理意识及权力关系的影响。事实上以"法理念"及"事务的性质"为基础之法律原则,一般说来必须借助于当时对法之一般认识的媒介,针对一个具体的历史(时空)情况,经由法律漏洞之确认及其补充之论证所构成之实证法化的过程,才能获得其具体的内容。在具体案件要成为请求权之规范基础。⑦

唯法律原则的适用不是毫无例外;在法律原则之间也常有矛盾的情形等待解决。法律原则不但不具有排他性(die Ausschließlichkeit),而且相互间经由互相限制、补充才能使其特有之意旨的内容展现出来。除此而外,法律原则必须借助于下位原则向下具体化到能针对某种法律事实类型作成价值判断时,始能获得其具体的内容,以便适用。法律原则在经足够具体化前,并没有直接的适用性。⑧

---

① Canaris,aaO. (Fn. 7),S. 74ff.

② Vgl.Esser,Wertung, *Konstruktion und Argument in Zivilurteil*,1965,S. 16.

③ 关于信赖责任,请参见 Canaris, *Vertrauenshaftung im deutschen Privat-recht*,München 1971;关于危险责任,请参见 Esser, *Grundlagen und Entwicklung der Gefährdungshaftung*,2. Aufl.,München 1969.

④ Coing 称正义及"事务的性质"为法之基础(Coing, *Grundzüge der Rechtsphilosophie*,2. Aufl.,1969,S. 177ff.,188ff.,211ff.;Arthur Kaufmann, *Rechtsphilosophie*,München 1997,S. 160.)。

⑤ 在过失责任原则之背景下,经由中间责任,向不以过失为要件之危险责任制度的发展,即展现法律原则之实践受历史性之时空限制的现象。例如度过漫长岁月,最终始基于损害之分散的观点,肯认无过失之消费损害("消费者保护法"第 7 条)及环保损害("土壤及地下水污染整治法"第 20 条、"空气污染防制法"第 80 条、"水污染防治法"第 70 条)之危险责任。为医疗损害及药害之赔偿,是否亦应建立危险责任的制度,由于医药产业之利益团体的压力,一时尚未获得立法机关之肯认。当中需要获得共识的是:其损害赔偿责任应当如何透过保险机构分散出去。其损害之分散的机制主要应借助于现代的责任保险制度,使该损害之理赔具有财务上之可行性。

⑥ 即便是经"大法官"透过司法解释宣告为"违宪"之法令,亦不当然无效。

⑦ Vgl. Esser, *Grundsatz und Norm*,2. Aufl. Tübingen 1964,S. 132ff.

⑧ Larenz, *Methodenlehre der Rechtswissenschaft*,6. Aufl.,Springer-Verlag 1991,169f.

法律原则的运用纵使有许多限制,法律原则及其下位原则间之体系关联(systematische Zusammenhänge)的发现还是着实扩展了法学对法的认识,从而有助于法律解释及法律补充。进而在法律解释及法律补充中确保了法秩序之价值上的"统一性"及"一贯性",使法秩序充分具备成为体系所必需的特征。① 经由这种方法将法律体系化,在法律之解释或补充上,体系因素的应用便兼有目的因素的意义。② 正是利用这一个成就,使"法学的体系建构"(juristische Konstruktion)能够将关于价值的知识纳入体系,③并利用回溯(Zurückführung)的方法,依照该当之体系整体所肯认之理性的(rational),亦即可以检证(nachprüfbar)之标准(die Kriterien),检验每一个裁判的正确性。④ 经由这种努力可以不断发现问题,形成法律原则、解决问题,并将该经验,利用体系确保其贯彻。在这里所发现的问题之所以成为问题,有一些是来自体系的僵化倾向。于是,为妥当处理这些问题,又有将体系加以放松的必要。⑤ 所谓体系的放松并非体系的放弃,而仅是对体系持"开放的"及"弹性的"立场,使之可以接纳日新月异及态样万千之生活事实,提供解决由之产生之问题之新的或弹性的标准,并

---

① Larenz,aaO.(Fn.103),170f.;Canaris,aaO.(Fn. 7),S. 40ff.

② 关于体系因素及目的因素在法律解释上之应用的说明,详请参见本书第六章四(二)。

③ Larenz,*Methodenlehre der Rechtswissenschaft*,6. Aufl.,Springer-Verlag 1991,S. 441:"利用已属于或已无缝纳入(外部)体系之概念理解法规或契约类型中之规范内容是该所谓之'法学的体系建构'的任务。"在该方法初导入于法学或实务时,其操作的理想是纯逻辑的,而后才慢慢导入价值的观点。Larenz以优先购买权(Vorkaufrecht)、选择权(Optionsrecht)及买卖之瑕疵担保中之解除(Wandlung)的行使有关的理论建构为例,说明法学的体系建构问题。关于 juristische Konstruktion,Josef Esser 认为:"一个系统在教义上之完美建构的重要性最终显示在法学的体系建构上。体系建构应理解为教义上之法学思维的一系列概念创作性的及概念控制性的考虑:首先是简单考虑,在一件事实,因其特色,而在其直接的领会及其应受适用之法规的理解有困难时,当如何使该具有特色之事实在规范上趋近于该法规的理解。我称此为体系建构思维在解决问题上的意义。法教义主义者需要一个模式……将相关事实予以定性,以纳入在法体系中业经承认之教义的关联内。……体系建构总是由一定之价值判断及假设之解答的正确性所创设。……体系建构正与解释一样,都受目的之引导。该目的性之特征为:在体系建构的选择之先,即为考虑。"(Josef Esser,*Vorverständnis und Methodenwahl in der Rechtsfindung*,Frankfurt am Main 1970,S. 109f.)此为目的之于行动的先行性。Esser 在该书第 110 页注 94 并提出一个例子说明这个问题:"在诉讼上和解中之解除的保留,究应如其字义解释为,给予行使解除权的权利,或者该和解系附以停止条件而为缔结? 生活经验倾向于认为,当事人的意思是属意于后者……特别是考虑到后来和解失败时,律师之和解费用之不相当性的问题。"其间所涉考虑,要之无非是:如何定性系争法律事实,以圆满解决相关问题,并将为解决该问题所构思之规范内容,纳入法律体系。

④ Esser,aaO.(Fn.106),S. 43ff.,80ff.

⑤ 关于这种现象,不宜简单引用"物极必反"的模式轻率置之。而应进一步仔细探究如何"不放弃地"来"放松"体系。体系化的思维或操作所以发生僵化这种不被喜欢的现象,通常都是由于在概念之形成的过程中,关于所欲规范之对象的特征,在取舍上有"过"或"不及"的情形所所致。为化解这个结,一般说来可以引用"类型"的运作方法。盖在定义上类型的特征自始被设定为可调整的。不但类型自身可经由其特征之调整而获得弹性,而且可能因其调整而在不同的类型间流动。例如不具强制力之对待给付的期待,使一个双务契约可能转化为附负担之赠与;附所有权保留约款之分期付款买卖与融资性租赁的区别极小化。虽然极微量之对待给付使有偿契约与无偿契约的界限趋于模糊,然极微量之对待给付的约款,却是使出租人到时不得据赠与之撤销权任意悔约的必要约款,以确保融资性租赁之承租人在给付最后一期租金后可取得租赁物所有权的权益。假使无该约款,承租人必须大费周章地引用诚信原则,主张出租人事后行使撤销赠与的悔约权为滥用权利。

将之置于可以理解的体系关联中,以帮助再体认,并方便处理相关问题时的引用。只要认为体系可以接纳用来解决问题的新观点或可以弹性地针对案型的特点处理之,则该体系便必然是开放的,从而一直处于发展中,未至于终点。因此,其正确性也一直是暂时的,能够顺势日新又新。① 这是人类追求至善的意志与能力的反映。具备这种特征的体系,习称为"开放的、可变动的体系"(offenes bewegliches System),以与"封闭的体系"(geschlossenes System)相区别。合理对待交通事故造成之损害,新技术、新产品之研发,生产、应用引起之利益冲突,消费损害、环境公害及医药损害之过失责任与危险责任间之辩证的发展为其适例。② 在封闭的体系,学者设定该体系已包含对古往今来任何想得到之问题的答案,从而只要利用逻辑的涵摄思维,便可有求必应地获得每一个问题的答案。③

四、体系的建构学说

(一)概说

首先或者由于偶然,或者由于本能,或者由于深思熟虑,人类在生活上获得解决问题之初步经验后,利用分析、比较、归纳的方法将其经验向水平(利用类推适用)及垂直(利用归纳认识理论)的方向予以推广,并在"尝试与错误"中利用演绎检证经验、理论以去芜存菁。其中类推适用表面上看来虽似属于经验之水平的推广,但究之实际,其中事实上也包含着"自具体到一般(或抽象)"的归纳在内。然已累积之经验倘限于单一,则其所谓之归纳,实际上便可能仅是:归纳者判断,在该经验中隐含有可一般化的理论。④ 从而以该判断为基础,尝试推广该经验。在这种情形,由于归纳之基础较为单薄,其归纳的结果(将予一般化的理论)自然容易含有错误。不像以"集体归纳"为基础之集体类推适用(Gesamtanalogie)那样有说服力。不过,也不要忘记凡事莫不从"一"开始,没有"单一归纳"或"单一类推适用",哪来"集体归纳"或"集体类推适用"。

"当然,自'单一类推适用'并不导出可以主张对其他不特定案型亦有适用性的一般原则,而只能对一个限定范围之构成要件带来一个规定。可自'集体类推适用'获得一个一般原则的基础在于下述认识:被考虑到之一切规定的共同立法意旨,应不仅适用于那些已规定之特别案型,而且也适用在已具备该等明文规定之共同构成要件的案型,例如同具继续性债

---

① Vgl. Esser, *Grundsatz und Norm*, 2. Aufl. Tübingen 1964, S. 7. 44, 235ff.

② Vgl. Esser, *Grundlagen und Entwicklung der Gefährdungshaftung*, 2. Aufl., München 1969.

③ Vgl. Larenz, *Methodenlehre der Rechtswissenschaft*, 6. Aufl., Springer-Verlag 1991, S. 165.

④ 在"单一类推适用"中事实上包含着归纳的过程,盖"纵使在'单一类推适用'的情形亦非直接自具体导出具体,而是首先探求该两个具体构成要件中之共同点,然后以该共同点作为判断是否给予同等处理的标准"[Larenz, aaO. (Fn.111), S. 384f.;另详请参见 Canaris, *Die Feststellung von Lücken im Gesetz*, Duncker & Humblot 1964, S. 97ff.]。

务关系的特征。① ……盖该等明文规定之规范意旨已烘托出一个一般的法律原则。该法律原则因隐藏于其中之实体正义的内容而有其说服力,并且因法律中有一些与该一般原则相一致之规定而获得实证法上的肯认。唯此际恒应审查该一般原则之承认是否会抵触其他明文规定。倘该一般原则可成立,则应进一步审查其适用范围是否应受其他对立之法律原则的限制。鉴于这些附带考虑的必要性,Larenz 认为不得将'类推适用'直称为'归纳',盖这种称呼至少还是会引起误解。"②

关于生活规范之知识经由分析、比较、归纳与应用,显示出它们之间在概念、类型、类推及原则层次的关联,以及各种关联型态所具有之作用、功能。此际,可取向于一定之目的,调整它们的关联,将它们组织起来,使之具有实现特定目的之功能。取向于目的,设定所期望之功能,将知识或事务根据其存在上之关联、作用组织起来的方法,便是体系化(Systematisierung)。因为体系化是科学化所必需的方法,所以体系化亦为法律学之科学化所必需。③ 为使科学方法(体系化)在法律学上能获得发挥,首先法律学所研究之对象(Gegenstand)当然必须具有被体系化之"存在上的基础"(ontologische Grundlage)④。否则,空有方法,到头来,一切的努力也是枉然。要之,"关于法律学是否为一门科学,含有一个

---

① 同具继续性契约之特征者,应依关于继续性契约之原则或规范处理之。其主要的表现之一为:关于继续性契约之债务不履行,原则上只给予债权人以终止契约之权利,而不给予解除契约之权利(Larenz, Schuldrecht, Allgemeiner Teil, 11. Aufl. München 1976, S.29, 336ff., Esser, Schuldrecht, Allgemeiner Teil, 4. Aufl. C. F. Müller 1970, §31v; Soergel-Scmidt, Kommentar zum BGB, 10. Aufl. §346 Vorbem. 4;Soergel-Knopp, §241 Bem.11)。就此而论,"民法"承揽规定中关于实际报酬超过估计之概数过巨者,准许定作人解除契约的规定(第 506 条第 1 项),便不尽允当。盖以概数估计承揽报酬者,其计算实际报酬之方法或基础多与承揽人所施之工作量及所用之材料量相连结,继而具有继续性契约之特征。

② Larenz, *Methodenlehre der Rechtswissenschaft*, 6. Aufl., Springer-Verlag 1991, S. 384f.

③ 此所以"方法上"(methodisch)与"体系上"(systematisch)常被使用为同义语[Binder, aaO. (Fn.9), S. 922]。

④ 不但法律之体系化必须其对象有被体系化之存在基础,而且当为之要求的内容本身或甚至其实现之技术方法也必须有存在基础。申言之,法律规范为一种当为之要求,必须有事实面上的存在基础,此为法哲学上认为当为与存在间应有之关系。倘当为欠缺存在基础,即发生通常所称法律与事实格格不入的问题。该法哲学上之要求的基础为凡事皆有其事务法则(Sachgesetzlichkeit)。倘当为欠缺存在基础,其要求将会给有义务遵守法律者带来困难。前述事务法则较为显著者,例如市场法则。如果国家对于经济活动之管理,不依市场法则,事业之经济活动即会因受到扭曲而发生资源错置或折损效率的情形,显著例子为土地法上关于征收的制度。依目前土地征收制度,其补偿金额远离市价,于是不但在为公共目的而征收时,抗拒极大,而且在为私人兴办工业或从事交通建设时,民怨更是难以言喻。其所以如此,乃因征收时,被征收者及其相邻土地间之财产利益上之幸与不幸有如天渊之别:被征收者,一夕之间绝了发财梦;反之,其邻地所有人则一日之间突然致富,其增值以数十倍计,此种背离事务法则的土地政策和法规怎能不引起征收上的抗拒和民怨,加重国库之征收负担。其实只要将目前因征收而对于土地所有人造成之损失,内部化到可能因此取得利益之相邻者的土地,使之成为邻地之开发成本,则国库几乎不必为取得公共设施用地而支出补偿金。以土地因提供公共设施使用而缩小其面积者为例,将不会因此而减损其拥有土地之总价额。盖征收既为公共使用,则只要真为公共使用,必能提高剩下土地之利用价值及市价。市价与面积增减之间所造成之利与不利应可平衡。此为应有之道理。要非如是,该征收若非不真正符合整体经济利益,便是没有充分考虑公共建设之外溢效果。然应如何验证当为之要求是否有其存在基础?长期而论,主要观其有无不平之鸣,亦即能否带来法律和平。经过长期实施而不能建立和平秩序的法律,其公平性或是否符合事务法则便有疑问。

先决问题,亦即其客体是否适合作为科学之研究对象。倘其不适合,则便证明关于法律学之科学性的假设是错误的。体系思维的反对者,实际上是在法律原则之一贯性上,否定法律学之科学性格。认为法律学仅具有技术性之艺术学的地位。与之类似者为:倘体系解释、一般法律原则及规范意旨之统一了解的探求,不能在其适用对象,例如在法秩序中(in der Rechtsordnung)找到对应的地位,则这些要求也与其他方法上的原理一样,仅是不能实现之设定(bloßes Postulat)而已"①。

在体系的构成上,其组成分子,首先必须具有构成体系之"存在"的基础。其间必须具有一定的关联。该关联同时亦为组成分子所可能具备之作用在存在上的条件。不过,由于"作用"多受外部条件的影响,因此,关联与作用都是相对的,而且还互相影响。此正如分期付款买卖之关系,会因银行融资之介入而受到影响一样。至于各组成分子在体系中,其相互间最后关联或作用的决定,则受所取向之目的及设定之功能的制约。②

为了认识构成体系之分子(Elemente),必须对之进行"必要"程度之分析;为了认识各分子间在体系中之"关联",必须对各分子进行比较、归纳。不论是分析或归纳,莫不受一定"目的"之指挥、引导。为了使构成之体系臻于"至善",在目的或价值的取向,必须"一以贯之"③,在分子之搜集必求其周全,④分析必求其彻底。⑤ 所谓体系之"价值的一贯性""考虑的整体性""存在的统一性""适用的平等性"皆来自此。这些是人类所期望的、所努力的目标。当其被引来称呼体系应具之存在上的特征,其意义在于将"期许"(Erwartung)化为"要求"(Verlangen)或化为价值的设定(Postulate)⑥。当然一个"期许"的产生及实现通常(也必

---

① Canaris, aaO. (Fn. 7), S 14.

② 例如债权虽系"民法"第184条第1项前段所称之权利,但第三人因加害于债务人或债之给付目标,或就债务人已价卖于他人之目标从事竞买并先受给付,致债务之给付发生一时或永久不能者,其所为是否构成该项前段所定之侵权行为,在加害于债务人或债之目标的情形,其请求之可能的障碍来自主观要件或因果关系之欠缺;在竞买的情形,其障碍来自在市场经济制度下,竞买是否构成违法的价值判断。类似的问题为:关于人格权之保护,究采特别人格权主义,认为以法律有特别规定者为限,始得请求损害赔偿或慰抚金("民法"第18条);或采一般人格权主义,认为得直接依第184条第1项前段,即可请求损害赔偿或慰抚金? 该保护原则的抉择,根本影响人格权有关规定间的相互关系。

③ 这里所称"一以贯之",系指在法律体系之建构上,就最后贯彻一个单一之至善的价值(正义)而言。其贯彻的结果使法律体系具有"统一性"(Einheit)的特征。法律体系应具统一性之特征为学说上一贯之见解(参照 Binder, *Philosophie des Rechts*, 1925, S. 922; Canaris, *System-denken und Systembegriff in der Jurisprudenz*, 1969, Berlin, § 1 Ⅱ)。

④ 所谓组成体系之分子的搜集必求其周全,系指在法律体系之建构上,至少应考虑人类已经认知之一切相干的经验,以使所建构之体系能够包含法律秩序之全部(无所不包),此即法律体系之完整性(Vollständigkeit),当然"这种体系事实上不曾存在过,倘其已存在,则科学便已达成其最重要之任务,而可以罢休;这种体系不是一个事实,而只是一个理念;是故体系(之于人),非要而即可有之,必也力求而后始能近之"[Binder, aaO.(Fn.119), S. 928]。

⑤ 所谓分析必求其彻底,系指在法律体系之建构上,向具体化的方向进行穷尽之枝分而言。唯这些经过枝分之分子,必须在一个统一之目的观点下,构成一个整体,换言之,其枝分的标准取决于特定目的。倘其枝分的结果丧失其在一定目的下之统一性,其"枝分"便成"肢解",不符合体系的要求。在该不断而且彻底之枝分下,在逻辑上随其枝分之程度可以构成上下位阶的关系[Binder aaO. (Fn.119), S. 922; Stammler, *Lehrbuch der Rechtsphilosophie*, 3. Aufl. 1928, S. 278 f.]。

⑥ Canaris, aaO. (Fn. 7), § 1 Ⅱ.

须要)有其"存在"上的基础,已如前述。

在这里,不但法之伦理性(Rechtsethik),亦即实现"正义"的要求,而且法之安定性(Rechtssicherheit)皆要求法规范之体系化:一贯(Folgerichtigkeit)而且统一(Einheit)。盖非如是不足以贯彻平等原则,不足以确保法的确定性及可预见性(Bestimmtheit und Vorhersehbarkeit des Rechts),维护立法及司法之稳定性及继续性(Stabilität und Kontinuität von Gesetzgebung und Rechtsprechung),或法律适用之实用性(die Praktikabilität der Rechtsanwendung)[1]。

(二)各派学说

1.概念法学派的观点

在概念法学派的体系下,其统一性来自将个体加以抽象化而获得之一般概念。在这种统一体中,形式逻辑扮演主导的角色。在这样一个根据形式逻辑的规则所建立起来的概念体系,其型态有若一个透明的金字塔。[2] 处于塔顶之最高概念,高踞于塔基之上,可鸟瞰全塔。自塔底而上,每升一层,其横断面越小,但高度越高。其横断面与概念的内容,高度与抽象概念涵盖的范围相当。苟在塔顶得有一个最为一般的概念,将其他一切种类之概念涵摄其下,则可以自塔底任何一点出发,经由一连串之中间体,利用舍弃个别的特征向上爬升至该塔顶。逻辑体系的理想于焉告成。当时与这种"逻辑的体系观"不同的是有机的体系观。在理想主义哲学之"有机的体系"(organisches System),构成体系之分子,环绕着一个中心。该体系之统一性存在于其组成分子对一个自立中心,以及中心对各组成分子之不可废弃的关系。[3]

2.利益法学派的观点

利益法学派所称之利益包括私人利益与公共利益,也包括物质上与理想上的利益(materielle Interessen,ideelle Interessen)[4]。"立法者应予保障之利益有如人类生活本身,极为多样,并可以将之安排在许多不同的类型中。为利益法学派之立论上的目的,可将之要分为二至三类:其中最为重要之利益可称之为生活利益(Lebensinteressen)。以其为照顾对象者,可称为实质的正义(materielle Gerechtigkeit)。立法者为了确保这些利益,而制定法律,并为事务上的决定(Sachent-scheidung)。唯立法者并非仅要在当为的要求中,将其事务上的决定表示出来。他也要使其制定之要求具有适用可能性。其分类以适用可能性为目标者,称为实用性的利益(Praktikabilitätsinteresse)。最后,立法者不仅要有一个可供适用,而且要有一个容易适用的法律。努力以此为目标者,称为说明利益(Darstellungsinteresse)。

---

[1] Binder,aaO.(Fn.119),S. 922.

[2] Bydlinski,*Juristische Methodenlehre und Rechtsbegriff*,2 Aufl. 1991,S. 110f.

[3] Larenz,*Methodenlehre der Rechtswissenschaft*,5. Aufl. 1983,S. 422ff.,436f.

[4] Philipp Heck,*Begriffsbildung und Interessenjurisprudenz*,Redigiert von Roland Dubischar,Verlag Gehlen,1968,S. 152f.

后二者可合称为法律技术上之利益(rechtstechnische Interessen)。"①

"利用利益概念从事之法学工作,带来自利益概念导出的辅助概念。法律规定界定互相对立之利益的分际,并裁断利益冲突。该裁断以相关利益之权衡为依据,该权衡又以根据价值理念所作之判断为基础,从而包含着价值判断。② 该价值判断,以想要建立之秩序的构想,亦即以一个具体的社会理想为基础。该裁断有利益上的效力。法律规定对于此等要件及此等效力之关系,构成利益之内容。为特别之法律领域,另有其他辅助概念。例如为社团法之基础,而有利益之结合(Interessenverbindung)的概念。'利益'这个字,在相当高的程度,容许以此种辅助概念之简明称呼之。该称呼在大部分的情形,不待于说明便可了解。以上所述,适用于'利益建构'(Interessengebilde)。'利益建构'相当于社会学上所称之'社会建构'(Sozialgebilde)。这特别可适用于不同之利益所建构之生活团体。"③

"利益法学派不是发明,而只是认识,利益状态对于法律规定之发生在因果上的意义。利益法学派并非要重新引入利益的效用(Interessenwirkung),而只是发现它,并完善它。利

---

① Philipp Heck, aaO.(Fn.126), S. 153f."民法"第 12 条规定,以二十岁为成年标准,并原则上赋与成年人以完全的行为能力。该规定首先系基于技术的考虑,选择形式特征(年龄或婚姻)为其要件,而暂不论其实际处理事务之能力,而后在必要时,始按其能力及需要进行微调。这样的规范规划可提高其经济的可适用性。在该条规定的基础上,一般的从两端,利用规定"未成年人已结婚者,有行为能力"("民法"第 13 条第 3 项),"未满七岁之未成年人(第 13 条第 1 项)及受监护宣告之人,无行为能力"(第 15 条),而后一般的从中间,又规定"满七岁以上之未成年人,有限制行为能力"(第 13 条第 2 项),进行实质的微调。最后再规定,"虽非无行为能力人,而其意思表示,系在无意识或精神错乱中所为者",与无行为能力人所为者一样,皆无效,以使行为能力之规定切合于生活的实际需要。对该问题,原《中华人民共和国民法总则》规定,"十八周岁以上的自然人为成年人"(第 17 条前段)。成年人为完全民事行为能力人(第 18 条第 1 项)。"十六周岁以上的未成年人,以自己的劳动收入为主要生活来源的,视为完全民事行为能力人。"(第 18 条第 1 项第 2 项)"八周岁以上的未成年人为限制民事行为能力人。"(第 19 条)"不满八周岁的未成年人为无民事行为能力人。"(第 20 条)此为原《中华人民共和国民法总则》关于自然人之民事行为能力的基本划分。而后在该基础上进行微调。规定,"不能辨认自己行为的成年人或八周岁以上的未成年人,为无民事行为能力人。"(第 21 条)"不能完全辨认自己行为的成年人为限制民事行为能力人。"(第 22 条)"不能辨认或者不能完全辨认自己行为的成年人,其利害关系人或者有关组织,可以向人民法院申请认定该成年人为无民事行为能力人或者限制民事行为能力人(第 1 项)。被人民法院认定为无民事行为能力人或者限制民事行为能力人的,经本人、利害关系人或者有关组织申请,人民法院可以根据其智力、精神健康恢复的状况,认定该成年人恢复为限制民事行为能力人或者完全民事行为能力人(第 2 项)。"(第 24 条)其基本架构与台湾地区"民法"上述规定相同。其差异为:分类基础之年龄不同,无结婚成年制,但有工作成年制的规定。此外,不能辨认或者不能完全辨认自己行为的成年人是否需经法院为监护宣告,始为无民事行为能力人或者限制民事行为能力人,其规定有明显差异。依第 21 条或第 22 条,一个成年人只要有该二条所定之情状,不需要经人民法院之认定,便当然成为无民事行为能力人或限制民事行为能力人。如是,则第 24 条规定之意义何在?作为申请在诉讼上予以确认之规范基础?按一个成年人是否有该二条所定之情状,可能随时而异,其确认之民事行为能力人的状态,自何时起生效?如果自裁判时起生效,则第 21 条或第 22 条之规定的适用,岂不受到限缩?或者认为第 21 条或第 22 条适用于个别之意思表示,而第 24 条则适用于法院认定后之全部意思表示。

② 利益的冲突与权衡现象无所不在,例如在善意取得制度,有真正权利人之静态利益与善意第三人动态利益之冲突,其权衡结果为优先保护善意第三人动态利益。至于真正权利人之静态利益则由其透过不当得利或侵权行为等规定,寻求救济。其中,比较困难者为:关于基本权利间(例如隐私权与言论自由或新闻报道间)之利益冲突及其依比例原则而为权衡问题。参见释字第 689 号解释。

③ Philipp Heck,aaO. (Fn. 126), S. 154.

益状态与法律规定间之高度的一致性,自始便已存在,并自始决定法律的枝分状态。"该枝分一时虽基本上不会被根本翻转,但不能排除其在各别情形,可能被修正或补充。① 在体系的建构上,固然多从事务关联间之共同特征谈起,唯体系之建构除了以共同特征为基础,向上建构外,也得以其差异特征为基础,加以类型化,向下建构。要之,事务关联之特征的共同性及差异性在体系之建构上有同等的重要性。②

其实,不论是向上或向下发展,皆是以共同特征所构成之集合为基础,建立其间的关联。该双向的操作可能性为类型化的特色。向上为归类,向下为分类。在归向或分向之一定类型虽皆以各该层次之目标类型的共同特征为依据,但作业上,向上归类时,以下层事务间之共同特征为基础,例如在责任之归属事由的层次,按其事由之特征的共同性,将同以引起表见事实为其归属依据者,向上归类为表见责任(表见代理、表见让与);向下分类时,以上层事务之特征的差异为基础,例如在债之客体的层次,按其内容特征的差异性,将债向下区分为让与之债、用益之债与劳务之债。

根据利益法学派的看法,法律规定固在裁断利益的冲突,或规范固有利益、信赖利益、交换利益、组织利益或竞争利益,但这些基于利益之权衡所作的裁断,互相并非孤立的。③ 他们与生活之各部分有关,并以各色各样之关联及交集互相连系在一起。例如税捐之课征可能影响纳税义务人之生存、工作、财产、婚姻、家庭等基本权利;新闻采访可能引起言论自由及隐私权间之冲突;知识产权之侵害或滥用可能影响他人之营业自由;内线交易影响证券交易市场之公平竞争机能。是故,每一个(冲突)裁断皆可能与法律体系之全部内容有关,诚有牵一发而动全身之势。因为此种关联紧密之程度不同,所以其相对应之问题所纠缠的范围亦有或窄或广之差异。为寻求适当的规范,必须探讨相干之关联。倘能认识到其共通的要素,并加以总结地表达出来,则在抽象程度,可以向上达到愈来愈抽象之类型概念。从而能够将既存之事务上的关联,以概念架构,亦即以概念体系的形式将之表现出来。由此可见,利益法学派也追求一般的概念。其总结的过程为类型化。类型化使内在体系以不同之具体

① Philipp Heck, aaO.(Fn. 126), S. 192f.
② Canaris, aaO.(Fn. 7), S. 153.
③ 例如"公平交易法"的规定中,有些专以交易者间之交换或交易利益(第21条关于虚伪不实或引人错误之商品广告之禁止),有些专以竞争事业间之竞争利益(第19条关于限制交易相对人转售价格、第20条关于妨害公平竞争之行为),有些专以市场结构之公共利益(第11条、第12条关于结合的管制规定),有些兼以上述利益为其保护客体者(第22条关于仿冒之禁止)。其中公共利益的保护应认为贯穿于"公平交易法"之所有的规定。盖非如是,该法第41条将失其规范基础。这些利益之保护共同建立并维系一个有竞争效能的市场经济体制。法律规定所保护之利益种类或范围的限制,在实务上从规范目的具体限制各该法律之适用范围。在损害赔偿法上,其限制的论点,学说以违法性关联(Rechtswidrigkeitszusammenhang)称之(Esser, *Schuldrecht*, 2. Aufl., Karlsruhe, 1960, § 61)。对此,有明文规定者,例如"民法"第638条规定:"运送物有丧失、毁损或迟到者,其损害赔偿额,应依其应交付时目的地之价值计算之(第1项)。运费及其他费用,因运送物之丧失、毁损无须支付者,应由前项赔偿额中扣除之(第2项)。运送物之丧失、毁损或迟到,系因运送人之故意或重大过失所致者,如有其他损害,托运人并得请求赔偿(第3项)。"该条第1项及第3项显示,关于履行利益之损害赔偿的范围,还可能基于规范目的而给予不同范围之保护。至于第2项则属于损益相抵的规定。另违反保护他人之法律,致生损害于他人时,其损害赔偿责任适用范围,亦受其规范目的之限制。例如酒驾引起车祸者,其赔偿责任不及于因此耽搁之其他来往车辆之行程所致之时间的滞延损失。

化的程度显示出来。不过,首先必须有内在秩序存在,亦即在冲突的裁断必须有相同与不同之事务上的特征,研究者才能从既存之共同特征着手,从事类型化的工作。原则上最为一般的共同特征,也同时会是所形成之体系最终的重要共同特征。

该法学派所要建构之体系是:以事务之关联为基础,将冲突裁断类型化后连结起来的内在体系。在该内在体系中,浮现出来之共同及差异特征为规范工作之成果。其异同对于规范之发现是重要的。该异同之认识有助于理解。因之研究者将该事务上之关联引为其说明之基础。在此意义下,该事务上之关联,对于说明而言,为一个既存之资料。该资料为研究者依规范工作之原则所获得,与说明利益无关。唯为使已取得之规范数据容易了解或应用,必须对之给予说明上的安排。同一个内在体系可以有完全不同之说明上的表现。① 是故,内在体系的认识,及利用说明建立外在体系的工作,必须给予区别。内在体系必须走在外在体系的前面。②

法学上所称之体系有各种不同的意义,Philipp Heck 认为主要可区分为三种看法,其一为将思考所得者,利用秩序的概念加以分类排序所构成之秩序上的体系,此种体系之主要功能为说明已获得之认识。他将之称为外在体系,以满足说明利益之目的。在此观点下,应将安排秩序之活动(ordnende Tätigkeit)与认识(Erkenntnis)相区分。其二为与思考过程有关之秩序,该秩序构成之体系概念,与"方法"之概念相当。其三为根据研究所得结果间之异同,按存在于其思想中之事务上的关联来构成体系。该体系由研究结果之内容自动产生,而非按研究者之排序活动建立之。此种体系可称之为内在体系,属于经由观察所发现之思想上的相互关系。由于此种思想上之体系与方法存在一起,故 Philipp Heck 认为内在体系可用来专指前述第三种意义下之体系。不过在具体的情形,当人们提到体系时,究竟何所指?他认为尚非可一概而论,而必须从其谈论之前后关联始能认知。为说明之目的而谈体系,或在讨论中将内容与体系互相区分,或认为内容与体系应予区分者,其所称之体系当指外在体系,盖法学上相约成俗认为外在体系以满足说明利益为目的。以内容为基础之体系为内在体系。③

法学是否能引介一个一般的法理念? 依该理念对于每一个利益的冲突,皆可以带来一个在实质上及客观上皆有拘束力之唯一并对一切情形皆为正确的答案。Philipp Heck 认为:"这是不可能的。盖法学仅能确认在生活中已存在,且由法社会所承认的价值。唯还是可能利用一个受到主观限制之自己的评价加以补充。当客观之解答失效时,冲突继续存在。个别生活冲突之独立性并不排除法学可以利用突出其共通性,利用类型化,将该冲突纳入价值体系中。法学固应将其共通点筛选出来,并予凸显,但也不应抹煞其特殊性。"④Heck 上述论点已显现利益法学向价值法学发展前的疑惑。

要之,前面的说明在于指出关于体系、概念法学与利益法学在建构方向上的区别。该区别依 Philipp Heck 的看法,仅在于说明上。一个偏重于概念,一个偏重于存在于事务中的利益。鉴于体系的建立必然依赖共同特征的抽取,有其逻辑的层次。偏重于概念将共同特征

---

① 例如关于技术之合同,得以其客体"技术"为中心,将"技术转让合同"及"技术许可合同"合称为"技术合同";亦得以其关于技术之交易约定的内容为基础,分别将"技术转让合同"及"技术许可合同"归类于"让与之债"中之"权利的买卖"及"用益之债"中之"权利的租赁"。其不同归类所着重之"利益"不同。

② Philipp Heck, aaO. (Fn.126), S. 191f.

③ Philipp Heck, aaO. (Fn.126), S. 188ff.

④ Philipp Heck, aaO. (Fn.126), S. 194.

的减少的操作称为抽象化;而偏重于存在于事务中之利益者,将该操作称为类型化,这当是由于处理对象具有事务导向的特征,而引起之用语上的调整结果。倘从共同特征之抽取的操作观之,其实,二者在体系的形成上所应用的方法是没有差异的。不过,因概念法学与利益法学在体系化上所处理的对象不同,在学说上还是因此将其建构之体系分别称为外在体系与内在体系。

3.价值法学派的观点

在依概念法学与利益法学从事概念或类型的建构时,其使用之概念或类型之共同特征的加减,事实上已取向于由一定之法律原则或价值所决定之目的,只是当时还隐而未宣而已。因此,在概念法学与利益法学的发展慢慢到了尽头,必须面对隐藏其中之法律原则及价值时,法律原则及价值在法律概念、类型及体系之建构上逐渐获得重视。价值法学的发展从而自然展开:一方面用以说明在概念或类型之建构时,其共同特征之加减的考虑标准,一方面用以彰显存在于现行法中或在将来法应追求之法律原则与价值。

在法律原则与价值的探讨上,发现:由于概念或类型的建构,取向于法律原则与价值,因此,法律原则与价值自然成为法律体系建构上的纽带,为其体系之不同层次的节点。可以超然于其事务特征,另从法律原则与价值的观点构成体系上的关联。要在过失侵权行为责任之外,正确发展危险责任导出其填补之损害应限于财产上损害,应采数额的有限责任,应有强制保险制度相配合,契约上及契约外之保护义务的统一,信赖责任的发展,诚信原则、比例原则及平等原则的具体化等皆受到价值法学之主张的启发。

在体系的构成上,法律原则与价值的具体化与纯粹概念或类型所构成的体系有一个重要的差异:不同的法律原则与价值间往往有冲突的情形,这时通常必须视不同具体情形之规范需要,予以调和,而不能一概而论;反之,纵使在类型有所谓类型间之流动的现象,但原则上还是认为纯粹概念或类型可按其共同特征的增减,构成无矛盾之不等抽象层次的位阶,形成体系。兹将债法之建制的法律原则图列于后(见图5-1,单箭头表示其事务之发展方向,双箭头表示两边之法律原则有冲突关系):

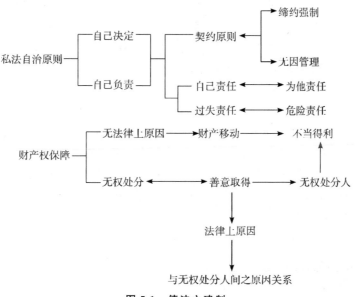

图5-1 债法之建制

4.小结

体系思想的意义为：说明各色各样的个体如何经由"关联"组成一个统一体。关于这个将"个体"组成"统一体"之"关联"历来不同的学说对之皆有各成一派的观点。要述之，概念法学派以概念间之"逻辑的关系"为其关联；利益法学派则以"利益的关系"为其关联；至于价值法学派则以"法律原则"这种价值标准为其关联。

前述用以建构体系之关联，可利用两种方法，经由类型化获得，亦即或者利用枝分或者利用总结。不管是由上而下，或由下而上皆可。在第一种过程，一个一般的概念向其可能之具体内容枝分，从而取得下位概念。该下位概念可以再进一步枝分。是故，最为特别之概念，也可以从最上层之概念导引出来。此为演绎的方法或解析的方法。在第二种过程，已存在之个别事务，可以按其共通特征将之归类到一个类型中，该类型可以用相同的方法，利用愈来愈一般之概念，把它归属到一个涵盖更广之类型中。该能够总括全部领域之概念，站在概念之金字塔的顶端。[①] 上述关于概念之逻辑操作，皆以共同特征为基础。这对于概念法学与利益法学其实是没有区别的。有区别的是其概念的形成基础：概念法学偏向逻辑，利益法学偏向规范的目标。至于价值法学则偏向透过法律所要实现的价值。不过，必须注意，上述观点一方面有其理论发展史上之时空条件的制约，一方面有其理论之纯粹性的强调。当要实际落实到实务，要求效率与安定时，必须诉诸逻辑；要求贴近于事务，必须细审所涉利益之冲突；期望法律业务最后能够有助于实质正义之实现，法律理论与实务皆必须取向于法律原则与价值。正确利用法律学在该三个层面的成就，才能最圆满地建立一个符合公平、体贴与效率的法治国家。

五、体系化的任务

总结过去，演进新知。体系学之任务在将任何时点已经获得之知识的全部，以整体的方式把它表现出来，且彻底地将该整体中之各个部分用逻辑关系连系起来。[②]

是故，"正如 Cardozo 所说：'在法律学正像其他任何知识领域一样，自归纳所获得之真理倾向于构成新的演绎之前提'，这句话对体系之意义亦极中肯，每一个体系莫不将在工作中对某一个特定问题已经获得之知识的水平加以总结，亦即将已认识之互具关联的法律原则，以及我们在个案或法律规范之客体中所认识之事务的结构加以总结。体系不仅对法律数据的鸟瞰和实务有帮助，也是重新认识既存之关联，进一步发展法律的基础。一个只着重于个别问题的科学，不可能由发现存在于问题间之更大更广的关联，进一步发现蕴藏其间的原理原则。它也不能在法的比较中，认识存在于不同立法例之制度和规定间之'功能上的类似性'（Funktionsverwandtschaft）。是故，法律学应继续致力于体系化的工作。唯必须认

---

① Philipp Heck, aaO. (Fn.126), S. 194.
② Sigwart, Logiks Ⅱ, S. 695, 引自 Binder, aaO. (Fn.9), S. 922 Anm. 4.

知：没有一个体系能够演绎地解决所有问题，所以体系必须保持开放。[①] 盖体系只是一个暂时的总结（vorläufige Zussammenfassung）。法律学应在问题思维（im Problemdenken）中向前更进一步"[②]。此所以"在法律教条的意义下（im dogmatisierten Sinne），体系并非实证法上可能的或有意义之规定中之正义观及权衡标准的来源，而只是该正义观及权衡标准之活动的范围及控制的因素。利用各阶段对体系的反省，可以再度由之取得重新观察、连结的出发点，并使之有助于各方面的应用。体系所以可以激发新知，其故在此。倘非经过体系的反省，该新知即不可能在个别领域中产生，更不可能获得实践。个别概念以及基本的编纂概念之勾划，使不断发生之归属上的关联可以获得归宿。该勾划若非利用教条之法律体系的思维便只能在比较狭隘之问题领域中有效果地做成。在教条的体系中，使制度性地加以了解之编纂概念能够维持一个整体可行的价值体系"[③]，不断演进。

体系化之总结过去、演进新知的功能，不但说明了新知之产生的过程（归纳），而且也指出法律发展之演进性。亦即法律的发展必须立基于过去的成就，"继续"向前进步，中间不得有类似于突变的断层现象。必如是新的制度才能在由旧有制度所构成之体系中生根、成长、茁壮。由之引申，不但法院根据"创见"所作之裁判（法官造法）[④]，而且立法机关所制定之新法皆必须受体系因素的制约，不得有体系上的矛盾。[⑤]

六、体系形成的方法

为建构体系，必须借助于编纂概念、类型（模块）、法律原则及功能性概念。以下兹分述之：

[①] Larenz, *Methodenlehre der Rechtswissenschaft*, 6. Aufl., Springer-Verlag 1991, S. 170f., 486ff. 关于体系之封闭性及开放性在立法技术上之表现可见诸"民法"关于人格权之保护的规定。其封闭性表现在"民法"第 18 条第 2 项，其开放性表现在第 184 条第 2 项及第 1 项后段。详请参见黄茂荣：《个别人格权之保护在台湾的发展》，《植根杂志》2016 年第 4 期，第 157 页以下；第 5 期，第 173 页以下。

[②] Coing, *Grundzüge der Rechtsphilosophie*, 2. Aufl., 1969, S. 347.

[③] Esser, *Vorverständnis und Methodenwahl in der Rechtsfindung*, 1970, S. 98.

[④] 关于法官造法应考虑体系因素，或受体系因素的制约，为现代法学方法论所肯认，根据这个观点，Larenz 认为一个受欢迎之法官造法必须满足三个要求："(1)该裁判必须提出一个规则，该规则可以平等地适用到与之对应之典型的案件。该案型必须具备足够之特征以使嗣后能够检证依之所作的裁判。是故，利用像'根本不能期待或不能忍受之结果'（schlechthin unzumutbares bzw. Unerträgliches Ergebnis），构成该规定之构成要件，从而将该构成要件委由各该裁判机关主观裁量，便不允当。(2)将构成要件连接于一定之法律效果，必须具备经得起正法考验的理由。该规定必须实现一个实体上的法律原则，并自该法律原则观之，该规定正应如此。该规定不可以仅具备单纯裁断的性格（der Charakter einer blossen Festsetzung）。(3)该规定必须能够牢靠地被纳入已经存在之法律体系中，亦即法律体系之内在的一致性必须予以保持"（Larnez, *Kennzeichen geglückter richterlicher Rechtsfortbildung*, 1965, S. 13）。

[⑤] Degenhart, *Systemgerechtigkeit und Selbstbindung des Gesetzgebers als Verfassungspostulat*, 1976.

（一）利用编纂概念

以"编纂概念"（Ordnungsbegriffe）的位阶构造为基础，可以将法律规范纳为一个整体，使之成为上下前后左右互相关联之体系。Heck 首称[①] 此种体系为"外在体系"（Äußeressystem）。这是将法律体系化的各种方法之一。其方法是为了说明上的利益或方便，将所欲说明的客体，例如构成要件，经由特征的取舍予以抽象化、概念化，从而获得"抽象的一般概念"（abstraktallgemeine Begriffe）。在这过程中，可经由"特征"（die Merkmale）之取、舍塑造各种不同抽象程度的概念，并进而利用将抽象程度较低之"下位概念"（niedere Begriffe）涵摄于"上位概念"（höhere Begriffe）的方法，最后将所有的法律概念上升到一些最上位的概念。

该体系不但可以提高法之"可综览性"（Übersichtlichkeit des Rechts），适用上之"实用性"（die Praktikabilität der Rechtsanwen-dung），而且可提高裁判之"可预见性"，从而提高"法之安定性"（die Rechtssicherheit）[②]。只要由之所构成之体系"完整无缺"（voll-ständig），则光凭逻辑的运作便能圆满解答每个法律问题。苟真如是，则由该体系所获得之推论皆能确保无逻辑上之矛盾，使法律学具备与自然科学同等之科学性。问题是，自价值的角度观之，该体系是否真正可达到"圆满无缺"？实际上，在这种体系的建构上，"价值问题"常为"涵摄问题"所埋没！在其中，形式逻辑常代替目的逻辑及法伦理成为主要的考虑。[③] 纵使如此，外在体系对已经获得肯定之知识、思想之说明[④]或贯彻的贡献，仍然功不可没。

法律科学的任务，不仅在于以方便"综览"的方式，纲举目张地说明法律规范，它还必须协助发现规定与规定相互间，以及规定与领导法秩序之原则间的意旨关联，以使各该规定所立基之价值判断能获得同一个法思想的肯定、统一，从而尽可能地消除其间的价值判断矛盾。这对于法律解释及法律补充都是有帮助的。[⑤] 鉴于"外在体系"并不建立在法的内在价值（规范意旨）上，也不以探求法之"意旨上的关联"（der Sinnzusammenhang）为其职志，因此"外在体系"并不能完全满足法律科学的需要。[⑥]

（二）利用类型模组

法律体系的建构以概念为基础，以价值为导向，其间以归纳或具体化而得之类型或原则为其连结上的纽带。类型可分别为归纳或具体化之结果。当处理或观察之对象接近于具体的生活，利用归纳认识其共同特征将之类型化，以进一步在价值上认识其间之意旨关联或引

---

① Heck, *Begriffsbildung und Interessenjurisprudenz*, 1932, redigiert von Roland Dubischar, Verlag Gehlen, 1968, S. 188.

② Arthur Kaufmann, *Rechtsphilosophie*, München 1997, S. 191ff.；Larenz, *Methodenlehre der Rechtswissenschaft*, 6. Aufl., Springer-Verlag 1991, S. 438；Canaris, aaO. (Fn. 7), S. 19.

③ Larenz, aaO.(Fn. 142), S. 438.

④ Heck, aaO.(Fn.126), S. 189；Canaris, aaO. (Fn. 7), S. 19.

⑤ Larenz, aaO. (Fn. 142), S. 437.

⑥ Canaris, aaO. (Fn. 7), S. 19.

导其类型之建构的法律原则或更根本的道理。当处理或思考之对象接近于价值,利用解析体认其具体内涵,使之接近于实际之生活。

在体系之建构上,类型化为使抽象者接近于具体,使具体者接近于抽象的方法。利用此种方法,有如打隧道,分从两端相向挺进,通常比单从一端向另一端挖去,较容易贯穿一般,比较容易在来回之思考中,使价值(目标)与生活(需要)对接。[①]。

关于概念如何建构,已见前述(参见第二章三)。因概念在建构时,已蕴藏价值,故除适合作为体系形成上按其抽象化的程度作为各阶层之基础单位,依其逻辑或价值在存在上的关联,构成系统外,这也是为何即便是单纯的逻辑推演也能导出符合价值判断或事务法则的结论。[②] 必须进一步说明者为:法律原则与类型的问题。

关于法律原则,近代法学在各种不同的法律领域皆发展出其建制上抽象程度高低不等之原则。例如在宪法有基本权利应予保障、民主原则、法治国家原则、社会国家原则、社会的法治国家原则;在刑法上有罪刑法定主义、一罪不两罚;在民事法上有私法自治原则、过失责任原则、自己责任原则、所有权应予保障、诚信原则;在税法上有税捐法定原则(税收法定原则)、量能课税原则、稽征经济原则。以上各该领域之基本原则皆还可以进一步具体化。

至于类型,由于其兼具抽象化及具体化的作用,可以分别适用在具体的事务与抽象的价值,因此在法学研究及实务之说明上,其应用特别普遍,可以说是法律资料之体系化,以及法

---

① 关于类型化之一般化及具体化的功能,详请参见 Detlef Leenen,*Typus und Rechtsfindung*,1971,S. 25ff.

② 关于拍卖之买受人如不按时支付价金,致拍卖人解除契约,并将其物再为拍卖时,原买受人应负之赔偿责任的范围为何? 可利用符号逻辑推演出其正确的结果与"民法"第 397 条所定者无异;再行拍卖所得之价金,如少于原拍卖之价金及再行拍卖之费用者,原买受人应负赔偿其差额之责任。其推演过程如下:

$$Pa = A - a \quad\cdots\cdots\cdots\cdots\cdots\cdots\cdots\cdots\cdots\cdots\cdots\cdots\cdots\cdots\cdots\cdots\cdots\cdots\cdots (1)$$
$$Pb = B - a - b \quad\cdots\cdots\cdots\cdots\cdots\cdots\cdots\cdots\cdots\cdots\cdots\cdots\cdots\cdots\cdots\cdots\cdots (2)$$

A 为第一次拍卖价金,B 为第二次拍卖价金;a 为第一次拍卖费用,b 为第二次拍卖费用;Pa 为第一次拍卖可得之利益,Pb 为第二次拍卖可得之利益。

拍卖人在第二次拍卖所得之利益如果小于其在第一次拍卖所得之利益,两次拍卖所得利益的差额,便是拍卖人因原买受人不按时支付价金解除契约时,所受之"履行利益"上的损害。所以该履行利益上之损害的计算,公式应为:

$$Pb \leqslant Pa \quad\cdots\cdots\cdots\cdots\cdots\cdots\cdots\cdots\cdots\cdots\cdots\cdots\cdots\cdots\cdots\cdots\cdots\cdots\cdots (3)$$

将(1)、(2)两式代入(3)式得:

$$B - a - b \leqslant A - a \quad\cdots\cdots\cdots\cdots\cdots\cdots\cdots\cdots\cdots\cdots\cdots\cdots\cdots\cdots\cdots (4)$$

删去(4)式两边 -a 项得:

$$B - b \leqslant A \quad\cdots\cdots\cdots\cdots\cdots\cdots\cdots\cdots\cdots\cdots\cdots\cdots\cdots\cdots\cdots\cdots\cdots (5)$$

将 b 移至右边得

$$B \leqslant A + b \quad\cdots\cdots\cdots\cdots\cdots\cdots\cdots\cdots\cdots\cdots\cdots\cdots\cdots\cdots\cdots\cdots\cdots (6)$$

(6)式得以文字描述为:再行拍卖所得价金 B 小于原拍卖所得价金 A 及再行拍卖费用 b 之和者。其间之差额即为拍卖人在此所受前述之履行利益上的损害。

上述的论理方法所以可论为单纯之逻辑方法的理由,主要为在该论理中,仅适用了:(一)收入与费用,(二)收入减费用后之余额即为盈余,或拍卖利益的概念,(三)就两次拍卖的盈余或利益比较其大小。这当中只有加项(收入)及减项(费用)、由之导出之余额(盈余或利益)以及余额之大小等数额上的比较,不涉及价值判断。

律体系之应用最为常见而且有效的方法。使用类型掌握案例,说明其中道理,或使用类型剖析价值对于具体状况之内涵,不会流于僵化或空洞。常常能够在个案之处理上,触类旁通,降低劳动强度;在价值之引用上,避免因过度一般化,导致以偏概全。

只要在类型化上,于归纳时,把握存在于生活中之道理,朝向法律所要实现的正义价值;于具体化时,避免流失存在于理想中的道义,垂怜生活所需要建立的法律和平,则类型化所得之类型将可自然而然纳入以价值逻辑及形式逻辑所建立之法律体系中,构成其各阶层之子系统。① 这些子系统,在水平加以观察或利用,可以构成类型谱和模块。类型谱可供为利益权衡上是否应予不同处理,或判断有无漏洞的比对对象;模块可供为观察事务、思考问题的蓝本或检查清单,提供后进在前人经过系统化控制管理之知识的基础上,解决问题,以确保生存,争取发展机会的可能性。此为有助于承先启后之文化结晶。故在现代法学方法之实用上,模块的建立及运用,最具立竿见影的功效。其运用之困难为如何选取适当标准(规格)建立模块,以及在何种情况可利用哪一组模块。在模块的建立,应取向于要达成之规范目的,选取标准(规格)。模块对于目的有设计、工具或手段的意义。此为价值判断的问题。其对错系于是否能有效率地实现正义。在模块的应用,其选取取决于所要处理或说明的事务。模块对于所要说明的事务,属于由存在所决定之说明的方法。在说明中可以印证既有体系与模块间之一致性,检查是否有矛盾存在。

1.类型的种类

学说上依不同的标准构成各种不同的类型以作为思考上的工具或方式。

种类之建构有因长期间一再重复出现,而依其频率或不断出现之平均特征构成类型者,例如一般人对于某种遭遇之典型的反应,或存在于某地区之典型的气候。对于该意义之类型而言,类型之意义与通常可期待的情形相当。此为以平均或频率为基础之类型(Durchschnitts-oder Häufigkeitstypus)②。

另一种类型为以某一种类之物或事务之共同特征为基础所构成之类型,其特色存在于:某一种类之物或事务在或大或小的同一时空中,所具有之"共同特征"。故其类型之构成有全体性及构造性的特色(Ganzheits-oder Gestalttypus)。至于何种"共同特征"应该或适宜引为类型之构成上的基础虽取决于规范上之价值判断,但自该价值判断导出之当为要求又以该类型在存在上之事实为其基础。所以追根究底还是"存在"决定了"当为"。"当为"只不过

---

① Franz Bydlinski, *Juristische Methodenlehre und Rechtsbegriff*, 2. Aufl. 1991,S.551;就某种意义来说,类型的比较在个别规范概念的层次构成"一个可变的微体系(ein bewegliches Mikrosystem)"。

② "在相当因果关系"与"表见证据"(Prima-facie-Beweis)虽不以类型称之,其实其所指称者皆为典型之因果的发展过程,与典型之生活经验相当,从而在或然率的观点下,依经验法则认为实际的情形该当如是(参见 Larenz, *Methodenlehre der Rechtswissenschaft*, 6. Aufl., Springer-Verlag 1991, S. 464f.)。

是在既有之"存在"的基础上势所必然之规范上的要求。[①] 不过,在实际生活的实践上,当为的要求通常为经过长久,甚至历代思考反省或演变的结果。因此,在实务上对一般人而言,常常忽略或不一定还能清楚认识到该当为要求在存在面上的基础,而误以为当为的要求决定了存在。不过,也不能忽视在国家生活下,其立法机关之立法及行政机关之行政措施,基于公权力能够快速地形成大量的行为规范。这些规范如无适当的存在为其基础,在事务发展上便会扭曲其所当依循的事务法则。因此,法律规定实际上也可能影响现实生活。例如婚姻制度与同性伴侣关系之现实互为影响。[②]

以上两种类型主要为经验的类型(empirischer Typus),此种类型与逻辑类型(logischer Typus)和规范类型(normativer Typus)不同。逻辑类型虽多导自经验的类型,但逻辑类型已经属于思考上之想象的存在,学说上可以利用它,经由类型特征之增减建立各种可能只在思想界存在的模式。例如市场经济与计划经济,民主政治及独裁政治。当逻辑类型经学者塑造出来,在实际的生活,固可能有与之对应之生活类型,但也常常没有与之对应的生活类型(例如桃花源、乌托邦),或甚至该类型所指者究竟为何,在学说与实务上还言人人殊。逻辑类型有时被想象出来作为憧憬努力的目标;有时,被想象出来作为警惕避免的境地。

当逻辑类型经由评价被赋与规范上的意义,作为规范上要求去实现、接近或避免的典范,则该逻辑类型便兼具有规范类型的意义:以课以义务的方式,要求受规范拘束者,在实际生活上,以该规范类型作为生活安排上的参考对象。当该规范类型属于禁止规定,应避免实现与该类型相当之生活事实;当该规范属于命令(为一定作为或不作为)之规定,在与之有关之生活安排上应力求自己之行为,与命令规定之内容相当。[③] 依前开说明,类型虽然可以有经验的、逻辑的、规范上的类型之分,但一个类型可能只属其一,也可能兼具各该类型的性格。在法律上或法律学上利用之类型,基于规范上之需要,通常兼具经验的与规范上的类型或逻辑的与规范上的类型之意义。前者如交易习惯,首先属于经验上以频率为基础所构成之类型,而后因法律之引用,而具有规范类型之意义。至此,该类型变为当为要求之内容,构

---

① 关于存在之事实与价值之判断间的因果关系或逻辑关系的讨论,请参见 Gustav Radbruch, *Rechtsphilosophie*, 7. Aufl. 1970 Stuttgart, S.99ff.。关于规范内容与事实结构之关联,请参见 Larenz, aaO. S. 132ff.; Arthur Kaufmann, *Rechtsphilosophie*, München 1997, S.148f.。这个问题表现在与"事务之性质"(die Natur der Sache)有关之论述上。例如关于动产与不动产、成年人与未成年人、男生与女生之不同的规范需要,中央与地方之权限划分及其他不能尽举之与类型的区分及不同待遇之正当性的规范规划或漏洞的补充说明上(Larenz, aaO. S. 417ff.; Coing, *Grundzüge der Rechtsphilosophie*, 2. Aufl., 1969, S. 177ff.)。

② 释字第 748 号解释:"'民法'第 4 编亲属第 2 章婚姻规定,未使相同性别二人,得为经营共同生活之目的,成立具有亲密性及排他性之永久结合关系,于此范围内,与台湾地区宪制性规定第 22 条保障人民婚姻自由及第 7 条保障人民平等权之意旨有违。有关机关应于本解释公布之日起 2 年内,依本解释意旨完成相关法律之修正或制定。至于以何种形式达成婚姻自由之平等保护,属立法形成之范围。逾期未完成相关法律之修正或制定者,相同性别二人为成立上开永久结合关系,得依上开婚姻章规定,持二人以上证人签名之书面,向户政机关办理结婚登记。"

③ Larenz, *Methodenlehre der Rechtswissenschaft*, 6. Aufl. Springer-Verlag 1991, S. 461ff.

成法律规范的一部分,有规范上的拘束力。① 后者如成年人与未成年人、行为能力人、限制行为能力人与无行为能力人等皆因法律给予逻辑上的类型特征,才构成逻辑上之类型,并因其类型特征由法律所规定,而兼具规范类型的意义。此外,像自然人与法人、动产与不动产则兼具经验上、逻辑上及规范上类型的特征。

学说与实务利用前述各种类型建立法律类型。例如借用经验上之"频率类型"建立像交易习惯(Verkehrssitte)或商业惯行(Handelsbrauch)。唯交易习惯及商业惯行在规范上要取得拘束力,必须经法律或契约加以引用。引用"习惯"或"惯行",其方法有在比较具体之规定中,直接将习惯引为规范内容者,在此种情形,习惯之规范上的拘束力除后于当事人之特约外,常先于法律之其他规定,例如"民法"第 439 条(支付租金之时期)、第 486 条(雇佣报酬之给付时期)、第 560 条(代办商之报酬及费用偿还请求权)、第 632 条(运送人之按时运送义务)②。其规定的模式为:无约定者,依习惯。有对于一切民事关系规定习惯可候补于法律受适用者,在此种情形,习惯之引用具有补充法律的意义,例如"民法"第 1 条规定:"民事,法律未规定者,依习惯;无习惯者,依法理"③,又如第 184 条第 1 项后段规定"故意以背于善良风俗之方法加损害于他人者"负损害赔偿责任。

在法律以"善良风俗"称呼习惯时,法律已经有认识地认为大家应该照着"善良风俗"之内容行事或判断事务。亦即在此,善良风俗已经具有规范的性格,具有习惯法的属性。不过,即便如此,在其经人人对之由法的确信演变为习惯法之前,习惯之拘束力还是来自法律或契约的引用,已如前述。不论习惯是否演为习惯法,当其在社会的实际生活中,经接受为具体社会生活行为之正常准则,这些习惯对于法律人便有标准(Standard)的意义。此种意义下之"标准"尚非以概念的形式存在之规则,不能利用三段论法,在它底下从事涵摄(subsumieren)上的推论。此种标准只是一种由类型性之行为所发现之尚属可变的准则。在将其适用到所要判断之案件时,必须一再重新加以具体化。此种标准固兼具"现实类型"(Realtypus)与"理想类型"(Idealtypus)的属性,但还仅是提升为规范类型之前的频率性或平均性的类型。在证据法则上有以经验法则为基础之"表见证据"(Prima-facie-Beweis)。其证据力即以经验上认识之典型的因果过程(Kausalverlauf)作为依据。这亦为类型的应用之一。以"表见证据"为基础所认识者或认定者仅为按一种或高或低的盖然率可能存在之事实。盖在此,并没有考虑到一切可能影响到其因果过程的情况。是故,依"表见证据"首先认

① 例如"民法"第 1 条、第 68 条、第 161 条、第 207 条、第 314 条、第 369 条、第 372 条、第 429 条、第 439 条、第 450 条、第 483 条、第 486 条、第 488 条、第 491 条、第 524 条、第 537 条、第 547 条、第 560 条、第 566 条、第 570 条、第 579 条、第 582 条、第 592 条、第 632 条、第 767 条、第 778 条、第 781 条、第 784 条、第 785 条、第 786 条、第 790 条、第 793 条、第 800 条、第 834 条、第 836 条、第 838 条、第 846 条、第 915 条。在该等规定中,以法律赋与习惯以规范上的拘束力。

② 最高法院 1937 年渝上字第 948 号民事判例要旨:"依《民法》第 1 条前段之规定,习惯固仅就法律所未规定之事项有补充之效力,唯法律于其有规定之事项明定另有习惯时,不适用其规定者,此项习惯即因法律之特别规定,而有优先之效力,《民法》第 207 条第 2 项既明定前项规定,如商业上另有习惯者不适用之,则商业上得将利息滚入原本再生利息之习惯,自应优先于同条第 1 项之规定而适用之,不容再执第 1 条前段所定之一般原则,以排斥其适用。"

③ "民法"第 1 条规定中所称之习惯应是尚未发展至习惯法之事实上的惯行。盖如其已是习惯法,则其在法律体系中的位阶应与制定法相同。其与制定法间,如有竞合的情形,应依竞合的理论或规定处理,并无必然制定法优于习惯法,或习惯法优于制定法的道理。

为可能存在之事实,可以以反证加以推翻。[①]

此外,学说与实务亦从物之形态或事务之整体状态来建立法律类型。例如以物与地球之结合形态将物区分为动产与不动产。土地及其定着物为不动产("民法"第 66 条第 1 项),不动产以外之物为动产(第 67 条)。又将债之客体区分为物、权利及劳务,[②]亦可认为系以其形态所作之划分。至于特定物品与种类物品首先固为主要以物之整体状态作为标准所建立的类型,种类物品之成其为种类,应有其共通整体特征上的客观性。但特定物品除有客观上属于特定者外,还有基于双方的约定而自其种类分离出来之主观意义下的特定物品。例如一幅特定的原迹名画,在客观上属于独一无二之特定物品;反之,以现代印刷的方法将之印制之多数的复制品,在其大量或多量生产的意义下,首先论为种类物品。不过,纵使如此,在该批次之复制名画中,当事人仍可能选取其一,将之集中,使之相对于当事人成为一幅特定物品(图画)。要之,特定物品之成其为特定物品,除有客观上本来属之者外,尚有依当事人主观之合意,使之成为特定物品者。当物品在规范上属于种类之物,或者属于某种种类,在规范上便可能根据其种类的属性给予私法上(参照"民法"第 200 条:中等品质,第 354 条:通常效用)或公法上("货物税条例"第 6 条至第 12 条之 6:应税货物及税率)之不同处遇。为以物之形态或事务之整体状态做基础,建立"整体类型"和"形态类型"(Ganzheits-und Gestalttypus)必须从规范目的及存在于规范后面之法律思想,取舍物或事务之特征。是故,不论自物或事务建立此种类型,或将物或事务归属于此种类型,这当中,经验的及规范的因素交织在一起。该二个因素之结合造成类型的本质。因此 Larenz 将此种类型称为规范的现实类型。这与前述频率性或平均性的类型不同。频率性或平均性类型纯以现实上存在之特征为基础,在其类型之建构上没有从规范目的之观点,取舍其特征的考虑。所以,不是规范的现实类型(normativer Realtypus),可将之直称为现实类型(Realtypus)[③]。是否赋与频率性或平均性类型以规范上的意义,仍有规范上之考虑。是故,"民法"第 2 条规定:"民事所适用之习惯,以不背于公共秩序或善良风俗者为限。"

在类型的建立上,立法者除了以经验为基础,单纯接受现实上存在之类型,以建立频率性或平均性类型,或取舍现实上之特征以建立整体的或形态的类型外,还可超出现实特征之取舍,更进一步基于规范目的上之考虑经由"特征之赋加"建立类型,此种类型为思考上的产物而非现实生活上本来存在者。Larenz 将之称为"法上之结构类型"(Rechtlicher Strukturtypus)。在规范类型的建构上,如果仅取舍现实本来存在之特征,该类型之建构不改变现实生活;反之,如果在现实特征的取舍外,增加现实本来不存在之特征,则该规范类型之引入便有改变现实生活的作用或意义。例如权利、各种契约以及近代法律为配合工商发展上之需要,建立知识产权制度、融资性租赁(leasing)、信托制度等。又如将运送契约定性为一种特别承揽,在类型的建构上亦有交易安全之当为要求的意义。其目的在于非难运送劳务之不完全给付,即恶意终止运送之所谓"放鸽子"的不当行为。各种物权虽亦具有法上之结构类型的特征,由立法者增益其特征而构成,但基于物权法定主义对于物权种类及物权

---

① Larenz, *Methodenlehre der Rechtswissenschaft*, 6. Aufl. Springer-Verlag 1991, S. 464f.

② 债之客体在逻辑上看似可以"物、权利及劳务"三分法穷尽,其实不然。诀窍契约(Know-how Vertrag)之债以未取得专利权之不具权利地位的专门技术之让与或使用许可为客体,其中可能兼有之技术服务虽属于劳务,但其余则不具有"物、权利及劳务"之类型特征。

③ Larenz, *Methodenlehre der Rechtswissenschaft*, 6. Aufl. Springer-Verlag 1991, S. 464f.

内容法定之规定,物权类型具有"概念"的意义。亦即其类型特征不像各种之债的特征,可以任由当事人以约定加以取舍、增加。然只要利用者是物权法本来已规定之物权种类,当事人还有可能经由合意,将之利用至法律本来预期以外之场合,使之具有法定之外的功能。最为突出的例子为:让与担保(担保信托)。其特征为利用所有权之移转来达成提供担保的功能。其所以可能的机制基础为:所有权含价值权。所以,可以利用所有权的移转,替代只利用其价值权之担保物权的设定。唯其超过经济目的(设定担保)之法律手段(移转所有权)还是引发一些补充的规范需求,以恰如其分规范当事人间之担保关系及第三人因为对于该所有权之形式归属状态的信赖所从事之交易。若无实务上利用法律的补充满足该规范需要,让与担保在当事人、其债权人,以及善意第三人间可能引起不正确的利益关系。债之特征的赋加,基于私法自治原则不仅立法者在立法上,而且私人在契约之缔结上皆得为之。① 在此称其类型为法上之结构类型,一方面指其特征之取舍与赋加基于规范上目的之考虑,另一方面指这些特征间具有结构性之关联。它们不是毫无牵连地集结在一起,而是互相依靠地整合在一起。虽然不一定每一个特征都必须存在或以同等之程度存在,可以保留一定程度内之增减,②但整体而言,必须显现出其属于一类的面貌与内涵。

　　诚如 Larenz 所称,法的结构类型对于法律规定之了解有重要之帮助。例如,当我们将"民法"债编各论所订之各种有名契约进一步根据其债之客体把它类型化,我们可以发现,当不同之有名契约属于同一上位类型时,它们会有共同之规范上的需要,从而有共同的规定。是故,类型化在此,不但有经由触类旁通降低认识上之劳动强度的意义,而且可以利用来检查属于同一上位类型之下位类型的规定,有无应规定而未规定之漏洞或者有无应一致而不一致之矛盾的情形。申言之,债编各论所规定之有名契约可以再要分为:(1)以财产权之归属的移转为主要给付义务之内容的契约(买卖、互易、赠与):让与之债;(2)以物之用益权的授与为主要给付义务内容之契约(租赁、使用借贷、消费借贷):用益之债;(3)以劳务为主要给付义务内容之契约(委任、雇佣、承揽、经理人及代办商、居间、行纪、寄托、仓库、运送、出版):劳务之债。属于这三种上位类型之下位类型者皆因其属于同一种上位类型,而有相同或类似之规范上的需要。第一种类型因其以归属之移转为主要给付义务之内容,所以其规范之重点在于财产(权)之移转。第二种类型因其以用益权之授与为主要给付义务之内容,所以其规范之重点在于用益权之授与及系争目标(为有体物时)之保管义务,盖系争目标为授与用益而交付于用益权人后,不在所有人占有中,所以,为所有人之利益应课用益权人以保管义务。反之在第一种类型,原则上无保管的问题。另在第三种类型,因其以劳务为主要给付义务之内容,从而具有处理他人事务的特征。是故,其规范便重在处理权之授与及其范围,以及如何行使处理权和处理费用与处理成果之归属。又因在劳务契约,其劳务给付或事务之处理难以完成于一瞬间,故劳务契约原则上具有继续性契约的性格,必须有终止方面的规定。当然也不能忽略以上三种类型中,正如债编各论对各该有名契约之规定,仍然同中有异,必须针对下位类型之特征给予恰如其特性的考虑。此正为类型化之目的所在。类型化之所以具有前述法律内容之认识上的价值,在发生上来自其类型建构之存在上的基础:类型

---

①　Larenz, *Methodenlehre der Rechtswissenschaft*, 6. Aufl. Springer-Verlag 1991, S. 465f.

②　在债之契约的类型特征之增减中,可扼要呈现其因此,在功能上之变化及在类型间之流动的案例可见诸附条件(分期付款)买卖("动产担保交易法"第26条)及融资性租赁。

之建立以其存在面之共同特征为基础,而当为的要求又应有存在为其依据。

2.对极思考

在类型的建构上,最为常见而且简单易行者为对极思考的方法。① 例如实质正义与程序公正、法律事实与非法律事实、人的行为与非人的行为(自然事实)、法律行为与事实行为、主体与客体、自然人与法人、行为能力与无行为能力、动产与不动产、天然孳息与法定孳息、法效意思与表示行为、对话与非对话的意思表示、要约与承诺、要约与要约诱引、有偿契约与无偿契约、定期与不定期契约、财产上损害与精神上损害、回复原状与金钱赔偿、损害之归属与分散、过失责任与无过失责任(衡平责任、危险责任、保险责任)、债权与物权、②绝对权与相对权、自主占有与他主占有、③善意占有与恶意占有。

契约以其是否有存续期间或清偿期之约定,可区分为定期或不定期契约,或定有期限或不定期限之债。

定期与不定期属于对极类型,至为显然。定期之债在规范上的意义首先为当事人,特别是债务人享有“期限利益”④。债务人在期限届满前无清偿之义务。反之,债之清偿期不能依法律、契约、债之性质或其他情形决定,亦即未定有清偿期者,“债权人得随时请求清偿,债务人亦得随时为清偿”(“民法”第 315 条)。不过也有契约虽未定期限,但其当事人不得随时终止契约者,例如“民法”第 450 条第 2 项规定“未定期限者,各当事人得随时终止契约。但有利于承租人之习惯者,从其习惯”。在不定期限之契约,诚如该项前段之规定,当事人本来

---

① Larenz, *Methodenlehre der Rechtswissenschaft*, 6. Aufl. Springer-Verlag 1991, S. 454f., 472:“在抽象概念中之思维,没有或多或少(mehr oder weniger),而只有非此即彼(entweder-oder)。……一个依此种方式建构之系统要求当中之各最高阶的概念皆只可导出两个处于互相对立之关系的概念,以确保其要求之完全性。”此即逻辑上二分法穷尽之分类。因其对立之一对概念处于两端,所以其思考方法具有对极性。该思考方法固有助于掌握相关问题之基本架构,但可能忽视生活关系之发生(例如初生、法人之设立)与消灭(例如死亡、法人之解散)之交叉进出,以及其存续中之阶段发展的事实或现象(例如行为能力在自然人生老病死间之演变、夫妻财产制在婚姻存续期间之更易)。因此,其应用必须力求恰如其分。

② 关于债权与物权之区分,衍生出相对权与绝对权之概念,以及在一些情形,将债权物权化,这指关于给付义务,对于债权赋与对第三人之效力,例如买卖不破租赁原则(“民法”第 425 条)、基地承租人对于出租人有权请求设定地上权(第 422 条之 1)。相对权与绝对权之区分,所涉者其实是分指在债之关系,仅债权人与债务人间有给付之权利及义务,以及其间视情形,有个别性之保护义务。至于关于权利本身之不可侵害性,对于物权及债权其实都有适用。不同者为:因为债权属于无体财产权,对之,只可能透过加害于债之客体(例如目标为物时,使该物发生毁损或灭失,致生给付不能;在目标为劳务时,加损害于债务人,使其不能为给付)或透过竞买,使债务人对自己而不对其原来之债权人给付,以达到加害于债权之结果。在第一种情形,其侵权责任之成立的障碍,源自直接故意之有无。第二种情形,其障碍源自其竞买在市场经济制度下,是否具有违法性(第 244 条第 3 项)。

③ 这当中有时会发展出其中间类型。例如在行为能力与无行为能力间有限制行为能力,在过失责任与无过失责任间有中间责任。这时便构成类型谱。

④ 因为“民法”第 316 条规定:“定有清偿期者,债权人不得期前请求清偿。如无反对之意思表示时,债务人得于期前为清偿。”故除契约另有规定外,原则上仅债务人方享有期限利益。第 549 条第 1 项规定“当事人之任何一方得随时终止委任契约”,使委任契约之当事人仅在同条第 2 项所规定的限度享有期限利益,即“当事人之一方,于不利于他方之时期终止契约者,应负损害赔偿责任。但因非可归责于该当事人之事由,致不得终止契约者,不在此限(第 2 项)”。

各得随时终止契约,在终止后,其债权人得随时请求清偿,债务人得随时为清偿。但目前不定期限之耕地租赁契约,却必须有"土地法"第114条所规定之法定终止事由,始得终止。不动产之不定期租赁依目前实务亦有类似的问题。① 可能使不动产租赁成为不定期租赁者,除当事人自行约定者外,尚有期限逾一年之不动产之租赁契约未以字据订立,而视为不定期限之租赁("民法"第422条),或租赁期限届满后,承租人仍为租赁物之使用收益,而出租人不即表示反对之意思,而视为以不定期限继续契约(同法第451条)等情形。在不定期限之继续性契约双方本来皆应无期限利益之保障,所以将该二条规定之不定期限租赁解释为不得任意终止,显然不妥。这与不定期限之劳动契约习惯上以得自请或强制退休时为其期限者,不同。

要约不但可与承诺构成对极,也可与要约诱引构成对极。以此为例,对极之构成亦基于一定之标准,以满足特定之类型化上的目的:或者用来说明,或者用来作为针对下位类型之特征,给予必要之分别对待的基础。是故,一个法律概念或类型,其对极不限于一个。要约与承诺所构成之对极以该意思表示所含法效意思在缔约上之角色的先后加以区分。两者所同者为愿意以所表示之法效意思的内容为内容缔结契约。所不同为:要约以愿意以自己首先对他人表示之法效意思的内容为内容,与受意人成立契约关系为其内容;承诺以愿意以他人对自己表示之法效意思的内容,作为自己之法效意思的内容,与相对人成立契约关系为其目的。要约与承诺之对极构造的异点在于谁先表示,谁后表示。至于要约与要约诱引之共同点仅为表示。其不同为要约在要约中有前述之法效意思,而要约诱引则无,而仅有引诱他方为要约之意思。要约诱引并非意思表示,不生法律效力,论其实际不是法律加以规范之行为,从而要约与要约诱引之对极关系上的关联,在于两者皆与要约有关的情形下,一个是要约,一个不是要约。此为要约与非要约之关系。他们本来应是最标准之对极类型。当相对于承诺,将与要约有关之事项加以探讨,可以观察到实务上缔约人为避免受到要约之片面拘束所造成之不利,缔约人之缔约活动有从要约向要约诱引发展之考虑上的变化。例如消费者甲至乙电气行向乙问"这部电冰箱卖多少钱?",此为要约诱引;乙答称"算你两万元",此为要约。甲再问"可不可以便宜一点儿?",此为进一步之要约诱引;乙回答"算你1.8万元",此为再要约,具有改变原要约的效力。倘甲向乙还价为1.7万元,此为限制要约之内容的承诺,视为拒绝要约,而自己为新要约;乙回答"再加一点",此为拒绝甲之要约,而未为新要约。甲答称"不能再加",此为回复本因拒绝而失其效力之要约的效力。其实它是一个新要约。以上为要约诱引与要约在缔约活动中经常反复出现的情形。

关于要约,其发展可从要约诱引到要约。在诱引阶段,其表示之内容不包含以所表示之内容与受意人缔结契约之法效意思,而仅有希望相对人对其要约的愿望通知。因其不包含法效意思,故其表示不能生法律效力。亦即不会使表意人因此受到拘束。反之,倘表意人有以其表示之内容为内容与受意人成立契约关系的意思,则该法效意思之表示即为法律上所称之要约。其表意人因要约而受拘束,盖该表示行为中既包含法效意思,经表示后,除有无

① 台湾地区"最高法院"1990年台上字第1531号民事判决:"按不动产之租赁契约,其期限逾一年者,应以字据订立之,未以字据订立者,视为不定期限之租赁,'民法'第422条定有明文。故未明定租赁期限之租地建屋契约,得依契约之目的,解为定有一年以上之租赁期限者,仍以已订有书面之土地租赁契约为限。本件上诉人自1969年起租用系争土地建筑房屋,似未曾订立书面租约。果系如此,即不得解为定有租至房屋不堪使用时为止之期限,出租人如欲终止租约,须受'土地法'第103条规定之限制。"

效之事由或生效要件之保留或限制外,即可发生效力。唯"民法"第 154 条第 1 项但书规定"但要约当时,预先声明不受拘束,或依其情形或事件之性质可认当事人无受其拘束之意思者,不在此限。"于是引起在要约诱引与要约间是否存在中间类型的问题。乍看之下,既云要约人因要约而受拘束,亦即要约有拘束力,则如何有无拘束力之要约的存在空间,此为对极思考下的疑惑:认为可以二分法将正讨论之对象予以穷尽。唯细审交易上关于要约可能之安排,要约人可能只是想要有限度地限制其要约之拘束力,而非根本地不愿受其要约之拘束,例如:本来在要约生效后("民法"第 94 条、第 95 条),要约人于要约之存续期间应受拘束,而不得为要约之撤回。但倘要约人于要约时,预先声明保留,在受要约人承诺前,撤回其要约之权限者,其保留固不根本否定其要约之拘束力,但却有限度地限制了其拘束力。不过,因要约人对于要约拘束力的限制,尚未达到使该要约根本不再得为承诺之对象的程度,所以该要约之拘束力虽受到限制,仍属于可以与承诺结合成契约之要约。由是可知,自拘束力观之,对要约尚有类型化的可能。类似的情形,在要约中声明"存货有限,欲购从速"或"价格改变,不另通知"皆具有保留要约撤回权的意义。由此可见对极思考或二分法之分类外,法律理论与实务常借重类型谱的建立,说明界于两极间之类型,以及两极类型相互间随着共同特征之增减之变化的情形。对极思考所以比较容易应用,乃因其有时可利用规范上相反的用语指称互相对立的概念或类型。例如不动产与动产("民法"第 66 条、第 67 条)、成年人与未成年人(第 12 条)①、定期与不定期契约、有偿与无偿契约皆为"民法"上明文规定互相对立的概念。然并不是一切成对的用语皆有对极的意义。例如财产上与非财产上(亦即精神上)损害间固有对极意义,②但与之有关之财产权与人格权间则无。财产权受侵害通常固有财产上损害,但其有时可能发生之非财产上损害则不被现行法肯认具有请求赔偿之资格。至于人格权受侵害不但可能引起非财产上的损害,亦可能引起财产上的损害。然不论何种损害,依"民法"第 18 条第 2 项,皆以法律有特别规定者为限,始得请求损害赔偿或慰抚金。③

---

① "民法"第 12 条规定"满二十岁为成年"。此为"民法"对成年所下之定义。至于未成年人,"民法"对之并无明文规定。未满二十岁者为未成年人,纯属对于第 12 条规定反面解释之结果。此种处理方式与动产不同。关于动产,"民法"在定义不动产之余,还是将其反面解释明文规定,以定义动产。明文将反面解释之内容再予规定者,"民法"上并不多见。

② 跟财产上与非财产上(亦即精神上)损害之区别容易混淆者为具有权利地位及不具权利地位之财产利益的损害。该区别之实益在"民法"第 184 条第 1 项前段所定之一般侵权行为所保护之法益以具有权利地位之财产利益为限。其他侵权行为的规定、缔约上过失及积极侵害债权则可及于不具权利地位之财产利益。

③ "民法"第 18 条第 2 项所称之特别规定所指者为何? 有谓必须明文泛以人格权(同法第 195 条第 1 项、第 227 条之 1)或专以具体人格权之侵害为其构成要件(同法第 19 条,第 192 条至第 195 条)。这可称为特别保护说。有谓人格权既为权利之一种,而"民法"第 184 条第 1 项前段除规定以权利为其保护之客体,就其保护之权利并无排除人格权之规定,所以,该项亦当是第 18 条第 2 项所称之特别规定。这可称为一般保护说。鉴于特别规定系相对于普通规定而言,在以保护客体区分法律之特别与普通时,对于一定客体之保护,法律如有应有特别规定为其依据之规定者,泛以一切权利为其保护客体之规定的保护范围自当解释为不包含该经规定应以特别规定为其依据之权利。所以,前述二说应以第一说为当。

3.类型谱

规范类型为取向于一定之规范目的取舍规范对象之特征后,由剩下来之数个基本特征(Merkmale)或元素(Elemente)交织而成的集合。在类型中作为其构成部分之基本特征或元素,其有无和强度是可以变化的,其中有一些可以褪去,可以凸显。在其褪去或凸显的过程中,可能产生不同类型间的蜕变。可为其代表的典例为附条件买卖①及融资性租赁。②

类型之建构不论以物或事务之平均或经常的状况为依据,其构成皆以物或事务整体上或构造上之共同特征为基础。在类型的构成上,类型所属之物或事务固应有其共同特征,但这些特征在属于该类型之物或事务上的表现不仅在程度上,而且有时在有无上,皆不尽一致。所以物或事务在类型之归属上必须就其特征整体观察,归纳其最大公约数,不得执于一

---

①　例如在买卖契约,当双方约定,买受人于受领买卖目标物之交付后,就价金得分期给付时,该契约便从单纯的买卖朝着兼具融资(消费借贷)功能的方向发展。于是,产生价金之担保的需要。最小程度之担保的征取方法为:出卖人就目标物之交付可能引起之所有权的移转效果("民法"第761条),附以停止条件,保留目标物之所有权,至买受人给付最后一期价金时,以维持能够行使同时履行抗辩权的态势。所以,该附条件买卖被定入动产担保交易法,以凸显该买卖之担保交易的类型特征。在附所有权保留之停止条件的分期付款买卖,其目标物交付后,分期付款的过程中,买卖双方有下述利益之推移:(一)买受人方因目标物之使用而受益,(二)出卖人方因目标物之交付使用,该物将随时而折旧耗损。在买受人支付之价金的数额超出折旧及耗损时,买受人对目标物之残值享有的利益大于出卖人。其意义为该目标物之拍卖所得价额可能大于买受人尚未给付之价金余额。在具体的情形究竟如何,系于已给付价金之数额、折旧与耗损的程度,以及最后拍卖所得之价额。就此,"动产担保交易法"第28条规定,目标物所有权移转于买受人前,买受人不依约定偿还价款者,出卖人得取回占有目标物。该条第2项虽然直接规定"出卖人取回占有前项目标物,其价值显有减少者,得向买受人请求损害赔偿",但其损害赔偿之请求应循第29条规定之程序:"买受人得于出卖人取回占有目标物后十日内,以书面请求出卖人将目标物再行出卖;出卖人纵无买受人之请求,亦得于取回占有目标物后三十日内将目标物再行出卖(第1项)。出卖人取回占有目标物,未受买受人前项再行出卖之请求,或于前项三十日之期间内未再出卖目标物者,出卖人无偿还买受人已付价金之义务,所订附条件买卖契约失其效力(第2项)。"换言之,如不践行再行出卖的程序,买受人已付价金视为双方因该买卖所受利益或所受损失的对价或赔偿,买卖双方互无找补义务。从而出卖人亦不得依第28条第2项对于买受人请求赔偿。

②　在租赁契约,当其租赁期间加长至接近于该物一般之耐用年数,双方约定之租金总额必接近于租赁物之价金。于是,此种租赁事实上便具有习称之融物的特征。因此,引起在承租人给付最后一期租金时,该租赁物的所有权,是否应该移转于承租方始符合双方之利益关系的问题。基于该认识乃发展出融资性租赁的交易类型。融资性租赁不但以租赁达到与附条件买卖相同之保留目标物所有权之目的,而且更为利落。盖在租赁,出租人本来便仅负交付租赁物供承租人使用,而不负移转租赁物所有权的义务。是故,关于租赁物所有权之移转,在租赁届满时还需要一个关于租赁物之买卖及移转的契约。这是通过特征的调整,从用益之债(租赁)向让与之债(买卖)发展的类型。其发展方向与附条件买卖不完全相同。所使用之手段虽然不同,一重在于融资,一重在于融物,但共同皆具有融通授信的意义。在融资性租赁,通常双方会约定,"租赁期间届满时,承租人得在一定期间内,对出租人支付约定之象征性价款,取得租赁物所有权"。该象征性价款之给付为承租人取得租赁物所有权之要件。其作用类似于随意之停止条件,属于一种对己义务,其不履行生失权效力。

端。不过,当其特征有所增减时,必须特别注意其特征之量变可能导致原来所属类型之质变。[①] 例如当去除买卖之价金因素或特征,该买卖即质变为赠与。反之,对赠与附以负担时,该赠与即向买卖转化。但因对于受赠人,该负担仅是一种对己义务,所以,虽有"民法"第413条规定:"附有负担之赠与,其赠与不足偿其负担者,受赠人仅于赠与之价值限度内,有履行其负担之责任。"其不履行原则上不引起超过赠与价值之债务不履行的责任。[②] 至多最后仅生失权效力,赠与人得撤销赠与("民法"第412条),而后以赠与给付之法律上原因事后消灭为理由,请求不当得利之返还。同理,"民法"第414条规定:"附有负担之赠与其赠与之物或权利如有瑕疵,赠与人于受赠人负担之限度内,负与出卖人同一之担保责任。"附以负担并不阻止赠与发生效力,此与附以停止条件不同。[③]

类似的道理,法律类型之构成亦取决于其共同特征。哪些特征之共同,在法律上有类型化之意义,尚待于规范上之价值判断。此与概念之形成一样,必须为以规范之目的为特征之取舍。只是鉴于当为的要求应有存在的基础,而且存在可以导出当为,所以在类型的构成上其特征之取舍,仍非可为所欲为。例如,"民法"为配合私法自治,将自然人区分为成年人与未成年人。关于行为能力人,将自然人区分为完全行为能力人、限制行为能力人及无行为能力人时,其区别,亦即其类型化上之特征或标准的取舍,并非可不顾自然人之存在上的特征中,与处理事务之能力的有无有关者,任意取舍,而必须一方面考虑到最能一般表征自然人处理自己事务之能力的特征,一方面考虑该等特征存在之有无,在证明上之难易的程度。是故,虽然精神或智力状态最能直接表征一个人有无处理自己事务之能力,但"民法"却以年龄(满二十岁)为标准先将自然人区分为成年人与未成年人,然后规定成年人除非经监护之宣告(第14条)或辅助之宣告(第15条之1)原则上有完全行为能力。而后再以是否满七岁为标准将未成年人区分为限制行为能力人及无行为能力人。但未成年人已结婚者,为满足其生活上之交易需要,例外规定其为有行为能力人(第13条)。以上为一个人之行为能力的一般规定,原则上适用于其所从事之一切法律行为。但虽非无行为能力人,而其意思表示,系在无意识或精神错乱中所为者,其意思表示,与无行为能力人之意思表示一样,皆为无效(第75条)。此为就各别意思表示,按其从事时之具体情形,分别所作之规定。

在此,可以发现年龄的大小,固不当然与精神或智力状态之成熟成正比,但依社会经验终究有相当的正相关。所以,以年龄为标准,虽不若直接以精神或智力状态为标准,能正确

---

① 桌子通常有四只脚,但也可以有三只脚、两只脚或一只脚,但如连一只脚都没有,是否还成其为桌子,便有疑问。又有四只脚之家具不一定是桌子,它也可能是椅子。然则桌子与椅子的区别何在取决于其存在特征究竟适合供为"坐"的用途或适合供为"在其上面从事工作、休闲等活动"的用途。纵使有时椅子被拿来当桌子用,在其上写字、搁茶,或桌子被拿来当椅子用,但皆不因此而使按其存在特征应论为桌子者被论为椅子,应论为椅子者被论为桌子。

② 在附负担之赠与,受赠人不履行负担时,赠与人如不简单透过撤销赠与,请求返还其赠与之给付,其法律关系之发展类似于有偿契约,但受赠人之责任有以赠与价值为最高限额之量的限制。Esser, *Schuldrecht*, 2. Aufl., Karlsruhe 1960,§ 114, 1;Larenz, *Schuldrecht* Ⅱ/1, 13. Aufl., München 1986,§ 47 Ⅲ;Fikentscher/ Heinemann, *Schuldrecht*, 10. Aufl., Berlin 2006, Rn. 978.

③ 台湾地区"最高法院"2013年台上字第1816号民事判决:"按附条件之赠与,乃停止条件或解除条件成就时,赠与契约发生效力或失其效力;附负担之赠与,系指赠与契约附有约款,使受赠人负担应为一定给付之债务者而言,二者并不相同。受赠人依附负担之赠与契约受不动产所有权之移转登记,并非无效。"

表征一个人处理自己事务之能力,然由于一个人是否真有处理自己事务之智力,在个案容易引起证明上的困难,使得以智力为标准虽然理想,但却非可行之类型标准。反之,年龄则比较少有证明上之困难。因此以年龄作为认定或区分成年人与未成年人的标准,较之以自然人之智力状态为标准,在个案比较不会因为举证的问题,而影响到法的安定性。从而可以减少法律的纠纷,增进法律和平。由成年人与未成年人之划分标准或特征的取舍,显见类型特征之取舍上的价值判断。关于行为能力,将自然人区分为完全行为能力人、限制行为能力人及无行为能力人,具有类型谱之建构的意义,亦即利用在完全行为能力人与无行为能力人中列入限制行为能力人的方法,使前两个类型间之转换有一缓冲的中间地带,减少因以年龄截然划分成年人或未成年人可能造成之断层落差的问题。

在所含基本特征或元素之有无或强弱的变化中,显现出类型与概念不同的弹性。在类型内部,根据其基本特征或元素构成互相关联之规范集合及生活关系。在此意义下,类型具有体系的结构,例如委任作为一个契约类型,包含当事人之一方委托他方处理事务,他方允为处理之基本特征或元素。本于该特征或元素,延伸出(1)处理权之授与及其范围,(2)处理权之行使方法(应依本人之指示,并尽一定之注意义务),(3)处理费用及成果之归属,(4)委任关系之终止等基本规定。其中不但处理权之范围有特别与概括之别,处理时所受之指示亦繁简不同。而且为委任事务之处理,受任人是否得请求报酬也因案而异,随之其应尽之注意义务,亦不同:无偿者,应与处理自己事务为同一之注意,其受有报酬者,应以善良管理人之注意为之("民法"第535条)。但这些案件与案件间之特征或元素在此限度内的差异皆不影响具体契约之是否为委任。

不过,前开基本特征或元素倘有进一步的变化,例如受任人之报酬请求权,若以受任人是否完成委任之工作并取得一定之成果为要件,则该契约所属类型,便从委任向承揽演变。更进一步,倘承揽人所应完成之工作为运送,且承揽人为以运送为其营业之营业人,则该契约所属类型又自承揽向运送发展。另所应完成之工作如为动产之创作,且承揽人所负义务还包括材料之提供,则该(工作物供给)契约(Werklieferungsvertrag)所属类型自承揽向买卖发展。① 反之,如委任人对于受任人不以事务,界定受任人应对委任人给付之劳务的内容与范围,而单纯约定为在一定或不定期限内为委任人服劳务,则该契约于有偿的情形,自委任向雇佣演变。由以上的说明可见,各种类型可以因基本特征或元素之加减,而互相转换。在

---

① 台湾地区"最高法院"1970年台上字第1590号民事判例:"买卖乃法律行为,基于买卖取得不动产之所有权,非经登记不生效力,与承揽之定作人原始取得工作物所有权之情形不同。至所谓工作物供给契约,即工作物全部材料由承揽人供给者,如当事人之意思重在工作物财产权之移转时,乃不失为买卖之一种。"台湾地区"最高法院"2013年台上字第1468号民事判决:"按所谓制造物供给契约,乃当事人之一方专以或主要以自己之材料,制成物品供给他方,而由他方给付报酬之契约。此种契约之性质,究系买卖抑或承揽,仍应探求当事人之真意释之。如当事人之意思,重在工作之完成,应定性为承揽契约;如当事人之意思,重在财产权之移转,即应解释为买卖契约;两者无所偏重或轻重不分时,则为承揽与买卖之混合契约,并非凡工作物供给契约即属承揽与买卖之混合契约。"关于德国法的规定与论述,请参见 Esser, *Schuldrecht*, 2. Aufl., Karlsruhe 1960, § 136; Larenz, *Schuldrecht* Ⅱ/1, 13. Aufl., München 1986, § 53 Ⅳ; Fikentscher/ Heinemann, *Schuldrecht*, 10. Aufl., Berlin 2006, Rn. 1225ff.

转换中,类型间的界限常常也不是截然划分的。①

关于类型谱的探讨,通常多置重于主体、客体、行为或契约的分类。不过,也必须注意关于责任要件及应负之责任的程度亦有其类型谱。例如为配合过失责任原则,有故意、重大过失、抽象轻过失及具体轻过失的分类。其中关于过失的分类以注意程度为其认定标准。未尽一般人,亦即平均人之注意程度者为有重大过失,未尽以从事系争事务为职业者之注意程度为有抽象轻过失,未尽与处理自己之事务相同之注意程度者为有具体轻过失。但个别之注意能力低于一般人者,虽已尽与处理自己之事务相同之注意程度,仍论为重大过失。这当中,除与处理自己之事务相同之注意程度的标准属于个别标准外,其余皆是类型标准,以抽象人之注意程度为标准。抽象人之注意程度,不全然是以事实之调查统计为基础,而是为一定之规范政策,可能在规范上加以调整的注意程度。其调整的结果影响过失行为与无过失行为之认定的消长(例如关于污染之排放标准、食品之有害成分的验出标准)。是故,在概念上虽然认为无过失行为所致损害的事件是不能经由注意程度之提高,来避免或防止其发生的事件,但事实上并不全然如是。只是当法律定下一定之注意程度,且行为人以尽该注意程度时,不再得以过失,将该损害归属于行为人而已。至于是否得依其他原则或制度(例如危险责任)课行为人以吸收或分散该损害的义务,这是另一个问题。

由于在不同之债的关系对于债务人所要求之注意程度不一,例如通常在有偿契约要求应尽善良管理人之注意程度,在无偿契约要求应尽与处理自己事务为相同之注意程度("民法"第535条),在紧急之利他行为,行为人除有恶意或重大过失者外,不负赔偿之责(第175条)。另行为人如违反义务或债务在先,则其对于往后之发展所发生的损害,原则上应负无过失责任,例如管理人违反本人明示或可得推知之意思,而为事务之管理者,对于因其管理所生之损害,虽无过失,亦应负赔偿之责(第174条);债务人,在迟延中,对于因不可抗力而生之损害,亦应负责(第231条)②。受任人违反第537条之规定,使第三人代为处理委任事务者,就该第三人之行为,与就自己之行为,负同一责任(第538条)。此亦为一种无过失责任。该责任超出债务人依"民法"第224条,就其履行辅助人履行债务之行为所应负之履辅责任。盖债务人仅就履行辅助人关于债之履行有故意或过失时,始应与自己之故意或过失负同一责任。换言之,在合法使用履行辅助人的情形,债务人所负者为过失责任。唯使第三人履行债务,有一种情形债务人所负之责任小于履辅责任。例如受任人依第537条之规定,使第三人代为处理委任事务者,仅就第三人之选任及其对于第三人所为之指示,负其责任

---

① 关于类型谱,详见 Larenz, *Methodenlehre der Rechtswissenschaft*, 6. Aufl. Springer-Verlag 1991, S. 469ff.。在这里,Larenz 以团体性(团体结构:verbandmäßige Struktur)之强弱说明人合组织之类型谱。团体性低者,该组织之决定应得其成员全体之同意,亦即必须尊重每一个成员个别之意思,不以少数服从多数之团体意思为决定的方法。反之,团体性高者,该组织之决定只要得到多数人或多数股份表决权数之可决即可。亦即少数应该服从多数,从而少数意见在团体中可能因此不具意义。结果个人意思便可能隐没于团体意思中。此种组织之团体性凌驾个人性,由此显现。就人之组织,他认为以此为准,可以建立自民事法上之合伙、非法人团体,无限公司、两合公司、有限公司至股份有限公司之类型谱(Larenz, aaO. S. 471f.)。

② "民法"第231条但书规定:"但债务人证明纵不迟延给付,而仍不免发生损害者,不在此限。"其意义为陷于给付迟延之债务人纵使应对于含因不可抗力而生之损害,负无过失责任,其负责范围亦仅限于与其迟延有因果关系者。另该条规定尚有一个意义,即指出:无过失责任之态样,有对因不可抗力而生之损害应负责及不用负责之类型化上的可能性。

(第 538 条第 2 项)。此为一种行纪责任(第 661 条)①。关于他人之履行行为,债务人可能负之责任,视上述情形,从无过失责任、履辅责任减轻至行纪责任。

类型本身已具体系的结构,可作为体系之建立的基础或方法,已如前述。当经由构成类型之基本特征或元素的变更,组成类型谱,以类型为基础,可以建立体系,其态势更为明显。由具体现实现象建立之类型固可以作为建立体系的方法,但当类型之建构取向于具体事实所含特征或元素,或者自具体事实所含特征或元素,取其公约数归纳而来,则比较不能显现其价值方面的考虑。故 Larenz 认为类型或类型谱之建立,对于法秩序之内在关联的认识,其价值还是有限。借助于类型谱,就像将权利、债的关系、公司行号等类型互相关联的部分规定纳入契约法或整部私法中。这仅能显现其外部体系上的逻辑构造,而不能适当掌握,作为这些规范之基础的原则和它们与法秩序全体之法律原则或基本价值间的关系。是故,他认为必须探讨法之内在体系,始能在类型之规定外,认识一般的法律思想或评价标准。②

4.类型的滥用

所谓类型的滥用表现在以假为真,以及类型之逻辑层次的错置。例如为税捐规避,而从单纯的人寿保险,越过"储蓄型人寿保险",规划出所谓的"投资型人寿保险"。其共同类型特征为,以被保险人死亡为保险给付请求权之发生的要件。其差异首先为出险的盖然率,其次为保险费(分子)对于保险给付(分母)之比值。出险之盖然率愈低,该比值(保险费率)随之愈低,该保险之分散危险的实质意义愈大。从而愈接近保险制度之本来的意旨:分散危险。反之,其出险盖然率愈高,该比值愈高,该保险之分散危险的实质意义愈小。从而愈离开保险制度之本来的意旨:分散危险。

在单纯的人寿保险,其出险率低,保险费对于保险给付之比值相当低。是故,对于大部分的投保人而言,几乎都不能收回保险费。其给付之保险费真正是其购买保险的对价。全部投保人给付之保费扣除保险人之管理费及利润后,用来济助因发生保险事故,而不幸损害的被保险人或其受益人。因为在储蓄型人寿保险,在保险期间届满时,若被保险人不死亡,被保险人或受益人可领取约定之保险给付;在保险期间届满前,若被保险人死亡,受益人可领取同额之保险给付。所以,在储蓄型人寿保险,投保人或受益人原则上最后要收回缴纳之保险费的全部及按较市场利率稍低之利率计算的利息。该利率与市场利率之差所计得之利息,实际上即为该储蓄型人寿保险的保险费。是故,储蓄型人寿保险还是有分散危险的机能,只是相对上低于单纯的人寿保险。

至于投资型人寿保险,其特征为:(1)要保人给付之保险费极接近于保险给付,有时甚至高于保险给付,(2)出险的盖然率等于一。是故,此种保险因为几无分散危险的机能,只具保险的形式名称,而无保险的实质内容。

为何要保人愿意负担无利息或甚至有本金之损失的不利,投保这种必有损失的投资型

---

① 典型的行纪特征为"以自己之名义,为他人之计算"从事交易("民法"第 576 条)。在此种契约,行纪人之任务系为委托人选任适当之交易对象,缔结以委托人委托之目标为内容的契约。所以,原则上仅就相对人之选任及指示负责(第 538 条第 2 项、第 661 条)。

② Larenz, *Methodenlehre der Rechtswissenschaft*, 6. Aufl. Springer-Verlag 1991, S.473. 关于内在体系,另请参见 Larenz, aaO., S. 474ff.; Philipp Heck, *Begriffsbildung und Interessenjurisprudenz*, Verlag Gehlen, 1968, S. 187ff.; § 13 Die Probleme des inneren Systems.

人寿保险？其盘算为损失之利息及本金,可以从其遗产税、赠与税或受益人之所得税的优惠中获得弥补。盖人身保险之保险给付,对于投保人不论为其对受益人之赠与;对于受益人就人身保险之保险给付所构成的所得,[①]"所得税法"第 4 条第 1 项第 7 款规定,受益人免纳所得税。在投资型人寿保险,民事法上,其约定内容固为缔约双方所真正合意,但因其目的不在于透过保险分散危险,而在于规避"遗产及赠与税法"关于遗产或赠与之界定的规定。这是典型对于"遗产及赠与税法"之脱法行为。该保险契约之缔结,虽因缔约双方确有缔结之意思表示,而有效,但其契约类型之属性,仍应按其实质内容论断。当其有规避"遗产及赠与税法"关于遗产或赠与之界定的规定时,其约定在"遗产及赠与税法"上,便可能被认定为无效。此种保险之正当性的疑问因此产生。这是纳税义务人滥用类型的情形。类型的滥用在实务上常常与通谋的虚伪意思表示纠缠在一起。因此税捐法有规制类型之滥用的规定。例如依所谓之类型观察法(Typisierende Betrachtungsweise),透过实质之类型化(materielle Typisierung),拟制或导正其真正之课税事实,不许纳税义务人举证推翻。

在民法的立法上也有滥用类型,从事规范规划的情形。例如关于无偿契约之悔约权的规范规划,"民法"第 464 条首先规定,"称使用借贷者,谓当事人一方以物交付他方,而约定他方于无偿使用后返还其物之契约"。该条将具有赋与悔约权之作用的要物要件规定为使用借贷之成立要件,并删除第 465 条原来关于要物之生效要件。然后增定第 465 条之 1 规定,"使用借贷预约成立后,预约贷与人得撤销其约定。但预约借用人已请求履行预约而预约贷与人未实时撤销者,不在此限"。该条对于无偿地使用借贷契约,莫须有地引入预约的契约类型及该预约之撤销的失权规定,以致使用借贷之贷与人的悔约权受到不应有的限制。盖将使用借贷规定为要物契约之目的既在于赋与贷与人以悔约权:得不具理由任意拒绝履行,则除非认为不适当赋与贷与人悔约权,否则,便不应在将使用借贷规定为要物契约之同时,又肯认其非要物之预约类型,导致空洞化其要物规定的效力。针对要物契约,肯认其非要物之预约本在于填补兼有无偿及有偿类型之要物契约规定的法律漏洞。例如消费借贷,其有利息之约定者为有偿,无利息之约定者为无偿。传统上利用要物之生效要件,对消费借贷一概赋与悔约权。该规定对于有偿消费借贷之适用显不妥当。因此,有予目的性限缩的需要。要物之有偿消费借贷契约之预约的肯认,即在于目的性限缩消费借贷之要物要件的适用对象,以填补原来规定之漏洞。反之,将非要物之预约扩张适用至无偿契约,便显然与肯认其悔约权的基础决定冲突。今所以有将使用借贷规定为要物契约,而又肯认其预约的规定,乃因未认识所以规定其为要物契约的价值判断:原则上应赋与无偿契约以悔约权。其

---

① 指定第三人为受益人之保险,与指定第三人为信托利益的受益人之他益信托的规范结构类似。这时有该利益在税捐法上所构成之税捐客体的属性的问题是赠与或所得。就此,关于信托,"所得税法"第 3 条之 2 规定,委托人为营利事业者,该信托利益论为受益人之所得。"遗产及赠与税法"第 5 条之 1 规定,委托人为自然人者,该信托利益论为委托人对于受益人之赠与。

例外为:经公证或为履行道德上之义务而为无偿契约之缔结者,无悔约权①("民法"第408条第2项参照)。

(三)利用法律原则

法律原则可以由个案归纳而出,也可以由上位价值具体化而来。不论以归纳或以具体化的方法为之,其归纳或具体化的结果皆会形成体系之标准架构:树状结构。是故,法律原则可以作为体系之建构上的基础,至为显然。②

由上位价值具体化而来者,例如当肯定人的尊严,认为应赋与个人依自由意思发展自己的机会,则首先必须在一定范围内赋与个人根据自己之意思形成法律关系的权限。为界定该一定范围而有公共事务与私人事务的划分。然后在私人事务的范围内承认私人在国家生活下之自治权,由私人管理自己之私人事务。此即私法自治原则。然后在私法自治权的基础上提出自己决定及自己负责的理念或原则,并保障私人管理自己事务后所获得之成果,即私有财产之保障,除肯认其自由使用收益管理及处分的权利,并禁止他人妨碍或侵害外,还包括移转及顺应私人照顾后代的愿望,肯认私有财产之继承制度。从而在此基础上,发展出各种民商法规与制度。在私有财产制度的发展过程中,有些财产已取得权利的地位,例如各种物权及知识产权(专利权、著作权、商标权);有些则还在发展过程中,尚未取得权利地位,例如不受专利权或著作权保护之专门技术或营业秘密。

1.私法自治事项

在现代的国家生活,存在哪些事项应受法律规范及哪些事项应由公权力机关办理的问题。在法律现象上认识到主体间之"利益"的存在,并以"利益"及"规范利益"之法律,而不以纯属逻辑上存在的概念为其处理对象属于利益法学派的基本看法。利益法学派强调以生活关系中之利益为出发点,然后自利益之层级性或根本性形成体系。是故,国家组织、公权力

---

① 悔约权之立法技术,乍看有两种:以债务人之履行,为生效要件或在履行前,赋与无赔偿义务之任意撤销权。该二种规范方式本来皆可达到肯认无偿契约债务人之悔约权的目的。但因当规定为任意撤销权,在规范规划的思维上可能不小心时会落入关于形成权之规范模式的陷阱,进一步规定:任意撤销权人之相对人得定期限催告撤销权人行使撤销权。其如不于所催告之期间内,行使撤销权,其撤销权即消灭。该发展与规定以债务人之履行为生效要件时,债务人只要不履行,即不致应负履行义务的情形,在规范机制上显然不同。是故,其悔约权之立法技术应采"要物契约"的规范模式。这里所称"要物契约"中之"要物"不是指其契约应以"有体物"为其目标,而是指"以债务人履行该无偿债务为其生效要件"。

② 关于法律原则及法律原则间之关系,请参见 Larenz, *Richtiges Recht*, 1979, S. 42ff.;关于法律原则之位阶体系请参见 Esser, *Grundsatz und Norm*, 2. Aufl.1964, S. 6ff., 200, 309ff.。Canaris 认为法律原则(Rechtsprinzipien)恰处于价值(Wert)与概念(Begriff)之间,并认为在概念中价值判断是隐藏的;反之,法律原则则使价值判断显露出来。是故,法律原则比较适合将法在价值上的统一性再现。例如在法律行为之概念或私法自治之制度中,其建制之价值判断的基础到底为何是隐藏的。因此,相对于概念、法律规定或法律制度及价值,Canaris 认为一般之法律原则在体系之建构上是比较合用的[Canaris, aaO. (Fn. 7), S. 48ff.]。Canaris 并认为利益法学派在法律体系的建立上,忽略处于法律及其意旨与最高价值(例如正义、衡平及法的安定性)间之一般的法律原则,而直接从法律或其意旨连结至最高价值。然无可置疑的是:利益法学派之强点在于个别问题之讨论,而非大格局之关联的表达[Canaris, aaO. (Fn. 7), S. 38]。

机关之权限范围划分,以及人民之基本权利之界定的规定,成为法律体系中之最基本的规定。这些事项之规定,通常订于宪法中,成为一个国家中位阶最高的基本法,其他法律或命令与之抵触者无效。

至于何谓公共事务,事实上正如一般之法律原则一样,都必须在实践中进一步具体化。一般说来,在人类社会生活中所必需之商品或服务,私人不得、不能或不愿供给者,必须由公权力机关供给,此即公共财与私人财之划分的问题。前述划分中,不得由民间供给者,例如国防、情治极明显。但其属不能或不愿供给者,例如具有高度外溢效果之服务,像街灯之装设、防疫、交通建设、教育等等,民间是否能够或愿意供给,常随时势之移转而演变。鉴于公共部门为提供公共服务也会竞争使用有限资源,排挤民间的活动空间,因此,有公共部门之最适规模的探讨。其影响为公共事务之范围,随时空而异,不是一个固定不变的概念。然无论其最后看法如何,其看法基本地决定了公权力机关所得管理之公共事务的范围,以及资源在公共部门及私人部门间的分配。

当在前述基本架构下,向下分别发展出公法及私法的领域。为保障人之尊严及其自由发展机会,此外也基于民间效率常常优于公共部门的认识,近代有倾向公权力机关最少介入民间事务的看法。公权力机关管理公共事务时,莫在不必要的情况下过度介入私人事务,或影响其公平自由竞争,发展自己的机会。甚至更进一步有将传统上之公共事务委托民间办理的情形。此为自由主义想法的实践。并由此延伸出依法行政(法律保留)、比例原则及社会政策的要求。此即所谓社会法治国家的理念。从依法行政原则又向下延伸出对于委任立法的容许及限界、构成要件之明确性。在某些法律并禁止类推适用或法律补充等下位之原则性的要求,以确保依法行政之实现。此外,为避免公权力过度集中所可能引起之缺点,在公法领域也有中央权力向下授权之要求,此为地方自治及产业、职业(团体)自治的制度。这些原则都可以继续基于利益上的考虑向下具体化。

鉴于自由主义之实践,事实上带来之政经权力以市场的方法,或相当于市场的方法集中的结果。这首先造成企业集团对于经济资源的控制,而后也逐步形成政经力量交织之所谓金钱政治的征状,而有以下重要发展:(1)制定劳工法规,除限制雇主关于劳动契约之缔结、终止及其内容之契约自由外,并课劳雇双方一定之公法上的义务。(2)制定消费者保护法禁止对于消费者显失公平的约款,并就消费损害课企业以危险责任。(3)制定竞争法规(公平交易法),禁止企业从事不公平或限制竞争的行为。特别是禁止或防止企业集团滥用优势的市场地位,以维护市场机能。(4)制定社会法规,其与私法关系有关者,主要为耕地租赁及对于身心障碍者之价格或服务方便的优惠。以照顾在市场经济的运转下处于困窘地位的人。不过,社会立法主要还是以公法的形态表现出来,例如全民健保之差别费率。

以上系为维护市场机能,确保私人之基本生活或发展机会,公权力机关不得不介入私人经济活动的情形。于是,使公权力之行使的范围处于趋大趋小之间。这当中显示事务发展之物极必反、相反相克的现象。其间固有矛盾之处,但却是事理之必然的发展。该矛盾及其整合构成不同主体间之相反相成的利益状态,必须以辩证的方法正确对待。本于前开认识,为获致法律和平,有秩序的自由发展并保障其发展成果,必须对这些互相矛盾的利益加以公正规范。这些规范有时以社会的行为规范,亦即伦理道德及交易习惯表现出来,有时,以法律的形态表现出来。以法律形态表现出来者,为国家生活之实践的结果。

这中间虽也有国际组织及国际规约的介入,但这些国际的规范,原则上都必须经由国家机关将之内国法化,始能直接对其统治之人民产生规范上的拘束力。

2.私法自治原则(静的利益)

在私法自治原则底下,其实践的基本理念为让有管理自己事务之能力者(完全行为能力人),就其私人事务利用法律行为(意思表示)形成其与他人间之法律关系。基于自私法自治原则之参与的要求,一件事务涉及二人以上之利益者,其规范的形成原则上必须由他们共同以合意的方式为之。其合意民法称为契约。此即契约原则。在契约原则下,除法律另有规定外,私人关系原则上必须以契约作为其发生、变更、消灭之规范基础。① 所谓法律另有规定的情形,主要为一些以事实行为或单独行为为基础的法律关系。

在私人之自治活动,可能由于时间或专长的原因而必须借助于他人的协助,于是发展出代理制度。使代理人于代理权限内,以本人名义所为之意思表示,直接对本人发生效力("民法"第103条第1项)。此即法律行为以名义人认定其当事人的原则。然倘有人未经其授权,而以本人之名义从事法律行为,该法律行为依然以名义人为其当事人,只是该法律行为因未经本人参与,行使其私法自治权,而不能对其发生效力。为使该法律行为对其发生效力,在缔约经济的考虑下,②最低限度必须让本人有事后参与的机会,以决定是否同意使该法律行为对其发生效力。此即无权代理行为之承认的制度。学说及实务将此种待于本人承认始生效力的法律行为,称为效力未定之法律行为("民法"第170条以下)。同理,在第三人未经本人授权而以自己名义处分本人之权利的情形,也以该处分行为未经真正权利人参与,以实行其私法自治权为理由,规定待于本人之承认,始对其发生效力(第118条)③。又限制行为能力人管理自己私人事务的能力,有尚不成熟之虞,故在具体情形,除法律有特别规定外(第77条:纯获法律上利益或依其年龄及身份,日常生活所必需之行为;第83条:限制行为能力人关于行为能力之诈术行为),限制行为能力人必须经法定代理人之允许(第77条:

---

① 由于契约为私人关系之发生、变更、消灭之基础规定,所以民商法对之不但在民法总则及债法总则给予一般规定,而且在各种之债及公司、票据、海商、保险等特别民法中利用有名契约加以规范。这些总则上及有名契约上之规范皆是以其一般及个别之利益关系的特征,加以具体化后之规定。它们之间根据利益之特征构成体系。

② 就一个未经本人授权而从事之代理行为的效力,基于私法自治原则,法律其实也可以直接将其规定为无效。然为何要规定为效力未定?其目的在于保留一线机会,可以使该法律行为只需再经本人之较为省费的承认(单方行为)后,即生效力,以抢救代理人及相对人为该代理行为已投入的缔约费用。不过,要使一个双方行为效力未定,必须拘束住一方,在无权代理即必须拘束住相对人。这对于相对人当然有所不利。是故,"民法"进一步以定相当期限催告承认("民法"第170条第2项)及主动撤回(第171条)的方式,缓和其不利。

③ 关于无权处分,为何"民法"第118条仅有真正权利人之承认,而无受让人催告承认及在承认前主动撤回的规定?盖当将处分行为定性为无因行为,无权处分具有使受让人纯获法律上利益的性质。因此,无为无权处分之效力未定而规定受让人得催告承认或撤回的必要。至于第2项的规定乃基于禁反言。第3项为基于事理之常:在最初之处分有效时,后来之处分并不改变其无权处分的形势。

关于具体法律行为之允许；①第 84 条：关于处分特定财产之允许；第 85 条：关于独立营业之允许），以确认或补充其有处理系争事务之能力，限制行为能力人始能为有效之法律行为。否则"限制行为能力人未得法定代理人之允许所为之单独行为，无效"（第 78 条），"所订立之契约须经法定代理人之承认，始生效力"（第 79 条）。所以规定，限制行为能力人未经法定代理人之允许者，除法律有特别规定之情形外，不能从事有效之法律行为的意义，即在于贯彻私法自治原则的精神，使限制行为能力人不因智虑不周，行使私法自治权而受到不利。此为限制行为能力制度之设置的道理。

归纳以上关于无权代理、无权处分及限制行为能力人未经法定代理人允许从事之法律行为的效力，除限制行为能力人未经允许所为之单独行为无效外，其他皆为效力未定，应经本人、真正权利人或法定代理人承认始生效力。承认之意义为以事后参与，行使私法自治权，以符私法自治原则。在此观点下，可认为民法关于无权代理、无权处分及限制行为能力人之法律行为的效力规定属于由私法自治原则具体化下来之类型，其共通特征在于以私法自治原则为其规范设计上之"价值判断面"的基础，而非以无权代理、无权处分及限制行为能力人之法律行为在"事实面"上之共同特征为其基础。在事实面上，无权代理人以本人之名义从事法律行为，无权处分人以自己名义处分他人之权利，限制行为能力人未经法定代理人允许以自己名义从事法律行为。这些法律行为如非从私法自治原则的观点加以观察，便无类型之建立上所必需的共同特征。

自私法自治原则导出契约原则、契约自由原则，而后针对契约原则、契约自由原则引申出一些对于该原则之限制的规定。关于契约原则的限制最为普通而突出的表现在无因管理，当构成适法无因管理，纵无一致的意思表示，管理人与本人间还是因为管理人之单方的管理行为，而发生准契约关系；当构成不适法无因管理，本人得透过主张享受管理利益，或承认该无因管理，而单方面地促成准契约关系。此外，随着一件事务所涉利害关系人的增加，契约原则之全数同意的运转机制，亦可能发生不切实际的情事，于是多数决（含普通决议或特别决议），或甚至由代表代为行使自治权之间接参与，亦可能成为必要。关于契约自由原则主要指：根本是否缔约、缔约相对人的选择、契约内容、契约类型、缔约方式等的决定自由。至其限制则为不得拒绝承诺之强制缔约（"电信法"第 16 条：网络互联的强制，第 31 条：共享管线基础设施的强制；"强制汽车责任保险法"第 18 条第 1 项：保险人不得拒绝承保）、优先缔约权（"民法"第 426 条之 2、第 460 条之 1：优先承买权），契约内容的限制指关于契约内容之强行或禁止规定［例如利息（"民法"第 205 条）及租金的法定限额（"土地法"第 94 条第 2 项）］、契约类型（"劳动基准法"第 9 条：关于定期及不定期劳动契约之类型的选择），缔约方式之限制所指者主要为法定要式的规定（"民法"第 422 条：不动产租赁契约之方式，第 554 条：经理权之特别授权，第 558 条：代办商之特别授权，第 730 条：终身定期金契约之缔结，第 756 条之 1：人事保证之缔结）。上述散布于债法的规定，在债法中构成一个以私法自治原则为中心思想的法律体系。其相关规定之内容为私法自治原则或契约原则具体化下之结果。

---

① "民法"第 77 条所定关于从事一定之意思表示的允许，应得适当确定其允许的范围。此为意思表示之内容应确定的要求。唯法定代理人应不得概括地允许限制行为能力人从事一切之法律行为。盖该概括的允许等于宣告该限制行为能力人成年。另在限制行为能力人依允许而从事意思表示前，法定代理人得撤回其允许。其撤回的效力与代理权之撤回类似（参照第 107 条）。

当中使用到之概念不单纯以其规范对象之事实面特征的取舍为其建构的方法,至少部分以其设定之规范功能为其定义之基础。因此学说上称此类概念为功能界定或建构之概念(funktionsbestimmte Rechtsbegriffe)①,例如法律行为、适法无因管理,透过功能界定之概念认识法原则之具体化及其具体化下来之规范内容。当中呈现在法体系之建构中,法原则向具体规范内容之推进的过程,以及后来具体规定之内容必须一直能够回溯至其在具体化过程中所自之法原则。法原则随着时空之经过,虽亦有其演变的需要,但仍应细心呵护法原则之核心精神,确保其在立法上及司法适用上能够被维持与贯彻,不因一时权力关系之轮替,而受到扭曲。②

有些事情,受内外时空条件的制约,为求生存与发展,一时固然难以求全,但总要在互相理解与体谅中留一分余地,总结中外的知识与经验,不要轻易趋于否定不同的看法。多沟通,以形成共识,积累可以互相信赖的经验,创造条件,一起向正确的目标前进。这不容易,但正因难能,所以可贵。希望能避过能者的骄慢,集思广益,凭借悠久历史所积累之智慧的宝库,能够破除万难,达到可利益各方,足为典范的成就。

3.过失责任原则与危险责任

当损害发生时,该损害即因其所损及之利益属于谁之利益而首先由该利益所属之人负担之,此为损害在事实上之归属。唯损害在事实上所归属之人不一定是该损害在规范上所当归属或分担之人。损害之归属或分担在规范上有其评价上的看法。当损害在规范上所应归属或分担之人与该损害发生时事实上归属之人不同时,该损害之归属必须利用赔偿或补偿的方法予以调整。此即损害之归属与分散的问题。

在民商法之发展上,其根本依据为由私法自治具体化下来之契约原则与自己责任原则。为使自己责任原则的实践,能产生规整人之行为的规范机能,引申出过失责任原则。盖对于无过失之行为,课以责任,只能归属损害,不能规整行为。称为过失责任原则,指民事法原则上以行为人有过失作为损害在规范上之归属的依据。为决定损害在规范上的归属,除过失责任原则外,还发展出一些归属或分散的原则:有以造成损害者与受害人之相对经济状况作为归属标准者(衡平责任)("民法"第 187 条第 3 项、第 188 条第 2 项),有以造成损害之原因是否属于特定人所引入于社会生活中之危险作为归属之标准者(危险责任)③,有以当事人之一方在交易关系上是否处于可以利用价格机能,将系争损害分散到向该当事人购买商品

---

① Larenz, *Methodenlehre der Rechtswissenschaft*, 6. Aufl. Springer-Verlag 1991, S. 482ff.

② Larenz, *Methodenlehre der Rechtswissenschaft*, 6. Aufl. Springer-Verlag 1991, S. 487.

③ "民法"第 190 条关于动物占有人之损害赔偿责任虽以"中间责任"的形态加以规范,唯由于免责事由之举证不易,在实际上其责任接近于无过失责任,所以可论为一种危险责任。此外,"强制汽车责任保险法"第 4 条对于交通工具之所有人课予具有危险责任性格之无过失责任。此为纯粹之危险责任。唯超出该法所定保险金额以上之损害的赔偿,仍采过失责任原则。不过,该责任依"民法"第 191 条之 2 已转为中间责任:"汽车、机车或其他非依轨道行驶之动力车辆,在使用中加损害于他人者,驾驶人应赔偿因此所生之损害。但于防止损害之发生,已尽相当之注意者,不在此限。"

或服务之人作为归属之标准者(保险责任)①,有以系争损害是否于相对人违反第一次义务后所发生,并与之有因果关系作为归属之标准者(违反义务后之结果责任)。这些都是无过失责任。所以例外地课以无过失责任者,其目的不在于非难或规整行为,而在于分配损害给能够吸收或分散该损害的人,或归属损害给引入不必要之危险的人。该等无过失责任态样的归属标准即为其无过失责任之课予的实质考虑基础。必须从该实质基础观察,始能认识无过失责任之课予的必要性及妥当性。不探求所以课无过失责任之实质基础,而单纯地主张将损害归属于行为人的看法,无异于单纯主张"行为责任"或"结果责任"。此种主张不能符合损害之归属上的伦理要求,也不能利用损害之归属,来表现法律对于受法律规范者之主观责任的评价,以达到引导其行为向善之规范目的。或谓"行为"即为归属"损害"之合理基础。但如此主张,除了归属损害外,因其不以行为与结果之控制可能性意义下的过失为基础,将不一定具有导正行为的作用。其中保险责任属于企业对于其生产上或其商品或服务之使用上的必要危险引起损害时,所负分散损害之责任。此种危险责任需要保险制度及事件的有限责任制度相配合。欠缺该配合之保险性的危险责任有不具财务可行性之法律漏洞。例如"消费者保护法"第 7 条所定之危险责任即有该配合之欠缺的问题。

因为危险责任是过失责任原则之例外,所以其课予,首先需要有法律之特别规定为其依据。其如有应课予危险责任,而未为规定的情形,或虽有规定,但又有例外排除其适用的情形,则就因此所造成之规范基础之欠缺,必须检讨其欠缺是否构成法律漏洞。例如就因药物不良反应致死亡、障碍或严重疾病时造成之药害("药害救济法"第 3 条第 1 款),同法第 4 条第 1 项规定,"因正当使用合法药物所生药害,得依本法规定请求救济"。核其要件并不以故意或过失为其要件,故可论为一种危险责任。然同法第 13 条第 9 款规定:"常见且可预期之药物不良反应",不得申请药害救济。于是,引起该除外规定,是否有因"不当有除外规定而有除外规定"所构成之法律漏洞②的问题。在此,其当有或不当有,取决于其财务可行性。所以,"药害救济法"第 4 条第 3 项规定:"第 1 项救济,主管机关于必要时,得考虑药害救济基金财务状况,依药害救济急迫程度,分阶段实施之。"在此,主管机关就其阶段实施之必要性的判断,仍应切合实际。不适合认为:其当然有裁量或判断余地,不受司法审查。另当其有所决定,仍应以适当之法源(法律或法规命令)明确规定,而不适合以行政规则定之。例如同法第 13 条第 9 款规定中所称"常见且可预期"之用语,固常见于日常用语,但以行政规则

---

① 在现代环保、消费者保护有关之法律常课工业兴办人就公害、商品制造人就消费伤害,不论其故意过失之有无,皆应负损害赔偿责任。课以此种损害赔偿责任之理由不在于其行为之可非难性,而在于工业兴办人或商品制作人可利用其市场地位分散公害及消费伤害所造成损害的危险。是故此种无过失责任,具有强制保险责任的性格。所以为贯彻之,必须有保险制度及限额赔偿之有限责任的制度相配合。利用有限责任来限制风险以安心投资,在海商法上及公司法上皆有采用。在公害之危险责任往往会有数家事业共同造成公害的客观事实。于是,引起受害人之损害究竟由哪家事业排放之污染物引起及其范围的困惑。该问题与"民法"第 185 条第 1 项后段规定者类似。所不同为,前者为共同合法危险行为,后者为共同不法危险行为。因此,学说上有认为参与共同合法危险行为虽应为其行为负责,但应仅按其排放占全部排放之比例,而非为全部损害负责。至其比例的计算方式,可能按实际排放量,也可能按产量、产值推计之排放量计算之。

② 法律漏洞,有因"应有规定而无规定",或有因"应无规定而有规定"而发生。这犹如"花瓶底部应无洞,而有洞",或"花盆底部应有洞,而无洞",皆分别构成瑕疵。其当有之"有"或"无"的状态,取决于其"插花"或"栽花"的功能目的之设定。

将"常见"订为大于等于 1% 之发生率,①则不免涉及擅断。此外,为何常见便不救济,其道理固在于,财务负担能力。但是否已足以因之,而可不借助于危险责任,分散其危险,仍非无斟酌余地。

就一项新药,有 1% 的盖然率发生药害,意味着有 99% 的病患因服用该新药而获得帮助。因此,认为适当为 99% 的幸运病例,牺牲 1% 的不幸病患,以避免药商因为应负担药害救济金,而遭受财务损失。问题是:现行药害救济制度其实是一种药害互助性的保险,其财务负担最终并不归属于药商。药商只是该药害损失之分散者。其利益权衡之真相是:由服用该药物获得正面效益之 99% 的幸运者,共同承担该 1% 之不幸病患所遭受的损失比较好,还是由不幸遭受药害者,单独负担比较好? 如由其单独负担,无异于放弃 1% 的不幸病患及其家庭;借助于药商,透过药害救济分散药害,实际上是由服用该药物者之全体共同负担。这虽必然增加每一位病患之负担,但总是因分散而比较容易一起撑过难关。此外,药商如应负担药害救济(互助保险)之费用,其药价会高于不需负担的情形,从而降低其需求。药害出险率之降低,最后可降低药商应分担之药害救济(互助保险)费用,有利于药商。因此,对药商课以药害救济之义务,对其提高药物安全,降低药害之发生盖然率亦会有正面的作用。

4.自己责任原则

(1)概说

自己责任原则可以表现在契约关系及行为责任(损害赔偿之债)。此为私法自治原则之自己决定、自己负责的精神,在法律行为及事实行为之效力上的表现。是故,非契约当事人,原则上不因契约而负履行义务或享有请求给付的权利。其例外的情形,首先为利益第三人契约("民法"第 269 条、第 539 条)。至于由第三人给付契约,则仍无使第三人因此而对债权人负给付义务的效力(第 268 条),而仅有使约定人于第三人不为给付时,应对他方负损害赔偿责任的意义。欲使第三人对于债权人直接负给付义务,除保证之情形外,必须有债务承担(第 300 条、第 301 条、第 425 条以下)。在保证,保证契约应由债权人与保证人缔结(第 739条)。在债务承担,其承担契约必须或者由第三人与债权人订定,或者由第三人与债务人订立,并经债权人承认。以上情形因保证或债务承担而利益可能受到不利之影响者,皆以事前或事后参与保证或债务承担之行为,始对于保证人或第三人(债务承担人)发生效力,并不违反私法自治原则。

以上为关于自己责任原则在契约关系上之例外表现,至于其在侵权行为法或债务不履行上之例外表现,例如依"民法"第 28 条、第 187 条第 1 项、第 188 条、第 224 条、第 538 条。在这些规定,法人对于其董事或其他有代表权人因执行事务所加害于他人之损害,应与该行为人连带负赔偿责任,法定代理人对于其监护之无行为能力人或限制行为能力人之侵权行为,(连带)负损害赔偿责任,雇佣人就受雇人因执行职务不法侵害他人之权利所发生之损害连带负赔偿责任,债务人就其代理人或使用人关于债之履行中之故意或过失行为,应与自己之故意或过失行为负同一责任。自民法仅于法律有明文规定的情形,始课当事人以义务,对

---

① 台湾地区行政事务主管部门"卫生署"2011 年 10 月 7 日署授食字第 1001404505 号:"核释'药害救济法'第 13 条第 1 项第 9 款之'常见且可预期之药物不良反应',不得申请药害救济。其中'常见(common)'一词,'本署'以国际归类定义,系指发生率大于或等于 1%。"

第三人之行为负（连带）损害赔偿责任，可反面归纳出：一个人原则上只就自己之行为负责。此即自己责任原则。

（2）债之相对性

自己责任原则在债之效力的表现为：其主体的相对性。因为依自己责任原则，一个人原则上只为自己之行为负责。所以于债发生时，便同时按该当于构成要件之法律事实的归属，决定其主体为谁。又因一个人只就可归属于自己之法律事实，所该当之法律规定负责，所以，于债之发生时，便同时决定其客体为何。主体及客体在债之发生时便已经决定，构成其具体法律关系初始之内容。其往后之变动必须另有意定的（例如"民法"第 319 条：代物清偿；第 320 条：间接给付或更改的约定）或法定的事由（例如第 225 条、第 226 条：给付不能）。此为债之相对性及发展的问题。①

所谓债，指特定人对特定人得请求为特定给付之权利（债权）或负为特定给付之义务（债务）。享有权利者称为债权人，负有义务者称为债务人。在债之关系中只有特定人对特定人才享有权利或负有义务。此为债之"主体"上的相对性。又债权人对于债务人只得请求特定给付，故债在"客体"上亦有其相对性。所谓债之相对性即指前述只有债权人与债务人相互间，关于特定给付始在履行上或请求上具有债权债务关系而言。并非指债权人对于第三人不得主张其债权具有不得加害性。就第三人不得加害而言，债权与物权间并无区别。是故，第三人侵害债权是否构成侵权行为的疑问，不因为债在履行上或请求上之前述相对性，亦非因债权不是"民法"第 184 条第 1 项之前段所称之权利，而在于第三人侵害债权时，该第三人对于其行为会加害于他人之债权常无预见性，从而不满足故意过失之要件，或因该债权所受之损害，与该加害行为间常无相当因果关系，或甚至其加害行为在法律上经评价为不具违法性。② 在此意义下，所谓物权之绝对性或绝对效力，其用来与债权相区别的部分应指与物权之行使有关之部分，亦即本于其物权，得对任何人，而非仅对特定人，得主张：只有物权人才可以对于构成该物权之客体（物或对于物之权利），行使对于该客体之价值权或（及）用益权。物权（或支配权）之该项绝对性所指之部分具有实现物权的积极作用。此与禁止他人加害有

---

① 债之相对性除得用以说明文中以下问题外，尚可为二重买卖、他人之物之买卖以及对于债之侵权行为之说明上的重要基础。因债在请求上仅具相对效力，所以二重买卖及他人之物之买卖，不因其有可能陷于主观给付不能而被论为无效。又债权之相对性也常被引为对于债之侵害不构成侵权行为的看法，不过这种看法已渐被扬弃，而代之以因债未经或难以公示，加害人在加害时，常因不能预见而欠缺故意过失，或因会导致有害于债权之行为，其对于债权之造成损害，常不具相当因果关系。例如，甲开车不小心撞伤在乙公司工作之丙，致丙因受伤而不能到乙公司上班，伤害到乙对丙之劳务请求权。在此，甲之行为固为"乙对丙之债权"之加害行为，而且造成损害，但甲在撞伤乙时，通常不但显无加害于该债权之故意过失，而且其行为也通常不论为与该损害有相当因果关系。此外，在二重买卖的情形，基于市场经济对竞争行为之肯定，其违法性亦受到质疑。认为必须有故意违背善良风俗的情形，始构成侵害行为。

② 债权因未经公示，所以第三人常不知其债务人或债之目标。在劳务之债，一个人如不知特定人为特定债务的债务人，而因加害于该债务人，致其债权人之劳务债权不能实现时，该债权固因受加害人对于该债务人之侵权行为的波及，而受到损害，但就该损害之发生，加害人可以主张其无故意或其加害行为不具因果关系。另有可能一个人虽明知特定人为特定债务的债务人，但为竞争目的向该债务人购买该债务之目标，并抢先受领给付，致原债权人之债权因二重买卖或雇佣而陷于给付不能。这种情形可能从市场竞争机能之维护优先的观点，认为无违法性。以上论点是债权受侵害时，直接依侵权行为法的规定，请求赔偿可能遭遇障碍的道理所在。

关者,仅具防止妨害、除去妨害或请求回复损害(参照"民法"第767条、第18条)等消极作用者,不同。与该消极作用有关之效力为加害之禁止,属于一切权利之共通效力。以下兹分就债之主体上及客体上的相对性说明之:

①主体之相对性

将前述主体之相对性适用至委任;"民法"第537条前段规定受任人应"自己"处理委任事务;第543条规定,委任人非经受任人同意不得将处理委任事务之请求权让与第三人。前者为债务人主体之相对性,后者为债权人主体之相对性。

然则,何谓"自己"?是否限指受任人"本人"?可否包括"履行辅助人"("民法"第224条)?不能一概而论,原则上应视个别契约中依缔约人之约定或债之性质是否容许债务人引用履行辅助人而定。当其容许引用履行辅助人,其行为在债之履行上视为债务人"自己之行为",故在此限度内,"民法"第537条前段所称之"自己"应包括个别委任关系所容许之履行辅助人在内,从而同条后段所称之"第三人"应指履行辅助人以外之人,该第三人虽因经委任人之同意,或另有习惯,或有不得已之事由,而由受任人使其代为处理委任事务,但该第三人之处理委任事务,论其实际并非为或代受任人履行债务,而系履行该第三人本于该复委任关系对于委任人所负处理委任事务之债务。此所以"民法"第538条第2项规定:"受任人依前条之规定,使第三人代为处理委任事务者,仅就第三人之选任,及对于第三人所为之指示,负其责任。"第539条又规定:"受任人使第三人代为处理委任事务者,委任人对于该第三人关于委任事务之履行,有直接请求权。"归纳该两条规定之法定效力可知,在第537条但书所规定之情形,该条规定于受任人最后真为复委任关系缔结的情形,将委任人与受任人之关系限缩为"仅为委任人选任第三人为次受任人,并对其本于原委任意旨为必要之指示",不再包括自为委任事务之处理。在此意义下,复委任关系之缔结具有使原受任人退出委任事务之处理关系的意义。在此认识底下,充为次受任人之第三人,在该委任事务之处理上,属于履行自己对于委任人之债务而非居于受任人之履行辅助人的地位履行受任人对于委任人之债务,至为明白。因此在委任人容许复委任的情形,受任人仅就第三人之选任及其对于第三人所为之指示负其责任("民法"第538条第2项后段),而不就次受任人关于委任事务之处理(债之履行)之一切故意或过失行为,与自己之故意或过失行为负同一责任(第224条)。反之,倘受任人违反第537条之规定,亦即在不容许复委任的情形而为复委任,则因该复委任行为首先构成债务不履行,所以"民法"第538条第1项规定"就该第三人之行为与就自己之行为,负同一责任"。亦即负无过失责任。在此,只要委任人因该第三人之行为而受损害,受任人依该项规定,便应负损害赔偿责任,不以该第三人在引起该损害之行为中有故意或过失为必要。此为债务人就债务不履行后延申之损害所负之无过失责任。类似规定可参照"民法"第231条第2项及第174条第1项。

虽谓履行辅助人与第三人在债之履行的关系,于组织上或业务风险的负担上有所区别,首先并以事实上为履行行为者与债务人间之关系论定其究为履行辅助人或第三人,但在个别委任关系,委任人禁止受任人引用履行辅助人处理委任事务者,在该委任关系,其履行辅助人之引用应论为违反禁止规定,引用第三人代为处理委任事务。从而就该履行辅助人之行为所引起之损害,应依"民法"第538条第1项,课受任人以无过失责任。唯该责任之规范基础,究为直接适用或类推适用"民法"第537条及第538条第1项,将该履行辅助人解释为或类推为该等规定之第三人,仍有讨论余地。其论点之取舍决定于:履行辅助人与第三人之类型概念的划分。在委任事务之处理（债之履行），认为其划分应决定于受任人与履行辅助人间关于组织之归属及业务风险之分担的约定，亦即取决于其间之"内部关系"者，应采类推适用的看法；反之，认为其划分应取决于委任人与受任人间是否有禁止引用受任人以外之人处理委任事务之约定，或是否另无习惯或不得已之事由容许其引用第三人（或履行辅助人）者，亦即取决于存在于受任人与履行辅助人外之"外部关系"者，应采直接适用的看法。盖取决于内部关系者，所有受任人引用来履行债务之人在法律上皆为其履行辅助人。[①] 所以，在此，为保护委任人之利益，只能类推适用地将该"履行辅助人"论为"第三人"；反之，取决于外部关系者，则因将之论为"第三人"，而可直接适用。不过，鉴于履行辅助人地位之认定，应以债务人引用该第三人时之意思为准，所以，当以取决于受任人与"第三人"间之内部关系较妥。是故，在前述情形，只能透过类似性之评价，依类推适用的方法，使受任人就其引用之履行辅助人的行为，依"民法"第537条及第538条第1项负相当于违约使第三人代为处理委任事务时所当负的责任："就该第三人之行为，与就自己之行为，负同一责任。"

不过，在容许复委任的情形，仍非经由第539条之规定即可使委任人对于该第三人（次受任人）关于委任事务之履行，取得直接请求权。盖基于债之相对性，倘受任人与次受任人在该复委任之约定中没有明白约定：关于委任事务之履行，委任人依该复委任契约对于次受任人（第三人）有直接请求权，亦即在该复委任契约中未将利益第三人（委任人）之意思给予明定，则委任人并不能取得该权利。盖虽然"民法"第269条第1项规定："以契约订定向第三人为给付者，要约人得请求债务人向第三人为给付，其第三人对于债务人亦有直接请求给付之权。"而看似在向第三人给付之契约，当然具有利益第三人之意思，从而该第三人对于债务人亦有直接请求给付之权，但此种将向第三人给付契约无条件等同为利益第三人契约的规定或看法，显然违反缔约当事人之缔约自由，容易引起误解。是故，在向第三人给付契约之缔结，实务上仍应注意是否要约定含利益第三人之意思，以决定到底该第三人对于债务人有无直接请求给付之权。在此了解下，"民法"第269条之规定，只可了解为：在向第三人给付契约，如无相反之约定，以将之解释为有利益第三人之意思为原则。但仍非意味着当事人不得为不具利益第三人之意思之向第三人给付契约的约定。"民法"第539条之规定，堪称为同法第269条第1项之重申。为使委任人对于次受任人取得直接请求权，受任人除利用前述利益第三人契约的方法外，还可能利用直接代理的方法，以委任人之名义与次受任人缔结处理委任事务之委任契约。不过，这涉及受任人为委任人选任次受任人之代理权的有无问题。两相比较，还是透过利益第三人契约之缔结的途径较为妥适。

因为委任契约所产生债务为劳务之债，而人之劳务通常有因人而异其质量之属人性的特征。所以，由之进一步导出其债务人面在其履行上的主体相对性。

在劳务之债，其债权人面，虽然在受领上，本来一般无属人性的问题。但鉴于债务人对于其人之劳务所将提供的对象，有时本于自己之人格权的延伸，不愿意有事先不明白究竟将对谁服务的情事发生。例如名艺术家可能介意，为谁画或雕刻肖像；另医师看病，亦然，介意病人为谁。从而使其债务在债权人面具有属人性。因此，"民法"第543条还是原则性地赋与处理委任事务请求权以属人性，规定委任人非经受任人之同意，不得让与第三人。

然何谓"第三人"？关于债之清偿，其所谓第三人原则上指债权人及有为债权人受领之

---

① Soergel-Wolf，§278 Rz. 23ff.

权利以外之人。有为债权人受领债务人提出给付之权利者，包括债权人及其为该给付之受领所使用之人或代理人。利用这些受领权人受领债务人提出之给付，尚属于债权人"自己"受领给付。其中并无债权之让与的情事。唯应注意，正如债务之履行有不能引用履行辅助人的情形，在给付之受领，亦有不能引用受领辅助人的情形，例如，甲与乙约定，为乙画以乙为模特儿之人像画。则依该债之内容，乙不得指定第三人丙作为受领辅助人代乙充为模特儿，供甲作画。

倘债权人超出引用受领辅助人，而更进一步将债权让与第三人，使第三人取得债权人地位，则该第三人在"民法"第 309 条第 1 项的地位，为债权人，而非关于债之清偿具有第三人地位的受领权人。在个别之债的关系，其债权是否得为让与，应受其让与性之有无的限制（"民法"第 294 条第 1 项）。处理委任事务之请求权，依"民法"第 543 条之规定，原则上应属于第 294 条第 1 项第 1 款所称"依债之性质不得让与者"。

②客体之相对性

所谓债之客体的相对性，指债权人对于债务人只有请求特定内容之给付的权利，债务人对于债权人亦只负履行特定内容之给付的义务。该给付内容之特定，以债之发生的构成要件对其内容之确定性的要求为基础。从而在履行上，债务人提出之给付必须与债之内容相符，其债之给付的提出始符债务本旨。提出之给付不符债务本旨者，不生给付之提出的效力（"民法"第 235 条前段）。提出与债之内容不同之给付者，属于异种给付之提出，由于债务人本于契约原则，没有单独改变债之内容的权限，所以除非经债权人同意，异种给付不生提出或清偿的效力。倘债权人同意并即受领债务人提出之他种给付以代原定之给付，则构成代物清偿，其债之关系消灭（"民法"第 319 条），唯在此种情形必须注意，在异种给付之受领，当事人之真意为何可能引起诸多解释上的问题。"故债权人与债务人间授受他种给付时，均须有以他种给付代原定给付之合意，代物清偿始能认为成立。代物清偿经成立者，无论他种给付与原定之给付其价值是否相当，债之关系均归消灭。"（台湾地区"最高法院"1963 年台上字第 3696 号民事判例要旨）

关于异种给付，债权人与债务人虽有用以代原定给付的合意，但并未即为现实之授受者。其合意在法律之意义，属于因清偿债务而对于债权人负担新债务。此际，倘当事人有新债务不履行时，其旧债务仍不消灭之意思者，该合意为"间接给付"（即新债清偿）之合意；①反之，倘当事人有新债务不履行，其旧债亦消灭者，则该合意为"更改"之合意。②"民法"将

---

① 台湾地区"最高法院"2006 年台上字第 2477 号民事判决："国际贸易通常以信用状为付款之方式，即由进口商（买受人）委任开状银行签发信用状而对出口商（出卖人）负担信用状付款之新债务，系属一种间接给付（即新债清偿），除当事人另有约定外，买受人之买卖价金给付义务仅暂时停止，于出卖人不能凭信用状获得承兑、付款或买受人违约不按期开立信用状时，其以现款给付买卖价金之旧债务即不消灭，出卖人仍得请求给付买卖价金之旧债务，唯出卖人请求买受人以现款给付买卖价金时，即无从再依信用状交易之惯例，主张买受人有先为交付之义务，应受'民法'关于买卖契约之规范，以确保买受人于付款之时，同时受领合于买卖契约之货物。"

② 这里所称之更改为关于债之客体的更改。实务上尚有关于债之主体的更改，例如台湾地区"最高法院"1979 年台上字第 3407 号民事判例："按债之更改中关于债务人之更改，谓因变易债务人以消灭旧债务而发生新债务，与债务承担仅变更债务人，而债务仍属同一之情形迥异。""民法"第 300 条有关于"免责的债务承担"的规定："第三人与债权人订立契约承担债务人之债务者，其债务于契约成立时，移转于该第三人。"当实务上肯认前引债务人之更改，则在实务上如何将其约定，与免责的债务承担明确区分，便极重要。

间接给付与更改一起规定于第 320 条中,其原则态样即为间接给付之规定,其以"除当事人另有意思表示外"所规定之例外态样即为更改。

客体虽然依法于债之发生时必须确定,且在契约之债并为当事人所必须合意之事项("民法"第 153 条),但债之客体于债之发展中,除如前述可因当事人事后之约定而变更外,尚可能因法律之规定而发生变化。例如,因给付迟延而增加以迟延损害或违约金为其客体之请求权("民法"第 231 条、第 250 条),或因给付不能,而改变其债之关系或债之内容(第 225 条、第 226 条、第 256 条、第 260 条、第 266 条、第 267 条)。唯不论债之客体因当事人之合意或法律之规定有如何之变更或变化,其变更或变化后的内容仍然是确定的,债务人仍只就变更或变化后所确定之特定给付对于债权人负履行义务。亦即其客体之相对性依然存在。

5.衡平原则(衡平的利益)

人与人间之利益关系有事则长,在立法或为法律之适用而为解释或补充时,皆必须权衡双方或各方之利益,处理其间之利益冲突,以建立及维持和谐的生活及法律关系。其立法或适用之结果,如不能符合公平的期待,不平则鸣,必然难以维持法律之和平。不论在契约、准契约(例如无因管理或不当得利)或损害赔偿的规定,都可以发现长期积累下来之衡平思想及其利益权衡之规范状态。

例如在双务契约,当事人双方互负具有对价关系之给付与对待给付。于是,在法律未特别规定或当事人未特别约定,当事人之一方应先为给付的情形("民法"第 486 条、第 490 条、第 548 条),在他方当事人未为对待给付前,得拒绝自己之给付。此即双务契约中之同时履行抗辩权(第 264 条第 1 项)。唯在当事人一方之给付为劳务的情形,通常因劳务给付,为了达到给付之目的,难以完成于一瞬间,使得同时履行事实上不可能。其结果前开同时履行抗辩之规定不能派上用场。基于该事实上的困难,法律为使其双务契约之履行可以开始,乃规定由当事人之一方负先为给付之义务。然谁应先为给付? 自利益权衡的观点,应使先为给付后,尚有可能促使相对人为对待给付之一方,先为给付。这一方在劳务契约通常为给付劳务者。盖负金钱给付义务者,在给付金钱后不再有可牵制相对人之利益或给付;反之,负劳务给付义务者,在给付劳务后常可因该劳务完成之工作的移转或维护上的需要,而尚能牵制相对人。

倘在给付劳务后,没有完成之工作待于移转或维护,从而可牵制相对人,则针对此种情形,为保护给付劳务者之利益,法律多以法定担保物权或优先债权的制度提供保障,例如"民法"第 513 条关于不动产上工作物之承揽报酬的法定抵押权及"劳动基准法"第 28 条关于积欠工资对于雇主之其他债务的优先受偿权。该法定担保物权及优先受偿权的意旨即在于衡平法律因规定负劳务给付义务者,应先为给付所造成之不利。此为衡平原则在双务契约之给付时序与保障上的表现。在法律之制定或适用当中从事利益权衡时,所当遵循者即是衡平原则。前述关于无权代理及未经法定代理人允许而从事之契约行为的效力规定,亦明白显示其依衡平原则,权衡双方利益的过程。

同理,在无因管理,按管理事务是否利于本人,且不违反本人明示或可得推知之意思,将之区分为适法及不适法无因管理,差别其法律效力("民法"第 174 条、第 176 条、第 177 条)。而在不当得利,则按不当得利之受领人,是否知无法律上之原因而异其返还义务之范围(第

182 条)。

另在损害赔偿之债,应负过失责任之一方如因无过失而免责时,法律有时规定,法院因受害人之声请,得斟酌双方之经济状况,令应负过失责任的一方(例如无行为能力人或限制行为能力人及其法定代理人、雇用人),为全部或一部之损害赔偿("民法"第 187 条第 3 项、第 188 条第 2 项)。又"基于同一原因事实受有损害并受有利益者,其请求之赔偿金额,应扣除所受之利益"(第 216 条之 1)。"损害之发生或扩大,被害人与有过失者,法院得减轻赔偿金额,或免除之。"(第 217 条)"损害非因故意或重大过失所致者,如其赔偿致赔偿义务人之生计有重大影响时,法院得减轻其赔偿金额。"(第 218 条)以上关于损害赔偿义务之有无或范围之调整规定的立法固皆基于衡平原则,但其适用有些是法院因受害人之声请始得衡平裁量(第 187 条第 3 项、第 188 条第 2 项),有些是法院依职权当然得为衡平裁量(第 217 条、第 218 条),另有些是请求权人得请求之赔偿金额,当然应扣除所受之利益者(第 216 条之 1)。就其扣除法院固无裁量权,但就是否有应扣除之所受利益,义务人方应负举证责任。

法体系中是否有不尽符合衡平原则的情形及其完善,由各国之法院的裁判实务可见,其发现及修正需要其行政、立法、司法机关与民间之持续的检讨与努力。这是争千秋的伟大事业。国际竞争形势险恶、复杂,快不得、慢不得。快慢之间都必须争取理解及谅解。如何形成共识,适时、积极逐步推展,考验一个民族集体之智、仁、勇的表现。

6.表见事实之信赖保护(动的利益)

无权代理及无权处分都是在私法自治原则下发展出来的制度。其意旨皆在保护静的安全。亦即保护权利主体本来享有之既得利益。唯保护既得利益之制度并不限于无权代理及无权处分之制度,侵权行为制度、不当得利制度、时效制度(消灭时效与取得时效),以及法律不溯既往之要求皆具有保护静的安全的意义。此外,物权法中之规定,原则上亦大多以静的安全为其保护目的。其例外,例如添附中有关"加工所增之价值显逾材料之价值者,其加工物之所有权,属于加工人"之规定("民法"第 814 条但书)。不过,为配合交换经济,使经由交易互通有无成为可能,在法律上必须保护交易安全。此即动的安全之保护。在此,静的安全与动的安全有相生相克之对极性格。在静的安全与动的安全间,除有类型上之对极性外,其保护也是互为代价,亦即为了保护动的安全,有时必须牺牲静的安全;反之,亦然。在有冲突时,究竟应优先保护哪一个安全利益?原则上,其决定以对于表见事实优先提供信赖保护为基准。例如无权代理保护之静态利益,在表见代理之要件满足时,应该退让,以保护在"由自己(本人)之行为表示以代理权授与他人或知他人表示为其代理人而不为反对之表示"时,第三人因信赖该表见事实所从事之法律行为。其方法为使本人对于第三人负授权人之责任("民法"第 169 条)①。此即表见代理制度。与之类似者为代理权之限制及撤回不得以之对抗善意第三人(第 107 条)。在前述两种情形,第三人明知其无代理权或可得而知者,不在此限(第 169 条、第 107 条)。

---

① "民法"第 169 条规定之表见代理,为表见责任或信赖责任的一种。有两个态样:(1)由自己(本人)之行为表示以代理权授与他人,或(2)知他人表示为其代理人而不为反对之表示。前者,本人以积极的行为引起表见事实;后者,本人以消极的行为引起表见事实。要之,在表见责任之构成要件,其表见事实之引起不限于积极行为。这是一种特例。

又无权处分保护之静态利益,在善意取得之构成要件满足时,应该退让,使以动产所有权或其他物权之移转或设定为目的,而善意受让该动产之占有者,在其占有仍受法律之保护的情形("民法"第948条),依"民法"第801条,纵让与人无移转所有权之权利,受让人仍取得其所有权,或依第886条,纵出质人无处分其质物之权利,质权人仍取得质权。

在债权让与之情形"让与人已将债权之让与通知债务人者,纵未为让与或让与无效,债务人仍得以其对抗受让人之事由,对抗让与人"。此为债权之表见让与的效力。此外,对于债权之准占有人为清偿并经其受领者,于债务人能证明不知其非债权人之情形,生清偿效力("民法"第310条第2款)。对于债权准占有人之清偿,其效力与动产之善意取得相当,唯必须注意,只有当债权经有体化而处于可占有之状态者,第三人始能对于该债权为准占有,而非谓在不因物之占有而成立之财产权,第三人只要行使该财产权,即为其准占有人。准占有之所以以"准"称之,乃因其占有之客体原为无体物,而非本来无占有情形,而拟制为有占有之情形。是故,要对于无体财产权准占有,必须该无体财产权经用文件加以有体化,始具备可对之准占有之存在基础。

以上关于表见代理、善意取得、表见让与、对债权之准占有人为清偿之效力等制度,皆与牺牲静的安全、保护动的安全有关。归纳这些保护动的安全之法律制度,有一个共通原则,即为维护交易安全,必须保护第三人对由真正权利人或本人所造成之表见事实的信赖。此为信赖责任或信赖保护的态样之一。然则为何信赖应予保护?因为以自己之行为引起他人善意之信赖者,倘他人因该信赖而有损害发生,该引起信赖者,比该信赖者较能防止该损害之发生。表见事实之信赖保护为"动之安全"的保障上之重要原则,该保护为交易安全的基础。不过,引起信赖只是信赖责任之基础要件,其完整的构成要件,视情形可能加上:(1)他人基于善意而为信赖,(2)因信赖而从事一定之行为,或甚至(3)进一步因信赖而有所投入,(4)且其投入的结果已发展至不能回头的境地。[①] 其中至因信赖而从事一定之行为属于不可缺的要件。至于是否更进一步有所投入,及投入后之发展程度,是否应具备,尚视受到冲击之法益(例如违法雇用童工)或强行规定(例如违反要式规定)而定。在后二情形,当童工已上工,或契约已履行的情形,学说在前者,以事实上契约;在后者,以禁止权利滥用对于信赖者提供保护。后者,"民法"第166条之1更有以债之履行补正其原因行为之要式欠缺的明文规定:"未依前项规定公证之契约,如当事人已合意为不动产物权之移转、设定或变更而完成登记者,仍为有效。"

(四)利用功能概念

为实现一定之法律价值,必须将之具体化为法律规定。法律规定为一种"设计",以实现该法律价值为其目的(规范意旨)。故法律规定与法律价值间有设计与目的之关系。同理,在实务上所发现之法律,亦即所持之法律见解与其要实现之个案的衡平间,或与一般的正义间亦有设计与目的的关系。从设计与目的的观点观察法律的意义,在于因此可从"功能"的

[①] 关于信赖责任,详请参见 Canaris, *Die Vertrauenshaftung im deutschen Privatrecht*, 1971; Larenz, *Methodenlehre der Rechtswissenschaft*, 6. Aufl. Springer-Verlag 1991, S. 476f.; 黄茂荣:《民事法判解评释》,植根法学丛书编辑室1985年增订版,第95页注66。

标准认识或论断法律规定应有之内容。盖一个法律规定,常可有多重意义,①要将之适用于个案,必须经由解释。有时,在法律有漏洞时,并必须为补充。利用法律解释及补充以发现或认识应适用之法律的内容,可能有见仁见智之不同看法。在此种情形,到底应以哪一个看法为当,必须从"功能"的标准判断,以符合规范经济的要求,用最低的成本,最有效率地达到规范目的。以其所需之货币量度,属于近代对于法律制度之经济分析的看法。经济分析可以适用到"目的之价值"及"手段(设计)之费用"的比率。当然,其实际之运作不很容易。即使如此,现行法在很多情形,显而易见,皆考虑到经济性。例如(1)为建立认定自然人有无行为能力的基础标准,关于成年人的定义,以一个自然人之年龄的大小,而不以其智商或知识的高低为标准;(2)将无权代理及无权处分规定为效力未定,而不规定为无效,以便该法律行为得经由承认(单方行为)或拒绝决定其效力,而不需要双方重开协商;(3)税法上将营业税之纳税义务人规定为营业人,以减少营业税之申报单位,降低征纳成本,皆为适例。

不过,所谓效率的高低不得片面判断。例如常见之动力传动设计有齿轮、链条及皮带之别。其中在能量之传输中,耗损最低者是齿轮,最高者是皮带。然为何不都使用最有效率之齿轮,而有使用最无效率之皮带的情形? 其理由为:皮带的传动效率虽然较低,但它因此可使工作机在工作时的力道较具柔性,从而在遭遇障碍时,能够保持需要之弹性,而不会像利用齿轮传动时那样,绝不妥协,使力硬闯。是故,所涉工作项目如果不会遭遇特别之意外的障碍,则效率高的传动设计当然最为理想。反之,如果有可能遭遇足以损坏机器设备之意外的障碍,则出力柔顺的传动设计较为适合,以确保机器设备的安全,并圆满完成工作。法律制度亦然。一定的法律设计所以具有实现默认的规范目的之功能,同样必须借助于其设计在运作上具有的机制。所以,正像动力传动设备,最有效率的不一定就是最适合的设计。盖世事百态,其管理自然不能执于一端,必须一方面重视原则,另一方面顾虑具体情况,量情度势,有方略,有步骤地处理,缓急适中。既非无条件的雷厉风行,也非和稀泥的事缓则圆。困难在:适中之点何在? 这需要不断地探讨与实践,方能逐步接近。可以预见的是:对于法律制度进行经济分析时,各种可能的社会成本不可视而不见,以偏概全。

Larenz 将根据以上的观点设计之法律概念或解释法律取得之法律概念,称为由功能决定的法律概念(Funktionsbestimmte Rechts-begriffe)。这是为何同一法律用语不仅在不同

---

① 例如"土地税法"第 55 条之 1 第 1 款规定:"依第 28 条之 1 受赠土地之财团法人,有左(下)列情形之一者,除追补应纳之土地增值税外,并处应纳土地增值税额二倍之罚款:一、未按捐赠目的使用土地者。"其中"未按捐赠目的使用土地"可能解释为,就捐赠的土地,受捐赠人以积极的行为从事捐赠目的以外之使用;也可能解释为,受捐赠人就捐赠的土地,消极地未为充分的使用或根本不为任何使用;也可能解释为两者皆是。究竟应以何者为标准? 鉴于造成第二种情形的要件要素系不作为,其所以发生的原因复杂(例如一时欠缺使用所需的资金),而且基于时间因素,尚有转圆的空间,不宜遽然采为处罚的要件,所以,应解释为以第一种情形为其处罚要件。

的法律,而且甚至在相同的法律中都可能有不同的含义。[①] 此种概念不是单纯利用逻辑的抽象化,而是考虑到功能,取向于规范目的、法律原则建构而成。所以,利用功能概念建构的体系是一种内在的,而非外在的体系。[②]

七、体系的种类

法令固然多如牛毛,但其间有一定之逻辑上及价值上的关联,而不是毫无秩序或目标地并置在一起。基于该关联,法律规定间乃有牵一发而动全身的现象。这是指局部条文的变更可能影响到全体:其他条文的解释因此受到影响或必须做配套的修正。此即法律之体系性。法律规定间根据不同的观点而有各种关联,从而也能够构成取向于不同目的之体系。所以法律的体系不是单一的。法律的体系有的时候由立法者在制定法典时加以安排。此种体系可以称为实证法的体系。有的时候是由法律学者在其研究工作中,为一定之研究目的而加以安排。这可称为法学的体系。不论是对于实务或学说,法学的体系在法律的解释、补充或法律事实的定性上都有重要的意义。此即体系因素在法律解释或补充,[③]以及法律事实之认定上的应用。在体系的安排上,与概念及类型之形成一样的,在一定的程度固受限于其规范目标(der Gegenstand einer Regelung),但也相当的限度取决于其规范目的及该目的之基础的价值与原则。这是客体、目的与方法间的交互决定的关系。在宪制国家,这些价值与原则有些规定于宪法中。于是,经解释或补充后之法律是否符合宪法规定之原则与价值成为法律解释或补充之重要的控制因素。[④]

---

① 所谓过失,一般指应注意能注意而不注意。其中应注意的要件指法律要求之注意程度。然因为法律针对不同生活类型要求之注意程度并不一致。例如"民法"第 535 条规定:"受任人处理委任事务,应依委任人之指示,并与处理自己事务为同一之注意,其受有报酬者,应以善良管理人之注意为之。"所以,违反该条之责任规定中之过失的认定,应视情形,适用不同之注意程度的要求。例如第 544 条规定:"受任人因处理委任事务有过失,或因逾越权限之行为所生之损害,对于委任人应负赔偿之责。"其中之过失的认定标准,在有偿的情形为善良管理人之注意,其违反,认定为有抽象的轻过失;在无偿的情形为处理自己事务之注意,其违反,认定为有具体的轻过失。此外,在租赁物因承租人之事由致失火而毁损、灭失者,由于"民法"第 434 条规定,承租人有重大过失,始对于出租人负契约上之损害赔偿责任,所以,依请求权规范竞合说,同样必须承租人有重大过失,承租人始对于出租人负侵权责任。亦即第 184 条第 1 项中规定之过失,应解释为重大过失。由此可见,即便是同一法律或同一规定中之用语,其意涵都不能一概而论。必须从体系及目的的观点,视具体情况加以调整,以符合期待之规范功能的需要。

② Larenz, *Methodenlehre der Rechtswissenschaft*, 6. Aufl., Springer-Verlag 1991, S.482ff.

③ 在最小规模认识体系因素在法律解释上的运用,可以"民法"第 181 条为例:从由其后段,关于不能返还受领之利益时,应偿还其价额的规定,导出其前段之应返还内容为:受领之利益的原形。又由从"民法"第 18 条及第 19 条可以导出第 19 条之法律效力的漏洞;从第 18 条第 2 项可以导出第 184 条第 1 项前段不适用于人格权。如不以考虑体系因素之法学方法为沟通的平台,不可能获得以前述认识为内容之共识。

④ 关于法律解释之控制性因素(合宪性因素),请参见本书第六章四(三)。

(一)外在体系

完全的法律规定由构成要件及法律效力所组成。而不论是构成要件或法律效力皆由具有一定意涵之用语所构成。该用语按其包含之特征容有抽象一般概念或类型性概念的不同,但皆不失其作为法律思维之重要的因子。根据形式逻辑的规则,将抽象一般概念建立起来的体系,学说上称为外在体系。[1] 关于抽象一般概念,有为一定之规范目的,从法律拟规范之对象及拟赋与之法律效力抽取其在规范规划上有意义之特征,以形成之;[2]有从解析既存之法律规定的构成要件,以得到其要件要素,然后按这些要件要素所含之特征,予以加减构成不同抽象程度的概念。此为概念之定义的过程:筛选特征加载定义。[3] 所含概念特征愈多者,其抽象程度愈低,外延愈窄;反之,所含概念特征愈少者,其抽象程度愈高,外延愈广。抽象程度低的概念(niederer Begriff)可涵摄到抽象程度高的概念(höherer Begriff)中或底下。经由该涵摄过程可以将一切法律规定归结到少数或甚至一个最高概念。由之构成的体系具有树状系统的外观。这个体系不但可以确保在逻辑上没有矛盾,使法律学具有自然科学意义下之科学性,而且具有高度的可综览性及预见性,从而能提高法的安定性。唯法律之逻辑的外在体系是否真的能够做到无所不包的完整性?是否能够从外在体系得到任何问题之法律解答?对于这些问题,概念法学者虽采肯定的见解,但在经验上难以获得印证。在法典中属于外在体系之安排的系统架构,最显著的有民法总则、债法通则及各种之债的编排。然从总则及分则之重叠规定可见外在体系的建构并非如乍想之下的透彻。[4]

在外在体系的建构上,虽然特别强调其概念的逻辑构造,而忽略其价值判断,但在外在体系建构基础之法律概念的构成上,其实还是从伦理及技术理性的观点,将一定的实质及实用价值建入法律概念中。例如权利能力、行为能力、意思表示、故意过失、财产权概念皆内建有一定之价值,以配合私法自治体制的运作需要。这是为何即便在概念法学一枝独秀的时代,正义价值一样的能够获得一定程度的实现。至于法治形式主义所以为祸,那是建入法律概念中之价值受到误植的结果。为了避免建入法律概念中之价值继续受到忽略或扭曲,有必要将该权衡判断的过程及隐而不彰的事实凸显出来,使其至少与逻辑并列为法律体系的建构方法。于是,展开利益法学及价值法学所推崇之内在体系的建构。

---

[1]　Larenz/Canaris, *Methodenlehre der Rechtswissenschaft*, 3. Aufl. Springer-Verlag 1995,S. 263.

[2]　Larenz/Canaris, aaO. (Fn. 208),S.267:在外在体系的建构上,"不仅是要加以规范之要件事实,而且要与之连结之法律效力及规定内容都要利用抽象概念表现其特征。如是建构了债权与物权的概念"。

[3]　Larenz/Canaris, aaO. (Fn. 208),S.266:"在抽象概念之构成时接纳至定义中之特征的筛选基本上由系争科学利用该概念的构成所要追求之目的所共同决定。是故,用以指称一定目标之法律概念,与其他科学所使用之相对概念,或与日常对该概念之理解的内容,不能一直都是重合的。例如《德国民法典》第833条关于动物占有人之责任规定中所称的动物,虽然连结于日常使用习惯与该用语相结合之观念,但纵使在动物学上可能一直会认为细菌是动物,自该规定的意旨还是不将细菌看成法律概念下之动物。"

[4]　Larenz/Canaris, aaO. (Fn. 208),S.267.

（二）内在体系

与外在体系针锋相对的是：在内在体系的建构特别凸显存在于法律规定中或其间的法律思想、法律原则、功能性概念以及类型。其实在概念的形成上本来即取向于一定之规范目的，不能毫无保留地继受用以称呼一定概念之用语在日常会话中的意涵。亦即法律概念是当然具有功能性的。此外，在概念思维中本来也含有集合之类型的观念，只是因为强调概念在逻辑上之涵摄的操作，而使类型思维的开放性或流动性的特征受到忽略或压抑。概念之功能性、类型与价值在概念法学所受到的忽略或压抑显然都是为了理论建构之纯粹性，是过度强调法律之逻辑性格的结果。其忽略或压抑既然使其价值考虑受到不应有的忽视，在理论与实务自然皆有将之抬高，使之与逻辑并列为体系之建构基础的必要，以正确认识法律思维其实是一种价值的逻辑体系思维。对于法律学而言，逻辑与价值因素在其思维上皆不得偏废。[1] 当强调体系学说之纯粹性，认为内在体系不能，而只有外在体系才能够包含基于规范技术之需要所发展出来的规定，例如成年的标准、终止之法定的预告期间、表决权的计算基础、决议所需可决票数的比数、票据的要式事项及其指示性、物权的公示方法、交通规则，[2]然内在体系所特别抬举为体系之建构基础的法律原则，已非内建价值之概念所能取代，例如法治国家原则、基本权利之保障、依法行政、罪刑法定主义、税捐法定主义、负担性法律之溯及效力的禁止原则、民主原则与法律保留、私法自治原则、契约原则、自己责任原则、过失责任原则、诚信原则、比例原则、信赖保护、平等原则、财产权的保障、量能课税原则。法律原则系法理念（die Rechtsidee）之具体的表现，是一种实质的法思想。正如法理念，法律原则按其在一定时空之发展程度呈现出来，具体化在法律及司法判决中。特别是在司法判决中不断地具体化。在这当中，不但有不同法律原则间，而且有法律原则与其下位原则或具体化后之规定间的交互作用关系。经由该交互作用，法律原则及其具体化后之规定的正确内容皆可以获得比较明朗的把握与了解。这是诠释学上所称全体与部分、抽象与具体间的循环回授的理解程序。[3]

另有以价值观点（topoi）为基础之法律论述的方法。这可称为论述学（Topik）。论诸实际，由于价值观点属于法律原则之发展的初阶型态，所以，其呈现的样态类似于法律原则。因此，有将抽象概念的系统与价值观点的思维方法结合起来以替代内在体系的尝试。但这是行不通的。盖当肯认法律原则在系统建构上的地位，一个价值观点只有在其能为内在体系所认可时，始能有其规范上的效力。亦即价值观点必须靠向内在体系才有其结构性之适当的系统地位。试图利用将抽象概念体系与价值观点结合在一起，以将价值注入外在体系，其实已认识到法律体系之非单纯的逻辑性格。它兼含有价值的因素。虽然可谓，为发现内在体系，不能借助于形式的逻辑或观点的论述方法，而需要发现并具体化法律原则，以及建构类型、类型谱和功能性概念，[4]但这是植基于内在体系之定义得到的结果。真相是：内在

---

① 是故，Larenz/Canaris 称内在体系是一种法律学之特别的思维方式。该法律学既是价值取向，亦是（逻辑）系统取向的［Larenz/Canaris, aaO. (Fn. 208), S. 318］。

② Larenz/Canaris, aaO. (Fn.208), 1995, S.316f.

③ Larenz, *Methodenlehre der Rechtswissenschaft*, 6. Aufl. Springer-Verlag 1991, S.474ff.

④ Larenz/Canaris, aaO. (Fn. 208), S.317f.

体系的学说指出,法律体系既是逻辑体系,也是价值体系。其完全的运作固然应同时考虑逻辑及价值因素,但在实务上,为求效率,却常常单纯以逻辑的方法运作。只有在其价值盲目之逻辑导出显然不妥当之结果时,才并从价值的观点检讨,当时在概念或类型的建构上,是否没有正确地将期望之价值内建于相关的概念或类型中。

例如在税制的建立,当采复税制时,必须按表征纳税义务人之负税能力的税捐客体就税捐加以分类,而后分别建构以数量化其税捐客体为税基之计算基础。例如不动产之投资收入主要有二:交易收入及用益收入(孳息)。在其税捐之课征上,交易收入及用益收入构成之税捐客体分属于所得税及财产税。在所得型之税捐,应以交易收入减除成本费用损失及所得税以外之税捐后之余额为其所得额(税基)。而在财产型之税捐,则应以其通常可预期之孳息收入为基础计算其税基,以清楚划分所得税与财产税之税捐客体。然产生财产税之税捐客体不一定有其实际交易之法定孳息或自用时实际收成之天然孳息为其计算基础,因此,其税基只能借助于市场调查所得关于他人不动产孳息的收益资料,间接推计,但仍不得以不动产之交易价格与孳息间有一定之关联为理由,主张以其他不动产之交易收入的数据充为系争不动产之孳息收入的推计基础,以致混淆所得税与财产税之税基的计算基础。盖交易收入之所得税将由其出卖人负担,而孳息收益之财产税透过转嫁,首先将由该不动产之承租人,而后由向该承租人购买货物或劳务者负担。该税捐负担之归属在量能课税原则之实践有重要意义。是故,主张对不动产之自用与出租供他人使用,适用不同财产税之税率的看法并不合理。盖此种税率结构反而使无不动产者,比有不动产者,负担较重之财产税。其次,因土地与其定着物分别为独立之财产税(地价税及房屋税)的税捐客体。所以,在其税基:土地公告地价及其定着物(房屋之评定现值)的评价上,不得有互相影响的情形,引用定着之土地区位及环境评价房屋现值,或引用房屋之造价评定土地之公告地价,以正确评定其税基。上引例子显示法律原则、类型及其相关功能性概念之建构的体系关联。

在内在体系的建构,其过程与类型的思维相当。一方面由上而下将一定之法律价值具体化(Konkretisierung)、类型化(Typisierung),在其通过具体化或类型化下降至一定的程度,开始以一定之权利、义务或法律关系的形态表现出来。例如诚信原则可下降为在契约关系中之各种义务:附随给付义务或保护义务(告知、说明、警示、安全义务)。再往下降则为各种强调其功能性的概念。所谓功能性概念其实就是按其期待功能界定其意涵的概念。其界定结果通常是调整该概念之用语在日常生活或过去在法律中之相约成俗的意涵。而其期待功能则来自规范目的,亦即一定之法律价值。从而使在观念上以概念形式呈现之用语含有价值意识。①

由于法律人对于法律要追求之生活价值及用以追求价值之法律本身的理解或掌握可能不够透彻,所以,基于认识之生活、价值及规范知识所建构之法律体系自然受到历史条件的限制,从而在正确性上具有时空的局限性。是故,为使法律能够满足不断发展之生活关系所引起之规范上的需要,法律必须是演进的,其体系也自然必须是开放的、动态的,而不可能是封闭的。其开放性主要表现在透过立法机关之立法,或司法机关之法律补充接纳新的法律

---

① 是故,Larenz/Canaris 称功能性概念为法律原则与还是不能完全欠缺之抽象概念间的链接(Larenz/Canaris,*Methodenlehre der Rechtswissen schaft*,3. Aufl. 1995,S. 208)。

原则或价值,其动态性主要表现在法律原则或价值间之互动、调和①与演变。至其最后所以产生变动则通常来自法学新知,法院见解的变更或法律的制定、修正与废止,以呼应社会变迁所引发之规范的需要。司法机关在法律补充中的论证为法律原则在实务上取得适用性所需之实证法化的过程。②

鉴于人的知识程度有时空上的局限性,法律原则表现出其演进的特征。虽不得因为法律原则之演进的特征而否认其在一定时空之暂时正确性的知识价值,但也必须注意纵使基于法律体系之一贯性的要求,不仅有时还是不一定能够将首先归纳自一个法律领域之规定的法律原则,实时普遍地适用到所有的法律领域,而且立法者所制定之法律间或法院各庭所作之判决间也常常有不一致的规定或见解。又罪刑法定主义与税捐法定主义固然同样皆与基本权利之保护有关,但学说与实务就其法律补充之禁止的看法并不一致。与之类似者为宪法所保障之基本权利在民事法上的适用问题。其直接适用性之肯定说即是"基本权利之第三效力说"(die Lehre von der Drittwirkung der Grundrechte)。该说即以法秩序之统一性的思想为其基础。③ 虽说宪法所定之基本权利有是否有第三效力的争议,但普通法律、行政机关的行政处分或法院的判决与宪法的规定或其肯认之价值如有冲突的情形,马上会引起是否抵触宪法的疑义。④ 上述现象并不表示各个法律领域之法律原则的发展对于其他法律领域的发展没有影响,而是视情形,通常需要一段或长或短的时间,其影响力始能到达其该

---

① 法律原则或价值间之互动及调和的需要来自价值及利益的多元性与冲突性。例如个人与团体或国家间,基本权利之保障及其限制,个人隐私权及新闻报道,缔约自由与缔约强制,契约的拘束力与牺牲极限(经济不能),过失责任与衡平责任、危险责任或保险责任,自己责任原则与为他人之行为负责之例外规定等。

② Esser, *Grundsatz und Norm*,2. Aufl.,Tübingen 1964,S. 69ff.;132ff.

③ 基本权利之第三效力说,德国学说上又称为基本权利之水平效力(Horizontalwirkung der Grundrechte)或绝对效力(absolute Wirkung der Grundrechte)。这主要涉及私法自治原则或契约自由原则之适用与一般的平等原则间之冲突的问题。Dürig 认为,基本权利之第三效力的肯认将去除私法的特征,从根本摧毁私法自治体制(Dürig in Maunz-Dürig,Komm. zum GG. 1990 Art. 3 Rdnr. 505)。盖国家对于私人平均主义行为的细则性规范即是自由的终结(Dürig,aaO. Rdnr. 507)。基本权利只有在具体情形,例外地有不等程度之间接的适用性。该间接效力常借助于私法中之一般条项的具体化。基于自由之滥用的危害程度及其相对人之保护的需要,基本权利之间接效力的强度原则上对应于自由之滥用的危险程度。因此,对于国家之国库行为(私法行为)或公营事业之市场行为的要求与对于私人企业之要求程度也不相同。例如国家及公营事业之采购原则上应以公开招标的方式为之,而私人企业,即便它是一个独占事业在采购上也无此义务(Dürig,aaO. Rdnr. 510ff.)。虽然基本上否定平等权或基本权利在私法上之直接的效力,但事实上关于私法关系还是有一些关于平等待遇的强行规定。该平等待遇的强行规定虽与宪法保障之平等原则可能来自同一基本原则,但在这里并不适当因此将该平等待遇的规定看成是宪法保障之平等原则的直接适用规定,而应看成是立法者基于私法关系之个别情况,所制定之细腻的私法规定(Dürig,aaO. Rdnr. 514)。关于私法关系中之差别待遇的禁止,在德国后来具体的规定于其《反限制竞争行为法》第 26 条第 2 项(§ 26 Ⅱ GWB)(相当于台湾地区"公平交易法"第 19 条第 2 款)。此外,一般平等原则当然也可以透过《德国民法典》第 826 条(相当于台湾地区"民法"第 184 条第 1 项后段)产生效力(§ 826 BGB)(Dürig,aaO. Rdnr. 515)。平等原则虽不得论为《德国民法典》第 823 条第 2 项意义下之保护他人的法律,从而主张依该项规定请求损害赔偿(Dürig,aaO. Rdnr. 518)。但还是可能结合《德国民法典》第 826 条与平等原则,透过损害赔偿,间接导出缔约强制的结果(Dürig,aaO. Rdnr. 519)。

④ Larenz/Canaris,aaO.(Fn. 208),S.316f.

到达的领域。例如在营业权及智财权的侵害,以不法无因管理之管理利益为其侵权行为之损害的计算基础;[1]在权力或权利的行使,比例原则[2]及诚信原则[3]在公法及私法的适用,皆有普遍化的趋势。[4]

以财产权之保障为基础之不当得利的规定,在公法的领域是否同有其适用性虽曾被提出质疑,但基本上已朝肯定说发展。例如误认有公法上原因而对人民为给付,致国家受有损

---

① 例如"公平交易法"第32条第2项、"专利法"第85条、"商标法"第63条、"著作权法"第88条及"营业秘密法"第13条。

② 比例原则之规范基础,在普通法之一般规定为"行政程序法"第7条。唯直接明文提及比例原则者仅"社会秩序维护法"第19条、第22条关于行政秩罚的规定。明白提到台湾地区宪制性规定第23条所定之原则为比例原则者有:释字第436号、第462号、第471号、第476号、第490号、第507号、第510号、第515号、第528号、第551号、第554号、第558号、第573号、第577号、第578号、第580号、第588号解释。由上述解释案号密集在释字第436号以后可见,在公权力的行使,比例原则也是后来才越来越受到重视。其发展始于1997年10月3日,在"行政程序法"1999年2月3日制定、2001年1月1日施行之前。这一定的程度显示:在重要法律原则的建立,司法常常领导行政与立法。关于行政罚之过失责任原则的确立,亦直至释字第275号解释方始成:"人民违反法律上之义务而应受行政罚之行为,法律无特别规定时,虽不以出于故意为必要,仍须以过失为其责任条件。"在该号解释之前,连"行政法院"的判例都附和行政机构的见解认为:"行政罚不以故意或过失为责任条件"("行政法院"1973年度判字第30号判例)。关于行政罚的主观要件,释字第275号解释以过失为原则,以故意为例外,还是与"刑法"关于刑罚采以故意为原则,以过失为例外的规范原则有重要差异("刑法"第12条)。这对于可能兼课刑事责任之漏税罚("税捐稽征法"第41至第43条)必然造成规范或价值判断的冲突。2005年2月5日制定之"行政罚法"第7条第1项规定:"违反行政法上义务之行为非出于故意或过失者,不予处罚。"该条并不含相当于"刑法"第12条第2项的规定:"过失行为之处罚,以有特别规定者,为限。"是故,关于漏税罚应以故意为要件之事理上及体系上的要求,尚待于在司法及"立法"上之进一步的努力。

③ 现行法中,关于民事关系明文规定权利之行使应依诚实及信用方法者有:(1)"民法"第148条第2项:"行使权利,履行义务,应依诚实及信用方法。"此为诚信原则在民事法上之适用的基础规定。(2)第245条之1第1项第3款规定,契约未成立时,当事人为准备或商议订立契约而有以显然违反诚实及信用方法致他方当事人受损害者,负赔偿责任。此为诚信原则在缔约上过失之概括规定。(3)第264条第2项:"他方当事人已为部分之给付时,依其情形,如拒绝自己之给付有违背诚实及信用方法者,不得拒绝自己之给付。"此为关于同时履行抗辩权之滥用的禁止规定。(4)第571条:"居间人违反其对于委托人之义务,而为利于委托人之相对人之行为,或违反诚实及信用方法,由相对人收受利益者,不得向委托人请求报酬及偿还费用。"此为关于利益冲突行为之禁止的规定。(5)"贸易法"第17条第5款规定,进出口人应依诚实及信用方法履行交易契约。(6)"计算机处理个人资料保护法"第6条:"个人资料之搜集或利用,应尊重当事人之权益,依诚实及信用方法为之,不得逾越特定目的之必要范围。"以上二者为注意性的规定。其次还有关于专门职业人员之业务的执行应依诚信原则之职业伦理的要求(例如"不动产估价师法"第16条第1项、"建筑师法"第20条);关于同业公会之理事、监事之职务的执行有例如"信托业法"第47条、"票券金融管理法"第56条第2项、"证券交易法"第92条、"证券投资信托及顾问法"第91条;关于董事、监察人、经理人或受雇人之职务的执行有"证券投资信托及顾问法"第7条第1项。由以上的规定,可以发现,针对各个行业并无全面之具体的规定。但因已有"民法"第148条第2项之一般规定,不得因只对于部分行业有具体规定,而认为无明文规定行业,无诚信原则之适用。再则,关于公权力之行使,亦有应依诚实及信用方法之明文规定:"行政程序法"第8条:"行政行为,应以诚实信用之方法为之,并应保护人民正当合理之信赖。"关于行政契约有,"促进民间参与公共建设法"第12条第2项"投资契约之订定,应以维护公共利益及公平合理为原则;其履行,应依诚实及信用之方法"。

④ Larenz/Canaris, aaO.(Fn. 208), S.316.

害者,构成公法上之不当得利,应类推适用民法有关不当得利之规定已属司法实务一般所采的见解。① 同理,政府自人民受领给付之公法上原因事后消灭者,近年亦经"大法官"在解释中,"最高行政法院"在判决中肯认其构成公法上之不当得利。② 唯政府尚有不依法征收或征用,并给予适当补偿,而使用人民土地开辟道路的情形。在这种情形,司法实务虽然基本上已逐渐朝肯定应予适当补偿的方向发展,但还是屈服于政府的财政压力,没有给予实时的救济。③

---

① 台湾地区"最高法院"2004 年台抗字第 652 号民事裁定:"按行政机关请求返还溢额发放之征收补偿费,乃本于公法上之不当得利返还请求权,其请求权之行使及返还之范围,均应参照'民法'有关不当得利之规定,基于与义务人相同之地位为之。此与'行政执行法'第 11 条所称'公法上金钱给付义务',依同法施行细则第 2 条规定,系指税款、滞纳金、滞报费、利息、滞报金、怠报金、短估金、罚款、怠金、怠履行费用或其他公法上应给付金钱之义务,得由行政机关依法单方裁量核定者不同,屡经'最高行政法院'判决指明(2003 年判字第 590 号、第 650 号、第 769 号、第 784 号、第 843 号、第 867 号)。"

② 肯认公法上之不当得利者,例如释字第 515 号解释:"兴办工业人承购工业区土地或厂房后,工业主管机关依……规定强制买回,若系由于非可归责于兴办工业人之事由者,其自始既未成为特别公课征收对象共同利益群体之成员,亦不具有缴纳规费之利用关系,则课征工业区开发管理基金之前提要件及目的均已消失,其课征供作基金款项之法律上原因遂不复存在,成为公法上之不当得利。""最高行政法院"2001 年 10 月 18 日 2001 年判字第 1872 号判决:"查'税捐稽征法'第 28 条关于纳税义务人因税捐稽征机关适用法令错误或计算错误而溢缴之税款,得自缴纳之日起五年内申请退还,逾期不得再行申请之规定,其性质为公法上不当得利返还请求权之特别时效规定,至请求返还之范围如何,该法未设明文,应属法律漏洞,而须于裁判时加以补充。查依'税捐稽征法'第 38 条第 2 项、第 3 项,第 48 条之 1 第 2 项,税捐稽征机关因适用法令错误或因计算错误而命纳税义务人溢缴之税款,应自纳税义务人缴纳溢缴税款之日起,至填发收入退还书或支票之日止,按退税额,依缴纳税款之日邮政储金汇业局之一年期定期存款利率,按日加计利息,一并退还。至'税捐稽征法'第 28 条虽无加计利息退之规定,并不能解释为该法条就纳税义务人申请退还之溢缴税款,禁止加计利息返还;又同法第 38 条第 2 项,乃就纳税义务人于行政救济期间亦享有加计利息请求权之特别规定,与同法第 28 条规定之事项不同,二者并无特别法与普通法之关系,自无排除非经行政救济程序而申请退还溢缴税款者之加计利息请求权之效力,否则不啻鼓励人民提起行政争讼,与疏减讼源之诉讼原则亦有未符,为'本院'最近之见解;且'财政部'1979 年 3 月 20 日台财税第 31863 号函令,业经'该部'2000 年 10 月 19 日台财税第 890414059 号函指示,以该则函令未编入 2000 年版《税捐稽征法令汇编》,自 2000 年 12 月 1 日起不再援引适用。综上所述,被告原处分依'税捐稽征法'第 28 条之规定,及'财政部'上开 1979 年 3 月 20 日台财税第 31863 号函释意旨,未准原告自缴纳该项税款之日起加计利息一并退还税款之请求,及一再诉愿决定递予维持,于法均有可议,应由'本院'并予撤销,由被告另为适法之处分,以昭折服。"该判决除宣示肯认公法上之不当得利外,并肯认其返还范围亦应遵守不当得利之一般原则:"民法"第 182 条第 2 项规定:"受领人于受领时,知无法律上之原因或其后知之者,应将受领时所得之利益,或知无法律上之原因时,所现存之利益,附加利息,一并偿还,如有损害,并应赔偿。"

③ 释字第 400 号解释:"既成道路符合一定要件而成立公用地役关系者,其所有权人对土地既已无从自由使用收益,形成因公益而特别牺牲其财产上之利益,政府自应依法律之规定办理征收给予补偿,各级政府如因经费困难,不能对上述道路全面征收补偿,有关机关亦应订定期限筹措财源逐年办理或以他法补偿。若在某一道路范围内之私有土地均办理征收,仅因既成道路有公用地役关系以命令规定继续使用,毋庸同时征收补偿,显与平等原则相违。"

八、法学的建构与体系的建立

　　"法学的建构"(juristische Konstruktion)的任务在于"利用已属于或能无间隙地嵌入外在体系之概念,掌握法律或契约范例中之规定内容"。"建构"也被用于法律事实之法学上的定性(juristische Qualifikation),以适用其该当之规定。该建构是在外在体系论点下建构法律体系的方法,一体适于法律规定及其规定之法律事实。所以,Larenz 在关于外在或抽象的概念体系(Das äußere oder abstrakt-begriffliche System)的论述上,"把'建构'(Konstruktion)仅用来指称将在法律中既存之规定或在交易上已发展出来之契约模式⋯⋯亦即不仅指一个具体的个别契约⋯⋯如是建入体系的活动,⋯⋯且原则上只是建入子体系,①⋯⋯以产生一个没有矛盾之关联,并可与其他规定进行比较,使其间之异同皆可清楚地呈现。尽管在大多数的情形,该活动以个案之解答的探讨为其背景,但该建构还首先不是以此,而是以产生该关联之思想上的观念为其首要目标。是故,一个成功的建构,并不因其法规之适用产生的后果,亦能够以其他的方法论证,而被贬抑为无价值"。在为法律适用之三段论法,"预为法律事实之准备时,也提到'建构'。⋯⋯在这里比较正确的说法应当是法

---

　　① 以树状系统为例,所谓子系统,亦可称为下位系统(Subsystem)。Larenz 称其为部分系统(ein Teilsystem)(Larenz, *Methodenlehre der Rechtswissenschaft*, 6. Aufl. Springer-Verlag 1991, S.442)。其最小单元系指系统中,自一个分支前的节点以下至其下之节点以上所构成之小系统,通常以一个类型组合的态样表现出来。法典虽然以一定的体系型态存在,例如民法。但通常法律系统是经由法学研究所建立或呈现的。而且法学所建立之子系统也常常是这样一个极小的单元。然即便在这样小的子系统,体系因素亦可以在法律解释或法律漏洞的发现提供重要的帮助。例如"民法"第 196 条与第 213 条所构成关于损害赔偿方法的子系统,可以协助经由法律解释认识,在物之毁损的侵权行为,受害人依该二条规定,得自由选择以金钱或回复原状作为赔偿的方法,不受第 213 条以下关于法定赔偿方法的限制。又如"民法"第 18 条规定:"人格权受侵害时,得请求法院除去其侵害;有受侵害之虞时,得请求防止之(第 1 项)。前项情形,以法律有特别规定者为限,得请求损害赔偿或慰抚金(第 2 项)。"然第 19 条规定:"姓名权受侵害者,得请求法院除去其侵害,并得请求损害赔偿。"按姓名权亦为人格权的一种,该条规定关于损害赔偿的部分,系属第 18 条第 2 项所称之特别规定;关于损害之发生的防止部分,该条仅规定除去侵害的诉权,而未规定有受侵害之虞时,得请求防止的请求权。后者学说上称为不作为的诉权。要之,经由上述体系上之简单的比较,即可发现:关于姓名权之受侵害的保护,第 19 条之规定显然有不周全的情事。由此可见,体系因素,纵使是一个极小的单元,亦有协助发现法律漏洞的功能。第 18 条第 1 项规定之侵害除去及损害防止诉权,其实是法律关于绝对权(对世权)或侵权行为法所保护之法益应有之一般的保障。该诉权是侵权行为法所定之损害赔偿请求权的补充,而非其从属权利。纵使其有关之加害行为刑法有刑事责任的吓阻规定,还是应该让可能的受害者可以自由选择,依赖刑法之保护,或行使民法上的请求权。由于该诉权是预防性的,所以,只要有(再)发生之危险即为已足,不以被告有故意或过失为要件。此与侵权行为之损害赔偿请求权,以有可归责于加害人之事由(故意或过失)为要件者,不同。请参见 Esser, *Schuldrecht*, 2. Aufl., 1960, Karlsruhe, § 211。"家庭暴力防治法"第 13 条第 2 项所定之保护令,即属为防止损害而向法院声请核发之禁止侵害的命令。其违反通常连结刑事责任。所以,同法第 50 条将之规定为违反保护令罪。这是现行法较少利用之规范手段。

律事实之'法学上的定性'(juristische Qualifikation)"①。法律事实经"法学上的定性"后,始可按其该当之法系统中之概念、类型,找到得适用之规定。

由以上的说明,看起来虽好像是先有一个既存之概念的系统,而后将实证法或契约模式纳入,然如究诸人间一切有为法的发生,其实都来自人造,或至少是来自人对于事务法则的认识,而后以人间有为法的形式将之表示出来。这当中,为了比较好地认识其间之关联,事后按已认识之有为法间之逻辑的形式或内容价值的实质,将之联系起来。是故,纵使认为法律体系有其外在逻辑或内在价值的必然性,法学的认识活动还是其最后能够以有形的态样存在的前提。只是由于构成法律体系之概念或其建构之纽带(法律原则),以及法律最后所当追求之正义,皆不容易正确把握,所以,在法律体系的形成上,这些体系的构成因素与体系间有互相促进的回授关系。这里所称之法律体系可以是经公权力机关以法典的形式呈现的体系,也可以是法学研究所归纳出来的体系。在法律解释或法律补充时所考虑之体系因素,通常是法学的体系认识。为说明法律规定之建构或法律事实之定性,Larenz引用下述规定或事实为例:(1)优先承买权(das Vorkaufsrecht)。其中对立的学说主要为形成权说与契约说。前者认为优先承买权是形成权、选择权,而后者认为是对于长效要约之承诺权或附随意条件之将来的契约。虽然论诸实际,承诺权与形成权并无大异,但因契约说不能说明以公法创设之优先承买权,所以,Larenz认为应以形成权说为当。其延伸的效力为优先承买权无消灭时效之适用,取而代之者为:适用除斥期间②及相对人得定相当期间催告形成权人行使形成权之规定,以制约其不行使形成权时,可能造成之法律关系不安定的状态。至于在具体情形,其除斥期间应自何时起算,以及自何时起相对人得为该催告,法律如无明文规定,应视具体情况而定。另纵使有除斥期间之规定,相对人视情形,还是得在除斥期间经过前,为敦促行使之催告。经合法催告,而不为形成权之行使者,纵使除斥期间尚未经过,其形成权仍会消灭(失权效力)。此为基于法安定性考虑,而发展出来之形成权的基本规范模式。(2)选择权的买卖(der Optionsvertrag)。其效力特征为:选择权人有权利,但无义务,在约定之期日或期间内,按约定价格、数量,向选择权债务人买入,或者卖出约定目标。有买入选择权者,称为认购选择权;有卖出选择权者,称为认售选择权。该选择权经证券化者,表征其选择权之证券,称为认购(售)权证。在一个选择权的买卖,双方只可约定得为买入或卖出,但不得约定,选择权人既可选择买入或亦可选择卖出。该选择权事实上通常为选择权人给付对价

①　Larenz,*Methodenlehre der Rechtswissenschaft*,6. Aufl. Springer-Verlag 1991,S. 442.根据法律事实所含之因素或特征,将其定性该当于特定法定类型,对其规范上的理解及应适用之法规的找寻极有帮助。例如出租车或货车之靠行具有其原所有人,为配合交通行政法规之行政管理要求,而将其所有权移转于车行的因素:为管理之需要,不是只授与事务之处理权,而移转所有权于管理人。因该因素与信托关系相当,而可将其定性为一种管理信托("信托法"第1条)。从而可据之导出,应依管理信托有关之规定,界定其原所有人与车行,以及其就该车分别与其债权人及第三人之法律关系。简言之,其内部关系,应按该车所有权之经济上的实质归属;其外部关系,应按该车所有权法律上之形式归属定之。内部关系指原所有人与车行,以及其分别与相对人之债权人间;外部关系指其分别与该信托关系之第三人间,含车行(受托人)基于该信托关系与第三人发生之意定(例如因汽车之责任保险)或法定(例如因侵权行为)之债的关系,以车行(受托人)为债务人,对外承担债务与责任。

②　Larenz,aaO.(Fn.229),S.442ff.(444,445).

所购得之长效的要约。① 这是从长效之要约,对要约人有较高之风险;对受要约人有较高之经济价值的认识,所衍生出来的制度。从选择权及承诺权最后皆具有经由单方行为,使法律关系发生的特征论之,可将之论为形成权。然一个选择权的存续期间多长,系于双方的约定。这与形成权的除斥期间法定的情形略有不同。将选择权或承诺权论为形成权时,如双方有选择权或要约存续期间之特约,在除斥期间的说明上与形成权之一般规定难以一贯。纵使如此,其存续期间仍应论为除斥期间。唯对其除斥期间,应有不同于一般形成权的考虑:自始由当事人双方或单方定之。订定之后,无经由相对人定相当期限催告,使之缩短的机制。② 选择权的买卖与买卖之预约(der Vorvertrag)不同。在选择权的买卖,其将来买卖契约之内容已议定,只是最终是否买卖,尚系于选择权人之选择。而在买卖之预约,其买卖契约之内容,只约定其框架,至其细节尚未议定,其具体内容还待于在本约(der Hauptvertrag)之协商中定之。③ 因依私法自治原则,议约人本来并无达成合意,以成立契约之义务,是故,其预约之实际效力究竟为何仍多疑问。在具体案件,需特别小心依诚实信用原则,应对所谓"协议达成合意之协议"(agreement to agree)引起之协商义务的问题。(3)买受人之物之瑕疵担保请求权的行使,究采形成说(die Herstellungstheorie)或契约说(die Vertragstheorie)。从物之瑕疵担保请求权的行使结果,使买卖契约之内容发生变更论之,应论为形成权,亦即采形成说;从物之瑕疵担保请求权的行使事实上如果没有获得出卖人的同意,亦即双方如果不能获得协议,非经诉讼难以确定其应当改变后之契约的内容论之,又具有契约说的特征。唯在这种情形,虽然改变后之契约的最后内容为何尚待于客观认定,但就以该内容为内容之契约的改变,出卖人有同意的义务,显现出类似于缔约强制(Kontrahierungszwang)的态势。在此态势下,还强调其契约性质的意义,Larenz 的意思其实是认为,在出卖人对于瑕疵之存在无争议时,买受人进一步权利之行使的时效期间,应适用一般的时效期间。④ 而这事实上应该在物之瑕疵担保请求权之行使期间的限制规定妥为安排。不适当为其期间,而左右物之瑕疵担保请求权在法学建构上的定性。⑤ (4)双务契约或社员地位的让与。关于契约地位的让与通常简称为契约之让与(die Vertragsübernahme)。关于契约

---

① Larenz,aaO.(Fn.229),S.444.

② Larenz,aaO.(Fn.229),S.444f.

③ Larenz,aaO.(Fn.229),S. 444.

④ Larenz,aaO.(Fn.229),S.446.

⑤ 在论述物之瑕疵担保请求权的法学建构或定性问题后,Larenz 有感而发谈到:物之瑕疵担保请求权的"案例清楚显示,建构之实务上的结果才决定建构之成果。在法学建构上,不但与逻辑操作,而且像在法律解释及法官的法续造,也与法律之目的(die Teleologie des Gesetzes)、交易的需要,或法之目的(Rechtszwecke)例如诉讼经济有关。具有特色者亦表现在两个互相排斥之学说及其折中说的建立。该折中说尝试避免该对立学说的不利。在这里为利用将该问题推至诉讼法来达成"[Larenz,aaO.(Fn.251),S.447]。所谓将该问题推至诉讼法指,认为买受人之返还全部或部分价金的给付声明中,隐藏有一个消灭全部或部分价金债务之形成的声明。从而法院在认为买受人的诉之声明有理由,而为命出卖人应返还买受人全部或部分价金的给付判决中,隐藏有消灭买受人之全部或部分价金债务的形成判决。这是 Böttcher 在其 Die Wandlung als Gestaltungsakt(以契约内容之转变为形成行为),1938 年一文中所持的见解。关于买卖目标物之瑕疵担保请求权中之使契约关系消灭的部分,《德国民法典》原来使用的用语为 Wandlung(转变),而非解除。因此,在理解上造成困难。在 2002 年 1 月 1 日公布之《德国民法典》第 440 条,已将之修正为解除(Rücktritt)[Larenz,aaO.(Fn.251),S.429 Fn.19]。

地位之让与,其以法律为其让与之规范基础者,主要为基于买卖不破租赁原则,在"民法"关于租赁契约的规定,以及关于合伙人对于合伙之股份的转让规定。[①] 至于以当事人之约定为其让与之规范基础者,在债法总则中并无明文规定。于是,引起是否容许以及如何约定的问题。基于私法自治原则,就私法自治事项法律未禁止者,当事人原则上可以自由为之,固无疑问,有问题者为如何约定。传统上关于债的关系,其主体上之归属的变动,主要从其债权的移转与债务的承担分别加以规范,除他人之财产或营业的概括承受("民法"第305条),或为营业与他营业合并,而互相承受其资产及负债(第306条)概括承受债务,生并存的债务承担之效力的情形外,"民法"并没有将一个人或企业之契约地位或财产、营业之全部当成一个单元,规划为交易客体规范之。于是,虽然交易上有此需要,事实上也常发生,但契约地位之转让在法律体系中还是找不到其对应之系统位置,因而有法学建构上或定性上的困难。[②] 为处理或说明与之有关的法律问题,学说上曾先后提出结合说(Kombinationstheorie)及统一说(Einheitstheorie)。前者将契约地位之让与解析为源自一个债之契约之全部债权的让与及全部债务之承担。而后者则将源自一个债之契约之一切可能的权利与义务组合成一个统一单元,作为契约地位让与时,双方交易之客体。后一学说之优势在于能够包含形成权及一些附随的,非以给付为内容之权利或义务。二者应以统一说为当。对于此种情形,现行法就租赁及合伙已有关于契约地位之让与的明文规定。法律既已明文规定之交易类型,原则上无禁止当事人以契约方式,创设类似之新类型为之的道理。契约地位之让与的契约,因涉及三方的利益,所以,与契约地位之让与有关的契约,其缔结应或者由三方共同为之,或者由其中之二方缔结后,经第三方之承认,始发生效力。至其内容,因法律对之未预为规定,主要当依当事人事实上约定之内容定之。在该约定中,当然可以合意将一部分之权利或义务自让与目标除外,也可以要当事人之一方应使他人,为其让与之权利,承担之债务的实现("民法"第268条)或负人的(保证)或物的担保责任。[③] 关于企业之购买或合并,现代企业组织法

---

① "民法"第683条规定:"合伙人非经他合伙人全体之同意,不得将自己之股份转让于第三人。但转让于他合伙人者,不在此限。"经他合伙人全体之同意而转让股份于第三人时,所转让者不只是相当于债权之一定权利而已,事实上含让与人在该合伙中之合伙人的契约地位。另第685条第1项虽然规定:"合伙人之债权人,就该合伙人之股份,得声请扣押。"但因其后来强制执行之结果,不适当产生未经他合伙人全体之同意而有第三人受让股份的情形,所以同条第2项又规定:"前项扣押实施后两个月内,如该合伙人未对于债权人清偿或提供相当之担保者,自扣押时起,对该合伙人发生退伙之效力。"

② 集合物或企业合并有至少与契约地位之移转类似之复杂的问题。企业之合并方法,在形式上常透过一个企业之全部股份的买卖或换股的方法为之。在这种情形,如单纯将之定性为股份之交易,则出卖人仅担保股份之真正,而不担保其好坏,例如不担保企业之财产、净值或获利能力。反之,如在经济上主张,购买人其实是以股份买卖之方法,购买发行该股份之企业的有形及无形财产,则事后关于所移转之财产的范围、质量及应收账款、应付账款的数额及履行义务之归属等,皆可能引起争议。如有这些疑虑,应以特约的方式,事先将涉及之企业财产具体化,并将未列举者,排除在外,以清楚界定其内容与范围。

③ Larenz, aaO. (Fn.229), S.447ff.

或其实务已有远为具体的发展。① （5）信托关系。信托关系的规范依据,固可以单独行为(例如遗嘱信托以遗嘱,宣言信托以信托人之信托宣言等单独行为)为其依据,但其依据在实务上主要还是契约。信托依其目的主要可分为担保信托、管理信托及投资信托。其共同特征为:信托人为信托目的采取之法律手段,在财产之归属上,超出该目的所需之必要范围或程度。例如为担保目的、管理财产之目的,或委任代为处理投资事务,而将担保物、托管之财产或投资资金的所有权移转于受托人。该手段之超过,造成该财产之经济上的实质归属与法律上的形式归属不一致。该归属之落差,在(信托人及其债权人与受托人及其债权人间之)内部关系及(受托人与第三人间之)外部关系引起不同的规范需要。原则上,在内部关系应按信托财产之经济上的实质归属,以恰如其分;在外部关系应按信托财产之法律上的形式归属,以保护交易安全,发展其法律关系。由于信托财产形式上已移转于受托人,但经济上又不真正属于受托人,所以信托财产自当与受托人之财产分离管理,构成一个特别财产。为信托目的,该财产在法律上具有类似于合伙财产的地位。是故,正如合伙人之债权人不得直接就合伙财产,而只能就该合伙人之股份为强制执行;信托人之债权人亦不得就信托财产,而只得就信托人或受益人依信托关系对于受托人享有之信托债权为强制执行("信托法"第12条)。在合伙股份之执行,导致该合伙人退伙之结果;在信托债权之执行是否亦导致信托关系之终止? 这应参酌诈害债权("民法"第244条)的规定,发展其妥适之规范。为防止信托人利用信托关系之设立,妨碍其债权人行使债权,只要信托人有债务不履行的情形,不待于信托人有破产原因,应认为,信托人之信托行为即构成诈害债权,俾债权人得选择以信托财产为其强制取偿之客体。此外,有一些法律关系是否为信托关系,契约当事人并未在契约中明白提及,或甚至可能自己也没有意识到其所为该当于信托关系。例如出租车或货运车车主为遵守交通管理法规,而将其出租车或货车的所有权移转于其所靠行之车行。在这种情形,因车主采取之法律手段具备信托行为之特征,所以虽然其靠行契约中并未提及信托,该靠行契约依然是一个信托契约。

九、概括继受附押租金约款之租赁契约的法学建构

在契约地位之法定的继受,因非以契约为规范依据,其规定内容在法体系之建构特别复杂。尤其是当其涉及主债权之担保的随同移转时,更有担保约款或契约与其所担保之债权的契约是否应一体继受,以及如何继受的问题。以下兹基于买卖不破租赁,以概括继受附押

---

① "企业并购法"(2015年7月8日修正公布全文)、"金融机构合并法"(2015年12月9日修正公布全文)、"财团法人合并办法"(2019年1月31日订定发布全文)、"外国金融机构与本国金融机构合并概括承受或概括让与办法"(2001年7月24日订定)、"信用合作社合并程序及办法"(1997年5月14日订定)、"证券投资信托事业合并应行注意事项"(2001年11月28日修正发布全文)、"台湾期货交易所股份有限公司期货商合并、营业让与应行注意事项"(2017年2月24日修正发布)、"著作权集体管理团体合并申请须知"(2010年4月19日订定发布全文)、"有线广播电视系统经营者营业让与合并及投资申请须知"(2016年12月12日订定发布全文)、"证券商合并、营业让与作业处理程序"(1992年5月21日修正)、"台湾地区各级农会合并方案"(1988年11月11日修正发布全文)。

租金约款或契约之租赁契约为例,说明其法学建构之脉络。

在租赁契约,出租人为担保其租赁债权,或隐藏地提高其租金数额,常有押租金之约定。该押租金之返还请求权的清偿期,于租赁期间届满或终止时届至。① 不论是将押租金的约定论为租赁契约的一部分,或其从契约,在租赁契约由他人依约或依法概括继受时都会引起一个问题:押租金约款或契约是否随同移转,②及其与押租金给付与返还的关系。

在租赁契约之概括继受的情形,就其押租金约款或契约是否包含在内随同移转,实务上的意见不是很精准,除约定将押租金视为租金之预付而于租期内不再交付租金者,虽受让人未受押租金之交付,承租人亦得以之对抗受让人外,其他情形一般说来,采否定的见解。③

---

① 台湾地区"最高法院"1959 年台上字第 1196 号判例:"房屋租赁保证金(即押租金)之返还,当然为租期届满时,出租人与保证人所负回复原状之义务。如出租人与保证人于租期届满时未履行此义务,纵租赁关系于租期届满时消灭,而其返还保证金之义务,要难认为随同失其存在。"台湾地区"最高法院"1994 年台上字第 2108 号判例亦采相同见解认为:"押租金在担保承租人租金之给付及租赁债务之履行,在租赁关系消灭前,出租人不负返还之责。本件租赁关系既已消灭,承租人且无租赁债务不履行之情事,从而其请求出租人返还押租金,自为法之所许。"台湾地区"最高法院"称租赁契约消灭后,以押租金与租金债权抵销有余额为其返还的停止条件(台湾地区"最高法院"1970 年台上字第 302 号民事判决)。要之,"押租金系以担保承租人之租赁债务为目的。是押租金返还请求权,应于租赁关系终了,租赁物交还,承租人已无债务不履行情事,且押租金尚有余额时,始能产生"(台湾地区"最高法院"1988 年台上字第 2213 号民事判决)。

② 实务上采否定的见解。台湾地区"最高法院"1988 年台上字第 2177 号民事判决:"押租金并非租赁契约之内容或要素,'民法'第 425 条所谓对于受让人继续存在之租赁契约,系指第 421 条第 1 项所定意义之契约而言,若因担保承租人之债务而接受押租金,则为别一契约,并不包括在内。是故押租金契约并不随租赁契约而移转。"

③ 台湾地区"最高法院"1962 年台上字第 1428 号民事判决:"押租金契约之移转,应以交付押租金为其生效要件,'民法'第 425 条所谓对于受让人继续存在之租赁契约,系指同法第 421 条第 1 项所定意义之契约而言,并不包含押租金契约在内。"

必须押租金经交付于受让人方始随同移转。① 于是,争议点转至受让人如何取得其押租金之担保利益,②以及该担保利益的取得方法(押租金之交付)是否受有法律保障。让与人未自承租人受领押租金者,受让人得依约请求承租人给付,固不待言。让与人已自承租人受领押租金者,受让人有无权利请求其转付,或者仅承租人可向让与人请求返还押租金,受让人还是应向承租人请求给付? 换言之,在租赁契约移转时,让与人是否应即将押租金返还承租人,或应转付于受让人? 其答案为:受让人有权利请求转付,但自实务见解观之,让与人对于受让人显无转付义务,而可依其选择直接返还于承租人。受让人未从让与人受押租金之转付者,是否得向承租人请求给付押租金? 这视让与人是否已将押租金返还承租人而定。③因之,受让人倘直至租赁契约终止时,尚未从让与人或承租人受领押租金之给付,则对于承租人自亦无返还押租金的义务。承租人已向让与人给付押租金,而让与人未转付给受让人

---

① 台湾地区"最高法院"1970 年台上字第 804 号民事判决:"依'民法'第 425 条,承租人对于受让人继续存在之租赁契约,系指同法第 421 条第 1 项所定意义之契约而言。其因担保承租人之债务而授受之押租金,不包含在内。故押租金未交付受让人时,不随同所担保之债权移转于受让人。"该见解立基于动产担保或现金担保物权之占有要件,而忽略在将处分行为(物权行为)与负担行为(债权行为)区分的前提,在处分行为(物权行为)之外,必须有一个负担行为(债权行为)为其原因行为。押租金契约或租赁契约中之押租金约款首先其实是关于押租金担保之设定的原因约定,基于该约定之押租金的授受才是其设定之物权行为。押租金契约在债务层面的意义为:承租人有义务依该约定交付押租金于出租人作为担保。这与在融资契约中同意设定抵押权担保所负之融资债务者,有义务为抵押权之设定的道理是一样的。"民法"第 295 条第 1项前段规定:"让与债权时该债权之担保及其他从属之权利,随同移转于受让人。"如何将该规定落实到各种之担保,必须根据各种担保物权之存在特征说明或规划之,但原则上不宜由于说明的困难,而甚至在债务的层次,认为原来据之课以设定义务的约款不随同债权之让与而移转,而必须依赖另一个设定契约。按在物权行为的层次,由于依该项规定所发生之担保物权的移转为一种法定的移转,其为抵押权者,登记已不再是生效要件,而仅是对抗要件(台湾地区"最高法院"1998 年台上字第 576 号民事判决);其为动产质权或权利质权,且其权利之移转不以占有之交付为必要,而以登记或一定之记载为必要者,可适用与抵押权相同之观点。反之,其权利之取得以占有之交付为必要者,可借助于将让与人论为受让人之占有辅助人。比较复杂者为以现金为目标之让与担保,例如押租金。在这种情形,基于现金之特征,使现金保实质上转为以押租金之返还义务为目标之债权质权。然因债权质权之债务人与质权人相同,以致在其让与时,不像其他担保物,适宜由让与人担负为受让人占有担保物的角色,而必须待让与人事实上将押租金转付受让人时,受让人始取得以押租金为内容之让与担保。然即便如此,其物权行为之设定要件上的需要亦不应影响到其债权行为之存在,认为押租金契约不能依第 295 条第 1 项前段规定,随同租赁契约法定移转。

② 台湾地区"最高法院"1954 年台上字第 114 号民事判决:"'民法'第 425 条所谓对于受让人继续存在之租赁契约,系指同法第 421 条第 1 项所定意义之契约而言,若因担保承租人之债务而授受押金,则为另一契约,并不包含在租赁契约以内,此项押租契约之移转,应以交付押金为其生效要件。"相同见解另见台湾地区"最高法院"1954 年台上字第 932 号民事判决、1962 年台上字第 1251 号民事判决。

③ 应采否定的见解。台湾地区"最高法院"1962 年台上字第 2858 号判例:"依'司法院'院字第 1909号解释,出租人未将押租金交付于受让人时,受让人对于承租人虽不负返还押租金之义务,唯受让人承受之租赁关系,系依其让予契约内容,如为无押租金之租赁,当不得向承租人请求押租金之交付,如为有押租金之租赁,则除承租人尚未履行交付押租金者,得依原约请求交付外,若承租人已依原约将押租金交付于原出租人时,则其既已依约履行,受让人如欲取得押租金以供租金之担保,亦属是否可向原出租人请求转付之问题,其仍向承租人请求履行之交付押租金义务,于法即属不合。"

者,承租人固得向让与人请求返还,①但得否以押租金返还请求权为主动债权对于受让人主张抵销,②或基于其与租赁物间之牵连关系,于让与人返还押租金前主张同时履行,③或留置租赁物?④ 以上问题实务上概采否定的见解。然该见解不但与"民法"第334条关于抵销要件之规定,而且亦和租赁契约移转时,承租人所需之保护不符。此为从权利随同主债权移转(第295条)时所引起之特殊问题。⑤

法定移转,本来不待于当事人另立书据,⑥在以登记为公示方法之从权利(例如抵押

---

① 台湾地区"最高法院"1952年台上字第366号民事判决:"押租金系担保承租人之债务,乃别一契约,并非当然随租赁契约而移转于受让人,当时既由上诉人收取,则其返还之责自不因此而免除。"

② 台湾地区"最高法院"1964年台上字第658号民事判决:"押租金契约之移转,应以支付押租金为其生效要件,'民法'第425条所谓对于受让人继续存在之租赁契约,系指同法第421条第1项所定意义之契约而言,并不包括押租金契约在内,如前出租人并未将押租金移转于受让人,殊无承租人以押租金之利息抵付租金,持为拒绝交租之借口。"

③ 台湾地区"最高法院"1980年台上字第3985号民事判决:"承租人交付押租金与出租人,在于担保其租赁债务之履行,诸如租金之给付,租赁关系终了后租赁物之返还,以及迟延返还租赁物所生之损害赔偿债务均是。故在租赁关系终了后,承租人于租赁物返还前,尚不得请求出租人返还押租金,自亦无从主张其租赁物之返还应与出租人押租金之返还同时履行。"在担保物权之涂销或担保物之返还固当以债务人已清偿其债务为要件,从而担保债务人就担保物权之涂销或担保物之返还,不得主张与债务之清偿同时履行。然倘系争担保为现金担保,则至少在具体情势有令债务人不安之可能存在时(例如租赁契约因买卖不破租赁,而在租赁物让与时法定移转,改变出租人及押租金之所有人),应先为结算,以定债权人应返还之押租金的数额,并容许债务人主张同时履行,较为允当。盖除了不安抗辩为"民法"第255条所肯认外,押租金之给付之目的原在于担保租金,而在租赁契约,租金为用来交换租赁物之交付的对待给付,所以过多押租金之返还,具有过多租金之给付的返还意义。从而于租赁契约终止时,押租金之返还义务与租赁物之返还义务间,带有类似于契约解除时当事人双方所负回复原状义务的特征(第259条),而该回复原状义务准用双务契约之规定(第261条),终止权之行使方法及效力准用解除之规定(第263条)。因之,关于契约之终止,允依目的性扩张第263条所定得准用(类推适用)之解除规定的范围,使之包括第259条及第261条。

④ 台湾地区"最高法院"采否定的看法。1954年台上字第114号民事判决:"押租金除当事人另有约定外,仅为担保承租人所负租赁契约上债务之性质,即承租人应先履行租赁契约上债务始得请求返还押租金,并非租赁契约终止后因出租人未返还押租金而得拒绝履行交还租赁物之义务。"

⑤ "民法"第295条规定:"让与债权时该债权之担保及其他从属之权利,随同移转于受让人。但与让与人有不可分离之关系者,不在此限(第1项)。未支付之利息,推定其随同原本移转于受让人(第2项)。"台湾地区"最高法院"1956年台上字第1808号民事判决参照。已到期之利息系一独立之债,故"民法"第295条不将之列入该条第1项从权利之内,认其当然移转于受让人,而于第2项另作独立之规定。仅推定其随同原本移转于受让人。关于该条第2项是否得准用于债务承担的情形,台湾地区"最高法院"1959年台上字第1107号民事判决要旨认为:"承担债务时关于未到期之利息是否亦随同移转,法律既未定有明文,自不能推定其必随同原本移转于承担人。"

⑥ 台湾地区"最高法院"1953年台上字第248号判例:"债权之让与,该债权之担保权利随同移转于受让人,对于为担保之保证债务人,只须经让与人或受让人以此事由为通知即生效力,不以债务人另立书据承认为其要件。"

权),亦不待于登记即可发生移转之效力,与意定移转须经登记始发生移转效力者有异。①
这亦适用于主债之关系或主债权法定移转的情形。例如租赁契约移转时,其押租金契约之
随同移转。至其押租金担保在其转付于受让人前是否亦已随同移转,则有疑问。

由于押租金这种让与担保与动产质权类似,而与抵押权不同,其取得以所有权之移转或
占有之交付为必要,不若抵押权因以登记为其公示方法,得依法律规定其在法定要件满足
时,即生移转的效力。② 所以,受让人最后是否能实现其押租金的让与担保设定请求权,实
务上认为尚视让与人是否将押租金转付于受让人而定。如有转付,受让人因此取得该押租
金之担保利益,对于承租人负返还押租金的义务,关于押租金之返还债务等于因此发生债务
承担,由受让人承担让与人之返还债务;反之,如让与人不为转付,受让人不但还是不能请求
承租人再次给付押租金,最后于租赁契约终止时,还可能引起承租人是否可将该押租金用来
抵销对于受让人所负租赁债务,以及是否还可据以留置租赁物,使受让人对于让与人所负之
押租金返还义务,实质上负担保责任的问题。这些问题之适当说明与解决,遭遇仅能系于让
与人后来究竟如何处置该押租金之偶然的事实:让与人将之转付于受让人或返还于承租人。
对于受让人而言没有一个可靠的依据,可以对于让与人有所主张。这与"民法"第295条第1
项前段规定担保应随同其所担保之债权移转的意旨不符。可能的解套方法当是,认为在随
同法定移转时,该押租金让与担保转为以承租人对于让与人之押租金返还请求权为目标之
权利质权,并以受让人为质权人,直到让与人将押租金转付受让人时,该权利质权才又转为
以现金为内容之让与担保。

总而言之,租赁关系依买卖不破租赁的规定("民法"第425条)由买受人法定继受时,如
有从属于该租赁契约之押租金契约,该押租金契约依其约定之存在目的,自亦当法定随同移
转于受让人。就此实务上虽无疑义,然因押租金为现金的让与担保,非经现实交付不能取

---

① 台湾地区"最高法院"1998年台上字第576号民事判决:"按让与债权时,该债权之担保及其他从属
之权利,除与让与人有不可分离之关系者外,随同移转于受让人,为'民法'第295条第1项所明定。该条所
谓'随同移转',系属法定移转,无待登记即发生移转之效力,与意定移转须经登记始发生移转效力者有异。
又抵押权从属于主债权,观之'民法'第870条规定自明。则主债权之让与,依前开说明,该抵押权自应随同
移转,此与抵押权系依法律行为而为让与须经登记始发生移转效力之情形不同。"

② "民法"第295条第1项前段规定:"让与债权时该债权之担保及其他从属之权利,随同移转于受让
人。"其中与担保有关者即为担保之法定的移转。然各种担保依该规定于让与债权时是否皆无障碍地移转
于受让人?经登记之抵押权依"民法"第758条之反面解释,固可即因债权之让与,而随同移转于受让人。
但动产质权或权利质权("民法"第901条),因第885条规定:"质权之设定,因移转占有而生效力(第1项)。
质权人不得使出质人代自己占有质物(第2项)。"第898条规定:"质权人丧失其质物之占有,不能请求返还
者,其动产质权消灭。"使得动产质权或权利质权是否能依第295条第1项前段规定,在让与债权时即自动
法定移转于受让人,产生疑问。如果关于质物之占有,在这种情形下可将让与人解释为受让人之占有辅助人
("民法"第942条),则动产质权或权利质权之法定移转亦无疑问。至于让与担保,如其目标为物,而非金
钱,第295条第1项前段规定之适用,当亦无疑问。作为担保物者在这种情形一样的可法定地移转于债权
之受让人。反之,目标物如为金钱,则因作为担保物之金钱已与担保权人之其他金钱混合,这种让与担保后
来实际上只能暂以该金钱之返还之债作为质权目标之权利质权的形态存在。然在让与人将该作为担保之
金钱给付受让人,将该权利质权转化成让与担保前,其法定移转尚不能达到使受让人取得与让与担保相同
的担保利益。这是租赁契约因买卖不破租赁而移转时,其相关押租金契约之法定移转所以造成说明上之困
惑的道理所在。

得。该担保类型及担保目标之特殊性,在法定移转上产生受让人如何实现其关于押租金之担保利益的难题。可能的见解为:(1)重为设定说。该说认为租赁关系既已移转,则让与人继续保有其受领押租金之利益已失其目的,所以让与人(原出租人)应将押租金返还承租人,而承租人则应依押租金契约对于受让人为押租金之给付,以担保受让人之租赁债权。让与人之返还义务与承租人再为押租金之给付义务间无时序之先后或依存关系。此为以债之效力的相对性为基础,所建立的见解。其主要弱点为:未充分考虑"民法"第 295 条第 1 项前段规定"让与债权时该债权之担保及其他从属之权利,随同移转于受让人",以及押租金契约对于租赁契约之从属地位。(2)法定移转说。该说认为基于依"民法"第 295 条第 1 项前段,押租金担保应随同租赁债权移转的观点,让与人应将其受领自承租人之押租金转付受让人,[①]以符合该项之规范意旨。此际,由于租赁契约虽有法定移转,但尚未终止,所以承租人对于让与人之押租金返还请求权并未届清偿期,在让与人将押租金转付受让人前,该押租金之担保暂以该押租金返还请求权为目标所构成之权利质权的形态存在,[②]以替代地满足承租人对于受让人之押租金的给付义务。采取该见解,首先可以使押租金之授受所构成之担保上的从权利,在租赁关系因买卖不破租赁而移转于租赁物之受让人时,即随同移转于受让人,

---

① 法律关系之发生、移转、变更或消灭,有以法律行为,有以法律为其规范基础者。其以法律行为为基础者,为意定或约定的法律关系,其以法律为基础者,为法定的法律关系。以法律为基础的法律关系,有时依该法之规定,于满足所定之构成要件时,即发生、移转、变更或消灭,有时尚待于践行一定之程序。在这种情形,所谓法定,其意义常仅止于一定法律关系之设定的强制,其义务之发生不需要义务人之同意。例如法定地上权("民法"第 422 条之 1:请求出租人为地上权之登记)或法定抵押权(第 513 条:请求定作人为抵押权之登记;或请求其预为抵押权之登记)。因之,在押租金所构成之让与担保物权的法定移转,由于其担保利益之掌握有赖于押租金之交付,所以其物权层次之移转,依情形固可能尚待于让与人将押租金转付于受让人,但这不表示在债权的层次,不能因租赁契约之移转,而依"民法"第 295 条第 1 项前段规定,即随同课让与人以转付押租金的义务,以满足物权性从契约或从权利应随同债权性之主契约或主权利移转的规范需要。否则,债权行为与物权行为之划分,在因买卖不破租赁而发生租赁契约之法定移转时,必会造成如实务所示,关于押租金契约及押租金担保的畸形发展。至于在这种情形是否导入债权质权的担保作为桥梁的观点,先将以押租金为目标之让与担保,在其随同租赁契约法定移转时,转化为以押租金返还请求权为目标之债权质权,而后于让与人将押租金转付于受让人时,再将该债权质权转化为以该押租金为目标之让与担保,应采肯定的见解。

② 当押租金之让与担保因租赁契约之法定移转而随同移转时,该担保依其存在特征首先应转化为权利质权,以让与人为债务人,承租人为债权人(出质人),受让人为质权人。依"民法"第 902 条适用债权让与规定之结果为,经其让与人或受让人通知债务人后对于债务人发生效力(第 297 条)。然因该租赁契约之法定移转系因出租人(亦即该权利质权目标之债务人),将租赁物让与受让人而发生,所以其相关权利质权之移转无通知债务人(出租人)始生效力的问题。至于在该权利质权法定随同移转时,出租人所得对抗承租人之抗辩事由或抵销的主张,准用第 299 条,固皆得以之对抗租赁物之受让人。但准用第 296 条,于租赁契约缔结时,出租人应将该等情事告知受让人,否则,可能由于缔约上过失而不得对于受让人主张抗辩或抵销。在该权利质权发生后,承租人处分质权目标物之权限即受到限制,依第 903 条非经质权人之同意,出质人(承租人)不得以法律行为,使作为质权目标物之权利(押租金返还请求权)消灭或变更。因该权利质权本来为以现金为目标之让与担保,所以应认为,作为质权目标之债权在随同移转时已届清偿期,且其清偿期先于其所担保之租赁债权的清偿期。是故,准用第 905 条,质权人(受让人)得请求债务人(让与人;原出租人)给付押租金,而非仅得请求债务人,提存其为清偿之给付物而已。因之,债务人(让与人;出租人)于向质权人(受让人)清偿时,并不须得出质人(承租人)的同意。反之,债务人如向出质人清偿,应得质权人之同意。未经其同意之清偿,对其不生效力(第 907 条)。

不至于在让与人将押租金交付受让人前,造成从权利之继受的中断,引起担保上的空窗期。该空窗期在承租人于租赁物让与后破产时会产生不利于受让人的结果。盖这时如认为受让人就承租人对于原来出租人之押租金返还请求权有权利质权,则受让人就之可行使别除权,从而就该押租金有优先于承租人之其他债权人满足自己之租赁债权的利益;反之,如果认为必须等到原来出租人(经由或不经由承租人)将押租金交付受让人时,受让人始能取得该押租金所构成之担保,则因受让人在该空窗期就该押租金尚不得主张别除权,承租人之其他债权人可以主张与受让人平等地就该押租金取偿。

在采权利质权之法定移转说,让与人仍负有义务,积极通过将押租金转付于受让人的方法,将该权利质权再转化为以现金为内容之让与担保。承租人于受让人自让与人取得押租金时,对于受让人取得押租金返还请求权。如果采取这个见解,而让与人却将押租金返还承租人,而不转付于受让人,则因其清偿对于受让人不生效力,[①]该权利质权仍然存在,让与人还是有义务将押租金交付于受让人,承租人之受领构成不当得利,应返还于让与人,唯必要时受让人可代位向承租人请求返还。纵使让与人不因承租人或受让人之请求,而将押租金转付于受让人,承租人之押租金返还请求权将来还是可以用来抵销受让人之租赁债权,或作

---

① 台湾地区"最高法院"1992 年台上字第 2860 号民事判决:"按权利质权之设定,除有特别规定外,应依关于权利让与之规定为之,此为质权设定之通则,对债权质权自有其适用。又为质权目标物之债权,其债务人受质权设定通知者,如向出质人或质权人一方为清偿时,应得他方之同意,以保障质权人之权益,'民法'第 902 条、第 907 条规定甚明。"唯因该以承租人对于让与人享有之押租金返还请求权为目标之权利质权的取得,只是该押租金转付受让人(质权人)前之权宜的安排,所以其债务人(让与人)仅于向债权人(承租人)清偿时,应得他方之同意,反之,于向质权人(受让人)清偿时,则不必。

为留置租赁物的理由。① 前述二说中以法定移转说较能契合"民法"第 295 条第 1 项前段关于担保之法定移转的规定。

十、体系在法学上的应用

法律体系的建构,首先立基于一定的法价值及其具体化下来之法律原则,而后取向于该价值或法律原则,取舍规范对象之特征,建构法律概念、类型,并据以拟定法条及法律规定。在该法律概念、类型或各个法律规定间,基于其所含特征之异同可构成一定之逻辑的或意旨上的关联。当中,从类型开始,具有比较清楚之体系的外部样态。该样态最常见者为能够呈现树状的系统。但树状系统不是体系之存在的唯一态样。像构成动物之循环系统及神经系统的网络,虽非以树状系统的型态表现出来,但仍然是一种重要的体系态样。然树状系统依然是最为人所熟悉的法律系统。具有树状结构之类型构成体系之应用的一环。法律原则将散置的法律规定联系起来,使之成为有意义的一个整体。该联系在解释上可以进一步确定法律规定之内容,在发现其有漏洞时,并可利用法律原则加以补充,以维持法律体系之一贯性。兹分述之:

---

① 然台湾地区"最高法院"1960 年台上字第 307 号判例要旨认为:"因担保承租人之债务而授受之押金,未经交付于租赁物之受让人者,受让人既未受有押金权利之移转,则承租人即得径向原出租人为返还押金之请求,无待租赁契约终止而后可。"按论诸实际,押租金为承租人租赁债务之现金的让与担保,虽因其为现金而不以担保的形式存在,但实质上仍具有担保之从权利的地位。是故,其返还请求权的行使自当以租赁契约已终止为要件。在租赁物于租赁期间让与的情形,贯彻买卖不破租赁原则,除租赁契约不因租赁物之移转而终止外,押租金契约自亦当继续有效,并与租赁契约同样为受让人所法定继受。其结果,让与人(原出租人)之继续保有押租金所有权丧失其法律上原因。有疑问者为谁(受让人或承租人)对其有返还请求权及其法律依据为何。承租人及受让人分别基于押租金契约皆对于让与人有返还请求权,所不同者为:承租人之返还请求权带有抗辩,让与人得以其应将押租金转付受让人为理由,拒绝返还,然承租人如为受让人之利益而行使,请求让与人直接向受让人给付,让与人即应对于受让人给付。反之,让与人如不为抗辩,而直接对于承租人给付,其给付对于受让人不能生清偿之效力("民法"第 902 条、第 903 条、第 905 条、第 907 条)。盖押租金之让与担保,于依第 295 条第 1 项前段法定移转时,应解释为已以承租人对于让与人之押租金返还请求权为目标,先暂转为权利质权,以让与人为债务人,承租人为债权人,受让人为质权人。只是在这种情形,承租人对于受让人应负返还押租金的义务,如果后来受让人因承租人不即为押租金之返还,致不能完全享受其依第 295 条本来可享有之利益,而受到损害,让与人对于受让人应负债务不履行的责任。至于受让人所享有之返还请求权则不带有前述抗辩,受让人据之得向让与人请求移转押租金,唯在让与人未将押租金返还承租人的情形,受让人不得向承租人请求另行交付押租金。倘让与人不因承租人或受让人之请求,而将押租金移转于受让人,承租人之押租金返还请求权将来还是可以用来抵销受让人之租赁债权,或作为留置租赁物的理由。盖押租金返还请求权为承租人在租赁关系法定移转时即已存在之债权,可用为抵销之主动债权,亦可用以留置与之有牵连关系之物("民法"第 928 条)。要之,受让人应为其受让租赁物所有权,介入租赁关系,而就押租金之返还负担保责任。是故,在租赁物之转让,配合买卖不破租赁,受让人应小心处理押租金之让受问题。

(一)法条内部之意旨关联

基于法条内部之意旨关联,已能在一定的程度互相界定法律规定中之用语的意涵。例如"民法"第 181 条规定:"不当得利之受领人,除返还其所受之利益外,如本于该利益更有所取得者,并应返还。但依其利益之性质或其他情形不能返还者,应偿还其价额。"自该条但书导出:不当得利之受领人,尚能返还其受领利益之原形者,原则上应返还其受领之利益的原形,而非其价额。此为从一个条文之前后文之意旨关联,可以导出之解释内容。这也是一种基于体系因素之解释。与之类似,但略有不同者为:将"民法"第 246 条第 1 项规定中所称之"不能"目的性限缩至自始客观不能,以满足自始主观不能之交易上的规范需要。按以自始主观不能中之他人之物的买卖为例,就该不能情事之除去,双方可能从出卖人"试试看",经"尽一定程度之努力"至"担保责任",约定出卖人应负不等程度的义务。① 而该项但书所定情形仅规范至双方静观事态发展的态样,不能满足前开情形的规范需要。是故,有将其适用范围目的性限缩至自始客观不能的必要。此为就单一条文,从体系的观点,根据其规范目的所作之法律的补充。要之,不是只有在两个以上的条文或法律规定始有体系因素之适用。

(二)类型之应用

1.利用类型掌握法律资料

关于数据之掌握,利用类型为之,比较上属于逻辑的安排与考虑。不过,关于类型化之标准的选取,则多涉及规范目的之价值的考虑。

按法律数据或法律规定常常相当烦琐,一眼难以望尽。为能将之充分掌握,利用类型加以管理,并使之构成体系,极为需要。例如,民法将其拟规范之对象,按其内容加以分类定于五编之中。首先,在民法总则规定民事法之一般事项,避免在各编为重复规定以减轻其规范上的负担。② 而后在债编再分为通则与各种之债,先规定债法之共通事项,而后规定各种有名契约,债法通则与各种之债之划分一样有减轻各种之债之规范负担的作用。其次,于第三编规定物权,于第四编规定亲属,第五编规定继承。其中第二编及第三编主要为关于财产法的规定,第四编、第五编为关于身份法的规定。以上各编正如其章节所示还有进一步之立法上的类型化。复杂的民事法,经此安排大致上可以纲举目张。倘民事法未经如此体系上之安排,将更为复杂。当然,目前民法中关于其规范之安排,也有在体系上稍嫌零散的项目。例如,关于代理分别规定于"民法"第 103 条至第 110 条及第 167 条至第 171 条,使代理的规定由于割裂而在教学与认识上皆增加许多困扰。特别是,代理权之授与本来并非债之发生原因,将之规定于债法通则而不规定于民法总则,显然不妥。

---

① Esser, *Schuldrecht*, 2. Aufl., Karlsruhe 1960,§ 77,3.

② Franz Bydlinski, *System und Prinzipien des Privatrechts*, Springer Wien 1996, Zweiter Hauptteil (S. 117-413).

2.利用类型帮助法律解释

由于具有共同存在特征者,有共同之当为要求,是故,以共同特征建立之类型,其规范或多或少会相似。此所以利用类型可以触类旁通,帮助了解或解释法律的道理。例如"民法"第 179 条规定:"无法律上之原因而受利益,致他人受损害者,应返还其利益。虽有法律上之原因,而其后已不存在者,亦同。"然则何谓"无法律上原因"? 为探讨无法律上原因之情形,必须从法律上原因切入。而众多法律上原因,应如何探询,始不至于在类型上有所遗漏? 其简单的检查方法为利用民法体系所提供之系统,先将法律上原因按其在民法上所属之编章区分为债法上之原因、物权法上之原因、亲属法上之原因及继承法上之原因。特别民法上之原因可分别按其性质归入债法上、物权法上、亲属法上或继承法上之原因。利用民法前开章节归类法律上原因,除可自然确保没有类型上之遗漏外,而且属于同一类型之取得事由,会有共同的疑问。该疑问特别存在于物权法上。

债法上所规定之取得事由,由于债之关系本即为一种原因关系,其可充为法律上原因,固不待言。亲属法上及继承法上规定之取得原因,例如依扶养义务之给付或财产之继承,其法定之扶养义务或意定、法定继承权即为其扶养给付之受领及继承财产之取得的法定的或意定的原因。反之,犹如将物权行为规定为无因行为时,必须另有法律上原因支撑其权利之移转效力,否则,构成不当得利,物权法上规定之取得原因,亦因物权法通常只是单纯为财产权之归属的考虑而为规定,不一定同时有为其归属之法律上原因而为规定的意义。然因物权法的法律规定终非仅是物权行为,所以,鉴于其归属终究因有物权法为基础,而引起依物权法之取得,是否真无法律上原因之疑义? 目前,物权法上之处理方式原则上为以明定的方法,表明其物权法上关于取得之规定,是否可排除不当得利之规定。例如"民法"第 811 至第 815 条虽规定动产因添附而改变其归属,但该规定并非因该添附而发生之财产利益之移动的法律上原因。所以,同法第 816 条规定:"因前五条之规定,丧失权利而受损害者,得依关于不当得利之规定,请求偿金。"所谓得依关于不当得利之规定,请求偿金的意义为何? (1)仍必须具备另无法律上原因之要件?① 至于是否有法律上原因,应由受领利益者负举证责任。这个问题,以"民法"第 431 条关于租赁物之有益费用及第 839 条、第 840 条关于地上权消灭时,其工作物及竹木之取回或建筑物之补偿为代表。在添附,必须具备另无法律上原因之要件,始有不当得利返还请求权。要之,该三条规定为不当得利之特别规定。另添附如有承揽为其法律上原因,其财产利益之移动应依承揽,而非依不当得利的规定。(2)仅得请求偿金,而不得请求返还受领之利益的原形? 这应采肯定说。盖添附的特征即在于不能回复原状,或回复原状会引起价值之减损。唯正如前述关于租赁终止时或地上权消灭时之取回权的规定,法律如有特别规定,或契约如有特别约定,仍应从其规定或约定。(3)有无第 182 条及第 183 条之适用? 原则上虽有其适用,唯非所有权人自主之添附,且在添附时,所有权人不能享受添附结果之用益利益者,应改以其事实上能为用益时为准。(4)所受领之利益的数额以何时为认定的标准时点? 添附由因添附而受损害者为之时,应以所有权人事实上可享受添附之用益利益时,认定其所受利益之数额。(5)唯恶意占有人对于占有物支出必要费

---

① 参见台湾地区"最高法院"1999 年台上字第 419 号民事判决。

用者,台湾地区"最高法院"认为,仍得依"民法"第 957 条之规定请求返还。① 在定义上固然认为必要费用对于受添附之物必有利益,然该物如即将拆除废弃,是否还有利益值得就具体情形再予斟酌。

此外,物权法也有利用偿金,规定合法介入之赔偿义务者,例如"民法"第 788 条及第 889 条之袋地通行权人应就通行对于通行地所生之损害支付偿金,依第 800 条建筑物区分所有人通过他人正中宅门者,亦同。该支付偿金义务之规定,意谓着其通行固然合法,但仍非其通行利益之取得的法律上原因。唯倘物权法就他人之物的取得,没有应给付偿金或依关于不当得利的规定请求偿金之规定,则物权法可论为关于该他人之物的取得之法律上原因。例如果实自落邻地视为属于邻地所有(第 798 条),越界竹林枝根之刈除权(第 797 条),拾得遗失物者之报酬或取得遗失物之权利(第 805 条),埋藏物之所有权的取得(第 808 条),漂流物或沉没物之拾得(第 810 条),以上规定,皆具有第 179 条所订法律上原因的意义。

归纳之,可见物权法中关于财产利益之归属的规定,是否具有不当得利法上所称法律上原因的意义,不可一概而论,仍须视其规定之具体情形而定。对因该财产利益之取得而得到利益者,物权法明定取得者负偿还不当得利或支付偿金义务者,其物权法上之取得规定不属于不当得利法上所称之法律上原因。无明文规定者,则是。② 由以上的说明,可以发现利用类型有帮助了解的作用,盖自"民法"第 179 条观之,显然难以透彻何种情形无法律上原因。由于无法律上原因为消极事实,难以掌握,因此,必须利用其"对极",有法律上原因之类型加以说明。而法律上原因除当事人约定者外,尚有法律规定之情形,态样复杂。非简化之难以掌握了解,而掌握之道即在于利用类型构成之体系。就民事法上之法律上原因,利用民法之体系加以分类,应可穷尽。至于公法上之法律上原因为另一问题。③

类型也可以有反面的利用,即不同类型者,得为不同的处理。此为平等原则之适用态样

---

① 参见台湾地区"最高法院"2002 年台上字第 887 号民事判决。台湾地区"最高法院"1955 年台上字第 21 号判例认为:"'民法'第 957 条,所谓因保存占有物所支出之必要费用,系仅指因占有物之保存不可欠缺所支出之费用而言,至支出之费用是否具备上述要件,应以支出当时之情事,依客观的标准决定之。"依该判例的见解,显采客观说。以该支出客观上是否为"占有物之保存不可欠缺"为准。

② 唯在善意取得,物权法虽无取得所有权或担保物权者应负偿还不当得利或支付偿金之义务的规定,但其物权法上之取得规定依然不是不当得利法上所称之法律上原因。充为其法律上原因者为:受让人与让与人间关于该所有权之移转或担保物权之设定的原因关系。至于真正权利人因第三人善意取得所遭受之损害,应依不当得利或侵权行为之规定,向让与人请求返还或赔偿。然倘让与人空有与第三人之让与的约定,而不构成善意取得,则真正权利人应依所有物返还请求权向第三人请求返还所有物,而非依不当得利请求返还。至于如因此而另有损害,可依侵权行为的规定对于让与人及受让人请求赔偿。

③ 例如溢缴税捐,其受领为无法律上原因而受利益,致他人受损害,构成公法上之不当得利。其因纳税义务人自己适用法令错误或计算错误而溢缴税款者,得自缴纳之日起五年内提出具体证明,申请退还;逾期未申请者,不得再行申请("税捐稽征法"第 28 条)。其因税捐稽征机关之错误而溢征者,"经依复查、诉愿或行政诉讼等程序终结决定或判决,应退还税款者,税捐稽征机关应于复查决定,或接到诉愿决定书,或'行政法院'判决书正本后十日内退回;并自纳税义务人缴纳该项税款之日起,至填发收入退还书或支票之日止,按退税额,依缴纳税款之日邮政储金汇业局之一年期定期存款利率,按日加计利息,一并退还"("税捐稽征法"第 38 条)。要之,并不规定依不当得利的规定处理。倒是授与利益之行政处分经确认无效,或经撤销、废止或条件成就而有溯及既往失效者,其受益人应返还因该处分所受领之给付。其返还范围准用"民法"有关不当得利之规定("行政程序法"第 127 条)。

之一。例如"民法"第113条规定:"无效法律行为之当事人,于行为当时知其无效,或可得而知者,应负回复原状或损害赔偿之责任。"亦即无效之法律行为依该条规定亦可能引起一定之效力。然无效法律行为中之无效所指者究竟为何?为不生以该法律行为中所表示之法效意思的内容为内容的效力。而第113条规定之效力为非以法律行为中所表示之法效意思的内容为内容的效力。要之,二者所指之效力内容不同,所以无规范冲突的问题。为提高据代理行为所从事之交易的交易安全,虽谓代理权之授与行为系无因行为,但"民法"第108条第1项依然规定:"代理权之消灭,依其所由授与之法律关系定之。"二者有无规范冲突?按前者为关于代理之外部关系,而后者为关于内部关系的规定,规范之关系既然不同,自无规范冲突。上述二例利用似同而实异的类型帮助解释法律规定,以厘清其间有无规范冲突的疑义。

3.利用类型发现法律漏洞

类型谱为构成体系之子系统,该子系统在法律体系之建构上具有模块的功能,可以利用之作为检查清单,覆按法律规定有无疏漏或矛盾的情形。

例如"民法"第18条规定:"人格权受侵害时得请求法院除去其侵害;有受侵害之虞时,得请求防止之(第1项)。前项情形,以法律有特别规定者为限,得请求损害赔偿或慰抚金(第2项)。"归纳之,对于人格权之侵害,依该条之规定,其法律效果包括:(1)请求除去侵害,(2)请求防止侵害,(3)请求损害赔偿(财产上损害)或慰抚金(精神上损害)。而第19条就构成人格权之一的姓名权受侵害时,规定仅得(1)请求除去侵害,(2)请求损害赔偿。两相比较,在姓名权侵害的情形,少了请求防止侵害及请求慰抚金之赔偿两项效力。其中慰抚金的部分,因第18条第2项,就人格权之保护,采特别人格权主义,虽不一定可称其为有漏洞,但应注意第19条之反面解释的结果,可能因此认为在姓名权受侵害的情形根本不得请求非财产上损害的赔偿。至于就是否得请求防止侵害的部分,第19条的规定,其欠缺则有疏漏之嫌,盖请求防止侵害为法律关于绝对权(对世权)或侵权行为法所保护之法益应有的一般保障。[①] 此为利用类型模块检查法律漏洞的方法。

另债之客体可按其内容区分为物、权利及劳务,构成客体上之类型模块。当法律必须就各种可能之给付加以规范时,为避免挂一漏万,便必须按客体类型构成之清单逐一加以考虑。例如"民法"第259条,就契约解除时,当事人双方应如何回复原状,返还其先前所受领之给付加以规定。则事先为避免发生漏洞,或事后为发现有无漏洞,其规定之安排或检讨皆必须借助客体所构成之类型模块。如利用前述关于债之客体的类型模块覆按该条各款规定,很快就可以发现该条并未对权利之给付的返还加以规定,从而倘契约解除时,当事人已有对于相对人移转权利的情形,其相对人所受领之给付是否应返还或应如何返还,便欠缺明文规定。或谓解除契约可以生使契约溯及失其效力的结果。从而以权利为给付内容者,可以因契约之解除而自动回复于让与人。但这种看法,于所解除之契约为债权契约时,显不允当。而第259条所规定者应当是债权契约。

将债之客体的类型模块覆按于第259条各款,除有前述发现漏洞之意义外,尚可根据不同客体之特征进一步认识其不同之返还内容或义务,在客体之存在上的基础。按物为自然

---

① 请参见 Esser, *Schuldrecht*, 2. Aufl., Karlsruhe 1960, § 211.

的存在,属于有体物,为一种可坏之身,所以其返还首先以返还所受领之给付物(原物)最为符合回复原状的精神。此为第1款的规定。又因物为可坏之身,故倘因返还之物有毁损、灭失或因其他事由致不能返还者,应以偿还其价额作为回复原状的方法。此为第6款的规定。第1款及第6款所规定之回复原状的方法在个别案件以第1款为优先,必待第1款已不可能时,始有第6款之适用。又受领之物可能生有天然孳息或法定孳息,该孳息为天然孳息者,原为受领之给付物的成分,经分离后而成为孳息;为法定孳息者,因授权他人用益,而取得报偿。故受领之给付物生有孳息者,应返还之。此为第4款之规定。第1、4、6款之规定的内容与"民法"第181条所定者相当。所受领之给付为金钱者,应附加自受领时起之利息偿还之。此为第2款之规定。该款规定等于在第4款的适用上,先推定受领金钱给付者有利息之孳息利益。另受领给付物者,可能在解除前就返还之物已支出必要或有益之费用,因此种费用之支出,使他方于返还时,受有利益者,在其所得利益之限度内,得对他方请求返还。此为第5款之规定。该款规定之内容与第431条第1项关于租赁契约终止时,出租人对于承租人所支出之有益费用的返还义务,以其现存之增价额为限规定相当。其理由为:此种利益之取得原因,非出于受领给付者之单独意思。以上为关于以物为给付内容之回复原状的规定。又受领之给付如为劳务或物之使用,因劳务有不能以原形返还之特征,故第3款规定,应照受领时之价额,以金钱偿还之。唯物之用益,如非自用或无偿供他人使用,而系有偿授权他人用益的情形,其价额以法定孳息的形态存在,应依第4款之规定返还。综合第3、4款之意旨,天然孳息应依第4款之规定,以实际发生者为准;法定孳息应概依第3款之规定以客观的市场价额为准。有疑问者为:倘经解除之契约原非以物之使用为其主要给付之内容,而以物之移转为其内容时,是否亦有第3、4款之适用?宜持肯定的见解。但以受领人实际为用益取得之利益为限,以受领时之价额或收取之孳息偿还之。上述返还义务的范围,与受领者自始知其受领无法律上原因所构成之不当得利的返还义务之范围相同(参照"民法"第182条第2项)。要之,第259条各款规定具有排除第182条第1项规定之适用的意义。自以上关于第259条各款规定之说明,可见其各款规定以债之客体内容的存在特征为发展基础。

按债权与债权让与通知间之时序上的关系可分从取得及其清偿期之届至加以类型化。与取得有关者可区分为取得于通知前及取得于通知后;与清偿期之届至有关者,可区分为届至于通知前及届至于通知后。此种类型化的方法为对极性的二分法。在这个基础上,可以在立法上规划,也可以在研究上探讨其关于抵销之当有的效力。取得于通知后者,当然不得主张抵销;取得于通知前者,是否得主张抵销,应从抵销适状的观点加以论断。清偿期届至于通知前者,当然得抵销,盖其在债权让与对于债务人发生效力前,便已处于抵销适状;反之,清偿期届至于通知后者,债务人之债权,亦即抵销上之主动债权,必须先于或至少与被动债权同时届清偿期。《德国民法典》第406条之规定即本于此。然就清偿期届至于通知前者,"民法"第299条之规定,有与第334条关于抵销权之发生要件(抵销适状)互相冲突的规定。

由以上例子显现,在立法上或研究上利用对极之类型方法,可以帮助避免或发现法律漏洞。

《德国民法典》第406条规定:"债务人就其对于原债权人之债权,也得对新债权人主张抵销,但债务人于取得债权时已知悉债权已移转,或其债权在获悉移转之后,并后于移转之债权始届清偿期者,不在此限。"

依该规定,(1)知悉后取得之债权不得主张抵销,(2)知悉前取得之债权,其清偿期在知悉后始届至者,且其债权之清偿期后于移转之债权者,亦不得主张抵销。此为先就得抵销之情形以原则的方式加以规定,而后利用但书规定不得抵销者。此种规定方法,一方面可以避免得抵销之情形,在解释上发生疏漏;另一方面,因其就不得抵销之情形以但书的方式定之,故新债权人就债务人有不得为抵销之情事负举证责任。反之,依台湾地区"民法"第299条第2项规定"债务人于受通知时,对于让与人有债权者,如其债权之清偿期,先于所让与之债权或同时届至者,债务人得对于受让人主张抵销"解析之,该规定以受通知时,债务人对让与人已有之债权中,其清偿期先于所让与之债权或同时届至者,始得主张抵销。要之,该条规定以正面规定得主张抵销之积极要件,规定得抵销之情形,就该积极要件之存在,依举证责任之分配原则,当采规范说(Normentheorie)时,主张或行使权利者,(债务人)应就其权利存在之积极要件负举证责任。此与依《德国民法典》第406条之规定,其举证责任应属"新债权人"负担者不同。《德国民法典》之举证责任分配的结果,显然比较合理。盖在此,如无债权之移转,债务人可依抵销之一般规定,主张其抵销权。第299条第2项可谓限制了债务人本来可主张之抵销权。在债权人与第三人,不须经债务人同意,即得移转债权的前提下,其移转对于债务人之不利事态的发生,法律苟有要件的规定,该要件之成就与否不应课债务人以举证责任,证明要件未满足,而应由受让人证明要件已满足。

依"民法"第299条第2项之规定,债务人于通知前取得对于让与人之债权,一概皆须比较其债权之清偿期是否先于受让与之债权或同时届至,反之,依《德国民法典》第406条则仅清偿期在经通知后始届至者,才比较债务人对于让与人之债权的清偿期是否先于所让与之债权或同时届至。《德国民法典》之规定比较合理,盖清偿期在经通知前已届至者,债务人对于让与人之债权,不论其清偿期是否先于受让与之债权,或同时届至,依"民法"第334条之规定,债务人本来可以主张抵销,该抵销权不应平白因为债权人在系争债权达于抵销适状后,由债权人及受让人片面未经债务人之同意,"事后"加以改变。在此认识下,"民法"第299条第2项之适用范围应受第334条之限制,亦即,债务人受债权让与之通知前,依第334条已取得抵销权者,不因第299条第2项之规定,而在债权人让与其债权后,丧失该抵销权。

(三)利用法律原则补充法律漏洞

法律原则之内容通常相当抽象,不能直接适用。其适用尚有待于具体化,始能作为其他法律规定之解释或补充的基础,[①]作为请求权之规范基础,[②]例如诚实信用原则。自诚实信用原则还导出很多下位原则,例如信赖原则(Das Vertrauensprinzip)、禁反言(venire contra factum proprium)、失权效力(Verwirkung)、表见事实之信赖保护。不过在例外的情形,也

---

① 关于利用法律原则来补充法律漏洞,请参见 Esser, *Grundsatz und Norm*, 2. Aufl., Karlsruhe 1964, S. 242ff.。

② Claus-Wilhelm Canaris, *Systemdenken und Systembegriff in der Jurispru-denz*, Berlin 1969, S. 57:"原则(Prinzipien),最后为其实现,需要透过利用独立的法律事实所得之下位原则及个案判断,予以具体化。亦即原则并非法律规定(Normen),不能直接适用,尚必须先以构成要件确定之,使之规范化。在这中间,必须动用新的独立价值判断。"

有法律原则业经规定于法律中而可直接加以适用者。唯即便在这种情形,其直接适用首先亦仅限于法律明定之情形。其他情形,其适用皆在用以补充法律漏洞的情形。法律以明文规定,得或应直接适用法律原则者,有"民法"第 148 条规定"行使权利,履行义务,应依诚实及信用方法",此为诚信原则之规定。正当防卫不得逾越必要程度(第 149 条),紧急避难之行为,以避免危险所必要,并未逾越危险所能致之损害程度者为限(第 150 条第 1 项)。袋地通行权人"应于通行必要之范围内,择其周围地损害最少之处所及方法为之"(第 787 条第 2 项)。此为比例原则之规定。比例原则(der Grundsatz der Verhältnismäßigkeit)以手段与目的间在价值上之相当性为判断标准。凸显比例原则所要求之手段的必要性时,该部分之要求又称为必要原则。有谓必要原则以手段之必要性及经济性为判断标准(die Grundsätze der Erforderlichkeit)[1]。倘法律未明文将之规定为一定法律关系之成立上或行使上之构成要件,法律原则之适用犹如"民法"第 1 条所规定之"法理",仅能经由具体化后,始得作为补充法律的材料。

(四)利用体系维持法律的一贯性

体系为一种意旨上的关联(Sinnzusammenhang)。其在同一时空上的意义为,基于法律资料之教义化上(Dogmatisierung eines Rechtsmaterials)的要求,自然趋向系统化,以排除或防止其间在逻辑上或价值判断上的矛盾。此为基于理性,寻求正确性的努力。其在不同一时空的意义为:本于法律规范之历史性,探求符合时宜的规范内容。由于法律价值鲜少突变,通常只会随着时间的经过逐步演变。因此,法律规范的演变,常有其继续性,不能有断层的发展。否则,受法律规定适用者将难以适应。是故,当基于法律教义的要求,必须将法律根据其意旨上的关联给予系统化,则不但发生于同一时空者,其相同的案件必须相同对待,而且发生于其后者,倘无法律特征上之差异,或倘无法律思想或法律政策之改变,先后发生之相同案件,亦应为同一处理。此为法律体系之一贯性要求。所以当要提出与过去不同的考虑,处理相同的案件,或要以新的看法处理新生事务,必须注意使新见解可以圆满地纳入既存之法律体系,不可以有逻辑上或价值判断上的矛盾。

在体系思维之前开要求中,为维持法律的一贯性,法律原则对于法的稳定性及继续性的维护具有重要的意义。[2] 例如自火车或工厂烟囱飞出之火苗引燃邻地财物造成损害时,火车或工厂业主对该损害是否应负赔偿责任,法院所持见解固当一贯,以符平等原则,不得恣意裁判。然随工商之发展,法律思想对之由过失责任原则转为危险(保险)责任时,法院或法律对于此种案件的看法,便可能,或应该相应变更,使法律规定之内涵能符合发展后之新形势的需要。又如传统担保制度不能满足现代工商社会的需要时,虽有物权法定主义的限制,动产担保,特别是让与担保,其实务还是应运而生。让与担保具有担保信托的意义,必须发展适当制度或规定,满足相应之交易需要。唯发展出来之制度必须能够与原来之法律体系相契合。让与担保在德国业经实务发展为习惯法。[3]

---

① Larenz, aaO.(Fn.229), S. 481.

② 关于法律原则对于法之稳定性及继续性的意义,请参见 Esser, aaO. (Fn. 265), S.289ff.。

③ Larenz, *Methodenlehre der Rechtswissenschaft*, Springer-Verlag 1983, 5. Aufl. S. 398f.

第六章　法律解释

一、法律解释的概念

（一）前言

　　法律解释与法律补充都是适用法律于具体案件时的准备工作,用以萃取该具体案件所该当之法律。将之比拟为三段论法,法律解释与法律补充是为个案之法律效力的判断,而萃取法律(die Rechts-gewinnung),以发现其大前提(die Rechtsfindung),同时将该个案事实涵摄于大前提中之概念或归属于其类型,以确认小前提之存在的活动。① 在该基础上最后推论出系争事实该有的法律效力。由于法律文字之多义性难以避免,所以法条有如橡胶所做,有无限度牵扯的可能性。是故,如果不诚心努力,取向于公义,探求法律的规范内容,强词夺理出诸学者专家甚至公务员与公文书,皆有可能。防止之道,在于发展有纪律的方法,使不理性之驱使能够受到控制,不到处横流,无所忌惮。

　　在德国与奥地利,其法学方法首先发达于民事法。于是,常常引起一个疑问,即在民事法发展出来之方法,放诸其他法律是否亦皆准? 对此德国学者 Tipke 及奥地利学者

---

　　① 在涵摄的尝试中,法律适用者的眼光在可能适用之规定与事实间徘徊。这当中,大前提尚待于萃取。这与逻辑学上的三段论法,假定已经有一个正确之大前提存在,只是待于确认,小前提是否该当于大前提,以决定得否由之导出结论者,不同。对此,Larenz 阐述:"事实上,法律适用的重点不在于其总结之涵摄,而在于之前,就事实之各个因素的判断。这些因素该当于构成要件所定之特征。"(Larenz, *Methodenlehre der Rechtswissenschaft*, 5. Aufl., Berlin/Heidelberg/New York, 1983, S.271)Tipke 阐述:"法律适用之本来的困难不在于其推论,而在于由构成要件及法律效力组成之法律规定中的概念需要解释,以及常常需要调查证据来认定之事实。事实是否该当于法律之审查,往往不是狭义之涵摄过程,而是一个评价的使生关联,评价的归属。这主要适用于对于需要评价填充或规范性的概念,特别是一般条项及不确定法律概念,以及类型概念之归属。"(Tipke, *Die Steuerrechtsordnung*, Band Ⅲ, Köln, 1993, S.1234)

Bydlinski 都认为该方法有其普世的适用性。①唯还是必须注意关于税捐法,法源论对于法律漏洞之补充,以及经济观察法对于目的因素在法律解释的特殊意义。本书在这里并不尝试将法律解释这个概念加以定义,而只是要将法律解释这个活动的特征加以说明。法律解释的特征(die Merkmale)主要可分成两类:①由法律解释的任务产生的特征;②由解释学导出的特征。

1.由法律解释的任务产生的特征

法律解释的任务在探求法律意旨,而这个意旨即在追求正义在人类共同生活中的体现。故法律解释必须把握这个意旨,并帮助它实现。亦即在正义及其衍申价值的指引下,以衡平的、可以被理解的方式去满足由人类共同生活所发生的法律上需要(das rechtliche Bedürfnis)②。从这个任务导出了对法律解释活动的两个要求,它们同时也成为法律解释的特征:①法律解释对具体案件的关联性;②法律解释的价值取向性。

(1)法律解释对具体案件的关联性(Die Fallbezogenheit der Gesetzesauslegung)

对"法律解释"这个概念的了解,学者间并不一致。Enneccerus-Nipperdey 认为:"法律解释即是法的意旨(der Sinn des Gesetzes)的阐释。该意旨是法律生活中,从而也是法官裁判的准据。"③他们又以为在法律适用的过程,首先是认定事实,然后阐释法律,以发现可引为准据的法律规定。④ 换言之,他们将事实之认定与法律之发现的过程加以隔离,这种见解在当今德国的法学界几乎再也找不到支持者。Dahm 认为:"适用法律即是解释法律;而解释法律则是合于法律意旨地阐释它。"⑤他就法律解释对具体案件之关联性,在这里并没有清楚地表示他的意见。Larenz 认为:"法律条文对解释者构成疑难时,他借着解释这一个媒介的活动来了解该条文的意旨;而一个法律条文之疑难则在其被考虑到它对某一特定的法律事实之适用性时发生。"⑥他对法律解释这个概念的了解显然是基于一个认识而发,即法律的解释或了解必须针对具体的案件⑦(不管是事实上存在的或虚拟的)为之。法律解释不能被无的放矢地进行。因为"对法律条文而言,只有它那与具体案件有关的部分才是重要

① Franz Bydlinski, *Juristische Methodenlehre und Rechtsbegriff*, 2. Aufl., Wien/New York, 1991, S.593ff.; Tipke, aaO.(Fn.1), S.1232:"适用法律的方法在各个法律领域都有深入的讨论。在行政法,这比较少发生的事实显示,行政法学者可能少有方法意识,即便在介入行政也几乎不关心类推适用之容许性,但一定不是由于行政法之成熟的缘故。"与 Tipke 对于行政法学者之上述印象对应之事实是否确实存在;如果存在,其所以存在之法社会学的成因为何,值得探究。

② Larenz, *Methodenlehre der Rechtswissenschaft*, 3. Aufl. Springer-Verlag, 1975, S. 298ff; Coing, *Grundzüge der Rechtsphilosophie*, 2.Aufl. Walter de Gruyter 1969, S. 320f.

③ Enneccerus-Nipperdey, AT, Tübingen 1960, 15. Aufl. Bd. I. S.323:"解释法条即在于厘清其意旨,而且是对于法律生活的意旨,因此,也就是厘清作为法律裁判之基准。"

④ Enneccerus-Nipperdey, aaO.(Fn.4), S. 312ff;指名反对他们的见解者请参见 Tipke-Kruse, AO, 7. Aufl. §1 StAnpG A. 2d.

⑤ Dahm, *Deutsches Recht*, 2. Aufl. S.40f:"适用法律,指解释法律;而解释法律即是符合意旨地阐释之。"

⑥ Larnez, aaO.(Fn.3) S. 298:"解释是一个媒介的行为。透过该行为,解释者使自己就产生疑问之条文的意旨获得理解,使条文适用者疑惑者为关于条文对于特定法律事实的适用性。"

⑦ 同样的见解,另见 Tipke-Kruse, aaO.(Fn.5), §1 StAnpG, A. 3. 他们在这里另有详细的引证。

的；对具体案件而言，只有它那与法律条文有关的部分才是重要的"①。基于同样的见解，Baumann 附合 Arthur Kaufmann 认为，在法律适用的过程"务使法律规范与事理相符；法律事实与规范相符"②。我们可以将以上所述的关系称为法律解释对具体案件的关联性（die Fallbezogenheit der Gesetzesauslegung）。申言之，法律解释之主要任务在确定，该法律规定对某特定之法律事实是否有意义。是故，一个法律规定应相对于一个待裁判或处理的事实加以阐释，并予具体化。由于这一个缘故，真正的法律解释问题与其说是从法律条文自身，毋宁说是从应去或拟去处理的案件所引起。③ 换言之，这些问题是在追求一个对具体案件之既公正（gerecht）且衡平（billig）的裁判时才发生。④ 该现象在不确定概念的具体化与适用上特别清楚地表现出来。在这里解释的问题与生活事实的评价问题互相渗入对方，从而在依不确定的法律概念所作的裁判内，事实问题与法律问题便在这个限度内合二为一。⑤ 上面所提到的法律解释对具体案件的关联性，在法律解释上的意义，不应因为认为法律解释是适用法律之过程的一部分，或只是适用法律的准备工作⑥，或是一个伴随法律适用过程的一个并存的⑦活动而有不同。因为光是法律存在的本身并非人类想要有法律的原因，从而法律不应该即等于制定该法律的意旨。制定法律的意旨应该是要以衡平的、可以被理解的方式来规范每一个具体案件所牵涉到的当事人间的关系。⑧

---

① "对于大前提，其对具体案件之关联为何是重要的；对于具体案件，其对大前提的关联为何是重要的。"Engisch, *Logische Studien zur Gesetzesanwendung*, 3. Aufl. Heidelberg 1963, S.14f. 另见 Tipke-Kruse, aaO. (Fn. 5), §1 StAnpG, A. 2d, 3; Esser, *Vorverständnis und Methodenwahl in der Rechtsfindung*, Athenäum, 1970, S. 65ff; Larenz, aaO. (Fn. 3), S. 262ff; Strache, *Das Denken in Standards*, Duncker & Humblot 1968, S. 54ff, 100ff.

② Baumann, *Einführung in die Rechtswissenschaft*, C. H. Beck, 2.Aufl. S.61:"规范应恰当于事实，事实应恰当于规范来做成。"

③ 参照 Tipke-Kruse, aaO.(Fn.5), §1 StAnpG, A. 3; Mennicken, *Das Ziel der Gesetzesauslegung*, 1970, S. 92ff, 106 Anm.145.

④ 关于这里牵涉到的问题点，在法学方法论的文献上，通常是在问题思维（Das Problemdenken）、具体案件思维（Das Falldenken）、事理逻辑（die Sachlogik）或具体案件的正义（Die Fallgerechtigkeit＝Die Billigkeit）等题目下被讨论到〔参见 Ecker, *Gesetzesauslegung von Ergebnis her*, JZ 67, 265ff; Esser, *Wertung, Konstruktion und Argument im Zivilurteil*, 1965, 3ff（20ff）; ders, aaO.(Fn.9), S.103ff.〕。从而那个以取向于问题（Problemorientiert）为其特征之 Die Topik 为讨论对象的著作，也都会处理到这个问题。Die Topik 便是 die Techne des Problemdenkens（问题思维技术学）。这是 Viehweg 在他的著名著作 Topik und Jurisprudenz, S. 14, 对 Topik 所作的简短批注。他说："Die Topik 是由说服术所发展出来的问题思维技术学。"诚然这个批注，还太短，还不能带来充分的消息。但它在把握与 Topik 有关的讨论之基本方向是有帮助的，从而 Canaris 将 Viehweg 这一个批注评为"几乎没说出什么"是不中肯的（参见氏著 *Systemdenken und Systembegriff in der Jurisprudenz*, 1969, S. 136）。关于 Topik 之比较详细的讨论，请参见 Gerhard Struck, *Topische Jurisprudenz*, 1971; Kriele, *Theorie der Rechtsgewinnung*, 1967, 5. Kapitel.

⑤ Esser, *Grundsatz und Norm*, 1956, S. 110 Anm. 77; Tipke/Kruse, aaO.(Fn.5), A. 2d.

⑥ Enneccerus-Nipperdey, AT. Bd. I, S. 311ff.

⑦ Mennicken, aaO.(Fn.11), S. 91, Anm. 69.

⑧ 同说参考 Esser, *Wandlungen von Billigkeit und Billigkeitsrecht-sprechung im modernen Privatrecht*, im: Summum jus summa injuria, 1963, S. 38:"为有助于掌握社会的，或同时也是个别的正义，亦即衡平性，技术性之形式的法律工具一直在减少，或其最大的不义之刺一直在拔除。"及 Ecker, aaO.(Fn. 12), JZ 67, 270.

关于法律解释对具体案件的关联性,我们可以用最高法院 1931 年上字第 1437 号判例来说明它。该判例载称:"妾之制度,虽为从前习惯所有,然究与男女平等之原则不符,基于此原则如该女不愿作妾时,即应许其随时与其家长脱离关系,不以有不得已之事由为限。"

自该判例要旨的内容观之,原告想以诉的方法,请求与其家长脱离关系。这可能有双重意义:①请求终止与家长之夫妾之同居关系;②请求终止家长与家属之共同生活关系,由家分离。由其前后文观之,偏向于同居关系之终止。该要旨中虽未载明该判决所依据的条文,然从该判例刊登于台湾地区"最高法院"发行之《判例要旨》(1927 年至 2003 年)第 569 页,编列在"民法"第 1127 条下,又有将该两请求结合在一起的看法。这当中涉及几个重要问题:①该两请求是否不可分?②如果可分,请求终止夫妾之同居关系是否需要理由?③妾得否一方面请求终止夫妾之同居关系,另一方面主张夫继续对其负有家长对于家属之生活照顾义务?④妾之本生父母或其他扶养义务人之扶养义务。

据上述判例要旨的内容,其实台湾地区"最高法院"并不认为,未成年之妾要与其夫脱离夫妾之同居关系需要有法律依据。亦即采夫妾关系之维持不受法律保护的立场。倒是将之编列在"民法"第 1127 条下,引起联想:该院是否认为,未成年之妾之脱离夫妾同居关系的请求应以第 1127 条为其法律依据。对这一点,梅仲协先生显然采肯定的见解,因他说:"是即对于'民法'第 1127 条为扩张之适用。"① 按第 1127 条规定:"家属已成年或虽未成年而已结婚者,得请求由家分离。"其所谓扩张适用,在此当指将关于法律婚的规定,目的性扩张适用至事实婚而言,以使妾亦得因事实婚而取得请求由家分离的权利。值得注意的是:该条规定"家属……未成年而已结婚者,得请求由家分离。"本来的意思可能是:未成年而已结婚之家属得请求由原来之家分离,以便加入新家,而非要离开新家。而在上述判例所示情形则是:妾想要自因夫妾关系而加入之家分离。是故,以第 1127 条为妾请求由家分离的法律依据,在法律适用的方向性上其实是有疑问的。然无论如何,只要认为未成年之妾请求由家分离,需要法律依据,且将其请求论为法律行为,则其请求便会引起事实婚是否可准用关于法律婚之结婚成年制的规定,以及与之相牵连之矛盾的问题。盖如认为未成年之妾可准用关于法律婚之结婚成年制的规定,取得行为能力,则似又有承认事实婚,或割裂的一部分承认,一部分不承认的矛盾。

因为无法获悉当时台湾地区"最高法院"是如何认定本案的事实,以作成本件判决,所以,只能试拟其过程为:台湾地区"最高法院"接到这个案子时,可能发现该案件所涉事实仅下述部分具有法律上的意义(rechtlich erheblich),即一个未成年的家属请求由家分离。至于妾之身份,在本案所涉请求权的意义,首先当仅在于,妾与妻不同,与其有事实婚关系之夫间并无同居义务,从而妾的身份关系不是请求由夫家分离的消极要件。至于所谓"基于男女平等原则如该女不愿作妾时,即应许其随时与其家长脱离关系"的见解,应有超出请求由家分离之外的意义。即现行"民法"虽已不承认妾的制度,但倘妾非主动请求离去,而是夫主张终止夫妾关系,请求妾离去时,又当如何?此为事实婚之保护的问题,不是单纯之妾的问题。这不是男女平等原则所能解释的。归纳之,自夫妾关系可以理出其法律问题有二:①妾之事实婚关系的终止与保护;②妾之由家分离是否需要有法律依据的理由。第一个问题不是本件请求的内容,所以该判决中对之并未积极表示意见。至于第二个问题,该判决所谓"不以

① 梅仲协:《民法要义》,作者自刊,1954 年版,第 7 页。

有不得已之事由为限",皆"应许其随时与其家长脱离关系"的意旨是：夫妾关系之终止不需任何理由。在认为"民法"第1127条与本案事实之规范相关的前提下，这有或者排斥可能来自该条之限制要件，或者将事实婚等同于法律婚的意义。盖依该条规定，家属已成年或虽未成年而已结婚者，始得请求由家分离。因此，妾如未成年，其请求由家分离，如非排斥该条限制要件之适用，即须将夫妾之事实婚等同于法律婚，使未成年之妾具备未成年而已结婚的要件。后一论据会产生矛盾，即既承认其为婚姻，如何得不具理由请求分离？于是，只能从排斥该条之限制要件的适用，寻求请求分离的依据。

如单纯要满足已下定决心，离夫而去之妾的需要，上述见解固可达到目的。但如考虑到终止夫妾同居关系后，妾之生活照顾的需要，则要圆满解决夫妾关系，显然必须将夫妾关系进一步加以解析为：准夫妻之同居关系及家长家属之共同生活关系。而后从夫妾之同居关系不受保护的观点，认为夫妾双方固然各得随时请求终止夫妾之同居关系，但家长家属之共同生活关系的部分则仍应受"民法"第1127条之要件的限制。关于夫妾关系之终止，最高法院1944年上字第5119号判例的见解接近于此："男女双方间类似夫妻之结合关系，双方本得自由终止，不适用《民法》第1127条、第1128条之规定，亦毋须诉请法院为准许脱离之形成判决。"至于终止后之生活照顾的问题，该判例要旨同样并未触及。按未成年家属，有特别之生活照顾上的需要。这对于未成年之妾亦当如是。当迎娶一个本来不属于家属之未成年女子为妾，使该未成年女子成为家属后，其家长即因此应当负起家长的义务。

由于夫妾关系不受法律保护，所以，即使后来该未成年女子主张终止该夫妾关系，其表示的意义亦仅止于夫不再得违反该未成年女子之意思，要求与其同居，该表示对于其家长家属的关系的存续应尚不具意义。是故，在终止夫妾之同居关系后，该未成年女子在成年前，如要继续留下来与家长共同生活而不同居，家长不得请求其离去。至于妾如自己主动请求由家分离，其所涉问题的形势与养子女为满7岁以上之未成年人而欲终止收养关系的情形类似。依"民法"第1080条，"养子女为满七岁以上之未成年人者，其终止收养关系，应得收养终止后为其法定代理人之人之同意"。所以，应类推或目的性扩张适用该条规定，认为未成年之妾与夫之共同生活关系的终止，应得终止后为其法定代理人之人的同意。类似的规定亦见于第1049条："夫妻两愿离婚者，得自行离婚。但未成年人，应得法定代理人之同意。"为何需要法定代理人之同意？其意旨究系单纯在于补充未成年人之行为能力，或为了衔接对于未成年人之扶养义务？或兼而有之？应采第三种看法。在此意义下，第1049条可谓是第13条第3项"未成年人已结婚者，有行为能力"之限制规定。亦即未成年人已结婚者所取得之行为能力不含独立从事两愿离婚。该法律行为之行为能力尚需要其法定代理人之补充。需要法定代理人之同意以补充其行为能力之法律行为，未经法定代理人之同意而从事之者，该法律行为之效力原则上效力未定。然最高法院1938年上字第1064号判例认为："依《民法》第1049条但书之规定，未成年之夫或妻，与他方两愿离婚，应得法定代理人之同意，《民法》就违反此规定之两愿离婚，既未设有类于同法第990条之规定，即不能不因其要件之未备，而认为无效。"这是不正确的。至于未成年人夫或妻之受扶养权利的衔接，即使在未成年妻之法律婚的情形，其离婚亦当为相同之解释。要之，本诸"民法"第1049条，夫妻中有一人为未成年人者，其两愿离婚在未成年人方，应得法定代理人之同意的道理在于：对未成年人方离婚后之生活照顾义务，应当由同意其离婚之法定代理人承接。

鉴于终止夫妾关系之表示仅具有终止不受法律保护之同居关系的意义，所以，其表示并不需要行为能力。是故,要使未成年之妾得随时终止夫妾关系,尚不需动用到将夫妾关系之事实婚拟制为法律婚,或将"民法"第 13 条关于法律婚使未成年人取得行为能力的规定,目的性扩张至事实婚等说理方法。至于终止家长与家属的关系,因涉及受法律保护之法律关系的变动,其表示自需有行为能力。有疑问者为:夫妾关系之事实婚是否与法律婚一样的有使未成年人取得行为能力的效力。这固应采否定的见解。不过,在共同生活之生活保持的扶养义务,夫妾互相享有者应仅止于家长家属的层次,或亦应达于"民法"第 1116 条之 1 所定夫妻的层次:"夫妻互负扶养之义务,其负扶养义务之顺序与直系血亲卑亲属同,其受扶养权利之顺序与直系血亲尊亲属同。"这显然应朝夫妻层次始符合其间之实质的生活关系。在事实婚关系越来越多的情形,事实婚者间之扶养义务及赡养义务已经慢慢演变成一个不能简单以伦理之负面评价即予躲开的法律问题。①

上述问题的产生来自一夫一妻制及婚姻之成立要件采形式主义:只论结婚之法定形式,不论婚姻生活之实质。于是有法律婚与事实婚之落差的现实问题。一夫一妻制属于伦理价值的政策决定,婚姻之成立要件属于技术理性的规划。这当中,婚姻生活本来具有之生活类型的特征,法律规定对之虽有引导及规制的作用,但事实婚不会因为法律不承认而就不具备婚姻之实质,丧失其生活类型的特征。该实质还是会引起应予满足之一定的规范需要。是故,有必要解析事实婚关系的实质,划分其受与不受法律规范与保护的部分,分别对待。不过,由于事实婚没有法定成立要件可资依循,其成立及可受保护的程度,不能一概而论,应视具体情况,依信赖保护原则,探求其适当之法律效力的内容。②

在上述最高法院 1931 年上字第 1437 号判例,其拟适用的法律规定的寻找上,如认为关于家属请求由家分离的规定,是规定在"民法"第 1127 条,而且就只有这么一条。并发现依本条之规定,只有已成年或虽未成年而已结婚者始得请求由家分离。而自其就本案所认定之事实显示,本案要请求由家分离的女子,既未成年,也未结婚。那么依本条之规定,该女子的请求势必要遭到驳回。但这又与法院所体认之民法的意旨,即民法的基本价值判断(男女平等原则、一夫一妻制)不符。于是,便可能本着该意旨进一步去做下述的推演。这里有三个可能的途径摆在面前:①一个是在事实的认定上,将妾的关系拟制为法律上婚姻(夫妻)关系;②一个是在法律规定的寻找或解释上,试图将该条中之"已结婚"的概念加以扩张,即把这种事实上的夫妻关系包括到结婚的概念里;③最后一个是,如果前面两个途径都不能圆满地达成任务,那么便将该条后段的规定类推适用到本案来。第一个途径,虽然常常被采取,

---

① 台湾地区"最高法院"1990 年台上字第 2629 号民事判决:"按夫妻履行共同生活,婚姻生活方能维持美满幸福,故夫妻同居义务实乃维护婚姻生活之基本要件。履行同居生活,则夫妻非互负生活保持之扶养义务不可,扶养对方,亦即保持自己之婚姻生活,其扶养之程度与自己之生活程度相同,是为夫妻互负共同生活之义务。故 1985 年 6 月 3 日修正公布之'民法'第 1116 条之 1 规定:'夫妻互负扶养之义务,其负扶养义务之顺序与直系血亲卑亲属同,其受扶养权利之顺序与直系血亲尊亲属同。'从而受扶养权利之妻或夫方,亦与直系血亲尊亲属同,不以无谋生能力为必要。'本院'1954 年台上字第 787 号判例系就'民法'修正前所为之诠释,自'民法'增定第 1116 条之 1 规定后,即不能为同一之解释。"自该判决要旨观之,夫妻扶养义务系于同居义务。这不宜引申为事实婚者间之生活照顾义务的发展障碍。

② 事实婚在民事法上固有信赖保护的问题,但在税捐法上并不承认事实婚。因此,有事实婚姻关系者,在综合所得税并无"所得税法"第 15 条第 1 项所定合并申报的义务。德国在税捐法上亦同样仅承认法律婚(Tipke, *Die Steuerrechtsordnung*, Band Ⅰ, 1993, S. 381, 391, 400f, Band Ⅲ, Köln, 1993, S.1293)。

但它显然是"裁判者对法律解释的滥用,以伪装其自法律自身(本来)无从直接找到的规定"①。这里所牵涉到的问题,从法律事实的角度加以观察,便是法律事实之操纵的问题(Das Problem der Manipulation des Sachverhalts),这种做法不可加以赞同。② 至于第二个途径,至少会遇到三个难题:

①规范的冲突(der Normswiderspruch),按"民法"基于男女平等及一夫一妻制之基本的价值决定,已否定这种事实上的夫妻关系,如在这里又"例外地"承认它,那么它们之间便会有规范的冲突存在。③

②此外,如容许在"民法"第1127条将"已结婚"的概念为这种案型加以扩张,那么在第1128条内之"已结婚"的概念,是否应同样地被扩张,即家长得否依第1128条令未成年之妾由家分离,以结束她已厌倦了的事实上之夫"妻"关系? 如认为在第1128条不应作这样的扩张,那么在这里便显有规范冲突存在。盖同一个"法律事实"(妾的关系),依第1127条,该妾被认为"已结婚";依第1128条,该妾被认为"未结婚"。若为消除这一个规范冲突,而将"已结婚"的概念,在第1128条也加以扩张,那么这个规范冲突固然被消除了,但对未成年妾(基于家属身份应受到的)保护,便未免又无正当理由地将之剥夺了。不过,对于第1127条及第1128条,该问题的存在其实都是虚假的。盖结婚之目的在于共同生活,所以在嫁娶婚,不论是妻或妾,倘肯认其婚姻效力,妻或妾请求由夫家分离,或夫请求其由夫家分离都是矛盾的。由此可见,该两条规定所适用之家不是夫家,而是其原来之家。

③将夫妾关系在"民法"第1127条,实认为婚姻关系,它对扶养、继承、同居等与婚姻有关之规定有何影响? 又应如何配合? 这些又是一连串在体系上难以解决的问题。④

在第二个途径所遭遇到的这些难题,在第三个途径同样会遭遇到。不同的是,由于在第三个途径,明白地宣示,在这里只是一种类推适用,并未将婚姻的概念加以"扩张"。唯这也是程度的问题。例如,在这里主张可以类推,则在"民法"第1128条,如有人主张,也要作同样的类推,那么前述的难题便又被引出来了。

由以上的说明可以发现,"民法"第1127条并不适合作为判许该妾请求由家分离之适当的法律依据。于是,便开始第二回合之法律上重要之(事实)点的认定,与规范它的法律规范的寻找。这时,台湾地区"最高法院"可能发现有关监护的规定,可提供适当的法律依据。因该妾是未成年人,因此她应该会有监护人。于是它发现首先必须去澄清,谁是该妾的监

---

① Esser, *Wert und Bedeutung des Rechtsfiktion*, 1969, S. 88ff(92).

② Ecker, aaO.(Fn.12), JZ 67, 268f. Anm. 57:"为了(获得特定的)结果,不仅不顾法律建构上的要求;甚至反其道而行之,将法律事实依法律类型加以裁剪,例如虚拟一个默示的意思表示。"前引之 Ecker 与 Esser (Wertung, Konstruktion und Argument in Zivilurteil, S.15;Wert und Bedeutung der Rechtsfiktion, 1969,S.136ff);Larenz, a.a.O.(Fn.3), S.247f.都不赞同拟制的做法。关于 juristisde Konstruktion 这个概念请参见 Esser 前揭著作及 & Wieacker, Die juristische Sekunde zur Legitimation der Konstruktionsjurisprudenz, S. 421ff;Stoll, Begriff und Konstruktion in der Lehre der Interessenjurisprudenz, S. 60ff. In:Tüb. Festgabe 1931;Radbruch, Einführung in die Rechtswissenschaft, 12. Aufl., 1969, S. 256f;ders, Die Natur der Sache als juristische Denkform, 1960, S. 30ff. Heck, Das Problem der Rechtsgewinnung, Gesetzesauslegung und Interessenjurisprudenz, Begriffsbildung und Interessenjurisprudenz, Verlag Gehlen, 1968, S. 164ff, 205ff.

③ 关于规范的冲突或价值的冲突请参见 Canaris, aaO.(Fn.12), S. 112ff(117, 121ff).

④ 关于这种体系上的要求,请参见 Larenz, *Kennzeichen geglückter richterlicher Rechtsfortbildung*, 1965, S. 13.

护人。

为回答前述的问题,又必须先去澄清,该妾的家长,是不是因她作妾而变成她的监护人。可能基于下述理由,认为其答案应该是否定的:娶女子为妾是违反公序良俗的行为,在这同时如该家长与妾的原监护人有"移转"监护权的合意,则该合意依"民法"第72条无效,从而该家长不能据之而取得对妾的监护权。又本案所涉及者非因特定事项,于一定期限内之监护的委托,故与"民法"第1092条无关。于是,妾之现任监护人应是她作妾前之原监护人,除非原监护人之权利被法院依"民法"第1090条宣告停止其全部,并依法产生其他监护人,否则原监护人当继续为该妾之监护人。又依"民法"第1060条规定,未成年之子女,以其父之住所为住所;同法第1084条规定,父母对于未成年子女,有保护及教养之权利义务。(在这里我们假设该妾的父母健在)故该妾之父母当为她之原监护人,从而也是现任的监护人。于是她可以要她的父母行使亲权,请求她的家长让她回到她父母的家。在这种情形下,她也便同时达到由家长之家分离的目的。如是,在由家长之家分离以后的监护问题也才算同时被照顾到。在这里,如果她的父母不顺从她的请求,则其父母的不作为应属亲权的滥用,她可依"民法"第1090条及第1094条或"非讼事件法"第138条获得监护人,并要他请求她的家长将她交给他们。上述关于监护的见解虽然看似言之成理,也能满足自始否定夫妾关系的道德意识,然当夫妾或事实婚姻关系发生,该见解并不能满足其事实上存在之共同生活的规范需要,已如前述。是故,正确的处理应当势将同居关系与共同生活关系分别处理。至于监护关系只要让原来的监护人可以随意回复即可达到保护妾之目的。

由以上的说明可以发现,一个常见而法律不能有效禁止之生活事实,如果立法者不正面应对,而要让司法机关透过法律解释或补充处理,势必难以面面俱到,圆满解决。

公同共有人基于公同共有关系而对于第三人负担之债务,论为公同共有人之连带债务;反之,对于第三人取得之债权是否为公同共有人之连带债权?后者台湾地区"最高法院"采否定的见解[①],认为:因公同共有关系而发生之债务固为连带债务,但因而发生之债权则非连带债权。该见解显然以"民法"第828条为依据。该条规定:"公同共有人之权利、义务,依其公同关系所由规定之法律或契约定之(第1项)。除前项之法律或契约另有规定外,公同共有物之处分,及其他之权利行使,应得公同共有人全体之同意(第2项)。"唯该见解是否适合于合伙业务之发展,值得探讨。参酌"民法"第671条第1项规定,合伙事务之执行固以由合伙人全体共同执行为原则,然仍得以契约或决议另为订定。因此,与合伙从事业务往来,应特别注意:执行合伙事务者之权限的有无及范围。为确保交易安全,应参考"民法"第553条以下关于经理权的规定,以法律明文给予适当调整或修正。在法律尚无类似于经理权之明文规定前,只能借助于公同共有人自己以契约或代理权之授权的方法(单独行为),克服其单独行使债权之制度障碍。

与之类似的问题为:"农民健康保险条例"第40条第2项规定,支出殡葬费之人有领取

---

① 台湾地区"最高法院"1980年台上字第1364号判例:"本件租赁关系之存续,双方皆系因继承而取得其出租人及承租人之地位,就被上诉人所欠租谷言,被上诉人固为连带债务人,就本件租谷债权言,依'民法'第1151条规定,上诉人对之享有公同共有之权利,至所谓连带债权,系指多数债权人有同目的之数个债权,得各自或共同请求全部或一部之给付,而债务人对于其中任何人一为全部给付即可消灭其债务者而言,与公同共有之债权为一个权利,其债务人仅得向公同共有人全体清偿始生消灭债务之效力者,迥不相同,原审认上诉陈盈科为连带债权人之一,被上诉人得向其一人为清偿,所持法律上之见解,亦有违误。"

同条第 1 项所定丧葬津贴的请求权。依该规定,丧葬津贴请求权的权利人为谁,初看似无疑问:谁支出殡葬费即丧葬津贴请求权的权利人。换言之,该请求权虽以被保险人死亡为其发生原因,但其请求权人并非基于继承而取得。故没有应由继承人或应由继承人全体共同请求的问题。然同条例施行细则第 66 条第 5 款规定,请领丧葬津贴者为被保险人之配偶或二亲等以内亲属时,其请领丧葬津贴申请书免检附支付殡葬费之证明文件。这又一定程度使该请求权与殡葬费之支出的事实脱钩,转为基于身份而取得之请求权。于是,保险人如向非实际支出殡葬费之配偶或二亲等以内亲属给付丧葬津贴时,其给付即有是否向第三人清偿的疑问。如为肯定,则需有"民法"第 310 条三款所定情事之一,始有清偿效力。唯该施行细则第 66 条第 5 款的规定也可能引起一个类似于"民法"第 164 条第 1 项关于悬赏广告所定情形的态势,从而是否可认为,保险人善意给付丧葬津贴于依该款规定且最先提出申请之人时,其给付丧葬津贴之义务,即为消灭?

为贯彻该款规定的意旨,应可采肯定的见解。以该见解为基础的规定及第 164 条第 2 项皆可认为是"民法"第 310 条的特别规定。基于上述理由及"农民健康保险条例"第 40 条第 2 项之规定,殡葬费由数人支出者,该丧葬津贴并不当然需由其共同请领。然为被保险人支出殡葬费者如为数人,且请领人系被保险人之配偶或二亲等以内亲属时,不论实际支出殡葬费之总额高于或低于该丧葬津贴,皆应由其按各自支出之数额占总数之比例分受利益。请领人非被保险人之配偶或二亲等以内亲属,且其实际支出之总数额低于该丧葬津贴者,只得请求各自实支之数额。支出殡葬费者中,如同时有被保险人之配偶或二亲等以内亲属及不具此身份者,该丧葬津贴应如何分配?法律无明文规定,应循先疏后亲的原则,即不具该身份者之请求权优先于具该身份者之请求权。必须注意:保险人如知有数人为被保险人支出殡葬费,则类推适用"民法"第 164 条第 1 项,应按上述原则所定之数额或比例计得之数额分别对于各请求权人给付。由以上的说明可见,当一个看来清楚的规定要适用到具体个案时,立时可能产生许多在立法时意想不到的问题。所以,法律的解释应有对于具体案件之关联性。

缆车是否为"娱乐税法"第 2 条第 1 项第 6 款所定之其他提供娱乐设施?这应视其实际功能而定,不能一概而论。[①] 有疑问者为,纵使按缆车在具体案件供使用之情形具有娱乐性[②],但目前该条第 6 款之规定,是否足为其规范依据,仍非无疑问。按该款规定:"六、撞球场、保龄球馆、高尔夫球场及其他提供娱乐设施供人娱乐者。"亦即该款以先例示而后概括为其规定方式,而在此种规定方式,其概括部分应含例示类型之共同特征。缆车与"撞球场、保龄球馆、高尔夫球场"之共同特征何在?提供需要设备之场所供打球取乐。缆车如具娱乐功能,尚有下述问题:其设施提供者固提供可供娱乐之场所及设施。但该设施非供打球之用,于是,必须探究打球是否为决定该款之适用性的要件要素?实务显采否定的看法。

"遗产及赠与税法"第 10 条第 1 项规定:"遗产及赠与财产价值之计算,以被继承人死亡时或赠与人赠与时之时价为准;被继承人如系受死亡之宣告者,以法院宣告死亡判决内所确定死亡日之时价为准。"此为关于认定遗产时价之基准时点的规定。然时价之形成首先必须

---

① "行政法院"1984 年判字第 1638 号判决、台北"高等行政法院"2003 年诉字第 3010 号判决。

② 关于缆车是否和电车一样,就其服务可享免税待遇?德国司法实务采应就其事实上系供公共交通或供娱乐使用判断,不能一概而论[Tipke, aaO.(Fn.1), S.1247]。

有市场,其次必须有交易。而构成遗产之财产纵有市场,也不一定有为继承而交易。是故,其时价原则上都是参考价。当为税捐稽征目的,税捐法就其税基之计算特别定有法定标准时,该标准如不利于纳税义务人,即以该标准,而不以市场之时价为计算基础。所以,该条第3项规定:"第1项所称时价,土地以公告土地现值或评定标准价格为准;房屋以评定标准价格为准。"唯在这种情形仍应让纳税义务人有选择以真正时价作为计算基础的机会,始符实质课税原则(量能课税原则)。遗产中有股票者,就公开上市、上柜有价证券之估价,"遗产及赠与税法施行细则"第28条规定:"凡已在证券交易所上市(以下称上市)或证券商营业处所买卖(以下称上柜)之有价证券,依继承开始日或赠与日该项证券之收盘价估定之。但当日无买卖价格者,依继承开始日或赠与日前最后一日收盘价估定之,其价格有剧烈变动者,则依其继承开始日或赠与日前一个月内各日收盘价格之平均价格估定之(第1项)。有价证券初次上市或上柜者,于其契约经证券主管机关核准后,至挂牌买卖前,应依继承开始日或赠与日该项证券之承销价格或推荐证券商认购之价格估定之(第2项)。"就未公开上市、上柜有价证券之估价,同施行细则第29条规定:"未上市或上柜之股份有限公司股票,除前条第2项规定情形外,应以继承开始日或赠与日该公司之资产净值估定之(第1项)。非股份有限公司组织之事业,其出资价值之估价准用前项规定(第2项)。"以上是关于遗产时价计算标准之具体化或解释上的规定。其意义相当于有权行政解释。

值得注意者为:对税捐法所使用之不确定概念,纵不于法律中明白以立法解释的方式,至少亦应在立法授权下,以有权解释的方式加以规定,以符税捐法定主义中关于明确性原则的要求。[1] 如有立法机关授权行政机关以行政解释的方式为之,则在该不确定概念之解释上,该授权具有授与行政机关以判断余地的意义,从而其解释对于司法机关有拘束力。

由以上的讨论,可以看出,"法律事实的认定"与将被引用之"法律规范的寻找"两者是在互相影响下做成的。同时我们也看到,法律或其中之用语,例如在这里所讨论之"已结婚"概念的解释,会受到要被处理的案件之具体情况的影响。这种法律解释与案件之关联性,应被注意到。这样,在法律适用的过程,才能尽可能地做到"发现的法律规范与事理相符;认定的法律事实与规范相符"[2]。

(2)法律解释之价值取向性(Die Wertorientiertheit der Gesetzes-auslegung)

不管一个法律解释者就前述之法律解释对具体案件的关联性采取哪种见解,通常他们

---

[1] 这是释字第536号解释的看法。该号解释乃在阐明"遗产及赠与税法施行细则"第29条规定,符合"遗产及赠与税法"第10条第1项之立法意旨,与租税法律主义及保障人民财产权,尚无抵触。唯未上市或上柜公司之股票价值之估算方法涉及人民之租税负担,仍应由法律规定或依法律授权于施行细则订定,是否适合授权行政机关解释是一个问题,是否适合授权在施行细则中解释又是另一个问题。按为法律施行之目的,行政机关固常在施行细则中就与实体事项有关之概念加以解释,但这些解释的属性应论为行政规则,而非法规命令。盖施行细则的制定虽经授权,但其中与实体事项有关概念之行政解释,尚非可以认为事先已经获得立法机关之明确的授权。此外,非有特别需要也应避免授权行政机关在法规命令中从事行政解释,以保留给司法机关,对于行政解释之司法审查权。Hey in: Tipke/ Lang, *Steuerrecht*, 23. Aufl., Otto Schmidt 2018, § 3 Rz. 243.

[2] Tipke, aaO.(Fn.1), S. 1294:"审查法律是否适合于事实,以及审查事实是否适合于法律是一事之两面。"

对法律解释的价值取向性的存在都采肯定的看法。这点可从前述引为例子之三位学者对法律解释这个概念的阐释得到印证。他们一致认为解释的目标,在探求或阐释法律意旨,而法律意旨则在于规范生活关系(Die Lebensverhältnisse)①。在这里,人类不是为规范而规范。亦即规范的本身不是终局目的。人类只是利用规范追求某些目的,而这些目的则又是基于某些(基本的)价值决定(Die Wertentscheidung)所选定。这些目的及(基本的)价值决定便是法律的意旨所在。② 是故,法律解释应取向于价值乃自明的道理。③ 当然,这个看法是建立在一个见解或设定上(das Postulat),即法律应追求正义的实现这一伦理的要求。因此对Kelsen 所建立之纯粹法学(die Reine Rechtslehre)的拥护者而言,这里所持的见解便不会被接受。他们从法实证主义(Der Rechtspositivismus)出发,认为实证法的效力并不以其内容与正义规范的要求相符为基础。④ 这里所牵涉到的问题点主要有一般所熟悉的"恶法亦法"或"恶法非法"、法的内在体系与外在体系(Das innere und äussere System des Rechts)⑤和法的类型(der Rechtstypus)⑥等。

这个法律解释的价值取向性,在实务上主要利用宪法上之基本的价值决定(如人民的基本权利应予保障)、散见于各法之一般条项(Die Generalklauseln)(如公序良俗原则、诚实信用原则等)以及不确定概念,来担负起它在法律解释或适用上的角色。法律解释的价值取向性之存在和它在实务上的重大意义,可从德国人在纳粹时代的经验得到清楚的印证。⑦

法律解释的价值取向性对法律解释的意义,我们也可以从前引最高法院 1931 年上字第1437 号判例得到印证。当时,最高法院如果不是因为取向于男女平等这个价值,它很可能

---

① 关于这一点,Dahm 在前面引述的同一个地方也紧接着作了下述说明:"因为法律是理性之意旨的化身,它绝非徒具语言形式的东西。它有所志,有所意味;它追求实用之目的,它的眼中有其在生活中要贯彻的价值。"[Dahm,aaO.(Fn.6),S. 40.]

② 同样的见解,请参见 Helmut Coing, vom Sinngehalt des Rechts in: Die ontologische Begründung des Rechts,1965,S. 31ff:"意旨以评价为基础;不能实现价值的人类活动是没有意义的;赋与意义之价值如果不能被认知,那它便是无目的的。"

③ Esser,aaO.(Fn. 9),S. 159ff:"Der Rückgriff auf Werte";Larenz,a. a. O.(Fn. 3),S. 194ff:"Wertorientiertes Denken im Bereich der Rechtsan-wendung."

④ Kelsen,Reine Rechtslehre,2. Aufl,Franz Deuticke Wien 1960,S. 402:"实证法的效力,不以正义规范的效力为依据。"

⑤ Larenz,a. a. O.(Fn.3),S. 453ff.

⑥ 关于法律上类型的问题请参见 Larenz,a.a.O.(Fn. 3),S. 194ff.,443ff;Leenen,Typus und Rechtsfindung 1971;Engisch,Die Idee der konkreti-sierung in Recht und Rechtswissenschaft unserer Zeit,1968,S. 237ff.

⑦ 关于这个经验,Rüthers 在他所著的 *Die unbegrenzte Auslegung* 一书内有详尽的解说。该书在§20 更有结论性的扼要详述。他说:"社会的与政治的紧急状况,照亮了私法和它的解释对社会与政治的依附性这个问题。虽然私法规范之形式的外部架构(die formale Außenstruktur der Privatrechtsordnung)(在这期间)并无重大变更,但在社会的与政治的根本变迁之影响下,私法裁判却体认到空前深刻的价值转向。这种情事的发生绝非偶然。在几乎不改变外部架构的情形下,对法律保护之利益的评价转变时,其影响从外部涌进私法规范之实体的、政治的世界观之价值基础内来。在解释性之价值转向的行为中(in einem Akt der interpretativen Umwertung),该价值基础(diese Wertgrundlage)显出其对于法律上之个别价值判断的优位性。政治的世界观所决定之私法规范的价值基础,是私法在解释或补充上的领导原则。"(S. 431f.)

便会直截了当地驳回该妾之诉,而不会尝试勉强去"扩张"[①]"民法"第 1127 条中之"已结婚"的概念。

2.由解释学导出的特征

(1)法律解释之文义的范围性

不管人们是否接受 Radbruch 关于"文学的解释"(die philologische Auslegung)与"法学的解释"(die juristische Auslegung)之区别的观点,前者的任务在"剥现作者写于他的精神作品中的思想,亦即追思作者所已想过的"(Nachdenken eines Gedachten);后者的任务则"在追寻写于精神作品自身的意旨,不管它是否曾为任何人有意地放进去",亦即"将被思考过的事情,再继续思考到底"(Zu-Ende-Denken eines Gedachten)[②]。他们都是以该精神作品,在这里即法律规范,为解释之目标。[③] 不管是该精神作品之作者的主观意旨,或存在于该精神作品之客观的意旨,它们都必须附丽在该作品上。是故整个解释活动,必须以该作品和它所包含者为其范围。[④] 在这里即指:法律解释必须在文义所及的范围内为之(In Rahmen des Wortsinns)[⑤]。我们可以把它称呼为法律解释之文义的范围性。[⑥]

(2)法律解释之诠释的循环性

基于精神作品"必须被整体的了解"这个要求,在法律规范中,它的每一个用语(der Ausdruck)、条文(der Rechtssatz)或规定(die Regelung)都必须考虑到整个法体系;而整个法体系也必须考虑到它所包含的个别用语,条文或(及)规定被了解。这便是通常诠释学(Die Hermeneutik)上所称之"诠释的循环"(der hermeneutische Zirkel)[⑦]。要不然,通常是多义的用语,将被断章取义,而人们也就无法利用语言来传递他们的消息。"这种全体与部分间的相互关系,亦即它们内部的关联(die innere Kohärenz und Synthese)符合作者与要去了解作品的人共同的精神需要(das Bedürfnis des Geistes)。从而我们可以推想,诠释的循环会为人们所理解并接受。"[⑧]此即法律解释之"诠释的循环性"。

---

① 梅仲协先生的看法,请参见梅仲协:《民法要义》,作者自刊,1954 年版,第 7 页。

② Radbruch, *Einführung in die Rechtswissenschaft*, 1969, S. 253f.

③ 请参见 Mennicken, aaO.(Fn.11), S.12ff; Betti, *Allgemeine Auslegungs-lehre als Methodik der Geisteswissenschaften*, Tübingen 1967, S. 49f.

④ Coing, aaO.(Fn.3), S. 313f.

⑤ Larenz, aaO.(Fn.1), S.307f; Franz Bydlinski, aaO.(Fn.2), S.467ff.

⑥ 虽然这里也牵涉到法律解释之历史性的问题,但由于这个问题对下述由宪法(权力区分)导出的特征有比较现时的(aktuell)意义,故拟移在那里一并论述。此外,因为这个问题通常也在与"法律解释的目标"有关的文献中被讨论,所以,本书也将在"法律解释的目标"项下对这个问题更予详述。

⑦ Coing, aaO.(Fn.3), S. 313f; Larenz, aaO.(Fn.3), S. 183ff; Mennicken, aaO.(Fn.11), S. 92f, 93 Anm. 81. 关于"诠释的循环"比较详尽的解说请参见 Gadamer, *Wahrheit und Methode*, 3. Aufl, Tübingen 1972, S. 250ff, 275ff; Betti, aaO.(Fn.38), S. 219ff.

⑧ Betti, aaO.(Fn.38), S. 220.

二、法律解释之标的

法律解释的目标是法律规范的"条文"（der Wortlaut der Gesetze）和它的附随情况（seine begleitenden Umtände）①。法律的颁布是一种"意思表示"，要了解它的"意思"所在，和了解私法上的意思表示一样，除"表示"（die Erklärung）外，尚须斟酌表示时之附随情况，而不得拘泥于所用之辞句（"民法"第 98 条）②。所以立法文献③，制定时之社会的、经济的、技术的情况，甚至法律的沉默（das Schweigen des Gesetzes）④都是法律解释时应予斟酌之目标。唯这些目标，特别是立法文献，应以对一般大众公开者为限。⑤

法律解释之目标范围这个问题虽与法律解释之目标的取择（Die Auswahl des Ziels und Sinnes der Auslegung）息息相关⑥，但两者却非同一个问题。前者是法律意旨的表示方式（Die Form, in der der Gesetzessinn ausgedrückt wird），它是法律解释之目标；至于法律意旨则是法律解释之目标与结果（Ziel und Ergebnis der Auslegung），而非其目标。⑦

三、法律解释的目标

立法机关制定法律，并利用文字这种传播工具将它宣示出来，以期对在将来不断发生之

---

① Mennicken, aaO.（Fn. 11），S. 12ff；Müller, *Subjektive und objektive Auslegungstheorie in der Rechtssprechung des Bundesverfassungsgerichts*，JZ 62. 471ff.（473）.

② 同样的见解参见 Forsthoff, *Lehrbuch des Verwaltungsrechts*，Bd. I.，München 1973，S. 161："《德国民法典》第 133 条规定'解释意思表示，应探求当事人之真意，不得拘泥于所用之辞句'。这个条文也被适用到法律的解释上。它包含着解释学上的一般原则。（所以）它的效力不被限制在民法上。在行政法上，它也应被遵守。"Enneccerus-Nipperdey, AT. Bd. I. S. 320.

③ 请参见 Heck, aaO. S. 93f. 他认为："立法文献及制定沿革之了解有助于了解与牵涉到的规范有关的利益及立法者所追求的目的。此外，因为立法者也常使用令人误解的用语，所以这些也有待于斟酌立法文献等，加以澄清。"唯应予斟酌之立法文献当以对一般人公开者为限（Tipke/Kruse, aaO.（Fn. 5）§ 1 StAnpG A. 15）。又在这里 Mennicken 认为§133BGB 之援用，即意味着主观说的采取［aaO.（Fn. 11），S. 35］。这种见解并无充分的逻辑上的依据。此观之表示说（Die Erklärungstheorie）不因§133 BGB，而妨害其成立可以明白。关于这个问题请参见 Mao-zong Huang, *Der Umfang des Schadensersatzanspruchs bei culpa in contrahendo*，Tübingen 1974，S. 66ff.

④ Tipke-Kruse, aaO.（Fn. 5），§ 1 StAnpG A. 3a.

⑤ Mennicken, aaO.（Fn. 11），S. 44.

⑥ Mennicken, aaO.（Fn. 11），S. 14.

⑦ Betti, aaO.（Fn. 38），S. 49f；Mennicken, aaO.（Fn. 11），S. 12ff.

案件中之利益冲突①,用衡平的、可以理解的方式加以规范,使正义能够实现到人类的生活关系上来。② 因此,作为法律规范与生活事实间之媒介活动的法律解释应受上述因素的制约。在法律解释之目标的选取上,不应只考虑其中的一部分,而导致偏向。传统的主观说与客观说即这种偏向的产物。③ 兹分述之。

(一)主观说

主观说的特征在它认为法律解释的目标应在"探求历史上的立法者事实上的意思,亦即立法者的看法、企图和价值观"④。唯在这里到底谁是他们所称的立法者,即使在宪法国家,也不是一个容易回答的问题。人民、国会、国会内之法案的审查委员会,甚至政府机关内之起草单位都曾经被拿来当作答案。自从认知法律必须经由多数人之协力才能产生的情况后,主观说显然进一步认为,立法者之团体意思(der Kollektivwille)也是可能被探知的。⑤

主观说立论的根据在:①"立法行为是立法者的意思行为……立法者透过立法来表示他们的看法和企图。……借助于法律他们追求社会目的。这些目的在法律解释中应表现出来。……主观说应优于客观说,因只有立法者知道得最清楚,他们所要的是什么。因此,只要是他们所决议的,便应有拘束力。"⑥②立法者的意思是一种可以借助立法文献加以探知的历史事实。只要每一个人取向于这种能历史地被探知的意旨,执法机关的裁判或决定便不会捉摸不定,以致根本地动摇法的安定性。⑦ 换言之,主观说之见解的贯彻,可以提高法的安定性。③最后,主观说的拥护者还认为,依据权力区分的原则,执法机关应依法律裁判或决定,而法律则只能由立法机关来制定。因此,在法律的适用上,立法者的意思应是决定性的因素,从而法律解释亦应以探求立法者的意思为其目标。⑧

反对主观说的看法有⑨:①所谓之立法者的意思,一般言之,是一个高深莫测的事项,没有人能够看透它,认知它;又具体言之,根本没有主观说所谓之团体的意思(Der kollektive

---

① 这里所称之将来指法律颁布后。关于法律对过去的(即它被颁布前)发生的案件之适用性的问题,属于法律溯及效力的讨论范畴,在这里不拟加以处理,关于法律溯及效力,请参见 Eckhardt-Hillebrecht, *Problematik rückwirkender Steuergesetze*,1960.

② Mennicken,aaO.(Fn.11),S. 106.

③ 基于同一见解,Larenz 认为主观说与客观说都只包含了部分的真理[aaO.(Fn.3),S. 303ff;6. Aufl.,Springer Verlag 1991,S.316ff.]。同说还有 Mennicken,aaO.(Fn.11),S. 77;Tipke-Kruse,aaO. (Fn.5),§1 StAnpG A. 4.

④ Mennicken,aaO.(Fn.11),S. 19;Meier-Hayoz,im:Berner Kommentar,Einleitungsband N. 168 zu Art. 1 ZGB;Tipke-Kruse,aaO.(Fn.5),§1 StAnpG A. 4;Dahm,aaO.(Fn.6),S. 43.

⑤ 以上请参见 Mennicken,aaO.(Fn.11),S. 20;Coing,aaO.(Fn.3),S. 319;Meier-Hayoz,aaO. (Fn.54),N. 169 zu Art. 1 ZGB.

⑥ Mennicken,aaO.(Fn.11),S. 21ff.

⑦ Mennicken,aaO.(Fn.11),S. 22.

⑧ Mennicken,aaO.(Fn.11),S. 22.

⑨ Mennicken,aaO.(Fn.11),S. 22ff.,S. 30ff;Meier-Hayoz,aaO.(Fn.54),N. 172 zu Art. 1 ZGB.

Wille)①。它只是该说所作的一种拟制。从所谓"法律是一种意思行为(ein Willensakt),也并不当然导出,立法者的意思必须是决定性的。盖法律是意思行为一语只是法律之发生的描述,而非其效力的依据"②。至于所谓"立法者知道得最清楚,他们所要的或人民所要的是什么",在议会政治的经验,也与事实不符。③ ②至于主观说所主张其能提高法的安定性一节,也不尽然。一成不变地去依从立法者过去所作的价值判断行事,固然因可使人们知道他们应作的价值取向,而获得一个坚强的安定力量,但这个主张置于一个前提上,即过去所作的价值判断还适合适用于后来的具体情况。鉴于法律之历史性,即它是应历史上某一个时间断面上的具体情况所产生,因此,并不一定适合其他的历史断面。具体的情况在变迁,价值标准也会随着变更。④ 例如关于环境公害、交通事故、消费损害之赔偿的伦理基础,由过失责任原则,演变到危险责任之无过失互助分散的观点;个人身体健康之医疗由风险人人自负,演变为全民强制健康社会保险,以不论贫富,所缴保险费虽然随所得负担能力而有高低,但皆能平等地保障其最低医疗服务的需要。二十一世纪以来冠状病毒疫情之全球性突然普遍传染,对医疗体系服务能量之全面提高的迫切压力,对于医疗服务制度发展将会有重大的影响,特别是关于医护人员、医药、疫苗研发、医疗器材、救护车、隔离及收治之医院等,将会像电力系统一样,要求一定的备载容量。放诸古今而皆准的前提既然不成立,则主观说的主张,在该限度下,也就难以成真。⑤ ③依权力区分原则,立法机关固享有立法的优先权(Der gesetzgeberische Rechtsbildungsprimat),但法院为达成其宪法所赋与的功能,亦受有具体化宪法原则的委托(der funktionsbestimmenden Konkretisierungsauftrag der Verfassungsprinzipien)⑥。是故,充其量只能主张:司法机关对立法机关已予具体化的部分,应予尊重;至于对立法机关未具体化,或未充分具体化的部分,法院本其所受之具体化的委托,自得候补于立法机关,"在可以认知之规范意旨或其基本价值决定的范围内"⑦续为具体化。⑧ 只要注意到不可避免地被应用在法律规范中的一般条项、不确定概念等,即可明

---

①　Mennicken, aaO.(Fn.11), S.32ff; Radbruch, *Einführung in die Rechts wissenschaft*, 1969, S. 243f.

②　Mennicken, aaO.(Fn.11), S. 34f. Anm. 54.

③　Mennicken, aaO.(Fn.11), S.34.因为一方面立法者的意见从来不曾一致,另一方面,当今,在立法上所需要之基本知识,也非任何一个立法者可能完全具备;从而在立法程序中,难免有相当成数的立法者,只是在对法案仅有极肤浅的了解下,甚至根本不了解的情况下,跟着党团的决定表决。此外"作者对自己的作品了解得最好"的主张,在诠释学上也被证明为不成立的。参照 Gadamer, aaO.(Fn.42), S. 181.

④　Husserl 说:"一个法律规范,在今天,不同于它三十年前生效时,被解释这件事,可以用它的历史的时间结构来合理化。盖随着时间的经过和它经过的程度,法规范还要发挥与其意旨相符的效力。"(Husserl, Recht und Zeit, S. 26)同说另见 Larenz, aaO.(Fn.3), S. 304f; 6. Aufl., Springer Verlag 1991, S. 318.

⑤　Mennicken, aaO.(Fn.11), S. 40f.

⑥　关于这里所牵涉到的问题,Göldner 在 aaO.(Fn.48), S. 158ff, 181ff 有详细的说明。

⑦　Larenz, aaO.(Fn.3), S. 305; 6. Aufl., Springer Verlag 1991, S. 318.

⑧　Mennicken, aaO.(Fn.11), S. 42.

了,主观说之取向于历史之静止的断面,忽略历史之动态演变①的立法者至上之见解,不能适应层出不穷之历史潮流所带来的变化。此即事务与规范之发展的阶段性与相对性。如果不许法院从事具体化,那么整个法治国家体系便无法随社会之变迁而演进,圆满地发挥其规制及引导的规范功能。

(二)客观说

客观说的特征:①在它认为法律解释的目标不在于探求历史上立法者之事实上的意思。法律从被颁布时起,便有它自己的意旨(sein eigener Sinn)。依客观说,法律解释的目标,即在探求这一个内在于法律的意旨(der dem Gesetz immanente Sinn)。而所谓的法律意旨有时被具体地用像"满足人类生活的需要""大家最迫切的利益""能带来最好的结果",或抽象地用像"法律之理性目的"等用语来描述。然而该意旨事实上是什么?即需要在抽象与具体层次不断推求之正义及其实现之意志。而法律就是正义赖以实现的工具。工具必须为目的之实现的需要设计、修正。②用来决定法律意旨的时点是裁判时。②

客观说的立论根据是:①法律自从颁布时起,即与立法者脱离关系。法律思想(der Rechtsgedanke)也在那时确定下来。③ 是故裁判应在法律内,而不是法律外找依据。"法律是一种精神上的实在,它是理性且普遍的。"④法律规范(die Rechtsnorm)经常是从同时或先后颁布之不同的法律章节、条文摘取或归纳出来的。这个事实也说明了法律与立法者(的意思)并非一体这件事实。②依据客观说的立场去做,可以提高法的安定性。"法的安定性之保障,以文义解释为必要。当初法律即是由于习惯法的不确定性而被颁布。如果法律解释以立法者的意思为基准,那么人们势必再求助于那一堆一般人接触不到的庞杂烦琐的立法数据。从而,事实上,受法律规范的人,将无法认知法律的所在。法律必须以人人得认知的意旨为意旨,盖人民因法律而负义务,同时也依法律形成自己的法律关系。此外,在此情况下,人民也比较容易对治权加以控制。"⑤由于客观说所称之文义与主观说所称者不同,所以,当以"文义范围"为法律解释与法律补充之界线时,该界线在主观说与客观说之适用结

---

① 采取立法者至上的国家,通常被称为立法者国家(der Gesetzge-berstaat),它与司法至上的国家(der Richterstaat)和行政权至上的国家(der Verwaltungsstaat)同样被认为是不妥当的。盖如特别突出其中之一,至最高的程度,则想要借助于权力分立原则,温和化国家权力,以使人民基本权利受到较大保障的希望,将因而落空。

② Mennicken, aaO.(Fn.11), S. 24ff; Larenz, aaO.(Fn.3), S. 302ff.; 6. Aufl., Springer Verlag 1991, S. 314f; Meier-Hayoz, aaO.(Fn.54), N. 162ff. zu Art. 1 ZGB; Tipke-Kruse, aaO.(Fn.5), §1 StAnpG. A. 4; Coing, aaO.(Fn.3), S. 316.

③ 但这并不意味着该法律思想是一个像自然法这种不随时间之经过而变迁的思想。"永恒不变之法律的存在"和实证法是不并容的。客观主义并不是从不变的法(das zeitlose Recht)出发;相反地,它主张应赋与法官必要的权限,以实现合于时宜的价值[Mennicken, aaO.(Fn.11), S. 50]。

④ Mennicken, aaO.(Fn.11), S. 26:"Das Recht sei eine geistige Wirklichkeit, etwas Vernünftiges, Allgemeines."

⑤ Mennicken, aaO.(Fn.11), S. 27; Meier-Hayoz, aaO.(Fn.54), N. 144ff. Zu Art. 1 ZGB.

果,亦不相同。① 这在禁止法律补充的部门法,例如刑法及税捐法有实质差异。

反对客观说的看法有:①法律存在的形式(Die Form)即条文(der Wortlaut)只是一个空壳,如果没有法律思想贯注其中,那么它是毫无意义的,②从而它没有应优先于立法者的意思受考虑的理由。至法律规范常常由同时或先后颁布的几部法律中被摘引出来这件事,并不排除各该条文得分别由其各自之立法者的立法目的与价值判断导引出来的可能性。③ ②客观说主张:A.法的安定性的保障以文义解释为必要。所以客观说能提高法的安定性。B.法律解释如以文义解释为准,人民便易于管理治权。但由于文义常是复义的,且变动的④,因此,客观说主张的这些优点显乏依据。⑤ ③轻视立法者的意思,可能导致法律意旨的根本改变。由解释获得的结果常只是解释者基于各自不同的观点所作的偶然性决定。其结果,

---

① 客观说认为,它提供"法律补充"的可能性(Die Ermöglichung der Rechtsfortbildung),并攻击主观说阻挠了法律的补充[Mennicken, aaO, (Fn.11), S. 27f, 24]。固然以法律解释的目标论,由于主观说专重立法当时之立法者的意思,使得它的目标与司法者要处理的"现在"间有"时差"(der Zeitabstand)存在,从而形成在条文与现在间的紧张关系[Gadamer, aaO. (Fn.42), S. 290; das Spannungsverhältnis zwischen Text und Gegenwart];但由于主观说在这里只是主张,既云"解释",即应以立法者的意思为准,超出这个范围,则已非法律的解释,而是法律的补充。又主观说并不反对必要时对法律加以补充。所以,前述客观说将法律补充之可能性的提供,主张为自己独有的优点便不成立。这里实际上所牵涉到的是,法律解释与法律补充之界线的划分问题。即客观说以可能的文义(der mögliche Wortsinn),而主观说以历史上之立法者的意思(der Wille des historischen Gesetzgebers)为法律解释与法律补充的界线。虽然这个界线的划分不易(关于这点,Canaris 在 die Feststellung von Lücken im Gesetz, 1964, S. 23 Anm. 22,有详细的引证),同时也牵涉到是否应予划分的问题。但基于在某些法律如刑法与税捐法,为了比较周到地保障人民的基本权利,它们禁止法律的类推适用。所以这个划分,在实务上还是有重大的意义存在。至于基于法律解释与法律补充同样是受法律的基本价值决定所指引这个事实,而主张它们之间,本质上只有程度上的区别固无不当(参照 Esser, aaO.(Fn.13), S 259ff.)。但如进而据以认为对它们不应加以区分,并相应其不同的程度加以差别对待,则是不妥当的。关于这一点,我们只要注意到法律解释因素(Die Elemente der Gesetzesauslegung)中之文义因素与历史因素的范围功能(Die Rahmensfunktion)即可明白。赞同这个界线之存在必要性的有:Canaris, aaO.(Fn.73), S. 19ff; Larenz, aaO.(Fn.3), S. 350ff; 6. Aufl., Springer Verlag 1991, S. 322f; Kriele, aaO.(Fn.12), S. 221f. 他们都是以"可能的文义"为界线区分法律解释和法律补充。该见解目前在德国还是通说。反对将法律解释和法律补充加以区分的有,Mennicken, aaO.(Fn. 11), S. 45ff, 100f.

② Mennicken 所引这个批评,正如他所说,显然是针对那些过度强调"形式"(die Form)的人而发,从而也只在这个限度内才中肯[Mennicken, aaO.(Fn.11), S. 49f.]。

③ Mennicken, aaO. (Fn.11), S. 49f.

④ Mennicken[aaO. (Fn.11), S. 52 Anm. 136]引述 Gmür 的话说:"客观说还有另一个好处,即(随着法律规定之文义的变动),法律能自动地跟变动的生活关系相配合。"为反对这个看法,他又引述 Heck 的见解:"文字通常意义的改变属于语言的事情,它和所牵涉的法律所处理的问题没有直接的关联。"

⑤ Mennicken[aaO. (Fn.11), S. 52f.]对于这种指摘,客观说的拥护者 Meier-Hayoz 认为是不妥切的。他认为像这里所指摘的"客观说",只能算是"文字法学"(die Wortjurisprudenz)。真正的客观说,在探求法律的意旨时,除文字外,还必须考虑其他一切能认知的附随情况,包括作为法律之基础的价值决定和目的决定。文字的意义必须受到检证,看它是否与法律的意旨相符[aaO. (Fn.54), N. 175ff. zu Art. 1 ZGB.]。

法律解释者依客观说所作成之解释,常是极主观的,反映解释者所主张之当代的普适价值。① 因而,也危害了法的安定性。盖为求得最衡平,最合目的之裁判或决定,客观说的拥护者,常在法律当代的客观意旨的掩护下,依据所谓的法律感情(Das Rechtsgefühl)来了解法律。而光凭法律感情无法提供法的安定性与法律效力的可预见性,则是显然的。②

(三)折中说

在开始讨论本节时,我们已明白地指出,在法律解释目标的选取上,文字(或文义)与立法者的意思,皆不是这里所牵涉的唯一因素。因此,只考虑它们之一的"主观说"或"客观说"当然不能圆满地解决这个问题。有鉴于此,于是学者们发展出折中说。在这个折中的努力过程中,学者们引进了时间的因素,于是而有"客观的历史说"(die objektiv-historische Theorie)。此说不以立法者之事实上意思的探求为其解释目标,代之而为解释目标的是,在立法当时,存在于该社会的价值判断,作为主导之文化阶层所树立的目标的(die Zielsetzung der maßgebenden Kulturschicht)或作为法律基础的利益判断与目的决定。③ 在这里,由于该说忽略了法律的历史性,即它应随时间的经过而做适当的变迁。是故,它即不免以过去的标准,规范变迁中,或进步中的生活关系,这是不妥当的。另一种做法是将历史上的立法者的意思加以"客观化",而将之称为"客观化之立法者的意思"(der objektivierte Wille des Gesetzgebers)。由于它在这里还考虑"立法者的意思",因此这个学说被认为是修正形态的主观说,它也被称为"示意说"(Die Andeutungstheorie)。它的要点是法律解释固仍以立法者的意思为目标。但这个意思,必须明白地表现在法律上,对解释才有认知的价值(der Erkenntniswert für die Auslegung)④。以上两个折中说的努力,皆还没有根本地去除存在于主观说或客观说的那种"绝对化"某一个"法律解释因素"的缺点。因此,它们在解释目标的选取上都不能提供圆满的建议。

经过上面的分析,我们可以发现,在理论的建构上,主观说与客观说由于以前过度偏向于一个解释因素,并将之绝对化的缘故,使得同时也可能因为其出发点分别都太极端,并有不妥当的命名(亦即用主观和客观来称呼),以致它们中之任何一个都无法真正地被修正到能照顾一切解释因素(die Auslegungselemente)的境地。⑤ 德国新近的著作,如 Mennicken 在其《法律解释的目标》一书的结语内,不采用简短到像"主观"或"客观"这种程度的用语来给它所描写之法律解释的目标命名:"法律解释的目标是这种'规范的理解'(das

---

① Franz Bydlinski, aaO. (Fn.2), S.434:"这肯定是对于客观解释应该小心之值得重视的警告。该解释满足于:一定的解释结果系以当时之一般的主流价值观为其基础,亦即与时代精神相符。此种笼统的陈述总是引人怀疑,事实上这只是解释者个人之价值判断而已。"

② Mennicken, aaO. (Fn.11), S. 57f. 对于这种指摘,客观说的拥护者 Meier-Hayoz 认为是不妥切的。他认为这里所指摘的"客观说",其实是自由法学(Die Freirechtschule)与感情法学(die Gefühlsjurisprudenz)〔Meier-Hayoz, aaO. (Fn.54), N. 174 zu Art. 1 ZGB〕。

③ Mennicken, aaO. (Fn.11), S. 18.

④ Müller, aaO.(Fn.60), JZ 62, 472f; Tipke-Kruse, aaO.(Fn.5), §1 StAnpG. A. 5.

⑤ 主观说与客观说所斟酌的其实都只是解释法律时所应考虑的一部分因素。所以,他们分别考虑的因素间不是互相排斥的关系,而是具有一定的层次关系。请参见 Franz Bydlinski, aaO.(Fn.2), S.428ff.

Normveständnis），它使在具体案件之正确的裁判成为可能。"①同样地，Larenz 在他的《法学方法论》一书中，对法律解释的目标也作长句的描写，而不给予简短的称谓："法律解释之目的只可以是探求当今现行法上作为准则的，亦即'规范的'法律意旨。该现行法上被当成准则的法律意旨，既不与历史上之立法者的意思或具体的规范观同一，也不与之完全无关地被认定。它毋宁是这样一个思考程序的结果，在这程序中，所有的前面提到过的，亦即包括主观的和客观的要素，都要被拿来考虑。且这个程序，已如前述，原则上将永远继续下去。"②Coing 亦采类似的见解："法律解释的目标在将现行法条当成'法秩序'，即人类共同生活之公正的、合目的的秩序中之条文来了解它的意义。"③以上三位学者所作的说明，有一个共同点，即他们都强调了法律的"规范性"或"法秩序"。而试图透过它，把一切相干的观点（die relevanten Momente oder Gesichtspunkte）在法律解释之目标的决定上，都考虑进来。他们同时也都紧接着把这个意思明白地表明出来。④

于是我们的问题便滑进："什么是法律解释上之相干观点或因素（die relevanten Gesichtspunkte bzw. Elemente）？"

四、法律解释的因素

前面我们提到，目前的趋势是，为了妥当地决定法律解释的目标，大家都尽可能地把一切与法律解释相干的观点或因素⑤考虑进来。这些被考虑进来的因素主要被分成五大类，即文义因素（der Wortsinnselemente）、历史因素（der historische Elemente）、体系因素（der sytematische Elemente）、目的因素（der teleologische Elemente）及合宪性因素（der

---

① Mennicken, aaO.(Fn.11), S. 106; Ziel der Auslegung ist ein solches Normverständnis, das die im Einzelfall richtige Entscheidung ermöglicht.

② Larenz, aaO.(Fn.3), S. 305; 6. Aufl., Springer Verlag 1991, S. 318.

③ Coing, aaO, (Fn.3), S. 316.

④ Mennicken, aaO. (Fn.11), S. 106; Larenz, aaO. (Fn.3), S.305ff.; 6. Aufl., Springer Verlag 1991, S. 319f; Coing, aaO. (Fn.3), S. 316ff.

⑤ 有人将这些解释因素称为标准，例如 Larenz［aaO. (Fn.3), S. 307ff.; 6. Aufl., Springer Verlag 1991, S. 320ff.］,Tipke-Kruse［aaO. (Fn.5), § 1 StAnpG. A. 8ff.］。唯这种称呼，在目前比较少用。本书认为，标准这个用语可能不大妥当。盖在这里，被例示出来的解释因素有五类或五类之多，且这些因素在解释时，又都应被运用上。当将之称为标准，不但会受日常所谓"多重标准"之负面隐义的误导，而且多重标准所映射之差别待遇：对相同事件，按其主体之不同，而适用不同标准，亦与法律应当平等适用之根本精神冲突。在这里，各个标准在具体案件实际上所扮演的角色或分量之轻重容有不同，但解释者还是应该对它们作全面的考虑。使用法律解释因素或观点（die Elemente bzw. die Gesichtspunkte der Gesetzesauslegung）这种称呼的如：Coing, aaO.(Fn.3), S. 316ff; Meier-Hayoz, aaO.(Fn.54), N. 179ff. Zu Art. 1 ZGB; Esser, aaO. (Fn.9), S. 121ff; Müller, aaO.(Fn.48), S. 134ff.类似的含有解释因素之考虑的局部性特征者为，按使用之因素，将其解释称为：文义解释、历史解释、目的解释、体系解释或合宪性解释。这时其称呼虽然恰如其分，但必须注意：在解释因素的斟酌上，以偏概全的引用解释因素不是一个妥当的解释。

verfassungskonforme Elemente)①。这些只是应予考虑之因素的例示。未列及而应考虑的因素,通常都在目的因素之名义下被考虑。例如税捐法之解释上的经济观察法。② 在这里目的因素有概括的性质。③ 以下按各因素在解释上的主要功能,将之分成"范围性因素""内容性因素"及"控制性因素"讨论之。这种划分或能提高对它们在解释过程之功能的认识,从而有助于把握它们在解释上所扮演的角色及它们相互间的关系。不过,在这里必须指出,这个功能性的划分,只是依它们的主要功能为标准做成。是故,不可将该划分绝对化,以免被误导,或卷入没有意义的争论。

(一)范围性因素

上述因素中,文义因素及历史因素的作用在于界定法律解释活动的最大范围,所以按其作用归类为:范围性因素。④ 该二因素系分别自诠释学及宪制导引出来的因素。文义因素及历史因素之范围性功能,我们在法律解释之目标的讨论中,已可清楚地看出来。在那里,客观说在讨论法律解释的目标时,同时主张法律解释应在可能的文义范围内为之;反之,主观说主张应在历史上之立法者的意思的范围内为之。超出这个范围所作之法的萃取(die Rechtsgewinnung)活动,依该二说的见解,皆已经不再是法律的解释,而是法律的补充。由于二说皆言之有据,所以能够同时满足该二学说的见解,自然只能在其交集的范围中求之。此所以认为,解释活动之最大的范围应在:文义因素及历史因素交集下共同决定的范围。当然,不可忽视的是,近来有学者提出一种看法,即任何适用法律的活动,都是一个法律补充的活动。⑤ 事实固然如此,但它们之间还是有程度上的区别的。如果一味否定该程度上之区

---

① 关于解释因素的讨论,请参见 Larenz, aaO.(Fn.1), S.305ff.; 6. Aufl., Springer Verlag 1991, S. 320f; Franz Bydlinski, aaO.(Fn.2), S.437ff; Tipke, aaO.(Fn.1), S.1240.

② Joachim Lang, in: Tipke/Lang, *Steuerrecht*, 17. Aufl., 2002, § 5 Rz.65:"依目前税捐法及其他与经济有关之法律的通说,所谓经济观察法是目的解释法律的方法。亦即以按法律目的认定法律效力为其目标之一种经济解释。是故,在解释一个不仅在税捐法使用之概念时,应究明取向于法律目的之特别的概念内容。这特别适用于民事法概念。由于民事法以不同于税捐法或其他公法之目的为其基础,所以,同一概念之目的解释可能导致不同之结果。"另请参见 Hey in: Tipke/ Lang, *Steuerrecht*, 23. Aufl., Otto Schmidt 2018,§ 3 Rz.27;Englisch in: Tipke/ Lang, *Steuerrecht*, 23. Aufl., Otto Schmidt 2018,§ 5 Rz. 70ff.

③ 同样看法,请见 Müller, aaO.(Fn.48), S. 148.

④ 超出范围性的作用,法律适用者在法律的解释上将文义因素绝对化的原因,Larenz 与 Bydlinsk 都认为,常常不是出自学说的立场,而是由于好逸恶劳,不愿意卖力,为自己的主张或判断论述真正的理由 [Tipke, aaO.(Fn.1), S.1237; Franz Bydlinski, aaO.(Fn.2), S. 594]。不过,德国学者认为:"法实证主义的传统在税捐法上有另一个根源:法的安定性达成时,往往也可能是税负最低时。解释的实证主义者认为量能课税原则是一个不安定之法政策的因素。在法律解释中该因素不当有所斩获。将法律解释矮化为技术,使法实证主义者无视于不可避免的最后将决定解释因素之选择及推论程序的事理及原则。"[Tipke, aaO.(Fn.1), S.1238]

⑤ Esser, aaO.(Fn.13), S. 253ff. 但他也认为:"我们绝不是要透过这种主张,来抹杀存在于司法机关应用一般的法律思想到'法律解释'和'法律漏洞之补充'间之量的差别,盖法官造法这种非常手段应直到有限之法律的适应可能性已绝时,始得采取"(S. 255)。Larenz 也认为"无法在它们之间划出一条清楚的界线并不碍于对它们作类型的而非概念的区别"[aaO.(Fn.3), S. 309]。

别的意义,则会导致笼统观察问题的倾向。这有碍于对问题真相的认识。在了解或处理问题上,分析与综合的方法(die analystische und synthetische Methode)不可偏废。唯在理论或实务的探讨上,总得有人在一个方法下将之推到极端,才能在偏的情况下,把一种方法的优劣点比较完全地暴露出来。从而极端的数派,才能互取对方之长,补己之短,或参考对方的批评,来修正自己的观点。基于这个了解,个人以为,虽然法律解释与法律补充的界限并不清楚,但它们到底还是不同的。① 关于它们的区别请参照 Canaris 所著之《法律漏洞的认定》②。在这里要指出的是,只要承认法律解释与法律补充有别,那么文义因素与历史因素,在这两者的区分上,便成了区分的标准。这件事,如从法律解释这一方加以观察,它们便成了划定法律解释之范围的标准,亦即它们便有"范围性"的功能。③ 兹分述之:

1.文义因素

因为文字是法律意旨附丽的所在,也因为它是法律解释活动的最大范围,因此,着手解释法律的时候,首先便须去确定文义涵盖的范围。④ 但这充其量只表示各因素因其功能而被考虑的先后,丝毫不意味着那一个因素在分量上应优先于另一个因素。

法律上所了解之"文义"(der Wortsinn)是该用语或词在一般的语言习惯上被了解的意涵。唯如该用语或词在法律圈或相关行业已有相约成俗了解之特别的其他意涵,那么便以后者为它们的意涵。⑤ 所谓法律圈或相关行业内相约成俗了解的意涵,比较可靠者为:该用语在以处理系争法律业务为其专业者间之理解。这当中如已有相沿成习之有权解释,纵使该有权解释尚未演变为习惯法,在法律的解释上亦具有重要的地位。⑥ 例如"民法"第 66 条、第 67 条已分别直接对"不动产"及"动产"加以定义,从而也间接地对"物"加以定义。依前述说明,在法律上这些用语原则上即应在该定义的意涵下被了解,除非能借助于其他解释因素⑦,说明在某一特定规定中,该用语应被作不同于这些有权解释的了解。又如"民法"第 88 条第 2 项所称之物,当非指第 66 条及第 67 条定义下之物,而系泛指法律行为之目标(der

---

① Tipke 认为:"文义界限不能确认的异见不能赞同:字并不是恣意的发音,而是语言习惯的工具;固然几乎所有的字都有数个不同的意旨及精微的差异;如果能够赋与一个字或一段词以任何喜欢之意旨,则人际间之了解便根本不可能。字义的界限源自语言社会之习惯。"[Tipke, aaO.(Fn.1),S.1271]

② Canaris, *Die Feststellung von Lücken im Gesetz*, 1964.及 Mennicken, aaO.(Fn.11),S. 45ff.,45 Anm.99.

③ Müller, aaO.(Fn.48),S.140ff.,146f; Larenz, aaO.(Fn.3),S. 309.

④ Meier-Hayoz, aaO.(Fn.54),N. 184 zu Art. 1 ZGB; Müller, aaO.(Fn.48),S. 141; Tipke-Kruse, aaO.(Fn.5),§1 StAnpG A.9.

⑤ Larenz,aaO.(Fn.3)S.307;Tipke-Kruse, aaO.(Fn.5),§1StAnpGA. 9.

⑥ Tipke, aaO.(Fn.1),S.1270:"诉诸交易通念(eine Verkehrsauffassung)只是努力引用一个无论据价值的标语,从而只是诉诸一个表见的权威,亦即虚假的论据。目前,作为解释数据,诉诸交易通念几乎已不再具有重要性。"该见解背离行有行规的社会经验。如不违反公序良俗,有疑义时,交易通念应是各行各业相关解释工作的重要参酌因素。例如,《德国民法典》第 157 条规定:"契约应参酌交易习惯,如诚实信用原则之要求解释之。"

⑦ "清楚的、一般的文义是解释的出发点,谁如要给它另一种意涵,他便必须举证"Coing, aaO.(Fn. 3),S. 318.

Geschäftsgegenstand）。这时该用语（物）所涵盖的范围显然与日常用语所涵盖者相当。① 另"所得税法"第 7 条至第 12 条也对一些名词加以定义。其中"所得税法"第 7 条第 2 项第 2 款规定："在台湾地区境内无住所，而在台湾地区境内有居所满一年以上者"为本法所称"在台湾地区境内居住之个人"。又关于住所，在"民法"第 22 条有拟制住所的规定，即住所无可考者或在台湾地区无住所者，其居所视为住所。由于"所得税法"第 7 条第 2 项第 2 款容许在台湾地区境内有居所，但无住所这种状态，可以推论出前述拟制住所的概念，并不为"所得税法"第 7 条第 2 项第 2 款所接受。换言之，"民法"上住所的概念在这个限度受到限缩。该限缩后之"所得税法"上的住所概念，在"所得税法"上有"有权（立法）解释"的地位。② 不过，关于课税事实的定性，在税捐法有时也利用到拟制的方法。③ 例如"遗产及赠与税法"第 5 条前四款规定："财产之移动，具有左（下）列各款情形之一者，以赠与论，依本法规定，课征赠与税：一、在请求权时效内无偿免除或承担债务者，其免除或承担之债务。二、以显著不相当之代价，让与财产、免除或承担债务者，其差额部分。三、以自己之资金，无偿为他人购置财产者，其资金。但该财产为不动产者，其不动产。四、因显著不相当之代价，出资为他人购置财产者，其出资与代价之差额部分。"该条规定利用拟制，而非有权的立法解释，不改变赠与之传统概念的特征，扩大赠与规定之适用范围。这是拟制的重要特色。

常可看到法律、法规命令或行政规则对于税捐法中的用语给予有权之立法解释（例如"使用牌照税法"第 2 条、"土地税法"第 13 条、"烟酒税法"第 2 条、"房屋税条例"第 2 条）或

---

① 本例摘自 Larenz，aaO.(Fn.3)，S. 308.

② 基于这一个认识，由同样字眼所构成的法律用语，不管是被使用在同一个法律，如前述之"物"，或在不同的法律中，如"公务员"或前述之"住所"，都不必然意味着它们必须有相同的意涵。但是这也不是说，它可以在没有"适当理由"的情况下，到处被作不同的了解。如果有这种情形存在，那么它至少是立法技术上的缺失。这里所称之"适当理由"是指其他的解释因素。同说请参见 Tipke-Kruse，aaO.(Fn.5)，§ 1 StAnpG A. 9.

③ 依契约自由原则，缔约人原则上固可自由决定契约之内容，但并不得自由定性其约定之内容所该当之契约类型。此与立法者得以拟制或授权准用来定性契约类型者不同（"所得税法"第 11 条第 5 项、"遗产及赠与税法"第 5 条、"娱乐税法"第 10 条第 1 项、"关税法"第 78 条、"证券交易税条例"第 11 条；"民法"第 347 条、第 398 条、第 399 条、第 463 条之 1、第 529 条、第 614 条、第 660 条）。Tipke，aaO.(Fn.1)，S. 1295.

行政解释。① 在有权解释,有异词同义者,例如个人与自然人;有同词异义者,例如时价。②有施行细则对于用词加以定义,而其定义是否超越母法过度限缩文义,显有疑义者。例如"营业税法施行细则"第 26 条第 2 项规定:"本法第 19 条第 1 项第 5 款所称自用乘人小汽车,系指非供销售或提供劳务使用之九座以下乘人小客车。"按"营业税法"第 19 条第 1 项第 5 款中所称之自用乘人小汽车。其所谓之自用所指为何,以及可乘坐多少人以下适合称之为小? 非供销售或提供劳务使用(例如出租)当在于解释自用。问题是:即使是对内提供劳务,亦可能纯供业务使用,而非供受雇人消费之私人用途。在纯供业务使用的情形,是否得排除其进项税额扣抵权非无疑问。五人以下之小汽车固有比较大的可能兼供员工上下班之交通工具,但九人座之汽车,则通常供业务使用。是故,连同九人座之汽车,一概排除其进项税额之扣抵权显然有违加值型营业税以营业人当阶段之加值为其课征范围的意旨。因此,"营业税法施行细则"第 26 条第 2 项规定,关于九座以下乘人小客车之进项税额扣抵权的限制规定,显然有以施行细则对于母法所定纳税义务人之权利给予母法所无之适用限制的违法问题。类似的有关于自用住宅用地③或家庭农场之农业用地④之解释。

此外,也有在实务上扩大母法中使用之用语在日常生活相约成俗之文义范围者,例如解释"营业税法"中所称之货物包含房屋。⑤ 若无房屋契税的规定,该解释可谓为合理扩大营

---

① 例如"所得税法施行细则"第 8 条之 5;"遗产及赠与税法施行细则"第 11 条:农业用地之定义与拟制;"印花税法施行细则"第 3 条、第 4 条至第 8 条、第 10 条至第 12 条;"加值型及非加值型营业税法施行细则"第 4 条至第 9 条、第 16 条之 3、第 17 条、第 23 条、第 25 条、第 26 条;"土地税法施行细则"第 4 条、第 10 条;"税捐稽征法施行细则"第 7 条、第 10 条;"契税条例施行细则"第 21 条。

② 在税捐法上所称之时价,即使在同一税法也有不同定义,例如"所得税法"第 46 条规定:"称时价者,指在决算日该项资产之当地市场价格。""加值型及非加值型营业税法施行细则"第 25 条规定:"本法称时价,系指当地同时期销售该项货物或劳务之市场价格。"此为该二法关于时价之一般之定义。各因其法律目的采不同之标准时点。此外,该"所得税法"针对不同的目标,对于时价还有下列定义:(1)第 47 条:"运送品之估价,以运出时之成本为成本。以到达地之时价为时价,副产品之估价,有成本可资核计者,依本法第 44 条之规定办理。无成本可资核计者,以自其时价中减除销售费用后之价格为标准。"(2)第 48 条:"短期投资之有价证券,其估价准用本法第 44 条之规定办理。在决算时之价格,遇有剧烈变动,得以决算日前一个月间之平均价为决算日之时价。"另"遗产及赠与税法"第 10 条第 1 项有自己之标准时点:"遗产及赠与财产价值之计算,以被继承人死亡时或赠与人赠与时之时价为准;被继承人如系受死亡之宣告者,以法院宣告死亡判决内所确定死亡日之时价为准。"同条第 3 项有自己之估价标准:"所称时价,土地以公告土地现值或评定标准价格为准;房屋以评定标准价格为准。"这些是同词异义的规定。

③ 参见释字第 478 号解释。所涉"财政部"函的意旨,在于限制用以证明系争土地是"无出租或供营业用之住宅用地"的证据方法。属于非以法律,而以行政解释为法定证据之规定的情形。这应从证据法的观点清楚予以指明。否则,证据方法的规定容易被论为关于程序事项,而非实体事项的规定,放松其法律保留的要求。

④ 参见释字第 566 号解释。

⑤ 营业税法实务上所以必须将房屋包括于货物之类型内,以填补其税捐客体之漏洞,乃因其以"货物"及"劳务",而非如德国加值型营业税以"有体(物)之给付"(Lieferung)及"无体(物)之给付"(sonstige Leistung)二分法穷尽其税捐客体。盖"有体给付"与"无体给付"能够二分法穷尽其客体,而"货物"与"劳务"不能。至于将房屋包括于货物之类型内,究竟是法律解释或法律补充,亦即是否超出货物之文义范围,值得探讨。为求其严谨,应透过立法解释,将房屋包括进货物之类型,厘清这个问题,以避免以行政解释补充税捐客体之规定:例如规定,本法所称货物含房屋及其他有体之动产或不动产之目标物。

业税之法定的税捐客体范围,以矫正该法第 1 条选择以销售货物或劳务及进口货物来全称其课税范围的缺失。然在有房屋契税的情形,该扩大解释即引起重复课税的不当情事。盖法律所定之营业税及房屋契税的名义纳税义务人虽然不同,但在营业税转嫁后其负担人却是相同的。这有如对于房屋之交易(销售)重复课征交易税。在现行税法下,并无任何交易客体,被规定应课以如此重之交易税。

由于法律上的定义,一直有基于其他"解释因素"的考虑,而予修正的可能,故一般的语言习惯在"有权解释"的情况下,仍一直有其潜在的或最后的"范围功能"(die Rahmensfunktion)。亦即法律解释者,虽扬弃有权解释所给的文义,但他"所作的解释"如仍能为该用语之可能文义涵盖所及,那么其所为尚可称为解释的活动。反之,"所作的解释"如已超出该可能的文义范围,则其所为便已逸出法律解释的范畴,而属于法律补充。[1] 文义因素,亦即可能的文义(der mögliche Wortsinn)在这里显示出它的范围性功能。[2] 它划出法律解释活动之可能的最大回旋余地。[3]

最后必须澄清的是,除了像数字这种极端的例子外,每一个用语都有解释的余地。[4] "认定某一个用语是单义的"[5],或"认定某一个规定是例外规定"[6],这件事本身已是解释的结果。所以认为只有"在法律的文字有疑义时,才有解释法律的必要"之看法,是不成立的。关于这一点,只要回顾前面提到之"未成年妾要请求由家分离"的案子,当可明白。在那里,如肤浅地去观察台湾地区"最高法院"所依据之"民法"第 1127 条,也许会认为:至少"已结婚"这个概念,已规定得一清二楚。但究诸实务却不尽然。

2.历史因素

在国家权力区分的体制下,历史因素在法律解释上之引用,虽然言之成理,但其首先还是会遭遇到立法者是谁的质疑:国会议员全体或参与起草法案之部委或国会的工作人员?又即使已经认定谁是立法者,他们的立法意思又必须在哪里? 以何种方式表示? 此外,其表

---

① Larenz, aaO.(Fn.3), S. 309; Franz Bydlinski, aaO.(Fn.2), S.467ff; Tipke, aaO.(Fn.1), S.1271. 至于在特定法律领域是否容许法律补充是另一个问题。不得为法律补充的法律,没有疑问的是刑法。学说有正反不同意见的是税捐法。Tipke,鼓吹对于税捐法亦可为法律补充的看法[Tipke, aaO. Band I(Fn.22), S. 203ff., 223ff. und Band Ⅲ(Fn.1), S. 1296ff.]。该观点不得无条件地适用于法学发展程度不同的区域。详请参见黄茂荣:《税法总论(第一册增订二版)》,植根法学丛书编辑室 2005 年版,第 342 页以下。

② 关于可能的文义在法律解释上的范围性功能,Müller 在他所著的 *Juristische Methodik* 内有详细讨论(S. 140ff.)。不过,他称呼这种范围性功能为 Grenzfunktion(界限功能)(S. 140)。

③ 解释应在文义之范围内为之,是基于信赖保护的观点作成的[Coing, aaO.(Fn.3), S. 318]。亦即基于法的安定性的要求。它和(实质的)正义同样为法律所追求,但两者有时难以同时被实现。于是,在它们之间乃形成一个紧张的关系(das Spannungsverhältnis zwischen Rechtssicherheit und Gerechtigkeit)。合理处理该紧张关系是整个法律解释活动或法学活动的努力所在。详见 Mennicken, aaO.(Fn.11), 78ff.

④ Tipke-Kruse, aaO.(Fn.5), § 1 StAnpG A. 3b: Alle Gesetzestexte sind auslegungsfähig.

⑤ Larenz, aaO.(Fn.3), S. 332f; Esser, aaO.(Fn.13), S. 253f. 关于这个问题的详细讨论,请参见 Clauβ, zum Begriff "eindeutig", JZ 61, 660ff. 他主张,如果同一个法律条文,得在不违反思维法则的情况下,随着解释者所追求的目标或体认的法律意旨而变更其单义或多义的属性,那么这种单义或多义属性的认定,如不考虑解释者所体认的意旨,便无法作成(S. 661)。

⑥ Müller, aaO.(Fn.48), S. 150; Larenz, aaO.(Fn.3), S. 343.

示与法律之适用时，还必然有一定之时间的落差，于是，引起是否适合以古非今的疑惑。①然无论如何，基于法律存在之发展性、继续性，立法资料一直是一个时期之法制知识与经验的总结，及将来进一步发展的基础。为其修正必须进行之除旧布新的论证，确保法制之理性的发展。当其时有所成，那是慢工出细活。然如太长的时间，一无所成，以致民不聊生，则祖宗不足法的思想可能奋起。这时，如历史上发生过之变法所示，新旧思想及新旧势力之竞争②，在紧要处，时以改革的形式，时以革命的形式为之，必然天翻地覆。然无论如何，当其凭着良心，全力以赴，都将开展一个划时代的新纪元。其承先启后的意义及功能，还是应予重视。

所谓历史因素主要是指立法文献。它包括"立法过程中的一切记录、文件，如预备数据、预备草案、草案、立法理由书，参与起草部会的有关记录，立法机关之大会及审查委员会的记录"③。但这些资料中，以已公诸大众者为限，始能被引用。④ 引用这些数据的目的，主要在探求，某一法律概念是如何发生、如何被接受到法条中来的；某一个条文、规定、制度是如何被接受到法秩序(die Rechtsordnung)中来的；立法者是基于哪些价值决定去制定它们，以帮助了解法律意旨之所在。这种历史因素在主观说盛行的时代，曾经是法律解释的唯一目标。

在"立法者的意思被客观化"以后，或将"规范的法律意思"当成解释的目标以后，历史因素在法律解释上所扮演的角色，已不再像以前那般重要或具有决定性。现在它的主要任务，与其说在终局的决定法律的内容，不如说是在划定法律解释的活动范围。正像在法律圈内有特别意涵或定义之用语，历史因素在这里的功能也是对一般的可能文义进一步利用限缩或扩张再予调整，以符合规范规划上的需要。是故，应该在经历史因素参与决定的文义范围内从事法律解释的活动。除非基于其他解释因素的考虑，认为对该范围有加以修正的必要，否则解释活动不得越出该范围。历史因素的范围性功能在这里表现出来，但较之单纯基于一般的可能文义所决定之范围，该由历史因素参与决定之文义范围，是一种可让步的范围。只要不越出一般可能文义的范围，纵使基于其他解释因素的考虑，认为有调整历史因素所参与决定之文义范围的必要，便可调整。其调整无害于该活动之解释的性质。⑤ 但由于在历史因素中，有时也包含一些价值决定，故只要这些价值决定还合时宜，历史因素在这个限度下，便能参与决定法律规定的内容。因事实上这些考虑还可以在目的因素之考虑底下做成⑥，所以，历史因素与目的因素在此有交集(die Überschneidung)的现象。唯"范围性的功

----

① Larenz, *Methodenlehre der Rechtswissenschaft*, 6. Aufl., Springer Verlag 1991, S. 328ff.

② 对这一现象，Rudolf von Jhering 于 1872 年 2 月底，在维也纳有一篇著名的演讲稿——《为权利而奋斗》，后来出版成书，传颂于世(19. Aufl., Wien 1913)。

③ Meier-Hayoz, aaO.(Fn.54), N. 215 zu Art. 1 ZGB；此外还请参见 Tipke-Kruse, aaO.(Fn.5), § 1 StAnpG A. 15.

④ Tipke-Kruse, aaO.(Fn.5), § 1 StAnpG A. 15.

⑤ 关于这种调整，请参见 Tipke-Kruse, aaO.(Fn.5), § 1 StAnpG A. 15.他说："在新法，人们原则上固得'假设'，规范的法律意旨与(想象之)立法者的意思相符。但要解释的法律越老，便越不得去假设它们是一致的。"唯在这里，论诸实际，与其说是历史因素基于前述的"假设"直接决定了法律解释的结果，毋宁说是其他的解释因素未能具备足够的说服力，来修正它暂定下来的范围。

⑥ 请参见 Larenz, aaO.(Fn.3), S. 321；6. Aufl., Springer Verlag 1991, S. 332. 在目的因素底下，考虑历史因素中之价值决定的优点是：可以导引解释者注意到该价值决定是否还合时宜，并对不同的价值加以权衡。在"价值多元的社会"，价值的权衡是目的因素之考虑上不可忽略的工作。

能"还是历史因素的主要功能。①

有的判决将历史因素当成一种工具,用以印证"依其他解释因素获得之结果的正确性"或排除"依其他解释因素无法排除的疑义"②。对历史因素之这种应用方式,显然已逸出它的范围性功能。按一个解释结果之正确与否的检证任务,只得由内容性因素与控制性因素来达成。纵使历史数据饱含智能,法律之最后的规范内容的确定,还是不得不求助于历史因素,盖若如此,不免发生以古害今。

(二)内容性因素

上述因素中,体系因素与目的因素的作用为:在范围性因素所界定之范围内,进一步界定具体法律规定之规范内容。所以,按其作用可归类为:内容性因素。它们是由诠释学,亦即法律解释的价值取向性、法律解释对具体案件的关联性,以及诠释的循环所导引出来的因素。当法律解释的活动范围被确定下来以后,法律解释者,即应基于体系与目的之观点去充实或确定法律的内容及意旨。在这里,法律"逻辑地"同时也"目的地"蔚成一个体系。前者被称为逻辑或外在体系(das logische bzw. äußere System),后者被称为目的或内在体系(das teleologische bzw. innere System)③。唯事实上这两个概念上有区别的体系,在法秩序已交织成一个体系。换言之,价值标准或目的,透过体系化已被纳进体系中,具有一定之逻辑构造。其结果,使得看来纯逻辑的法律思维,带上或深或浅的价值色彩。Esser 认为这种将价值纳入体系的"法学的建构"(die juristische Konstruktion),一方面可减轻法院裁判时的艰难,而又没有把握的价值取舍工作;另一方面使得价值取舍结果之事后审查成为可能。④ 要之,这时候,体系价值化了! 价值体系化了! 体系不再是盲目的! 而价值也不再是不能客观论述或验证之见仁见智的看法或立场!⑤ 为了讨论上的方便,目前体系因素(die systematische Auslegungselemente)还是偏在逻辑或外在体系(das logische bzw. äußere System),而目的因素则偏在目的或内在体系(das teleologische bzw. innere System)内来

---

① Müller,aaO.(Fn.48) S. 147:"历史的(historische)与发生学上的(genetische)观点定着在文义解释内,从而它一方面能指示法条的内容,另一方面也能帮助找出法治国家的解释界线。"在这里他称:历史因素,透过定着于文义因素,来指示法条内容。本书以为这种看法,不能妥切地说明历史因素的真正功能。其实,文义因素本身的功能,依 Müller 的看法,也在于"范围性"而非内容(决定性)[aaO.(Fn.48),S. 140ff.;11. Aufl.,Heidelberg 2013,Rn. 445f,449,480]。历史因素本身如不能说明自己之"内容性功能",则当不以其定着于"非内容性功能"之文义因素,而得证明它具有决定内容的功能。

② Tipke-Kruse,aaO.(Fn.5),§1 StAnpG. A. 15.

③ Tipke-Kruse,aaO.(Fn.5),§1 StAnpG A. 11.

④ Esser,*Wertung*,*Konstruktion und Argument im Zivilurteil*. 1965,S. 15f.

⑤ 在法律问题或公共问题的讨论或论述上,当价值的争点的探讨被偏执为立场的阐扬,而无大是大非之辨,那将是一个无尽灾难的开端。盖正义固然难描,但只要有诚挚希望达于至善之心,问题的厘清、制度的规划演进,不难日有进展。体系的价值思维之统一性与一贯性可防止强词夺理,提供真理愈辩愈明的可能性。

讨论。①

兹分述之：

1.体系因素

由诠释学可获得一个认识，即"部分"与"全体"间互相联系、互相制约，从而在诠释表现出循环说明的关联性，以确保在体系内无矛盾的一贯性。② 此即所谓之诠释学上的循环。

每一段法律上的字、文句、条文或规定，都紧密交织在法体系中，构成一个有意义的整体关系。因此，要诠释它们，首先，应顾及上下文，不得断章取义。③ 大部分的法律条文之不完全性④可以用来说明这个需要。这种不完全的法条必须与其他的条文互相补充后，才能组成一个完全的规定(eine vollständige Regelung)⑤。例如"民法"第 940 条关于直接占有人、

---

① Canaris, aaO.(Fn.12), S. 90ff："基于外在体系所作的解释，某种程度上，只是文义解释的延长；而基于内在体系所作的解释则是目的解释的延长，或说得好一点，是目的解释中的一个较高的阶段……"(S. 91)。所以认为是一个较高的阶段之解释，乃因为该解释已纳入体系之统一性与一贯性之整体性的考虑。

② Coing，aaO.(Fn.3)，S. 313f. 317.

③ Larenz, *Methodenlehre der Rechtswissenschaft*, 6. Aufl., Springer Verlag 1991, S. 324.

④ 所谓不完全法律条文(unvollständige Rechtssätze)，是指此种法条，它们或者说明一个概念，如"所得税法"第 7 条第 1 项"本法称人，系指自然人及法人。本法称个人，系指自然人"。此即所谓之"说明规定"(erläuternde Rechtssätze)；或去限制另一个法条，如"所得税法"第 4 条第 1 项第 6 款(依法令规定，具有强制性质储蓄存款之利息，免纳所得税)是同法第 14 条第 1 项第 4 类(利息所得，应计课综合所得税)之例外规定，此即所谓之"限制规定"(einschränkende Rechtssätze)；或去准用其他法条。如"民法"第 221 条(债务人为无行为能力人或限制行为能力人者，其责任依第 187 条之规定定之)，此即所谓之"准用规定"(verweisende Rechtssätze)。准用规定即法定之得类推适用的规定。由于在类推适用，法律所明文规定者，与法律未明文直接规定。而拟以准用的方法处理之案件间只是类似，而不是同一类型。所以，其最后应准用之范围究竟为何。在实务与学说上常有不一致的看法。例如关于"民法"第 221 条有认为其准用者应仅限于第 187 条中关于无行为能力人或限制行为能力人之识别能力与责任有关的部分；至于法定代理人之责任，则不在准用之列。盖第 221 条中所称之"其"系关系代名词，所指涉者在文法上限于无行为能力人或限制行为能力人。不同的见解，认为应含法定代理人之责任。这堪称文法对于法律文义之界定上的意义。应以第一说为妥。如拟采第二说，其主张已涉及法律补充。盖其已逸出法律文字按正确文法所表示之可能文义的范围。按第 221 条为关于债务不履行之责任的规定。而无行为能力人或限制行为能力人可能对于他人负债务之原因主要有：契约、无因管理、不当得利或侵权行为。其中因侵权行为而发生者，其法定代理人固应依第 187 条负其责任。但其因无因管理或不当得利而发生者，如法定代理人不同时亦为该无因管理关系之本人或不当得利关系之受领利益者，则依无因管理或不当得利的规定，并无使法定代理人连带负责的理由。至于其因契约而发生者，无行为能力人不可能为其当事人，而限制行为能力人则在依法律规定、经法定代理人允许("民法"第 77 条、第 84 条、第 85 条)或用诈术使人相信其为有行为能力人或已得法定代理人之允许而为契约的情形(第 83 条)，其法律行为为有效。从而可能因此而对于该契约之相对人负债务。在以契约为债之发生原因的情形，纵使有法定代理人之允许，因相对人已知其交易对象之主观情况，从而可自己评估该交易之风险，是故，是否还适当认为法定代理人应就限制行为能力人的契约之债负连带责任，仍非无疑问。观之，当今信用卡之发卡业者对于未成年学生滥发信用卡，使其为不当之信用消费，负担高额卡债，而后收取接近于法定最高限额之利息，更是不宜使法定代理人连带负责，以致因降低发卡业者之风险，而使其胆大妄为，侵蚀未成年学生之正确的信用意识。关于不完全的法条，请参见 Larenz, aaO.(Fn.3), S. 239ff；Müller, aaO.(Fn.48), S. 149f.

⑤ 请参见 Larenz, aaO.(Fn.3), S. 311f.

第 941 条关于间接占有人及第 942 条关于占有辅助人的规定,不一起审酌难以区分一个人对于特定物之占有地位。又如"民法"第 948 条至第 951 条之 1 关于动产之善意取得规定的适用,环环相扣,没有一起审酌具体法律事实该当于该等规定之要件,不能判断其善意受让,是否因让与人不是真正权利人,而不能取得所受让之权利。当中其关于占有公示之权利的可能归属及其信赖,以及对善意取得所以有"非基于原占有人之意思而丧失其占有"之消极要件的规定,所具有在所有权人及善意受让人间之利益权衡及价值判断,值得特别注意,以理解其所以如此规定的道理。"民法"第 91 条就依第 88 条及第 89 条关于错误之规定撤销意思表示时,表意人对于信其意思表示为有效而受损害之相对人或第三人,应负赔偿责任。但其撤销之原因,受害人明知或可得而知者,不在此限的规定,亦有类似之信赖保护的利益权衡,以分配其交易风险。另所有人与无权占有人间不论其为善意或恶意占有人,关于该物之用益关系,其物权法及不当得利法上之规定有相当复杂之体系关联。① 其次,应顾到它们在事务上的共属性(die sachliche Zusammengehörigkeit),例如自"民法"第 18 条第 2 项规定,人格权受侵害时,以法律有特别规定者为限,得请求损害赔偿或抚慰金,以及"民法"第 192 条至第 195 条规定在侵权行为款内,可以导出后四条关于人格权之侵害及抚慰金的规定,本来不适用于因债务不履行致债权人之人格权受侵害者的情形。② 直到"民法"第 227 条之 1 于 2000 年 5 月 5 日施行后,因债务人因债务不履行而人格权受损害之债权人,始得准用第 192 条至第 195 条及第 197 条之规定,请求债务人负损害赔偿责任(积极侵害债权)③。此为以立法的方式补充法律漏洞的做法。再其次,应顾到它们在事务上的一致性(die sachliche Übereinstimmung),例如依"民法"第 193 条第 1 项和第 2 项所计算出来之结果,应使受害人能获得相同之经济上的利益。④ 类似的问题,例如在越界建筑,依"民法"第 796 条第 1 项,土地所有人对于邻地因此所受之损害,应支付之偿金(租金⑤);或依同条第 2 项,邻

---

① Larenz, *Methodenlehre der Rechtswissenschaft*, 6. Aufl., Springer Verlag 1991, S.325ff.

② Larenz, aaO.(Fn.3), S. 313; 6. Aufl., Springer Verlag 1991, S. 326.

③ 这是关于法律规定依其事务性质,在民法不同系统位置之配置的问题。例如也有规定于债编之诚信原则,是否亦得适用于物上请求权的质疑。因此,后来将诚信原则之规定自债编 219 条移至"民法总则"编第 148 条第 2 项,使其得适用于一切民事关系。这当中其实过犹不及。移动前,限制太超过,例如相对于不动产之相邻关系;移动后,有扩张太宽滥,例如相对于物上请求权,以致助长土地之无权占有案件。其实,有时由于一定事务之规定,在系统安排之集中的考虑,可能在债法中穿插物权法的规定,例如承揽报酬债权之法定抵押("民法"第 513 条);亦可能在物权法中穿插债法的规定,例如相邻关系(第 800 条第 2 项)或添附(第 816 条)之偿金或补偿义务。

④ 请参见 Larenz, aaO.(Fn.3), S. 312f.

⑤ 这里所称偿金,指租金。台湾地区"最高法院"1999 年台上字第 3418 号民事判决:"上诉人既不能举证证明占用系争土地之合法权源。则被上诉人主张上诉人为无权占有,依'民法'第 767 条之规定,请求上诉人将如附图所示 A 至 I 地上之地上物拆除将土地交还,自属有据,应予准许。次按无法律上之原因而受利益,致他人受损害者,应返还其利益,'民法'第 179 条前段定有明文。又无权占有他人土地,可能获得相当于租金之利益为社会通常之观念。本件上诉人无法律上原因而受利益,致被上诉人受有损害,故应返还其利益,其所受利益为使用本身,依其性质不能返还时,依上说明,核以相当之租金为其返还之价额。"

地所有人请求土地所有人,以相当之价额购买越界部分之土地及因此形成之畸零地时之价额。① 该偿金或价额皆应以越界建筑时之行情为标准。② 然应指越界建筑之开始时、完成时或请求时为越界建筑时?所反映之经济利益应当相同。有疑问者为:本来土地之价额与其租金之资本化结果之数额应当相当。不过,考诸土地市场的实况,因土地租金通常远低于土地之资本利息,以致租金之资本化结果之数额会远小于土地之市价。因此,在此种情形,请求相当于租金之偿金会小于请求相当于市价之补偿可能取得的利益。至于是否得请求拆屋还地,视其请求是否以损害他人为主要目的而定。③ 此为物上请求权在行使上所受之限制。

此外,体系因素还有一个重要的功能,即在避免或排除法秩序中的"体系违反"(die Systembrüche)。它们通常是以"规范矛盾"(die Normwidersprüche)或"价值判断矛盾"(die Wertungswidersprüche)的形态表现出来。在这里,"规范矛盾"能够而且必须避免或排除,但"价值判断矛盾"则不尽然。④

规范矛盾系因有数个不同的法律规定,对同一个法律事实加以规范,并赋与能并存或不能并存之不同的法律效力而产生。该矛盾应依竞合理论⑤,透过法律解释的途径圆满解决。能依竞合理论圆满解决的矛盾,一般称为"可化解的规范矛盾"(der auflösbare Normwiderspruch);反之,则称为"不可化解的规范矛盾"(der unauflösbare

---

① 台湾地区"最高法院"1994年台上字第2701号民事判决:"按'民法'第796条规定,邻地所有人知悉土地所有人越界建屋而不提出异议者虽不得请求土地所有人移去或变更建物,但得请求土地所有人以相当之价额购买越界部分之土地。被上诉人虽非知情而不异议,与该条文所定得请求购买越界部分土地之要件不符,但查知情而不异议,不得请求移去或变更建物者,尚且得请求土地所有人购买越界部分之土地,举重以明轻,并依衡平原则,不知情而得请求移去或变更建物之邻地所有人,当然更得(类推适用该条之规定)不请求土地所有人移去或变更建物而请求其以相当之价额购买越界部分之土地。"

② 台湾地区"最高法院"1994年台上字第2701号民事判决:"系争越界建筑之二平方公尺土地之市价,业经政大不动产鉴定股份有限公司依其周围建筑之情形,未来发展情况以及系争土地为畸零地,鉴定为每坪300万元,二平方公尺为181.5万元,有鉴定书附卷可稽(外放)。上诉人请求被上诉人购买之金额自以181.5万元为相当。"

③ 台湾地区"最高法院"1994年台上字第2701号民事判决:"被上诉人所有国王大饭店房屋,既有越界占用上诉人系争土地二平方公尺之事实,且被上诉人建筑该房屋当时系争土地之原所有人台北市政府又无知悉其越界而不异议之情事,从而上诉人请求被上诉人拆屋还地原非无据。唯按权利之行使,是否以损害他人为主要目的,应就权利人因行使权利所能取得之利益,与他人及社会因其权利行使所受之损失,比较衡量定之。倘其权利之行使,自己所得利益极少,而他人及社会所受之损失甚大者,非不得视为以损害他人为主要目的,此乃权利社会化之基本内涵所必然之解释,'最高法院'1982年台上字第737号著有判例。"

④ 详请参见Canaris, aaO.(Fn.12), S. 26f., 116ff; Engisch, *Einführung in das juristische Denken* 5. Aufl. 1972, S. 158ff.

⑤ 关于竞合的一般说明,请参见Enneccerus-Nipperdey, AT. Bd. I. S. 349ff. 在这里通常被引用到的是法律竞合:特别法优于普通法(Die speziellere Norm geht der allgemeineren vor.),高阶法优于低阶法(Die höhere Norm geht der niederen vor.),后法优于前法(Die spätere Norm geht der früheren vor.)。此外,请再参见Engisch, aaO.(Fn. 138), S. 159; Tipke-Kruse, aaO. (Fn.5), §1 StAnpG A. 11; Canaris, aaO. (Fn. 12), S. 116f.有规范竞合并不一定即引起规范冲突。是否引起规范冲突,视其法律效力是否互相排斥而定。在民事法,相竞合之规范的法律效力如果不互相排斥,基于该等规定所发生之请求权即会构成请求权竞合或请求权规范竞合的关系。详请参见黄茂荣:《债法总论(第一册修订三版)》,植根法学丛书编辑室2009年版,第72页以下。

Normwiderspruch）。规范矛盾如果不能被化解,则依据通说,该矛盾所牵涉到的法条便会互相把对方废止。于是便形成一个"碰撞漏洞"(eine Kollisionslücke)。该漏洞只能依法律补充的一般原则加以填补。① 这已不属于法律解释的范畴。

价值判断矛盾系指,虽然 T2 之法律上的重要之点与 T1 相同,但某一个规范(N1)赋与某一个法律事实(T1)的法律效果(R₁)却与另一个规范(N2)赋与另一个法律事实(T2)的法律效果(R2)不同。这违反平等原则。对于此种矛盾,Engisch 主张应予忍受;②唯 Larenz③与 Canaris④ 则不以为然。后两者认为这种价值矛盾至少有一部分可以透过法律解释或法律补充的途径予以避免或排除。基于平等原则,后两者的见解比较合理。唯这里,矛盾既然存在于价值判断上,那么它应在与"目的"或"内在"体系关系最密切的解释因素,即目的因素项下处理之。⑤

2.目的因素

"目的是一切法律的创造者。"自从 Jhering 在他的巨著《法律中的目的》(*Der Zweck im Recht*)一书中将该事实指出以后,现在该语不但已变成老生常谈,而且在过度的使用后,慢慢也引起人们对"目的因素"之说服力的检讨。关于这一点,我们可以引税捐法上两个相争不下之解释上的主张作例子来说明:① 有疑义时,作有利于国库的解释(in dubio, pro fisco);② 有疑义时,作不利于国库的解释(in dubio, contra fiscum)。

上述两个主张都是以法律所追求之目的为依据。前者认为,既然税捐法之目的,在为国家筹措经费,那么有争议时,当然应作有利于国库收入的解释。而后者则认为,税捐法之目的在限制税捐义务的范围与种类,使纳税义务人能预见其法律事实之税负,以规划其生活或经济活动⑥,所以有疑义时,应作有利于纳税义务人之解释。⑦

上面的例子显示出,当在一个法律关系中牵涉到法律应予适当保护之两个冲突利益时,该法律之目的必须"升级",从更为宏观的视野,合理兼顾它们。于是,首先导出以"利益的权衡"(die Interessenabwägung)为说明重心的"利益法学"⑧。紧接着,为要作出合理的决定,

---

① Engisch, aaO.(Fn.138), S.159; Canaris, aaO.(Fn.12), S.116ff.; ders, Die Feststellung von Lücken im Gesetz, S.65ff.

② Engisch, aaO.(Fn.138), S.161.

③ Larenz, aaO.(Fn.3), S.323ff.

④ Canaris, aaO.(Fn.12), S.116ff.

⑤ Larenz, aaO.(Fn.3), S.323ff. 也将价值判断矛盾放在客观的目的标准(Objective-teleologische Kriterien)项下处理。反之,Canaris 除此而外,还尝试在体系解释项下,透过"类推适用""法律竞合的原则来处理"[aaO.(Fn.12), S.116f.]。

⑥ Hey, Steuerplanungssicherheit als Rechtsproblem, Otto Schmidt 2002.

⑦ Tipke, aaO.(Fn.1), S.1262:"既非国家对于税收之利益,也非纳税义务人可以缴尽可能少之税捐的利益,在解释上具有重要性。衡量这些利益是立法者的事务,而非适用法律者的事务。"究竟税捐负担可以有多重? 这系于人民负担税捐之能力。这是必须分从总体之经济能力及个别人民之负税能力论断。前者是国家税捐规模及税制之国际竞争力的问题,通常以税捐之最适规模称之;后者是个别纳税义务人之最低生活与发展之保障的问题。

⑧ Tipke-Kruse, aaO.(Fn.5), §1 StAnpG A.13. 关于利益的概念和"利益权衡",请参见 Heck, aaO.(Fn.21), S.151ff.

又发现在利益权衡中需要有一套价值标准作依据，于是又导出"价值法学"①。在这同时，法律所追求之目的被"价值取向化"，即立法者或司法者不得有价值取向上的盲目或恣意（die Willkür）。所以新近的著作都有将目的因素之内容扩及价值的倾向。例如 Meier-Hayoz 建议将"目的与价值"连用。② 此外，依法律原则（die Rechtsprinzipien）所构成之内在体系（das innere System）也普遍地受到重视。③

在这里，由于体系化后之内在（价值）体系，当然要比那些片段的价值主张，更能发挥对裁判之正确性的控制功能。④ 所以，体系的违反（die Systembrüche）现象之一的"价值判断矛盾"（die Wertungswidersprüche）便特别成为讨论的重心。⑤ 为能够更好地掌握内在体系，经学者们对内在体系的研究，有一些比较一般的原则[如法治国家原则、社会国家原则（相当于民生主义原则）、人民的基本权利及平等原则⑥]与比较具体的原则（如所有权的保护、交易安全、未成年人的保护、诚信原则、比例原则、税捐法定主义、量能课税原则、税捐稽征经济……）被具体化或归纳出来。虽然它们还不是一个完整的体系，但某种程度，对立法者或司法者之有无恣意的认定，以及相冲突的价值在典型的案件之说明或解决，都已能提供相当进步的帮助。即使如此，纵以基本权利中比较容易客观认知之平等原则为例，亦可发现。"所得税法"第 15 条在规定夫妻的所得应合并申报时，并未在课税级距、税率上作相应调整，以致一对情侣，如果皆有所得，则他们如选择结婚，而非同居之共同生活的方式，他们在所得税债务上便会遭受到较之同居不利的差别待遇。亦即就此而论，"所得税法"显然已违反平等原则。于

---

① 当然这只是很粗略的法学史的"轮廓"。详细情形，请参见 Larenz, aaO.(Fn.3)第一篇。

② Meier-Hayoz, aaO.(Fn.54), N. 195 zu Art. 1 ZGB.

③ Esser, *Grundsatz und Norm*, 2. Aufl., Tübingen, 1964, 即探讨法律原则（die Rechtsprinzipien）在法律适用上之意义的名著。其论点主要为：法律原则须经法律补充的过程，实证法化成为实证法中的具体规定，才能适用于具体个案（S. 132ff.）。此外，另见 Tipke-Kruse, aaO.(Fn.5)，§1 StAnpG A.13；Tipke, Steuerrecht, 7. Aufl. 1979, S. 15ff；Larenz, aaO.(Fn.3), S. 458ff.

④ 请参见 Esser, aaO.(Fn.12), S. 15f.

⑤ 它的分量我们可以从 Larenz 在其巨著《法学方法论》一书中看出来。他关于法律解释的"目的标准"在该书的法律解释章一共写了 8 页，其中整整有 6 页在讨论"价值判断矛盾"（6. Aufl., Springer Verlag 1991, S. 333-339）。

⑥ 与税捐法有关的。详请参见 Joachim Lang, in: Tipke/Lang, *Steuerrecht*, 17. Aufl., 2002, § 3；Tipke, *Die Steuerrechtsordnung*, Band I, Teil Ⅲ, Köln, 1993, S.135ff.

是也就引出"所得税法"关于夫妻合并申报课税规定("所得税法"第 15 条)之"违宪"的问题。[①]

在比较具体的原则方面,就税捐法可以举将营利事业所得税与综合所得税合二为一之两税合一的所得税制为例说明之。按营利事业,特别是具有法人地位者,不但在民事法,而且在税捐法皆有独立于其资本主的权利能力。这合理化了营利事业之营利事业所得及资本主之营利所得间的区别,可将其分别规定为营利事业所得税与综合所得税的税捐客体,先后课以营利事业所得税及综合所得税,而不认为因此有对于同一税捐客体重复课征所得税的情事。不过,由于营利事业所得税事实上最后还是由资本主负担,所以,在税制上渐渐肯认该两税捐之重复课征的事实。于是,经济发达国家相继引入两税合一的新制,以消除该两税捐之重复课征。[②] 有疑问者为如何对两者只课征其一? 两税合一政策之具体化,至少可以有下述四种不同的规范规划:①只课营利事业所得税,这等于是将营利所得分离定率课税;②只课综合所得税;③就综合所得税与营利事业所得税,仅按其轻者课税;④就综合所得税与营利事业所得税,按其重者课税。其中以第三种方法最轻,第四种方法最重。至于第一种及第二种方法之轻重,视在具体案件其综合所得税之有效税率与营利事业所得税之税率的相对高低而定。哪一个高,就哪一个重。

如果肯认两税合一,且不对于营利所得与其他种类之所得进行差别待遇,则营利所得最后自当与其他所得综合累进课征,而非分离定率课征,亦即应采第二说:只课综合所得税。依该见解,营利事业所得税之课征仅具就源扣缴的意义。反之,如果为简化之目的,只课征营利事业所得税,则其课征论诸实际等于是就营利所得采分离定率课征。这与就短期票券之利息所得统按 20% 课税相同。这究竟是有利于或不利于纳税义务人,视具体案件中之综合所得税的有效税率是否高于营利事业所得税之税率而定。不论采上述哪一种方式,皆符合就营利事业所得税之盈余,只课征营利事业所得税或综合所得税中之一种,从而无重复课征的情事。由是可见,在规范规划上,一个法律政策之具体化还有相当的回旋空间。

目的因素的考虑在税捐法之解释上的应用,主要表现在实质课税原则或量能课税原则

---

① 参见释字第 696 号解释。结婚配偶之综合所得税应合并申报,可说是所得税法曾经有过之歧视婚姻的规定。唯近年皆有逐步改善的修正规定。"所得税法"第 15 条第 1 项之强制合并申报的规定所以不合理,亦即其所造成之不利益,可以由该条第 2 项的规定得知:"纳税义务人得就其本人或配偶之薪资所得分开计算税额,由纳税义务人合并报缴。计算该税额时,仅得减除薪资所得分开计算者依第 17 条规定计算之免税额及薪资所得特别扣除额;其余符合规定之各项免税额及扣除额一律由纳税义务人申报减除,并不得再减除薪资所得分开计算者之免税额及薪资所得特别扣除额。"要之,以申报单位为基础之各项免税额及扣除额仅能享受一份。最典型者为:标准扣除额。另一个不利是:夫妻之所得加总后,基于累进税率,其有效税率自然高于分别申报时,从而其合并申报之应纳税额也会高于分别申报时夫妻之应纳税额的总和。该差别待遇其实不难透过税制的调整[例如就夫妻加总之所得净额采(税基)折半,(税额)乘二制]。唯这时,税率之所得级距亦应折半,才能达到不减少税收,而又符合平等原则之目的。折半乘二之要旨在:从制度上透过彻底分散所得,消弭夫妻从事分散所得之诱因。而强制合并申报,则是透过强制合并,消弭分散所得之可能性。两个税制之目的皆在处理分散所得之租税规划的问题。举这个例子主要是要说明,现行法中有些重要的"价值判断矛盾",其实是可以透过妥当的制度设计来避免。且只有这样做,才能逐步减少法秩序中之价值判断矛盾。这种矛盾的存在,会使法律丧失或减损其道德(或伦理)上的说服力。这是一个不应被忽视的事实。

② Heinz-Jürgen Pezzer, in: Tipke/Lang, *Steuerrecht*, 17. Aufl., Köln, 2002, § 11 Rz. 1.

的适用。这在释字第 420 号解释首度针对一个事业是否以有价证券之买卖为其专业的认定依据为例,给予明确宣示:应兼以其业绩,而不绝对地以其公司登记或商业登记之营业项目为准。该号解释之意旨,后来还在"大法官"下述解释再予重申:释字第 500 号关于高尔夫球证销售额之认定的解释;①释字第 506 号关于依法免予计入当年度课税所得,课征营利事业所得税之所得,是否仍应计入该公司全年所得额内,计算未分配盈余的解释;释字第 458 号关于税捐减免优惠应以受奖励生产事业自行生产奖励类目产品所发生之所得为限的解释。后一号解释虽仅提及租税法定主义,而未提及实质课税原则,然实际上该号解释所涉问题是实质课税原则。

至于民事法,可以举"民法"第 222 条关于"故意或重大过失之责任,不得预先免除"为例:本条规定显然以诚信原则为基础,担心因此引起道德危险。然"诚信原则"对该条规定中所称"预先"之认定的标准时点有何意义?应以债务人"所负债务发生时"或以"损害事故发生时"为标准?为防止道德危险,以贯彻诚信原则,自应以损害事故发生时为准。否则,当事人在前述两个时间点间,一直有机会去做免责约定,而该机会的存在与利用显然会瘫痪"民法"第 222 条之规范目的:防止当事人之一方,以违背诚实信用的方法,滥用其经济上地位,使对方接受带有道德危险之显然不公平的约款。观察类似"民法"第 224 条之规定(《德国民法典》第 278 条)在德国被滥用的情形即可明白。鉴于这种滥用的情况,现在德国实务上已倾向于依据"诚信原则"或"权利滥用"原则,在一些案型(如附从契约、一般约款)将这种约款解释为无效或禁止其引用。② 这个例子清楚地显示:法律之目的与价值对于法律解释的影响。当然价值标准一直都不够具体,因此在运用上,也常常还会有见仁见智的情形发生。例如前述《德国民法典》第 278 条在德国应用之情形便是适当的例子。对价值标准在这种有争议的"边界案型"(der Grenzfall)之适用,所发生的困难仅能透过价值标准的具体化(die Konkretisierung der Wertkriterien)③及具体案件之类型化(die Typisierung der konkreten Fälle)④慢慢去克服。这个过程可能是极艰难的,效果有时也不彰,甚至在努力的初期,由于不够成熟而显得可笑。但如果人们因而失去耐心,并放弃或嘲笑这方面的努力,那么大家充其量将只能在"价值中立的"(wertneutral)概念堆中拼凑,或在"感情法学"(die Gefühlsjurisprudenz)的笼罩下去听那"人治远胜于法治"的滔滔雄辩。

于是,便留下一个问题:在未成熟的具体化或类型化过程中,应如何控制基于价值标准所作之决定的正确性?答案是:透过对事务之性质(die Natur der Sache)的研究与讨论⑤,增

---

① 本号解释相关课税事实之发生缘起为:纳税义务人利用"入会费"与"保证金"名目,分散销售额。于是,引起其所称入会费与保证金之真正的认定问题。当初单纯以是否有退会时应予退还的约定,为其是否应计入销售额的形式要件。由于该要件的适用容易受到操纵,不容易立时客观验证,所以,后来改以事实上退回时,按销货退回的方式处理。盖不论其事先是否已有退还的约定,只要尚未退还,入会费及保证金皆还在球证营业人的支配中。是故,该号解释所引"财政部"的见解,这可谓简单明了,无枉无纵,符合实质课税原则。

② 请参见 Soergel-Reimer Schmidt,1967,§ 278 Bem. 23.

③ 有关具体化的方法,请参见 Engisch, *Die Idee der Konkretisierung in Recht und Rechtswissenschaft unserer Zeit*, 2. Aufl. 1968.

④ 有关类型化的问题,请参见 Leenen, Typus und Rechtsfindung, 1971.

⑤ 关于事务之性质在法律解释上之意义,请参见 Larenz, aaO.(Fn.3), S. 322f;6. Aufl., Springer Verlag 1991, S. 334, 417ff.

进对所涉事务的了解,并探求涉及之人,以及对于系争问题有研究之人的意见,以形成共同意见(der Konsens)①。然后基于该共同意见做成决定。果真这样做,则纵使所作之决定的正确性(Die Richtigkeit)尚不符合"永恒的真"(die zeitlose Wahrheit),但因该决定所立基者系智者、大众与当事人之共同意见,已是依当时的条件,所能做到之最大限度合理程度,所以,该决定对系争人与事而言,纵使不是最正确的,当也是可以接受的。透过此种决定建构之规范所形成的法秩序,自然将具有应有之伦理上的说服力,有其适当之效力的泉源,而不只是单纯依赖国家权力的强行规范。

关于目的因素在法律解释上的应用,亦可举债权之移转通知与债务之承担的承认规定说明之。"民法"第297条第1项前段规定:"债权之让与,非经让与人或受让人通知债务人,对于债务人不生效力。"首先是:债权之移转既为单纯之处分权利的行为,为何规定:非经通知债务人,对于债务人不生效力?其目的在于划分债务人因信赖既有关系而为清偿,以及抵销和抗辩之既有利益之保护的分界点("民法"第298条、第299条)。该项所用文字虽然明白,但依然引起未经通知之债权移转的效力问题。亦即该项所谓"对于债务人不生效力"(相对无效),究竟是对于债务人根本不生效力,或只是不得对抗债务人?从保护债务人之规范需要而论,不得对抗债务人应已足够。盖在该效力下,债务人在债权移转后如还是对于原债权人为清偿给付,其给付仍可生清偿效力;在债权移转后,通知前,债务人对于债权人取得之抗辩权或抵销权,依然可以对抗新债权人。此外,如果债务人从通知以外之管道,知悉债权移转之事实,而对于新债权人为清偿给付,其清偿亦可生清偿效力。这是从该项规定之目的既在于保护债务人,其适用自不得反而不利于债务人,所导出的看法。至于倘债权移转之传闻如果失实,则与债务人因相信受让人之通知,未经征信而即为清偿的情形一样,债务人之清偿属于应自负风险的行为。此与由让与人(债权人)通知者,纵未为让与或让与无效,债务人仍得以其对抗受让人之事由,对抗让与人者不同(第298条)②。

二重买卖与债权之二重让与不尽相同。其相同者为:出卖人或债权让与人分别就同一目标为二次交易。其不同者为:在二重买卖,基于买卖契约之债权性,前后两个买卖契约皆属有效,只是出卖人只能履行其一。先获得履行者,取得关于买卖目标之权利;未获得履行之契约,应依债务不履行的规定善后其法律关系。至于第一买受人未获履行,而因出卖人先对第二买受人履行而受到不利时,是否得依诈害债权的规定撤销该履行行为,或依侵权行为的规定对于先获履行之第二买受人请求赔偿,这属于第三人对于债权之侵权行为的问题。上述问题之解答视规范上对于先后买卖之竞争效能的评价而定。③ 所谓债权之二重让与,

---

① Esser, aaO.(Fn.9), S.15:"(a)每一个法律的适用都以法律适用者的了解为基础。……唯这个了解,不得以法律适用者的个性,而应以他所受之申张法与正义的付托(der Auftrag für Recht und Gerechtigkeit)为基础。(b)从而这个法律适用者的了解不得是他的纯主观的了解,亦即它不得只是他自以为是的了解,而应与他拟向他们讲的人的共同了解相符,因为这个了解必须能够使这个作为法规范之化身的裁判具有说服力,或至少使它被认为还是可以被接受的。"详请再参见同书 S.113ff(115)(Rationalität und Verantwortlichkeit:理性与责任)。

② 此即表见让与。受让人将让与人所立之让与字据提示于债务人者,与让与人自己为通知有同一之效力("民法"第297条第2项)。就债权之让与,让与人或受让人虽然皆得通知债务人,但仅受让人利用让与人所立之让与字据提示于债务人,或让与人所做之通知可能引起表见让与之效力。

③ 详请参见黄茂荣:《买卖法(增订六版)》,植根法学丛书编辑室2004年版,第96页以下。

指债权人将同一债权先后分别与二人缔结让与契约。在债权之二重让与,基于债权之让与行为系准物权性之权利的处分行为,于双方完成该让与契约之缔结时,如无效力障碍事由存在,即生债权移转之准物权行为的效力。该移转效力,不因"民法"第297条第1项前段规定"债权之让与,非经让与人或受让人通知债务人,对于债务人不生效力",而受到影响。其结果,当仅第一受让人能取得该债权。严格说来,并不可能发生类似于二重买卖之二重交易的问题。债务人对于所谓之第二受让人为让与行为时,已非该债权之债权人,所以,该让与属于无权处分,非经第一受让人承认,不生效力("民法"第118条第1项)。

有疑问者为:如仅第二受让人依第297条第1项对于债务人为债权让与之通知,债务人对于第二受让人之清偿给付是否生清偿效力?应采否定的见解。盖第二受让人所通知者为一个效力未定,且须经第一受让人承认始生效力的债权让与事实,不能对抗第一受让人。第297条第1项前段所以规定,"非经让与人或受让人通知债务人,对于债务人不生效力"之目的固在于保护债务人,但仍非谓,不真正之受让人对其所做之通知亦可生通知的效力。至于第二次让与如由让与人通知债务人,其效力又如何?债务人如因该通知而对于第二受让人清偿,应可生清偿表见让与债务的效力。盖在原债权人为通知时,其虽已非债权人,但因第一受让人未为通知,方使原债权人有机可乘,能利用其原为债权人所残留下来之表见事实,从事第二次让与之无权处分,使债务人信以为真,对于第二受让人为清偿给付。该表见事实虽以第一受让人之不为通知的消极行为,以及原债权人之无权而为不实通知的积极行为为基础,但其法律事实之特征与善意取得之规定相当:因权利人之行为引起表见事实,使善意第三人误以为该表现事实所示之人为真正权利人,从而与其从事处分行为,以致引起该处分行为如不能生预期之法律效力,善意第三人即会受到损害的情事。是故,在此,债务人之清偿,虽与"民法"第310条第2款所定可生清偿效力之向第三人为清偿的情形不尽相同,但只要债务人在清偿时不知其非债权人,应仍可目的性扩张适用该款规定,生清偿效力。盖在这种情形,即使行使债权之第二受让人不持有将系争债权有体化之债权凭证,然在原债权人之通知的庇护下,仍具有构成债权之准占有人所需之客观要件。

债务承担契约由债务人与第三人(承担人)缔结者,为何"非经债权人承认,对于债权人不生效力"("民法"第301条)?其理由为:债务人与第三人未经债权人参与,缔结免责债务承担契约,可能影响债权人之利益;所以,缔结时如无债权人参与,应让债权人在事后有参与的机会,以符契约原则的意旨。

依量能课税原则,税捐应对有负担税捐之能力者课征。这在所得税之课征的实践为以取得所得者为纳税义务人。所以,自遗产滋生之利息应论为继承人之利息所得课征综合所得税,而非论为遗产的一部分,对其课征遗产税。[①] 至于何谓利息,除在债券的买卖有证券

① 释字第597号解释称,各该法律之内容且应符合量能课税及公平原则。"遗产及赠与税法"第1条第1项规定,凡经常居住台湾地区境内之人民死亡时遗有财产者,应就其全部遗产,依法课征遗产税;"又'所得税法'第13条及1997年12月30日修正前同法第14条第1项第4类规定,利息应并入个人综合所得总额,课征个人综合所得税。'财政部'1997年4月23日台财税第861893588号函释示,关于被继承人死亡日后所孳生之利息,系属继承人之所得,应扣缴个人综合所得税等语,符合前开'遗产及赠与税法'与'所得税法'之立法意旨",与租税法律主义并无抵触,尚未逾越对人民正当合理之税课范围,不生侵害人民受保障之财产权问题。该归属上的分别是否造成税捐负担的差异,在具体案件视有无应税之遗产净额,及其应适用之遗产及赠与税税率("遗产及赠与税法"第13条)是否高于继承人应适用之综合所得税边际税率而定。

交易所得或债券利息之区别外,就"奖励投资条例"第 23 条第 3 项第 1 款,关于限额免纳所得税之利息,仅规定"除邮政存簿储金及短期票券以外之各种利息"的情形,实务上还曾有依该规定,是否即不得排除私人间无投资性借款利息之适用的疑问。就该疑问,释字第 210 号解释采不得排除的见解。① 此为从法律目的禁止文义之限缩的见解。另"三七五减租"耕地经征收或由地主依法收回时,佃农自地主取得之补偿费是否应课以所得税?释字第 508 号解释对此采肯定的见解。② 鉴于不论是地主自征收机关或佃农自地主取得之补偿费都已是土地增值税之税后所得,依"所得税法"第 4 条第 1 项第 16 款之规范意旨,应不得再对其课以具有所得税性质之其他税捐。佃农补偿费之取得以其租佃权之丧失为代价,为何认为是佃农之其他收益所得,而非损失补偿,该号解释并无具体说明。可见,该号解释的看法并不符合"所得税法"之基本的价值决定。其实,追根究底,该号解释所以自感迷惑,乃因只见佃农因补偿费之领取确有财产之增加,而忽略其取得之补偿费已是土地增值税之税后所得,以及土地增值税虽不称为所得税,却是分离课税意义下之真正的所得税所致。其为所得税的性质较诸地价税(财产税)明显许多。

(三)控制性因素

1.合宪性因素

法律解释应取向于价值。这些价值通常以法律原则表现出来。这些原则中,有些已纳入宪法体系中,如法治国家原则、民生主义原则、平等原则、税捐法定主义及人民的基本权利。③ 于是,从价值取向的角度来观察法律,便必须取向于宪法。例如,法律与宪法抵触者无效;法规命令与宪法或法律抵触者无效。法律之宪法的取向性在此获得实证法上的依据。这在法律解释上的表现为:法律解释的合宪性要求。该要求,学说称之为法律解释的合宪性因素。合宪性因素的功能在于确保法律解释的结果,不逸出宪法所宣示之基本价值决定的范围之外。是故,宪法的基本价值决定除了作为前述内在体系的一部分,参与法律解释之内

---

① 释字第 210 号解释:"1980 年 12 月 30 日修正公布之'奖励投资条例'第 23 条第 3 项第 1 款,关于限额免纳所得税之利息,系规定'除邮政存簿储金及短期票券以外之各种利息',并未排除私人间无投资性之借款利息,而 1981 年 8 月 31 日发布之'奖励投资条例施行细则'第 27 条认该款'所称各种利息,包括公债、公司债、金融债券、金融机构之存款及工商企业借入款之利息','财政部'(1981)台财税字第 37930 号函并认'不包括私人间借款之利息'纵符奖励投资之目的,唯径以命令订定,仍与当时有效之首述法条'各种利息'之明文规定不合",有违租税法律主义之本旨。该号解释所持者为:关于事后(法律制定后)不得以特别规范目的为理由,限缩法律用语之文义范围的见解。在法律解释上,该号解释似将目的因素与文义因素割裂适用。这不恰当。其实以目的因素调整或具体化文义之内容,除非涉及挖空文义核心,并非法律解释所不许。真正构成问题的是:将利息分成投资性及非投资性利息是否成立。以及纵使成立,其差别待遇有无正当理由。当其区分不成立,违反税捐法定主义;当其区分虽成立而无差别待遇之正当理由,违反平等原则及量能课税原则。

② 关于该号解释的评析,请参见黄茂荣:《税法总论(第一册)》,植根法学丛书编辑室 2002 年版,第 643 页以下。

③ 请参见 Göldner, aaO. (Fn. 48), 24ff. 30ff; Larenz, *Methodenlehre der Rechtswissenschaft*, 6. Aufl., Springer Verlag 1991, S. 339.

容的决定外,它最后还有控制法律解释之结果的功能(控制性功能)。亦即:①如果个别法律之解释结果不合宪法的规定,则该解释便是违(宪)法的,应该无效;②如在一个法律之可能的文义范围内,无论如何皆无法做成合宪的解释,那么该法律是违宪的。虽然法律之违宪性的审查权,只在违宪审查机构,而不在法院;但这并不使法律解释应合乎宪法之基本价值决定的要求失其意义。唯在实务上,当发现无法在法律之可能文义范围内作成合乎宪法的解释时,通常在宣布它为违宪前,都还在文义外,尝试努力去作合宪之法的萃取(die Rechtsgewinnung)。如能成功,则将该法律在这个限度下予以补充,使其在宪法之基本价值的制约下获得新生。但这已经不属于符合宪法之法律解释,而是符合宪法之法律补充的范畴。①

由于宪法本身是实证法体系的一个阶层,同时又是法律所追求之重要价值的宣示所在,所以,关于体系因素及目的因素②的讨论,在它们一致的范围内,对合宪性因素亦有适用。

2.合宪性因素之实践

具有法伦理意义之宪法位阶的法原则,例如法治国原则、社会国家原则、平等原则、一般人格权及基本权利之保障等,虽是现行法上之原则,但在经立法机关或法院将其内容具体化成为完全规定的结构,亦即以构成要件及法律效力之形式呈现前,还不能直接引用为请求权的规范基础。③ 依公权力之划分,关于其具体化,立法机关享有优先权,而法院则在法律有漏洞,或有使用需要具体化之一般条项,例如善良风俗("民法"第2条、第17条、第36条、第72条、第174条第2项、第184条第1项后段)、公共秩序("民法"第2条、第17条、第36条、第72条、第174条第2项)、公共利益("行政程序法"第147条第2项)、诚信原则("消费者保护法"第12条);或不确定概念,例如显失公平("行政程序法"第147条第1项)、情节重大("民法"第195条)、重大事由("民法"第489条第1项、第686条第3项、第706条第2项)时,因这些一般条项或不确定概念在适用上尚需要进一步具体化,而享有候补于立法机关之具体化的权限。

即便如此,立法机关之具体化的结果,以法源的形式呈现,对于政权机关及人民一般地皆有普遍之规范上的拘束力。反之,除"宪法"法院之裁判外,法院所作之具体化仅对其为之为具体化之承审个案有事实上的拘束力,对于其他案件之事实上的拘束力,非源自司法裁判应为法源之一的主张,而是立基于相同事务,应为相同处理之平等原则。平等原则之遵守虽为"宪法"所保障,但是除两件事务在规范的观点下,是否相同,向有认定之回旋空间外,先后两件规范上特征相同之事务,其发生之时空的转移,亦可能引起规范需要之情事变更,必须改变其法律效力之归属原则,例如关于公害、消费者损害、医药损害、交通事故之损害赔偿,其损害之归属的原则,由过失责任原则,改采有责任限额及强制责任保险配套之无过失危险责任制度;关于健康保险,在任意之一般商业保险外,引进强制性之社会保险:随负担能力之高低,而收缴不同之保费,但提供等级之保险给付。

---

① Larenz,aaO.(Fn.3),S. 329ff.;6. Aufl.,Springer Verlag 1991,S. 340;Tipke-Kruse,aaO.(Fn. 5),§1 StAnpG A. 7.

② 关于这一点,必须特别指出的是,它的"具体化必要性"。Larenz,aaO. (Fn.3),S.330.

③ Larenz,*Methodenlehre der Rechtswissenschaft*,6. Aufl.,Springer Verlag 1991,S. 341.

因为法律事务所涉者为人际之利益冲突,所以不论在立法上,为一般法律规范之制定、在行政决定或在司法裁判上,莫不就对立之利益而为权衡。举其浅显者,例如关于双务契约首先规定,双方有同时履行抗辩权,自己如无先为给付之义务,"于他方当事人未为对待给付前,得拒绝自己之给付"("民法"第264条第1项)。反之,自己如有先为给付之义务,则有法定担保物权保障自己对相对人享有之债权①(第513条)。另"当事人之一方,应向他方先为给付者,如他方之财产,于订约后显形减少,有难为对待给付之虞时,如他方未为对待给付或提出担保前,得拒绝自己之给付"(不安抗辩权;"民法"第265条)。其次,关于意定之债的发生,肯认契约原则,并建立行为能力及代理制度,以资配合。其中关于契约之缔结,如果有一方是未成年人而事先未经其法定代理人允许,擅为应经允许始得缔结之契约("民法"第77条)的缔结者,该契约"效力未定",须待其法定代理人(第79条)或在其成年后由该未成年人(第81)承认,方始生效。其拒绝承认者,则终局失其效力。该效力未定之规定,使其相对人陷于不利。为降低该不利,除规定"契约相对人,(除)得定一个月以上之期限,催告法定代理人,确答是否承认(第1项)。于前项期限内,法定代理人不为确答者,视为拒绝承认(第2项)"("民法"第80条)外,"限制行为能力人所订立之契约,未经承认前,相对人得撤回之。但订立契约时,知其未得有允许者,不在此限"(第82条)。但"限制行为能力人用诈术使人信其为有行为能力人或已得法定代理人之允许者,其法律行为为有效"(第83条)。此外,"法定代理人允许限制行为能力人处分之财产,限制行为能力人就该财产有处分之能力"(第84条)。"法定代理人允许限制行为能力人独立营业者,限制行为能力人,关于其营业,有行为能力。"(第85条)这是因为在法定代理人于允许限制行为能力人处分财产或允许限制行为能力人独立营业之限度,其已允许该限制行为能力人为相关之法律行为。这是有限客体范围内之概括的允许。与之类似者为,关于无权代理,"民法"第170条第1项规定:"无代理权人以代理人之名义所为之法律行为,非经本人承认,对于本人,不发生效力。"亦即在本人为承认与否之表示前,其"效力未定"。由于该效力未定之规定,同样使相对人处于不利,所以,同条第2项规定:"前项情形,法律行为之相对人,得定相当期限,催告本人确答是否承认,如本人逾期未为确答者,视为拒绝承认。"且"无代理权人所为之法律行为,其相对人于本人未承认前,得撤回之。但法律行为时,明知其无代理权者,不在此限"(第171条)。上引关于"效力未定"契约,其相对人之催告承认及撤回权的规定,皆在于衡平一方因缔结之契约"效力未定"而遭受之不利益。当中,在无权代理,还有第169条关于表见代理的规定保护善意第三人(相对人):本人"由自己之行为表示以代理权授与他人,或知他人表示为其代理人而不为反对之表示者,对于第三人应负授权人之责任。但第三人明知其无代理权或可得而知者,不在此限"。然最终倘本人拒绝承认无权代理行为,则无代理权人对于善意之相对人,就其以他人之代理人名义所为法律行为,对其所致损害,应负损害赔偿之责(第110条)。

---

① "民法"第513条规定:"承揽之工作为建筑物或其他土地上之工作物,或为此等工作物之重大修缮者,承揽人得就承揽关系报酬额,对于其工作所附之定作人之不动产,请求定作人为抵押权之登记;或对于将来完成之定作人之不动产,请求预为抵押权之登记(第1项)。前项请求,承揽人于开始工作前亦得为之(第2项)。前二项之抵押权登记,如承揽契约已经公证者,承揽人得单独申请之(第3项)。第1项及第2项就修缮报酬所登记之抵押权,于工作物因修缮所增加之价值限度内,优先于成立在先之抵押权(第4项)。"第4项规定之优先权是费用性担保物权之受偿顺位的规定原则:发生在后者,优先于发生在前者。其理由为:于工作物因修缮所增加之价值限度内,该优先权无损于成立在先之抵押权。

关于无偿债务契约,就未经公证之赠与,或非为履行道德上之义务而为之赠与,肯认赠与人在赠与物之权利移转前之悔约权,赠与人得撤销其赠与("民法"第408条)。另"赠与人于赠与约定后,其经济状况显有变更,如因赠与致其生计有重大之影响,或妨碍其扶养义务之履行者,得拒绝赠与之履行"(第418条)。上开规定亦清楚显示,在其规范规划中就双方当事人对立之利益的权衡。

民事权益之合宪性保障的需要,源自立法机关为防止妨碍他人自由,避免紧急危难,维持社会秩序,或增进公共利益之必要,制定法律限制人民之自由权利。因之,形成宪法规定之基本权利受到一般法律之限制,而该一般法律又不得违反宪法规定而为解释的矛盾情境。该矛盾在实务上主要借助于比例原则,透过利益权衡来化解。[1] 另宪法保障之法益或基本权利间发生冲突时,一般不能主张其中之一个价值的位阶高于另一个价值。因此,在这种情形首先必然发生宪法保障之价值的冲突问题。这时其化解,也必须透过法院之利益权衡为之。[2]

当中法原则通常需透过法律补充之论证,予以实证法化,才能适用到具体案件。实证法化是法原则取得法源地位必须经过的论证程序。[3] 该过程的意义,除在于确认法原则之伦理价值在具体情况之体现外,亦在于维护国家权力区分制度之运转机制,确保民主原则之贯彻,使其不致因层出不穷之社会变迁而动摇,失去其体系价值之一贯性。

"合宪"性因素之实践,目前台湾地区在实务上固得就法院确定判决所适用之法律或命令是否"违宪"的疑义,声请为规范之抽象的"违宪"审查,但与德国情形不同[4],尚不得就审级法院之个案裁判本身是否"违宪",声请"违宪"审查。必须等到在2019年1月4日修正公布之"台湾地区宪制性规定诉讼法",依其第95条,自公布后三年施行时,人民始得就审级法院之个案裁判是否"违宪",提起诉讼。

此外,有法律或命令是否"违宪"的疑义,目前台湾地区在实务上其解释尚有一定之要件上的限制。声请解释不合"'大法官'审理案件法"第5条第1项至第2项规定者,应不予受理(同条第3项)。其次,法律或命令纵使经解释为"违宪",亦不必然立即失效。是否宣告其立即失效,尚有相关规定之承接或过渡上所需作业时程甚至财政冲击之调整上的利益权衡。

由于众生易惑于伪善之口号,纵是圣贤,要厚植法治根基,还是要有代代接力而成的耐心,致力培养人才、充实相关知识与经验,按部就班,以求点滴而成。若反其道而行,力图一代而成就千秋大业,虽非必然不能,但容易因后继无人,而只成一代之功,发生断层,落入好不过三代的陷阱或循环的遗憾。

---

① Larenz, *Methodenlehre der Rechtswissenschaft*, 6. Aufl., Springer Verlag 1991, S. 342f.

② Larenz, *Methodenlehre der Rechtswissenschaft*, 6. Aufl., Springer Verlag 1991, S. 342f.

③ Esser, *Grundsatz und Norm*, 2. Aufl., Tübingen 1964, S. 132ff.

④ Larenz, *Methodenlehre der Rechtswissenschaft*, 6. Aufl., Springer Verlag 1991, S. 341.

（四）解释因素相互间的关系

以上所说明的只是在法律解释时，应斟酌的因素。但该等因素并不是解释的方法。[①]在法律解释的过程中，这些因素各自担任不同的任务，发挥不同的功能，在互相联系与互相制约的作用下，协力完成发现法律之规范意旨（der normative Sinn des Gesetzes）的任务。[②]而不是由法律适用者依其所好，或视哪一个解释因素适合于所希望之解释结果，而赋与文义、历史、体系或目的因素（或方法）以不同强度之重要性。[③]

关于这些因素相互间的关系，我们可以用它们的功能简单说明如下：

文义因素首先确定法律解释活动的范围，接着历史因素对此范围再进一步加以调整界定，同时对法律的内容，即其规定意旨，作一些提示（der Hinweis）。紧接着体系因素与目的因素开始在该范围内进行规范意旨之内容的发现与确定工作。这个时候，合宪性因素也作了一些参与，并终于获得了解释的结果。最后，再复核一下看它是否合乎宪法的要求。

五、经济观察法

在税捐法之解释的学说与实务常提到一个具有税捐法特色之解释因素或方法：经济观察法。这被认为是形式法律观察之对立的方法。不过，是否真的适当将经济观察法抬举成一种特别的解释方法，学说上依然存有疑问。例如，德国 Tipke 教授认为："经济解释不是一种特别的解释方法，而仅是一个取向于经济的规范目的之目的解释。盖税捐法既然受或应受按经济上之负担能力课税的原则（量能课税原则）制约，则其本来自当使用在目的上适合实践该原则的概念。不过，税捐法尚未发展至完全使用能够普遍掌握经济过程或状态的概念。"[④]这固为经济实质与法律形式所以有时不一致的原因之一，但不是全部。由于纳税义务人无论如何必须依民商法的规定从事或形成其经济的与社会的活动，这注定民事关系对于税捐法之先行性。此外，成功的经社活动才能产生负担税捐的能力。所以，后来的税捐法并不能要民商法为其削足适履，而只能在民商法既有的基础上发展，掌握税捐客体及其应当

[①] Larenz, *Methodenlehre der Rechtswissenschaft*, 6. Aufl. Springer Verlag 1991, S.343.然学说习惯上常将解释因素与解释方法替代使用。例如 Tipke, aaO.(Fn.1), S.1270.其可能引起的发展为：将因素称为方法者容易倾向于认为，可孤立适用其中方法之一。并将之称为文义解释、历史解释、体系解释或目的解释。

[②] 请参见 Larenz, aaO.(Fn.3), S. 332ff；Meier-Hayoz,(Fn.54), N. 180 zu Art. 1 ZGB；Coing, aaO.(Fn.3), S. 316, 325；Esser, aaO.(Fn.9), S. 121ff.

[③] 不同的见解，例如 Tipke/Lang 认为，"法律解释应取向于法律目的。……是故，将文义、历史/发生、体系解释与目的解释并列是不正确的。一个文义、历史/发生、体系解释如果不回归于法律目的是不合适的。文法学、起源学、体系学都只是确认法律目的之工具"(Joachim Lang, in：Tipke/Lang, *Steuerrecht*, 17. Aufl., 2002, § 5 Rz.50f.).

[④] Tipke, aaO.(Fn.1), S.1284.

归属之税捐主体所需的概念。其原则为：是否有税捐客体发生及其数额的计算方法应求其尽可能接近于经济的实际情形，至其对于税捐主体之归属首先在直接税与间接税应为不同的处理。[①] 盖税捐法上所规定之间接税的归属本来就是一种形式，其最后之实质归属尚待事实上之转嫁。而且必须经由转嫁其课征才符合量能课税原则。是故，不但其制定，而且其解释皆应保障纳税义务人之转嫁的可能性。此外，在直接税，如果以民事法上之权利人为纳税义务人，而其肯定有机会向该税捐客体实质上归属之人求偿，则可以将其规定为该直接税之纳税义务人。其典型的案例为信托财产之财产税（房屋税、地价税）[②]。税捐客体对于税捐主体之归属问题，除表现在信托关系外[③]，也表现于关系企业间。在关系企业间就"收益、成本、费用与损益之摊计，如有以不合营业常规之安排，规避或减少纳税义务者，稽征机关为正确计算该事业之所得额，得报经'财政部'核准按营业常规予以调整"（"所得税法"第43条之1）。另"营业税法"第17条规定："营业人以较时价显著偏低之价格销售货物或劳务而无正当理由者，主管稽征机关得依时价认定其销售额。"这亦涉及归属的问题。唯该条之适用并无交易者间应有从属与控制关系的要件。该条规定显然从营业人在该销售中之意思表示不真正的观点出发。然如其为真正，时价与偏低之价格间之差额，当如何定性？当其价金或报酬之减收无正当理由，应将该差额论为其交易相对人之所得。[④] 至其所得的种类仍视交易相对人与该营业人间之关系而定。为股东者，论为隐藏之分配盈余；为员工者，论为隐藏之薪资；为无从属控制关系之一般交易相对人者，论为其他所得。

关于归属，除税捐客体对于税捐主体之归属外，在所得的计算上还有成本、费用、损失及税捐对于收入或所得之归属（"所得税法"第24条、第14条），在营业税应纳税款的计算上，

---

① 关于从经济观察法的观点归属税捐客体，认为在不同的税捐，需要不同的做法，请参见 Tipke, aaO.(Fn.1), S. 1354ff.

② "房屋税条例"第4条第5项前段规定："房屋为信托财产者，于信托关系存续中，以受托人为房屋税之纳税义务人。""土地税法"第3条之1第1项规定："土地为信托财产者，于信托关系存续中，以受托人为地价税或田赋之纳税义务人。"然"土地税法"第5条之2虽看似有类似的规定："受托人就受托土地，于信托关系存续中，有偿移转所有权、设定典权或依'信托法'第35条第1项规定转为其自有土地时，以受托人为纳税义务人，课征土地增值税（第1项）。以土地为信托财产，受托人依信托本旨移转信托土地与委托人以外之归属权利人时，以该归属权利人为纳税义务人，课征土地增值税（第2项）。"但其规范意旨并不相同。而是因为他益信托之信托人为自然人者，论为赠与（"遗产及赠与税法"第5条之1、"所得税法"第3条之2）。而"土地税法"第5条第1项第2款规定，无偿移转土地者，以受赠人为纳税义务人的规定。

③ 不直接称为信托，其实属于担保信托者为：让与担保。与让与担保具有类似机能者为：附条件买卖（"动产担保交易法"第26条）；与附条件买卖有类似机能者为：融资性租赁（leasing）[J. P. Meincke, *Steuerbezogene Argumente in der Zivilrechtsprechung zum Finanzierungsleasing*, AcP Bd. 190 (1990), 358ff; K. Tipke/ H. W. Kruse, *Kommentar zur AO/FGO*, § 39 AO Tz. 66ff.]。另出典亦有类似机能（"土地税法"第3条、第5条、第5条之2）。在上述情形，皆引起其财产利益在税捐法或担保法上之归属的问题。关于上述问题，请参见 Tipke, aaO.(Fn.1), S. 1352ff.

④ 参酌"所得税法"第3条之2第1项之规定："委托人为营利事业之信托契约，信托成立时，明定信托利益之全部或一部之受益人为非委托人者，该受益人应将享有信托利益之权利价值，并入成立年度之所得额，依本法规定课征所得税。"该条之意旨为，营利事业无偿给予自然人信托利益者，不论为赠与，而论为受领该利益者有财产净增加意义下之所得。同理，该减收之价金之差额无正当理由者，自当论为其交易相对人之所得；有正当理由者，应类推适用折让之规定（"营业税法"第15条第2项）。其与真正之折让不同者为，该价金之减收发生在交易时，而折让则发生在交易后（"营业税法"第15条第2项）。

有进项税额与销项税额对于应税或免税销售之归属（"营业税法"第19条第2项、第3项）。

然关于经济观察法在德国的讨论，主要偏重于依民事法认定为存在之法律关系的形式与税捐法所重视之经济实质之归属间的落差。[①] 这乍看之下似乎认为民事法不重实质而重形式，其实不然。按民事法为交易安全之维护固有偏重形式之规定的类型，例如票据及各种有价证券、法律婚。[②] 不过，基本上还是以实质为基础认定法律关系之有无及其定性。例如

---

① Tipke, aaO.(Fn.1)，S.1285ff.由于能够被举出来说明依循民事法之法律关系的形式与税捐法所重视之经济实质之落差的案例，其实都不难利用立法明文规定的方式加以解决，例如"遗产及赠与税法"第5条关于赠与之拟制；"契税条例"第12条关于以变相方式取得所有权或使用权之规定："凡以迁移、补偿等变相方式支付产价，取得不动产所有权者，应照买卖契税申报纳税；其以抵押、借贷等变相方式代替设典，取得使用权者，应照典权契税申报纳税（第1项）。建筑物于建造完成前，因买卖、交换、赠与，以承受人为建造执照原始起造人或中途变更起造人名义，并取得使用执照者，应由使用执照所载起造人申报纳税（第2项）。"各种税法中关于信托之规定。由此可见，在法律无明文规定的情形，试图基于经济观察法，利用法律事实的拟制或法律的补充对于人民课以纳税义务的尝试，并无必要性。然这非谓在事实的认定或法律的解释上不得斟酌经济因素。

② Tipke, aaO.(Fn.1)，S.1286：不过，经济观察法的"看法从来没有被贯彻。例如亲属法上之身份关系总是以民法上之意义理解之。纵使同居者之共同生活关系在经济上与法律婚差可比拟，在法律上亦不曾将之像一个婚姻关系处理之。继承的概念总是依继承法理解之。法人之独立性原则上总是受到尊重（资合公司与合伙之区分；此即所谓的分立原则：Trennungsprinzip）"。

委建与买卖①、建筑物所有权与土地所有权或用益权间之互易。前者习称为合建,后者习称为 BOT 契约。② 此所以"民法"第 98 条规定:"解释意思表示,应探求当事人之真意,不得拘泥于所用之辞句。"第 87 条规定:"表意人与相对人通谋而为虚伪意思表示者,其意思表示无效。但不得以其无效,对抗善意第三人(第 1 项)。虚伪意思表示,隐藏他项法律行为者,适用关于该项法律行为之规定(第 2 项)。"此外,也在此基础上发展出信托契约关系。而在信

① "行政法院"1994 年判字第 285 号判决:"按'不动产之买卖、交换、赠与、分割因占有而取得所有权者,均应购用公定契纸申报缴纳契税。'……为……'契税条例'第 2 条所明定。又'委建人以土地委托承包人代建房屋,其取得房屋所有权,应予免征契税,但如经稽征机关查明实际上系向建屋者购买房屋,按实质课税原则仍应课征契税'。征诸'契税条例'第 2 条规定意旨乃为当然之解释……'财政部'1991 年 11 月 13 日台财税第 801261566 号函亦释有明文。经核该项函释内容与首揭契税法之规定无违,自得予以适用。本件原告虽主张系取具土地所有人之使用土地同意书,以自己名义取得建筑执照,并于房屋建成后系以自己名义设定所有权登记。唯查本件系争房屋实际并非单纯取具土地所有权人同意书之委建案件,而系原告于 1990 年 10 月 4 日及 1991 年 11 月 25 日向诉外人福王公司购取取得系争房屋,有该公司销售房屋承购户明细表、该公司负责人陈清栋谈话笔录、土地所有权人张宗智谈话笔录及部分承购人之访查记录表等件附原处分卷可稽。被告依实质课税原则,补征原告契税本税 37627 元,教育捐 11288 元,监证费 5017 元,按诸首揭规定,核无不合。"关于名为委建实为买卖之认定,"行政法院"1978 年判字第 731 号判决有值得参考之论述:"本件原告等于 1971 年上半年分别与诉外人订立委建房屋契约书,约定委建总价额包括委托代购土地在内,扣除贷款金额分期由承建人通知指定日期缴清各种材料,乙方(即承建人)应照图样施工说明书所规定之规格、品级妥善选用,甲方(即委建人)所须一切手续未完毕或完工尾款未缴清者,不得进住,基地分割、土地所有权取得登记、建物登记、抵押权设定登记等其他有关手续,甲方同意由乙方指定代书,负责统一办理,有原告提出之原契约书复印件在卷可稽,此种契约,显系当事人约定一方移转财产权于他方,他方支付价金之契约,属于'民法'第 345 条第 1 项之买卖行为,与一方委托他方处理事务,他方允为处理时,应依委任人之指示,并将委任事务进行之状况报告委任人,当事人任何一方得随时终止委任之性质不同,故其名系委建,实为买卖房屋之契约,至为明晰。而'民法'上之契约,应以其内容真意为准,不拘泥于所用之文字,其所以假借委建名义者,由于建筑房屋出售之商人隐匿其营业额,逃漏巨额之营业税及营利事业所得税,以可免缴契税为饵诱使房屋买受人与其共作掩耳盗铃之不法行为,此项伎俩,久为财税主管机关及社会一般人所共知,否则原告等初无土地,从何委建房屋,既曰委建,何有于尾款未付清前不能进住,足证原告等并非原始所有权人,实由买卖而取得该房屋,则依'契税条例'第 2 条第 1 项之规定,自应申报缴纳契税。从而被告机关依首揭法条之规定,分别发单补征原告等应缴纳契税于法自非无据。"就诸双方约定之内容,其契约所该当之类型亦可能是包工又包料之工作物供给契约。关于工作物供给契约,台湾地区"最高法院"1982 年台上字第 1678 号民事判决认为:"承揽关系重在劳务之给付,非如买卖关系之重在财产权之移转。系争委建房屋合约所规定者全属财产权之移转问题,而无任何有关劳务给付之约定,从而该委建合约充其量仅能认定系工作物供给契约,因契约当事人之意思重在工作物财产权之移转,仍不失为买卖之一种(参照台湾地区"最高法院"1970 年台上字第 1590 号判例),自不能认系买卖与承揽之混合契约而主张有承揽关系之存在。"

② 台湾地区"财政部"2001 年 2 月 15 日台财税字第 0900460168 号函"依'契税条例'第 2 条规定,不动产之买卖、承典、交换、赠与、分割或因占有而取得所有权者,应申报缴纳契税。所称不动产,依'民法'第 66 条规定,系指土地及其定着物。复依'本部'1983 年 12 月 30 日台财税第 39214 号函释,得按交换税率核课契税者,仅以不动产之互易为限。本案主旨所述房屋,既经查明系土地租赁权与新建房屋所有权之互易行为,应非属不动产之互易,自无按交换税率核课契税之适用。又依'民法'第 398 条规定:'当事人双方约定互相移转金钱以外之财产权者,准用关于买卖之规定。'……土地租赁权为对价取得房屋,应按买卖税率核课契税。"此即习称之 BOT 契约。其与基地租赁权互易者所以论为买卖而非承揽,乃因其承揽系包工又包料之工作物供给契约。

托契约关系,民事法的规范立场与税捐法并无不同:在不损及其内部实质利益之真正归属的前提下,肯认其存在之法律关系的外部形式。由受托人就信托财产,以自己的名义与第三人从事各种私法上与公法上的法律行为,并将其法律效力归属于受托人。受托人为履行因此所负担之税捐债务或其他公法上的义务所发生的费用,则论为信托费用,得向信托人或受益人求偿,自信托利益中扣除或抵销。关于信托之课税问题,现行税法即采上述观点加以规定。[①] 然利用信托行为从事脱法行为,规避该当之法律的适用者,首先其信托行为应论为无效,至其税捐法上的效力最后固当随其民事关系之无效而调整,但在其尚未回复该无效契约之履行所形成之状态时,其税捐债务仍当维持。[②] 原则上固当如此,才符实质课税原则。但在买受人倒账,所引起之营业税的退还问题的规范上,恐不适当贯彻该原则。盖营业税本为法定间接税,应确保法定纳税义务人之转嫁可能性,方始合理。今若营业人因遵守以交货时为凭证开立时限的规定,开立凭证并缴纳营业税税款,而后来购买人倒账时,营业人即不能顺利转嫁该税款。这时营业人如要申请退还该营业税税款,依"营业税法"第15条第2项,必须解除契约,办理销货退回。然如解除契约,营业人将丧失其对于购买人之价金债权。这在营业人已履行,而购买人不可能履行其在契约解除后之回复原状义务时,不切实际。所以,合理的规定应是:在倒账这种非自愿性之不为回复的情形,容许营业人在提列呆账的限度内,自当期销项税额中扣减与该呆账对应之税款,嗣后来收现时,再重新计入。

关于法律行为之定性,重要的案例尚有:受让一个法人之全部股份取得该法人之土地所有权,而事后未将该公司解散者,究竟应论为土地所有权或股份之交易的行为,从而应课土地增值税(土地契税)或证券交易税?为拆屋建楼而购买上有房屋之土地,而未约定出卖人负拆屋交地之义务,或买受人在受领房屋之给付后,曾就该房屋为使用收益者,其交易客体是否含房屋,从而应课房屋契税?从其实质而论,两者纵皆单纯意在购买土地,了无购买股票或房屋的意思。但在前者,如最后没有将该公司解散,仍应论为股票之买卖,从而应课证券交易税,而非土地增值税(土地契税);在后者,未在相当期间内将房屋拆除,应论为房屋之

---

① 详请参见黄茂荣:《信托之税捐义务》,《植根杂志》2002年第9期,第365页以下。

② "最高行政法院"2003年判字第417号判决:"查系争农地之所有权移转,依行为时'土地税法'第28条规定,原应征收土地增值税,仅因前述脱法行为而获得适用同法第39条之2第1项规定免征之优惠,而'财政部'1991年6月18日台财税字第800146917号函,仅系释明对以脱法行为移转农地者,仍应依上开规定补征原免税款之旨,并非另增设课税之规定,而本件原处分补征上诉人税款,亦系适用上开法条之规定,而非该号函。上诉人指适用该号函补征其税款,系属违法、'违宪'云云,显有误会。至上诉人主张既认本件农地之买卖为脱法行为,即属无效一节,核属民事实体法上之争执,上诉人既未以该项农地买卖无效为由,诉请涂销其间农地所有权之移转登记,则系争农地所有权移转事实仍继续存在。原处分据以补征其土地增值税,即属有据。"自己不具备自耕农身份,而以有自耕农身份之他人的名义购买农地系一种信托行为。因该信托行为系为规避法律之强行规定而缔结,所以无效("民法"第71条)。该判决的意旨为:无效契约经履行后,未予返还以回复原状者,仍应按其有效的情形先行课税。就此,现行税法并未像《德国税捐通则》第41条第1项给予明文规定:"如果一个法律行为无效或变为无效,则只要其当事人还是使该法律行为之经济结果发生,并存在下去,那么其无效对于税捐之课征便无意义。只要自税捐法可产生不同的结果,这不适用之。"

买卖,从而应课房屋契税。① 此外,关于夫妻联合财产制之约定及其消灭时之夫妻剩余财产差额分配请求权的定性,在实务上亦引起相当争议。②

为经济观察法之实践,《德国税捐通则》针对税捐客体的归属(第 39 条)、违反法律或善

① 在这种情形,可能认为,究其实质:购买全部股份者,应论为土地的买卖;购买带有房屋之土地者,应论为房屋的买卖。唯前者,还是应视在相当期间内公司是否解散;后者,应视在相当期间内房屋是否拆除而定。请参见 Tipke, aaO.(Fn.1), S.1288.

② "财政部"2000 年 6 月 20 日台财税字第 0890450123 号函:"二、契税部分:依'契税条例'第 2 条规定:'不动产之买卖、承典、交换、赠与、分割或因占有而取得所有权者,均应申报缴纳契税。'有关配偶一方依法行使剩余财产差额分配请求权而取得不动产所有权,尚非上开条文所定应申报缴纳契税之范围,应免予报缴契税。三、土地增值税部分:按剩余财产差额分配请求权,系依法律规定无偿取得剩余差额财产之权利,其性质为债权请求权,非属取回本应属之财产,故其土地所有权移转,应依'土地税法'第 49 条规定,向主管稽征机关申报土地移转现值,并参照同法第 5 条第 1 项第 2 款规定,以取得土地所有权之人,为土地增值税之纳税义务人。又生存配偶主张剩余财产差额分配请求之权利,属被继承人之未偿债务,其于办理土地所有权移转登记时,依'内政部'1999 年 6 月 23 日台(1999)内地字第 8889814 号函规定,申请人应提出全体继承人之同意书或法院确定判决文件。准此,当配偶及全体继承人表示同意时,应得认属土地所有权移转契约成立之日。"该函释见解有下述问题:(1)关于契税及土地增值税所持意见互相矛盾。盖只要当事人间有不动产之移转,按其不动产之性质即会发生契税或土地增值税,二者必有其一:"开征土地增值税区域之土地,免征契税"("契税条例"第 2 条但书)。既认为"配偶一方依法行使剩余财产差额分配请求权而取得不动产所有权,尚非上开条文所定应申报缴纳契税之范围",即暗示在剩余财产差额分配请求权之履行的情形,不认为配偶间有财产的移转。既无财产的移转,则不但不发生契税,而且亦不发生土地增值税。(2)剩余财产差额分配请求权的性质是夫妻联合财产制消灭时之一种结算结果的分配请求权。这较诸继承更接近于自共同生活财产,取回自己之财产,而非自配偶无偿取得财产。而关于继承,"内政部"1995 年 4 月 28 日台内地字第 8474679 号函释:"遗产分割继承案件,其分割结果与继承应继分不相当时,应否课征土地增值税或契税乙节,前经'财政部'1986 年 3 月 7 日台财第 733046 号函释以:'查'民法'删除第 1167 条之意旨,不在增加税赋,而在解决与'民法'第 1151 条及第 1168 条之矛盾,使条文前后法理一致。至于多人分割遗产,乃系取得遗产单独所有之手段,且遗产尚包括动产,仅不动产分割无法审究是否与应继分相当。基于上述理由,因继承而分割不动产时,不论分割之结果与应继分是否相当,依照'土地税法'第 28 条但书及'契税条例'第 14 条第 1 项第 4 款之规定,均不课征土地增值税或契税;继承人先办理公同共有登记嗣后再办理分割登记者,亦同……'在案。"此外,"遗产及赠与税法"第 20 条第 1 项第 6 款规定:配偶相互赠与之财产不计入赠与总额,课征赠与税。同条第 2 项规定:"1995 年 1 月 14 日以前配偶相互赠与之财产……于本项修正公布生效日尚未核课或尚未核课确定者,适用前项第 6 款……之规定。"亦同此意旨。由此可见,该号解释尚未体认前述修正的观点。另关于配偶相互赠与之土地,"土地税法"第 28 条之 2 第 1 项亦规定:"得申请不课征土地增值税。"唯在这种情形,该项但书规定:其嗣后再移转第三人时,应以该土地第一次赠与前之原规定地价或前次移转现值为原地价,计算涨价总数额,课征土地增值税。此为自明的道理。要之,"财政部"前述关于配偶间因剩余财产差额分配请求权之行使,而有土地所有权人名义之变更(移转)时,应课土地增值税的看法,与上述规定显有冲突。盖这里之移转只是形式上有移转之外观,在实际上并无移转之实质。这与在信托关系,信托人与受托人间为信托目的,而为信托财产之移转时,其移转不具移转之实质者,相同("所得税法"第 3 条之 3 第 1 项、"营业税法"第 3 条之 1、"契税条例"第 14 条之 1)。

良风俗之行为(第 40 条)、无效的法律行为(第 41 条)、形成自由之滥用(第 42 条)[1]著有明文规定。[2]

六、法律解释之相关问题

(一)狭义解释与广义解释

法律中之用语在其文义范围内,常有多个解释可能性。其解释结果当中有落于核心的部分(der Kernbereich)或有落于外环的部分(der Randbereich)。当解释结果落在用语的核心部分内或至少接近于它,称其解释为狭义解释(enge Auslegung)[3]。例如称液体食品为饮料。当解释结果落在用语的外环部分内或至少接近于它,称其解释为广义解释(weite Auslegung)[4]。例如称固形物低于 18% 之食品为饮料。[5] 若落在外环外,或将落在核心部

---

[1] Tipke,aaO.(Fn.1),S. 1333:《德国税捐通则》第 42 条为对抗利用形成自由规避税捐法规之适用的规定。其所利用的方法为:拟制其应该当之课税事实的存在。在该论述底下,以文义作为法律解释之限界的要求,以及课税依据之法律不得类推适用之禁止规定,皆丧失其机能。认为在税捐法上亦应支持私法自治,避免拟制充为课税事实之私法关系者,例如 G. Crezelius, Steuerrechtliche Rechtsanwendung und allgemeine Rechtsordnung,1983;持与之对立的见解者,例如 W. R. Walz, Steuergerechtigkeit und Rechtsanwendung-Grundlinien einer relative autonomen Steuerrechtsdogmatik-,1980.

[2] 详细讨论请参见 Tipke,aaO.(Fn.1),§ 29.

[3] “土地登记规则”第 13 条规定:“‘土地法’第 68 条第 1 项……所称遗漏,系指应登记事项而漏未登记者。”“土地法”第 68 条第 1 项:“因登记错误、遗漏或虚伪致受损害者,由该地政机关负损害赔偿责任。但该地政机关证明其原因应归责于受害人时,不在此限。”实务上引起“土地法”第 68 条第 1 项中所称之“遗漏”,在解释上受“土地登记规则”第 13 条之制约的情形为何的疑问。对此,台湾地区“最高法院”2000 年台上字第 1461 号民事判决认为:“查‘土地法’第 68 条规定因登记错误遗漏或虚伪致受损害者,由该地政机关负损害赔偿责任。上诉人既未将重划前已登记之柯庆福之第三顺位抵押权转载于重划后新设之土地登记簿,自属登记有遗漏,被上诉人不知其情,致其嗣后设定之抵押权未获全部清偿,自得请求上诉人赔偿损害。‘土地登记规则’第 14 条(按:应为第 13 条)所指情形,乃属例示,不能以此而谓因土地重划而发生之登记错误遗漏之情形,不包括在‘土地法’第 68 条之内。‘土地法’第 68 条之精神,旨在保护土地权利人,土地之登记准确与否,影响人民之权益至巨,地政机关所负责任亦重。不应就‘土地登记规则’第 14 条作狭义解释,致与‘土地法’之精神不符。”

[4] 台湾地区“最高法院”1984 年台上字第 4580 号民事判决:“查‘民法’第 188 条规定雇用人之责任,其精神重于保护经济上之弱者,增加被害人或得依法请求赔偿之第三人之求偿机会。观乎其设有举证责任转换及衡平责任之规定自明。是以受雇人之行为是否与其职务有关系,允宜从广义解释,以资符合。其所谓受雇人执行职务,不法侵害他人权利之行为,不仅指受雇人职务范围内之行为而定,即与执行职务相牵连之行为,不法侵害他人权利者,亦应包括在内。职务上予以机会之行为,即属于与执行职务相牵连之行为。”

[5] “财政部”2018 年 11 月 21 日台财税字第 10704591360 号令:“‘货物税条例’第 8 条第 1 项第 2 款所称其他饮料品,指酒精成分未超过 0.5% 且内含固形量总量未达内容量 18%,以稀释或不加稀释后供人饮用之下列产品:……”该函释将该款所定之饮料内含之固形量总量自原规定之 50%,调低为“未达内容量 18%”。

分者,排除在外,则其解释已在文义范围外,不再属于解释,而是法律补充。

将液体中含酒精者除外,亦即将饮料专指不含酒精之食品。这是按食品之内容的性质,从液态食品进一步分化出酒类。然考虑食品加工习惯的需要,又可能规定酒精含量低于一定比例,例如低于5‰者,不论为酒类,而归类于一般食品饮料(释字第697号解释)[①]。这有如一些中药,例如四物汤常被用为药膳之添加食材,而在一定浓度以下,被定义为健康食品而非药品。这当中,其定义明显受其规范目标之性质及其规范目的之影响。又如联系土地之物与该土地之关系,究竟是成分或独立之定着物,其定义同样按物之性质及其相联系之目的而定。例如将铁路定性为独立于土地之定着物,从而基于一物一权原则,应与其定着之土地独立,分别为所有权之客体。[②] 而种植于土地上之植物及其花卉、果实[③],或存在于土地中之土石或砂石则定性为其成分,在其与土地分离前,属于对于土地之所有权,在客体上的一部分内容。[④] 当其为成分,引起土地孳息之收取权在法律上之归属的问题。其收取权人如为所有权人以外之人[⑤],其如何取得与土地分离之孳息的所有权,又如何将其特定,约定为交易客体。其收取权能否对抗第三人。按孳息收取权如为物权(例如所有权、地上权、永佃权)的组成分,则该收取权所立基者为物权,该收取权与其所立基之权源,同具有物权性质,从而当然可对抗第三人。有疑问者为:土地之买受人,已受领土地之占有的交付,而尚未受土地所有权之移转者。其孳息收取权得否对抗第三人或出卖人之债权人?实务采肯定之见解。[⑥] 鉴于交付为买卖目标物之收益权及危险负担之移转的要件("民法"第373条),自以肯定说为妥。反之,其所立基者如为债权(例如租赁或使用借贷),则在其债权具有准物权效力时,始得对抗第三人。例如基于买卖不破租赁之规定,承租人可对租赁物之受让人主张承租权时,举重以明轻,自亦得对抗第三人。

---

① 释字第697号解释后,"财政部"2018年11月21日台财税字第10704591360号令,只对"其他饮料品"加以界定,而未在"货物税条例"处理"清凉饮料品"之疑义。其立场有若在"营业税法",稽征实务上直接将房屋解释为该法所称之"货物",而不在法律的层次积极响应。这样的行政解释,如不定性为法律补充,已是关于货物或清凉饮料品之扩张解释。

② 释字第93号解释:"轻便轨道除系临时敷设者外,凡继续附着于土地而达其一定经济上之目的者,应认为不动产。"详另请参见黄茂荣:《民事法判解评释》,植根法学丛书编辑室1985年增订版,第20页以下。

③ 台湾地区"最高法院"1959年台上字第1086号民事判例:"土地所有人于所有权之作用,就其所有土地固有使用收益之权,但如将所有土地出租于人而收取法定孳息,则承租人为有收取天然孳息权利之人,在租赁关系存续中,即为其权利之存续期间,取得与土地分离之孳息。"另参见最高法院1940年上字第403号民事判例。

④ 参见"土石采取法"第5条、第9条、第14条、第32条、第48条。

⑤ 台湾地区"最高法院"1962年台上字第873号民事判例:"有收取天然孳息权利之人,其权利存续期间内取得与原物分离之孳息("民法"第70条第1项)。故有权收取天然孳息之人,不以原物之所有权人为限。"

⑥ 台湾地区"最高法院"1962年台上字第873号民事判例:"如果(出卖人)确已将……土地点交(买受人)耕作,则(买受人)即为有收取该地上天然孳息权利之人,于该稻谷收割时,取得与土地分离之稻谷。原审未加注意,遽以'(买受人)买受上开土地,既自承尚未移转登记,取得所有权,则上开稻谷于收割前,仍为土地之一部分,(买受人)自无由主张单独之所有权,自无排除强制执行之效力'等词,驳回上诉人之上诉,于法显属不合。"

(二)例外规定及其解释

在学说与实务上虽然常有以原则与例外为论据的观点,并认为例外规定应狭义解释且不得为类推适用,但如此概括的论点不一定妥切。首先有疑问的是:如何断定一个规定是例外规定。Larenz 赞同 Friedrich Müller 的看法:"一个规定根本是否为例外规定,其判断系于'用心透过引用一切可应用之具体化的因素,始能获得之初步的判断,哪些规范内容可表征一个法规范是例外规定?'法律中之法条的措辞并不能即决定何为例外规定。"[①]鉴于例外与原则间是一种逻辑关系,所以关于例外规定之认定,应从其与所谓原则规定间之逻辑结构认定之。相对于可能之原则规定,其例外规定首先必须与其消极规定相区别。消极规定的特征为当具备该当于消极要件之事实时,该疑为其原则规定者,全无适用性。例如当"因不可归责于债务人之事由,致未为给付"("民法"第 230 条)之事实存在时,债务人即全面不负迟延责任(第 229 条)。反之,在该当于例外规定之事实存在时,仅在此限度,其原则规定无适用性。倘有其他无该当于例外规定之事实的情形,其原则规定继续有其适用性。例如当原则规定有数个互相独立之法律效力的加重或减轻事由时,每一个加重或减轻事由之规定皆是其例外规定。要之,例外规定之内容不包含全盘否认原则规定之适用性之要件的全部,而只规定其一部分。所谓例外规定应作狭义解释的意思是:关于例外规定之要件的解释,应尽可能不侵蚀或包含其他否认原则规定之适用性的要件事实,亦即在结果上,避免因例外规定之适用范围的限缩或扩张,而增减原则规定之适用范围。

法律规定之构成要件有时为举证责任之分配,将其安排一部分为积极要件及一部分为消极要件。积极要件之要件事实的存在,由主张该规定之请求权者,负举证责任;消极要件之要件事实的存在,由否认该规定之请求权者,负举证责任。其积极要件所规定之部分,非原则;其消极要件所规定之部分,也非其例外。这些规定共同组成一个完全规定中之构成要件的部分。例如关于给付迟延的责任,分别在"民法"第 229 条(《德国民法典》第 284 条参照)规定其迟延给付之积极要件,在第 230 条(《德国民法典》第 285 条参照)规定其"不可归责于债务人之事由,致未为给付"之消极要件。关于善意取得,分别在"民法"第 948 条(《德国民法典》第 932 条参照)善意取得之积极要件,在"民法"第 949 条及第 950 条就占有物(《德国民法典》第 935 条参照)如系盗赃、遗失物或其他非基于原占有人之意思而丧失其占有之物,规定其善意取得之消极要件。其理由为:善意取得制度建立在其所有权人依其自由意思,使第三人取得对于让与目标之占有,以致第三人因相信该占有所表征之所有权的归属关系,而受该所有权之转让。就该无权处分,所有权人较之受让人有可能防止其发生。因此,当就该物发生无权处分,权衡双方之利益,不适用关于无权处分之效力未定的一般规定("民法"第 118 条),而应适用善意取得的规定,优先保护善意受让人。在此意义下,善意取得之规定为无权处分之规定的例外规定。至于所有权人因此所受之损害,应另寻债务不履行(例如让与人为承租人)、侵权行为或不当得利有关规定,请求赔偿损害或返还利益。在上述情形,该消极要件之规定不是积极要件之规定的例外规定,而是共同构成给付迟延或善意

---

① Larenz, *Methodenlehre der Rechtswissenschaft*, 6. Aufl. Springer Verlag 1991, S. 355; Friedrich Müller/ Ralph Christensen, *Juristische Methodik*, 11. Aufl., Berlin 2013, Rn. 370.

取得之构成要件。然为维护通用货币及无记名有价证券之流通,关于"盗赃、遗失物或其他非基于原占有人之意思而丧失其占有之物,如系金钱或未记载权利人之有价证券,不得向其善意受让之现占有人请求回复"("民法"第 951 条)的规定(《德国民法典》第 935 条参照)则是第 948 条(《德国民法典》第 932 条参照)的例外规定。①

(三)宪法解释

Larenz 引述 Ernst Forsthoff 的看法:"宪法也是法律,所以亦应受适用于法律之解释规则之制约②,以使其意旨之证明及其施行之制衡成为可能。……法律不能容忍解释程序之随意性,否则,法律会被该随意性所否决或废止。……*Forsthoff* 不赞成当时新的解释学说,关于应取向于宪法之意旨体系(das Sinnsystem),亦即其建制基础之价值,解释宪法的主张。盖这样的意旨体系,存在于规范及其注释所能探知的内容之外,不能依法律解释的方法究明。……这会使法制国家(der Rechtsstaat)转变为法官国家(der Justizstaat)。……以致依法治国家原则,法官本来应在宪法之下,而今法官却反而成为宪法的主人。"③Forsthoff 上引见解可谓从国家权力区分出发,为伸张民主原则所树立的立场,以坚定依法行政及依法裁判之要求,防止行政与司法对于立法权之僭越。与概念法学派相应,这是在法治国家发展初期,恐怕因实务上对现代法学方法,关于价值原则在法律解释与法律补充之操作,还不成熟,而从体系思维转向问题思维。④

Ernst Forsthoff 的对极是 Häberle。他认为宪法之解释由宪法法院为之。这虽不表示排斥传统之解释规则,但因释宪程序要求开放性的解释及解释因素之开放性,所以,发生史上之解释应转型为发展史上之解释。从而使历史的解释方法取得新的,但还有限度的正当性。解释之目标为获得向将来开放之宪法的理解。当中是一个公平、理性之利益的权衡。⑤由于 Häberle 采开放性的观点,就法的解释及宪法的施行,认为是一个向前发展的程序。在该程序中,解释会产生新因素,使法规范因之能一再适应新时代的情事。对于 Häberle 该乐观的看法,Larenz 认为,不要因此低估宪法之稳定性功能及其对于解释之意义。⑥ Häberle 的看法自始由宪法价值的高度出发,在法体系宪法凌驾于法律之上。于是,在解释上,一时自然倾向于认为不受与法律之解释相同的拘束。唯必须注意:由于宪法中之规定,不论是关于价值观点(例如比例原则、平等原则、人的尊严、法治国家原则、社会国家原则),或关于基本权利,或关于中央与地方之权限划分,其实际的适用,皆需经具体化、构成要件化,以达到作为规范所需之明确性;并与法理或法原则之适用一样,需经法律补充之论证,将其联系于实证法,予以实证法化,才能引用为请求之规范基础,以取得其在国家权力区分之体制下的

---

① Larenz, *Methodenlehre der Rechtswissenschaft*, 6. Aufl. Springer Verlag 1991, S. 355.

② 相近的看法请参见 Franz Bydlinski, *Juristische Methodenlehre und Rechtsbegriff*, 2. Aufl., Springer Verlag 1991, S. 599f.他并附论,在公法上关于介入人身法益及财产之法律不得为类推适用及其他法律补充(S. 600)。

③ Larenz, *Methodenlehre der Rechtswissenschaft*, 6. Aufl. Springer Verlag 1991, S. 361.

④ Larenz, *Methodenlehre der Rechtswissenschaft*, 6. Aufl. Springer Verlag 1991, S. 362.

⑤ Larenz, *Methodenlehre der Rechtswissenschaft*, 6. Aufl. Springer Verlag 1991, S. 362.

⑥ Larenz, *Methodenlehre der Rechtswissenschaft*, 6. Aufl. Springer Verlag 1991, S. 362f.

民主正当性。此所以,相对于法律,宪法虽然高高在上,但二者之间仍应确保其诠释学上全部与其一部间,互为阐明之一致性的关联。①

Larenz 总结认为,宪法因与普通法律一样是文字的作品,自然有解释之需要。然其拘束力源自宪法在法体系中之位阶,不用顾虑其因此会有所减损。重要的是,宪法法院与宪法的关系,不是高于而是低于宪法。这适用于宪法的解释及其补充时之裁判自由的限界。有疑问的是:该限界是否较诸一般宽广?该困惑一直存在于真理或法,与时代之间的矛盾。② 其承先启后之调适的正确与否,决定一国一族之兴衰。福祸自招,除了时刻以如履薄冰的警惕,自强不息,力求止于至善,以图自救外,谁都帮不了谁。

再有疑问的是:宪法法院得否为政治性的裁判。虽然法院基本上是依法律,在此含依宪法而为裁判,但除非有禁止法律补充之规定,原则上法院还是有候补于立法机关,具体化法原则或宪法价值之权限。宪法法院必须为法律或宪法补充时,自不免必须为政治性的决定。③

(四)习惯法及判决先例之解释

"习惯法之成立,须以多年惯行之事实及普通一般人之确信为其基础。"(最高法院 1928年上字第 613 号判例)。习惯法或"民法"第 1 条所称习惯(事实上惯行)所规定之事项,其与法律规定相同者,只是法律规定之遵守的事实。另无所谓因此构成习惯法或事实上惯行的问题。

凡习惯法成立之要件有四:(1)有内部要素,即人人有确信以为法之心。(2)有外部要素,即于一定期间内就同一事项反复为同一之行为。(3)系法令所未规定之事项。(4)无背于公共之秩序及利益。按"法"之所以为"法",关键的是人民确信其为"正当"之"法",亦即对之有应予信守之确信。这是法之拘束力的最后基础。现代民主法治国家所强调者之一,亦正是法律来源上之这种"民主"的基础。至于其中第(4)个要件,系对"民法"第 2 条中所规定之"事实上的习惯"而发,主要在于限制民事上所适用之"事实上的习惯"(第 2 条)。至于"公共利益"或"公共秩序"固亦为法律所当维护,但其内容较之已演成习惯法者更待具体化。使人人对之有法之确信的习惯,在价值观点上,不可能背于公序良俗。否则,这个法律社会对

---

① 出自于正常人之文本,其组成之字、句、文章间,有组成部分及其组成之全体间之诠释学上的相互关系。基于该相互关系,该部分与全体间之意旨互相阐明。是故,在该文本之解释,得自其部分就全体,或自其全体就其部分理解之。在法体系,一方面在外部体系,宪法与各部门法逻辑上构成一个全体;另一方面在内部体系,宪法在价值上涵盖全部部门法,抽象地为全部部门法价值之全体。因此,宪法及法律在解释上有互相阐明之诠释学上之关联,以维护其体系之统一性及一贯性。关于诠释学上之关联,请参见 Emilio Betti, *Allgemeine Auslegungslehre als Methodik der Geisteswissenschaften*, Tübingen 1967, S. 219ff; Hans-Georg Gadamer, *Wahrheit und Methode*, 3. Aufl. Tübingen, 1972, S. 250ff; Franz Bydlinski, *Juristische Methodenlehre und Rechtsbegriff*, 2. Aufl., Springer Verlag 1991, S. 443; Larenz, *Methodenlehre der Rechtswissenschaft*, 6. Aufl. Springer Verlag 1991, S. 206f.

② Larenz, *Methodenlehre der Rechtswissenschaft*, 6. Aufl. Springer Verlag 1991, S. 363, 350ff.

③ Larenz, *Methodenlehre der Rechtswissenschaft*, 6. Aufl. Springer Verlag 1991, S.363ff.

法之确信与公序良俗这两个用语的了解便有矛盾,这个矛盾应予消除。① 只要在认定什么是"法"上,立基于人民的共识,则前述第(四)个构成要件:"无背于公共秩序及公共利益",只能是第(1)构成要件的重申。对习惯法之认定的意义不大。

固然一般的规定与具体的规定间,在解释适用上,互相有说明、限制、补充的回馈关系。一般之价值观点的内容必因具体规定而愈明;反之,具体的规定必取向于一般始克避免矛盾。但绝非单向的影响,亦即单向地认为"公共秩序"可否定"习惯法"。此正如单向地认为"法理"可否定"法律",是不成立的。所谓"法律引导人民思潮、促进社会进步",也不必然经得起实际的验证。事实上,在这里,所疑问的是,什么是"法"的问题。苟"公共秩序"与"公共利益"为"法"的表现,则可对之有"法"之确信者,不会违背"公共秩序"与"公共利益"。反之,"公共秩序"与"公共利益"若竟与"法"脱节,则在这时候,可能被滥用以行"私益"者,常常不是很多人对之有"法"之确信的惯行,而是常有认定"公共秩序"与"公共利益"之内涵的机关。是故,为确认习惯法之存在,"证明确有一定之事实上惯行,尚有未足。该行为必须同时是其附随之法的确信的表示。该事实上惯行必须能解释为含有一定之规范意思。……因此,将一个规定解释为习惯法的问题,与该规定之存在的问题,合二为一。不是直到在提出关于其内容的问题时,而是早在提出一个社会上的习惯,是否为习惯法之问题时,便已是一个需经解释予以理解的问题。在此,不是关于既有之文本的解释,而是关于第一次要以语言的形式将该行为所显示之规范,加以表述"②。

因为习惯法,未经立法机关依立法程序制定、公布,所以关于其存在及相关众人对之有法之确信的事实,主张有习惯法之存在者,负举证责任。

习惯法有如古老的传说,其存在及内容在实务上一旦发生争议,难以可靠地考证。所以,其在实务上的重要性一般的已不如从前。实际的情形,其引用常与一贯之司法裁判先例相联结,用以稳定一贯之判决先例的拘束力,将之宣称为已演变成习惯法。学说上称此为司

---

① 相反的见解请参见杨盘江,他认为:"(1)'人人'对之有法的确信,不必全社会每一个人皆然,因为习惯本有地域性,则本于习惯所演变而成的习惯法,当亦有地域性。一个地域内的每一个人对之均有法的确信之习惯(习惯法),未必与立于全社会的立场所制定之全社会皆有适用性的法律没有抵触。(2)随着时代的需要,于制定之初不具有伦理性或伦理性薄弱的法规,愈来愈多。此等法规每寓有一定的公共利益,唯因此等公共利益尚为人民之意识所不能及,故与此等公共利益相抵触,且人民对之有法的确信之习惯(习惯法),仍可能继续存在一段时间。此种情形当属探讨法律的功能中所论及之以法律来引导人民思潮、促进社会进步之功能。"杨盘江:《押租金授受之法律关系》,《法商顾问杂志》1981 年第 17 期,第 326 页注 10。

② Larenz, *Methodenlehre der Rechtswissenschaft*, 6. Aufl. Springer Verlag 1991,S. 356.

法的习惯法(Justizgewohnheitsrecht)。在德国,其着例有让与担保[①]、第三人损害之赔偿、契约对第三人的保护效力。[②]

判例之内容须属于解释法规者,始能优先于习惯而适用,否则仅为一种条理,其适用顺序在习惯之后。

习惯上虽称"判决先例"为"判例",但得为判例者,并不以判决为限。台湾地区"最高法院"所编《判例要旨》(1976年9月版)一书,显然亦将"裁定先例"包括在内。唯得为裁判先例者,显以台湾地区"最高法院"所作者为限。至于"裁判"与"裁判先例"的区别,实务上原来显然采取形式的区别标准。即端视该裁判是否经台湾地区"最高法院"判例会议"采为判例编入判例要旨,呈奉'司法院'核准"而定("'司法院'变更判例会议规则"第2条)。因为旧"法院组织法"第25条规定:"'最高法院'各庭审理案件,关于法律上之见解与本庭或他庭判决先例有异时,应由院长呈由'司法院'院长召集变更判例会议决定之。"所以一个裁判一旦被采为判例,则该判例,在经台湾地区"最高法院"变更判例会议议决变更前,对各级法院显有拘束力。前述规则第5条规定"变更判例会议,以'最高法院'院长及所属庭长、推事三分之二出席,出席人数三分之二以上决议之"。即使实务上判例通过前述程序,而具备被承认的,对本来系争案件以外案件之一般的拘束力,但判例内所示之裁判要旨,身为裁判机关对某案型之法律见解,终不因此而失其仅为裁判机关之法律见解的性格,从而并不当然取得与法律

---

① 让与担保之约定,在物权法上的障碍源自物权法定原则。亦即物权之种类及内容应有法律为其依据。物权法中没有让与担保之规定是明确的。然因物权法并未限制所有权之移转原因或目的,所以要为担保之目的而移转所有权并无法律上的障碍。实务上引起问题的是:(1)事后让与人否认其有为担保之目的而移转所有权,主张其移转仅是一种借名登记时,在不动产因无登记为其公示方法,而实务上又不以没有登记上之注记,而直接否定让与人关于借名登记之主张,以致演变为难以客观证明该争议的问题。(2)另如让与人承认其有为担保之目的而移转所有权,就该让与担保,在让与人及受让人间,及其分别与相对人之债权人间恰如其分的效力为何? 得否准用抵押权或典权或应依信托的规定处理? 这些都需要法律之明文规定,始能清楚避免争议。实务上引起问题的是:甲乙共同按甲出资2/3,乙出资1/3,购买土地,约定全部登记在甲名下。后来乙以需要钱为理由,向甲情商以其持分1/3抵押向银行借款。由于土地全部登记在甲名下,事实上以该土地全部为抵押。因乙未于清偿期偿还本息,债权银行实行抵押权,声请拍卖该土地。于是,乙要甲向银行返还本息,并约定乙按约定利率对甲支付利息。给付几期利息后,乙不再向甲返还本息。经过20年,乙向甲请求按其持分移转所有权给乙。至于该借款乙对甲主张时效已消灭。在甲乙没有为该债务之担保另有特别约定之情形,甲得否主张其对乙之持分有让与担保或抵押权? 乙得否主张其债务之时效已消灭?

② Larenz, aaO. (Fn. 234), S. 357; Larenz, Wolf, *Allgemeiner Teil des Bürgerlichen Rechts*, 9. Aufl., München 2004, Rn. 33; Wolf, Neuner, *Allgemeiner Teil des Bürgerlichen Rechts*, 10. Aufl., München 2012, Rn 5ff. 第三人损害之赔偿说及契约对第三人的保护效力说,首先系因"民法"第374条下引规定而发生:"买受人请求将目标物送交清偿地以外之处所者,自出卖人交付其目标物于为运送之人或承揽运送人时起,目标物之危险,由买受人负担。"盖在该条所定情形,如买卖目标物因运送人之过失而灭失,买受人仍应向出卖人给付价金,而却因与运送人无运送契约之关系,而就其所遭受之损害不能对运送人请求赔偿。而如出卖人要对运送人请求赔偿,运送人可能以出卖人尚得对买受人请求价金之给付,从而无损害为理由,拒绝赔偿。于是发生:有损害者,无请求权;有请求权者,无损害的困境。因乃透过法律补充发展出,出卖人得将买受人所受之损害,当成自己所受之损害,对运送人请求赔偿之第三人损害赔偿说,或由买受人对运送人主张出卖人与其所定之运送契约对于买受人有保护效力。此即契约对第三人的保护效力说。另请参见黄茂荣:《买卖法(增订七版)》,植根法学丛书编辑室2015年版,第664页以下。

相等之"法源"的地位。它的主要功能,仍限于对法律之阐释或补充,是故判例对本来系争案件以外之案件的拘束力是间接的,而非直接的。不过,即使如此,它在法院的实务上,或在法律的补充上仍扮演着一个怎么强调都不为过的角色。判决之受适用并非其具有法源之地位,而是附丽于其所解释或补充之法律而存在,并发挥其拘束力。因此它并不以独立的地位与习惯较量其适用的优先性。

关于判例的问题,在民法和刑法上,经转化为民事及刑事之法律见解在各庭之统一的问题,对此,"法院组织法"(2019 年 1 月 4 日修正公布)第 51 条之 1 规定:"'最高法院'之民事庭、刑事庭为数庭者,应设民事大法庭、刑事大法庭,裁判法律争议。"亦即拟以大法庭之裁判,替代原先之判例的制度,并称其为"大法庭制度"。这样的新制有一举废止原有之判例制度的意旨。鉴于判例制度为行之数十年之既有的制度,当中积累数代人之实务知识与经验。在现代之司法审判理论与实务尚不尽普遍成熟的时期,司法界之精英透过判例,对于法律疑义之厘清与统一做出了不起的贡献。目前,如认为有予更张之必要,还是应注意其制度演变之继续性。其组织之改变的结果,称为大法庭固然无妨,但其裁判之结果,如仍以判例称之,可在关于判例之既有的基础上,继续增补或变更既有之判例,不用一概否认既有判例原有之拘束力,以承先启后。

考虑将一个裁判收为判例,需要解释该裁判。裁判的解释不同于解释法律,在于覆按法院在该案件之裁判中的思考过程及其表达之思想涵盖的范围,以确认法院在该具体案件中所表示,且可适用于其他相同或类似案件的法律意见。该在裁判中表达之法律意见并无规范上之拘束力,此与立法者在法律中表达之意见不同。判决理由所表达的法律意见对于该具体案件之裁判固有关键的重要性,但仍非立法行为。是故,裁判之解释的目标只是在于究明法官在该案件之实际上的法律见解。法院之法律见解的探询,应以该判决之文本为其信息之来源。决定性的是其文义及包含其所涉法律事实之规范上的特征与其法律意见间之意旨上的关联。该法律事实之规范上特征的意义,相当于法律规定中之构成要件要素。用来检验该法律事实与该判决所连结之法律效力是否适配。如果不适配,即有裁判理由与其裁判间之矛盾的问题。必须为对应之调适。

德国司法实务上有在裁判文本之首,以类似于法条语法,附上该裁判之引领要旨(Leitsätze)的做法。由于以法条形式归纳裁判中之法律意见,引起一个外观:法院将把该要旨,有如法律规定一样,适用于其他案件。Larenz 认为,由于法院并不能像立法者预先斟酌其规定在将来之适用可能性,所以,司法实务以该方式总结裁判要旨的做法,是危险的。[①]其实来自法院之文件,不会与来自立法机关者混淆。Larenz 前述担忧可能过滤。法院判决在规范形成上之意义,一方面基于平等原则及信赖保护原则,需要的是其法律意见之提出,固应衡情度势,斟酌个案之特殊情形,以及有关之情事变更,但仍应在弹性应对中,维持其当有之一贯性。另一方面也亟须法院自己将其裁判之案件,要述所涉法律事实之规范上特征,及其适用之规范的要旨,使之更为明白,并在该过程中,再次反思其裁判意旨之具体及一般适用的妥当性。如是,应能够使法院裁判在法体系之演进上发挥更积极的作用。

关于判例在德国法上之拘束力,Larenz 认为:"判决先例这种事务在我们的(德国的)法律结构中并不享有拘束力。它对法律生活之形成力,毋宁是以法院的权威及判决先例中妥

---

① Larenz, *Methodenlehre der Rechtswissenschaft*, 6. Aufl. Springer Verlag 1991, S. 359.

善适法考虑之论据为其基础。"①关于为何应赋与判决先例以推定的拘束力,其理由,Kriele 认为:(1)统一适用法律;(2)保持法律见解之继续性;(3)提高裁判结果之可预见性(以上关 于法的安定性);(4)平等权的要求;(5)诉讼经济的要求;(6)减轻法院在说理上的业务负担; (7)尊重经验,以比较温和而保守地求取进步。② 至于 Göldner,则显然试图透过法院之法律 原则的具体化与价值的关联性,以及对这个具体化之法律上可被验证的说理要求,来说明和 判决先例获得或丧失其事实上拘束力之有关的问题。③ 依他的看法,判决先例上的法律见 解首先是针对该判决所裁判之个案而发,这个法律见解对于他案固然基于平等原则及信赖 保护原则有其案型比较上的意义,并从而产生事实上的拘束,但这个拘束力在规范上并不是 终局的。该法律见解仍待经过进一步的说理过程,来确认它对另一个具体案件是否享有拘 束力。当通过这个说理过程,因发现在事理上它并不适合于该具体案件,而不采取该法律见 解时,对于一个新的见解的采取,前述之平等原则或信赖保护原则并不构成不能克服的障 碍。当一个新的见解被考虑应被接受时,此际牵涉到的比较多的是"法院之法律见解的变更 之溯及效力"的问题。关于这个问题,Larenz 的看法认为应让"新见解"即刻对该具体案件生 效,即赋与溯及的效力,盖法院应依其认为正确之见解为裁判。就此,Knittel 持不同的看 法,并建议:"法院在此种情形应依旧见解为裁判,但同时在该判决上宣示其新见解,并表明 往后将依新见解裁判。"④这是倾向于优先维护法之安定性的见解。因为世事多变化,Larenz 不赞成该见解,认为"为法院裁判上之必要的弹性,宜避免这样地僵化自己在将来之法律见 解"⑤。这是认为实质正义应优先于法之安定性的见解。⑥

(五)法律行为之解释

法律行为不论其为法律事实或法律规定,皆有如何厘清其内容的需要。因此皆有解释 的问题。不过,因为契约之缔结者及受适用者与法律之制定者及其受适用者间之结构不同, 因此其解释目标亦有所不同。在契约,其缔结者原则上即其受适用者,而且所涉者基本上为 缔结者间之私人利益,所以,其缔结主要本着契约自由原则。当事人得自由决定是否缔约、 与谁及选择适合之类型;协商适合之内容及缔约方式。是故,除法律特别有限制规定外,就 上述事项,当事人皆可自由为之。因之,关于其内容及各种自治事项之决定,原则上依当事

---

① Larenz, *Methodenlehre des Rechtswissenschaft*, 3. Aufl. 1975, S. 391.

② Kriele, *Theorie der Rechtsgewinnung*, 1967, S. 258ff.

③ Göldner, *Verfassungsprinzip und Privatrechtsnorm in der verfassungs-konformen Auslegung und Rechtsfortbildung*, 1969, S. 92ff.

④ Knittel, *Zum Problem der Rückwirkung bei einer Änderung der Rechtsprechung*, 1965, S. S. 50ff.

⑤ Larenz, aaO. (Fn. 217), S.425ff. (427).台湾地区关于判决之法源性的讨论,请参见王泽鉴:《民法 学说与判例研究》,作者自刊,1975 年版,第 294 页以下。

⑥ 关于法之安定性原则(das Prinzip der Rechtssicherheit)与实质正义之要求(die Forderung nach materialer Gerechtigkeit)间之冲突及其取舍或权衡的问题,请参见 Arthur Kaufmann, *Rechtsphilosophie*, 2. Aufl., München 1997, S. 193ff.其冲突通常由实证法不公正时,法院当如何裁判显示出来。这涉及恶法 亦法或恶法非法的是非之辩。

人之表示。只有在当事人之表示不清楚时,才从规范的观点,不拘泥于所用之辞句,探求当事人之真意("民法"第 98 条)。虽不拘泥于当事人所用之辞句,但当事人之表示所含的意旨还是法律行为之解释上的重要基础。这时,通过司法解释探得之真意为其表示在规范上当有之意思表示的内容。该内容不一定与缔约当事人所认识者相同。此为意思表示之解释所依的效力说(Geltungstheorie)。假设据之解释所得之内容与表意人的认知不同,表意人应依错误的规定,撤销其意思表示("民法"第 91 条),寻求救济。

在法律,其制定者及其受适用者不但原则上不同,而且应一般地、普遍地适用于一切案件。不得自始只针对特定人,所以其解释之目标是法律规范的"条文"(der Wortlaut der Gesetze)和它的附随情况。附随情况主要指立法文献、制定时之社会的、经济的、技术的情况,甚至法律的沉默(das Schweigen des Gesetzes)都是法律解释时应予斟酌之目标。唯这些目标,特别是立法文献,应以对一般大众公开者为限。相对于法律行为之解释,除法律之解释目标,有主观说、客观说及折中说,还有其解释上应考虑之因素,愈为严谨愈具特色。此外,平等原则固为法律之解释与适用上一般应遵守之原则,但在法律行为之解释,平等原则之重要性远远不如在法律之解释。[①]

(六)致力于公平裁判

公平地裁判承审案件是法官的任务。所谓公平首先指一般的正义,再则指个案之衡平。个案之衡平的实现,除主要借助于法院对衡平规定之正确适用外,在依法律之规定,不能给予合理之裁判结果的特别情况,还得借助于法律补充。[②] 然公平之裁判之目的尚不得正当化一切手段。就所要之公平裁判的结果,仍须透过法律解释或法律补充,寻找其请求之正当的规范基础。在国家权力区分之体制下,当请求权之规范基础的主张,法律无明文规定时,其为法原则或法理之引用,所从事之法律补充的论证,为其具体化为完全法律规定及连结于现行法以实证法化所必须,以确保法律规定之明确性,法律体系之统一性及一贯性,以及民主原则之贯彻,不使法院僭越立法权。现代的生活关系越来越复杂,而立法机关能够认真投入立法的时间及努力越来越少,使得法律规范之完善越发依赖于法院之周折的法律解释或法律补充。这是现代法治国家的危机。既然符合正义要求之法治国家,除了勤奋的行政机关外,尚不能缺少立法机关及司法机关之细心的协作,则无论如何,必须克服其中的万难,逐步巩固法治根基。退此一步,国将不国,快速衰落。待列强复又兵临,恐难再起。

借助于法院对衡平规定之正确适用者,例如就乘他人之急迫、轻率或无经验,使其为财产上之给付或为给付之约定,依当时情形显失公平之法律行为,法院得因利害关系人之声请,撤销其法律行为或减轻其给付("民法"第 74 条第 1 项)。契约成立后,情事变更,非当时所得预料,而依其原有效果显失公平者,当事人得声请法院增、减其给付或变更其他原有之效果(第 227 条之 2 第 1 项)。过失之责任,依事件之特性而有轻重,如其事件非予债务人以利益者,应从轻酌定(第 220 条第 2 项)。损害非因故意或重大过失所致者,如其赔偿致赔偿义务人之生计有重大影响时,法院得减轻其赔偿金额(第 218 条)。

---

① Larenz, *Methodenlehre der Rechtswissenschaft*, 6. Aufl., Springer Verlag 1991, S. 347.
② Larenz, *Methodenlehre der Rechtswissenschaft*, 6. Aufl., Springer Verlag 1991, S. 348f.

借助于法律补充者,例如未经法律特别规定其侵害之损害赔偿者,例如婚姻关系①;又纵非不法侵害他人之身体、健康、名誉、自由、信用、隐私、贞操,而系不法侵害其他人格法益,而情节重大者,依"民法"第195条第1项前段,被害人虽非财产上之损害,亦得请求赔偿相当之金额。当中所谓"情节重大"及第184条第1项后段所定"故意以背于善良风俗之方法",加损害于他人,在适用上与"民法"第1条关于法理之引用一样,实际上皆涉及法律补充。上述两种侵害情形,在损害赔偿之请求上所以遭遇障碍,其理由:在婚姻关系,夫妻相互间是否享有可对抗第三人之权利(夫权或妻权),尚有疑问,因此不得依"民法"第184条第1项前段请求赔偿。另在第192条至第195条未予明定之人格权,虽是权利,但因第18条第2项规定,人格权受侵害时,"以法律有特别规定者为限,得请求损害赔偿或慰抚金"。以致未经特别规定之人格权,不得依第184条第1项前段请求赔偿。"民法"第195条第1项规定,不法侵害其他人格法益,情节重大者,亦得请求非财产上之损害的赔偿,其意义等于有限度地肯认一般人格权之侵害的损害赔偿请求权。

七、结论

由以上的讨论,可见在法律的适用或解释上牵涉到:(1)一直在发生之变化莫测的(法律)事实;(2)难以把握其内容的价值标准;(3)价值的多元性;(4)不能精确传达消息的语言;(5)人类能力之有限性。因此,要为具体的案件找出一个最妥切的规范,并不是一件容易的事。但也是一件不能不去完成的事。为了把这件事做得最好,很多民族努力于有关法学方法的探讨,以期能够相对地更好把握这一难以把握的问题。有些民族(如英、美、法、德、日)在这些努力中,获得了成就。这些成就同时也带动,或互相影响其他领域(如政治、经济、社会、文化)的发展。其成就的道理为:在法学方法的帮助下,使有关法律的了解更加精确,从而使他们的人民,能够比较精确地预测法律效力,据以规划他们的生活或事业;政府也比较能够精确地制定法律政策,来贯彻它的施政目标。其结果是一切都能在制度下,整合各方资源与智能,和谐地进展。

为了推动我们文化的现代化,在法律的领域内,我们必须努力提高法律效力的可预见性,以及法律规定或裁判的合正义性。正像俗语说:"学如逆水行舟,不进则退。"正义的追求也是一样,必须不断地去检讨、探求,才能对它的内容,以及实现它的方法,有比较好的了解与掌握,从而能够越做越好,达于至善。

在该努力的过程中,法学能担负的主要任务,应是为实务做准备工作,亦即从事法学方法的研究、介绍,法律所追求之价值标准的具体化,法律案件之类型化,以及法律概念的澄

---

① 台湾地区"最高法院"1952年台上字第278号民事判例:"'民法'亲属编施行前之所谓夫权,已为现行法所不采,故与有夫之妇通奸者,除应负刑事责任外,固无所谓侵害他人之夫权。唯社会一般观念,如明知为有夫之妇而与之通奸,不得谓非有以违背善良风俗之方法,加损害于他人之故意,苟其夫确因此受有财产上或非财产上之损害,依'民法'第184条第1项后段,自仍得请求赔偿。"

清,期以为一个公平的裁判提供坚实的基础。① 而实务界应努力的是,将其自取向一个价值标准,至依据某一规定,赋与某一个法律事实以某一法律效力的思考与判断过程交代清楚,以便当事人或第三人能够在事后审核该裁判的正确性。必须强调的是:该事后审核的可能性(die Nachprüfbarkeit)是法制与法务合理化的必要条件。否则,不但人类的恣意不能受到有效地控制,而且即使想做好,也无从科学地做起。

---

① 王泽鉴教授所著《民法学说与判例研究》是台湾地区第一部有意识地以比较严谨的法律方法来处理实体法的大作,甚具开创价值。

第七章 法律漏洞及其补充的方法

一、法律漏洞的概念

（一）法律

这里所称之法律，不是法源论上所称之"所有得为裁判之大前提之规范"的总称。它在本书系指制定法（das Gesetz，das gesetzte Recht）与习惯法（das Gewohnheitsrecht）。因为在实证法的来源（Die Quellen des positiven Rechts），即法源论（Die Rechtsquellenlehre）①之讨论上，除前述两种来源外，尚有其他来源被提到。其中：(1)由自其是否得直接被适用的标准观之，其法源性尚待斟酌者，例如学说，在其演变成习惯法或被立法机关接受而以制定法的方式予以承认以前，它们所扮演的角色主要是对法律的阐释。此外是法院的裁判或判例。裁判与学说不同，除对于个案为具有拘束力之裁判外，其在个案的裁判中据以为裁判依据之法律见解对于法律并具有法的续造（Die Rechtsfortbildung）②的作用。所谓法的续造已具有法律补充的意义。在法的续造上，学说的意义为对之提供必要的准备工作。③ 因此学说与裁判只能算是间接的法源。基于这个见解，乃不将它们归类为这里所称的法律。(2)至于依合意所产生的法律（vereinbartes Recht），例如契约，原则上仅拘束缔约当事人，只有在例外的情形，在一些特别的契约像劳动法上之团体协约（der Tarifvertrag des Arbeitsrechts）（"团体协约法"第 1 条第 1 项、第 14 条第 1 项）才对当事人以外之人也有拘束力。但不管如何，它们的拘束力都是来自法律的授权，所以它们是属于次位法源。④ 另契约在一定的要件下，

---

① 关于法源论，请参见 Georg Dahm，*Deutsches Recht*，1963，§7；Enneccerus-Nipperdey，AT I，15. Aufl.，1959，§§35-45；Larenz，*Metho denlehre der Rechtswissenschaft*，3. Aufl. 1975，S. 424.

② "Die Rechtsfortbildung"一语的意义是将法律加以补充，使臻于圆满。在实务上有将之称为法之续造者（"民事诉讼法"第 469 条之 1 第 2 项、第 470 条第 2 项第 3 款）。这固是一个比较接近于德文字义的翻译，但不能彰显其本来意指之法律补充与法律解释间的区别；或谓法律解释其实亦有法律续造的机能。然正是基于该认识，应将法律续造保留下来，供描述法律补充与法律解释之共同功能时使用。

③ 同说见 Dahm，aaO.(Fn.1)，S. 36.

④ 同说见 Dahm，aaO.(Fn.1)，S. 36.

亦可能具有保护第三人的效力。① （3）至于国际法②,它对缔约主体而言是依合意所产生的法律;对缔约国或团体的属员而言,则原则上是需要国内法媒介的制定法。例外的情形,例如有关战犯之处罚的规定,则是无须国内法媒介的制定法。处罚战犯的国际法,甚至不承认依国内法,或上级官署之命令所从事之战犯行为有违法阻却事由。③

（二）漏洞（die Lücke）

在法律漏洞的说明或讨论上,漏洞是从日常用语借来的比喻。存在于器具上之透空部分通常称呼为洞或孔。④ 例如蒸笼之透气孔、滤面瓢上的洞或孔、车顶或屋顶的活动天窗。洞或孔之称谓尚无完善上的价值判断。然倘器具应有密闭性,则导致其密闭性之欠缺的洞或孔便属于不该有而有的洞或孔。基于该负面的评价,将该洞或孔称为漏洞。例如锅上的洞,天窗上的裂口。在这里首先是就液体之不受欢迎的浸入或外渗的可能性而为描述。日常用品的设计,如上所述,有洞不一定尽然是一种欠缺,还应视其功能上之目的考虑而定。在同系列物品中,最能传神表现法律漏洞之实态者首推花瓶与花盆,以及渔网。

按花瓶经设计用以盛装已自其根部剪下的无根之花,所以必须盛水以维持瓶中花的生机。为盛水故,花瓶之瓶底应该无洞。反之,花盆经设计用以植栽有根之花,所以必须能够排水,以使盆栽能够生生不息。为排水故,花盆之盆底应该有洞。花瓶之瓶底依其设计功能,应该无洞而有洞,在空间之涵盖上为不及;花盆之盆底依其设计功能,应该有洞而无洞,在空间之涵盖上为超过。不论是不及或超过,自其设计功能论之,皆有与计划目的之不符之不完整性。所以都构成缺失。类似的思考亦可见于渔网之网目的大小。其大小是否有计划目的上之功能缺失,同样视其渔捞目的而定。相对于计划目的,过小或过大皆有所失。就花瓶与花盆,或渔网网目在透空上之超过或不及论其缺失,其理念固与上述洞孔相近,但在目的理性的考虑上已更进一层。由此也显现出借来之漏洞概念的功能性格。法律漏洞的概念,亦然。要之,漏洞系按对象存在之状态的功能目标所作之评价判断。由此显示法律概念之功能取向。该判断含有两个特征:①描述对象的质量具有影响其功能的欠缺;②这个欠缺是不受欢迎的。

然则什么是观察之目标之功能? 观察之目标到底应该具有什么功能? 前者是对其"实然"(das Sein)的认识,后者是对其"应然"(das Sollen)的规划或期待。在功能上,实然如不及于应然之规划或期待的标准,该物便有这里所称的漏洞。在这里作为标准者既然是规范意义上之应然,而且所牵涉之规范又是人造的,则该应然标准便取向于牵涉之人的,特别是

---

① 带有保护第三人效力之契约(Verträge mit Schutzwirkung für Dritte)并不是真正的利益第三人契约。在此种契约,受保护之第三人对于债务人虽无该契约所约定之给付请求权,但却与债权人一样地受该契约之保护义务的庇荫。债务人如果违反保护义务致受保护之第三人遭到损害,同样构成积极侵害债权。此种制度之实益在于借助于《德国民法典》第 278 条(相当于台湾地区"民法"第 224 条),摆脱《德国民法典》第 831 条第 1 项第二句之免责规定(相当于台湾地区"民法"第 188 条第 1 项但书)的适用(Esser, *Schuldrecht*, 2. Aufl., Karlsruhe, 1960, § 88 1.)。

② Enneccerus-Nipperdey, aaO.(Fn.1), § 44.

③ Dahm, aaO.(Fn.1),S. 37f.

④ Canaris, *Die Feststellung von Lücken im Gesetz*, 1964, S. 16f.

主权者或行使公权力者的意图。该意图通常指向生活规划。是故,亦称之为"计划"。前所描述之漏洞,从而可界定为"违反计划的不圆满性"(die planwidrige Unvollständigkeit)①。人们对这种漏洞状态之不满意②,为该漏洞所引起的反应。这个不满意的程度固然会影响到人们是否采取补充措施的决定,但它与该漏洞之是否为漏洞应该是不相干的。

(三)法律的漏洞

将前述漏洞的概念借用到法律的讨论上来,用以指称法律体系上之违反计划的不圆满状态。由于前述漏洞的概念首先是被用来指称具象(concret)的事项,因此它习惯地被应用在物质之不及标准的状态。从而也忽略了那种"过犹不及"的情形。可能由于这个缘故,有关法律漏洞的学说,乃首先称呼:具备"不及"之特征的漏洞如法条漏洞(die Normlücke)为真正的漏洞(echte Lücke),而称呼具备规范得"太多"之特征的漏洞如大部分之"规范漏洞"(die Regelungslücke)为不真正的漏洞。③ 这种区分方式不但不妥当,而且容易引起误会。盖既然同是具备"违反计划之不圆满性",则它们该同样是真正的漏洞。至于该漏洞是由"不及"或"太过"所引起,对法律这种性质之事项,即一种抽象的存在,并无导致区别待遇之意义。因为所谓规定得太过,同时意味着应有的限制规定之不存在,亦即也是一种"不及"。然在那种情形下,可认为法律是不圆满的(unvollständig)? 又在哪种情形下,该不圆满是违反计划的(planwidrig)?

1.不圆满性(die Unvollständigkeit)

法律的功能在于伸张法律上的正义。亦即使法律上的正义透过其规范机能,实现到人类的生活中来。如果一个生活类型未受法律规范,那么为在该生活类型所发生的问题,即不能找到法律上的答案。如果该问题经判断,认为不适合归属于法外空间(rechtsfreie Räume),则这种情形之存在便是在法律补充的讨论上,被提到之法律对该问题的"不圆满性"。然在哪种情况,可以认为某生活类型并未受到法律规范,且又不属于法外空间,从而法律对该生活类型有前述的不圆满性? 这个疑问是一个聚讼纷纭的问题。它主要牵涉到法律解释与法律补充的界限及法外空间的界定问题。

---

① Canaris, aaO.(Fn.8), S. 16f. 31ff; Larenz, *Methodenlehre der Rechtswissen schaft*, Springer-Verlag 3. Aufl. S. 358.

② Engisch, *Einführung in das juristische Denken*, 5. Aufl, S. 138f.在前面"我们既从漏洞与法的全体去谈漏洞,那么我们便必须特别注意(漏洞)之不令人满意的,反于计划的不圆满性这个特征"。

③ 这种区分为 Zitelmann 所引进,并为学者广泛地接受,Canaris, aaO.(Fn.8), S. 131 ff.这一对用语现在也被用为标示或区分"有认识的"(bewußte)和"无认识的"(unbewußte)漏洞,即"能被补充的"(ausfüllbare)和"不能被补充的"(unausfüllbare)漏洞的标准(Canaris, aaO. (Fn.8), S. 131 Anm. 15)。另见 Larenz, aaO.(Fn.1)5, 356f. 其他,详请参见下面有关漏洞之种类的讨论。

关于法律解释与法律补充之界限的划分,通说以"可能的文义"为其标准。① 依这个标准,法律在经过解释后如对某生活类型尚无答案,则除非该生活类型属于法外空间②,否则,法律对该生活类型即有"不圆满性"③。兹申述之:

(1)立法政策上或技术上的缺失(rechtspolitischer bzw. rechtstechnischer Fehler)

法律的缺点中,有一种是属于立法政策性或技术性的。它不但在基本上是可以改进的,而且即使不予改进,也仍能尽其规范上的功能,给予相关生活类型适当之规范上的答案。由于这种带有立法政策上,或技术上之缺失的法律,尚能对相关生活类型提供适当的答案,所以它并没有法律漏洞意义下的"不圆满性"。例如立法者在"民法"第 408 条第 1 项(赠与物未交付前,赠与人得撤销其赠与,其一部已交付者,得就未交付之部分撤销之),第 412 条第 1 项(赠与附有负担者,如赠与人已为给付,而受赠人不履行其负担时,赠与人得请求受赠人履行其负担或撤销赠与)等规定中,不使用"解除",而用"撤销",便显然与撤销在法律上通常之使用习惯不符。按撤销权通常是以在法律行为之作成上存在的事由为其发生之依据,而解除权则以法律行为作成后存在的事由为其发生的依据。该两法条所规范之事由,既皆发生在赠与后,则贯彻该两条用语之使用习惯,在这里似不宜授与赠与人撤销权,而应授与解除权。撤销权或解除权之行使,皆使系争的契约溯及地自始归于无效。就此而言,在这里或授与撤销权,或授与解除权均能给予系争问题适当的答案。所以在此意义下,前述两条规定只属于可被改进,而不属于有"不圆满性"的法律。

不过,在这里授与撤销权或解除权的法律效力也不是全无区别的。撤销的法律效力,就返还义务言,不管是依"民法"第 419 条第 2 项之特别规定"赠与撤销后,赠与人得依不当得利之规定,请求返还赠与物",还是依第 114 条第 2 项准用第 113 条之规定"无效法律行为之当事人,于行为当时知其无效或可得而知者,应负回复原状或损害赔偿之责",在系争案型对

---

① Larenz,aaO.(Fn.1),S.309;Müller, *Juristische Methodik*,S.140ff;Dahm,aaO.(Fn.1),S.49;Canaris,aaO.(Fn.8),S. 19ff.关于文义因素之范围性功能,请参见本书第五章四(一)1.。Meier-Hayoz 在 Berner Kommentar,Einleitungsband N. 137f. zu Art. 1 ZGB 采取另外一种标准。他认为:"解释主要是一个了解与澄清的心智活动;透过解释使法律更接近于其基础的思想,而臻于完足。如果为了要实现这个思想,而在认识的因素(kognitive Elemente)外尚须加进意志的因素(volitive Elemente)来发现法律,则人们之所为已属漏洞的补充。"亦即它是以找法活动中(die Rechtsfindung),适用法律的人是否运用了意志的因素,作为区分法律解释与法律补充之标准。由于近代的法学方法论已证明,几乎没有无意志或判断因素的法律解释,所以这个标准并不妥当。关于法律学之"了解性"及"价值取向性",请参见 Larenz,aaO. Ⅱ. Systematischer Teil, Kapitel 1, 3, Die Jurisprudenz als "verstehende" Wissenschaft (S. 181ff.) 及 4. wertorientiertes Denken in der Jurisprudenz (S. 192ff).

② 例如当法律扶养义务以一定之身份关系(例如亲子、婚姻、家属关系)存在为基础,则二人间如无意思,成立可作为扶养义务之发生基础的身份关系,其关于扶养之约定只可能以无偿赠与的方式为之。然以扶养为内容之赠与,其约定之内容是否能达到确定、是否满足以一定之财产无偿给与他方("民法"第 406 条)之要件的要求,尚有疑义。于是,在事实婚者间之扶养的许诺,在规范上乃为法律漏洞或法外空间之棘手的问题。最后发展为何,视当地对于事实婚之道德评价及其规范需要之认知而定。

③ 由于本书所称之法律包括制定法与习惯法,因此对某生活类型,制定法纵未加以规范,但只要有习惯法加以规范,从而对该类型之规范上的问题能提出规范上的答案,则法律对该生活类型自然也无这里所称之"不圆满性"。同说请参见 Canaris,aaO.(Fn.8),S. 29ff;Meier-Hayoz,aaO. (Fn.12),N. 252 zu Art. 1 ZGB.

权利人言,撤销之法律效力都远较解除为不利。甚至依"民法"第 114 条第 2 项、第 113 条,撤销权人可能根本就无请求回复原状或损害赔偿之可能性。因"撤销事由"既然发生在缔约后,其相对人尽可推称在缔约时并不知来日会有得撤销之事由发生。可能是基于这个了解,立法者才以"民法"第 419 条第 2 项,对第 114 条、第 113 条做了特别规定,以排除后者的适用。这件事也证明了,如将撤销权的授与适用到缔约后的事由,便不免会引起这种在法律效力上与撤销之原来规定格格不入的现象;或谓立法者所以在这里不授与解除权,是为了不赋与赠与人"民法"第 259 条以下的法律效力。即使立法者这个考虑是存在且适当的,那也无舍"解除"而采"撤销"的道理。盖采"解除"规定,虽亦须作类似"民法"第 419 条第 2 项的规定,但却可贯彻"解除"与"撤销"之使用习惯。何况第 419 条第 2 项规定,衡之第 412 条所规定之撤销事由,对赠与人言,较之第 259 条以下,未免过苛。虽然如此,这些究属立法者之政策上的考虑范围,它同样地,原则上只构成"可改进的缺点",而不构成法律漏洞意义下之"不圆满性"①。

要之,在这里重要的是法律是否能给要去处理的法律事实以"清楚的"答案。如果不能,那便有法律漏洞意义下的不圆满性;如果能,那么除非该答案的不适当性足以导致规范矛盾(die Normwidersprüche)。否则,这种不适当性,将被当成立法政策上的,或立法技术上的缺失容忍下来,而不以为有法律漏洞意义下的不圆满性。

然哪种答案才是"清楚的"? 一个不清楚的规定显然无法对拟去处理的法律事实给予清楚的答案。而不清楚的答案,算不算这里所称之答案? 生活经验告诉我们,一个答案不清楚的程度达到某一个限度时,实际上就等于没有答案,或至少那是一个需要补充的答案。于是,乃导出一个问题:一个不清楚的规定是不是有法律漏洞意义下的不圆满性?

(2)法内漏洞(Lücken intra legem)

①需要评价地予以补充的法律概念(wertausfüllungsbe-dürftige Rechtsbegriffe)之引用

法律上所运用之用语除了少数例外(如数字、成年人、未成年人、直系血亲尊亲属、直系血亲卑亲属等),其内容通常或多或少都是不确定的(unbestimmt),从而其外延有多广亦不明确。② 例如"民法"第 195 条第 1 项规定:"不法侵害他人之身体、健康、名誉、自由、信用、隐私、贞操,或不法侵害其他人格法益而情节重大者,被害人虽非财产上之损害,亦得请求赔偿相当之金额。其名誉被侵害者,并得请求回复名誉之适当处分。"当中,除其所定"其他人格法益"所指涉之人格权种类显可漫无止境地向外伸展外,所谓"情节重大"之要件及"适当处分"之法律效力,亦属不确定概念。

法律用语多由日常语言借用而来,且它又都取向于事实,取向于价值。故其多义乃不可

---

① 关于可改进的纯立法技术上的缺失,请参见 Larenz, aaO. (Fn.1), S. 358f. 他就德国否定兄弟姊妹间之扶养义务,以及自书遗嘱(die Privattestamente)应全文亲笔书写,不得使用打字机的规定说:"该扶养义务的承认,或用打字机书写自书遗嘱的允许,即使在法律政策上是被欢迎的,且有很好的理由支持这种规定。但(现行)法律并不因为这样而'不圆满',充其量,它只是有改进之必要而已。"

② Canaris, aaO.(Fn.8),S.26; Engisch, logische Studien zur Gesetzes-anwendung, 2. Aufl. 1960, S. 30ff; ders, Einführung in das juristische Denken, 5. Aufl. S.108. Larenz, aaO.(Fn.1), 332f; Esser, Grundsatz und Norm, 1956, S. 253f; Detlef Leenen, Typus und Rechtsfindung,1971, § § 3、4; Tipke-Kruse, AO, 7, Aufl., § 1 StAnpG A. 3b. 关于这个问题的详细讨论,请参见 Clauss, Zum Begriff "eindeutig", JZ 61, 660ff.

避免。但法律用语间之不确定的程度，还是有区别的。有一种用语是既不确定且封闭的，还有一种用语则是不确定而开放的。后者是指尚须评价地予以补充的概念（wertausfüllungsbedürftiger Begriff）及类型式概念（Typusbegriff）。前者指比类型更精确的概念。在精确上，它比较接近于狭义的法律概念（der Rechtsbegriff im engeren Sinne）。狭义的法律概念的定义是：属于这种概念的用语，已相约成俗地，将其所要描写的对象之一切有意义的特征不多也不少地涵盖进来。所以它的定义是清楚的，外延是明确的。其适用得单纯地依逻辑的推论方式来操作（die Subsumtion）①。例如男人、女人、配偶、票据②等用语即为适列。前述狭义的法律概念以外之其他两对法律概念间的区别点不在于其单义或多义上，而在于其封闭性（die Geschlossenheit）或开放性上（die Offenheit）③。由于它们都是多义的，故为其适用，皆尚需进一步具体化。封闭的不确定概念与 Engisch 所称之叙述性（不确定）概念（deskriptive und bestimmte Begriffe）相当。④ 例如黑暗、夜间的安宁、噪声、危险、物等自然界的概念（die natürlichen Begriffe）及谋杀、违法性、犯罪、行政行为、法律行为等本来的法律概念（die eigentlichen Rechtsbegriffe）。至于开放的不确定概念则与 Engisch 所称之规范性不确定概念（normativ unbestimmte Begriffe）⑤ 及一般条项（der Generalklausel）相当。⑥ 规范性概念所指称的也有相当确定的，例如结婚、成年人等。其所以如此，乃因它们是以叙述性的特征（die deskriptiven Merkmale）为其要件。如结婚，以公开仪式及两人以上之证人为其成立要件（“民法”第 982 条第 1 项）；成年人以满 20 岁为其要件（第 12 条）。至于其他典型的规范性概念，则以在适用到具体案件前，须经评价地补充为

---

① Leenen，aaO.（Fn.16），S. 31 Anm. 20，S. 32ff.；38.

② Leenen，aaO.（Fn.16），S. 41.

③ 这里所称之开放性是指它在各瞬间之弹性，对新知的接受性及向将来之可演变性。关于开放性（Offenheit）的概念，请参见 Canaris, *Systemdenken und Systembegriff in der Jurisprudenz*，1969，§3. 唯 Leenen 在前揭书上，显然想用开放性来描写类型（Typus）之“弹性的特征结构”（ein elastisches Merkmalsgefüge）。该弹性之特征结构的特点是：一件事物是否得被归类到某类型，端看该事物所具之各种特征是否整体地构成一个相应于该类型的形象。亦即某一个别特征之强弱，（有时甚至连是否具备）亦不重要。重要的是整体的形象（das Gesamtbild）。他所描写的显然只是它在各瞬间的静态面（aaO. S. 34ff）。由于这个区别，他似乎倾向于将所有具有弹性之概念囊括到类型式概念底下，如黑暗（die Dunkelheit）、夜间（die Nachtzeit）、噪声（der Lärm）（Leenen，aaO. S. 36f）。这些用语显然已相当接近于狭义的法律概念。这由要将这些用语概念化，远较要将债各内规定之有名契约概念化要容易得多，便可明了。有名契约之概念化的困难，可由下列见之：（1）一个完全按件计酬的成衣厂的女工和成衣厂间之法律关系，究为雇佣契约，还是承揽契约？在考虑到劳工的保护（如，关于契约终止的限制、工作环境、劳工保险等）规定后，即可发现它当不是三言两语即可被判定。请参见释字第 740 号解释关于保险业务员与其所属保险公司之劳务契约关系的定性：居间契约或劳动契约。（2）附条件买卖（“动产担保交易法”第 26 条）与融资性租赁（leasing）间之区别。在前者，买受人于给付最后一期价金时取得买卖标的之所有权；在后者，承租人于给付最后一期租金后，只要再给付象征性之对价即可取得租赁物之所有权。所以有给付象征性之对价的约定纯属于法律技术，而非经济利益的考虑。盖如不约定以给付象征性之对价为要件，关于租赁物所有权之移转将以赠与为原因，而赠与契约在移转前，赠与人得不具理由撤销之。除非其另具“民法”第 408 条第 2 项所定之要件：“前项规定，于经公证之赠与，或为履行道德上之义务而赠与者，不适用之。”

④ Engisch，*Einführung in das juristische Denken*，5，Aufl. S. 108f.

⑤ Engisch，aaO. S. 109ff. 他亦认为规范性不确定概念有接受新价值之可演变性（aaO. S. 125ff.）。

⑥ Engisch 主张一般条项应自成一类［aaO. S. 118ff.（118）］。

其特征①,例如"恶意遗弃"(第1052条第1项第5款)、"重大事由"(第489条第1项)、"显失公平"(第74条第1项)等。至于类型式概念,基于其"一般化"(Generalisierung)与"具体化"(Konkretisierung)的双向功能,构成价值向生活事实具体化,即生活事实向价值一般(类型)化的中间站。② 这个角色使它自然而然与法律所追求的"价值"(der Wert)息息相关,而成了"应然"(价值)与"实然"(事实)间的接驳点。③ 至于一般条项需经评价地加以补充始能适用到具体案件上来,尤不待言。

以上的说明显示,虽然大部分的法律概念都是不确定的,但须经评价地加以补充,始能被适用到具体案件的概念类型,则主要限于类型式概念(或规范性概念)及一般条项。两者均具有开放性。该开放性使其在适用上具备一个共同特征,即"可能的文义"不足以清楚地界定其外延。从而在法律解释与法律补充之界限的划分上,其适用也构成特别的问题。即"可能的文义"到底是否仍为适当的界限。超出可能文义的部分到底是法律解释,还是法律补充。又在一般条项的情形,如竟连可能的文义也不可得,而只是一个价值取向的指令时④,是否所有的操作都属法律解释,抑或也可能属法律补充的范畴。关于这个问题,学说上的见解并不一致。Canaris认为,它们都应属法律解释。他的理由是:"不管法律在这里是多么一般或不确定,它总算作了规定。从而有时虽可说它未作足够之法律上的评价,但不能说它未作法律上的指令。而法律上指令的有无,应是法律漏洞之范围的划分标准(即无它,才算有法律漏洞)。何况,在这里也不具备法律漏洞概念之第二个特征:违反计划性。这不管是依主观说或客观说都是成立的。……违反计划性的概念,主要依法秩序之内在目的来界定。在整个法律体系内,不确定的、需要评价地予以补充之法律概念与一般条项彻头彻尾负担着有意义的任务:这首先使个案之特别情况的考虑成为可能,以照顾个别正义意义下之衡平(die Billigkeit im Sinne der individuellen Gerechtigkeit);而后附随地也同时作为引入法律外,如社会的或伦理的价值之媒介。基于以上的理由,不能说它们在整个法体系内是违反计划的。是故,它们的存在自也不构成法律漏洞。"⑤Canaris之上述见解显然是以立法者之授权的有无,及需要评价地予以补充的法律概念和一般条项在法律体系内之功能为认定标准。然"授权之有无"首先涉及者是:法院得否为法律补充,而非法律是否有前述"不圆满性"之存在的问题。以对法律之"不圆满性"之补充权限的授与,作为无法律漏洞,即法律无不圆满性存在的论据,在理论上显乏关联。又以需要评价地予以补充的法律概念和一般条项在法律体系内的功能来证明这些由它们所引起的"不圆满性"之无"违反计划性"也有商榷的余地。盖它们的存在虽有照顾个案之衡平(die Billigkeit),及引进法律外之新价值的功

---

① Engisch,aaO. S. 110f

② 详请参见 Leenen,aaO.(Fn.18),S. 25ff.,62ff.

③ Leenen,aaO.(Fn. 18),§7,类型作为法律评价的接驳点(Typen als Bezugspunkte der gesetzlichen Wertungen)。

④ Canaris,*Die Festellung von Lücken im Gesetz*,S. 26f.在一般条项的情形,如善良风俗(gute Sitten)、诚信原则(Treu und Glauben)"法律并未给予明确的特征,以使法官得逻辑地操作;它只对法官指出一个方向,要他朝着该方向去作裁判。至于在这个方向他该走多远,则让他自己去决定"。由于在这里一般条项所给的只是一个方向,故无"可能的文义"这种范围性之面的意义可言。此所以说"有时竟连可能的文义也不可得"。

⑤ Canaris,aaO.(Fn.8),S. 28f.

能,但不可否认的是,它们之存在上的必要,是因为立法者在规范设计上尚有力不从心之处。他们尚不能完全知道:哪些是应加规范的,以及对已认为应加规范者,应如何才能清楚地加以规范。① 于是,乃借助于开放性观念,期能弹性地、演变地对生活事实加以规范,而不致于挂一漏万或不能与时俱进。

立法者对自己之能力极限的认识,及从而采取的"将就性"补救措施,充其量只能使该由其能力上的不足所造成之法律的不圆满状态被评价为预见的,或认识的(bewußt)不圆满。但若因此而将该不圆满状态评价为不存在或不违反立法计划,即与事实不尽相符。盖追求圆满的立法者,并非是将须加规范者加以规范;拟加规范者,加以清楚规范的计划,而是力有未逮。因此,这种由开放性概念引起的不圆满状态,亦属法律的漏洞。它不同于其他漏洞者,为法律已明文地授权法院补充该漏洞。是故,应称这种漏洞为"授权补充的漏洞"(Delegationslücke)②,或法内漏洞(Lücke intra legem)③。类似的问题也存在于类型式概念。④ 该不圆满状态之漏洞性格也可以从"民法"第184条第1项后段在适用上的操作得到印证。当不能将一个加害行为评价为已充分第184条第1项前段的构成要件,而必须去探讨它是否充分同条项后段之构成要件时,如果该生活类型所属之案型未曾被审判过,那么要据以合理化该生活类型应已充分该条项后段之构成要件(即"故意以背于善良风俗之方法,加损害于他人")的说理过程,当不只是法律的解释,它甚至可能比类推适用更为繁复。盖该

———————————

① 我们只要观察近代民法学在诚信原则之具体化上的努力及其成果:导出许多新的法律规定或制度,便可了解这些开放性概念之必要性是来自立法者处理现在及将来所面临的问题之能力的极限。关于具体化诚信原则的成果,请参见 Staudinger-Weber, *Kommentar zum BGB*, 11. Aufl. §242.

② Meier-Hayoz, aaO.(Fn.12), N. 262ff. Zu Art. 1 ZGB; Enneccerus-Nipperdey, aaO.(Fn.1), S. 337f. 同说另参见 Canaris, aaO.(Fn.8), S. 27 Anm 45ff. 之引证,反对说请参见他在同书,S. 28. Anm. 49 以下之引证。

③ 属于这种法内漏洞的有:诚信原则("民法"第148条第2项);权利滥用的禁止(第148条);暴利的禁止(第74条);不得故意以违背善良风俗之方法,加损害于他人(第184条第1项后段);衡平责任(第187条第3项、第188条第2项);比例原则[das Verhältnis-mäßigkeitsprinzip,第215条:回复原状之方法与拟回复之原状间之经济上的相当性;相当性原则在行政法上习称为比例原则("行政程序法"第7条)];重大事由("民法"第489条);过高违约金之酌减(第252条)。德国法上的例子,请参见 Enneccerus-Nipperdey, aaO.(Fn.1), S. 337f. Anm. 7ff.瑞士法上的例子,请参见 Meier-Hayoz, aaO.(Fn.12), N. 266 zu Art. 1 ZGB.

④ 在类型式概念的运用上,不但牵涉到"法内漏洞"或"授权补充的漏洞"的问题,而且更为尖锐。因为"基于类型的形象(das Bild des Typus)性格,在以类型组成的法律,立法者的权威(die Autorität des Gesetzgebers)并不寓于为描写该类型之特征所引用的(与事)孤立(的概念性)用语上,而是寓于该粗枝大叶地被绘出的类型上。这个类型还待在引导其类型化的价值观点下,进一步加以确定"[Leenen, aaO.(Fn. 18), S. 174]。因此,在类型式概念,"可能的文义"即不足以划出立法者的权威所及的范围[Leenen, aaO.(Fn.18), S. 173],Leenen 从而认为类型式概念应由"需要评价地予以补充的法律概念(特别是一般条项)"及"狭义的法律概念"独立出来,成为第三个概念态样被处理(aaO. S. 172ff.)。类型式概念身为比一般条项具体的,而比狭义的法律概念一般的概念,固具备与该两者不同之特征。唯基于本书内所持关于"违反计划性"及"法内漏洞"的见解,笔者认为 Leenen 所提类型式概念之前述问题,可被作下述的了解:超出"可能的文义"之类型思维(typologisches Denken)活动应属法律补充;反之,可能的文义内之类型思维活动,在其尚未概念化前,当属"法内漏洞"的补充。不管其活动是在可能文义内或可能文义外,它们都是属于被立法者授权的法律补充活动。由法律保留的观点来观察,对这种活动之规范上的考虑是一致的。该一致性证明了,法内漏洞之真正的漏洞性格。

说理过程与"基于法律伦理原则所作之法律补充"的活动相当。这种法律补充是法律补充的类型中较难处理与把握的。① 此外,两个最重要的禁止类推适用(das Analogieverbot)的法域(即刑法②与税捐法③)也都禁止一般的或概括的授权(das Verbot der globalen Ermächtigungen)④。换言之,它们都同时奉行"构成要件明确性原则"(das Prinzip der Tatbestandsbestimmtheit),以贯彻宪法为保障基本权利所宣示之"法律保留原则"(das Prinzip des Gesetzesvorbehalts)或"合法律性原则"(das Prinzip der Gesetzesmäßigkeit)⑤。这些都显示:在一般的或概括的授权规定中有隐藏的漏洞性格。

要之,对这种"法内漏洞"的填补工作,到底是属于法律解释还是法律补充,学说上见解并不一致。有人认为,因这种漏洞之填补工作尚在可能的文义范围内,所以它应该属于法律解释。⑥ 还有人认为,即使如此,它仍然是法律补充。盖这种"法内漏洞"之漏洞性格,并没有因为立法机关授权法院,得予补充而被否定。是故,在这种情形,法院所面对的问题本质上是完全一样的。它与"法外漏洞"之区别只在于:法院已被特别授权,得补充法内漏洞。而该授权之有无在法律上几乎是没有意义的,因为在禁止法外漏洞之补充的场合,"法内漏洞之补充"的授权同样会被禁止,如前述。而在法外漏洞之补充原则上被许可的场合,法院对这种漏洞之补充的权限,却是一般地被授与。第三种看法则认为它应被当成独立案型处理。⑦ 本书采第二说。理由是:a.法律解释与法律补充之典型的情形究竟有区别,且其区别不论在法律实务上(如禁止法律补充的情形),或法学方法论上都有重大的意义。如果我们为了开放性概念而放弃对法律解释与法律补充的区别,则我们将失去说明它们在典型案型之区别的能力,从而更无法对临界案型在必要时(如在禁止法律补充的法域)作适当的立法

---

① 请参见 Larenz, aaO.(Fn.1), S. 410ff. Canaris 在关于他所建议的"原则或价值漏洞之补充上的限界"(Die Grenzen der Lückenausfüllung bei den Prinzip-und Wertlücken)的讨论上,显然也已认识到这一点 [aaO. (Fn.8), S. 194ff]。

② Jürgen Banuman, *Strafrecht*, *Allgemeiner Teil*, 6 Aufl, 1974. S. 163.

③ Tipke, *Steuerrecht*, 3. Aufl. 1975, s. 32ff. Hans-Jürgen Papier, *Die finanzrechtlichen Gesetzesvorbehalte und das grundgesetzliche Demokra tieprinzip*, 1973, s. 171ff.关于类推适用及其他法律补充之禁止原则,请参见黄茂荣:《税法总论(第一册增订二版)》,植根法学丛书编辑室 2005 年版,第 342 页以下。

④ Bauman, aaO.(Fn.35), S. 127ff; Tipke, aaO. S. 29ff.这个禁止规定,主要在要求"立法机关不得透过一般条项或太不确定的法律概念,授权行政机关介入人民的基本权利"。亦即立法机关所作之授权规定,必须将授权的内容(der Inhalt)、目的(der Zweck)及范围(das Ausmaß)明白规定出来。关于一般及特别的授权(globale oder spezifizierte Ermächtigung),请参见 Dietrich Jesch, *Gesetz und Verwaltung*, 2. Aufl. 1968, S. 213ff.

⑤ Tipke, aaO. (Fn.34), S. 25ff. Hey in Lang/ Tipke, *Steuerrecht*, 24. Aufl., Otto Schmidt 2022, Rn. 3. 230ff; Jesch, aaO. (Fn.35), S. 102ff.

⑥ Canaris, aaO.(Fn.8), S. 26ff.他在那里对正反学说皆有详细的引证。

⑦ 力主此说者,如 Leenen, *Typus und Rechtsfindung*, 1971.

上，或司法上的决定。① b.鉴于"民法"中有像第 1 条这种授权法院补充"法外漏洞"的规定。如果我们不承认法内漏洞，则可能认为"民法"没有漏洞。而这与事实是不符合的。倘可透过"民法"第 1 条将所有漏洞"法内化"。并基于前述第一说，主张：民法无漏洞，则民法典只要第 1 条就够了，何须订至第 1225 条。②

　　②授权式类推适用

　　授权式类推适用在本书系指那种由法律明文授权法院将某案型之法律规定适用到另一个类似的案型上。由于这种类推适用，系经由法律明白授权，所以该拟由类推适用去填补的

---

　　① 法学方法论对"需要评价地予以补充的法律概念"之上述的了解，说明了为何学界认为法律解释与法律补充之性质并无质的区别，而只有量的区别。也有人主张，尝试将它们区别的努力是白费力气，且没有意义。本书则以为这个区别并不如其反对说所指称的那么不中用。像法律解释与法律补充这种概念或用语，有其区别，也有其接壤的地带。在接壤处固然泾渭难分，但在非接壤处其区别则鲜明无比。对非接壤处的了解，有助于接壤处之分际问题的解决。关于这一点，在法学上，我们只要注意到法律解释与法律补充之功能及其适用法域的规定，及决定这些之法律价值或思想背景即可明了。法律解释与法律补充间的谁轻谁重的争论，在法律思想上的反映为：法的安定性（或一般的正义）与个案之衡平（die Billigkeit）间，以及概念法学与利益法学（或价值法学）间的不协调。在这里必须指出的是：前述事项间之不协调，事实上是一种相反而又相成的关系。它们之间的表面关系，乍看之下，似乎是一种非把对方消灭，本身就不能得到发展之不共戴天的关系，但实际上，如果对方真的不存在了，本身可能也就永远无法最好地实现其所追求的正义。从功能的角度来观察，本身也就变得比以前更低能。第一对不协调的例子如：(1)契约自由原则与限制（如一般契约约款的限制，过高违约金的限制；"民法"第 252 条）；(2)所有权的保护与限制；(3)过失责任主义与无过失责任（危险责任、衡平责任）；(4)自己责任主义与为第三人之行为负责（"民法"第 28 条、第 187 条、第 188 条、第 224 条）等。第二对不协调的例子如：若无概念法学所作的贡献，现代法学对法律之外在（逻辑）体系不可能有今天这么好的把握；如果没有利益法学与价值法学的贡献，现代法学对法律之内在体系（价值体系）也不可能有今天这么好的把握。要之，如没有它们之相反相成的贡献，则或是法律价值的追求，会因缺少逻辑体系的控制，而流于精英权威之人治式的专擅；或是法律逻辑的贯彻，会因失去价值的取向，而流于统治威权之恶法亦法式的苛酷与盲目。形式法治的要求是对原始的或封建的人治社会之反省与改进的成果。取向于价值之实质法治的要求是对近代形式法治社会之再反省与再改进的新体认。如果忽视了第二对不协调间之相反相成的关系，人们在二十世纪的末叶，很可能会由于恶法亦法式之苛酷的经验，而想将自己所生活的社会，推向春秋战国以前那种想象中的，一切都恰到好处之圣人式的人治社会。这显然源自对于没有亲自经验过之往古社会的完美想象。倘真这么做，那是开历史倒车的行为。其谬误存在于：在出发点上，以假为真，否认了前述第二对不协调中之一极的存在意义。基于这个了解，二十一世纪的人应努力的该是：如何在现有的基础上，实事求是，努力造就实现实质法治社会的人文条件，而不是取巧地去追求圣人之治。关于法治国家原则之实质化的问题，请参见 Ernst Forsthoff, Rechtsstaat im Wandel, 1964. 在实质的法治社会的追求上，我们必须将已有的成就概念化或构成要件化，以确保成果。此时，虽然需要法律解释的技术帮助我们将这些成果有把握地再现于生活中，但鉴于人类文化之不断进步的特质，我们必须向将来保持法律体系的开放性。在这里，为了不粗心地又回到原始的、封建的人治社会，我们需要法律补充的技术，以将价值透过体系贯彻到生活中，为了充分了解法律解释与法律补充的方法，我们必须努力去区分它们。关于法律体系的开放性，请参见 Canaris, Systemdenken und Systembegriff in der Jurisprudenz, 1969, S. 61ff.

　　② 《瑞士民法》第 1 条："法律适用在依其文义或解释对之有所规定的一切法律问题。如果法律（对之）未加规定，那么法院应依习惯法，如无习惯法，那么法院应依那些如果他是立法者，他便会制定的法规去裁判。法院在这里应遵守被考验过的学说与传统。"《瑞士民法》第 1 条与台湾地区"民法"一样授与法官补充法律的权限。

漏洞也属于"法内漏洞"①。

授权式类推适用,依其功能主要可分成两种态样:

A. 避免烦琐的重复规定

这一个类型的规范:a.通常都在文字上明白地使用了"准用"的字眼。例如"民法"第261条:"当事人因契约解除而生之相互义务,准用第264条至第267条之规定。"第263条:"第258条及第260条之规定,于当事人依法律之规定终止契约者,准用之。"第353条:"出卖人不履行第348条至第351条所定之义务者,买受人得依关于债务不履行之规定,行使其权利。"第816条:"因前五条(按:关于添附)之规定,丧失权利而受损害者,得依关于不当得利之规定请求偿金。"②第398条:"当事人双方约定互相移转金钱以外之财产权者,准用关于买卖之规定。"第1176条第6项:"先顺序继承人均抛弃其继承权时,由次顺序之继承人继承。其次顺序继承人有无不明或第四顺序之继承人均抛弃其继承权者,准用关于无人承认继承之规定。"有时也用"依关于……之规定"的字眼,例如"民法"第197条第2项:"损害赔偿之义务人,因侵权行为而受利益,致被害人受损害者,于前项时效完成后,仍应依关于不当得利之规定,返还其所受之利益于被害人。"③b.但也有用"……亦同"之规范方式。例如"民法"第184条第1项:"因故意或过失,不法侵害他人之权利者,负损害赔偿责任。故意以背于善良风俗之方法,加损害于他人者,亦同。"第185条第1项:"数人共同不法侵害他人权利者,连带负损害赔偿责任,不能知其中孰为加害人者,亦同。"c.也有用"……有同一之效力"之方式。如"民事诉讼法"第380条第1项:"和解成立者,与确定判决有同一之效力。"

上述b、c这两种方式,通常应用在"法律效力"的准用(die Rechtsfolgeverweisung)。至于a之方式,则可能只用于法律效力的准用,也可能包括一起准用构成要件与法律效力。这种准用称为法律原因的准用(die Rechtsgrundverweisung)。例如"民法"第197条第2项及第816条都是法律原因的准用规定。它们的意义分别是:a.因侵权行为所生之损害赔偿请求权之罹于时效,并不是使加害人保有其侵权成果的法律上原因,因此该加害成果之返还,尚应依不当得利的规定处理之;b.同样的,"民法"第811条至第815条等所规定之添附,亦不

---

① 承认其漏洞性者,例如 Meier-Hayoz, aaO.(Fn.12), N. 265 zu Art. 1 ZGB. Canaris 反对承认授权式类推适用的漏洞性[aaO.(Fn.8), S. 24.]关于它的漏洞性,存在着与"需要评价地补充之法律概念"类似的争论,于兹不赘。

② "民法"第816条之规范需要有二:(1)厘清第811条至第815条虽是依该等规定所生财产利益之移转的法律依据,但非其移转之法律上原因。是故,仍然构成不当得利。(2)为维持第811条至第815条等规定之添附的法律效力状态,第816条规定,因此所生不当得利的返还方法为请求"偿金"而非请求"返还其所受之利益"(第181条)。这影响到该不当得利返还请求权的内容。

③ "民法"第197条第2项规定的意义一样在于厘清法律适用上可能存在的疑问。按侵权行为的损害赔偿请求权与不当得利的利益返还请求权虽各有其互相独立之成立要件,在适用上并无互相排斥的关系。但因其应透过赔偿损害或返还利益,回复之经济利益相同或交集,所以在前述情形,如依请求权竞合说认为有数请求权,则在一请求权受满足时,在受满足之限度,他请求权同归消灭。唯如非受满足,而仅有部分请求权之消灭时效已先完成,则只要其他请求之消灭时效尚未完成,债权人依然可以请求债务人给付。另如不采请求权竞合说,而采请求权规范竞合说认为只有一个请求权,而有数规范基础,则在其中一套规定(例如侵权行为)之消灭时效规定先完成时,该套规定之规范基础固然不再存在,但余存之规定仍可继续为该请求权之规范基础。是故,纵使有一请求权依其自己的规定,消灭时效已先完成,亦不影响其他请求权的存在。基于该认识,"民法"第197条第2项乃为上述规定。

是因添附而受有利益之人,取得其所受利益之法律上的原因,因此就其依添附之规定所取得的利益仍应依不当得利的规定处理之。[1] 即就具体情况去探究,到底获得利益之人,就该利益之取得除"消灭时效期间之完成"或"添附事故"外,是否"另"有法律上原因。该探究显然涉及不当得利之成立的问题。这与其他不属于该案型之"不当得利"规定的准用不同。例如在"民法"第 419 条第 2 项"赠与撤销后,赠与人得依关于不当得利之规定,请求返还"所规定之情形,其不当得利返还请求权,已因赠与之撤销而成立,故第 419 条第 2 项所准用者仅不当得利之法律效力。这种准用在该条项所规定之案型的实益是:排除"民法"第 180 条有关不当得利之消极成立要件的适用性。所以在这里,即使原赠与行为系在履行道德上义务,但如该赠与因受赠人不履行其负担,而为赠与人撤销,赠与人依第 419 条即径对受赠人取得不当得利返还请求权。受赠人不得执第 180 条第 1 项第 1 款以为抗辩。盖非如此,第 419 条即失其法律上的存在意义。因契约撤销,本为法律上原因之消灭事由。对这种情形第 179 条已予规定。倘立法者无意在第 419 条第 1 项径认不当得利返还请求权已因赠与之撤销而成立,则无为该条项之规定的必要。何况,如持相反见解,则在附有负担之履行道德义务的赠与,其受赠人若不履行负担,赠与人除请求其履行外,对之将无可奈何。对受赠人这种保护,在法秩序的维持上显无意义。[2]

唯在授权式类推适用,被准用之法律,到底都只是被类推适用到拟规范的案型。它与直接规范究竟不同。在这里,由于拟规范的案型与被类推适用之规定所规范之案型到底只是相似而不同一,其间自有大同中的小异。该小异在法律上每每有足够的意义以要求,将被准用的规定相应于此小异,作必要的限制或修正后,再适用到拟规范的案型上来。[3] 值得深论者为,因撤销契约所发生之不当得利,是否得类推适用"民法"第 259 条的规定。有无第 259 条之适用的实益为,如得类推适用该条规定,则无第 182 条的适用:负返还义务者,不得以所受之利益已不存在为理由,主张免负返还或偿还价额之责任。

B. 避免挂一漏万的规定:例示规定

在立法上常常会遭遇到对拟规范之事项难以穷举,或其穷举太烦琐,但却又不愿挂一漏万地加以规定之难题。这时立法技术上通常是在作适当的例示后,紧接着用概括规定来加以穷尽地涵盖。例如"民法"第 69 条、第 126 条、第 206 条、第 941 条。本类型亦属授权式的类推适用,从而亦有法内漏洞的性格。其有关的考虑,与前面"避免烦琐的重复规定"项下的讨论相同。

---

[1] 此为德国法内,相应问题之通说。Esser, *Schuldrecht*, Bd. Ⅱ, 4. Aufl. S. 335f; Larenz, *Methodenlehre der Rechtswissenschaft*, 1975, 3. Aufl. S. 244.

[2] Esser, aaO. S. 335. 不同见解,请参见郑玉波老师:《民法债编各论》,三民书局 1970 年版,第 160 页:赠与"若已履行者,则赠与撤销后,赠与人得依关于不当得利之规定,请求返还赠与物("民法"第 419 条第 2 项)。唯应注意者,为履行道德义务之赠与,如因受赠人之忘恩负义行为而撤销者,虽亦成为不当得利,但依'民法'第 180 条第 1 款:'给付系履行道德上之义务者,不得请求返还'之规定,仍不得请求返还。因'民法'第 419 条第 2 项明定依关于不当得利之规定,请求返还,而'民法'第 180 条第 1 款亦为不当得利规定之一部分,于兹自当适用之。"

[3] Larenz, aaO. (Fn.44), S. 244:"即使对这点,法律并未明白指出,但法律所规定引用之规范的适用仍一直只是一种'准用'(ein entsprechende Anwendung)。所以,与事理不符之等同(unsachgemäße Gleichsetzungen)应予避免。由事务(die Sache),即拟去规范的生活关系所要求的区分不得加以排除。"

C.空白规定（Blankettnormen）

"民法"上典型的空白规定是指那些指示以"习惯"或"善良风俗"为裁判标准的规定。该空白规定具有类似于"委任立法"的性质。[①] 它们或一般地"授权"以习惯对法律上的空白加以补充，例如"民法"第1条；或特别地就构成要件让诸习惯加以规定，例如第161条第1项[②]，第184条第1项；或就法律效力让诸习惯加以规定，例如第483条。习惯相对于法律之适用顺位，原则上固如"民法"第1条所定，后于法律。但法律有时也以明文例外规定其适用顺位优先于法律。例如"民法"第372条、第439条。

虽然法律在上述规定肯认习惯对法律在"委任立法权限"内之补充的或优先的受适用资格，但它们终究都尚未演变为习惯法。从而也不具备"法律"的地位。[③] 是故，这里所论之空白规定让出来给习惯的空白，便构成一个"法内漏洞"。该"法内漏洞"与其他"法内漏洞"的区别，不在于它的漏洞性，而在于补充该漏洞的机关：后者是法院，而前者则是该系争案型所属的生活圈内的"成员全体"。例如"民法"第207条。在这里，由于补充空白规定的主体或多或少具有主权者的性格，因此该补充之活动是否适宜看成法律补充仍有疑问。

（3）体系违反

法律体系必须是无矛盾的。[④] 一有矛盾，即构成法秩序中的"体系违反"（die Systembrüche）。体系违反通常以"规范矛盾"（die Normwidersprüche）或"价值判断矛盾"（die Wertungswidersprüche）的形态表现出来。在这里，"规范矛盾"能够而且也必须被避免

---

① 关于"空白规定"请参见 Meier-Hayoz, aaO. (Fn.12), N. 266 zu Art. 1 ZGB.委任立法指由立法机关在法律中授权行政机关，为一定之目的，在一定之范围制定一定内容之法规命令。关于法规命令之制定的授权虽有授权明确性的要求，但其授权在实际上仍不失其概括的空白性格。因为演变事实上惯行者不是行政机关，而是实际上从事相关社会或经济活动的群组，所以，优先适用习惯之规定的授权，与法规命令之制定的授权，在制定的主体上尚有差异。

② 实务上称此为意思实现。所谓意思实现，系指一种不需到达要约人即能生承诺效力之意思表示。意思实现虽与默示类似，但不相同。"所谓默示之意思表示，系指依表意人之举动或其他情事，足以间接推知其效果意思者而言，若单纯之沉默，则除有特别情事，依社会观念可认为一定意思表示者外，不得谓为默示之意思表示"（最高法院1940年上字第762号判例）。要之，默示非无表示，而是其表示之法效意思的内容为何，尚待从形之于外的行为推论得知。至其为非对话之意思表示者，仍须到达始生效力。另台湾地区"最高法院"1954年台上字第454号判例要旨认为："系争基地之房屋，被上诉人与原所有人某甲间之租赁关系，虽因其租赁物即房屋全部，不可归责于双方当事人之事由，灭失而消灭，然某甲于被上诉人在系争基地重新建筑房屋，不唯并无反对之表示，且受领其地租有年，是双方既有租用基地建筑房屋合致之意思实现，自难谓其租赁契约未经成立。"该要旨所称之意思实现，或可谓为默示，但应非意思实现。

③ 如果这些习惯已演变为习惯法，那么它们与制定法的关系，将不再一般地依"民法"第1条，或个别地依如文内所引之特别规定来决定。这个时候，它们之间会有竞合关系。从而它们的关系也应依竞合理论解决。

④ Coing, *Grundzüge der Rechtsphilosophie*, 2. Aufl. S. 313f., 317.

或排除,但"价值判断矛盾"则不尽然。①

①规范矛盾

规范矛盾,是在数个不同的法律规范对抽象之同一法律事实②加以规范,并赋与不同的

---

① 例如若一个价值判断矛盾是属于"法律政策上的缺失"(rechts-politischer Fehler),或者若该矛盾所在之法域禁止漏洞的补充,则该矛盾所造成的漏洞便无法被补充[Canaris, *Systemdenken und Systembegriff in der Jurisprudenz*, 1969,(S. 121)];另请参见 Canaris, aaO. S. 26f., 116ff., 125ff.; Engisch, *Einführung in das juristische Denken*, 5. Aufl. 1971, S. 158ff. 在税捐法上之显明的情形是:依税捐法定主义,课税必须有税捐法为其依据,以符合民主原则。这有两重意义:无税捐法为依据,即不得课税;有税捐法为依据,即应课税。后者为自税捐法定主义引申之依法课征原则。然税捐法之规定如果不符合量能课税原则,亦即违反税捐正义,则依法课征原则之贯彻势必导致恶法之执行。于是,有恶法亦法或恶法非法的疑问。当迫于财政困难,一时修法缓不济急,而姑且不退还已征之恶税,或甚至续征恶税,则引起价值判断矛盾。如有应征之税,而因构成要件上之疏漏,致对类似的案件规定有的类型课征,有的类型不课征时,则税捐法定主义之贯彻亦有价值判断矛盾:违反平等原则。于是,引起是否应容许类推适用的疑问。在税捐法定主义与量能课税原则冲突的情形,最后协调的结果应当如何?"大法官"在其解释中并无一贯的见解,而视情形,有即将之论为恶法非法,且不得再予适用者(释字第 339 号、第 413 号、第 415 号、第 478 号、第 505 号、第 566 号解释),有将之论为恶法亦法者。论为恶法亦法者中,有就其效力附以终期者(释字第 218 号、第 224 号、第 289 号、第 367 号解释),亦有不附以终期,而仅并予指明:有关机关应依解释意旨从速检讨修正相关法令者(释字第 496 号解释)。税捐稽征经济原则,一样的必须有税捐法之明文规定为其依据。有疑问者为:在有明文依据时,其与量能课税原则冲突时,当如何?原则上应让纳税义务人有选择适用税捐稽征经济原则或量能课税原则纳税的权利。肯定例,例如标准扣除额与列举扣除额间("所得税法"第 17 条第 1 项第 2 款)、核实课征与查定课征间("营业税法"第 23 条)之选择。否定例,例如关于进项税额,在比例扣抵法与直接扣抵法间之选择("兼营营业人营业税额计算办法"第 8 条之 1:"兼营营业人无积欠已确定之营业税及罚款,且账簿记载完备,能明确区分所购买货物、劳务或进口货物之实际用途者,得向稽征机关申请核准采用直接扣抵法,按货物或劳务之实际用途计算进项税额可扣抵销项税额之金额及购买本法第 36 条第 1 项劳务之应纳税额。但核准后三年内不得申请变更。")。要之,应以给纳税义务人选择权,作为协调税捐稽征经济原则与量能课税原则间之冲突的方法。

② 这里所谓抽象之同一法律事实,有逻辑上之层次的问题。例如下述讨论之权利瑕疵。就其法律上有意义之特征而论,其实有自始瑕疵与嗣后瑕疵之分。当暂时不论权利瑕疵发生之相对时点在缔约以前或在缔约后,则在法律上它们是抽象之同一法律事实。当认为权利瑕疵之发生的相对时点在缔约以前或在缔约后有规范上之意义,并据之给予差别待遇,则在法律上它们已非抽象之同一法律事实。这时其差别待遇的作用机制置于构成要件:由此启动。其结果,在构成要件上原来未加明文区分的规定("民法"第 353 条),便必须受到目的性限缩:限以自始权利瑕疵为其规范对象,以化解第 353 条与债务不履行之一般规定间在要件上的冲突。

法律效力①的情况下产生的。该矛盾大多可依竞合理论②,透过法律解释的途径圆满解决。能被依竞合理论圆满解决的矛盾,一般称为"可化解的规范矛盾"(der auflösbare Normwiderspruch);反之,则为"不可化解的规范矛盾"(der unauflösbare Normwiderspruch)。规范矛盾如果不能被化解,那么依据通说,该矛盾所牵涉到的法条便会互相把对方废止。于是便形成一个"碰撞漏洞"(eine Kollisionslücke)。从而该漏洞也就只能依法律补充的一般原则来填补。③

"民法"第353条关于第348条至第351条之违反的责任规定有下述问题:a.第348条不是权利瑕疵担保的规定,此与其他条文不同。第348条之违反本来即应适用债编总论中关于债务不履行的一般规定,特别是关于应以"可归责于债务人"为债务不履行责任之要件的规定。反之,第349条至第351条属于权利瑕疵担保的规定,其责任之成立不以可归责于债务人(出卖人)为要件。b."民法"第353条及第348条至第351条等规定之适用原不限于发生在缔约以前之事由。然后来学说与实务就权利瑕疵发生在缔约后者,认为债编总论中关于债务不履行之一般规定,特别是关于应以"可归责于债务人"为债务不履行责任之要件的规定,应同有其适用。于是引起权利瑕疵担保与一般债务不履行规定间关于应否以"可归责于债务人"为要件之规范冲突。该冲突既因债务不履行之一般规定应一体适用于缔约后之义务违反的看法所引起,其化解自以排斥权利瑕疵担保规定对于缔约后始发生之权利瑕疵的适用收场④,亦即缔约后始发生之权利瑕疵须可归责于出卖人,出卖人始负债务不履行的责任。这等于将"民法"第353条关于权利瑕疵担保规定之适用范围目的性限缩至自始的权利瑕疵。

---

① 这里所称之不同效力,极端的情形是不并存,缓和的情形是增加选择的可能性。增加选择可能性的情形,例如因物之毁损而受损害者,得依"民法"第196条选择,请求以金钱赔偿的方法赔偿其损害,或依第213条,请求以回复原状的方法赔偿其损害。唯由于同条第3项规定:"债权人得请求支付回复原状所必要之费用,以代回复原状。"使物之毁损以外的损害赔偿之债的债权人亦看似自始有相同的选择权,而不需有第214条或第215条所定之情事。其实不然。盖该条第3项所规定之损害赔偿虽以金钱为内容,但其赔偿方法依然是回复原状。其所以如此的道理是货币经济:以金钱作为回复原状之给付的媒介。依该条第3项回复原状与金钱赔偿不同者,不在于给付之内容,而在于其计算应给付之金钱数额的基础。前者,以回复原状所必要之费用为计算基础;后者,以损害事件所引起之价值的减损为计算基础。因该条第3项有"以代回复原状"的文字,自然难免引起该项所定者是否已非以回复原状,而是以金钱赔偿为赔偿方法。

② 关于竞合的一般说明,请参见 Enneccerus-Nipperdey, AT. Bd. I. S. 349ff.此外请参见 Engisch, aaO. (Fn. 51), S. 159; Tipke-Kruse, AO, 7. Aufl. § 1 StAnpG A. 11;Canaris, aaO. (Fn. 51), S. 116ff.关于民事法上的竞合问题,详请参见 Apostolos Georgiades, *Die Anspruchskonkurrenz im Zivilrecht und Zivilprozessrecht*, 1967.

③ Engisch, aaO.(Fn.51), S. 159; Canaris, aaO.(Fn.8), S. 65ff, 116ff.

④ 台湾地区"最高法院"1991年台上字第2319号民事判决:"查本件上诉人出卖与被上诉人者系属系争土地所有权之应有部分,而所有权之应有部分,尚非属物之本身,如有欠缺,充其量仅属权利之瑕疵而已。唯权利之瑕疵以契约成立时即已存在者为限。兹本件于双方成立买卖契约时,上诉人所出卖之系争土地所有权应有部分,似无欠缺,不过嗣后未依约办理所有权移转登记,并移转其中一部分于第三人。果尔,上诉人未依约履行债务,被上诉人似仅能依债务不履行之规定,行使其权利。乃原审就上述所有权应有部分之欠缺,径认上诉人应依'民法'有关物之瑕疵担保之规定负其责任,而维持第一审所为上诉人败诉部分之判决,自属可议。"关于瑕疵担保责任与债务不履行责任之规定间的规范冲突,请参见黄茂荣:《买卖法(增订七版)》,植根法学丛书编辑室2015年版,第391页以下。

在房屋基地用益权之授与途径,本来有债权性之租赁及物权性之地上权可供选择,然因"土地法"第102条规定:"租用基地建筑房屋,应由出租人与承租人于契约成立后二个月内,声请该管市县地政机关为地上权之登记。"使该两途径并二为一。这显然干预到当事人之类型自由。在规范规划上,倘该两途径有并存之规范上的积极意义,则"土地法"第102条之规定与"民法"债编各论中肯认基地租赁的规定间便存在有规范矛盾。盖该条规定的贯彻可能使"民法"债编各论租赁节对房屋基地之租赁的规定失去存在意义,同时当事人间所缔结之契约再也不是本来意义之租赁契约,而变成"地上权设定契约"。当事人间所作之法律行为,一方面依债编各租赁节之规定,被评价为租赁契约,并赋与租赁契约之法律效力;另一方面又依"土地法"第102条,将同一法律行为评价为"地上权设定契约"。该条所定之地上权的登记请求权固以法律为依据,但仍非直接依法律之规定而发生,所以虽然因此将之习称为"法定地上权",该地上权仍须经登记始能发生效力。

该规范冲突并没有因"民法"债编在2000年4月26日修正时,增定与"土地法"第102条之内容实质上相同之"民法"第422条之1,使基地地上权之登记请求权成为基地租赁之固有的法定内容,而获得缓和:"租用基地建筑房屋者,承租人于契约成立后,得请求出租人为地上权之登记。"这只是将不同法律间之规范冲突转为同一法律内。不过,仍应注意该条规定是否为强行规定。

就同一事项前后两个法律效力不同时,是否即有规范矛盾?这视其法律效力是否能够并存而定。按物权与债权固然属于不同种类之权利,但其功能有时是互补的。例如抵押权之于其所担保之消费借贷债权。基地地上权之于该基地之租赁权是否具有类似的意义?只要法定之物权范围没有超出意定之租赁权的范围,将意定债权物权化或利用担保物权提供保障并无所减损于债务人的利益。倒是将债权物权化的结果可以使债权人取得可以对于第三人主张或对抗的权利。这有利于相关法律关系之稳定的发展。不过,出租人与承租人间关于地上权仍应受租赁关系之内容的约束。这与托运人和运送人间关于提单或载货证券之权利或义务的行使与履行仍应受其间之运送契约的约束相同。唯当债权经物权化,即提高其流通性,而流通必引起涉他的问题。倘出租人与承租人间有禁止租赁权转让、转租或限制用途或使用方法的特别约定,该特约对于据该租赁契约请求登记之地上权的效力当如何?

鉴于基地租赁权是基地地上权之原因关系,纵使肯认物权行为之无因性,在当事人间其物权关系仍应受债权关系的约束,如前述。倒是对于第三人,因物权登记有公示效力的信赖保护,而使租赁债权之行使或处分限制的特约对于第三人的效力可能受到影响。第三人与承租人就与该地上权有关之客体为交易者,其交易客体如抵触基地租赁之(用途)限制约定,是否仍以第三人为善意时始得对抗出租人?或是纵使其为恶意亦得对抗出租人?这应是肯认基地承租人之地上权登记请求权之基本冲击所在。该问题与分管契约对于第三人之效力的问题类似。①

租赁为债权,地上权为物权。当事人原以缔结债权契约之意思缔结契约,法律上是否得径行将之完全地转化为物权契约,依私法自治原则,深有疑问。盖即使依物权法定主义,当事人虽无决定物权内容之权限,但总有决定是否缔结债权契约,以负担缔结物权契约之义务的自由。对于缔结债权契约之自由的限制称为缔约强制(der Kontrahierungszwang)②。这是基于公权力,对于契约自由原则之例外的公力干涉。而且它们通常只适用于公用事业。③这里之法定地上权与"民法"第513条之法定抵押权虽同为法定物权,但用益物权与担保物权对设定人之意义究竟不同,后者是担保已存在之债权,故只要债务人(即设定人)依债务之本旨履行债务,该法定抵押权对他不生任何实质上的影响。而在前者,例如在"土地法"第102条及"民法"第422条之1所定之情形,它已将当事人间的法律关系由债权转化为物权。这种转化原应以当事人之合意为基础。所以"民法"第513条不宜被引为佐证"土地法"第102条之"无独有偶"的依据。基于以上的了解,"土地法"第102条与"民法"租赁编之关系,也不该简单地依"特别法优于普通法"的公式来解决。既然如此,则它们使同一个行为之法律效力同时不并存的,或为债权行为,或为物权行为之规范矛盾便属于不可化解的矛盾。两个规定,依前述说明,对本问题便互相地把对方废止了,从而便形成了一个碰撞漏洞。在这个漏洞的补充上,应探讨租赁契约之功能,及"土地法"第102条之原来意旨到底如何,及它们之间应如何互相适应才能圆满地达到它们的功能,即贯彻"土地法"第102条之意旨的同时,并注意到租赁之债权性及其应有的功能。换言之,在法律关系之内容的决定上,应同时注意到当事人之合意。在此前提下,这个问题之比较圆满的解决可能是:a.尽最大可能地尊重当事人的原来合意,而将"土地法"第102条之意义,目的性限缩(teleologische Reduktion)到物权化"民法"第425条、第426条等对承租人之保护规定上,使房屋基地租赁权正式地依物权法具有物权的追及性;或 b.认为房屋基地租赁是债权的租赁权与物权的地上权之混合

---

① 关于分管契约对于第三人之拘束力涉及物权法定主义及善意第三人之保护问题。对此,台湾地区"最高法院"判例与"大法官"解释有不同的看法。释字第349号解释:"'最高法院'1959年台上字第1065号判例,认为'共有人于与其他共有人订立共有物分割或分管之特约后,纵将其应有部分让与第三人,其分割或分管契约,对于受让人仍继续存在',就维持法律秩序之安定性而言,固有其必要,唯应有部分之受让人若不知悉有分管契约,亦无可得而知之情形,受让人仍受让与人所订分管契约之拘束,有使善意第三人受不测损害之虞,与保障人民财产权之意旨有违,首开判例在此范围内,嗣后应不再援用。至建筑物为区分所有,其法定空地应如何使用,是否共有共享或共有专用,以及该部分让与之效力如何,应尽速立法加以规范,并此说明。"台湾地区"最高法院"在2003年9月出版之《判例要旨》并没有因该号解释而将该号判例删去。既然司法意见的整合不易,不宜在立法上轻启像"民法"第422条之1这种容易引起此种争议的规定。在物权法定主义底下,为缓和类似于上述分管契约之保护欠缺的问题,应增加土地登记之有关字段,容许登记分管契约中关于使用区位之划分,及经标准化之使用或处分限制的约定。例如关于不动产租赁契约之买卖不破租赁的保护限制,与其借助于公证("民法"第425条第2项),不如借助于租赁登记来得经济有效。

② 当在债权契约的缔结,对于当事人之一方课以缔约义务,则该方当事人即丧失决定是否缔约,以及自由选择缔约相对人的自由。此即缔约强制。在此种情形,因当事人之一方有缔约义务,双方透过协议,以决定给付与对待给付之对价关系的机制便可能受到干扰。是故,必须进一步借助于行政或司法的干预决定其对价关系。然即便在缔约强制,拒绝缔约,只会引起民事上的损害赔偿责任及公法上的行政责任。双方还是必须缔结契约,始负契约义务。

③ Georg Dahm, *Deutsches Recht*, 1963, S. 466.

契约。由于租赁与地上权之经济上的功能几乎相同,所以它们所规范的项目交集的范围很广。但其规范内容却又不同,于是如从(b)方案,可能发生一连串之规范矛盾。对这些矛盾的判决,必然又是众说纷纭,这将严重地妨害到交易安全。既然另无积极理由认为非采(b)方案不可,则权衡利害,自以采取(a)方案为佳。在有"民法"第422条之1之规定后,上述规范冲突的形势虽然从"民法"与"土地法"间推移至"民法"内部,但并没有因此缓和该规定存在之规范冲突的问题。"土地法"第102条及"民法"第422条之1很可能是对"民法"第425条、第426条等所谓之"租赁物权化"之"误假为真"的过当措施。如然,则(a)方案当与立法意旨较相一致。

至于"土地法"第103条:"租用建筑房屋基地,非因下列情形之一,出租人不得收回:⋯⋯三、承租人转租基地于他人时。⋯⋯"第104条第1项"基地出卖时⋯⋯承租人有依同样条件优先购买之权。房屋出卖时,基地所有人有依同样条件购买之权⋯⋯"等规定虽也限制了基地出租人的权利,但这可谓只是"土地法"基于基地租赁政策对于基地租赁内容之法定的强制,并无否定基地租赁之为租赁的意旨。此为契约内容自由之限制的规定。不过,要注意:房屋出卖的结果必然引起该房屋之基地的转租或转让。这将违反"土地法"第103条第3款,关于转租之禁止的意旨。由是可见,"土地法"该两条规定间是有规范冲突的。

"民法"债编于2000年4月26日修正时,增定第426条之1,规定:"租用基地建筑房屋,承租人房屋所有权移转时,其基地租赁契约,对于房屋受让人,仍继续存在。"这等于肯认基地租赁是可以让与的。该规定已基本上推翻了"土地法"第103条第3款的规范立场。在"民法"第426条之1之规定的背景下,"土地法"第103条第3款的意义仅剩:基地租赁应附随于其上之房屋转让之,不得自己单独充为转让之目标。其结果是:基地租赁在建筑房屋前,其转租依然可能构成"土地法"第103条第3款所定出租人得收回基地的事由。另第426条之2第1项规定:"租用基地建筑房屋,出租人出卖基地时,承租人有依同样条件优先承买之权。承租人出卖房屋时,基地所有人有依同样条件优先承买之权。"该条规定实质重申"土地法"第104条第1项之规定。

②价值判断矛盾

价值判断矛盾在存在上与规范矛盾有些不同。价值判断矛盾为存在于两个以上类似案型之规定(例如关于利息、股利与租金之规定)间的矛盾,而规范矛盾则为存在于同一案型之规定(例如关于权利瑕疵之担保及债务不履行规定)间的矛盾。价值判断矛盾存在的态样主要有四种:A.碰撞式价值判断矛盾,B.类推适用式价值判断矛盾,C.目的性扩张式价值判断矛盾,D.目的性限缩式价值判断矛盾。兹分述之。

A. 碰撞式价值判断矛盾

碰撞式价值判断矛盾为关于类似案型之明文规定间的价值判断矛盾。其所以构成矛盾的理由为:依平等原则,本来相同或类似的案型应为相同的处理,而今法律之明文规定竟对之有不同法律效力之规定,其不同之规定间自然存在有价值判断矛盾。例如某一个规范(N_1)赋与某一个法律事实(T_1),一种法律效力(R_1);而另一个法律事实(T_2)之法律上重要之点虽然与T_1相同,但另一个规范(N_2)却对T_2赋与另一个法律效力(R_2)。例如过去关于稿费与版税之全额免税与折半免税的差别待遇;①目前利息、股利与租金之差别待遇的规定亦有相同的碰撞式价值判断矛盾。

按利息、股利与租金同为资产之法定孳息所构成之所得,在租金所得的计算上,可减除必要损耗及费用,以其余额为所得额。将财产借与他人使用,除经查明确系无偿且非供营业或执行业务者使用外,应参照当地一般租金情况,计算租赁收入,缴纳所得税。财产出租,其约定之租金,显较当地一般租金为低,稽征机关得参照当地一般租金调整计算租赁收入("所得税法"第 14 条第 5 项)。此为虽无违章行为在先,但以类型为基础之推计课税。用以取得

①　"所得税法"第 4 条第 1 项第 23 款原来规定个人之稿费收入免税;而第 14 条第 3 项规定个人之版税收入,得仅以半数作为当年度所得,其余半数免税。又依"所得税法施行细则"第 18 条规定:"本法……所称之版税,指著作人以本人之著作售与出版商之所得及未出售著作权,而按出版商销售其著作数量而取得之所得。稿费指著作人以本人之著作在报章、杂志刊登或自行出版发售所得之所得。"在这里牵涉者都是实施著作权取得之所得。因此,它们的所得种类其实是相同的。对该所得如有税捐之减免,其奖励的理由都是"著作活动",而非"出版活动"。该奖励的理由来自著作效益之外部性。如然,则自己出版或授与他人出版间之出版活动上的区别不应构成对于著作人之所得税上差别待遇的理由。是故,前述"所得税法"过去对稿费与版税之差别待遇,构成这里所称之应予避免与排除之价值判断矛盾:对法律上重要之点相同之法律事实,以事理外之理由(sachfremde Gründe)给予差别待遇。当有此种价值判断矛盾便构成一个碰撞漏洞。只要稿费的免税措施是一个有理由之促进文化活动的价值判断,该判断应优先被贯彻。是故,该漏洞之补充的结果,应当是版税之全部免税的待遇。该漏洞后来在 1982 年 12 月 30 日经以修法将版税规定删除的方法加以补充。与之配套之"所得税法施行细则"第 18 条并于 1983 年 5 月 26 日在该细则之修正中移至第 8 条之 5 第 2 项,并在第 3 项肯定稿费、版税均属执行业务所得。不过,就稿费之免税,后来"所得税法"第 4 条第 1 项第 23 款修正为:个人稿费、版税、乐谱、作曲、编剧、漫画及讲演之钟点费之收入,免纳所得税。但全年合计数以不超过 18 万元为限。亦即稿费从全额免税修正为定额免税,版税从半数免税修正为与稿费等并计后定额免税。就如何计算自行出版之稿费所得,"财政部"2003 年 1 月 29 日台财税字第 0920450087 号令发布之"2002 年执行业务者费用标准"第 6 点规定:"执行业务者未依法办理结算申报,或未依法设账记载并保存凭证,或未能提供证明所得额之账簿文据者,2002 年应依核定收入总额按下列标准计算其必要费用:……六、著作人:按稿费、版税、乐谱、作曲、编剧、漫画及讲演之钟点费收入减除'所得税法'第 4 条第 1 项第 23 款规定免税额后之 30%。但属自行出版者为 75%。""所得税法"第 4 条第 23 款所称 18 万新台币,应指依该标准扣除执行业务者费用后之所得额。对于著作人,上述修正的结果:关于稿费是不利的;关于版税,设除版税收入外,著作人另无"所得税法"第 4 条第 1 项第 23 款所定其他执行业务收入时,在其版税收入大于 63 万新台币时为不利。修正后之税基为:(版税－18)×0.7;修正前之税基:版税×0.5;当(版税－18)×0.7＞版税×0.5 修正后较不利。该式移项得:版税×0.7－版税×0.5＞18×0.7;版税×0.2＞12.6;所以,版税＞63 万新台币时,依修正后之规定计得之版税的税基大于依修正前之规定计得之版税的税基。版税与稿费之分类的意义为:认识自行发行与授权发行,或按发行次数与按发行量计酬的区别,在所得净额的计算上及在所得税的免税待遇上之重要性不同。其中按发行次数计算报酬者,究为版税或稿费,虽不易区分,但只要单纯按次而不论发行数量计酬者,仍应论为稿费。另与讲演之钟点费之收入类似者有"公私机关、团体、事业及各级学校,开课或举办各项训练班、讲习会,及其他类似性质之活动,聘请授课人员讲授课程,所发给之钟点费"。稽征实务上将该钟点费论为"所得税法"第 14 条第 1 项第 3 类所称之薪资所得("财政部"1985 年 4 月 23 日台财税第 14917 号函)。其理由为何,未见说明。从实质课税原则出发,其实,无经常聘雇关系之课程的讲授,应归类为执行业务收入,而非薪资所得。对此,"财政部"1997 年 2 月 26 日台财税字第 861880788 号有相对合理的看法:"基于雇用关系取得者属薪资所得外,为稿费性质,可适用'所得税法'第 4 条第 23 款规定,定额免纳所得税。"可惜没有获得贯彻。论为薪资所得或执行业务收入的差异在于:在前者,不承认薪资所得者之费用支出,而仅给予每人每年 20 万元之薪资所得特别扣除额("所得税法"第 17 条);而在后者则承认其有对应于执行业务收入之一定比例的执行业务费用。这相对上比较合理。

租金之租赁物如为土地、房屋或汽车者,除对其租金所得课征所得税外,并对其财产的持有课征地价税、房屋税或汽车牌照税等财产税。而财产税之实质税捐客体即其孳息所得(租金)。只准在租金所得之税基的计算上,将该财产税的负担自租金收入减除,而不准在营利事业所得税或综合所得税之最后应纳税额的计算上,将该财产税自其结算申报应纳税额中扣抵,造成上述财产税与租金所得税间之重复课征。实施两税合一后,该重复课征为股利所无。① 在此意义下,关于租金及股利之课税,有价值判断上之矛盾。至于利息,因对于本金不课财产税,与股利相同,无财产税与所得税之重复课征的情事。

价值判断矛盾存在于寄存送达。关于寄存送达,“民事诉讼法”第 138 条第 2 项规定:“自寄存之日起,经十日发生效力。”依“刑事诉讼法”第 62 条,该条规定并准用于刑事诉讼。然“行政诉讼法”虽有准用众多“民事诉讼法”之规定,但就第 73 条所定之寄存送达,自己既无附始期(例如自寄存之日起,经十日发生效力),亦无准用“民事诉讼法”第 138 条第 2 项之规定。“行政程序法”第 74 条,亦然。于是,关于寄存送达之生效,引起“行政诉讼法”及“行政程序法”之规定与“民事诉讼法”及“刑事诉讼法”之规定不一致的情形。由于寄存送达实际上是一种拟制送达,不一定真正达到应受送达人。这在具体案件可能严重影响行政争议案件之当事人知悉案情及必要时在法定期间内,声请行政救济的权益。以致其行政救济的声请,在实务上常因迟误法定期间而被程序驳回。假设“民事诉讼法”第 138 条第 2 项之规定在价值判断上为合理,则“行政诉讼法”及“行政程序法”之上述规定便显不合理。从而即有因该等规定间之价值判断矛盾而限制人民之诉愿权及诉讼权的情事。因为并无一般的行政需要,使行政法上之文书在寄存送达的情形,立即生效,所以该限制并无必要性,显然违反比例原则。因为该价值判断矛盾所侵蚀之诉愿权及诉讼权系属于基本层次之权利,所以因该价值判断矛盾,而冲突之寄存送达生效日的规定,当因“违宪”,而应退让,以使之与法秩序中其他与寄存送达之生效日相关的规定一致②,俾维护人民之诉愿与诉讼利益。③

B.类推适用式价值判断矛盾

类推适用式价值判断矛盾为关于类似案型之有明文规定与无明文规定间的价值判断矛盾。其所以构成矛盾的理由为:依平等原则,相同或类似的案型应为相同的处理,而今法律之明文规定仅对其中一部分类型为明文规定,而对另一部分类型未为规定。于是,造成未为规定之类型在规范上无法律规定可为直接依据的情事。如因此对未为规定之类型置之不理,则该部分予以明文规定、部分不予规定之规范状态间自然存在有价值判断矛盾。由于该矛盾之存在,以明文规定者与未明文规定者间之类似性为其论据,所以称之为类推适用式价值判断矛盾。例如某一个规范(N_1),赋与一个法律事实(T_1),一种法律效力(R_1)[案型

① 对于发给股利之公司课征营利事业所得税后,再对其股东受分配之股利课征综合所得税,事实上构成对于同一盈余之所得税的重复课征。只是由于其纳税义务人不同,分别为公司及其股东,因此认为没有重复课征。国际税法称此种重复课征为经济性的重复课征(Otto H. Jacobs, *Internationale Unternehmensbesteuerung*, München, 2002, S. 3f.),以与对于纳税义务人相同之法律性的重复课征相区别。为消弭关于营利事业盈余之经济性的重复课征,“所得税法”自 1998 年度起,导入两税合一之所得税制(第 66 条之 1 以下)。唯营利事业所得税及个人所得税之两税合一制度,后来于 2018 年 1 月 1 日废止。

② 关于价值判断矛盾与违宪的可能,请参见 Larenz, *Methodenlehre der Rechtswissenschaft*, 6. Aufl., Springer Verlag 1991, S. 488ff.

③ 对此,请参见释字第 667 号解释。

(1)］；而对另一个与 T_1 在法律上重要之点相同或类似的法律事实却未作规定［案型（2）］。该未将法律价值贯彻于数个法律上重要之点相同或类似之法律事实的状态，与前述案型（1）同样构成价值判断矛盾。不同的是：在案型（1）其矛盾是因立法者之不贯彻价值的"作为"，在案型（2）是因立法者之不贯彻价值的"不作为"所引起：法律对系争案型之类似案型已为规定，而对系争案型却根本未作规定。此与规范矛盾存在于因立法者对同一案型之前后矛盾的作为者不同。

有的情形，其是否构成类推适用式价值判断矛盾，容有疑问。例如"民法"第 79 条规定："限制行为能力人未得法定代理人之允许，所订立之契约，须经法定代理人之承认，始生效力。"第 118 条第 1 项规定："无权利人就权利目标物所为之处分，经有权利人之承认，始生效力。"第 170 条第 1 项规定："无代理权人以代理人之名义所为之法律行为，非经本人承认，对于本人不生效力。"以上三个规定有一个法律上有意义之共同特征，即该等法律行为之作成，事先应得行为人以外之人事先的允许或授权。基于该共同特征，法律就欠缺"必要事先允许或授权"之法律行为的法律效力，一致地规定为：该法律行为待于有权事先允许或授权者之承认始生效力。此即学说与实务上所称"效力未定"之法律行为的案型。

关于债权之移转与债务之承担，其一般规定为：关于债权之移转，因其系权利之处分行为，所以除有"民法"第 294 条第 1 项所定情形（一、依债权之性质，不得让与者。二、依当事人之特约，不得让与者。三、债权禁止扣押者）外，债权人原则上得自由让与，无须经债务人之同意。但除法律另有规定，"债权之让与，非经让与人或受让人通知债务人，对于债务人不生效力"（第 297 条第 1 项）。其规范目的在于利用通知债务人，界定债务人得对受让人行使之与让与人有关的抗辩权及抵销权（第 299 条）。这与债务人与第三人所定之免责债务承担契约，因可能影响债权人之利益需经债权人同意者，不同。因此，规定其事先未经同意者，非经债权人事后承认，不生效力（第 301 条）。该规定的意旨与前述三套规定相同。至于债权之让与违反"民法"第 294 条第 1 项之禁止规定者，其效力分别为：违反不得让与特约之规定者，其债权之移转在移转当事人间虽然有效，但其效力，不得对抗善意第三人（第 294 条第 2 项）。亦即对于第三人相对无效。违反依债权之性质，不得让与，或债权禁止扣押者，其债权之移转对于债权人、债务人及第三人皆无效（绝对无效）。

在有"民法"第 294 条及第 301 条之规定的背景下，第 484 条第 1 项既然再为规定："雇用人非经受雇人同意，不得将其劳务请求权让与第三人，受雇人非经雇用人同意，不得使第三人代服劳务。"则对其违反之约定对于债权受让人或债务承担人之效力，自当有明文规定的必要，以臻明确。① 是故，可认为，"民法"第 484 条未针对该条第 1 项之违反的效力加以规定之状态，有未将已在类似案型肯认的价值，贯彻到系争案型的价值判断矛盾。该矛盾所造

---

① "民法"第 484 条第 2 项所规定者为违反同条第 1 项之行为，对原雇佣契约的效力，而非对构成该违反行为之"债权或请求权的让与契约"或"债务承担契约"的效力。

成之法律漏洞应透过类推适用予以补充。① 自第 484 条第 1 项所定之案型具备第 79 条、第 118 条第 1 项、第 170 条第 1 项等所定者之共同特征（未经事先允许或授权）立论，固应采取肯定之见解。但这是关于债权之移转及债务之承担的特别规定。

C. 目的性扩张式价值判断矛盾

另有一种价值判断矛盾的态样，其特征为在其法律规定之构成要件的规范规划上，有逻辑上所称过度具体化或类型化的情形。其结果，以法律之立法意旨测度立法者所定适用对象的涵盖范围，可见其太窄，对其规范对象作超过必要之区分。是故，在适用上，有将其适用范围依其规范目的予以扩张的必要，以将应一起规定的案型包括进来。这便是法学方法论上所称之"目的性扩张"（teleologische Extension）。其与扩张解释的区别是：扩张程度是否已超出文义外围（der Begriffsrand）。已超出文义外围者，是目的性扩张；未超出者，是扩张解释。唯可以理解的，该界线并不一直够清楚。

另目的性扩张还有与类推适用相区别的问题。亦即目的性扩张与前述案型（2）的情形虽大同，但有一小异，即已规范之案型与未规范之案型的法律事实之"类似性"较低。因为类似性不足，所以不能以类似性（die Ähnlichkeit）之存在及规范之欠缺作为有法律漏洞之论据，以类推适用作为漏洞之补充方法：将已规范之案型的规定适用到未规范之拟处理案型。而必须直接诉诸既存规定之规范意旨（ratio legis ＝ der Sinn des Gesetzes）②。此与类推适用的论理依据是诉诸已规范与未规范之拟处理案型间的类似性者不同。目的性扩张虽直接诉诸已存在之规定的规范意旨，但目的性扩张与类推适用之案型毕竟是很接近的。在实务上它们的区别很可能仅在于被引为判断类似性之有无的特征之多寡。要求的标准共同特征越多，越不容易将两个案型评价为类似。反之，则越容易。是故，它们的区别是相对的：依一个规范之意旨，如已评价其应适用到原来未为其所规范之案型，则若用比较低的共同特征要求标准，对该原来未为其所规范之案型的适用便容易被评价为类推适用。反之，如用比较高的标准，则其适用便会被评价为目的性扩张。

属于"目的性扩张"的例子如："民法"将不动产物权之移转或设定的（书面）要式规定在物权编（第 760 条）。于是导出司法实务上相关之见解认为："不动产物权之移转，应以书面为之，其移转不动产物权之书面如未合法成立，固不能生移转之效力。唯关于买卖不动产之债权契约，乃非要式行为，若双方就其移转之不动产及价金已互相同意，则其买卖契约即为成立。出卖不动产之一方，自应负交付该不动产并使他方取得该不动产所有权之义务。买受人若取得出卖人协同办理所有权移转登记之确定判决，则得单独声请登记取得所有权。

---

① 史尚宽先生认为"未得受雇人同意所为之让与为无效"。他的理由是"雇佣关系，原则上为对人信用关系，雇用人为何人，对于受雇人通常有重大关系也，从而未得受雇人之同意所为之让与为无效"（参见史尚宽：《债法各论》，作者自刊，1960 年版，第 284 页）。史先生由雇佣契约的属人性立论固属正确。但他由之导出的法律效力与其他类似案型（如"民法"第 79 条、第 118 条第 1 项、第 170 条第 1 项）之法律效果不仅不尽一致，而且显有过当，盖赋与受雇人承认权已足够保护他的利益。立法上超出该限度的介入，不但违反"比例原则"（das Prinzip der Verhältnismäßigkeit），而且不能满足法律体系的和谐性，或无矛盾性的要求。是故，假设立法者认为，违反"民法"第 484 条第 1 项规定之债的移转行为应论为无效，应予明文规定。在未为明文规定的情形，则基于自私法自治原则导出之契约原则，其违反之法律行为应类推适用类似案型之规定，定为：经相对人承认，始生效力（第 301 条参照）。

② Larenz, aaO. (Fn.62), S. 384ff. (384)；Canaris, *Die Feststellung von Lücken im Gesetz*, S. 89ff.

移转不动产物权书面之欠缺，即因之而补正。"①由该判决要旨可见，司法实务上认为，以不动产物权之移转或设定为内容的债权契约，并不需以书面为之。其结果，由于当事人得依未具书面方式之债权契约，请求相对人协力完成"民法"第760条规定之物权契约的要式要求，而使第760条实际上完全失去规范功能。盖不动产物权存之之公示，系以登记，而非物权契约之书面要求来达成。从而苟不动产物权之移转或设定的物权契约应有任何功能，则该功能应在清楚当事人间的法律关系，及督促当事人勿为轻率之决定。但该功能显已因贯彻"以不动产物权之移转或设定为内容之债权契约为非要式性契约"之见解而丧失。该使"民法"第760条在功能上形同具文的失效状态当非立法者制定第760条之意旨所在。所以，为了贯彻第760条的立法意旨，并使其自身能在功能上重获生机，非将该条之要式规定扩张适用到其所未规定之债权契约（原因契约）不可。该扩张并非文义范围内的扩张解释，而是文义范围外之目的性扩张。又在这里，将"民法"第760条适用到相关之债权契约，并非因为该债权契约与物权契约类似，而是因为意在贯彻第760条的立法意旨。② 类似的问题亦存在于委任之处理权或代理权之授与。为此，"民法"第531条规定："为委任事务之处理，须为法律行为，而该法律行为，依法应以文字为之者，其处理权之授与，亦应以文字为之。其授与代理权者，代理权之授与亦同。"盖非如是规定，可能由于委任，而使为委任事务之处理须为之法律行为的要式规定，对于委任人而言，在功能上成为具文。盖未经其以书面授与处理权或代理权之受任人，得以书面从事该等法律行为。

　　胶原蛋白燕窝饮料品究竟是否为清凉饮料品，其认定之论理可能跨越扩张解释、类推适用至目的性扩张。直接认为胶原蛋白燕窝饮料品就是清凉饮料品者为扩张解释；③认为胶原蛋白燕窝饮料品与清凉饮料品有类似保健功能，同属健康食品，应为相同处理者，为类推适用；认为胶原蛋白燕窝饮料品与清凉饮料品皆非民生必需品，而胶原蛋白燕窝饮料品远较清凉饮料品昂贵，所以从量能课税原则立论，货物税条例既已规定对清凉饮料品课征货物税，则更有理由对胶原蛋白燕窝饮料品课征货物税。此为目的性扩张。由上引案例可见，法律问题所属部门法不同时，其规范目的对于法律用语之诠释的操控尺度有很大的差异。是

---

① 台湾地区"最高法院"1968年台上字第1436号判例。对于欠缺法定书面方式之债权契约，法律固规定其履行可治愈其方式之欠缺（"民法"第166条之1第2项："未依前项规定公证之契约，如当事人已合意为不动产物权之移转、设定或变更而完成登记者，仍为有效。"），但这不适合于物权契约。盖要式规定所希望发挥之提醒注意及保留证据的制度功能，必须链接于债权契约始能产生预期的作用。至物权契约已是债权契约之履行阶段，其要式规定除促使当事人协助登记机关之登记作业，避免出错外，并无提醒当事人小心从事系争交易的作用。

② 关于以负担不动产物权之移转、设定或变更之义务为目标之契约的要式问题，2000年4月26日之"民法"修正，已增定第166条之1第1项规定"应由公证人作成公证书"。这可谓是以立法的方法补充上述漏洞。唯同条第2项规定："未依前项规定公证之契约，如当事人已合意为不动产物权之移转、设定或变更而完成登记者，仍为有效。"此为履行行为可治愈方式欠缺的规定。然由于公证制度一时配合不上来，"民法债编施行法"（2000年5月5日修正）第36条第2项规定："'民法'债编修正条文及本施行法修正条文自2000年5月5日施行。但'民法'第166条之1施行日期，由'行政院'会同'司法院'另定之。"而至今行政事务主管部门尚未会同司法事务主管部门订定该条之施行日期。关于不动产契约之要式性以及"民法"第166条之1的问题，另详请参见黄茂荣：《债法总论（第一册）》，植根法学丛书编辑室2009年修订3版，第297页以下。

③ 参见释字第697号解释。

否果真可以如此,值得深思。

要之,在这里,该条之适用,在论理上系直接诉诸该条规定之立法意旨。是故,将该论理方式称为"目的性扩张"①。

D. 目的性限缩式价值判断矛盾

第四种价值判断矛盾之态样的特征是:在法律规定之构成要件的规范规划上,有逻辑上所称过度一般化,亦即具体化或类型化不足的情形。其结果,以法律之立法意旨测度立法者所定的适用对象之涵盖范围,可见其太广或太笼统,没有对其规范对象作必要的区分,以将不该被一起规定的案型括出去。是故,在适用上,有将其适用范围依其规范目的予以限缩的必要。这便是法学方法论上所称之"目的性限缩"(teleologische Reduktion)。其与限缩解释的区别是:限缩程度是否已压缩文义核心(der Begriffskern)。已压缩文义核心者,是目的性限缩;未压缩者,是限缩解释。唯可以理解的,该界线并不一直够清楚。②

目的性限缩在正义上之要求项目与类推适用刚刚相反。后者是要求,类似的案型应被作类似的处理;而前者则要求,不类似之案型应被作不同的处理。③ 属于应予目的性限缩的例子有:"民法"第 246 条第 1 项规定:"以不能之给付为契约目标者,其契约为无效。但其不能情形可以除去,而当事人订约时并预期于不能之情形除去后为给付者,其契约仍为有效。"该项规定中虽仅提及"不能之给付",而未将不能之种类区分为主观不能与客观不能。但在实务上④与学说上⑤都将该条所称之"不能"限缩在"客观不能"上。此盖自始主观不能的态样千差万别,要难像态样单纯之客观不能一般,对其为划一的规定。⑥

③准竞合式体系违反

这里所称之"准竞合"是指:两个以上经济功能(或目的)相同,但只其中当事人之一方(如债务人方)不同之法律关系的并存状态。这与通常所称之竞合的区别在:后者之多数法律关系中之当事人双方皆同一,例如甲向乙买饲料养猪,因乙所给付之饲料渗有沥青,致甲

---

① 对实务上这种不当见解的批评,详请参见王泽鉴:《民法学说与判例研究》,作者自刊,1975 年版,第 433 页以下。

② 在实务上与学说上为了强化自己的见解之现行法上的依据,大家倾向于尽可能地将自己的论理评价为限缩解释,请参见 Enneccerus-Nipperdey, aaO. S. 348.

③ Larenz, aaO.(Fn.62), S. 377ff. (377f.);Canaris, *Die Feststellung von Lücken im Gesetz*, S. 88f.;Engisch, *Einführung in das juristische Denken*, S. 269f. Anm. 181;Enneccerus-Nipperdey, aaO.(Fn.1), S. 347f.

④ 最高法院 1944 年上字第 2489 号判例:"共同共有人中之一人,以共同共有物所有权之移转为买卖契约之目标,并非所谓以不能之给付为契约目标,其移转所有权之处分行为,虽因未经其他共同共有人之承认不能发生效力,而其关于买卖债权契约则非无效。"这种买卖,就其他共同共有人之应有部分言,具有买卖他人之物的性质。从而这种买卖即属"部分的他人之物的买卖"。他人之物的买卖为最常见之自始主观不能的案型。由前引判例显见实务上已将"民法"第 246 条所称之"不能"目的性限缩为"自始客观不能"。关于他人之物的买卖之法律问题,请参见黄茂荣:《民事法判解评释》,植根法学丛书编辑室 1985 年版,第 273 页以下。

⑤ 如梅仲协:《民法要义》,作者自刊,1970 年版,第 184 页;郑玉波:《民法债编总论》,三民书局 1963 年版,第 331 页;胡长清:《民法债编总论》,台湾商务印书馆 1964 年版,第 354 页;何孝元:《民法债编总论》,三民书局 1962 年版,第 191 页。

⑥ 详请参见黄茂荣:《民事法判解评释》,植根法学丛书编辑室 1985 年版,第 273 页以下;及 Mao-Zong Huang, *Umfang des Schadensersatzanspruchs bei culpa in contrahendo*, 1974, S. 90f., 126ff.

之仔猪 100 只中毒死亡。在这里乙之加害给付除构成契约责任(债务不履行)外①,其中因该加害给付而致甲之固有利益受有损害的部分(仔猪 100 只中毒死亡)并构成侵权责任。② 从而在甲乙这两个同一的当事人间,就该固有利益之损害即有两个经济功能相同的法律关系存在。由该两个法律关系本来会产生构成请求权竞合之两个损害赔偿请求权。不过,后来为配合"民事诉讼法"上由一个事件(原因事实)引起之纷争,应一次解决之诉讼经济的要求,在实体法上发展出请求权规范竞合说,认为在此种情形只发生一个有数个规范基础之请求权。反之,在准竞合,其中只当事人之一方在各牵涉到的法律关系中是同一(或不同一)。例如 L 向 V 借款 10 万元,而分别由 H 提供其所有之土地设定抵押权给 V,由 S 提供其所有之汽车一辆,设定质权给 V,并由 B 提供"人的保证"担保该债权。在这里债权人一方,即 V 在前述各法律关系中为同一,而债务人这方,则分别为 L,H,S 及 B。由于 L,H,S 及 B 各自所负债务的经济功能同一,即满足 V 对 L 之前述主债权。故只要 V 因他们四人中之任何一人的履行而获得满足,V 即不得再向其他三人请求清偿。就这点,法律上是没有争议的。有争议的是:实际上为清偿的从债务人对其他从债务人之求偿的问题。③

对该问题,现行"民法"似乎并未作周到的考虑。依现行"民法"的规定,不管是抵押人、出质人或保证人先为清偿,其清偿皆引起"民法"第 749 条所定:债权人的债权向为清偿之从

---

① 传统上所称之债务不履行为基于给付迟延或给付不能所构成之消极的债务不履行。而加害给付所构成者则为积极的债务不履行。盖其债务不履行以债务人有履行债务之积极的给付行为为基础。德国学说上称此种债务不履行为积极侵害债权;以积极的给付行为侵害债权。"民法"第 227 条规定:"因可归责于债务人之事由,致为不完全给付者,债权人得依关于给付迟延或给付不能之规定行使其权利(第 1 项)。因不完全给付而生前项以外之损害者,债权人并得请求赔偿(第 2 项)。"基于该条规定,我们的学者习称其为不完全给付。在积极侵害债权所引起之损害,除有该条第 1 项所定关于不完全给付之补正之给付迟延或给付不能的赔偿问题外,还有该条第 2 项所定之固有利益的赔偿问题。文中所称与侵权行为责任互相竞合者为该积极侵害债权的责任与侵权行为责任。盖该二损害赔偿责任皆以该有害给付所引起之固有利益的损害为其赔偿客体。

② 关于此种竞合,详请参见王泽鉴:《民法学说与判例研究》,北京大学出版社 2016 年版,第 589 页以下:契约责任与侵权责任之竞合;Apostolos Georgiades, *Die Anspruchskonkurrenz im Zivilrecht und Zivilprozeßrecht*, 1967, S. 157ff.

③ 由于主债务人是系争债务之终局负责者,故对于他不引起这里所拟讨论之求偿问题。盖主债务人如自为清偿,他不得向从债务人求偿;而从债务人如为清偿,得向主债务人求偿其所作给付之全部。

债务人移转之法律效力。① 且其移转范围，依"民法"第 295 条第 1 项并及于在该债权移转时，"该债权之担保及其他从属之权利"。申言之，此际，先为清偿之从债务人，得对其他从债务人行使其由债权人依"债权之法定移转"（"民法"第 749 条）所取得之债权。其结果正与该先为清偿之从债务人对其他从债务人取得百分之一百的求偿权一样。于是，先为清偿这件事，在这里，便成了决定多数从债务人中谁应终局负担系争债务的唯一依据。然"先为清偿"这件事，在多数从债务人间的债务分担之决定上，显然是事理外的理由（Sachfremder Grund）。今前述规定既然会导出这种结果，即显示：这些规定没有适当地考虑到前述准竞合案型，以致各从债务人分别拥有一个内容相同，且互相对抗的潜在求偿权。求偿权间之各种对抗，对各从债务人所引起之法律效力的状态，与规范矛盾所引起者类似。后者赋与同一个法律事实，两个内容互相冲突的法律效力，从而使各个法律效力，由于莫衷一是而生碰撞；前者赋与不同但互相牵连的两个法律事实以两个内容相同，但权利义务主体正相反的潜在或显在的法律效力，以致各法律效力，因潜在上相持不下的对抗，或因其显在化之标准不合事理，而生碰撞。并由于这些碰撞导致碰撞漏洞（Kollisionslücke）②。这种情形的存在因与体系之无矛盾性的要求不符，而构成体系违反。本书称前者所引起的体系违反为准竞合式

---

① 关于抵押人部分之法律依据为"民法"第 879 条。该条规定："为债务人设定抵押权之第三人，代为清偿债务，或因抵押权人实行抵押权致失抵押物之所有权时，依关于保证之规定，对于债务人有求偿权。"关于"为债务人设定质权之第三人，代为清偿债务，或因质权人实行质权致失质物之所有权"的情形，"民法"就出质人之求偿权并未为规定，鉴于前述两个案型之类似性，当可将"民法"第 879 条类推适用到出质人之前述情形。该条所依之保证规定，首先是第 749 条"保证人向债权人为清偿后，于其清偿之限度内，承受债权人对于主债务人之债权。但不得有害于债权人之利益"。第 879 条内所称之债务人，由其文义"为'债务人'设定抵押权之第三人"观之，显然系指该抵押权所担保之债务之主债务人而言，唯这一个了解的贯彻显然不符"民法"第 748 条所揭示之意旨，即"数人保证同一债务者除契约另有订定外，应连带负保证责任"。按担保物权之性质为物上保证，具有保证之性质。苟无其他事理上的充分理由，债编各论保证节所揭示关于保证之比较详尽的规定，自应被类推适用。基于以上的了解，"民法"第 879 条中之"债务人"，配合第 748 条之规定，应被了解成兼指从债务人。亦即抵押人在代主债务人清偿债务，或因抵押权人实行抵押权致失抵押物之所有权时，他不但可以对主债务人，也可以对从债务人依关于保证的规定行使偿权。对此，最高法院 1930 年上字第 330 号判例意旨认为"债务关系如于设定担保物权而外并有保证人者，该主债务人不清偿其债务时，依原则固应先尽担保物拍卖充偿，唯当事人间如有特别约定，仍从其特约"。台湾地区"最高法院" 1991 年台上字第 2508 号民事判决认为，该意旨表明"采物之担保责任优先说。盖以物之担保，担保物之提供人仅以担保物为限，负物之有限责任；而人之保证，保证人系以其全部财产，负无限责任，其所负责任较重，基于公平起见，使物之担保责任优先，以保护保证人，并无不当。是依'民法'第 751 条规定，债权人抛弃为其债权担保之物权者，保证人就债权人所抛弃权利之限度内，免其责任。反之，债权人抛弃其对保证人之权利者，于债权担保之物权则无影响。二者之责任基础及责任范围并不相同，自难类推适用'民法'第 748 条有关共同保证、第 280 条有关联带债务人相互间分担义务之规定，使物之担保与人之保证，平均分担其义务。"台湾地区"最高法院"上述见解，适用于担保物权设定于先，保证人保证于后者，固有道理；但适用于保证人保证于先，担保物权设定于后者，则不尽妥当。平情而论，应以成立或设定在先之保证或担保物权之责任优先。盖当事人之保证或担保意思应解释为：成立或设定在后者所愿意保证或担保的债为，已附有成立或设定在先之保证或担保物权的债权。同理，保证或担保不能分先后者，自当依保证连带的原则（第 748 条），依第 280 条规定之原则分担其义务。

② Canaris, *Die Feststellung von Lücken im Gesetz*, S. 65ff.

体系违反,以与后者所引起之竞合式体系违反相区别。①

有的学者,以为这里引为准竞合式体系违反之例子中的碰撞漏洞,已因"民法"第748条之直接或类推②的适用而受到补充。因该条规定"数人保证同一债务者,除契约另有订定外,应连带负保证责任"。纵使从债务人之保证责任有"物上保证"与"人的保证"的区别时,亦然。盖它们同具保证的性质,而"民法"第748条并未表明欲将"物上保证"与"人的保证"区别待遇。但也有学者③认为,鉴于"民法"第751条规定"债权人抛弃为其债权担保之物权者,保证人就债权人所抛弃权利之限度内,免其责任"。在该规定,立法者显欲给予人的保证人较有利的地位,即只有人的保证人对物上保证人才享有求偿权(物的责任优先说)。唯第751条不应孤立地被了解。它应与第748条一起被了解。亦即当债权人抛弃为其债权担保之物权时,人的保证人,只就其因而失去的依第748条本可享有之求偿权的范围依第751条免其责任。盖人的保证人只在这个限度内,因债权人之抛弃为其债权担保之物权,而受有损害。如人的保证人因系争的抛弃行为,而得免除超过该限度的责任,则他显然便受有超额的利益。再则我们亦不得一方面认为物上保证人依第748条应与人的保证人负连带保证责任;另一方面,在第751条的了解上,不贯彻第748条之"连带保证"的意旨。基于以上的了解,本书采取前述第一个见解,认为不管是物上的或人的保证人,除契约另有订定外,他们应连带负保证责任④,相互间并无优位、劣位的关系。⑤ 从而发生于他们之间的求偿的问题,原则上也应依"民法"第280条至第282条解决之。

④残缺式体系违反

本书所称之残缺式体系违反具备两个特征:a.由法律已有的规定,已明白显示,立法者若无疏忽,当已加以规定;b.它们不属于前述规范矛盾、价值判断矛盾及准竞合式体系违反的案型,特别是它们不能透过"类推适用"或"目的性扩张"弥补它们的残缺。

在法学方法论上提到的残缺式体系违反,通常依残缺的程度,又分为部分残缺(eine Teillücke)与全部残缺(eine Gesamtlücke)⑥。

---

① Canaris,称本书所称之准竞合式体系违反所造成的漏洞为"目的的碰撞漏洞"(teleologische Kollisionslücke),而称竞合式体系违反所造成者为"逻辑的碰撞漏洞"(logische Kollisionslücke)[aaO.(Fn.83),S.65ff.]。以上两者与前述之价值判断矛盾又不同。竞合与准竞合式体系违反所牵涉到的是对同一个案型作矛盾的处理;价值判断矛盾所牵涉到的是,对两个类似的案型作不当的区别待遇,或对两个不类似的案型作不当的等同处理。关于这个问题,请再参见 Cannaris,aaO.(Fn.83),S.66 Anm.32.

② 因这里所引例子涉有"物上保证",故"民法"第748条在这里的适用当属类推适用。不过,由于第879条之规定,关于抵押人之部分,也可能被认为是直接适用或授权式类推适用。同说请参见郑玉波:《民法债编各论(下册)》,三民书局1970年版,第856页。

③ 如 Erman/Ronke,Anm.3 zu §1225;Soergel-Schmidt 12 §744;Palandt-Thomas 2g §774;Larenz,*Schuldrecht*,Bd.Ⅱ.10.Aufl. S.365.

④ 这种连带为保证人间的"保证连带",并非保证人与主债务人间的"连带保证",故其保证债务原则上仍不失其从债务之候补性("民法"第745条、第746条)。从而各保证人不因共同保证而当然失其对于债权人之先诉抗辩权。请参见郑玉波:《民法债编各论(下册)》,三民书局1970年版,第890页。

⑤ 同说如 Esser,*Schuldrecht*,Bd.Ⅱ.4.Aufl. S.223f. 郑玉波:《民法债编各论(下册)》,三民书局1970年版,第856~857页。

⑥ Dahm,*Deutsches Recht*,S.49.

A. 部分残缺

所谓部分残缺,指法律就某案型虽已加以规定,但或对其构成要件,或对其法律效力,或对其权利人或义务人,或对其权利之行使方法,或对其他类似项目未为规定,致系争法律规定处在一种需要补充之不完全状态。属于这种态样者,在"民法"中,例如:"民法"虽在第973条规定"男未满十七岁,女未满十五岁者,不得订定婚约",但却未规定违反该条之规定的法律效力。判例上虽认为违反该条规定之订婚行为无效,但并未交代其法律上依据。参诸"民法"第980条规定"男未满十八岁,女未满十六岁者,不得结婚。"为该条规定之实践,又于第989条规定:"结婚违反第980条之规定者,当事人或其法定代理人,得向法院请求撤销之。但当事人已达该条所定年龄或已怀胎者,不得请求撤销。"关于违反第973条之订婚行为的法律效力,前述判例所持法律见解,即不无商榷余地。盖这里牵涉到的行为类型:一为结婚之预约,一为结婚之本身;又其行为之法规违反的态样完全相同:同样是对行为人之年龄限制的违反。换言之,这两个案型之法律上重要之点几乎完全相同。然则为何它们的法律效力会一个是无效、一个是得撤销? 由于看不出任何充分之事理上的理由可为其差别规定之论据,所以"民法"第989条之立法意旨,应在对第973条之违反的案型予以贯彻:亦即类推适用第989条,违反第973条缔结之婚约的法律效力应是"得撤销",而非"无效"①。虽然"民法"第975条规定,婚约不得请求强迫履行,但第989条但书关于"当事人……已怀胎者,不得请求撤销"之规定亦适合于婚约的案型;反之,"当事人已达该条所定年龄……者,不得请求撤销"之规定则不适合于婚约的案型。盖婚约只是结婚的预约,尚待履行(结婚)始构成婚姻关系,且法律上并无因婚约当事人达于一定年龄或因同居,而使婚约关系转为婚姻关系的规定。然只要已怀胎,则与结婚时未达适婚年龄的情形一样,应不再得请求撤销婚约,以防止婚约当事人滥用婚约关系,使相对人遭受不利,并降低该胎儿成为单亲孩童的机会。类推适用第989条的意义在于:使当事人之一方在相对人丧失撤销权的情形,得依"民法"第976条至第979条对他方请求损害赔偿。② 唯如只是当事人使婚约关系存续至双方达于第973条规定之最低年龄,则尚不适当因此即认为双方已不再得撤销该在不适龄时缔结之婚约。不过,仍可考虑给予该撤销权以较短之除斥期间:限制应在达到该最低年龄后一定期间内行使撤销权。另在达到该年龄后双方如继续以未婚夫妻的身份往来,亦应解释为其已合意抛弃该撤销权。

以当事人达于"民法"第973条所定年龄作为撤销权之消灭事由是否允当,值得讨论。肯定其为消灭事由的论据为:在婚约与在结婚的情形一样,必须迁就既成的事实。然合理的考虑可能是:在违反第973条的案型,当事人达于该条所定年龄时,正是他们刚刚被认为能自作成熟考虑的时候。就在这个时候便剥夺他们依自己的考虑去决定,是否撤销婚约的可能性,岂不矛盾!"民法"第81条第1项规定:"限制行为能力人于限制原因消灭后,承认其

---

① 同说请参见戴炎辉:《亲属法》,作者自刊1962年版,第48页。

② 于婚约当事人之一方具备"民法"第976条第1项所定解除事由时,他方得解除婚约。依该项规定,婚约解除时,无过失之一方,得向有过失之他方,请求赔偿其因此所受之损害。虽非财产上之损害,受害人亦得请求赔偿相当之金额(第977条)。婚约当事人之一方,无第976条之法定理由而违反婚约者,对于他方因此所受之损害,应负赔偿之责(第978条)。虽非财产上之损害,受害人亦得请求赔偿相当之金额。但以受害人无过失者为限(第979条)。

所订立之契约者,其承认与法定代理人之承认,有同一效力。"正是这个道理。①

以上的讨论主要在说明,当贯彻"民法"第989条之立法意旨于违反第973条之订婚行为,而赋与低于该条所定年龄之订婚者以婚约的撤销权时,该撤销权之存续期间不但未为法律所明定,而且也非"类推适用""民法"第989条所能全部圆满解决,从而显出一个前述所称之部分残缺式体系违反。②

B. 全部残缺

所谓全部残缺是指法律就某上位案型(如债务不履行)之部分下位案型(der Unterfall)(例如给付迟延及给付不能)已予明文规定。但可能由于疏忽或其他原因(如尚不具备从事该规范所需的知识或经验),而对该上位案型之一些下位案型未加规范(例如积极侵害债权)。于是,就该未加规范之下位案型,因全部未予规范而构成全部残缺。在德国民法学说引为典型的是积极侵害债权。③ 因为在德国,其立法者透过关于给付迟延与给付不能的规定,已明白表现出,其拟对债务不履行的案型加以规范的意旨。今同属债务不履行之积极侵害债权既不为已规范之该二案型所涵盖,则立法者所当规范之债务不履行的下位案型即未穷尽。从而当年德国民法的规范状态,就积极侵害债权之一般规定即有前述之全部残缺的情形。在2002年1月之修正,该漏洞以通过立法方式加以封闭。④

属于积极侵害债权的案型,主要是有过咎的加害给付(Schuldhafte Schlechtleistung)。该给付之有害性究因主要义务,或附随义务之违反而具备,对积极侵害债权的成立并不重要。⑤ 例如内服药之给付,可能因成分不纯、过多、过少而有害(主要义务之违反),也可能因说明书上错误的使用说明,或其他应注意事项之提醒的欠缺而造成损害(附随义务之违反)。此外,契约后诚信义务的违反也被列为积极侵害债权的态样之一⑥,以上所引积极侵害债权的态样中,契约后诚信义务的违反,"民法"未为规定。至于加害给付,学说上有认为已在"民

---

① 相反的见解请参见戴炎辉:《亲属法》,作者自刊,1962年版,第48页。他认为在这里"当事人已达法定年龄者,即不得请求撤销"。

② 在这里所讨论的情形,由于"民法"就其法律效力未为规定,因此,对如何行使本书所主张之撤销权也未作规定。唯就该撤销权之行使,应可类推适用"民法"第976条,准由撤销权人向其相对人直接为撤销之意思表示行之。且"如事实上不能向他方为撤销之意思表示时,无须为意思表示,自得为撤销时起,不受婚约之拘束"。由于关于该撤销权之行使的漏洞,系从类推适用第976条来补充,故不属这里所称之残缺式体系违反。关于部分残缺式体系违反,在德国通常是在法条漏洞(Normlücke)底下被讨论。详请参见 Larenz, *Methodenlehre der Rechtswissenschaft*, 6. Aufl., Springer-Verlag 1991, S. 370ff; Canaris, *Die Feststellung von Lücken im Gesetz*, S. 59f.; 81.

③ Larenz, aaO. (Fn. 90), S. 372; ders, *Schuldrecht*, Bd. I., 10. Aufl., S. 266ffl; Esser, *Schuldrecht*, Bd. I., 4. Aufl., S. 389ff. Canaris 在前揭书[(Fn.8), S. 60f.] 还举了一些其他例子。

④ 《德国民法典》第280条:"债务人违反债务契约之义务者,债权人得就其因此发生之损害请求赔偿。义务之违反不可归责于债务人者,不适用之(第1项)。债权人仅于第286条之附加的要件下,得请求给付迟延之损害赔偿(第2项)。债权人仅于第281条、第282条或第283条之附加的要件下,得请求不履行之损害赔偿(第3项)。"其中第2项为关于迟延损害,第3项为关于因为给付迟延、不依债务本旨而为给付或给付不能所引起之不履行之损害的赔偿。在该背景下,第1项自为关于积极侵害债权之损害赔偿请求权的一般规定。

⑤ Esser, aaO.(Fn.91), S. 383ff.

⑥ Esser, aaO.(Fn.91), S. 386f.

法"第 227 条加以规范者。例如郑玉波认为"民法"中关于不完全给付的规定即相当于积极侵害债权的规定。① 相反地,梅仲协认为"民法"对积极侵害债权并未作规定。② "民法"债编自 1930 年 5 月 5 日施行迄今,几无以依"民法"第 227 条请求加害给付之赔偿,获得胜诉之判决。由此可见积极侵害债权这个制度在实务上的理解尚不充分,或至少可认为与积极侵害债权有关的案件并未依第 227 条来处理。③

立法机关,或被委任立法的机关,就应"立法"的事项,不为立法,或不依法定程序立法时,也会造成全部残缺式体系违反。不依法定程序立法的情形,例如"民法物权编施行法"于 1930 年 2 月 10 日制定公布全文 16 条,1930 年 5 月 5 日施行,迄今无修正。该施行法第 3 条第 1 项虽规定"'民法物权编'所规定之登记,另以法律定之。"但目前台湾地区只有"土地登记规则",而无"土地登记法"。该规则系于 1946 年 10 月 2 日由"地政署"公布实施,属于法规命令,而非法律。目前该规则不以"民法物权编施行法"第 3 条第 1 项,而以"土地法"第 37 条第 2 项为其订定依据(同规则第 1 条)。亦即"土地登记规则"之订定与"民法物权编施行法"第 3 条第 1 项所要求之制定方式不符。是故,关于土地登记事项的规范有这里所称之全部残缺式体系违反。鉴于今日经济发展之程度及土地、税务行政上之管理需要,不能无土地登记制度,也不能任令"物权于未能依(该条第 1 项所称)法律登记前,不适用'民法物权编'关于登记之规定"(同条第 2 项)。所以,该暂不适用之让步的规定因已失时宜,而不得引为这里并无所称之体系违反的理由。

可惜的是:迄今,"土地登记规则"虽有 10 次修正,但其与"民法物权编施行法"间从未为土地登记法规之制定依据,而有互相配合的修正。④ 对于登记问题的处理,究以法律或法规命令为其依据,虽不一定深入影响到人民的权益,但行政机关对立法机关以明文规定之土地登记法源上的决定,历数十年而置之不理,立法机关也不以为意。何以致之! 这并不是法治建设之良好示范。要知,一切有为法皆如梦幻泡影,任何权位都将转眼而过,永恒的是接近于公平正义之法制的建立。这将世世代代传递下去。

⑤演变式体系违反

上述讨论之体系违反中所涉生活事实,法律皆已表示要加以规范的意思,只是因规范的设计不完全,而有法律的不圆满性,造成漏洞。有无加以规范之意思的判断,属于法律解释

---

① 郑玉波:《民法债编总论》,三民书局 1963 年版,第 286 页。

② 梅仲协:《民法要义》,作者自刊,1970 年版,第 176~177 页。

③ 台湾地区"最高法院"2004 年台上字第 695 号民事判决:"按物之出卖人就买卖目标之给付有瑕疵,致买受人之履行利益未能获得满足,而无加害给付(即因给付有瑕疵或不完全,致买受人之固有利益受有损害)之情形,由于'民法'第 354 条以下已就出卖人所负物之瑕疵担保责任为特别规定,原则上自应优先于'民法'第 227 条关于债务不履行之一般规定而为适用。倘该瑕疵系于契约成立后始发生,且可归责于出卖人之事由所致者,始例外承认出卖人应同时负不完全给付之债务不履行责任。"该判决虽认为该件所涉法律事实与不完全给付无关,但已述及与不完全给付有关案件的要件特征。

④ "土地登记规则"于 1946 年 10 月 2 日由"地政署"公布实施。该规则自 1978 年 1 月 12 日开始第一次修正后,迄 2003 年 9 月 23 日虽已有十次修正,但一直都还是以法规命令的形式存在。目前其制定依据为"土地法"第 37 条第 2 项。

的问题。在其判断上,应考虑一切法律解释的因素。[①] 因为法律只是人类所做的设计,而人的设计原则上有无限度之完善的余地。该进一步之完善的必要性,除由于当初设计之欠缺外,也可能由于后来情事之发展或价值观的演进,产生新的规范需要;或由于知识的发达,对于旧问题能提供较进步的解决方法。现有规定不能满足之新的规范需要,或旧有问题有较进步之解决方法时,产生演变式体系违反。

演变式的体系违反系指由社会的、经济的、科技的变迁,所产生的新事物[如企业组织(关系企业)、信托关系(应借助于信托之交易:房屋之预售、分时度假权、礼券、高尔夫球证)、信用卡或金融卡关系、衍生性金融商品、新式产销型态(多层次传销、加盟营销体系)、融资性租赁、BOT 契约、医疗关系、动植物生长激素的使用、基因改造生物、汽机车及飞机等交通工具的危险、人造卫星、公寓[②]、事实婚]或新的解决方案所引起之矛盾。因为这些新事物或新方案未为当时立法者所预见,而未被规范,所以,在它们出现后,对它们都有一段或长或短的未规范状态。该未规范状态有时与事物之性质(die Natur der Sache)或与法律伦理原则(rechtsethisches Prinzip)的要求不符[③],有时不能满足交易之规范上的需要。这时候,该未被规范的状态,即构成规范上不被欢迎的不圆满性。其中对公寓、关系企业、消费者保护、交通工具的中间责任或危险责任等已制定"公寓大厦管理条例"(1995 年 6 月 28 日制定)、"公司法"第 369 条之 1 以下、"消费者保护法"(1994 年 1 月 11 日制定)、"强制汽车责任保险法"(1996 年 12 月 27 日制定)等法律加以规范;有些例如基改食品则迄今尚无任何规定对之加以规范。此为因立法工作落后于经建发展而引起法律生活之无政府状态的严重适例。该不圆满性的存在固不与历史上之立法者的意思或立法计划相违,但它显然使人际的一部分重要的生活关系不能获得需要的法律保障。该状态的继续与法律的意旨,即追求正义在人类共同生活中的体现,显然不符。基于"民法"第 1 条的规定,而不得拒绝审判的形势,该不圆

---

① 请参见 Larenz, aaO.(Fn.90), S. 373. 他说:"作为法律之基础的规范计划应从法律本身,透过历史的与目的的解释探讨之。"他在这里并未说明为什么只有历史因素与目的因素才是重要的。由以上的讨论,我们发现至少体系因素在法律漏洞之确定与补充上皆扮演着极重要的角色。为何他将之置而不提?这与他在另一篇文章"Kennzeichen geglückter richterlicher Rechtsfortbildung"中特别重视体系因素的见解并不一致。在该文中,他强调:法院为补充法律所造的"规定必须能够无裂隙地被纳入既存的法体系;亦即法秩序之内在的一致性应被维系"(S. 13)。此外,他在前揭书(S. 420f)亦重申该篇文章之上述见解。关于法律解释的因素,请参见本书第六章四、(二)。

② Larenz, aaO.(Fn.90), S. 373.

③ Larenz, aaO.(Fn.90), S. 413ff.房屋中介契约、预售屋契约、委建(承揽契约)、合建(互易契约)、BOT 契约、中古屋销售契约、招标契约、工程契约等虽然是常见的案型,但还是有一些事项引起特别的规范需要。该等规范需要如果显然不能透过缔约当事人之特约给予适当满足,便需要在法律中给予适当规范,以为协助。何况,可能还有一些法秩序之规划上的底线,不容当事人有意或无意的违反,必须利用强行规定加以规制。例如决定目标方法有数种时,不得选取不利于招标人的方法;在 BOT 契约,招标者不得对银行担保投标者之债务。倘有该规范需要,而法律对之没有适当的规定,则该规定的欠缺,可以说既不能满足交易上的迫切需要,也违反法律伦理的要求,构成法律漏洞。这并不能单纯以尊重私法自治为理由,否定之。如果不将重要之业职伦理上的要求以强行规定的方式加以规定,当其违反,在实务上可能引起不易处理之构成要件事实错误的问题,阻碍相关法律责任的追究。各行各业需要业职伦理的规约或课程的意义,一方面期待通过自律或教学即可基本上自动形成圆满的秩序,另一方面避免在责任之判断上,由于当事者主张欠缺相关知识,而产生有无阻却违法事由或阻却责任事由的疑问。

满的状态在"民法"上应构成法律漏洞当无疑问。至于在其他法域是否亦构成漏洞,其主要的考虑点与在各该法域是否禁止类推适用的考虑是一致的。亦即除了前述的必要性要件外,它并不引起特别的问题。由于这种漏洞是由于社会的、经济的,或科技的变迁所引起,所以本书称呼它为"演变式的体系违反"。由于演变式体系违反相对于立法有嗣后性,故与它相当的案型,亦常被称呼为"嗣后漏洞"①。基于以上的了解,本漏洞类型具有与其他漏洞类型不同之重要特征,即它不具通说意义下之"违反计划性"②。

演变式体系违反涉及者是接着要在 B 段予以详论的问题:法律不圆满性之违反计划性。通说将该违反计划性的有无引为一个法律补充是否为超越法律计划之法律补充(Rechtsfortbildung über den Plan des Gesetzes hinaus)的判断标准。通说并认为,法院原则上仅得为与法律计划相符合的补充。该问题将在"法院之法律补充的权限"项下讨论。这里要讨论的是:基于一个认识,因为人类日夜不断要追求一个比较圆满的境界,而使人际社会日新月异地变迁。由于该变迁不断地导出新的问题,以及他们对旧社会的新认识,并以该新认识及时合理处理旧问题,同时也尝试去解答刚刚摆在他们面前的新问题。为了生活下去,他们必须解决这些问题。这时候他们要借助前人的经验,以及自己的新知。但前人的经验与自己的新知间并不是一直没有矛盾。有了矛盾时,该如何?它表现在法律生活中,便是法学方法论所关心之演变式体系违反的承认及其构成之法律漏洞的补充问题。

2.违反计划性(die Planwidrigkeit)

(1)有意义的沉默(qualifiziertes Schweigen)

在上述关于不圆满性的讨论中,我们印证了存在于它们之间的共同特征:法律对应加以规范之事项保持"沉默"。唯沉默并不等于漏洞,因为有的时候立法者并不打算对其沉默的事项加以规范。此即法外空间(rechtsfreier Raum),或不管地带。有的时候立法者已透过沉默表达了他的意思,此即得为"反面解释"(argumentum e contrario)的情形。它们是法律上有意义的沉默(qualifiziertes Schweigen)③。纵使我们将这些沉默当成前述之"法律的不圆满"状态之一,它们也不具备"违反计划性"。不过,它们既是"有意义的沉默",其存在应不构成不圆满才对。是故,学者认为这种情形只是"看来似未规范",并因而称其为"表见漏洞"(Scheinlücke)④。也有称呼这种沉默为"意味深藏的沉默"(beredetes Schweigen)⑤。兹分述之:

①法外空间(rechtsfreier Raum)

法律规范生活,但并不是一切生活事实都受法律的规范。由于法律的功能在于维持人与人之间之和平的合理关系,所以,首先是:非人际的关系不是它的规范对象。所谓非人际的关系,特别指一个人之私人的好恶、生活方式、信仰、感情、思想及意见等。这些情事,只要它不被化为行动,以致影响到别人的法益,便不需要用法律来管理它们,法律也可能管不着

---

① Larenz, aaO. (Fn.90), S. 379ff.; Dahm, *Deutsches Recht*, S. 51f.

② Larenz, *Methodenlehre der Rechtswissenschaft*, 3. Aufl., Springer-Verlag 1975, S. 420ff; Canaris, *Die Feststellung von Lücken im Gesetz*, S. 31ff.

③ Canaris, aaO. (Fn.103), S. 40; Meier-Hayoz, aaO. (Fn.12), N. 255ff. zu Art. 1 ZGB.

④ Dahm, *Deutsches Recht*, S. 50.

⑤ Larenz, aaO.(Fn.103), S. 354.

它们。此外,有一些生活事实虽然已涉及人际关系,如人与人如何打招呼、谈天、约会、宴会如何进行、友谊关系等。但当这些事项被认为不适当用法律,而适宜用其他的生活规范,例如用习俗来规范时,也会将之划归法外空间。唯自明的,该法外空间与法内空间的界限不会是一直够清楚,也不会一直不变。在法无明文规定时,该界限的划分是法律解释的问题[①];该界线之推移是社会变迁与法律伦理之演变的结果。例如男女的性关系渐次开放后,无婚姻关系者间之一夜情,以至于同居已成屡见不鲜后,一方面自主的性活动有渐渐由法内空间向法外空间移动;另一方面事实婚之扶养义务及赡养费的争议有渐渐由法外空间向法内空间移动的趋势,构成规范上的需要,其未加规范转成为法律漏洞。又一个人如果蓄意恶整他人,而邀请他人吃昂贵大餐,而直到结账时始表示各自付账。这应论为已给付之赠与,或仅是一个没有守信之社交的邀约? 这有相当的解释空间。到底哪些生活事实应该划归法外空间,除主要保留给立法者来决定外[②],司法机关也是一个重要的决定机关。

要之,上述法律管不着的,或不需要用法律,或不适宜用法律来规范的项目构成法外空间。只要这些确实是法律本来就不当加以规范的项目,法律对它们未作规范便无违反计划性,从而也不构成法律漏洞。[③] 法内空间与法外空间是法律事实与非法律事实分别存在的领域,是国家权力之介入范围的分野。

②反面解释(argumentum e contrario)

反面的推理(der Umkehrschluß),即法学方法论上所称之反面解释。只有在构成要件的一方被充分列举时,始成为一个有效的逻辑规则。例如假设只有在 A1,A2,A3……或 An 时,才导出 B。则如 C 如果不是 A1,A2,A3……或 An,那由 C 就不能导出 B。在这里重要的是构成要件这一方的态样必须已被穷尽地列举。否则,如该方仅被作了一些例示的规定,则人们尚得将该规定类推适用到它所未规定,但与其所例示之案型类似的案型上。是故,在这种情形,显然不得就该规定径为反面解释。固然一个规定是否为列举规定,可能直接由其规定之叙说方式(例如“所得税法”第 14 条第 3 项“个人综合所得总额中,如有自力经营林业之所得、受雇从事远洋渔业,于每次出海后一次分配之报酬、一次给付之抚恤金或死亡补偿,超过第 4 条第 4 款规定之部分及因耕地出租人收回耕地,而依‘平均地权条例’第 77 条规定,给予之补偿等变动所得,得仅以半数作为当年度所得,其余半数免税”[④]),或该规定之性质(例如刑法之构成要件,基于罪刑法定主义必须是列举的规定)而被认知,但这一个认知也常常构成困难。该困难之解决属于法律解释的问题。[⑤] 可以理解的是,这里所称之穷尽的列举是指:立法者已明示,或依其立法意旨已可认知,他只拟对其在法律规定中提到之构成要件的态样,赋与规定的法律效力。换言之,在这里,其列举不必已穷尽一切与其已作规范

---

① Canaris, aaO.(Fn.103), S. 40ff.(43).

② Canaris, aaO.(Fn.103), S. 43f. 也有谓法外空间是法秩序规划者对于不同意见或生活方式之包容的结果。Vgl. Arthur Kaufmann, *Rechtsphilosophie*, 2. Aufl., München 1997, S. 342.

③ Larenz, aaO.(Fn.103), 355ff; Dahm, *Deutsches Recht*, S. 54.

④ “所得税法”第 14 条第 3 项所定,其税基得折半计算之所得种类固有其共同特征。但是否得以该特征为基础,主张将该项规定类推适用于其他具有该特征之所得,尚有疑问。从平等课税的原则固当如是,但从税捐法定主义的观点则不尽然。唯仍应采肯定的见解。盖基于税捐法定主义固当依法课征税捐法规定之税捐。但税捐法之规定如果违反量能课税原则,仍当论为构成“违宪”,视情形实时或限时否定其效力。

⑤ Larenz, aaO.(Fn.103), S. 376; Ota Weinberger, *Rechtslogik*, 1970. S. 337.

之案型类似之案型。其结果,在这种情形,于容许为反面解释之同时,并已为类推适用之禁止。更正确地说,是由于类推适用之禁止,才使反面解释在这里成为有效的逻辑规则。[①] 唯由于反面解释,就法律效力,常常只能给予"反面的"而非"正面的"消息,因此反面解释之允许的场合,常常不能终极地封闭一个法律漏洞。例如"民法"第 246 条规定"以不能之给付为契约目标者,其契约无效。……"当将其中所称之不能目的性限缩到客观不能后,如人们再依该条之反面解释导出,"以'主观不能'之给付为契约目标者,其契约'不是无效'"时,则到底这种契约之效力应该如何还是没有获得终局的解答。换言之,就这一部分,该反面解释并未能封闭其漏洞。唯即使如此,反面解释还是对于系争问题提出初步的反面性答案,即"不是无效"。而该反面性答案所以不能终局地封闭系争的法律漏洞,乃因一个反面性的答案可能还涵盖着两个以上之法律效力的态样。[②] 但无论如何,透过反面性答案的提供,反面解释至少已封闭了一部分的法律漏洞,而使法律在此限度内不再因其沉默而有漏洞。

(2)其他沉默的态样:自始的无据式体系违反

以上所讨论的法律漏洞、法外空间及反面解释等并未穷尽一切法律上之沉默的态样。特别是反面解释与类推适用两者并没有二分地将一切法律上沉默的态样涵盖进来。因为当某规定之反面解释逻辑地被否定时,并未同时合理化该规定可被无限制地类推适用到其他法律所未规定的案件上。类推适用之许可要件,除了须没有得反面解释的规定存在外,在拟被类推适用之规定所规范的案型与拟被处理之未被规范的案型间尚必须有类似性。而该类似性并不当然存在是显而易见的。由于除了像刑法或税捐法这种法域外,并无"一般的消极规定"(der allgemeine negative Satz)[③]。换言之,在其他法域,法律对某生活事实的沉默,并不表示该生活事实在法律上无意义或不相干 (Irrelevanz)或法律不拟加以规范。[④] 这个时候,如果该沉默所造成的不圆满状态不属前面所讨论之"不圆满性""法外空间",或"反面解释"等项下的案型,则该沉默可能构成一个因立法者之"疏忽"而造成之类似于"演变式体系违反"的体系违反。[⑤] 该案型系因立法者之疏忽而未予规定,所以该沉默造成的不圆满性被认为不具违反计划性。该沉默从而也不构成通说意义的法律漏洞。然该不圆满性的存在虽

---

① Larenz,aaO.(Fn.103),S. 376;Ota Weinberger,aaO.(Fn.111),S. 337.反对说 Canaris,aaO.(Fn.103),S. 46f.他主张应将反面解释与类推适用之禁止加以区分。理由是:反面解释之适用的要点在于,法律正面规定之案型,与要依反面解释去处理之案型间的"不类似性";而类推适用之禁止的要点则在于,法律规定之案型,与可能依类推适用去处理之案型间的"类似性"。如上述文中的说明,该理由不但与事实不符,而且与反面解释之逻辑结构亦不吻合。盖事实上,在允许反面解释之情形,并不是因为系争法律规定对所规定之案型之一切类似案型已予穷尽地列举,而是因为立法者透过其规定之表达方式及立法意旨,已表示其只拟赋与已提到之案型以规定的法律效力;其余案型即使与明白列举者类似,亦不在考虑之列。所以说:由于类推适用之禁止,才使反面解释在这里成为有效的逻辑规则。要之,法律未规定之案型所以有究竟应适用反面解释或类推适用处理之疑义,乃因其与已规定之案型类似。所以,其最后究当如何,不是取决于未规定之案型是否具备类似性,而是取决于系争规定是否禁止类推适用。

② Larenz,aaO.(Fn.103),376;Canaris,aaO.(Fn.103),S. 46.

③ 刑法或税捐法上之一般的消极规定是由"罪刑法定主义"与"税捐法定主义"所导出。

④ Canaris,aaO.(Fn.103),S. 49ff.

⑤ 这种案型通常被称呼为立法政策上的缺失(rechtspolitischer Fehler),而不被归类为法律漏洞。采此见解的例如 Larenz,aaO.(Fn.103),S. 358;Canaris,aaO.(Fn.103),S. 31ff. 相反的见解例如 Binder,*Philosophie des Rechts*,S. 984ff.

不与历史上之立法者的意思或立法计划相违,但它显然使人际的一部分重要生活关系不能获得所需要的法律保障。该欠缺保障之状态的继续与法律的意旨,即追求正义在人类共同生活中的体现,显然不符。是故,该不圆满状态当也构成法律漏洞。基于"民法"第1条的规定,"民法"得承认该漏洞当无疑问。至于其他法域是否得承认该漏洞,其考虑点与类推适用之禁止的考虑点是一致的。

由于该法律漏洞不具备违反计划性,所以,其确认或补充也就异于一般的法律漏洞,而类似于演变式的体系违反。要之,在其确认或补充上必须进一步考虑到在超越法律计划的法律补充上所必须注意的事项:①交易上的需要;②事务(系争生活类型)之性质;③法律的伦理原则。为了引述之指称上的方便,本书建议将构成此种法律漏洞之不圆满性称为自始的无据式体系违反。它在自始存在这一点与演变式的体系违反不同;在超越法律的计划一点,与后者相同。既然超越法律计划,则它们在法律上便没有通说意义下的"据点"(der Anhaltspunkt)。因之,称它们是无据式的体系违反。

3.结论

固然通说认为法律漏洞是法律体系上之违反计划的不圆满状态,但这里牵涉到之法律的不圆满状态之违反计划性实际上与其说是法律漏洞之有无的判断标准,毋宁说是法律漏洞之分类标准。盖除法外空间所涵盖的事项,皆适宜为法律规范之事项。法律如果对它们不加规范,便可能构成法律的不圆满状态,从而形成一个法律漏洞。至于一个法律的不圆满状态是否具备违反计划性,在实务上的意义,其实系于法院对它的补充权限之有无的前提要件之宽严上。① 只要充分超越法律计划之法律补充的前提要件,则法院对它牵涉到之法律的不圆满状态即有加以补充的权利与义务。是故,该不圆满状态在这种情形之漏洞性格,与其他法律漏洞类型下之不圆满状态所具备者,并无差异。

二、法律漏洞之发生原因

由以上就法律漏洞所作之说明,可以发现,各种法律漏洞之发生原因并不一定相同。其原因主要可归纳为三种②:(1)立法者思虑不周。其中再分:①根本就没考虑到该案型,例如前述自始的无据式体系违反;②曾考虑到,但不周详,例如除无据式外之其他体系违反。(2)因法律上有意义之情况变更,例如演变式体系违反。(3)立法者自觉对拟予规范之案型的了

---

① Larenz, aaO.(Fn.103), S.402ff.

② Dahm, *Deutsches Recht*, S. 49; Enneccerus-Nipperdey, aaO.(Fn.1), S. 338.

解还不够,而不加以规范。该漏洞主要见诸立法者"有认识的法律漏洞"(bewuβte Lücken)①。

三、法律漏洞的种类

(一)本书的观点

法律学者虽一再努力将法律漏洞加以分类,但似乎尚未被成功发展出一个有体系的,并相应其补充的分类。本书在法律漏洞之概念的说明过程中,尝试取向于法律体系最主要的特征或要求(即无矛盾性),将各色各样的法律漏洞安排在一个体系下。在这里,本书同时也将法律漏洞尽可能地按其特征予以细分,务期对各种法律漏洞能有比较明确的说明,从而对这些漏洞的补充提供较好的帮助。由于"二分主义"(der Dualismus)之法律漏洞的分类不能适当地解决像法律漏洞这种复杂的问题,所以本书不采取二分的分类法。关于法律漏洞的补充,有的法律,其规定特别强调法院之补充的权限与义务,例如"民法"第1条;有的法律,学说一致认为法院不得为法律漏洞之补充,例如刑法;有的法律,法院是否得为法律漏洞之补充,意见不一,例如税捐法。此外,"民法"更常明文规定法院得将一定之规定准用或适用到其他类型。这不但在法律漏洞的认定、分类,以及法院补充该漏洞之权限的肯认或禁止具有重要意义,而且可用来说明一些常不被以为是法律漏洞之法律上不圆满状态的漏洞性格(如前述之法内漏洞)。

此外,法律体系的开放性,也要求或容许超越法律的"法律补充"。在这个意义下,这些基于交易上的需要,或生活事实的性质,或法律伦理原则被认为应予补充之法律上不圆满状态当也具备漏洞性格(如前述之无据式体系违反)。

根据以上的说明,可将法律漏洞归纳为三大类:(1)法内漏洞;(2)有据式体系违反;(3)无据式体系违反。

有据式体系违反即目前德国通说意义下的漏洞。其特点是构成该漏洞之不圆满性的违反计划性。该违反计划性构成要求补充该法律漏洞之法律(计划)上的依据。因为该漏洞之认定及补充有法律计划上的依据,所以将这种法律漏洞称为有据式体系违反。

---

① Canaris,aaO.(Fn.103),S.134f.重要的案例为:一般而言关于权利,具体而言关于智财权之用益授权或租赁契约。此所以"民法"第421条第1项将租赁目标限于物。"民法"债编在2000年4月26日修正时增定第463条之1:"本节规定,于权利之租赁准用之。"在有准用规定时,有认为该应透过准用加以规范的案型,已因有明文规定可供适用,而不再有构成法律漏洞之不圆满状态。其实不然。盖如果认为租赁之规定可以完全不保留地适用于权利的租赁,则大可将第421条修正为"称租赁者,谓当事人约定,一方以物或权利租与他方使用、收益,他方支付租金之契约",而不必迂回于准用的规范技术。

（二）文献上重要的分类

1.认知的（bewußte）与无认知的漏洞（unbewußte Lücken）

这是以历史上之立法者（der historische Gesetzgeber）在其制定系争法律时是否对系争规范之不圆满状态已有认知为标准，对法律漏洞所做的分类。在制定时已有认知者为认知的漏洞，尚未认知者为无认知的漏洞。一个认知的法律漏洞之发生，通常是因为立法者认为，系争问题的规范最好让诸司法机关，在学术界的支持下来逐步完成①，以免由于操之过急，而作出不成熟而又僵硬的规范，以致妨碍生活关系之自由发展及法律之进化。反之，一个无认知的漏洞通常是由于立法者在制定法律时的错误。② 如果没有适当的立法文献，则到底一个法律漏洞之存在是否早在立法当时已为立法者所认知，便不容易事后获得证明。因为这一对法律漏洞以在系争法律制定时，历史上的立法者对其不圆满状态是否已有认知为分类标准，所以自明地，二者皆属于"自始的法律漏洞"③。

2.自始的（anfängliche）与嗣后的漏洞（nachträgliche Lücken）

这是以法律漏洞是否在法律制定时即已存在为标准所做的分类。制定时已存在者是自始的漏洞；制定后始因经济的、技术的、社会的、伦理的或其他事实之变迁而发生的漏洞是嗣后的漏洞。④ 例如新的交通工具之发展引出陆上、海上、空中甚至太空法规的规范需要。该

---

① Meier-Hayoz，aaO.（Fn.12），N. 283 zu Art 1 ZGB；Larenz，aaO.（Fn.103），S. 363f.（364）；Canaris，aaO.（Fn.103），S. 134f.，Dahm，aaO.（Fn.1），S. 49；Engisch, *Einführung in das juristische Denken*，1971，S. 137.在德国常被引为认知的法律漏洞之例证如缔约上过失之一般规定。关于缔约上过失学说的发展经过之简单说明，请参见 Esser，Schuldrecht，AT，4. Aufl.，S. 372ff.按在"民法"的明文规定中并不缺缔约上过失的特别规定，所缺的只是其一般规定。其一般规定，直到 2000 年 4 月 26 日修正"民法"债编时，始增定于第 245 条之 1。其第 1 项规定："契约未成立时，当事人为准备或商议订立契约而有左（下）列情形之一者，对于非因过失而信契约能成立致受损害之他方当事人，负赔偿责任：一、就订约有重要关系之事项，对他方之询问，恶意隐匿或为不实之说明者。二、知悉或持有他方之秘密，经他方明示应予保密，而因故意或重大过失泄露之者。三、其他显然违反诚实及信用方法者。"《德国民法典》亦至 2002 年 1 月修正时始在第 311 条第 2 项增定缔约上过失之一般规定："第 241 条第 2 项之义务的债务关系亦发生于下列情形：一、接受契约协商；二、鉴于一个可能之契约关系，当事人之一方给予他方影响其权利、法益及利益之可能性或将之付托于他，或三、其他类似之业务接触。"《德国民法典》该规定与台湾地区"民法"第 245 条之 1 第 1 项之规定的内容似同而实异。前者只是提供将缔约关系定性为一种债务关系的明文依据。至其具体关系的构成要件为何，尚待于其他规定予以具体化。反之，"民法"第 245 条之 1 第 1 项已规定至，在哪些要件下，有过失的一方应对他方当事人负赔偿责任。

② Larenz，aaO.（Fn.103），S. 364.

③ Larenz，aaO.（Fn.103），S. 363f.

④ Larenz，aaO.（Fn.103），S. 360f，363f；Canaris，aaO.（Fn.103），S. 135f；Dahm，aaO.（Fn.1），S. 49；Meier-Hayoz，aaO.（Fn.12），N. 286 zu Art 1 ZGB.

需要如不被满足即可能①构成法律漏洞。例如与消费关系②或交通工具有关之危险责任的制度。

3.部分漏洞(Teillücken)与全部漏洞(Gesamtlücken)

这是以经判断有规范之需要的问题是否根本未为法律所规范,或虽已为其所规范但不完全为标准,所做的分类。完全未为规范者是:全部漏洞。它与前述之全部残缺式体系违反相当;有规定而不完全者是:部分漏洞。它与前述部分残缺式体系违反相当。③

学说上认为这一对漏洞属于"实证法(律)漏洞"(Gesetzes-lücke)的下位类型,而不属于

---

① 到底是否构成法律漏洞,各家学说见解不一,有关它的讨论请参见前述"演变式体系违反"(本章一(三)1.)。关于生活中的需要与习惯法的发生,或与法律之修正性的补充(abändernde Rechtsfindung)的关系请参见 Enneccerus-Nipperdey, Lehrbuch des Bürgerlichen Rechts, AT. S. 270 Anm. 4, 与 S. 344ff. (349).关于规范上的需要与法律漏洞之存在的肯认间的关系,Esser 认为:"法规范中(im Recht)之法律漏洞的肯认并不是一件关于客体(按在此即法规范)及其缺陷之宣示,而是在一个可被接受之实证的(positiv)规范纲领的模型内,对其规范的需要性及规范的可能性之价值判断。"(Esser, Vorverständnis und Methodenwahl in der Rechtsfindung, 1970, S. 176)

② 关于消费关系之危险责任,"消费者保护法"第7条第3项已有明文规定:"企业经营者违反前二项规定,致生损害于消费者或第三人时,应负连带赔偿责任。但企业经营者能证明其无过失者,法院得减轻其赔偿责任。"同法第7条之1第1项规定:"企业经营者主张其商品于流通进入市场,或其服务于提供时,符合当时科技或专业水平可合理期待之安全性者,就其主张之事实负举证责任。"该举证责任之移转规定所涉事项为义务之违反,亦即违法行为之有无,而非故意过失之有无,所以,无碍于第7条所定者系危险责任的论断。由于对于危险责任之建制理论及其运转机制的掌握不够确实,医界急于对于立法机构及医政机关施加压力,立法豁免其可能依"消费者保护法"第7条负担之危险责任。按危险责任之课予,只是利用一个人或机构适合分散危险的市场地位,对之课以相当于限额强制责任保险的义务。然谁有能力分散危险?医疗服务价格的制定者。是故,医疗机构应只在其有能力制定医疗服务价格,且直接向患者收取医疗费的限度负有分散的义务。按诸目前医疗市场的情况,由全民健保提供之医疗服务应由全民健保局负责分散,由医疗机构收费的部分应由医疗机构自己负责分散。其分散的方法为:通过保险并将保险费摊入全民健保费或医疗费用的方式分散之。详请参见黄茂荣:《债法总论(第二册)》,植根法学丛书编辑室 2004 年版,第 1 页以下。

③ 这对用语为 Dahm 所使用[aaO.(Fn.1), S. 49]。部分漏洞与全部漏洞显然分别相当于其他学者如Larenz 所称之"法条漏洞"(Normlücke)与"规范漏洞"(Regelungslücke)[Larenz, aaO.(Fn.103), S. 356ffl; Canaris, aaO.(Fn.103), S. 137f.]。关于"法条"与"规范"间的关系,Larenz 认为,法条只是一个规范的一部分。一个法律事实通常是由一群法条所交织起来的规范所规定,而不是由一个法条单独地加以规定[Larenz, aaO.(Fn.103), S. 248ff.]。

"法的漏洞"（Rechtslücke）①。然如肯认"法的漏洞"，自会有按假定为存在之法的计划，认定之"法的漏洞"，及其"部分漏洞"与"全部漏洞"存在。

4.真正的(echte)与不真正的漏洞(unechte Lücken)

真正的与不真正的漏洞是一对常常被提起的分类。依该分类之重要的代表学者Zittelmann 的看法：真正的漏洞指法律对应予规范之案型根本就未加规范；不真正的漏洞指法律对应予规范之案型，未为所需异于一般规定之特别规定的情形而言。亦即在不真正的漏洞之情形，是因为缺少对一般规定之限制规定而构成漏洞；②换言之，该一般规定所规定者太多，涵盖太广。这所以称为非真正的漏洞，可能是由于系争案型虽未被适当地规定，但总算已被规范。因为 Zittelmann 把该区分的基础建立在"一般的消极原则"（der allgemeine negative Grundsatz）上，再加上这对用语并不能妥适地描写其所欲区分之类型在法律上有意义的特点，所以该区分并不妥当。盖法体系内并无适用于一切法域之"一般的消极原则"。该原则只是刑法与税捐法分别因刑罚与税捐对人民基本权利之介入性，而在这两个法域内被要求。此即"罪刑法定主义"与"税捐法定主义"的要求。在其他的法域这个原则通常是不

---

① Larenz, aaO.(Fn.103), S. 356f; Dahm, aaO.(Fn.1), S. 49."实证法漏洞"（或法律漏洞）与"法的漏洞"之区别是由"法律"（das Gesetz）与法（das Recht）之区别导出的区别［Engisch, *Einführung in das juristische Denken*, 5. Aufl., 1971, S. 134ff.(135)］，所以如果人们认为只有制定法（das Gesetzesrecht）才是法（das Recht），则制定法漏洞与法的漏洞两者所指称的内容便同一。又在前述情形，如人们认为除了制定法外，习惯法也是实证法（das positive Recht），但除此之外，其他都不是实证法，则实证法漏洞与法的漏洞所指称的内容也是同一的。基于这个了解，制定法固可能因为对一个应予规范的事项，未提供规范上的答案，而被认为有制定法上的漏洞；但该漏洞却可能因已被习惯法所补充，而不构成实证法上的漏洞。同理，当实证法对一些依实证法之规范目的应予规范，而未被实证法所规范之事项，不能提供规范上之答案时，涵盖范围远比实证法广之法（das Recht）可能尚能对该事项提供规范上的答案。此际，便只有实证法上的漏洞，而无法上的漏洞。不过，法律漏洞之有无的认定，应在实证法的层次，而不在法的层次为之。以法，规范实证法所未规范的事项已是法律补充的活动。法与实证法的区别在法律漏洞及其法律补充的讨论上是重要的。当实证法之规范计划（或目的）并不要求对某事项加以规范，则该事项之未规范的状态便不具备"违反计划性"，因而也不构成实证法上之漏洞。唯由"法"的观点观察（mit Rücksicht auf das Recht）该未规范的状态，可能认为该未规范的状态因为违反交易上的需要，或违反事情之性质，或违反法伦理原则的要求，而判断其为不妥当。于是，便形成一种构成法上漏洞的状态。但它仍不构成实证法的漏洞。盖通说肯认之法律漏洞是指实证法上的漏洞而言；不具备"违反(实证法的)计划"之法上的漏洞（Rechtslücke）并非通说所肯认之法律漏洞。固然对"法"而言，很难将法加以"人格化"，认为它有一个"计划"，从而在法的层次，难以按"违反计划性"要件的模式建构"法的漏洞"之概念。唯该人格化上的困难在实证法上又何尝不存在？在"法的漏洞"之肯认的讨论上，须予强调的是：实证法外之价值或观点（die Gesichtspunkte）在实证法之进化上，及其腐化的防止上所可能扮演的角色。如果事实上实证法经过通说意义之(法律)补充后，尚有不能满足交易上的需要，不能符合事情之性质及法的伦理原则之不妥当状态，那么"法的漏洞"的肯认，至少当它被用来指称这些不妥当的状态时，应是可以被欢迎的。不同的见解，详请参见 Larenz, aaO. (Fn.103), S. 361f.唯必须注意：上述法的漏洞其实依然是存在于实证法上，而非存在于法上的漏洞。法的存在状态不论是假定的，或是实际的，它都是心向往之的圆满状态：无漏洞。也正因其无漏洞，乃可以据为标准，补充实证法的漏洞。归纳之，利用"法的漏洞"最后来质疑实证法者，倒不是有无关于法的计划，而是立法者的计划不适合用来阻挡法律漏洞之认定及其补充。亦即对于违反实质正义要求之实证法的立场，应当朝向恶法非法的方向发展。在税捐法之"违宪"审查特别常见这类问题。

② Canaris, aaO.(Fn.103), S. 131f.

被承认的,除非它有公权力对人民之基本权利的介入性。① 再则不管一个法律漏洞是因规范得"太多"或"太少"所引起,对法律这种性质的事项,亦即抽象的存在而言,并无导致区别待遇的意义。因为所谓规定得太多,同时意味着应有的限制规定之不存在,亦即也是一种不及。只要它们同系"违反计划之规范上的不圆满状态",则它们之为法律漏洞便都是真正的。② 是故,以此为标准来探讨它们在漏洞之补充上的差异固有意义,但以之为标准来区分漏洞为"真正"或"不真正"恐非妥当。

鉴于 Zittelmann 对一般的消极原则之普遍性的肯认,所以他所了解之真正的漏洞也就限指"部分漏洞"(Teillücken)或"法条漏洞"(Normlücken)③。贯彻该见解,他就认为在"不真正漏洞"的补充上便已一般地牵涉到"法律补充之权限的问题"。他并同时认为,不真正的法律漏洞之补充,在法院享有补充权限时,它只有权利,但无义务去补充漏洞。鉴于该意义下之不真正的法律漏洞至少包括由类推适用式的价值判断矛盾所确认的法律漏洞在内,而除非有类推适用之禁止的存在,否则,基于平等原则在民事法上这种漏洞便应予补充。所以,该见解至少与当代民事法的法学方法论上的见解并不相符。④

令人困惑的是:真正的与不真正的漏洞这对用语,常不指称同一内容⑤,以致这对用语在法学上几乎已失其传达消息的能力。现状是:除非每一个使用者自己在使用时,即给它一个定义,不然误解,将难以难免。⑥

5.明显的(offene)与隐藏的漏洞(verdeckte Lücken)

如果法律对依规范的意旨应予规范的案型,未加以规范,那么法律便有"明显的漏洞"存在;如果法律对应予规范之案型虽已加以规范,但未对该案型之特别情形在规范上给予考虑,并相应地以一个特别规定加以规定,则这种对一般规定之应有的特别限制规定之欠缺便构成这里所称之"隐藏的漏洞"。这一对用语及与其相应之区分标准和前述之"真正的"与"不真正的漏洞"那对用语及与其相应之区分标准极为相似。其间之区别只在于是否肯认"一般消极原则":前者否认一般消极原则,后者则肯认之。⑦

---

① Larenz,aaO.(Fn.103),S. 363,S. 363 Anm. 25.

② Canaris,aaO.(Fn.103),§123;Larenz,aaO.(Fn.103),S. 363.

③ Larenz,aaO.(Fn.103),5,356f,363.

④ Canaris,aaO.(Fn.103),§123,s. 49f.

⑤ 由真正的与不真正的漏洞在 Meier-Hayoz 前揭书(Fn.12)上所占的分量,及其所持见解,他们显然还以真正的与不真正的漏洞作为法律漏洞之主要分类。详请参见该书(N. 271ffl;293ff.,zu Art 1 ZGB),Meier-Hayoz 认为"如果法律根本不能给一个法律问题以答案。那么它便有真正的漏洞;如果法律不能给一个法律问题以满意的答案,那么它便有不真正的漏洞"(N. 271)。所以他们又说"补充真正的法律漏洞之活动是规范的补充(Gebotsergänzung);排除不真正的法律漏洞之活动是规范的修正(Gebotberichtigung)"(N.272)。接着他们又说"判别真正的漏洞之标准是属于法律体系上的,而判别不真正的漏洞的标准则是属于法律政策上的"(N. 273)。

⑥ 请参见 Canaris,aaO.(Fn.103),S. 131 Anm. 15.

⑦ Larenz,aaO.(Fn.103),S. 362f. 有关这一个区分的其他赞成者,请参见 Canaris,aaO.(Fn.103),S. 136 Anm. 37 之引证。由该区分在 Larenz《法学方法论》上所占的分量及其所持见解,他在前揭书显然以本分类为法律漏洞之主要分类。他甚至以该分类为基础,决定不同法律漏洞之补充方法。

　　赞同明显的与隐藏的漏洞之区分的学说固然否认"一般消极原则"①,但由"一般规定"之存在与否所引起的问题并不因此而完全地被排除掉。盖一方面"一般消极原则"之否定,只是认为就一个明文规定不当然可以为反面解释,从而提供对于该明文规定者类似之案型为"积极规定"的可能性。如果答案是肯定的,则对于该类似案型之"积极规定"如有应存在而不存在的欠缺,便构成一个应予补充之"明显的漏洞"。另一方面相对于"一般规定",也有其积极的特别规定是否应存在的问题。如果答案是肯定的,那么相对于"一般规定",该"积极规定"(特别规定)之应存在而不存在便构成一个应予补充之"隐藏的漏洞"。至于该积极规定之欠缺,是否当然可以相应地被认为是明显的漏洞,恐不必然。② 盖每一次的法律漏洞之补充不必皆由"明显的漏洞"开始。它也可能由"隐藏的漏洞"开始。而该用来补充隐藏的漏洞之规定同样地具有相对的一般性。它同样可能需要为某一些案型而进一步被限缩。③ 要之,一个漏洞之为"明显的"或"隐藏的"是相对的。如果它是对于明文规定者之类似案型,有应存在而不存在之"积极规定"的欠缺,则它便是明显的漏洞。如果它是一个对于一般规定之应存在而不存在的限制规定之欠缺,则它便是隐藏的漏洞。

　　属于明显的漏洞之案型,例如:

　　(1)在侵权责任之连带债务人之内部求偿关系的规范上,"民法"因未对过失共同侵权行为之过失相抵问题加以规定,而形成的漏洞系明显的漏洞。按过失共同侵权行为固为损害之发生的共同原因,即所谓行为关联共同,但无意思之联络。④ 所以,为保护受害人虽使过失共同侵权行为人负连带赔偿责任,但在其内部分担或求偿关系上,仍应按其行为对于损害

---

　　① 一般消极原则指不得为异于法律明文规定之法律补充。其结果,等于一般的容许以反面解释否定与法律明文规定相异之规定,或甚至禁止类推适用。该原则固可能比较没有疑问地被认为应适用于刑法及税捐法,但从"民法"第 1 条即可判断原则上不适合于民事法。至于是否适合于"经济管制法"、"知识产权法"或"竞争法"容有相当的讨论余地。其考虑的主要基础在于:基本权利的保护。请参见 Canaris, *Die Feststellung von Lücken im Gesetz*, Berlin, 1964, § § 41-42.

　　② 这里所讨论到之法律漏洞的分类,都是对同一目标(即漏洞),依一定的标准来判断它的属性。它不是对两个相牵连之目标判断其相对关系,以将之不并存地归入二分法下的对立类别。

　　③ "民法"第 948 条首先规定:"以动产所有权或其他物权之移转或设定为目的,而善意受让该动产之占有者,纵其让与人无让与之权利,其占有仍受法律之保护。"此即善意受让之保护,以维护交易安全。紧接着第 949 条规定:"占有物如系盗赃或遗失物,其被害人或遗失人,自被盗或遗失之时起,二年以内,得向占有人请求回复其物。"此为第 948 条之例外规定。而后第 960 条又规定:"盗赃或遗失物,如占有人由拍卖或公共市场或由贩卖与其物同种之物之商人,以善意买得者,非偿还其支出之价金,不得回复其物。"这又是第 949 条之例外规定。上述已明文就规定之例外,及例外之例外加以规定。这些规定之逻辑结构与文中所述者经补充后之结果相同。

　　④ 司法事务主管部门 1977 年例变字第 1 号变更判例:"民事上之共同侵权行为,(狭义的共同侵权行为即共同加害行为,下同)与刑事上之共同正犯,其构成要件并不完全相同,共同侵权行为人间不以有意思联络为必要,数人因过失不法侵害他人之权利,苟各行为人之过失行为均为其所生损害之共同原因,即所谓行为关联共同,亦足成立共同侵权行为。"

之原因力所占比例,依与有过失的原则分配赔偿责任。[①]

(2)"民法"对以折扣方法规避第 207 条之复利禁止规定的行为,并未如对以折扣方法规避限制利息规定的行为一样,以一个明文规定,即像第 206 条加以规范。第 207 条与第 205 条所限制或禁止者固然不同,但其属于对利率之实质高度的限制规则。基于该类似性,如果第 206 条对利息额度之限制,即第 205 条所规定之情形是必要的,那么它对复利之禁止规定的情形应属同样必要。是故,"民法"在禁止复利之情形,未作类似第 206 条之规定,即构成一个"明显的漏洞"。该漏洞有待于类推适用第 206 条来补充,或谓对该案型已有第 71 条之一般规定可资运用。但该见解之适用会因制裁过当而构成目的限缩式的价值判断矛盾。盖第 206 条虽禁止对于利息限额规定之脱法行为,但第 205 条对违反其利息限额之禁止规定的法律行为并不规定为无效,更未使包含该利息约款之契约全部自始无效[②],而仅规定债权人对于超过部分之利息,无请求权。是故,如不并将第 205 条准用于违反复利规定之约定,而直接适用第 71 条前段,将之论为无效,则衡之第 205 条,其制裁便显然过当。

要之,为对复利之禁止的脱法行为给予完全的规范,除应类推适用"民法"第 206 条外,也应类推适用第 205 条,将之规定为:债权人对于违反禁止复利规定按复利计算之利息,无请求权。关于复利之禁止,"民法"未作类似于第 206 条之规定所形成的漏洞,可评定为明显的漏洞;未作类似于第 205 条之规定,以致不该当于第 71 条但书,而必须适用第 71 条前段

---

① 台湾地区关于这个问题的讨论,详请参见王泽鉴:《民法学说与判例研究》,北京大学出版社 2016 年版,第 804 页:连带侵权债务人内部求偿关系与过失相抵原则之适用。同一个问题 Dahm 在前揭德国法 (Deutsches Recht,S. 52)一书中也予详论。他说:"在这个案型人们可以引用的规定是《德国民法典》第 254 条(相当于台湾地区"民法"第 217 条)。这个规定虽非针对本案型而发,它以受害人在损害的发生上,与有影响为其前提,并从而规定,在这种案型,损害应依加害人与受害人双方之过咎的程度分配于双方。本案型虽非关于加害人与受害人关系,而系关于多数加害人间之求偿关系,但无论如何本案与法律(在《德国民法典》第 254 条)所规定的案型毫无疑问是相类似的。所以,《德国民法典》第 254 条之基础思想,即在双方皆有过咎的情形,损害应各依其过咎的高低予以分配,应也吻合本案的需要。是故人们得将《德国民法典》第 254 条类推适用到本案来。"对于同一法益有数不法行为,而不能知数人其中孰为加害人者,依第 185 条第 1 项后段,该数不法行为人应连带负损害赔偿责任。在这种情形,因其不法行为系损害之共同原因的论断,乃出自拟制,所以,无法按其原因力所占比例定其内部分担比例。唯当将该段规定类推或目的性扩张适用至共同危险责任,且其危险行为对于损害之发生的原因力有可能或适合评价其所占比例者,首先在其内部分担关系应当同有上述与有过失分担原则之适用。其次,在环保损害之无过失危险责任的情形,对于受害人之赔偿责任亦应考虑,各赔偿义务人仅按其经规范上评价对损害之原因力所占比例(例如按其产量或污染量占涉案地区全部产量或污染量的比例)负其责任,而不就全部损害负连带赔偿责任。其理由为:每一无过失之公害制造者仅能在其容许之产量或污染量的范围,经由提列损害赔偿准备或投保责任保险,来分散该无过失之危险责任。超出其分散可能性之危险责任不符危险责任所据以建立之分配正义的要求。同理,在规范上不能评价各赔偿义务人管领之危险对损害之原因力所占比例时,应考虑在对于受害人之外部关系上,赔偿义务人分别仅按其人数平均对受害人负赔偿责任。

② 关于本问题详请参见黄茂荣:《民事法判解评释》,植根法学丛书编辑室 1985 年增订版,第 101 页以下。

所形成的漏洞,可评定为隐藏的漏洞。由此可见,明显的与隐藏的漏洞之区分是相对的。①

属于隐藏的漏洞之案型例如:

(1)"民法"第 246 条泛就自始给付不能的案型加以规范,而未将不能之种类区分为主观不能与客观不能,并加区别对待。由于主观不能的态样千差万别,且它和债务人间的密切性及不易被探知性比客观不能又显然高出许多,故实务与学说皆认为它们按诸事理应被区别对待。从而这种区别对待的规定之欠缺便构成隐藏的漏洞。②

(2)"耕地三七五减租条例"第 17 条规定:"耕地租约在租佃期限未届满前,非有左(下)列情形之一,不得终止……"该条并未定明其拘束力仅及于出租人,或兼及于承租人。衡之该条系属保护承租人之规定,其对于承租人之意义当在赋予权益,而权益以可抛弃为原则。在这里,因另无积极理由非限制承租人对该权益之抛弃的权能不可,所以,受该条拘束之人的范围自当限缩于出租人。换言之,应将承租人由之除外。该除外规定之应存在而不存在构成隐藏的漏洞。③

6. 禁止拒绝审判式漏洞(Rechtsverweigerungslücken)、目的漏洞(teleologische Lücken)及原则的或价值的漏洞(Prinzip-oder Wertlücken)

这一组漏洞的区分为 Glaus-Wilhelm Canaris 在其前揭书《法律漏洞之确认》(*Die Feststellung von Lücken im Gesetz*)内所提出。该区分显然已摆脱传统的二分法式的分类方法。依他的看法,"禁止拒绝审判式漏洞"是指"法律提出一个法律问题,但却未给予答案"④。其特征在于由之导出之拒绝审判的禁止。盖一个生活事实既经法律评定为应予规

---

① 关于明显的与隐藏的漏洞间之界线之流动性的讨论,详请参见 Larenz, aaO. (Fn.103), S.362f.他在那里以要式之本约的预约之要式性为例来说明。他说:"民法对预约未为规定,从而也未规定预约之要式的问题。假使人们得由法律摘出一个一般规定,即除法律另有规定外,契约得不具要式缔结之。则法律所未提到之预约,自得毫无例外地不具要式缔结之。唯如此一来,许多要式规定之目的会被透过下述方式予以瘫痪,即当事人可不缔结要式之本约,而代之以有同一内容之不具要式之预约。是故,该被认为存在之一般规定,对要式的本约之预约言,便需要受到限制。该限制之欠缺构成隐藏的漏洞。"如果肯认要式之本约可以有不要式之有效的预约,则该预约即成为关于本约之要式规定的脱法行为。类似的问题亦存在于:肯认不具要物要件事实之要物契约的预约("民法"第 475 条之 1)。在这里必须认识到:肯认对于法定要物契约之预约,其实便是肯认其脱法行为。当认为该脱法行为有理,即认为其所规避之要物契约的规定有漏洞,不得已容许利用脱法行为补充之。对于法定要物契约之脱法行为(预约)可认为有理由的案例为:有偿的消费借贷契约。盖因其有偿,贷与人不当享有悔约权,而要物规定本来是赋与无偿贷与人以悔约权的设计方法。至于在有偿之消费借贷契约,"民法"第 475 条之 1 第 1 项规定:"消费借贷之预约,其约定之消费借贷有利息或其他报偿,当事人之一方于预约成立后,成为无支付能力者,预约贷与人得撤销其预约。"其规定意旨不在于赋与贷与人以悔约权,而在于给予类似于第 265 条所定之不安抗辩:"当事人之一方,应向他方先为给付者,如他方之财产,于订约后显形减少,有难为对待给付之虞时,如他方未为对待给付或提出担保前,得拒绝自己之给付。"不过,该两条规定之法律效力略有不同。相较固以第 265 条所定者为合理,然因借用人已无支付能力,即便容许其以提出担保的方法补救,帮助无多。

② 关于自始主观不能的效力,请参见黄茂荣:《债法总论(第二册)》,植根法学丛书编辑室 2010 年版,第 442 页以下。

③ 关于本问题的讨论详请参见黄茂荣:《民事法判解评释》,植根法学丛书编辑室 1985 年增订版,第 117 页以下。

④ Canaris, aaO.(Fn.103), S. 142.

范之法律事实于先,则法律自应贯彻该意旨,给予该法律事实应有之规范上的答案。① 目的漏洞指禁止拒绝审判式漏洞外,基于法律目的(die Teleologie des Gesetzes)所要求之法律的补充。该漏洞透过类推适用(Analogie)、目的性限缩(teleologische Reduktion)、目的性扩张(teleologische Extension)、举轻以明重或举重以明轻原则(argumentum a fortiori)等认定之。② 原则的或价值的漏洞是指某一法律原则或法律价值已被证明为现行法秩序的一部分,但在实证法中却尚未获得足够的具体化。③

Canaris 之分类并不允当。盖只要一个生活事实不属于法外空间(rechtsfreier Raum),则除系争法律问题所属的法域有禁止法律补充的规定,否则其补充之拒绝,势必同时构成审判之拒绝,初不因该漏洞之为 Canaris 所谓之"禁止拒绝审判式漏洞",或"目的漏洞"而有差异。④ 又本书虽然赞同原则的或价值的漏洞之存在,但这对 Canaris 而言,似乎已逸出他自己的漏洞概念之外。而使他及通说所认为存在于所谓之"符合实证法"与"超实证法"之法律补充间的界限陷于模糊。本书以为该问题点,与其说是属于法律漏洞的概念或其存在之争点,不如说是属于法律漏洞之补充的权限或可能性的争点。⑤ 盖鉴于法体系之开放性⑥,即使由演变式的体系违反所构成之法律漏洞也应予承认。至于法院就这种漏洞之补充的权限,则应视其具体情况,例如系争问题点所在之法域决定之。⑦ 例如在刑法与税捐法领域内,法官补充法律漏洞的权限基于罪刑法定主义与税捐法定主义即受到很大的限制。至于

<hr>

① Canaris,aaO.(Fn.103),S. 140.

② Canaris,aaO.(Fn.103),S. 141.

③ Canaris,aaO.(Fn.103),S. 142.

④ 在全部残缺式体系违反或规范漏洞(Regelungslücken)的讨论上,Larenz 持与本书相同的见解〔Larenz,aaO.(Fn.103),S. 357f.〕。他认为在无规范的情形,"并不是因为人们不想将法律加以补充后再予适用,而致法律无法对系争问题提供答案;而是因为该问题根本就不应被规范。唯这个答案如果由法官所给,并且该问题属于法律应予规范的领域,而非属于法外空间,则该答案将意味着审判的拒绝。从而该法官,为了要给予该问题以符合法的要求之裁判,便必须依着法律的意旨,去补充该法律规范上的漏洞。规范漏洞的适例之一是当今所谓之'积极侵害债权'"(S. 357)。唯禁止拒绝裁判原则并不是绝对的,在它的要求与其他原则的要求发生冲突时,应透过法益权衡的方法解决之。关于"透过法益权衡解决原则的或规范的冲突"之讨论请参见 Larenz,aaO.(Fn.103),S. 392ff.

⑤ Canaris 在前揭书〔(Fn.103)§167〕也已注意到这个问题,并显然采取与本书相同之看法,认为在这里漏洞是存在的,并说道:"人们不得不要与 Larenz 及 Engisch 一起承认法的漏洞(Rechtslücken)之存在的可能性。"

⑥ Canaris,*Systemdenken und Systembegriff in der Jurisprudenz*,1969,§3.

⑦ 这种法律漏洞之补充,可能还会牵涉到"法院判解变更时之溯及效力的界限"问题。关于这个问题详请参见 Wolfgang Grunsky,*Grenzen der Rückwirkung bei einer Änderung der Rechtsprechung*,1970.

对该漏洞之补充的可能性①则视人们,特别是法院对该问题之了解,及与处理该问题有关之原则或价值之具体化(Konkretisierung)的程度而定。反映该漏洞之补充可能性的困难不但存在于司法,在立法上往往也构成困难。这一点可由立法者常将棘手的法律问题让诸司法或学说去解决得到印证。基于该见解,本书所了解之补充的可能性指由司法机关补充漏洞之主观能力决定之补充的可能性。

四、法律漏洞的认定

法律的功能在于帮助人类将正义实现在其共同生活上。所以只要一个生活事实正义地被评定为不属于法外空间的事项,亦即属于法律应予规范的事项,则法律如果有下列情形之一,那么就该生活事实,法律便有漏洞存在:(1)对之无完全的规范,或(2)对之所作的规范互相矛盾,或(3)法律虽然对与之类似的案型已作了规范,但对之还是根本未作规范,或(4)对之作了不妥当的规范。要之,在法律漏洞的认定上,重要的是一个应被规范的生活事实,根本未被规范,或未被作妥当的规范。鉴于法学方法论上,或法律实务上对不能补充,或无权限补充之法律漏洞的承认,将前述标准以外之标准带进来作为认定法律漏洞之存在与否的共同标准并无必要。它只会混淆问题点,即或将本属于补充之可能性或权限之有无的问题点误为法律漏洞之有无的问题点,或将法律漏洞之认定的问题与它的补充问题搅混在一起。

将法律漏洞之认定与它的补充搅混在一起的缺点在于忽略:(1)它们是先后两道接续的操作过程,而不是一道;(2)即使在法律漏洞之认定的过程中,常常也对法律漏洞的补充提供许多启示或数据,或甚至如何补充的论点与答案,但并不一直如此。即使在权威学者如Larenz认为一致的案型,例如类推适用(Analogie)式漏洞及目的性限缩(teleologische

---

① Canaris 在他所提到之漏洞类型之补充的讨论上,也提到补充的限界,即其可能性的问题。他说得很对,"事实上,不能被补充之漏洞的问题与法官的权限是全然互相独立的问题"(Canaris, *Die Feststellung von Lücken im Gesetz*, S. 174)。不过他在前揭书 §§164ff.中所引的例子及论点似乎比较多地是在谈论司法机关对系争漏洞之补充的权限,而比较少的是在谈它的补充可能性。他说:"在一种情形下(即纯技术规定之欠缺的情形),由正义的角度观之,任何一种规定看起来都是成立的。那么在这种情形,一个法律上之规范便只得透过立法者之权威的制定来产生,而不得透过应适用法律之法律的适用者之补充来产生"(S. 175)。同样地,Engisch 在前揭书第 161 页所举之不能被补充的漏洞的例子也是属于这种案型。他说:法律上之价值判断矛盾"不能透过司法加以排除"。关于价值判断矛盾是否应被忍受的问题,请参见本章一、(三)1.。关于法律漏洞之补充的可能性 Larenz 在前揭书(Fn.108),第 390 页也作了说明。他肯认不能被补充之法律漏洞的存在。他在那里虚拟一个例子并给该例子一个值得我们参考的法律意见:"假设法律这样规定'自某年某月某日起,特别的租赁仲裁法院对租赁争端有专属的管辖权'。不过立法者却一直不制定设立该仲裁法院所必要之法律。[于是乃形成一个规范漏洞(eine Regelungslücke)。他进一步建议下述的见解解决这个问题:]在该法律提到之时点以后,才处理系争租赁争端的普通法院不应宣称自己对该案型无管辖权,盖若如此,这将意味着否决一切的法律救济途径。普通法院很可以宣告只要系争的法律所规定之法院未被设立,则前述关于租赁案件之专属仲裁管辖权的虚拟法律便无可适用性(die Unanwendbarkeit)。这(以该见解为基础的裁判)应当是一个有法律依据的裁判"(S. 390)。

Reduktion)式漏洞①亦然。在授权式类推适用之法内漏洞的补充上之要求(即应取向于拟处理之案型的性质与拟准用之规定所规范之案型之性质的差异,将拟准用之规定在准用时,为拟处理之案型作必要之修正),在类推适用式法律漏洞之补充上同样地应被贯彻。② 此外,在目的性限缩的案型,例如将"民法"第246条关于给付不能的规定目的性限缩至客观不能时,就如何规范自始主观不能,并未即给予终局的答案。换言之,在该目的性限缩之操作过程,只是把现行法对于自始主观不能并无妥当规范之事实显露出来。它并没有同时补充相应于该事实之法律漏洞。由以上的说明显示 Larenz 的论断与事实并不相符。为了避免因大意而有上述的误导,纵使法律漏洞的认定常常给法律漏洞的补充以决定性的参考论点或结果,在观点上还是恰如其实地将法律漏洞的认定与法律漏洞的补充二者了解成两个前后互相分离的操作过程好些。此外,亦应将认定法律漏洞的标准如前述的建议,予以单纯化。

五、法律漏洞的补充

(一)法律漏洞之补充的必要性

法律漏洞既是一种应存在而不存在,或不应存在而存在的规范状态,则其应予补充本是自明的道理。唯鉴于在国家生活底下,国家透过其机关行使公权力时,其与人民之基本权利间的紧张关系,关于其所应依据之规范的形成应遵守民主原则或国会原则的形式要求还是不能不分别情形给予特别的考虑,小心对待基于实质正义从事法律补充的造法活动。是故,在法律补充的探讨上,必须注意:这通常是在假定无补充权限之疑义的前提下来进行,以追求一个最为圆满的法律规范体系。法律补充之权限一旦有了疑义,应该在宪法的层次另寻适当的解决。其有关的理论及比较法的研究极为重要,但在参考先进经验的时候,必须注意法学对于实务,以及司法机关对于立法机关与行政机关之制衡能力。在该前提下,关于法律漏洞之补充的必要性,可以从目的或价值的,以及体系的角度加以观察:

1.目的之角度

法律的任务在于帮助人类将正义实现到其共同生活中。所以,法律所取向的应是正义;所规范的是人际的生活关系。人际的生活关系由无数之利益(关系)所组成。这些利益由于归属的主体不同,自然形成冲突的情势,危及共同生活的和平。为建立并维持共同生活的和

---

① Larenz, aaO. (Fn. 103), S.388f.与他的见解相同的还有他的学生 Canaris, aaO.(Fn.103), §171, S. 148.

② 关于这一个问题,Larenz 在有关准用规定(Verweisende Rechtssätze)的说明上本已注意到[aaO. (Fn.103), S. 244]。

平秩序,必须取向于正义,透过利益权衡(Interessenabwägung)化解这些利益冲突(Interessenkonflikte)①。是故,只要和平成了绝对的需要,那么由利益冲突之必然性,便会导出加以规范的期待。这个期待使人们能够察觉出,或者判断出规范之应存在而不存在的状态②,亦即发现或判断法律漏洞的存在③,肯认法律漏洞之补充的必要性,并进而基本上认为适用法律的机关应有补充法律漏洞的权限。该必要性使法院补充法律漏洞的权限同时具备了义务的性格。④

2.体系的角度

在前面关于法律漏洞之概念的说明中,已明白显示出,一切漏洞的态样皆构成体系违反(Systembrüche)。而法律规范身为一个价值体系,其最根本的要求应该是贯彻其外在的与内在的体系上之无矛盾性的要求。否则,价值之不贯彻会导致平等原则的违反。该原则之违反的禁止对立法者与司法者有同样的拘束力。⑤ 基于该认识,法律漏洞之补充的必要性

---

① 这里所称之利益包括财产上及非财产上的利益,包括私的与公的利益。关于利益的概念详请参见 Philipp Heck, Das Problem der Rechtsgewinnung, Gesetzesauslegung und Interessenjurisprudenz, Begriffsbildung und Interessenjurisprudenz, Verlag Gehlen, 1968, S. 34ff., 151ff.,

② Esser, Vorvertändnis und Methodenwahl in der Rechtsfindung, S. 175f.

③ 基于该了解,并鉴于法律漏洞之补充方法的多样性,在法律漏洞及其补充的探讨上,"为什么它是一个法律漏洞?"以及"透过该漏洞的补充要达到哪些规范效果?"等问题的提出与解决远比胶着在"于法无据"这个问题要重要得多! 过去由于利益权衡的思维被法律适用的思维所完全吸收,以致依据旧的法学方法论,根本无法提出法律漏洞补充之"质"或"正确性"如何被控制的问题,当然也更谈不上它的解答。这些旧的方法论不提的法律政策上的问题在近代被一再地提出与处理后,终于弄清楚了一个事实"即法院之补充法律的行为无法一直光以已存在之法律原则为基础。超法律之原则,特别是伦理原则也应被考虑到"[Esser, aaO.(Fn.162), S.183]。这指向:即便是真理,也有时空的局限性,何况是实证法。倒不是没有至善,而是至善的认识或实践有时空条件的限制。这犹如概念上之圆,在现实的世界,不易画出,更不易制造出来。轴承中的滚珠之不易制造的理由在此:正圆的滚珠之制造,除正圆的形成困难外,还有材料的问题。法律的规范世界更为复杂。

④ Larenz, aaO.(Fn.103), S. 351:"不得拒绝审判的法官,无论如何有义务去解释法律,并且在法律有漏洞时,有义务去补充它。"接着他又在同书第 352 页肯定法官对漏洞的补充权限。他甚至主张法官之补充法律的权限,不仅在法律有通说意义之漏洞时才存在。他认为在适当的要件下,法官应也有超越法律之法的补充的权限。Helmut Coing, *Grundzüge der Rechtsphilosophie*, 1969, S.334:"如果一个向法官以诉行使之请求权的基础事实未为立法者所考虑到,那么法院固然得以该诉不能获得法律依据为由,径予驳回,但他可能因而违反其应正义而衡平地为裁判的义务。"在这里 Coing 先生所以言,在驳回该诉之情形,该法官只是"可能"而不言"必然"违反其"应正义而衡平地为裁判的义务",想当然因:本来一个法律对其基础事实无明文规定的诉讼,便不必然有理由。当其由正义而衡平的角度加以观察,被认为无理由时,其驳回自不违反法院之"应正义而衡平地为裁判的义务"。唯无论如何,即使在后述情形,法院如简单地以"于法无据"为由,而不进一步去斟酌牵涉到之相冲突的利益,便径予驳回,则不但该法院之裁判的说服力会受到减损,而且难免不自觉地流于形式,或陷入传统的成见。这对审判素质的增进、法律文化的累积都将有不利的影响。

⑤ Canaris, Systemdenken und Systembegriff in der Jurisprudenz, 1969, S. 116; Tipke/Lang, Steuerrecht, 18. Aufl., Köln 2005, S. 77ff.

应属显然。①

(二)法律漏洞之补充的性质

1.法律解释活动的继续

法院的任务在探讨法律的意旨,并将之适用到具体的案件,以将正义实现到人类的共同生活中来。该法律意旨的探讨活动就是现代法学方法论上所称之法的萃取(Rechtsgewinnung)。这是为处理一个具体案件,而萃取其规范上之"大前提"(der Obersatz)的活动。该活动通常可被区分为法律解释(Gesetzesauslegung)与法(律)补充(Rechtsfortbildung)两种或两个阶段。这两个活动的区分及其关系的讨论构成近代法学方法论上的主要课题之一。这两个活动固然有同一的任务,即探求立法意旨,并确认(或找寻)妥当的规范。但任务之同一并不能同一化它们,使其融合在一起,成为单一的活动。即使搬出它们之间的另一相同特征:在法律解释或补充时,皆引用以自由的评价性选择为基础之意志因素(volitive, d.h. auf freier Bewertungswahl beruhende Elemente)②,也只能证明法律补充活动对法律解释活动之接续性关系③,二者先后一贯地皆为找寻妥当的规范而努力,而不能证明有关它们之区分的"同一说",或有关它们之关系的"统一说"④。盖它们之间虽然存在上述重要的相同特征,但相对于法律之"可能的文义",它们之间也存在着一个重要的区别:法律解释的活动只在可能的文义范围内为之;而法律补充的活动,则除前述之"法内漏洞"的情形外⑤,只在可能的文义范围外为之。至于在"法内漏洞"情形,其找法的活动事实上处于"法律解释"与"法律补充"的交集地带。因为几乎有区分的尝试,就会有交集的现象,

---

① 在法治原则之实践上,平等原则所扮演的角色远比其他基本权利重要,而且有效。因为在其他基本权利的主张上,不可避免地要卷入纠缠不清之价值概念上的抬杠。例如什么叫人的尊严(Menschenwürde)。这个问题恐怕一个世纪也谈不完。但系争的当事人却急欲就系争问题理出一个道理来。不同地,在平等原则的应用上,虽然不是毫无困难,但相形之下,要单纯许多。在这里主要的问题是:系争的案型和正拟与之比较之案型的法律上重要之点到底相同或不相同。如果相同,那么依平等原则的要求:相同的案件,应被作相同的处理;不相同的案件,应被作不相同的处理。如果违反了该要求,那么它的处理便违反平等原则。非有正当理由应予禁止。所谓正当理由,即为限制基本权利应具备之四个理由之一:"……为防止妨碍他人自由,避免紧急危难,维持社会秩序,或增进公共利益所必要者。……"由此可见,如果平等原则真的被贯彻了,那么特权便不会再存在。只要没有特权,那么即使法律规定得不好,但因为人人包括主管人员及其亲朋都有机会成为该规定的受害人,那么它很快就会被改正过来。反之,如果有人,特别是各级主管人员及其亲朋得例外地不受恶法的祸害,那么恶法将永无改善之日。因为在这种情形下,恶法不但祸害不到他们,甚至可能带给他们骄其同胞,鱼肉其同胞的无限机会。

② Wieacker, *Gesetz und Richterkunst*, 1958, C.f. Müller Verlag, S. 6.

③ Larenz, aaO.(Fn.103), S.350ff.:(Richterliche Rechtsfortbildung als Fortsetzung der Auslegung)(把法官补充法律的活动看成法律解释活动的接续)。他在该文中,以解释者之创设性参与,即评价性选择因素的引用,来说明法律解释进入法律补充之无断的(bruchlos)接续关系(S. 351f.)。

④ 不同的见解详见 Mennicken, *Das Ziel der Gesetzesauslegung*, 1970, S. 91ff.

⑤ Larenz, aaO.(Fn.103), S. 351:"在具体案件的裁判上,对需要补充之标准(der Maßstab)的内容为进一步确认之'具体化活动'便是法律补充。"

所以这并不足为病。鉴于现代宪制关于国家权力基本上区分行政、立法与司法,行政机关应依法行政,司法机关应依法裁判,所以,关于法院在裁判上得依据之法的找寻,纵使容许法院为法律补充,得候补于立法机关具体化宪法价值、法律原则,但还是严格区分法律文义范围内之法律解释及法律文义范围外之法律补充,禁止法院僭越立法权。特别是体制上或实务上,在某些法域(如刑法、税捐法)对法律补充尚有不等程度之禁止存在时,更有必要加以区分,以严明其权力之分际。是故,法学方法论上对法律解释与法律补充之区分的努力仍有必要。过度强调现代的认识论(Erkenntnistheorie)或诠释学(die Hermeneutik)关于认识活动或解释活动之"评价性"的发现①,而忽视前述实务上关于其区分的必要,将使实务因为其遭遇之问题的解决无法获得理论上的支持,而陷于困难。这种与实务脱节的理论之价值是有疑问的。②

在法律补充的说明上,Larenz 提到两个案型:(1)法院透过裁判,变更其在过去的解释中所持之法律见解,在作用上其实与法律补充无异。(2)法院就一个法律规定所作之第一次的解释,在下述的意义下也构成法律补充,即就其文义而论,原本多义之规范,经此解释而被定于一尊,并从而排除原有之不确定的状态。③

Larenz 所提之该两案型就其形式而言,因其活动显然还在法律解释之活动范围内:"可能的文义"④,所以,比较多的是属于当今关于"法院之法律见解变更的溯及效力"⑤问题;比较少的是属于这里所讨论的法律补充问题。唯就其实质而言,因法律见解变更,而使同一法律事实依变更前后的法律见解产生不同之法律效力时,这已与法律之变更无异。从而具有

---

① Mennicken, aaO.(Fn.169),S. 105f:"因此,我们相信,解释这个概念能够被保持下来。不过,我们必须清楚,解释这个概念(der Auslegungsbegriff)不再有浪漫的认识论之意义内容,而兼有(应用新的诠释学时)之'创设性的法律补充'。"Larenz, aaO. (Fn.103),S. 351:"在普通的法律解释上,解释者之创设性地参与即已存在。在此意义下,法律解释与法律补充只是程度上的差别而已。"

② Coing 在前揭书(Fn.53)认为:"借着法律的补充开始了一个全新的找法过程。"(S. 339)他又说:"透过能够妥当解决新问题之规范的提出来填补法律漏洞是法官的任务。在这件事的从事上,法学应像在法律解释之情形一样地为法官做准备工作。"(S. 340)

③ Larenz, aaO. (Fn.103),S. 351.

④ Larenz, aaO. (Fn.103),S. 309,350. 关于可能的文义对法律解释活动之范围性的功能,请参见本书第六章四、(一)。

⑤ 关于法院之法律见解变更的溯及效力,详请参见 Wolfgang Grunsky, *Grenzen der Rückwirkung bei einer Änderung der Rechtsprechung*,1970;Hans-Wolfgang Arndt, *Probleme rückwirkender Rechtsprechungsänderung*,1974.在这里也会牵涉到法源论上关于裁判先例是否为法源的问题。就此,请参见 Esser, aaO.(Fn.162),S. 189ff(192).

法律补充的实质。该变更系在未改变法律文字的情形下为之。这等于事实上承认了法内漏洞。[①] 这时候因为所解释之法律并未修正,所以往往认为该解释之效力应依附在所解释之法律,而自该法律原来之生效时起发生效力。于是,引起法律解释之溯及效力的问题:原来之解释溯及丧失效力,后来之解释溯及发生效力。这必然对于法之安定性造成重大冲击。倘肯认上述解释之补充性质,并将之论为法律补充,有助于说明其新法性格及与之相关之溯及效力的问题。

2.造法的尝试(ein Regelbildungsversuch)

固然执法机关,特别是法官所作的法律补充常被当成造法活动看待,但事实上法官所作之法律补充的活动只是一种造法的尝试。法院几乎不可能通过它,便一次地把一个从前未有的规定,一般地为一切类似的案件创造出来。理由是:在这里法官或者法院所做的只是:为了一件他正必须去裁判的案件,取向于法律的体系与价值,采取一个法律见解,并将之引为裁判的依据,在该裁判中把它表现出来。所以,在这里,法院之所为,由司法实务观之,只是做了一个裁判。这是司法权的行使。其功能本来即:指向于裁判存于该具体案件之争执,而不在于为相同于该案件之案型补充地制定一个一般规范。[②] 唯因期待,法院"所作之裁判与现行法相符合:所作之解释是中肯的(zutreffend),所作之法律漏洞的补充是必要的(geboten)"[③]。因此,其法律见解原则上应该适合适用到将来的同类案件。

裁判应与现行法相符合,既然是一种裁判上的要求,而且事实上也当如此,则确定之裁判中的法律见解,不管其所在之裁判是否被编选为"判例",其法律上的地位都应该是一样的。一个裁判之被选为"判例"一事,并不使存在于该判例中之法律见解取得习惯法的地位。而将一个裁判选为判例一事,它首先也只具有法院内部之注意规定的意义,而没有使该判例

---

① 法内漏洞的主要特征表现在:制定法或实证法之明文规定有必要被进一步评价地予以补充或具体化上。参照 Göldner, *Verfassungsprinzip und Privatrechtsnorm in der verfassungskonformen Auslegung und Rechtsfortbildung*, 1969, S.105f.更详尽的说明,请见该书第 95～112 页之讨论。在那里,他首先设定:法条由其结构言,只需经解释便可被适用,而法律原则依其结构,在其适用前必须经过一番创设性的(produktive)具体化过程。而后基于法条(der Rechtssatz)与法律原则(die Rechtsprinzipien)在结构(die Struktur)上之区别,他认为,法院一旦被允许具体化法律原则,则"法院具体化法律原则的活动与立法机关制定法律的活动在功能上,亦即就它们同属创设法律,形成法律而言,是没有什么区别的"(S. 106)。因此,他进一步又说:"宪法原则之具体化的方法,比较少地透过将之比对于私法或普通制定法之适用,而比较多地因缘其结构,透过法条与法律原则之适用的比较被决定下来。在此情形下,法律原则的具体化,既不与司法机关之法律条文的解释,也不与立法机关之规范的制定完全脱离关系。它毋宁是透过融合该两个功能之因素,而形成一个独特之找法的方法(eine Rechtsfindungsmethode eigener Art)。这个方法一方面继续保有法条解释上特有之'解释地取向于现行法全体'之特征,另一方面又具有立法活动上特有之'创设一般的法律规定之企图'。不过,在这里,相较于立法机关,其创造法律的权限并不完全。"(S. 112)

② Göldner, aaO.(Fn.171), S. 108f; Larenz, aaO.(Fn.103), S. 421.

③ Larenz, aaO.(Fn.103), S. 421.

（或存在于其中之法律见解）因之取得"法源"地位的意义。① 盖司法机关并无制定一般规范的权限。下级法院事实上固然多取向于上级法院,特别是以台湾地区"最高法院"的判决先例作裁判;台湾地区"最高法院"也多取向于以自己之判决先例作裁判,从而人民也多取向于以判决先例从事交易,但这种现象仅足以说明判决先例事实上享有类似于法律之效力。而事实上的效力(faktische Geltung)与法律所具有之强制人民、公机关、法院去遵守的那种"规范的效力"(normative Geltung)究竟不同。这种强制的规范效力却是判决先例所没有的。如果我们认为只有这种具有强制的规范效力之法律规范(eine Rechtsnorm)之发生上的基础(der Entstehungsgrund)或其产物才是法源,那么足以或得以被以法源相称的将只有立法(其产物:制定法),或具有普遍之法的确信的惯行(其产物:习惯法)②。换言之,司法机关之裁判行为或其产物(判决先例)皆不是该意义下之法源。在该见解下,如果一个法院作了与裁判先例相违反之裁判,该裁判并不因为该违反而构成"违背法令"。盖相对于裁判先例,法院本来便得通过适当之说理,而采取与之相异之见解。所以,在这种情形,首先牵涉到的是:该法院在该裁判是否尽了说理义务(die Begründungspflicht)的问题。如有所未尽,则该裁判固然违背法令,但其所以违背法令系因其未尽说理义务,而非因其采取了与裁判先例相异之见解。判决先例(Präjudizien)在规范上之此种意义反映在法院的裁判上便是法院对既存判决先例之斟酌的义务(die Berücksichtigungspflicht),而不是遵守的义务(die Befolgungspflicht)。申言之,当有与拟裁判之案件相同或类似案型之判决先例存在,法院不采判决先例中之法律见解时,就其为何不采便有论辩的负担(eine Argumentationslast)③。至于法院如采判决先例中之法律见解,则由于法院业务之过度繁重的事实,基于对判决先例之正确性,以及从而对其拘束力之存在的推定④,法院在这里可以不为详细的说理。⑤ 不过,

---

① "民法"第1条纵将法源作比较宽之胪列,也未将判例列为民事法的法源之一。在德国,判决先例也不构成法源,请参见 Göldner, aaO. S. 113ff；Larenz, aaO.（Fn. 103）, S. 424；Esser, Richterrecht, Gerichtsgebrauch und Gwohnheitsrecht, im Festschrift für Fritz von Hippel, 1967, S. 95ff；ders, Vorverständnis und Methodenwahl in der Rechtsfindung, 1970, S. 184ff.（184, 186f）.

② Larenz, aaO.（Fn. 103）, S. 424. 关于事实上的惯行,特别是判决先例如何演变成习惯法,请参见 Larenz, aaO.（Fn. 103）, S. 425ff；Esser, aaO.（Fn. 174）, S. 95ff；Kriele, *Theorie der Rechtsgewinnung*, 1967, S. 251ff.

③ Göldner, aaO.（Fn. 171）, S. 92ff., 107f., 118；Kriele, aaO.（Fn. 180）, S. 243ff., 260；Larenz, aaO.（Fn. 103）, S. 422ff.

④ 关于德国联邦法院判决之推定拘束力的问题,请参见 Esser, *Vorverständnis und Methodenwahl in der Rechtsfindung*, 1970, S. 184.

⑤ Kriele 前揭书第九章:判决先例之推定的拘束力。反对 Kriele 之见解的有 Larenz, aaO.（Fn. 103）, S. 423 Anm: 144 及 Göldner, aaO.（Fn. 176）, S. 118 Anm35. 他们皆以为 Kriele 所主张并为实务所广为采纳的见解（即判决先例内之法律见解应被推定为正确,从而并具有推定的拘束力）是多余而危险的。"因为用来确认判决先例中（的法律见解）之不正确性的理由如果不是咄咄逼人,法院很可能会不加审查地继受该法律见解"[Larenz, aaO.（Fn. 103）, S. 423 Anm. 44]。盖在判决先例的正确性及其拘束力的推定下,"法院将面对着一个抉择,即或者不具详尽理由地去依从判决先例上的法律见解,或者具详尽而难举之理由去采取与该判决先例不同的法律见解。这一个处境将使当今业务已太繁忙的法官,正与 Kriele 所期待者相反地放弃思考,而跟随判决先例。从而,Kriele（的见解）将危害他自己的（法律见证的）目标:树立一个公开而理性的法律讨论"[Göldner, aaO.（Fn. 171）, S. 118 Anm. 35]。

该见解有谓未为德国实务所采。① 该见解固如 Kriele 所指陈的:不是一个圆满的见解。理想的实务应当是法院在作任何判决时,不管它是采或不采判决先例之法律见解,皆应有详尽的说理。但这一种理想的境界,衡之当今法官工作之负荷,可能也不切实际。纵然如此,在此应特别指出:①政府应适当调整法官的工作负荷,使他们有时间作必要的思考。②法院不得以工作负荷太重为由,透过引用那些适当地被怀疑为不正确之判决先例来积非成是地合理化其法律主张,亦即"判决先例上的法律见解之正确性如已被认真地怀疑,则该判决先例之正确性的拘束力之存在的推定便不再充分"②。盖判决先例之所以得享有任何拘束力,不管是推定的,或事实上的,其理由皆应当在其与正义或现行法之要求相符的高度可能性上。③ 因此,判决先例到底是否应具有拘束力,应受法律的意旨,即其所追求之正义的客观验证。就此而言,它与法律固无区别。不过,验证的结果,如果认为,判决先例内之法律见解是不正确的,从而应予变更时,法院在权力区分的宪制下,毫无疑问地享有在新判决中变更判决先例之法律见解的权力。反之,在认为某法律规定有"不正确"的情形,则关于其修正,法院在权力区分的宪制下是否享有修正的权限,便不是毫无疑问。④ 上述的区别也显现:法院补充法律之活动的性质充其量只是造法的尝试,而非终局的制定法律。法院经由造法尝

---

① Larenz,aaO.(Fn.103),S. 423 Anm. 144.

② Larenz,aaO.(Fn.103),S. 423 Anm. 144

③ Larenz,aaO.(Fn.103),S.391:"判决先例这种事务在我们的(德国的)法律结构中并不享有拘束力(Bindekraft)。它对法律生活之形塑力(prägende Kraft für das Rechtsleben)毋宁是以法院的权威以及判决先例曾经法律上的考虑所合理化为其基础。"关于为何应赋与判决先例以推定的拘束力之理由,详请参见Kriele,aaO.(Fn.180),S. 258ff:(1)统一适用法律;(2)保持法律见解之继续性;(3)提高裁判结果之可预见性(以上关于法的安定性);(4)平等权的要求;(5)诉讼经济的要求;(6)减轻法院在说理上的业务负担;(7)尊重经验,以比较温和而保守地求取进步。至于 Göldner 则显然试图透过法院之法律原则的具体化与价值的关联性[aaO.(Fn.171),S. 92ff.],以及对该具体化在法律上可被验证的说理要求[aaO.(Fn.171),S. 113ff.],来说明与判决先例之事实上拘束力之获得与丧失有关的问题[aaO.(Fn.176),S. 107f.]。依他的看法,判决先例中的法律见解首先是针对该判决所裁判之个案而发[aaO.(Fn.176),S.108f.]。该法律见解对于他案固然基于平等原则及信赖保护原则[aaO.(Fn.171),S. 115f.],有其案型比较(Fallvergleichung)上的意义,并从而产生事实上的拘束力[aaO.(Fn.171),S. 113ff]。但该拘束力在规范上并不是终局的。该法律见解仍待经过进一步的说理过程,来确认其对于另一个具体案件是否有拘束力。当通过该说理过程,发现在事理上它并不适合于该具体案件,而不采该法律见解时,对于一个新的见解的采取,前述之平等原则或信赖保护原则并不构成不能克服的障碍[aaO.(Fn.171),S. 115,118]。当一个新的见解被考虑应被接受时,此际牵涉到的已比较多的是"法院之法律见解的变更之溯及效力"的问题。关于这个问题 Larenz 的看法认为应让"新见解"即刻对该具体案件生效,即赋与溯及的效力。盖法院应依其认为正确之见解为裁判。此外他也反对 Knittel 在其 *Zum Problem der Rückwirkung bei einer Änderung der Rechtsprechung*(1965)一书上所作的建议,"即法院在此情形应依旧见解为裁判,但同时在该判决上宣示其新见解,并表明往后将依新见解裁判"(S. 50ff)。盖世事多变化,"法院为其裁判上之必要的弹性,应避免因此僵化自己的法律见解"[Larenz,aaO.(Fn.103),S. 425ff.(427)]。关于判决之法源性的讨论,请参见王泽鉴:《民法学说与判例研究》,北京大学出版社 2016 年版,第 89 页以下。

④ 关于法官补充法律的权限之界限,详请见 Larenz,aaO.(Fn.103),S.417ff.宪法的具体化活动之具有法律补充的性质是没有争议的。Göldner 尝试从权力区分(Gewaltenteilung)、法院的法规审查权(richterliche Normenkontrollkompetenz)和法律对法官的拘束性(richterliche Gesetzesgebundenheit)的观点,来说明法官在宪法之具体化上的功能性界限(funktionelle Grenzen richterlicher Verfassungskonkretisierung),Göldner,aaO.(Fn.171),Dritter Teil:Abgrenzungsprobleme.

试在判决先例中表示其法律见解。该见解将来可能通过惯行的形成,及一般之法律确信的产生,而转化为习惯法。但也可能或迟或早地被变更或抛弃。

关于判例与判决先例,"法院组织法"(2019 年 1 月 4 日修正公布)第 57 条之 1 规定:"'最高法院'于 2018 年 12 月 7 日本法修正施行前依法选编之判例,若无裁判全文可资查考者,应停止适用(第 1 项)。未经前项规定停止适用之判例,其效力与未经选编为判例之'最高法院'裁判相同(第 2 项)。……(第 3 项)。"其意旨在:否认判例不同于未经选编为判例之判决先例的地位,使之趋同。趋同后,依同条第 3 项,本法施行后三年,人民所受确定终局裁判援用之判例、决议,发生"违宪"之疑义者,不再得声请解释。判决先例,亦同。其结果,等于不鼓励法院在裁判的说理上引用判例或判决先例,或纵有引用,当其发生"违宪"之疑义,人民不再得声请解释。

取而代之的制度为:在台湾地区"最高法院"设置民事与刑事"大法庭制度"。其任务为裁判民事或刑事法律争议("法院组织法"第 51 条之 1)。提案予民事大法庭的渠道如下:

(1)由台湾地区"最高法院"民事庭或刑事庭之承审法院提案

就此,"法院组织法"第 51 条之 2 规定其法律争议之提案及前置征询程序如下:"'最高法院'民事庭、刑事庭各庭审理案件,经评议后认采为裁判基础之法律见解,与先前裁判之法律见解歧异者,应以裁定叙明理由,依下列方式处理:一、民事庭提案予民事大法庭裁判。二、刑事庭提案予刑事大法庭裁判(第 1 项)。'最高法院'民事庭、刑事庭各庭为前项裁定前,应先以征询书征询其他各庭之意见。受征询庭应于三十日内以回复书回复之,逾期未回复,视为主张维持先前裁判之法律见解。经任一受征询庭主张维持先前裁判之法律见解时,始得为前项裁定(第 2 项)。"

依其意旨,如无任一受征询庭主张维持先前裁判之法律见解时,即不得依第 1 项,以裁定叙明理由,提案予大法庭裁判,而应自为不同于先前裁判之法律见解之裁判。其理由为:既无任一受征询庭主张维持先前裁判之法律见解,这表示各庭皆同意变更判决先例所持之法律见解,亦即无法律见解之歧异。这很大程度否认既有判例或判决先例所持见解之事实上拘束力。在该见解下,如不要求台湾地区"最高法院"民事庭、刑事庭各庭,在变更判例或判决先例之见解时,应为适当之论辩,对于法律见解之发展的继续性及法之安定性之维护,会有不好的影响。

(2)原则重要性法律见解之提案

第 51 条之 3 规定:"'最高法院'民事庭、刑事庭各庭审理案件,经评议后认采为裁判基础之法律见解具有原则重要性,得以裁定叙明理由,提案予民事大法庭、刑事大法庭裁判。"

本条之适用应指无前条所定与先前裁判之法律见解歧异之法律争议的情形,而只是想预就具有原则重要性之法律见解,取得大法庭之共识,以提高其正确性及安定性。问题是:既然大法庭之裁定仅对提案庭提交之案件有拘束力,与其他判决先例一样,对于相同或类似案件并无事实上之拘束力,则规定台湾地区"最高法院"于为裁判基础之法律见解具有原则重要性时,得以裁定叙明理由,提案予民事大法庭、刑事大法庭裁判,在法律见解的统一上有何积极意义?

(3)当事人提案声请

第 51 条之 4 规定:"'最高法院'民事庭、刑事庭各庭审理案件期间,当事人认为足以影响裁判结果之法律见解,民事庭、刑事庭先前裁判之见解已产生歧异,或具有原则重要性,得以书状表明下列各款事项,向受理案件之民事庭、刑事庭声请以裁定提案予民事大法庭、刑事大法庭裁判:一、所涉及之法令。二、法律见解歧异之裁判,或法律见解具有原则重要性之具体内容。三、该歧异见解或具有原则重要性见解对于裁判结果之影响。四、声请人所持法律见解(第1项)。前项声请,检察官以外之当事人应委任律师为代理人或辩护人为之。但民事事件之声请人释明有'民事诉讼法'第466条之1第1项但书、第2项情形,不在此限(第2项)。'最高法院'民事庭、刑事庭各庭受理第1项之声请,认为声请不合法律上之程序或法律上不应准许,应以裁定驳回之(第3项)。"

本条之适用,除首先系争案件必须已经台湾地区"最高法院"受理其上诉外,且需台湾地区"最高法院"民事庭、刑事庭各庭受理第1项之声请时,认为声请无"不合法律上之程序或法律上不应准许,应以裁定驳回"之情形,始启动其大法庭之审理程序。

关于大法庭裁定之拘束力,第51条之10规定:"民事大法庭、刑事大法庭之裁定,对提案庭提交之案件有拘束力。"其所称裁定,究指其对于"法律争议之裁判"(第51条之9)或对于"当事人提案声请提案予民事大法庭、刑事大法庭裁判之裁定"(第51条之4)?不论所指者为何,其裁判或裁定本来即对于提案庭提交之案件之裁判,对之当然有拘束力。不过,显然应是指大法庭对于"法律争议之裁判"(第51条之9),可拘束提案庭,提案庭应依大法庭对该法律争议所持法律见解,裁判提交之案件。

为关于行政诉讼案件之大法庭的设置,"行政法院组织法"第15条之1以下有对应于"法院组织法"第51条之1以下关于大法庭之设置的规定,用以针对提案庭提交之事件,裁判提案庭拟采为裁判基础之法律见解与判决先例之法律见解间的争议,以分别统一台湾地区"最高法院"之民事庭、刑事庭及"最高行政法院"等同一审判系统内,前后裁判之法律见解。依上开规定,行之有年之判例制度走入历史,不再有别于一般判决先例之地位。

(三)法院之补充法律的权限

在这里要讨论的是:当法律被确认有漏洞时,法院对该漏洞进行补充的权力,以及该权力的限界。该问题可以从法律的功能、权力区分及人民的基本权利之保障三个角度来观察。鉴于法律的功能在于促进正义在人类共同生活中的体现,任何现行法体系如不贯彻该功能的要求,则它便不成其为法,或不成其为由法所构成的体系。它将比较像一个非现代国家之暴力团体的帮规。本于该认识,现代国家皆致力于澄清或具体化正义的内容,并将之纳入现行法体系,以求贯彻。此即实质法治国家原则的肯认及其实践的努力。在该努力中,比较显著的几项建树是:将一些在正义的指导下,构思出来的基本价值决定(例如人民基本权利的保障、民主原则、权力区分原则),通过宪法给予宣示出来。同时,为贯彻这些基本价值决定,使之不再形同具文,现代法治国家并提出了宪法之直接(拘束)性(Verfassungsunmittelbarkeit)[①]的要求。该要求给予人民的基本权利及权力区分的政治体制以现代宪制的意义与活力。

---

① Göldner, aaO.(Fn.171), 32ff., 36ff., 40f., 85f., 178ff.

1.基本权利与法律保留

宪法的直接性原则首先要求贯彻"关于人民之权利、义务"事项的规定应以法律定之。这便是学说与实务上就人民基本权利之规范所称的"法律保留"(Gesetzesvorbehalt)原则。法律保留要求,限制人民基本权利应以法律为其基础。此为法源的问题。所以应以法律为基础,源自民主原则。按民主原则意义下之法律原指由人民或其代表所制定之规范。贯彻法律保留即贯彻民主原则。在法律保留的基础上,透过"依法行政"及"依法审判"原则,分别约束行政机关及司法机关的权限在于执行法律。不过,这很快便遭遇到两个大难题:(1)立法机关在经验、技术及时效上难以在技术性或细节性的问题上及时、具体地制定适当的规范;(2)不论法律如何细心制定,总是有多义或漏洞,需要经由法律解释或甚至法律补充,以接续地形成其妥当的规范内容。及时具体制定适当规范的问题引起由立法机关授权行政机关制定行政命令,具体化相关法律之实体及施行规定的需要。法律之多义或漏洞引起由司法机关解释法律或甚至补充法律,以具体化其妥适内容的需要。这在一定程度上分享了立法机关之立法权,冲击到权力区分制度。

基于上述需要,委任"立法"虽无台湾地区宪制性规定之明文规定为其依据,"大法官"还是在实务上肯认委任"立法"的制度。① 该见解后来并经"立法"机关在"行政程序法"第150条予以肯定。② "大法官"并在一些解释中进一步阐明委任"立法"之授权方法,以及行政机关在法规命令之制定上应遵守的事项。例如:(1)法律授权行政机关订定法规命令规范裁罚依据者,须为具体明确之规定;③(2)因为施行细则之制定的授权属于概括授权,不得有限制人民基本权利的规定。④ 不过,后来也分别按所涉人民基本权利之轻重,表示应受不等程度之保护的见解。⑤

司法机关在哪种情形得为法律补充? 与前述在哪种情形得委任立法,或在哪种情形应

---

① 参见释字第360号解释之解释理由书。依该授权发布之命令即原来意义之法规命令。其授权范围原限于法律不能巨细靡遗,一律加以规定之事项中,属于细节性、技术性者。但后来之发展,其授权范围已无所限制。该"细节性、技术性"事项,转成行政机关得不经"立法"机关授权,发布行政规则加以规定之范围的限制。习称其限制命令不需以法律或法规命令为依据之"非法律保留事项"。关于法律保留事项,参见释字第705号解释。该号解释中所提到之"租税主体、租税客体、租税客体对租税主体之归属、税基、税率、纳税方法及纳税期间等租税构成要件"即是关于税捐债务之规定的"法律保留事项"。唯这里所保留之规范依据,除法律外,尚含法规命令。相对于释字第360号解释,其范围已有显著的扩张。这标志着行政权之扩张的趋势。为何"立法"权守不住? 值得深思。

② "行政程序法"第150条规定:"本法所称法规命令,系指行政机关基于法律授权,对多数不特定人民就一般事项所作抽象之对外发生法律效果之规定(第1项)。法规命令之内容应列其法律授权之依据,并不得逾越法律授权之范围与"立法"精神(第2项)。"该条只是就法规命令加以定义,并未就"立法"机关得对行政机关授权立法直接规定。

③ 参见释字第394号解释。

④ 参见释字第367号解释之解释理由书、第394号解释之解释理由书。

⑤ 参见释字第443号解释之解释理由书。该号解释显示一个态势,认为不需"立法"机关之授权,行政机关即得制定"仅属与执行法律之细节性、技术性次要事项"之必要规范。唯释字第480号解释之解释理由书似乎又回到,一切法规命令皆应有授权依据:"……但法律内容不能巨细靡遗,一律加以规定,其属细节性、技术性之事项,法律自得授权主管机关以命令定之,俾利法律之实施。"

受国会保留之限制一样，并不能一概而论。通说的见解，似乎倾向于在"有利"于，或至少在不"不利"于人民的情形下，允许司法机关为法律补充。该问题通常见于刑法①或税捐法②之类推适用的允许或禁止的论述上。类推适用的意旨既是为了贯彻平等原则，且通过有利的类推适用并不带来关系人以不测之不利的法律效力，故司法机关补充法律漏洞之权限的限制，在此限度之让步应该可以接受。③

上述见解后来皆有更为细致的发展。首先是授权"立法"的肯认：由"立法"机关在其制定之法律中明确授权行政机关为一定之目的，在一定之范围内就一定之事项内容制定法规命令，具体化或补充法律所未明文规定的事项（"行政程序法"第150条）。由之乃又导出就刑法④及税捐法⑤之法源是否应进一步要求立法机关保留的议论。然纵使有"立法"机关保留之适用，亦非谓行政机关不得为适用法律之需要，而为解释（"税捐稽征法"第1条之1）。重要的是：除其解释应符合所解释之法律的意旨外，其解释对于司法机关无拘束力。⑥ 同理，在这些法域，特别是在税捐法，亦有法院得否为法律补充，特别是得否为类推适用的争议。由于税捐之课征对于特定税捐义务人以外之税捐义务人有税捐负担上及市场竞争上之利害关系，使得其类推适用之禁止或容许，不能诉诸有利于或不利于特定私人的标准。目前相持不下之对立的论据主要为：平等课税之实质公平与信赖保护之法的安定。⑦

2.权力区分

(1)立法机关之优先的立法权

将宪法直接性原则适用到政治体制上后，立法机关与司法机关之功能上的关系有显著的改变。由于宪法上的基本价值决定直接拘束立法机关及司法机关，一方面使得立法机关之立法权的性质，由过去之专属的立法权（Rechtsetzungsmonopol）转变为当今之优先的立法权（Rechtsetzungsprärogative）⑧。从而使司法机关取得对于立法机关制定之法律的补充

---

① Baumann, *Strafrecht*, *Allgemeiner Teil*, 6. Aufl. 1974, S. 160ff(163).

② Tipke, *Steuerrecht*, 3. Aufl. 1975, S. 32ff.

③ 此外，在诉讼法上通常也一般地不禁止类推适用。采这种见解的如：Tipke, aaO.(Fn.190), S. 34; Baumann, aaO.(Fn.189), S. 163.

④ 参见释字第402号解释。该号解释显示：即便是"违宪"之恶法，亦不一定在经宣告为"违宪"时，立即失效。这对于处罚性的"违宪"规定是否适当，值得检讨。虽可谓经济秩序的维持不可一日懈怠，但一件"违宪"解释耗时经年，在争讼期间不速速谋求修正该管理规则关于处罚之授权依据，亦属可议。

⑤ 参见释字第566号解释之解释理由书。依该号解释理由书之意旨，关于税捐法，"立法"机关亦得为委任"立法"之授权。

⑥ 参见释字第597号解释。其所涉"财政部"函释系关于利息在主体之归属基准的解释。以事务法则为基础，按利息为继续性债务或债权，随时间之经过而发生，并归属于其发生时之收取权人。至其收取权人，"民法"第70条第2项规定："有收取法定孳息权利之人，按其权利存续期间内之日数，取得其孳息。"该项适用于继承的情形，自当以继承事故发生时为分界点，将利息归属于被继承人及继承人。其归属于被继承人者属于遗产，其归属于继承人者属于继承人之利息所得。

⑦ 关于类推适用及其他法律补充之禁止原则，请参见黄茂荣：《税法总论（第一册增订三版）》，植根法学丛书编辑室2012年版，第393页以下。

⑧ Kriele, *Theorie des Rechtsgewinnung*, 1967, §14; Göldner, aaO. (Fn.171), §13; Larenz, aaO. (Fn.103), S. 330, 419.

权。亦即使司法机关取得在法律补充的意义下之候补的"立法"权,以于必要时,针对其正处理之个案的规范需要,建构出一个立法机关所未制定的规范,并将之适用于该个案。在此了解下,司法机关所享有之"法律的补充权"具备两个特征,即它是"候补的"与"针对个案的"①。

(2)司法机关之法律审查权

将宪法的直接性原则适用到政治体制上后,使司法机关取得对于立法机关制定之法律的审查权。该审查权可分成两种:①体系违反审查权;②违宪审查权。

①体系违反审查权

为将宪法中的基本价值决定即宪法原则(Verfassungsprinzip)体现在其人民的日常生活中,首先必须将这些宪法原则进一步具体化。就具体化,立法机关享有优先为具体化的权限,这便是前述之立法机关的优先立法权。如果宪法原则有真正被忠实地贯彻在其下位规范中,则这些上下位的规范便会组成一个在逻辑上及价值上皆没有矛盾的体系。反之,如果没有被忠实地贯彻,则它便会有矛盾,也就是有体系违反存在。体系违反与体系是不并容的现象。盖体系的建构要求,应避免与排除体系违反。基于这个理由,当宪法对立法机关及司法机关皆有直接拘束力(直接性)时,则一方面在立法阶段,立法机关应避免制定有体系违反的法律规定;另一方面在适用法律阶段,司法机关有义务与权利,审查既存之法律是否有体系违反的情形。如果有,则应尽其可能,在法律解释或法律补充中,透过体系因素的考虑,排除体系违反的规定。② 司法机关之该权限便是这里所称的"体系违反审查权"。

②违宪审查权

基于"合体系性与宪法上之平等原则间的密切关系"③,如果法院在适用法律的过程中,透过体系因素的考虑仍无法排除前述体系违反,则带有体系违反之法律便因违反平等原则而有违宪性。④ 换言之,一个法律只有当其不能透过"法律解释"或"法律补充"使之与宪法

---

① 关于法院之"法律补充权",Larenz 在前揭书显然抱持比较保守的见解。他顾虑法院如果介入这种政策性的决定,"便会意味着在一个政策性的意见争执中,其判决必须采取立场。这时其地位属于一造,而不再被认为是一个以法律为依据的宣判"[aaO.(Fn.108), S. 419]。因此他认为,除非立法机关对某一案型之长期的不为立法,已导致一个真正之规范上的紧急状态,不然为了司法的威信,法院还是尊重立法机关之优先立法权为上策[aaO.(Fn.171), S. 419]。鉴于立法机关在立法上之主动性及优先性,以及司法机关之法律补充权的候补性及其效力之个案性,本书以为 Larenz 的见解似嫌过度小心。盖立法机关之优先立法权的意义,本来仅止于:除其所制定之法律有"违宪"之情事外,司法机关应尊重之,以及立法机关嗣后并得立法"废止"司法机关透过法律补充所建构的规范,即使它已演变为习惯法,亦然。今立法机关如立法懈怠,不采取主动,而任令法律漏洞继续存在,则为了贯彻法律(价值)体系的功能,殊无禁止司法机关首先针对个案进行法律补充的理由;或谓如此广泛授权司法机关补充法律的权限,恐流之于滥。然其顾虑纵使为真,亦应从鞭策立法机关勤奋起来,并在方法论上设法科学地控制司法机关之法律补充的正确性才是上策。

② Canaris, *Systemdenken und Systembegriff in der Jurisprudenz*, 1969, S. 116ff; Göldner, aaO. (Fn.171), S. 53ff; Esser, Grundsatz und Norm, 2. Aufl. 1964, S. 255, 259; Larenz, *Kennzeichen geglückter richterlicher Rechtsfortbildüng*, 1965, S. 13:"(用来补充漏洞的)规范必须能够被密切地并入既存的法秩序中,也就是法秩序的内在的一致性必须被维持。"

③ Tipke, aaO.(Fn.195), S. 84.

④ Larenz, aaO.(Fn.103), S. 419.

的意旨相符时,才具有违宪性。[1] 基于这个了解,"违宪审查权"可以说是"体系违反审查权"的继续。"体系违反审查"既然是司法机关在适用法律的过程中所不能少,且法律的违宪性又是通过法律解释与法律补充所不能排除之法律的体系违反,则司法机关在体系违反的审查过程中,实际上亦已就该法律之是否具有违宪性进行审查,并作了认定。是故,在这里实际上所关注者并不是司法机关是否有权审查法律之违宪性的问题。

鉴于法秩序之体系性与体系违反情事之不能并容,在事理逻辑上,司法机关自当享有体系违反审查权,从而也享有违宪审查权。于是,关于违宪审查权的讨论,所剩下的便只有司法机关对一个被其认定为有违宪性之法律得采取如何措施的问题。它是否得拒绝适用违宪的法律,以及它是否有权宣布该法律为无效。基于裁判之"个案性",以及宣布法律为无效之效力的"一般性",裁判当不是一个宣布违宪法律为无效的适当工具。此所以职司具体案件之裁判的司法机关例如普通法院、行政法院和公务员惩戒委员会不适当享有宣布违宪法律为无效的权限。至于"大法官",因其对法规之审查,本来就不是针对一个具体的个案而发,而是针对一般案件所适用之法规进行抽象的法规审查(abstrakte Normenkontrolle),所以,其审查的结果自得享有一般的拘束力。这和宣布违宪法律为无效之效力的"一般性"间没有冲突。是故,"大法官"自宜享有宣布"违宪"法律为无效的权限。[2]

关于拒绝适用"违宪"法律,因为拒绝适用行为依其性质自始即系针对系属中的个案而发,而具有"个案性",这与裁判之"个案性"正相吻合,且台湾地区宪制性规定第 80 条规定"法官须超出党派以外,依据法律独立审判,不受任何干涉",所以,法官自应本着自己之法律的了解与确信,独立从事审判。为贯彻前述第 80 条之意旨,自不得勉强法官适用其以为"违宪"的法律。从而法官或法院依前述第 80 条自当享有拒绝适用"违宪"法律的权限,以进而对由该"违宪"法律之适用的拒绝所引起的法律漏洞加以补充,并据以审判该系属于它的案件。往后如有其他法院或机关与就该法律之"违宪"性持有与该法院不同之见解,因而引起该法律是否"违宪"之疑义时,其他法院或机关得依"'大法官'审理案件法"第 4 条第 1 项第 1 款声请"大法官"解释。

由于法规范之体系性,每适用任何法律,即同时包含宪法的适用在内。而因解释为适用之前置行为,所以,每适用法律,不但包含法律的解释,也包含宪法的解释在内。因此,若谓台湾地区宪制性规定的解释权应专属"大法官",则它的专属性应以"中央"或地方机关于其行使职权,适用台湾地区宪制性规定发生自己认为无法解决之疑义,或因行使职权与其他机关之职权发生适用之争议,或适用法律与命令因自己无法判断有无"违宪",或其判断与其他机关之判断相左而发生疑义,以及人民于其台湾地区宪制性规定上所保障之权利遭受不法侵害,经依法定程序提起诉讼,对于确定终局判决所适用之法律或命令有"违宪"之疑义者为限。否则各级法院的法律素养势必因制度地被置于"大法官"之监护下而没有机会获得发展。这也会影响到他们在法律之无"违宪"性判断上的正确性。如果一般地怀疑法院判断法律具有"违宪"性的能力,则便有足够的理由对其判断法律之无"违宪"性的能力给予同样程度的怀疑。盖这两个判断在判断能力之素质上的要求是一样的。赋与法院判断法律之"违

---

①   Hesse, *Grundzüge des Verfassungsrechts der Bundesrepublik Deutschland*, 4. Aufl. 1970, S. 31f.

②   详见翁岳生:《行政法与现代法治国家》,作者自刊,1976 年版,第 109 页以下、第 119 页以下、第 126 页以下。

宪"性的责任,才能培养出法院判断法律之"违宪"性的能力。不然,法院的素养将在"大法官"的监护下,随着立法机关所制定之法律得被推定为无"违宪"性的原则,而慢慢地萎缩下去。

此外,台湾地区宪制性规定第 171 条第 2 项规定:"法律与宪制性规定有无抵触发生'疑义'时,由'司法院'解释之。"及"'大法官'审理案件法"第 4 条列为得声请"大法官""释宪"之事由,亦皆或以"疑义"或以"争议"之存在为其前提。换言之,法院对某一法律之"违宪"性若已获有确信而无疑义,或关于宪制性规定的适用,并无在两个以上机关间发生相持不下的争议,则该法院或该机关自得自为解释。另自"'大法官'审理案件法"第 4 条第 1 项第 1 款之文义观之,在无疑义或无争议之情形,该法院或机关可能根本便不得声请"大法官""释宪",而应自为解释。① 该见解,在关于命令之违法性或"违宪"性的审查上,已为司法事务主管部门所接受。② 该见解在法院关于法律"违宪"性之审查问题的处理上应予贯彻才妥。

最后必须指出者为:基于法院前述之"体系违反审查权"及"违宪审查权",在权力区分底下的各个机关间,法院对于法律所持见解,应属最权威的终局(letztinstanzlich)见解,其他机关依法应受法院所持见解之拘束。③ 在该了解下,就法律与命令之见解,法院的看法若与其他"中央"或地方机关之见解有异,应以法院之见解为准。是故,在它们的见解间,至少由法

---

① "'大法官'审理案件法"第 5 条第 2 项规定:"'最高法院'或'行政法院'就其受理之案件,对所适用之法律或命令,确信有抵触宪制性规定之疑义时,得以裁定停止诉讼程序,声请'大法官'解释。"同条第 3 项并规定:"声请解释宪制性规定不合前二项规定者,应不受理。"依该两项规定观之,显然又认为,法律是否"违宪",概由"大法官"解释。

② 司法院于 1948 年 6 月 15 日所作之院解字第 4012 号解释第 1 项称:"与宪法或法律抵触之命令法院得径认为无效不予适用。"鉴于法院裁判之个案性,这里所谓之"径认为无效",当系"拒绝适用"的意思。其理由已详如前述。司法事务主管部门在前述解释中所持的见解,后来在 1973 年 12 月 14 日,并为释字第 137 号解释所重申。简言之,本号解释,肯认依宪制性规定第 80 条,法官应依据法律,独立审判。而为尽其职责,法官就有关法规释示之行政命令,固未可"径行"排斥而不用,但仍得本于公正诚实之笃信,表示合法适当之见解。这一项肯认在现代法学方法论下之意义为,法官"不可不具理由""径行"排斥该行政命令之适用。即法官于排斥该行政命令之适用时,应尽说理的义务。在拒绝行政命令之适用上,可能发生之法官的恣意,应该通过说理义务的贯彻来解决。关于法官的说理义务详请参见 Jürgen Brügemann, *Die richterliche Begründungspflicht*, 1971. 此外,也有可能担心:因行政命令之被拒绝适用而影响到政府威信。其实这个顾虑是多余的。盖只要在行政命令之适用的拒绝上,能通过说理义务的要求,有效控制法官的恣意,则行政命令的正确性正可因法官之审查而提高。加上行政机关与司法机关间在该过程中之实事求证之论辩,它们在人民的心目中慢慢地会被肯认为正义的化身。其威信也自然而然被建立起来。现代国家应通过说理,建立威信,而不是通过一味主张自己有理。主张归主张,再多也只是主张;主张只有在被附以证据及理由后才会产生信服力。"政府的威信"与"作威作福"间的区别全在说理义务之要求与贯彻上。聪明的同胞怎能,怎可不认真对待! 另详见翁岳生:《行政法与现代法治国家》,作者自刊,1976 年版,第 119 页以下。

③ Göldner, aaO.(Fn.171), S.168ff.同样的见解,另见翁岳生:《行政法与现代法治国家》,作者自刊,1976 年版,第 120 页。他在那里并引杨武连所著硕士论文《台湾地区救济制度之研究》内所引之台湾地区行政事务主管部门台 1973 年法字第 5916 号函,证明该见解并已为"最高行政机关"所肯认。该函谓:"司法权与行政权分别独立,故司法机关与行政机关就其职掌之事务,所为之判断,应彼此互相尊重。就法律之适用言,行政机关关于其职掌范围内之事项,适用法律所持见解,如与司法机关适用同一法律所已表示之见解有异,而有统一之必要者,可依宪制性规定第 78 条后段及'大法官审理案件法'第 7 条之规定,请求'司法院'统一解释。就具体事项之认定言,法院与行政机关所为之判断不一致,应尊重法院之裁判。"

院的立场观之,无"'大法官'审理案件法"第 7 条第 1 项第 1 款所定相持不下的情形。另从行政机关的立场观之,"中央"或地方机关是否得以其就其职权上适用法律或命令所持见解,与法院适用同一法律或命令时所已表示之见解有异为理由,依"'大法官'会议法"第 7 条,声请"大法官"统一解释? 依该法第 7 条第 1 项第 1 款但书规定:"但该机关依法应受本机关或他机关见解之拘束⋯⋯者,不在此限。"应采否定的见解。要之,该款的适用应限于行政机关间之差异见解的统一解释。至于人民、法人或政党,于其权利因法院与法院间之见解的差异,致遭受不法侵害时,依同项第 2 款得声请"大法官"统一解释。但其得依法定程序声明不服,或后裁判已变更前裁判之见解者,不在此限。

六、法律补充的取向

法律补充的任务在消除法秩序中的体系违反,以使法律所追求的价值更完全地以可理解及验证(nachprüfen)的方式,实现到人类的共同生活中来。为了圆满地达成该任务,执法机关,特别是法院,在法律漏洞之有无的认定及其补充的操作上,应取向于价值及生活事实,并符合价值与事理的要求。① 对于生活事实的取向,有两重意义,即一般地取向于生活事实之性质,或具体地取向于正要处理的具体案件。该生活事实之性质通常称为事务之性质(die Natur der Sache)。认为一个正确的法律补充必须是中立于价值或事理,或同时中立于两者之纯逻辑推论的见解,在规范上是没有意义,或甚至有害的。② 盖法律或其适用如果与价值脱节,那便会演变成绝对肯认恶法亦法的蛮横主张。法律或其适用如果与其所拟规范或处理之生活类型的性质(事理)脱节,那便会演变成"指鹿为马"式的强词夺理。③ 此外,人们还必须注意到,光强调价值的追求,而不脚踏实地地探究如何将该价值通过法律体系或制度贯彻到日常生活中来,则该价值之强调,久而久之便会沦为口号,以致最后再也没有足够的人相信它。其结果,该法律体系便会失去伦理的说服力,变得威而无信。反之,在个案的处理上,就情、理、法中之情、理两个标准的引用,如果不体系地,也就是没有矛盾地予以贯

---

① 关于这个问题比较详细的讨论与引证,请参见本书第六章一、(一)。

② Göldner, *Verfassungsprinzip und Privatrechtsnorm in der Verfassungskonformen Auslegung und Rechtsfortbildung*, 1969, S. 91ff.在法律的补充上,势必牵涉到法律原则之具体化的问题。于是,他说:"在法律原则与被规范的对象间,说理必须迈过的距离越远,其方法之明白性便越容易受到减损。是故,该具体化行为也就越加迫切需要方法上的确保。符合方法要求之具体化必须一方面符合该原则之普遍的意旨,另一方面也必须同样程度符合拟去解决之个别问题的具体事理架构"(S. 92)。关于这个见解他并在该书第92 页注 4 中作了详细之文献上的引证。

③ "民法"第 98 条规定:"解释意思表示应探求当事人之真意,不得拘泥于所用之辞句。"其对契约这种生活类型之规范上的意义,即在于排除这种"指"或"误"鹿为马的情形。

彻,则所谓个案之具体情况的考虑,往往会沦为恣意循私的借口。① 由以上的说明显示,法律补充之对"价值"与"事理"的取向是由其任务②所决定下来之"必要"。既然如此,则剩下来的问题便不再是:法律补充是否应该或必须取向于"价值"及"事理"的问题,而是在该取向要求之贯彻的同时,如何不使法律的适用,因为抛弃纯逻辑的推论,而失去透过法学方法加以检证的可能性。该检证的可能性及其实际操作的技术之探讨构成当今法学方法论之努力的重点。以下谨从法律补充的因素及法律补充的方法这两个层面来说明在法律补充时之法律适用的检证问题。

七、法律补充的因素

所谓补充法律的因素,是指在法律补充时必需考虑的观点或因素。该因素与在法律解释时所应考虑者,在类目上并无不同。在法律补充上,同样应考虑文义因素、历史因素、体系因素、目的因素及合宪性因素。③ 其考虑文义因素的必要,在协调所进行之法律补充与法律

---

① Göldner, aaO.(Fn.207), S. 93:"在法律原则之具体化的程序中,价值良心及价值感情固然不得被弃置不顾,但法律的适用者也不得误入歧途,从事仅属个人之冲动的感情性评价(eine lediglich spontanindividuelle Emotionalwertung)。取向于法官个人之主观看法及法律感情来适用法律,为现在已不被接受之自由法学派(die Freirechtsschule)及感情法学派(die Gefühlsjurisprudenz)所主张(Meier-Hayoz im Berner Kommentar Einleitungsband, N. 174 zu Art. 1 ZGB)。

② 关于法律解释的任务及其对于具体案件之关联性与对于价值之取向性,请参见本书第六章一(一)。Larenz 在其所著 Methodenlehre der Rechtswissenschaft 一书第 192 页以下,关于"在法学中之价值取向思维"(Wertorientiertes Denken in der Jurisprudenz)的讨论中,显然将该价值取向上的必要性归因于法律用语之不确定性。详言之,即立法者在法律规定的制定上并未全部使用了"概念性的用语",以致法律不能通过纯逻辑的操作,就精确地适用到具体案件来;而必须通过评价的过程。所谓"非概念性的用语"在这里经其着重提出来讨论者:有法律之定义规定中的不确定概念(如《德国民法典》第 93 条);称"物之重要成分"者(wesentliche Bestandteile),谓如不破坏其中之一或不改变它们的性质,便不可能使它们互相分离之部分。物之重要成分不得独立为权利之客体[Larenz, aaO.(Fn.103), S. 195 f.]。类型(式概念)(Typus)[aaO.(Fn.103), S. 197ff.]及需要补充之评价标准(ausfüllungsbedürftige Wertungsmaßstäbe),例如诚信原则(Treu und Glauben)、重要理由(ein wichtiger Grund)、给付与对待给付间的相当关系(ein angemessenes Verhältnis von Leistung und Gesgenleistung)、相当期间(eine angemessene Frist)或衡平的裁量(billiges Ermessen)等[aaO.(Fn.108), S. 203f.]。唯 Larenz 所列举的上述原因,似乎不是在法律适用上,必需取向于价值的根本原因。它们仅是由根本原因所导出,表现在规范中的现象。申言之,该价值取向之必要性的根本原因,当是存在于法律(解释或补充)的任务上。即为了将法律所追求的正义,衡平地以可以理解并验证的方式,实现到人类的共同生活中来。为了使该任务的实现能在实务上取得依据,并使法律在实证的过程中能不断地获得更完满的新生,在法律秩序或制度的规划上,必须使价值的理念或标准着床于实证法上。前引 Larenz 所举的例子正是该考虑下的产物。此所以说这些例子并不是在法律适用上必须取向于价值之根本原因,而只是由该根本原因所导出的派出原因。

③ 关于法律解释的因素,详请参见本书第六章四。

既有之明文规定间的关系,且要特别注意避免与法律明文规定有互相抵触的结果发生。[1]考虑历史因素,在贯彻立法阶段所持的建制意旨,以符合民主原则。考虑体系因素,在使因法律补充而新生的规定能顺利地纳入体系,避免因补充了法律漏洞而造成新旧规定间的不协调,或甚至产生矛盾的情形。这点在法律补充上必须特别注意,否则便难免顾此失彼,以致"扶得东来西又倒"[2]。考虑目的因素,在确保法律补充之伦理价值的一贯性,使其能够善尽实现正义的功能。想当有鉴于此,Larenz[3]乃认为:"法官补充法律如能满足以下三个要求,则堪称为(人民之)大幸:(1)该法律补充必须树立一个可以一般地适用于某一典型案件之规定。该案型之特点[4]必须足以充为嗣后用来检证法院之裁判的表征。是故,将该用来

---

[1]　法律补充固在于引入新规定,弥补法律之漏洞,但通常情形其补充之结果并不发生与法律明文规定之文义正相冲突的情形。通常除非有社会情势之重大变迁,或原来之规定显有重大违反法律所一贯承认之原则的情形,向来避免与法律文义正相冲突的法律补充。关于与法律文义正相冲突的法律补充,详请参见 Dietrich Jesch, Auslegung gegen den Wortlaut und Verordnungsgebung contra legem？NJW 1963, S. 241-245; Von Dres. G. und D. Reinicke, Die Bindung des Richters an Veraltete Gesetze, MDR 1957, S. 193-198; Theo Zimmermann, Die höhstrichterliche Rechtsprechung zur Anpassung der Gesetze an die veränderten wirtschaftlichen Verhältnisse, NJW, 1953, S. 484-486.

[2]　不考虑体系因素会导致顾此失彼的情形。不仅在法律解释与补充上,而且在立法上皆会引起这种问题,例如"土地法"第 102 条规定:"租用基地建筑房屋,应由出租人与承租人于契约订立后二个月内,声请该管'直辖市'或县(市)地政机关为地上权之登记。"该规定显然忽略民事法上关于土地用益权之授与,有债权性之租赁与物权性之地上权之区分的既有体制。以致在制度上,使得单纯之债权性的基地租赁实际上成为不可能;如将该条规定定性为强行规定,在实务上并会引起违反当事人之法效意思的法律效果。唯"内政部"1991 年 12 月 20 日台内地字第 8076758 号函认为:"按'土地法'第 102 条规定:'租用基地建筑房屋,应由出租人与承租人于契约成立后二个月内,申请该管市县地政机关为地上权之登记。'析其文义,所谓申请地上权之登记,应解为系由当事人间以法律行为而设定,如契约无相反之约定,出租人应负与承租人同为申请登记之义务(参照"最高法院"1952 年台上字第 117 号判例)。因此契约中如已有相反之约定,即当事人间明订不得为申请地上权之登记,参照前述'最高法院'判例意旨,似可排除'土地法'第 102 条之适用。""民法"第 422 条之 1 有类似于"土地法"第 102 条之规定:"租用基地建筑房屋者,承租人于契约成立后,得请求出租人为地上权之登记。"

[3]　Larenz, Kennzeichen geglückter richterlicher Rechtsfortbildung, 1965. S. 13.

[4]　所谓将该案型之特点予以表征到可以用来检证法院之裁判的意义为:将该案型之特点构成要件化,使其具有足够的明确性,在将来能够不待于更进一步利用裁判者之主观裁量加以具体化,便已能直接将之引为裁判的大前提。此即规范建构上之构成要件化及构成要件之明确化的问题。该问题在受严格之法律保留原则限制的法域(例如税捐法及刑法),特别受到重视。在这些法域中,本问题牵涉到法源的问题。在该等法域,为贯彻其分别要求之"税捐法定主义"或"罪刑法定主义",除了要求无法律即无税捐或刑罚外,为避免公权力机关利用空洞之构成要件规避该等原则之要求,莫不要求其构成要件必须臻于明确。在税捐法定主义下,甚至要求其法律效果亦须臻于明确。关于税捐构成要件之明确性,详请参见 Lang in:Tipke/Lang, Steuerrecht, 18. Aufl., 2005, Köln, § 4 Rz. 167ff;黄茂荣:《税法总论(第一册增订三版)》,植根法学丛书编辑室 2012 年版,第 299 页以下;黄茂荣:《税法总论(第二册增订三版)》,植根法学丛书编辑室 2015 年版,第 151 页以下。不过,Tipke/Lang 认为构成要件之明确性原则的要求在立法及司法实务上的实践落差极大。对此,德国"联邦宪法法院的判决并不一贯。就税捐法,该法院曾经判决:构成要件明确性原则作为法治国原则之表现,要求税捐发生依据之构成要件应该如此明确,以使纳税义务人能够预计落于他身上之税捐负担。依该观点,税捐法中之许多规定都该是违宪的。不过,联邦宪法法院又在其他判决中做了克制,并且事实上尚未在任何案件中,以构成要件太不确定为理由,将税捐法的规定宣告为违宪。纵使是很不确定的条项,它也都予认可"(aaO. Rz.168)。

补充之构成要件要素,继续寄望于各该具体案件之裁判者的主观裁量是不足够的。例如利用像'显然难以忍受之结果'或'显属过苛'作为构成要件要素①即不充分。(2)关于系争法律效力是否正该连结于系争构成要件的观点,应以正法的考虑为其依据。由该构成要件及法律效力所组成之规范,必须清楚显示,其意旨在于实现某一实体的法律原则,而不得仅具想当如此的性格。(3)该规范并应可被无裂隙地纳入既存的法律体系,以维护该法律体系之内在的,亦即价值上的一致性。"至于合宪性因素,则在维护宪法在法律补充上的贯彻。

以上所讨论之因素,属于体制内之规范上的因素。在法律补充上,固然必须视情形衡量社会性的因素,但其观点属于事实面而非规范面的论点。② 该论点的作用,常常在于认知,在一定的具体情形下法律补充之必要,并提供补充之取向上的参考。

八、法源与法律补充

法源在这里首先系指法源论上所称"一切得为裁判之大前提的规范总称",亦即自现行法之表现形式(Erscheinungsformen des geltenden Rechts)加以了解。在此意义下,所谓法源,在民事法上即指:制定法、习惯法、契约、产业自治规约、家族自治规约及团体自治规约、事实上之习惯及法理而言。以上规范得为民事关系之法源,为实务所肯定。③ 至于事实上之习惯及法理之得为民事关系的法源,其一般的规范基础在"民法"第1条。此外,"民法"中尚有甚多关于肯认习惯之法源地位的具体规定。第1条关于法理的规定并有法律补充之授权的意义。其次,法源尚可能指(1)这些规范之所以具有拘束力的理由或基础。该拘束力之基础通常系指立法者之意思,或人民对该规范之法的确信或承认。(2)或者规范在事实上之发生的原因。该原因通常系指政治、经济、社会或历史的事实及其关系。例如权力的对比。(3)或者制定法律之行为,例如立法机关之决议。④

自以上实务及学说上对法源的看法观之,当实务上所承认之法源的范围,在现行法之表现形式上,及于制定法以外之规范时,便涉及法律补充的问题:哪个机关有权限利用哪些社会规范补充制定法的漏洞?

关于这个问题,其解答不能一概而论,盖不同的法律,由于其对人民基本权利的介入程度深浅不一,从而应受法律保留(Gesetzesvorbehalt)拘束的密度亦有高低之别。其拘束的理由,主要有三类:(1)基本权利的保障,像税捐之课征或刑罚之科处对人民之基本权利介入

---

① "显然难以忍受之结果"或"显属过苛"常被引来作为债务因嗣后之主观情势变更,而主张调整双务契约之对价关系,或在调整显有困难时主张解除或终止契约的理由。

② 这里所以不将社会因素列为在法律补充上应考虑之规范因素,其理由为:该因素尚未经规范化,定着于法律体系中。反之,当其已定着于法律体系中,原则上它会以文义因素、历史因素或目的因素表现出来。

③ 详请参见黄茂荣:《民法总则》,植根法学丛书编辑室1982年增订版,第4页以下。

④ 参见 Georg Dahm, *Deutsches Recht*, 1963, S. 34ff.

最深,因此,原则上应受"绝对之形式的法律保留"之适用,此即税捐法上之"税捐法定主义"①,以及刑法上之"罪刑法定主义"的要求。(2)交易安全之保障:依物权法定主义,司法机关不得利用法律补充,创设新物权,以维护交易之安全。物权法所定以外之物权,必须以立法的方式定之。例如制定动产担保交易法,创设动产抵押、附条件买卖及信托占有等新担保类型。透过法律补充肯认之新的物权种类为:让与担保。② (3)市场经济之保障。像商标权、专利权或著作权的态样,应以法律所列举者为限,行政机关及司法机关皆不得以交易上有此需要为理由,利用法律补充创设之,以保障市场机能。盖商标权、专利权或著作权之赋与,使其权利人在权利范围内取得垄断产销的权利,从而相对地牺牲了市场经济应有的竞争机能。是故,如基于交易上之需要在商标权、专利权或著作权方面,有承认新类型的需要应以立法的方式为之。例如在商标方面,有服务及营业表征、包装式样、商品外观;在专利方面,有设计;在著作权方面,有计算机软件。其中关于营业表征、包装式样、商品外观虽一直未被肯认为具有与商标权同等地位之权利,但在其已为相关事业或消费者所普遍认知的前提下,"公平交易法"第 22 条仍对其仿冒提供保护。计算机软件则已经被肯认为可受著作权之保护("著作权法"第 5 条第 1 项第 10 款)。

所谓现行法之表现形式包含制定法以外之规范,系指承认制定法以外之规范,亦得为法源。当其如此承认,则契约、产业自治规约、家族自治规约、团体自治规约在法律的授权下,补充了一些法律所未规定之事项,或甚至修正了一些法律容许修正之任意规定。不过,这些情形通常不认为属于法律的补充。反之,习惯法虽已演进成现行法,但其存在却是法律补充的产物。是故,凡是受"绝对形式之法律保留"适用的法域(例如税捐法及刑法),原则上关于不利于人民之事项,不会有习惯法之产生。盖既不许法律补充,则不可能因法律补充而形成

---

① 关于税捐法定主义,详请参见 Hans-Jürgen Papier, *Die Finanz-rechtlichen Gesetzesvorbehalte und das grundgesetzliche Demokratie prinzip*, 1973.

② 至于为何虽然没有法律明文依据,还是肯认让与担保? 其理由为,所有权之移转为物权法所规定之常态的物权行为。所以,即便当事人为担保之目的而为之,还是不能否认其所有权之移转效力。而当所有权移转于债权人,自然能够产生预期之担保效力。剩下来的问题是:其超过担保目的之移转出去的所有权利益,应当如何? 按当所有权之移转超出经济目的之必要,构成信托。因此,为恰如其分规范让与人、受让人及他们之债权人对于系争让与物之利益,并保护其他人就该物,与受让人从事交易时之交易安全,必须从担保信托的观点,处理让与担保构成之法律关系。亦即从信托的观点,限制了该物之让与的部分效力,使之大致接近于动产抵押。不过,由于让与担保没有登记,可能引起比较多之信赖保护方面的问题。在物权法定主义底下,德国法上亦有,是否得经法律补充,肯认让与担保及如何具体化其内容的问题(Larenz, *Methodenlehre der Rechtswissenschaft*, 6. Aufl., Springer Verlag 1991, S. 414ff.)。

习惯,并进一步使该习惯因人民之法的确信,演进成习惯法。① 唯在承认习惯法得为其法源之法域,论断该法是否有漏洞应兼顾习惯法的规定,亦即只有在应规定而制定法及习惯法对之皆无规定的情形,方有法律漏洞存在。

至于容许以判例、判决先例、实务见解、学说或法理②作为法源的情形,只要在该判例、判决先例、实务见解,或学说尚未演进成习惯法,其所属之法律领域并不因这些法源之存在,而可论断为无漏洞。换言之,引用判例、判决先例、实务见解,或学说来解答或处理法律问题,构成法律漏洞之补充。同理,民事在法律未明文规定时,事实上的习惯固亦得引为法源,作为裁判的依据("民法"第1条),但其引用之性质亦属法律之补充。

---

① O. A. Germann, *Probleme und Methoden der Rechtsfindung*, 2. Aufl, 1967, S. 141 f:"刑法受无法律,即无刑罚之原则的拘束。依学说与实务上一致之见解,就一个行为之可罚性或刑罚之加重,没有产生习惯法之可能。反之,对行为者之免罚、宽恕或刑罚之减轻,则原则上可有习惯法之适用。至于行政法,学说与实务上就是否可用习惯法来补充法律漏洞,并无一致的见解。所谓依法律行政原则,虽然在这里大都亦被引为讨论的出发点,但其了解却见仁见智。为满足依法行政原则之要求,在此并不要求系争规范必须由该管立法机关制定,而仅要求其有法律规定为其依据,亦即只要求有实质意义之法律。是故,原则上引用习惯法亦为已足……。在财税法,亦即在税捐或其他公法上的输纳义务的课征,一样地不承认习惯法得作为不利于纳税义务人之基础。只有在有利于纳税义务人的情形,在过去的案例中,才曾以习惯法作为规范基础。"Tipke, aaO. S. 84f:"习惯法由不成文法组成,而该不成文法则由经久之惯行所形成,并经一般的正法意识所肯认。该经久之惯行大都由一个经年之法院的一贯见解所促成。当该惯行经过考验获得一般之法的确信时,该惯行即被称为合乎正法。唯欲转为习惯法,该惯行还必须能被转述为法条(Rechtssatz)(亦即经构成要件化)。关于税法是否,以及得在哪一个范围内以习惯法为其基础,见仁见智。Paulick 认为习惯法不得作为税捐之负担或税捐之优惠的依据,而 Kruse 则认为习惯法仅不得作为税捐之发生的依据。而根据作者的看法,《德国基本法》第105条将税捐立法限制为议会立法,是故,税捐习惯法与《德国基本法》第105条不能一致。在税捐法上,习惯法纵有可能,亦仅能在法官造法的基础上形成。不过纵使认其为可能,也有其限界。"

② 实务上有时将外国立法例当成法理,引为补充法律的依据,作为裁判的基础。例如:"司法行政部"1954年12月2日台(1954)凤公参字第7547号令:"依照'民法'第1条之规定,民事,法律未规定者,依习惯;无习惯者,依法理。外国立法例,有时不失为法理来源之一种,必要时似无妨加以参考。"台湾地区"最高法院"1970年台上字第1005号民事判决:"因上诉人之增加设施,所借用房屋之价值显然增加,在我'民法'使用借贷一节内,虽无得请求偿还或返还其价值之明文,然依外国立法例,既不乏依无因管理或不当得利之法则,请求偿还或返还之规定,则本于诚实信用之原则,似非不可将外国立法例视为法理而适用。"唯如真要以无因管理或不当得利作为借用人向贷与人请求偿还其对于借用物支付之有益费用的依据,并不需要引用外国立法例作为法理,补充关于使用借贷之规定。盖无因管理或不当得利为现行"民法"明文规定之制度,只要该当于其要件即有其适用。除非认为"民法"第431条关于租赁的规定具有排除无因管理或不当得利在上述情形之适用的效力。从第431条第1项规定:"承租人就租赁物支出有益费用,因而增加该物之价值者,如出租人知其情事而不为反对之表示,于租赁关系终止时,应偿还其费用。但以其现存之增价额为限。"当尚不至于此。有疑问者仅在于:是否应类推适用该条规定? 类推适用该条规定与适用无因管理或不当得利之区别在于:该条与无因管理虽同以费用之偿还为其要件,但该条所定得请求偿还之范围自始限于与"民法"第177条关于不适法无因管理所定者相同之范围。此外,关于费用之偿还请求权,第431条还设有较无因管理严格之消极要件。既然如此,关于第431条之类推适用自以采肯定的见解,较能符合使用借贷与租赁间之协调关系。

事实上之习惯在现行"民法"之地位,有时法律明文规定应优于制定法受适用。① 此际,法律既直接以习惯为其内容,则该习惯便已成为制定法的一部分。

就事实上的习惯,法律未明文规定其适用优先于制定法者,该习惯之适用依"民法"第1条,对于法律仅具有补充性。此际,该习惯虽构成法源之一,但其对法律之补充的性质,仍不失为法律漏洞之补充。② 至于"民法"第2条之规定的意义则为:限制可以引用来补充法律之习惯,"以不背于公共秩序或善良风俗者为限"。

又法理之得为法源,纵使在民事上为"民法"第1条所明定,但其引用,如在于补充法律或习惯所未规定之情形,其引用之性质,亦属法律补充。盖法理于经具体化成明确之构成要件的形式前,并不能直接被引用来解答法律问题,而只能被引用来作为解答法律问题之取向或考虑的出发点。

由以上的说明可知,制定法或习惯法以外之法源,其被承认为法源之一的意义,仅在于法院得将之引为补充法律的材料,使其在这种情形候补于制定法或习惯法,在容许法律补充之法域作为裁判的规范依据。

法理在民事法体系中的地位及其与法律补充之关系,本书第二章之七论之甚详,此不重述。

九、补充法律的方法

补充法律的方法要分为:类推适用、目的性限缩、目的性扩张以及创制性的补充。类推适用及目的性限缩所依据之法理主要为平等原则。申言之,类推适用所依据者为:"相同之案型,应为相同处理"③;目的性限缩所依据者为:"不相同的案型,应为不同的处理"。而目的性扩张,则主要以立法意旨为其补充之法理基础。其与类推适用之区别在:拟处理之案型

① 在制定法就某些习惯明文规定应优先于法律受适用的情形,不得再执"民法"第1条前段所定之一般原则,主张习惯在适用上对于法律之候补性。对此,最高法院1937年谕上字第948号判例予以肯定。

② 虽然法律承认以上所称习惯对法律之补充的或优位的适用资格,但它们终究都尚未演变为习惯法。从而也不具备法律的地位。是故这里所让出来给习惯的那个空白,便构成一个法内漏洞。该法内漏洞与其他法内漏洞的区别,不在它的漏洞性,而在补充该漏洞的机关。后者是法院,而前者则不必然,它往往是该系争案型所属的生活圈内的成员全体。例如"民法"第207条:"利息不得滚入原本再生利息。……前项规定,如商业上另有习惯者,不适用之。"在这里,由于补充空白规定之空白的主体具有或多或少的主权者性格,因此,该补充之活动是否得被看成法律补充乃成疑问。唯鉴于"民法"上所适用之习惯,尚须经"民法"第2条之管制。所以,在"民法"第1条上所存在的法内漏洞与其他以习惯来补充其空白之法律一样,皆构成漏洞。

③ 本原则亦为实务上所采,例如最高法院1933年上字第748号民事判例:"有同一或类似之法律理由时,应认同一或类似之法律效果,为法理上所当然。依旧法所立之嗣子女,固非与《民法》上之养子女全然同一,而其以他人之子女为子女,则与养子女无异。故《民法》亲属编施行后发生之终止嗣子关系事件,应就《民法》关于终止收养关系之规定,类推适用。"唯"'民法总则'规定之事项,仅于其他各编或其他法律无特别规定者,始得适用之。又类推适用,以无法规可资引用为前提,若某种事项,法律已经明定,即无类推适用之余地"(台湾地区"最高法院"1964年台上字第3518号民事判决)。

与法律所规定之案型间并无规范意义下之类似性,而系基于系争规定的立法意旨,认为其适用之范围显然过小,应扩张至该拟处理之案型。在以上这些补充的态样,其补充皆有实证法上之具体的参考规定,为其出发点或依据。反之,在创制性的补充,于实证法上并无可供攀附援引之具体规定[①],必须由法律适用者根据法理念及事理,为拟处理之案件予以创制。是故,称这种法律补充为"创制性的补充"。由于较之前述其他三种法律补充的态样,创制性的补充显然超越实证法之外,所以其补充在说理上较易引起见仁见智的争论。兹分述之。

(一)类推适用

所谓类推适用,系指将法律明文之规定适用到该法律规定所未直接加以规定,但其规范上之重要特征与该规定所明文规定者相同之案型。在类推适用上,最引起争执之问题为:如何认定拟处理之案型与法律明文规定之案型,分别所具之规范上有意义的特征为相同。[②]为认识法律所规定之案件的特征中,哪些具有规范上之评价的意义,以及为何具有意义?必须求助于该法律规定之立法目的,亦即其规范意旨。

关于类推适用在学说上常被提及的例子为:对出卖人恶意夸张买卖目标物所不具有之质量者,是否得类推适用"民法"第360条关于出卖人故意不告知买卖目标物之瑕疵的规定:准许买受人不解除契约或请求减少价金,而请求不履行之损害赔偿。[③] 此外,在将来之物的买卖,例如在预售房屋的情形,出卖人所完成之房屋的面积、高度,或使用之建材,与约定者显然不符时,其瑕疵是否属于出卖人故意不告知瑕疵的情形,亦值得探讨。盖在缔约时,系争房屋尚未存在,尚无所谓约定时,故意不告知瑕疵的情形。唯在将来之物的买卖,预告该物之质量者,如不课出卖人保证该质量将来一定存在,必然鼓励出卖人信口开河,减损买受人之正当期待,有害于交易安全。所以,应将之与出卖人于缔约时明知有瑕疵之情形同论,亦将"民法"第360条之规定适用于此种情形。鉴于该两种案型,除其瑕疵之存在时间不同外,其他重要特征皆相同,故其适用当可定性为类推适用。另对出卖人就缔约后使发生之瑕疵(将来之瑕疵),课以债务不履行责任,亦可得相同之法律效力。

关于得利用类推适用补充法律漏洞的案例虽难以尽数,但其适用有时还是会有问题。例如台湾地区"最高法院"1974年台上字第2139号民事判例要旨称:"'民法'第451条之规定,乃出租人表示反对续租之意思,有阻却继续契约之效力,此与同法第263条所定,当事人依法律之规定终止契约之情形,具有同一之法律理由,自应类推适用。故租赁物为数人所共同出租者,表示此项意思时,应准用第258条第2项规定,由出租人全体为之。本件系争土地为上诉人等四人所共有,而由上诉人等四人共同出租与被上诉人使用,则其依'民法'第451条为反对续租之意思表示,自应由上诉人全体为之。"该判例之见解,关于"准用第258条第2项"固言之成理。但其准用之结果认为,"共同出租人依'民法'第451条为反对续租之

---

① 创制性的补充所补充者为实证法中显然违反体系之沉默。其漏洞之认定的依据为:除所属法域(税捐法、刑法)受"严格之形式的法律保留原则"(国会保留)适用者外,并无"一般的消极规定"。申言之,在其他法域,只要所涉生活事实不属于法外空间,亦即不是在法律上无意义,或法律不拟加以规范,则法律对该生活事实之沉默,便构成法律漏洞。请参见 Canaris, aaO.(Fn.103), S. 49ff.

② Larenz, aaO.(Fn.103), S. 366; Canaris, aaO.(Fn.103), S. 71ff.

③ 关于这个问题在德国立法例之讨论,详请参见 Larenz, aaO.(Fn.103), S. 367.

意思表示,自应由上诉人全体为之"的看法不合逻辑。盖关于契约关系之发生、维持或消灭,首先规定其"可决之意思表示"应共同为之时,在逻辑上应规定,"只需一人反对",即可生否决之效力。其理由为:必须全体同意,就是任何一个共有人,皆有否决权。该判例意旨在类推适用上所以发生差错,不是因为租赁契约之续租,与其终止之效力正相反,而是没有意识到其共同意思表示的表示方式,有"可决"及"否决"之差异,以及规定"可决"应共同为之者,在逻辑上,因人人有否决权,所以,其"否决"任何人皆可单独为之。换言之,出租人方关于续租的意思表示,其同意需共同为之;其反对,只需单独为之,即可成立。至于出租人方是否同意续租,没有表示时,就反对续租而言,因反对属于消极之意思表示,法律如无特别规定,其沉默应解释为同意或反对,视情形,可能拟制为"同意"或"反对"。在"民法"第451条之适用,因其规定"租赁期限届满后,承租人仍为租赁物之使用收益,而出租人不即表示反对之意思表示,视为以不定期限继续契约"。所以其沉默,依该规定视为"同意"。因此,必须全体皆沉默,或没有一人表示反对,其拟制视为同意之意思表示,始与全体同意续租相当。另"民法"第820条规定:"共有物,除契约另有订定外,由共有人共同管理之。"而共有物之出租属于共有物之管理行为,不论其出租,而且其续租之意思表示皆应由共有人共同为之;只要共有人中有人表示不愿续租,即不能构成全体同意共同出租所需之一致的意思表示,从而纵使有一部分共有人是否愿意续租之意思因沉默而不明,亦无"民法"第451条之适用之余地。甚至纵使有一部分共有人已为愿意续租之表示,只要有一人不愿续租,续租关系亦不会成立。今该判例将"续租"之拒绝模拟为租赁契约之终止,而没有意识到续租之"拒绝"是否决一个期间已届满,本当消灭之契约关系的继续,而"终止"是在有终止事由时,"同意"提前消灭一个本来还存在之契约关系,以致认为续租之"拒绝"的表示与租约之终止之"同意"的表示一样,"应准用'民法'第258条第2项规定,由出租人全体为之"。由于该判例误以为续租之"拒绝"与终止之"同意"之意思表示的逻辑结构相同,所以其类推适用之论述如上所述也就有逻辑的谬误。因此,该见解之适用结果,与共有物之管理规定("民法"第820条),亦显相冲突。类推适用之结果,必须能够纳入法律体系,亦即不与法律上其他相关规定互相矛盾,方始正当。否则,即会发生"扶得东来西又倒"的情形。当有此种情事发生,要检查当中关于类推适用之论述,是否有关于"类似性"之判断或"正反意思表示"之逻辑结构的认识差错。

至于越界建筑之规定("民法"第796条),是否得类推适用于房屋基地租赁的情形,台湾地区"最高法院"认为不无疑义,该院1963年台上字第2409号判决谓:"'民法'第796条所定土地所有权人,因建筑逾越疆界对邻地所有人所得主张之权利,依同法第833条之规定,于地上权与土地所有人间固得准用,唯地上权为物权,故地上权人得行使本于土地所有权之请求权,而建地租赁权则为债权,仅适用债编关于租赁权之规定,是除当事人间另有使租地建屋相当于土地所有人自建之特别约定外(例如租赁期间届满土地所有权人即取得房屋所有权),能否类推适用'民法'第796条之规定,即属不无疑义"。该判决中所引以否定该条对本案型之类推适用性的理由为:须"当事人间另有使租地建屋相当于土地所有人自建之特别约定"。该理由所考虑的问题,于"民法"分别在第833条、第914条所规定的案型,同样存在。立法者既然不因该理由中所考虑之问题而不制定第833条、第914条等规定,则显然立法者并不以为该理由为否定将第796条类推适用到第833条、第914条之充分理由。

按"民法"第796条之立法理由为:"……土地所有人建筑房屋,遇有逾越疆界之时,邻地所有人如知其越界,应即提出异议,阻止动工兴建。若不实时提出异议,俟该建筑完成后,始请求移去或变更其建筑物,则土地所有人未免损失过巨,姑无论邻地所有人是否存心破坏,有意为难,而于社会经济,亦必大受影响,故为法所不许……"再者,第833条及第914条既规定第796条于地上权及典权准用之,则第796条的法律上重要之点当在于邻地所有人知有越界建筑之事实,而不即提出异议。从而,该判决所持理由与第796条是否得类推适用显不相干。是故,基地承租人之越界建筑,不论其基地之承租是否已办理地上权之设定登记("土地法"第102条),当皆得类推适用之。甚至依据第796条之前开立法理由,无权占有人之越界建筑,应亦有本条之类推适用。① 盖被无权占有人所越界建筑之邻地所有人,在法律上并不得对该无权占有人主张其为无权占有。②

(二)目的性限缩

立法者在规范规划时,可能因对其拟规范之对象未为恰如其分之具体化或类型化,而有过度一般化的情形,以致其规定之法律文义所涵盖之案型,衡诸该规定之立法意旨,有时显然过广,以致将不同之案型,同置于一个法律规定下,造成规定应对"不同之案型,为相同之处理"的情形。为消除该缺失,以贯彻该规定之立法意旨,显有必要对原为其文义所涵盖之案型,予以类型化,然后将与该立法意旨不符的部分,排除于其适用范围外,以符"不同之案型,应为不同之处理"的平等要求。因为这里涉及者为:基于立法意旨,将原为法律文义所涵盖之案型,排除于该法律之适用范围外,所以,其法律适用之性质,属于法律补充。就这种法律补充,学说上称为"目的性限缩"。其对法律适用范围之作用,虽与类推适用相反,但两者所依据之法理上的论据却同为平等原则,已如前述。

这里所称之限缩,与限缩解释之区别在:其限缩程度是否已损及文义核心(der

---

① 同说请参见李肇伟:《民法物权》,作者自刊,1966年版,第152页:"……承租人若不包括在内,倘租用基地建筑房屋而越界时,势非拆除不可,自与本条(第796条)规定之意旨不符。则承租人越界建筑房屋时,自应有本条之适用。不宁唯是,纵属无权占有他人未登记之土地而为越界建筑房屋时,仍应有本条之适用(作者按:应为类推适用)为宜……"反对说请参见史尚宽:《债法各论》,作者自刊,1960年版,第101页:"……第三人之越界建筑,邻地所有人无容忍之义务。假冒之土地登记名义人或基地承租人所为之越界建筑,除得邻地所有人之承认外("民法"第118条),无忍受之义务……"但是"已登记之基地租用权人等于土地所有人";姚瑞光:《民事诉讼法论》,作者自刊,2004年版,第93页:"……基地承租人,基地借用人,在理论上虽亦有准用之必要……但于法究嫌无据……"此种见解似嫌过度拘泥于文义,而忽略了该条之规范意旨。

② 因为基于无权占有关系之相对性,只有真正权利人才得对该无权占有人主张后者为无权占有。相对于真正权利人以外之人,该无权占有人大可依"民法"第943条之规定:"占有人于占有物上,行使之权利,推定其适法有此权利",主张自己为有权占有人,从而相对于邻地所有人,并无所谓无权占有。就此被推定为真正之权利,在法律上只有真正权利人才得通过反证予以推翻。至于被越界建筑之人非这里所称之真正权利人自属显然。申言之,该无权占有人与被越界建筑之土地所有人间,就越界建筑所生之法律关系,首先系通过该无权占有人对被占有之土地的占有,而取得占有的地位,从而被推定为真正权利人,然后基于此地位,因越界建筑而与被越界之土地的所有人发生"民法"第796条之法律关系。是故,被越界建筑之人在法律上并无主张该占有为无权占有的可能。关于占有人权利之推定及其反证之举证范围,请参见黄茂荣:《债法总论(第二册)》,植根法学丛书编辑室2004年版,第539页以下。

Begriffskern），如已损及文义核心，则它便是目的性限缩；如未损及，则它仍是限缩解释。唯该界限，可以理解的，并不一直很清楚。在实务上与学说上为了强化自己的见解在现行法上的依据，倾向于尽可能将自己的论据评价为限缩解释，而非目的性限缩。① 例如"劳动基准法"第2条虽然规定："一、劳工：谓受雇主雇用从工作获致工资者。二、雇主：谓雇用劳工之事业主、事业经营之负责人或代表事业主处理有关劳工事务之人。……"但"财政部"1985年9月4日台财税字第21603号函："二、公司经理人、厂长、人事人员等，虽属'劳动基准法'第2条所称之事业经营之负责人或代表雇主处理有关劳工事务之人，唯依'内政部'1985年8月3日（1985）台内劳字第329444号函释，渠等仍有受雇从事工作获致工资之实，兼具劳工身份，应同受该法所订劳动条件之保障。是以，其所领取之退休金，应适用'所得税法'第4条第4款免纳所得税之规定。三、公司之董事长、董事、执行业务股东、监察人等，依'经济部'1985年7月17日经（1985）商第30343号函释，均系股东会依委任关系选任，与公司间并无雇佣关系，尚非公司之职员，不得依'劳动基准法'支领退职金。唯如兼任经理人或职员，并以劳工身份领取之退休金，应适用'所得税法'第4条第4款免纳所得税之规定。"该款所定之减免规定已修改为："抚恤金或死亡补偿……与第14条第1项规定之退职所得合计，其领取总额以不超过第14条第1项第9类规定减除之金额为限。"倘认为"所得税法"第4条第4款所称之"劳工"，不包括代表雇主行使管理权之受雇人，或解释为不包括不具备产职业工会会员资格的受雇人[参"财政厅"（1970）财税一字第109802号]，其见解可认为属于限缩解释的结果。倘进一步认为未实际加入工会者，即非该条款所称之劳工，则其见解显然非经目的性限缩不能获致，盖为雇主行使管理权者，以及根本不具备工会会员之入会资格者，其劳工身份，自劳工立场的观点，固可认为不具备，但对具备入会资格而未实际入会者，在法律上径予否认其实际具备之劳工身份，便显然逾越劳工法之规范意旨，将从劳工法演进而来的用语，迁就财政目的，在税捐法上给予目的性限缩。

又如"土地税法"第9条规定："本法所称自用住宅用地，指土地所有权人或其配偶、直系亲属于该地办竣户籍登记，且无出租或供营业用之住宅用地。"为避免自用住宅用地之税捐优惠趋于浮滥，就自用住宅用地增值税之课征，同法第34条第2项规定，土地于出售前一年内，曾供营业使用或出租者，不适用前项，其土地增值税统就该部分之土地涨价总数额按10％征收之规定。后一规定限缩了前一规定对自用住宅用地所定义之范围。其限缩是否达到损及概念核心，容或见仁见智；然"财政部"后来于1984年12月27日台财税第65634号函谓："土地所有权人出售自用住宅用地，于二年内重购土地者，除自完成移转登记之日起，不得有出租或营业情事外，并须经稽征机关核准按自用住宅用地税率课征地价税者，始准依'土地税法'第35条第1项第1款规定，退还已纳土地增值税。"即显已限缩其概念核心。因此释字第478号解释以"'土地税法'第35条第1项第1款所定'自用住宅用地'，依同法第9条规定，系指'为土地所有权人或其配偶、直系亲属于该地办竣户籍登记，且无出租或供营业用之住宅用地'，并未以须经稽征机关核准按自用住宅用地税率课征地价税为认定之标准"为理由，认为"'财政部'该号函释以'须经稽征机关核准按自用住宅用地税率课征地价税'为申请退税之要件部分，系增加'土地税法'第35条第1项第1款所无之限制"，有违租税法律主义，应不予援用。因应该号解释，"财政部"台财税第65634号函依"财政部"1999年4月

---

① 详请参见 Ennecerus-Nipperdey，民总 S. 348.

22 日台财税字第 881910551 号函规定,已停止适用。

"民法"第 217 条第 3 项规定:"前二项之规定,于被害人之代理人或使用人与有过失者,准用之。"然代理人按其规范基础,有意定代理与法定代理之分。法定代理中又有基于监护目的及非基于监护目的者。其中基于监护目的而依法成立之法定代理的意旨在于对于受监护人(通常为未成年人或禁治产人)提供特别保护。所以其相关规定之适用自不应反而不利于受监护人。基于该认识,显有必要将第 217 条第 3 项之适用范围目的性限缩至非因监护目的而发生之代理的情形。

又如关于"民法"第 246 条就其所规定之自始给付不能,虽仅提及"不能之给付",而未将不能之种类区分为主观不能与客观不能。但在实务上与学说上都将该条所称之"不能"限缩在"客观不能"上。盖主观不能之态样千差万别,要难如态样单纯之客观不能,对之为划一的规定。①

"土地法"第 34 条之 1 就其所定共有人享有优先承购权的情形,规定:"共有人出卖其应有部分时,他共有人得以同一价格共同或单独优先承购。"而未就共有之态样加以类型化,然后区别待遇之。其结果,使该规定与当今之区分所有("民法"第 799 条)的性质格格不入。是故,有予以目的性限缩的必要。②

(三)目的性扩张

立法者在规范规划时,可能对其拟规范之对象有因未恰如其分,而过度具体化或类型化之情形,以致其规定之法律文义所涵盖之案型,衡诸该规定之立法意旨,显然过窄,以致将相同或类似之案型,排除在其规定范围外,不能贯彻其规范意旨。是故,为贯彻该意旨,显有越过该规定之文义,将其适用范围扩张至该文义原不包括之类型的必要。由于这里涉及将原不为法律文义所涵盖之案型,包括于该法律之适用范围内的情形,所以,其适用之性质,属于法律补充。就这种法律补充,学说上称为"目的性扩张"。

目的性扩张与目的性限缩相同者为:两者皆以立法意旨作为其调整系争规定之适用范围的依据。其与类推适用之不同为:经目的性扩张拟予处理之类型,与法律所明文规定者不同:无类似性。造成法律规定带有这种缺失的原因为:衡诸其立法意旨,其法律明文选取之类型太过具体(过度类型化)。是故,为贯彻该立法意旨,乃减少其据以类型化之特征,将之再予抽象化,以兼容其他适当案型。

目的性扩张,常在类推适用的名义下,为实务采为补充法律的方法,例如最高法院 1940 年上字第 1405 号民事判例称:"无权利人就权利目标物为处分后,因继承或其他原因取得其权利者,其处分为有效,《民法》第 118 条第 2 项定有明文。无权利人就权利目标物为处分后,权利人继承无权利人者,其处分是否有效,虽无明文规定,然在继承人就被继承人之债务

---

① 详请参见 Mao-Zong Huang, *Umfang des Schadensersatzanspruchs bei culpa in contrahendo*, 1974, S. 90f., 126ff.

② 参见"司法行政部"1975 年 11 月 11 日台(1975)函参字第 09861 号函:"一·(一)4.(5)对于地上已有建物,且该建物区分为各别所有者,如各别所有人出卖其建物时,就其建物所在基地之应有部分并同出卖者,本'土地法'第 104 条,使基地与地上之房屋所有人合二为一之立法精神,基地之他共有人无优先购买权。"

负无限责任时,实具有同一之法律理由,自应由此(按:当指"民法"第 118 条第 2 项)类推适用,认其处分为有效。"①类似的观点及处理,另见于台湾地区"最高法院"1950 年台上字第 105 号判例:"系争房屋就令如上诉人所称,系因上诉人往加拿大经商故仅交其母某氏保管,自行收益以资养赡,并未授与处分权,但某氏既在上诉人提起本件诉讼之前死亡,上诉人又为某氏之概括继承人,对于某氏之债务原负无限责任,以'民法'第 118 条第 2 项之规定类推适用,应认某氏就该房屋与被上诉人订立之买卖契约为有效,上诉人仍负使被上诉人取得该房屋所有权之义务,自不得借口某氏无权处分,请求确认该房屋所有权仍属于己,并命被上诉人回复原状。"

鉴于"民法"第 118 条第 2 项所定者为无权处分人继承真正权利人的情形,而拟处理之案型之特征则为:真正权利人继承无权处分人。两者之间当无类推适用意义下之"类似性"。至于依该条项之立法目的,是否应予目的性扩张则为另一个问题。

台湾地区"最高法院"在 1950 年台上字第 105 号判例认为该条第 2 项得类推适用于真正权利人继承无权处分人的情形,固非无见,但仍应斟酌真正权利人是否曾为继承之抛弃("民法"第 1174 条以下)或限定继承(第 1154 条以下),以及"民法"第 344 条但书所定之混同的法律思想。

由于买卖契约为债权契约,这种契约之缔结,并不使既存权利的归属发生移转,或使既存的权利内容因而变更或消灭,从而也无侵害真正权利人之权利的能力。所以,其效力之发生不待于真正权利人之承认。在他人之物的买卖契约,若约定由出卖人自为给付,而出卖人事后不能自真正权利人取得买卖目标物之所有权,并为移转,则其法律效力视买卖双方是否约定出卖人应负一般的履行义务或给付危险而定。如二者皆无,而只是让出卖人试试看,是否能克服主观给付不能的障碍,则其效力与第 246 条第 1 项但书所定者相同。如约定出卖人应负一般的履行义务,则他仅就可归责于自己之事由致不能给付负责;如约定出卖人应负给付危险,则他应就不能给付负担保责任。但无论如何这不属于"民法"第 353 条所定之权利瑕疵担保的问题。盖"民法"第 350 条所定之"其他权利"如包含所有权,则该条规定便与第 246 条第 1 项前段的规定相冲突。因为依第 246 条第 1 项前段,以不能之给付为契约目标者,其契约为无效。而契约既然无效,即不可能要出卖人担保买卖目标物之所有权确系存在,并让买受人得据第 353 条,依关于债务不履行之规定,行使其权利。反之,若约定由真正权利人给付,则依"民法"第 268 条亦仅使约定人(出卖人)"于第三人(真正权利人)不为给付时应负损害赔偿责任",而不使该第三人因而负给付义务。在本件判决所示情形,真正权利人既非该买卖契约之原始债务人,则其只有在继受债务的情形始负债务人的义务,当无疑义。至于继承固为继受的原因之一,但真正权利人之因继承而负债务,仍以未为继承之抛弃或限定继承者为限。其次该真正权利人在这里之所以对被上诉人(买受人)负移转系争土地所有权之义务,纯以其继承被继承人(无权处分人)为基础,其规范上的依据为"民法"第 1148 条及第 1153 条第 1 项,而非第 118 条之直接适用或类推适用。

倘无权利人尚未为该买卖契约之履行行为,则当尚未构成"民法"第 118 条所定之无权处分。不论继承人(真正权利人)依继承关系是否有履行该买卖契约之义务,是否得如台湾地区"最高法院"1950 年台上字第 105 号判例所称,诚有疑问。盖这里所示情形,与混同似同

---

① 同样见解亦为台湾地区"最高法院"1967 年台上字第 1722 号判决所采。

而实异。有混同的情形是:权利(例如债权或所有权)与其义务(例如债务或抵押权)同归于一人。在这里,则是无权处分人之法律地位与承认权人之法律地位归于一人。权利与其义务同归一人时,除其债权(权利)为他人之权利目标或法律另有规定者外,原则上没有存在的意义("民法"第 344 条);但无权处分与其承认间之相对关系,并不像债权与其债务之关系。因此,并无混同的理由。"民法"第 118 条第 2 项之所以规定,无权利人就权利目标物为处分后取得其权利者,其处分自始有效,主要乃着眼于无权处分人已"参与"该处分行为之作成,因此,不待于其在取得权利后,再为"承认",便可使该处分自始有效。反之,真正权利人继承无权处分人的情形,真正权利人从未"参与"该处分行为之作成。是故,本诸私法自治之契约原则仍待真正权利人之承认,始符民法体制(私法自治)。至于真正权利人依继承关系,是否继承无权处分人所负之债务,则是另一个问题。纵使其继承无权处分人所负之债务,鉴于民法严格区分负担行为与履行(处分)行为,该无权处分,仍待该继承人之承认,对其始生效力。该效力上之差别,自继承人之利益的角度观之,或不甚重要;但自继承人之债权人的角度观之,便相当重要。这只要假设继承人破产,便可明了。盖当其被宣告破产,倘其继承,使该无权处分自始有效,则该经无权处分之目标物,便不构成破产财团的一部分;反之,倘其继承,不使该无权处分自始有效,则该无权处分之目标物,便构成破产财团之一部分,从而该继承人也因破产而再也不得自为承认。基于以上之了解,台湾地区"最高法院"在本判例中所持见解仍有商榷余地。

关于意思表示之解释的规定("民法"第 98 条),实务上认为可以适用至诉之声明。台湾地区"最高法院"认为:"解释意思表示应探求当事人之真意,不得拘泥于所用之辞句,'民法'第 98 条定有明文。解释当事人之声明,亦应适用此项方法"(1955 年台抗字第 165 号)。是故法院裁判,固应以当事人之声明为范围。但"若当事人之声明未完足或不明晰时,则法院应以职权阐明当事人之真意,而不应拘泥于当事人所用之语句或法律上之名称"(最高法院1935 年上字第 2004 号判决)。例如"契约解除权之行使,依《民法》第 258 条第 1 项之规定,应由当事人向他方当事人以意思表示为之,不得请求法院为宣告解除之形成判决。(唯)此项意思表示,本不限于诉讼之外为之,亦无一定方式(之要求)。苟于诉讼上以书状或言词由有解除权人向他方当事人表示其解除契约之意思,即应认为有解除之效力。故诉之声明,虽因用语错误,求为解除契约之判决,法院仍应认系主张其解除契约之意思表示有效。(得对)他方当事人就解约结果,(请求)履行其应有之义务"(最高法院 1948 年上字第 7691 号判决)。然有疑问者为:当将解除之形成之诉,解释为当事人之诉之声明的真意在于主张解除后之法律效力时,其主张之效力仍可能有确认一定权利义务存在或不存在(确认之诉),或请求履行债务(给付之诉)之别。所以,在这种情形,承审法院在探求当事人关于诉之声明的真意时,必须进一步阐明,使当事人具体表示,要提起确认之诉或给付之诉。

鉴于诉讼行为与实体法上之法律行为,属于不同法域,且诉之声明在诉讼上具有特殊地位,要求其特别明确。故本件准许将"民法"第 98 条适用至诉之声明的观点,当已超过该条原来文义所及之适用范围,而至少达于以目的性扩张补充诉讼法上之法律漏洞的程度。

(四)创制性的补充

当法律对拟处理之案型没有明文规定,而依据法理念,斟酌该案型蕴含之事理,认为有加以规范的必要,而却在实证法上纵使经由类推适用,或目的性扩张之尝试,亦不能找到其适当之规范依据时,便有根据法理念及事理,试拟规范的必要。此种做法即这里所称之"创制性的补充"。所以称之为"创制",其理由为:在这里所拟引来补充法律漏洞之规定,在实证法上不能找到已具构成要件之形式的规范,以供攀附援引。

在学说上常引为例子说明之者例如:让与担保、信托、期待权、对缔约上过失或积极侵害债权的责任、区分所有权、融资性租赁等。以上这些问题,随着经济发展的结果,其规定越见迫切。其中信托及区分所有权已分别有"信托法""信托业法""公寓大厦管理条例"等专法加以规范。缔约上过失及积极侵害债权虽不周全,但已在"民法"债编于 2000 年 4 月 26 日修正时,分别增定第 245 条之 1 或修正第 227 条给予一般规定。至于让与担保、期待权及融资性租赁则尚未在立法上给予回应。不论是否已经立法,皆亟待学说上及实务上共同努力充实。不同者为:已立法者,需予完善;尚未立法者,需引用法理念,斟酌其事理的要求,予以创制性的补充。

兹以限制行为能力人之行为能力为例说明之:

无行为能力人因根本不能为法律行为,所以一概由法定代理人代为意思表示,并代受意思表示("民法"第 76 条)。这基本上是清楚的。反之,限制行为能力人虽无完全之行为能力,但在法律限制以外的情形则有行为能力。问题是何谓在法律限制以外的情形?归纳"民法"第 77 条、第 84 条及第 85 条的规定,可谓限制行为能力人就"纯获法律上之利益,或依其年龄及身份,日常生活所必需"之法律行为有行为能力。为从事该法律行为不需其法定代理人之允许(第 77 条但书)。至于该条但书以外之法律行为,限制行为能力人一概须经法定代理人允许,始得为之。其允许的方法为:(1)就限制行为能力人拟从事之法律行为(为意思表示及受意思表示),特别允许(第 77 条前段)。其特别允许可能以法律行为之种类概括之。[①](2)就特定财产允许限制行为能力人处分(第 84 条)。(3)就特定营业允许限制行为能力人独立经营(第 85 条)。就特定财产或特定营业所作之允许皆属于一种概括允许。唯其概括以特定财产或营业局限之。然在前述三种允许的态样,其概括皆不得至等于使限制行为能力人取得完全行为能力的程度。盖这无异于容许法定代理人宣告其监护之限制行为能力人成年。以上关于允许的看法,皆可从上述规定之解释得到规范依据。有疑问为为:(1)法定代理人就第 77 条但书所规定之事务,是否得从事与限制行为能力人之意思不一致之法律行为。(2)就须经法定代理人允许之事务,法定代理人得否不经限制行为能力人同意,径自为之;或甚至从事与限制行为能力人已明白表示不同意之法律行为。对此,"民法"并未若无行为能力人之代理,于第 76 条明白规定:"无行为能力人,由法定代理人代为意思表示,并代受意思表示。"该漏洞并不能单纯以类推适用、目的性扩张或目的性限缩的方法补充之。在以亲子关系为基础之法定代理,该问题必须兼从亲属法寻求答案。

父母为其未成年子女之法定代理人("民法"第 1086 条)。亲属法中关于未成年人之行为能力的限制有:(1)未成年人订定婚约(第 974 条)、结婚(第 981 条)或两愿离婚(第 1049 条但书)应得法定代理人之同意。(2)被收养,应得法定代理人之同意(第 1079 条第 3 项);终止收养,应得收养终止后为其法定代理人者之同意(第 1080 条)。以上为关于身份关系之

---

① 《德国民法典》第 113 条第 4 项有此种规定:"就个别案件给予之授权,有疑义时,视为缔结相同种类之关系的一般授权。"

法律行为的限制。依上述规定,未成年人要从事该等身份行为固然需要其法定代理人之同意,但基于身份行为不得代理,法定代理人尚不得代理未成年人从事该等身份行为。

关于未成年子女之财产,亲属法仅就其父母之权限规定:"未成年子女,因继承、赠与或其他无偿取得之财产,为其特有财产。"(第1087条)有疑问者为,未成年子女之特有财产是否即第84条所定"法定代理人允许限制行为能力人处分之财产"?其由法定代理人给予者,视法定代理人给予时之意思而定;由其他人给予者,依第84条还需法定代理人之允许,始为第84条所定允许限制行为能力人处分之财产。要之,未成年子女就其特有财产是否得自由处分,全系于父母之允许。第1088条第2项仅规定"父母对于未成年子女之特有财产,有使用、收益之权。但非为子女之利益,不得处分之。"然关于特有财产,未成年子女得否针对父母之处分行为,消极拒绝一定之法律行为?看来似乎只能借助于该项但书的实质限制规定。将该条但书与第77条但书并列可得:纯获法律上利益之行为,限制行为能力人得独立为之;关于特有财产之双务契约,其有利于未成年子女者,父母有权为之。于是,留下一个缺口,与人格权有关之事项,例如侵入身体或对于健康有影响之医疗契约或新药之人体试验契约,父母有无法定代理权,或是正像身份契约仅有同意权?就医疗契约,日常疾病可认定为日常生活所必需,朝未成年子女得不经父母允许,独立从事的看法;就非日常疾病应朝应经父母允许的看法。就新药之人体试验契约,应朝与身份契约同视的看法,父母无代理权,而仅有同意权。[①] 盖新药之人体实验充满不可预测之危险。倘由父母单独为未成年子女同意试验即可,对于未成年子女之利益的保障显然不足。是故,此种法律行为之从事除需要未成年子女自己之同意外,其实还需要公正第三者之参与。这些规范上的需要显然都不是经由类推适用、目的性扩充或目的性限缩补充法律漏洞,即可圆满规范,而有待于创制性的补充。

---

① 关于绝育,《德国民法典》第1631c条规定:"父母不得同意其未成年子女之绝育。未成年子女自己亦不得同意绝育。第1909条不适用之。"亦即将绝育有关的法律行为规定留待未成年子女成年后自己决定。

第八章　法律事实的认定[*]

一、生活事实与法律事实

（一）生活事实

1.与人有关之事项

法律是社会生活规范之一。法律所规范者为人类的社会生活。与人类生活无关的事项,自始便非属法律所规范的对象。然这并不意味着法律将规范一切与人类生活有关的事项。有些与人类生活有关的事项法律并不加以规范。不加以规范者首先为非人际关系。因为法律之规范目的在于维持人际关系的和平,所以法律所规范的事项自当限于人际关系。非人际关系没有必要以法律规范之。

与人类生活有关的事项,虽主要由人类之行为所引起,但该事项也可能是单纯的自然事实,例如春去秋来、日夜交替、天灾地变、瘟疫或动植物的生长。此外,人之无意识的动静亦不论为行为,而定性为自然事实。

所谓人际关系,指人与人之间的关系。该关系可能因债、物权、亲属或继承而发生。例如,在债的关系,除"债权人基于债之关系,得向债务人请求给付"("民法"第 199 条)之给付关系外,还有与之相随之保护的关系。这明白显示:与债权有关的规定所规范者为人际关系,是毫无疑问的。在物权的情形,与用益物权、担保物权有关部分,其涉及土地所有权人与用益权人或担保权人之双方关系是没有疑问的;至于与所有权有关的部分,在乍见之下,好似只规范所有权人与其所有物间的归属关系,而不涉及他人。唯若进一步观察,当不难发现所有权之规定之所以必要,乃在于相对于所有权人以外之人,欲使该所有权人对其所有物享有排他的完整权利。换言之,所有权的规定实际上不但针对他人,而且针对所有的他人而发。是故,其涉他性较债权当尤有过之,而无不及。在亲属或继承的情形,其涉及配偶间、亲子间、家长家属间、被继承人与继承人间之身份的与财产的关系,亦不待言。

然这并不意味着一切的人际关系皆会为法律所规范。有一些生活事实,虽然已涉及人

---

[*] 本章主要内容原载于《台大法学论丛》1979 年第 8 卷第 2 期。

际关系,例如人与人如何打招呼、谈天、约会、宴会如何进行、友谊关系……但这些事项被认为不适当用法律,而宜用其他生活规范,例如用习俗来规范。以上所述属于法律管不着的,或不需要用法律,或不适宜用法律来规范的事项,构成"法外空间"①。属于法外空间的生活事实,不具有法律上的意义。所以其无规范的状态,不具有应规定而无规定之不圆满,不构成法律漏洞。在这种情形,法规范以不调整该生活事实之现状或其实际上所引起之影响为其法律效力。于是,该生活事实所涉及之人,在法律上有权使该现状或影响继续存在下去。例如甲发帖邀约友人参与其生日宴会,是日甲却不事先通知而取消宴会,使其朋友扑了一个空,枉费时间与金钱。法律对这种社交活动不加规范的结果,使得甲之失信行为所引起的状态(其朋友因赴宴未果而生损害)得以继续不被调整(回复)地存在下去。

法律不加规范之规范上的意义,在"刑法"表现得最为明显:基于罪刑法定主义("刑法"第1条),"刑法"若不将某种行为(生活事实)规范为应受制裁之犯罪行为,则该不加规定的情形,本身便是一个不得对该行为加以制裁的规定;或谓"刑法"第1条即对这种情形之正面规定。从刑法禁止类推适用及法律补充的观点出发,这些"刑法"所不制裁的行为,实际上属于刑法的法外空间。在此了解下,经法律对之加以规定的生活事实始为法律事实,从而能引起法律效力。能引起法律效力是生活事实为法律所规定的结果。这是生活事实经规定之延伸的结果,不是其所以为法律事实的原因。② 不过,在民事关系,因容许法律补充,所以一件未经法律明文规定之生活事实,不一定即属于法外空间。其是否应予规定,尚待依据法理给予评价。评价结果,如认为不需加以规范,则论为法外空间;如认为应加以规范,则不论为法外空间,从而应透过法律补充,寻求应引用来规范该生活事实之规定。在法制的发展中,该

---

① 由于这些事项本来就不当被法律所规范,因此法律对它们未作规范这件事便无违反计划性,从而也不构成法律漏洞(Larenz, *Methodenlehre des Rechtswissenschaft*, 6. Aufl. Springer Verlag 1991, S, 370, 376;Dahm, *Deutsches Recht*, S. 54.)。唯"法外空间"与"法内空间"的界限一直不很清楚,是可以理解的。该界限的划分属于法律解释的问题[Canaris, *Die Feststellung von Lücken im Gesetz*, S. 40ff. (43)]。固然划进法外空间的生活事实被认为是不需要或不宜用法律来规范的事实,也就是法律规范上不重要的生活事实。但到底哪种生活事实该是这种事实,应保留给立者来作决定(Canaris, aaO. S. 43f.)。

② 与之类似的逻辑问题是:行政命令因为是法规命令而有一般的对外效力,而不是因为有一般的对外效力,而成其为法规命令。行政命令之所以为法规命令是因为其制定经立法机关之授权,且在命令中表明其经授权的制定依据。在"宪制"上基于民主原则,肯认法规命令与行政规则之区别后("行政程序法"第150条第1项、第159条),不适当再认为,任何行政命令只要行政机关主张其有一般的对外效力,即为法规命令。"行政程序法"第150条第1项规定:"本法所称法规命令,系指行政机关基于法律授权,对多数不特定人民就一般事项所作抽象之对外发生法律效力之规定。"该定义没有明白将"应在法规命令中表明制定依据"定为其要件。

评价常随社会、政治或经济之变迁而不同。例如关于违章建筑①、同婚(释字第 748 号解释)、言论自由②,都有从视而不见至放宽之松松紧紧的发展。

所谓非人际关系,特别是指一个人之私人的好恶、生活方式、信仰、感情、思想及意见等。这些情事,只要它不化为行动影响别人的法益,便不需要用法律加以规范。有时法律也可能管不着。

2.关于与人有关之事项的陈述

生活事实所指称者,首先固然是人类生活中所发生之事项,唯欲使该事项在法律的适用上能被纳进法律适用之三段论法中进行处理,该事项必须被转为"陈述"(Aussage)的形态,盖人类借用语言(符号)进行思考,且法规范也借用语言表现出来。③ 唯并不是一切与人有关之生活事项皆有规范上的意义。因此,在为规范目的,将人类的生活事项予以"陈述化"时,势须将其中之在规范上无意义之事项或特征加以剪除,然后视所余部分之特征,进一步评价其法律上的意义。当然,为了适当剪除生活事项中在规范上无意义之特征,评价者在为剪除之际,已必须就该特征为其是否有法律上意义之评价。换言之,"为了能够将生活事实如其所发生般地进行规范上的评价,评价者首先必须以陈述的方式将之表现出来,并在该陈述中,把一切在规范之评价上有意义的部分,不多不少地保留下来。至于哪些事项在规范的评价上是有意义的,只能参酌对该生活事项可能有其适用性之法律规定探知。于是,评价者必须以所闻之生活事实为出发点,去审酌哪些法条可能对它有适用性,然后将这些法条之构成要件因素,与该生活事实之陈述中特征互相比对。此际,若不能顺利地将该生活事实涵摄到该构成要件中,则该评价者必须取向于该生活事实中之具体情况,将这些法条具体化。以陈述的形态存在之生活事实,必须取向于评价者所将据之为评价标准的法条,才能被终极地

---

① "不动产物权依法律行为而取得者,非经登记不生效力,为'民法'第 758 条所明定。此项规定,并不因不动产为违章建筑而有例外"(台湾地区"最高法院"1973 年台上字第 2414 号民事判例)。然地政机关又不许登记。所以,法院在裁判中只能给予迂回的保护:"民事判例违章建筑物虽为地政机关所不许登记,但非不得以之为交易之目标,原建筑人出卖该建筑物时,依一般法则,既仍负有交付其物于买受人之义务,则其事后以有不能登记之弱点可乘,又随时随意主张所有权为其原始取得,诉请确认,势将无以确保交易之安全,故此种情形,即属所谓不即受确认判决之法律上利益,应予驳回。"(台湾地区"最高法院"1959 年台上字第 1812 号)然该保护又为德不卒,不能对抗违章建筑之起造人的债权人:"违章建筑之房屋,原非债务人所有,而被执行法院误予查封者,买受人因不能登记,自得代位原所有人提起异议之诉,若该房屋为债务人所有,买受人虽买受在先,亦无排除强制执行之权利。"(台湾地区"最高法院"1959 年台上字第 209 号民事判例)后一判例的解释是矛盾的。盖该买受人不也曾是其起造人之债权人? 为何执行债权人应优于买受在先之买受人! 既然承认违章建筑物得为交易之目标,便应面对问题,对其交易提供配套之公示制度,保护其交易安全。

② "宪制性规定第 11 条所保障之言论自由,其内容包括通信传播自由,亦即经营或使用广播、电视与其他通信传播网络等设施,以取得信息及发表言论之自由"(释字第 613 号),关于言论自由涵盖媒体及言论之内容,司法事务主管部门曾就电波频率之指配(释字第 364 号解释)、调频之使用应先经核准(释字第 678 号解释)、积极及消极非商业言论(释字第 623 号解释、释字第 656 号解释)、经济性言论(释字第 634 号解释)或商业言论之保障(释字第 577 号、第 744 号解释)及其合理限制(释字第 414 号、释字第 623 号解释),但不得借机诽谤他人(释字第 509 号解释)等作出解释。因跨度极大,所以在管与不管之间,其落实或具体化,实务上尚有相当关广之灰色地带,急待厘清。

③ Larenz, aaO.(Fn.1),S.255:"法条是以语言的形态表现出来之行为规范或裁判规范"。

描述出来。反之,这些法条也必须取向于所将评价之生活事实,才能被选出,而且于必要时能被进行适当的具体化"①。在该过程中,为避免循环论证之逻辑谬误,评价者不得将不存在之事实渗进所正处理之生活事实中来(法律事实之操纵),同时也不得为了评价者所期望之推论或法律效力,而将所据为评价标准的法条进行削足适履式的修剪(法条之曲解)。不管是法律事实之操纵或法条之曲解,皆是不被允许的,盖前者涉及认定事实不依证据法则(指鹿为马),而后者涉及解释法律不依法学方法的要求(无中生有)。法条(大前提)与生活事实(小前提)相互间在生活事实的认定上之前述的回馈过程,属于诠释学上所称之"诠释上的循环现象"之一。该过程事实上是一个法律思维的过程。在该过程中,评价者不仅是来回地注视于法条与生活事实间,而且生活事实也将与规范相当地(normgerecht)升华为陈述的形式,使之适合据为小前提,供为三段论法的操作;而法条则将与生活事实相当地(sachgerecht)具体化为针对该生活事实之大前提。由于该过程系为处理由该生活事实所引起之法律问题而发生,故它也在这些法律问题获得终极之答案时便告终结。

由于法律事实的认定必须取向于法律规范,而且法律规范之萃取(Rechtsgewinnung)及其具体化也必须取向于具体的法律事实,故不仅在法律事实的认定上,而且在法律规范的萃

---

① Larenz,aaO.(Fn.1),S. 264f.

取上,法律事实的认定与法律规范之萃取间皆有依存的关系,共同构成法律适用的过程。① 为了方法上的说明,固然有将组成法律适用之过程的个别阶段加以解析观察的必要,但切不可因而认为它们在法律适用的过程中,一直可以毫不关联地个别处理。本章将以法律事实之认定及其规范上的评价为讨论对象。关于事实之认定,将主要偏重于探知实际上曾真正

---

① 法律事实的认定与法律规范之萃取间的相互依存关系,在法律解释学上以法律解释对具体案件之关联性(Die Fallbezogenheit der Gesetzesauslegung)表现出来。盖"法律条文对解释者构成疑难时,他借着解释这一个媒介的活动,来了解该条文的意旨;而一个法律条文之疑难,则在其被考虑到它对某一特定的法律事实之适用性时才发生"[Larenz, aaO.(Fn.1), S. 298]。法律的解释或了解必须针对具体的案件(不管是事实上存在的或虚拟的)为之,而不能无的放矢地进行(同样的见解见 Tipke-Kruse, AO, 7.Aufl. § 1 StAnpG, A.3.他们在这里另有详细引证)。因为"对法律条文言,只有它那与具体案件有关的部分才是重要的;对具体案件言,只有它那与法律条文有关的部分才是重要的"(Engisch, *Logische Studien zur Gesetzesanwendung*, 3. Aufl. S. 14f.)。另见 Tipke-Kruse,. aO. A. 2d, 3;Esser, *Vorverständnis und Methodenwahl in der Rechtsfindung*, S. 65ff;Larenz, aaO.(Fn. 1), S. 262ff;Strache, *Das Denken in Standards*, 1968, s.54ff., 100ff.基于同样的见解,Arthur Kaufmann 说道:在法律适用的过程,务使"法律规范与事理相符;法律事实与规范相符"(引自 Baumann, *Einführung in die Rechtswissenschaft*, 2. Aufl. S. 61)。我们可以将以上所述的关系称为法律解释对具体案件的关联性。申言之,法律解释之主要任务既在于确定该法律规定对某特定法律事实是否有意义,则法律规定自当相对于一个待裁判或待处理的事实加以阐释,并具体化。由于这一个缘故,真正的法律解释的问题与其说是从法律条文自身,毋宁说是从应去或拟去处理的案件所引起(参见 Tipke-Kruse, aaO.A.3;Mennicken, *Das Ziel der Gesetzesauslegung*, 1970, S. 92ff.; 106 Anm. 145)。这些问题是在追求着一个对具体案件之既公正(gerecht)且衡平(billig)的裁判时才发生。这种现象在不确定概念的具体化与适用上特别清楚地表现出来。在这里解释的问题与生活事实的评价问题互相渗入对方,从而在依不确定的法律概念所作的裁判中,事实问题与法律问题便在这个限度内合二为一 (Esser, *Grundsatz und Norm*, 1956, S. 110 Anm. 77;Tipke-Kruse, aaO.A. 2d.)。上面所提到的法律解释对具体案件的关联性,在法律解释上的意义,不应因为法律解释之被认为是适用法律的过程的一部分,或只是适用法律的准备工作(Enneccerus-Nipperdey, AT.Bd.I,S.311ff.),或是一个伴随法律适用过程的一个并存的活动(Mennicken, *Das Ziel der Gesetzesauslegung*, S. 91 Anm. 69.)而有不同。因为单单法律存在的本身并不是人类想要有法律的原因,从而它不应该即等于制定该法律的意旨。制定它的意旨应是要以衡平的、可以被理解的方式,来规范每一个具体案件所牵涉到的当事人间的关系。同说请参见 Esser, Wandlungen von Billigkeit und Billigkeitsrechtsprechung im modernen Privatrecht, im: Summum jus summainjuria, 1963, s. 38:"带有技术性之形式的法律规定,越来越多地为了比较符合社会正义或个别衡平要求而被软化,以祛除其苛法之虐。"Ecker, *Gesetzesauslegung vom Ergebnis her*, JZ 67, 270. 关于这里牵涉到的问题点,在法学方法论的文献上,通常是在问题思维(Das Problemdenken)、具体案件思维(Das Falldenken)、事理逻辑(Die Sachlogik)或具体案件的正义(Die Fallgerechtigkeit=Die Billigkeit)等题目下被讨论到[参照 Ecker, *Gesetzesauslegung vom Ergebnis her*, JZ 67, 265 ff;Esser, *Wertung, Konstruktion und Argument im Zivilurteil*, 1965, 3ff. (20ff..);ders, *Vorverständnis und Methodenwahl in der Rechtsfindung*, S.103ff.]。从而该以取向于问题(problemorientiert)为其特征之 Die Topik 为讨论对象的著作,也都会处理到这个问题。Die Topik 便是 die Techne des Problemdenkens(问题思维技术学)。这是 Viehweg 在他的著名著作 *Topik und Jurisprudenz*, S. 14.对 Topik 所作的简短批注。他说:"Die Topik 是由说服术所发展出来的问题思维技术学"。诚然这个批注还太短,而不能带来充分的消息。但它在把握与 Topik 有关的讨论之基本方向是有帮助的。Canaris 将 Viehweg 这一个批注评为"几乎没说出什么"是不贴切的(参见氏著 *Systemdenken und Systembegriff in der Jurisprudenz*, 1969, S. 136)。关于 Topik 之比较详细的讨论请参见 Gerhard Struck, *Topische Jurisprudenz*, 1971;Kriele, *Theorie der Rechtsgewinnung*, 1967, 5. Kapitel.

发生之事实与过程,然后探讨如何选取哪些用来规范地评价这些事实之法律规定,以便依据这些法律规定,构成陈述形态之法律事实。

(二)法律事实

1.学者的观点

(1)构成要件说

本说之特征在将法律事实等同为完全的法律规定(或完全法条)中之构成要件。例如梅仲协老师称:"某种特定事实,发生某种特定效果者,吾人称之为法律内容;当事人所完成之法律关系及其他事故,谓之法律事实(juristischer Tatbestand)。所完成之法律事实,有直接系连于法律之命令或禁命者,有依据权利授与之方式者,其因而获得之结果谓之法律效果(Rechtsfolge)。例如'民法'第184条:'故意或过失,不法侵害他人之权利者',此两语系明定法律事实。'负损害赔偿责任'一语,系该条之法律效果。又如依第1019条所规定之内容,婚姻之成立,及妻之原有财产之存在,均系法律事实;而夫之有使用收益权,则为法律效果。"①

(2)因果关系说

何孝元先生谓:"法律事实者,发生法律现象之原因也。法律事实与法律现象既处于因果关系,则凡法律事实有使权利发生变更或消灭,法律现象亦必随之而有权利发生变更或消灭之状态。"②韩忠谟老师谓:"法律关系以实际社会生活关系为基础,这一观念还有更深一层的含义,就是:法律对社会生活加以规律才产生各种各样的法律关系,所以法律关系具有法律所赋予的效果,这种效果之主要部分,就是权利与义务,乃法律关系之核心。同时值得

---

① 梅仲协:《民法要义》,作者自刊,1970年版,第1~2页。类似的见解如Enn-Nipperdey, Lehrbuch des Bürgerlichen Rechts, AT, 1960, S. 860:"法律事实组成构成要件之主要部分。人们称呼那些单独地或与其他事项共同地引起法律效力之事实,为法律事实,亦即法律上有意义或有效之事实。"Enn-Nipperdey又将构成要件了解为:"法规范(亦即抽象的法条)将法律效力(法律关系之发生、消灭或变动)系之于一些前提要求。这些前提要求可被称为该法律效力之构成要件。在构成要件与法律效力间存在着逻辑上之因果关系(das logische Verhältnis von Grund und Folge)。这些抽象的前提要求(个别的构成要件要素),或者为情事之发生(Ereignisse)(例如让与人之移转所有权之意思表示),或者为情事之状态(Zustand)[例如取得时效之占有人的占有,或者为或然率(例如《德国民法典》第252条[按:相当于台湾地区"民法"第216条]、《德国民法典》第228条[按:相当于台湾地区"民法"第150条]、《德国民法典》第862条[按:相当于台湾地区"民法"第962条]、《德国民法典》第904条[按:紧急避难])。此外其性质也可以是积极的(起诉)或消极的(不遵守期间、不作为)。法律事实也并不一直都是事实,它也可以是权利。例如让与人之所有权即所有权之移转的构成要件要素,取得出租之耕地的所有权即租赁关系之法定移转的构成要件要素"(aaO. S. 858f.)。由前述说明可知,Enn-Nipperdey本来亦已注意到法律事实、构成要件与法律效力三者之间的关系及其区分,唯后来却也显现忽略其本已注意到之构成要件的抽象性,以及法律事实之事实性,而竟将两者混淆在一起。一个存在之为要件事实或法律效力有时其实也是相对的。例如"民法"第71条前段规定:"法律行为,违反强制或禁止之规定者,无效。"在该条规定中,无效是法律效力。然该无效之法律效力的状态却是"民法"第113条之规定中的要件事实:"无效法律行为之当事人,于行为当时知其无效,或可得而知者,应负回复原状或损害赔偿之责任。"

② 何孝元:《民法总则》,作者自刊,1962年版,第101页。

注意,权利与义务关系的发生、变更和消灭,当然都有一定的原因,而这种原因,更不出生活事实的范围,有系自然事实,也有系人的意识行为。换句话说,无论是自然事实或人的行为,在它与生活秩序有关,发生法的意义时,就成为法律关系(权利与义务)的发生原因,总称为法律事实。我们在观念上常将法律事实和'权利与义务的法律关系',彼此分开。不过,关于上述'人的行为',虽则是权利与义务发生的原因,可是它本身同样受法律的规律,往往含有相当的法律效力,所以它的一部分有时也被视为法律关系,这种法律关系和那种居于核心地位的法律关系(权利与义务),时而界限模糊,不易分辨。"①郑玉波老师谓:"何谓法律事实?乃法律现象所由发生之原因也,即法律事实为因,法律现象为果,二者具有因果关系。所谓事实,即宇宙间之种种具体的现象之谓(理则学上称之为殊相),有由于人者,有由于物者,有由于时者,有由于地者,亦有由于人、物、时、地所交织者,例如男婚女嫁、月落乌啼、寒来暑往、地震山崩,乃至世界大战之开端,人造卫星之发射等等,无一而非事实也。唯此等事实,未必悉能发生法律上之效果,其足能发生法律效力者,始得谓之法律事实。"②刘得宽先生谓:"受法律规范所支配之事物,必生法律上所规定之结果,此种结果,学者称之为法律现象。然所以发生法律现象之法律适用之对象,学者称之为法律事实。法律事实与法律现象,乃处于因果关系的存在,前者为后者之因,后者为前者之果也。法规乃以有一定的事实(法律事实)便能发生一定的效果(法律现象),一般抽象命题的形态存在。"③

(3)为法律所规范之事实说

王伯琦先生谓:"社会各种事物,有为法律规范所支配者,有为其他规范,如道德、礼仪、宗教等规范所支配者。为法律规范所支配之事物,即为法律适用之对象,称之谓法律事实。"④黄右昌先生谓:"宇宙发生之事实,多至不可纪极,花之开落,草之荣枯,浮云之出没,鸟兽之飞走,与夫江上之清风,山间之明月,耳得之而为声,目遇之而成色,此等事实,不能发生法律之关系,可勿论矣。其足以生法律关系者,总称法律事实,而法律关系之内容,即由事实之关系,依法律之力而成为法律关系,故一定之事实关系,达于法律关系之程度者,谓为法律要件之完成。自动的方面观之,则为法律效力;自静的方面观之,则为法律关系也。法律要件者,法律产生法律效力所必具之一切事实也。法律要件,有以一个事实之存在而完备者,有需数个事实之整备而始完成者,此等个个之事实,谓之法律事实。"⑤胡长清先生谓:"法律行为,为法律事实之一种。欲知法律行为在民法上所占之地位,不可不知法律事实、法

---

① 韩忠谟:《法学绪论》,作者自刊,1962年版,第146～147页。

② 郑玉波:《民法总则》,三民书局1973年版,第207页。

③ 刘得宽:《民法总则》,作者自刊,1976年版,第136页。唯刘氏又谓:"本命题(按:本书中所指称之'一般抽象命题')虽亦采因果关系之形式,但以下二点与自然法则不同:(1)本命题乃为达成法律目的之技术,故须赖裁判之际的解释(即属于人为的社会规范,非因果必然的自然法则);(2)这种命题乃观念上拟制的存在,并不排斥二重效(例如,侵权行为损害赔偿请求与不当得利返还请求权之竞合)(此为相对,非如自然法则一加二必为三)"(同书第137页注1),则显然亦已意识到法律事实与法律效力间的关系并非因果律上的因果关系,尤其刘氏举论理学上的三段论法以说明法规、法律事实与法律现象三者的关系(同书第136～137页),更足以显示其已认识到法律事实与法律效力间的关系为三段论法之逻辑上的推论关系。至于刘氏又谓"法律事实,又何称为法律要件……"(同书第137页注2),则有将具体之法律事实等同为抽象的构成要件之嫌。

④ 王伯琦:《民法总则》,作者自刊,1963年版,第119页。

⑤ 黄右昌:《民法总则诠解》,作者自刊,1960年版,第214页。

律现象及法规三者相互之关系。兹以论理学上之三段论法为例,法规者,大前提也。法律事实者,小前提也。法律现象,则为由此大前提、小前提推断而得之结论。举例以明之,如依'民法'第6条规定,人之权利能力始于出生(法规,大前提),某甲为人(法律事实,小前提),故某甲自出生时始,享有权利能力(法律现象,结论)。"①史尚宽先生称:"所谓法律事实者,即自然之事实中带有法律上之意义者,亦无不当"②,又称"法律要件(Rechtstatbestand)者,法律赋与法律效力所必具之一切事实也。法律要件,有以一个事实之存在而完备者,有需数个事实之齐备而始完成者。此等个个之事实,谓之法律事实(juristische Tatsache)"③。洪逊欣老师称:"法律事实(juristische Tatsache),系构成法律要件之各个事实。法律要件中,有由单一事实而构成者,例如自然人之出生或死亡是。复有由多数事实而构成者,例如契约之要约及承诺、侵权行为之故意过失、不法加害行为、行为与损害发生间之因果关系。前者于其事实发生时,即具备法律要件。后者于其最后事实发生时,始具备法律要件。唯法律事实因构成法律要件,而发生法律效力,故须为有法律上价值之事实始可。例如友朋间之交谊上约会、与爱人谈情或散步等,不得为法律事实"④,又谓"法律效力,须具备法律要件,始行发生。故决定法律效力已否发生,应视构成法律要件之法律事实全部已否完备"⑤。李模先生谓:"法律为社会生活之规范,故在社会生活中所生之事实,除有若干部分纯与法律规定无关(如亲戚之往还、朋友之偕同散步游戏、个人之阅读休闲等),不可能有何法律上意义外,其他大部分事实,则因具有法律上之价值,均不免成为法律事实。且因法律之作用,更生法律效力。所以如买卖、赠与、居屋、饮食以至人之婚姻、生死,几无一不足以使法律上权利义务关系有所变动,此项变动,或为新关系之发生,或为旧关系之变更或消灭。但为基于法律事实而由法律所赋予之效果,则无异致。因此,所谓法律事实,实为法律关系变动之基础"⑥,又谓"胡长清氏依三段论法立论,以法规之规定为大前提,以法律事实为小前提,以法律现象为结论,故谓法律现象者,乃法律适用于法律事实之结果。颇足说明三者之关系(见胡著第196页)。其所谓法律现象,盖即此之所谓法律效力。又法律效力有时基于单一或独立之法律事实而生,如自然人因出生、死亡等而生权利能力得丧等效果,有时亦基于数个法律事实而构成,例如质权设定,须包括双方意思表示及质物交付而后始能生效。故法律事实有单一

---

① 胡长清:《民法总论》,作者自刊,1964年版,第196页。唯胡氏又谓:"凡法律现象之发生,必有法规附与其效果之事实,此事实即法律事实。法律事实者发生法律现象之原因也。换言之,法律事实与法律现象处于原因与结果之关系,法律事实为发权事实时,则法律现象为权利之发生;法律事实为变权事实时,则法律现象为权利之变更;法律事实为灭权事实时,则法律现象为权利之消灭。法律事实与法律现象既处于原因与结果之关系,故凡欲主张某种法律现象之存在者,自应就其法律事实负举证之责,我'民诉法'第265条(按:现行法第277条)所谓:'当事人主张有利于己之事实者,就其事实有举证之责任。'即指此种意义之法律事实而言。"(同书第202~203页)由是观之,胡长清先生所了解之法律的构成要件、法律事实及法律效力(法律现象)三者间之关系,并不一贯。按三段论法之大前提、小前提及结论间之逻辑上之推论关系,与因果律上之因果关系,并不同一,而且不得混淆。是故胡长清先生将它们三者间的关系,忽而描为逻辑上之三段论法的推论关系,忽而描写为因果律上的因果关系,便不尽妥。

② 史尚宽:《民法总论》,作者自刊,1975年版,第27页。

③ 史尚宽:《民法总论》,作者自刊,1975年版,第266页。

④ 洪逊欣:《民法总则》,作者自刊,1958年版,第231~232页。

⑤ 洪逊欣:《民法总则》,作者自刊,1958年版,第36页注1。

⑥ 李模:《民法总则之理论与实用》,作者自刊,1974年版,第92~93页。

事实及构成事实之分,构成事实盖非能发生全部法律效力,而仅构成其部分原因也。李宜琛、何培生诸氏均就足以发生法律效力之法律事实之总体,名为法律要件,以别于单一之法律事实,可供参考"①。

2.本书之观点

按法律事实为生活事实中之为法律所规范者,且因其为法律所规范所以成为法律事实。法律事实所以能引起法律效力(法律效果),乃因法律规定之适用的结果。而法律规定又如何赋与法律事实以法律效力?透过首先在法律规定中将一定之法律效力连结于一定之抽象的要件事实(构成要件)作为大前提;然后,当一定之生活事实经评价为该法律规定所规范之法律事实时,该生活事实即成为满足该构成要件之具体的要件事实,充为小前提。从而依三段论法的推论,赋与该生活事实以该法律规定所连结之法律效力。是故,可被定性为法律事实之生活事实是否存在,具有规范上的意义。至于哪种生活事实应被评价为有规范上的意义,在性质上属于立法上的政策决定。立法政策之制定标准及其妥当性的探讨,终极属于法律哲学的领域。

要之,由实证法的观点论之,所谓法律事实当指实证法所规范之生活事实,从而法律事实之主要特征应在:(1)具体性;(2)事实性;(3)受规范性。亦即法律事实所指称者为:法律所规定之发生于或继续存在于具体事件中的事实或状态。其具体性及事实性表现在生活事实的存在特征上;其受规范性表现在与构成要件该当时之小前提的逻辑地位。在学术的讨论上,虽也虚拟一些法律事实作为讨论的对象,但这些虚拟的事实,在讨论上,实际上被当成具体的事实加以处理。是故,并不因为学术上常引虚拟之事实作为讨论的对象,而使前述认为法律事实应具有"具体性"与"事实性"之特征的观点失真。

在讨论上常导致与法律事实互相混淆之"构成要件"的特征,在于:(1)一般性;(2)抽象性;(3)规范性。其一般性与抽象性表现在其是一种充为评价标准之观念上的存在,而非受评价的对象。其规范性表现在对于构成要件连结以一定之法律效力,以及其构成要件在三段论法上之大前提的逻辑地位。由此可见,构成要件与法律事实所指称者,绝不相同。它们之所以被误为同一的缘故可能是:在法律适用的三段论法中,将小前提并入大前提,以致将具体的命题(具体的要件事实)误为一般的(或抽象的)命题(一般的或抽象的要件事实)。其不妥当,由法律适用之三段论法的结构观之,亦极明显。至于将法律事实了解为法律效力之发生原因,并将其间的关系定性为因果关系,主要的不妥在于:将法律事实或构成要件与法律效力间之条件关系混淆为因果关系;将三段论法之逻辑上的推论关系等同为因果律上的

---

① 李模:《民法总则之理论与实用》,作者自刊,1974年版,第92页。

因果关系。① 虽然在文献上也常将法律事实称呼为"具体的构成要件"，使之与"抽象的构成要件"相对应，但终究不宜因此将所谓"具体的构成要件"与"抽象的构成要件"混二为一。否则，将无法了解法律适用之三段论法式的逻辑结构。盖将法律事实（具体的构成要件）等同为抽象的构成要件后，在法律适用之推论上便丧失小前提，而不再具有三段论法的构造，以致或者不能把握法律事实之具体性、事实性与受规范性，或者不能把握法律规定之构成要件的一般性、抽象性与规范性。这种偏失的影响之大，无论如何强调皆不为过。

构成要件与法律效力间之关系，或定性为条件关系，或定性为因果关系，其影响所及并非仅是在理论上如何描写法律效力之发生的思维过程或依据而已。它尚且有实务上的意义。例如一个法律效力在法律上是否得两度发生或两度消灭？采因果关系说者对这个问题持否定之见解。其理由为：由于因果律不容许先后有同一之双重结果。所以，将因果律应用到法律领域内，当然也不容许同一之法律效力先后发生或先后归于消灭。例如先基于法律行为受让所有权后，再基于取得时效取得同一所有权；或就一个法律行为先基于一方在行为时已受监护或辅助之宣告而主张无效，后再基于违反法定要式而主张无效；或容认无效法律行为之撤销的可能性等。这些对因果关系说皆是不可思议的。这里所牵涉到的问题，学说上称呼为"双重结果的问题"（das Problem der Doppelwirkungen）②。双重结果之否认，常常引来不妥当的法律现象。例如本人若先后分别向代理人及代理人对之为代理行为之相对人，以意思表示授权该代理人，以本人的名义从事代理行为，为其处理事务，则该代理权在规范上当先后基于该两个授权行为被两度赋予法律上理由。此际若不容许双重结果，则对本人、代理人或相对人分别依具体情况，在代理权之有无的主张与证明上，皆可能引起不便。双重结果的问题非本书重点所在，故不再申论。

此外，三段论法之逻辑上的推论关系与因果律上的因果关系，也不是没有区别的，兹以

---

① 在语法上，因果句法、条件句法及虚拟句法类似。因此，容易混淆利用其句法描述之事件之间的关系。除虚设语气外，其不同主要在于其描述的内容，而不在于其语法。因果关系立基于自然法则或事务法则，不受人的意志支配。例如水受热至沸点即开。此为自然法则。只要不将强制要求经济活动之外部成本内部化，经济人之自私的自利行为，自然会导致以邻为壑及劣币驱逐良币的结果。此为事务法则。条件关系立基于人的权威，取决于能主动控制事务发展者之意志。例如父母对于子女说，如果用功学习，并取得约定之成果，便给予约定之奖赏。法律规定所规范者为抽象的构成要件与法律效力间之条件关系（Engisch，*Einführung in das juristische Denken*，5. Aufl. 1971，S. 35.）。欲将法律事实与法律效力间的关系定性为因果关系，必须借助于将抽象的构成要件与法律效力间的关系定性为因果关系，同时并将法律事实与抽象构成要件同一化，始克达其目的。这与法律事实之存在特征不符。关于推论关系与因果关系的意义，请参见 Ota Weinberger，*Rechtslogik*，1970，S. 72ff.，282.

② 关于"双重结果难结"，详请参见 Engisch，aaO.（Fn.22），S. 36ff.他说："人们必须清楚地认识，法律效力（Rechtswirkung）及法律上的因果关系（rechtliche Kausalität）这种说法仅是间接的及意象的借用。由之并不能导出下述的法律观点：一个已经存在的法律效力，不能再一次地发生；一个已经被排除的法律效力，不能再一次地被排除。这种观点实际上系概念法学下的推论结果。如今已经没有人能够为其辩护。至于同一法律效力，在如何情形下，得由数个分别足以为其理由之法律事实所导出，只能依符合法学方法之要求的观点逐案认定之。原则上双重结果之认许，并没有理论上的障碍。当其被容许时，所涉及者为'双重理由'（Doppelgründe）或双重结果的问题。"［Engisch，aaO.（Fn.22），S. 41f.］双重规定，在与处罚有关的法律上所引起的问题为：一事两罚；在民事法为：债权之重复满足。两罚与重复满足皆所不许。双重规定的问题后来主要利用竞合的理论解决。请参见 Engisch，aaO.（Fn.22），S. 40.

三段论法之说明上最常见的例子说明之：凡人有一天必会死（大前提），甲是人（小前提），甲有一天必会死（结论）。假若因果关系说为真，则甲之死亡便与甲是人有因果关系，亦即甲是人为甲之死亡的原因。这个命题之不正确是显而易见的。申言之，该结论所称甲有一天必会死，甚至甲将来之死，皆非该大前提（凡人有一天必会死）或该小前提（甲是人）之因果律下的结果。同理，既然（具体）法律效力是法律适用的三段论法所推论出之（具体）法律效力，则它当也非其大前提或小前提之因果律下的结果。

要之，法律事实之性质，如前所述，仅是法律所规范之生活事实。它的特征是具体性、事实性与受规范性。因其是具体的而且是事实的，因此才有以之为规范对象之可能性与意义。将法律事实同一化为（抽象的）构成要件，首先只有使人们丧失描述本来意义之法律事实这个用语，并使人们奢侈地用两个用语（即法律事实与构成要件）来描述同一对象（即法律效力所系之条件）。然后又使（抽象的）构成要件之"规范者"，及法律事实之"受规范者"的规范上地位，趋于混淆，使它们在法律适用之三段论法上的相对关系趋于模糊。按法律事实、构成要件与法律效力在三段论法上的关系为：将法律效力系于构成要件构成大前提，具体的法律事实实际上充分该构成要件构成小前提，然后由该大前提与小前提导出应将系争法律效力系于系争法律事实的结论。要之，法律事实不是构成要件，它只是充分了构成要件要素而已；系争法律效力之系于系争法律事实，并不是基于因果律上的因果关系，而是基于三段论法上之逻辑的推论关系。是故，本书认为，应将法律事实直截了当简单地定义为：法律所规范之生活事实，亦即非存在于法外空间之生活事实。至于在其法律效力之决定上所引出的问题，在法律事实之认定以外的部分，透过法律适用之三段论法便能获得适当之说明与解决。要之，构成要件说与因果关系说皆不能适当说明法律事实之性质及其在法律之适用或规范上的地位。

（三）法律事实的种类

法律事实是引起法律关系发生、变更或消灭的事由。在有关法律关系之得丧变更的探讨上，必须借助于法律事实的子系统说明之。显著的例子为：在不当得利返还请求权之发生的论断上，关于法律上原因之有无的探讨。为使其探讨有迹可循，自需将法律事实加以分类。法律事实首先可按其是否由人之行为构成分成：人的行为与自然事实。其中人的行为可再分为意思表示(法律行为)、准法律行为(意思通知、观念通知及感情通知)与事实行为。① 事实行为指不含法效意思的行为;而准法律行为虽含一定之意思,但其意思并不能决定法律效力的内容,而以法律所规定之效力内容为其内容,此与意思表示系将法效意思表示出来之行为②,因此,基于私法自治,以其表示之法效意思的内容为其效力内容者不同。③ 至于自然事实则除指自然事件及自然状态外④,还包括人之无意识的动静。⑤(见图8-1)

---

① "属于类似的法律行为之案型,主要是那些与请求权或法律关系有关的催告或通知。固然其从事,大部分的情形也都在意识到由之会发生的法律效力下为之,不过,其从事并不以该法律效力之发生为其直接目的。"(Larenz, Wolf, Allgemeiner Teil des deutschen Buergerlichen Rechts, München 2004, 9. Aufl. § 22 Rn. 14ff.)例如与给付迟延有关之催告("民法"第 229 条第 2 项、第 254 条)和无权代理有关之催告(第 170 条第 2 项),债权让与之通知(第 297 条),买受人关于瑕疵存在之通知(第 356 条),旅店客人关于所带行李之毁损、丧失的通知(第 610 条)。在"民法"第 796 条的案型,被越界建筑之土地所有人所为之异议,虽系他不许为越界建筑之人将房屋建于其土地之上的表示,但该表示得发生如何之效果,完全是因法律规定而发生,不以被越界建筑之土地所有人实际上企图发生如何之法律效力为其依据。此与以法效意思为法律效力之发生的直接依据之意思表示不同。它应属于类似的法律行为(或准法律行为)。再者,因为它是被越界建筑之土地所有人所为之一定"意欲"的表示,而非其所认知之事实的通知,故亦非观念通知(或事实通知),而是"意欲通知"。盖观念通知(或事实通知)所通知者应为通知人所认知之事实,而"意欲通知"(学说通常所称之"意思通知")所通知者应为通知人之"意欲"。为不引起"意欲通知"与"意思表示"间之混淆,本书建议将台湾地区用以指为"意欲通知"之用语,即"意思通知",予以舍弃,盖它一方面要与"意思"表示相区别,另一方面却又藕断丝连地使用"意思"这两个字,以致使得人们通过"意思通知",想要表达之该通知的特征〔即由该通知所引起的法律效力,并不以表示人之(法效)"意思"的内容,而以法律规定的内容为其内容〕不能被正确地把握。既然如此,将"意思"这个用语,保留给"法效意思"专用,应该是比较允当的处理。

② 意思表示虽指将法效意思表示出来之行为,但有例外不含法效意思者。例如心中保留("民法"第 86 条);不含(到达生效之)表示行为,例如意思实现(第 161 条);不含法效意思及表示行为之意思表示,例如试验买卖中之沉默(第 386 条、第 387 条),或各种对于是否承认之催告的沉默(第 170 条第 2 项、第 302 条第 1 项)。

③ 法律行为无效,指其不生以所表示之法效意思的内容为内容之效力而言。无效之法律行为尚非不得以法律事实的地位,在其与其他事实共同满足一定法律效力之发生的构成要件时,引起该法律效力。例如"无效法律行为之当事人,于行为当时知其无效,或可得而知者,应负回复原状或损害赔偿之责任"("民法"第 113 条)。第 166 条之 1 第 1 项规定:"契约以负担不动产物权之移转、设定或变更之义务为目标者,应由公证人作成公证书。"违反该项规定之契约,依第 73 条本当无效。唯"未依前项规定公证之契约,如当事人已合意为不动产物权之移转、设定或变更而完成登记者,仍为有效"(第 166 条之 1 第 2 项)。

④ 与人有关之事实,亦有被归入自然事实的可能。"例如人之生死、生死不明、精神障碍、成年等之外形事实,固不待论,知与不知,即所谓善意恶意之心内的事实,亦为自然事实之法律事实。"(史尚宽:《民法总论》,作者自刊,1975 年版,第 270 页)此外,人之行为在当事人以外之第三人与第三人间,亦应定性为自然事实。又无意识或精神错乱中之所为,在规范上亦不被定性为人之行为,从而它亦应被归为自然事实。

⑤ 关于法律事实的分类,请参见洪逊欣:《民法总则》,作者自刊,1958 年版,第 232 页以下;史尚宽:《民法总论》,作者自刊,1975 年版,第 270 页以下;韩忠谟:《法学绪论》,作者自刊,1962 年版,第 147 页以下;郑玉波:《民法总则》,三民书局 1973 年版,第 206 页以下;黄右昌:《民法总则诠解》,作者自刊,1960 年版,第 217 页以下;Enn-Nipperdey, aaO. § 137; Flume, Allgemeiner Teil des Bürgerlichen Rechts, Bd. Ⅱ, Das Rechtsgeschäft, 2. Aufl. 1975, § 9 ff; Larenz, Allgemeiner Teil des Deutschen Bürgerlichen Rechts, 2. Aufl., 1972, § § 18, 26.

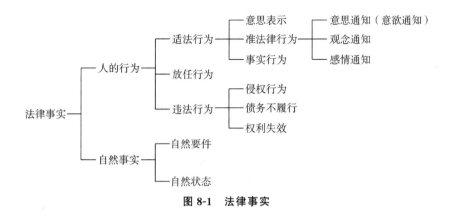

图 8-1　法律事实

（四）以法律关系为构成要件要素或法律事实

唯法律的构成要件要素，亦得以法律关系充之。[①]　此际该法律关系在该法律的构成要件之适用上所扮演的角色，与非法律关系之法律事实无异。所不同者是，该法律关系于有争议时，必须以其所据之法律事实为基础，先被确定其存在无误，而后该法律关系始能被引来充分系争构成要件要素。若对该法律的构成要件所引为前提之法律关系的存在，当事人间并无争执，而只对该法律关系以外之构成要件要素或法律效力有争执，则便没有再行探究该法律关系是否存在的必要。纵使在特定时空，一个法律关系是否存在，并非自然事实，但它仍不失为法律生活中之事实，从而具有其法律上的意义。是故，由某一法律事实所导出之法律效力，即法律关系，得进一步被引为其他法律的构成要件要素之规范对象。[②]

二、在法律事实的认定上所必要的判断与评价

法律事实的认定问题，除了在诉讼上曾被提及外，在台湾地区很少在实体法上或法学方法上，探讨其实际上究竟如何被认定的问题[③]，而且在诉讼上所处理之法律事实的认定问题，也只偏重在规定"认定事实的机关"（"民事诉讼法"第 222 条、第 278 条以下）以及"证据法则"（第 222 条、第 277 条）。至于在实务上或学说上，法律事实究竟如何被认知、评价，则很少作实证上或方法上的探讨。为决定某一生活事实是否可能为某一法律规定所规范，为

---

①　韩忠谟：《法学绪论》，作者自刊，1962 年版，第 148～149 页："……发生法律关系之原因事实（法律事实），极为繁复。在观念上，必先有一定事实，而后法律赋与以一定之效果（即权利之取得、变更或丧失之结果），是以法律事实与法律关系（权利与义务）之间自有区别，但上列法律事实中，有一部分系人的行为，在其本身即已构成人与人间之复杂关系，且具备法律上之效力，如私法上的买卖、雇佣、合伙、保证、借贷、租赁等契约，虽为权利义务的原因事实，但亦不失为重要的法律关系……"

②　Larenz, aaO.(Fn.1), S. 269.

③　林山田：《法事实研究》，《法学丛刊》1977 年第 22 卷第 4 期，第 48 页以下。

判断之人实际上必须作各种不同的先行判断,而且这些先行判断也不一直都是通过将系争法律事实涵摄于构成要件的方式为之;盖纵使在最简单的案件,其最后的涵摄过程,也必以某些简单且不再通过推论方式来达成之判断,作为其先行的判断。这些先行判断通常涉及系争事实是否具有系争构成要件所指称之特征。鉴于一个扭曲的判决常常通过法律事实之曲解性的操纵来达成,人们当可同意 Larenz 的看法:"法律之适用的关键,实际上并不在于其最后的涵摄阶段,而在于该涵摄阶段之先行的评价:该生活事实所具有之特征,正与该构成要件所指称者相符。"①

前述的先行判断之作成,可能以(1)感官的观察;(2)人的行为之解说;(3)自然事实之解说,(4)价值标准,为其基础。兹分述之。

(一)法律事实之判断的基础

1.以事实为判断基础

(1)以感官的观察为判断基础

以陈述的形态出现之法律事实,其陈述首先与事实上存在之事务的过程或状态有关,亦即它告诉我们关于何人,有哪些事务,例如何事、在何时、发生于何处。关于事实之陈述,通常情形都以感官的观察为基础。唯这些观察,在大多数的情形,并非判断者所亲身经历,而是基于他人之告知。例如法官在裁判上职司认定事实的任务;但在大多数的情形,他显然不是其所审理之案件所涉法律事实之目击者。在这种情形下,为了确保法院所认定之事实仍然最大限度地与事实相符,乃在事实之认定上,严格证据法则之要求,务使身历其境者对法院之告知,能尽可能地如其所闻,如其所见;也务使未身历其境之法官,在证据之真伪的判断上,能本诸证据法则,一方面不被虚伪之证据所愚,另一方面避免自己先流于偏见。

以感官为基础所作的观察,在判断的层次也有深浅之别。例如牧羊人甲看到两个物体由远处的草原向其快速移动而来,后来他终于看清楚那是一只飞奔的猎狗正在追逐他的绵羊。说时迟那时快,那只狗一跃而上,将那头绵羊扑倒在地上,咬了几下便迅速离去。当甲赶至,仔细一瞧时,那头绵羊的颈肉已被撕去一大块,奄奄一息。于是,甲便马上四出寻找那只猎狗,很快地甲便在其邻居乙的后院中看到乙所饲之猎狗正吃着血淋淋的肉。甲乃找乙理论,双方相持不下,后来并告到法院。在该案件中所涉及之猎狗追扑甲的绵羊、乙的狗吃肉等,皆为甲所目击的事实。然这些事实是否相关,需要进一步地观察与判断。亦即乙的狗所吃者是否为羊肉、是否为甲之绵羊的肉,皆有待于进一步地观察与判断。唯像该绵羊之所有权属于甲,以及该狗之所有权属于乙这种事实,并非单凭观察所能决定。在本例中,甲首先看到猎狗追逐绵羊,而后又看到绵羊受伤倒地。因此,他将这两个事实连结在一起,推断该绵羊系为该猎狗所伤。接着甲看到乙的狗吃着血淋淋的肉,于是甲又将这个事实与该猎狗追伤该绵羊的事实连结在一起,认为该猎狗所吃者为该绵羊的肉。这些由直接的观察(例如猎狗追逐绵羊、绵羊倒地、绵羊颈部受伤并流着血躺在地上、乙的猎狗吃着血淋淋的肉)及其解说(Deutung)(例如猎狗咬伤绵羊、乙狗吃着羊肉、乙狗咬伤甲的绵羊)所构成的意象

---

① Larenz,aaO.(Fn.1),S. 268.

(Vorstellungsbild),组成法学方法上所称之"原始事实"(Rohsachverhalt),并以陈述的形态被表现出来。

在法律上有意义之事实中,有一些可以通过观察予以证实,例如某人在何时何地为何人所生,某人于何时何地死亡,某人的身体在何时受伤,物之毁损,物之大小、轻重、长短、外观以及其物理和化学性质,土地之位置,地形,文书之发送及到达之时点与地点,文书之真伪,某人是否曾在何时何地讲过那些话,某年某月某日的天气如何。① 这种事实的特点在于可以通过证据证明其真伪,而且于有争议时,也有通过证据加以证实的必要。唯法律的构成要件并不单以这种可单凭观察予以证实的事实,为其规范对象。有时法律的构成要件亦以这种事实以外之事实(事务的过程或状态),为其规范对象。例如意思表示。在意思表示这种情形,重要的并不仅是:谁在何时何地以口头或书面或其他方式有所表示。除了表示之存在以外,该表示应如何被了解,也是重要的。就此而论,它和那些单凭观察便可以被认知的法律事实,便有区别。申言之,在像猎狗追逐绵羊的情形,猎狗追逐绵羊这个事实,通过观察便能形成恰如其实的意象;而在意思表示的情形,表示行为固可通过观察而确定其存在与否,但该表示行为是否得定性为规范上之意思表示,以及其内容如何,便不是单凭观察便可尽其全功。申言之,在意思表示这种情形,为规范之事实是否存在的认定,常常需要对观察所得之事实进行规范上的评价,以确认构成要件所规范之法律事实之存在的有无。亦即相关法律事实之认定并不一直单以观察及由之获得之意象为基础,它有时必须借助于社会经验或价值标准,进一步作必要的判断与评价。

(2)以社会经验为判断基础

构成法律事实之原始事实的法律上意义,有时必须依社会经验始能探知该法律社会中之人对它可能有的共通看法,并在此基础上了解该原始事实在具体情况下的意义。以社会经验作为法律事实之认定基础,虽未为民法定为一般原则②,但该法律思想也多散见于法律规定中,例如"民法"第88条第2项规定"当事人之资格或物之性质,若'交易上认为重要'者,其错误视为意思表示内容之错误"。其他以习惯③或交易上之习惯④作为判断标准者,也皆具有以社会经验作为法律事实之判断基础的性质。

前述待于依社会经验了解的原始事实,依其是否为人的行为,可区分为人的行为⑤与自然事实。所谓自然事实,并不限指人以外之自然现象。人之有意识的动静,亦即受人之意识指挥的动静即人的行为。人的动静如因不受意识指挥而在法律上不论为人的行为,则这些人的动静也定性为自然事实。这是采减除或消极定义法(Substraktionsdefinition 或 Negativdefinition),对于人的行为与自然事实之划分;亦即首先对人的行为加以定义,然后将不属于人之行为者,归入自然事实。兹分述之。

①对人的行为之判断:解说

---

① Larenz, aaO.(Fn.1), S. 268f;洪逊欣:《民法总则》,作者自刊,1958年版,第234页。

② 例如《德国民法典》第157条规定:"契约应依诚信原则,斟酌'交易惯'解释之",第242条规定:"债务人负有依诚信原则,斟酌'交易习惯',履行债务之义务"。

③ 例如第369条、第372条但书、第378条、第429条、第439条、第450条、第483条第2项、第491条第2项、第524条、第537条、第547条、第566条第2项、第602条第3项。

④ 例如"民法"第68条第1项但书、第207条第2项。

⑤ 关于人的行为之意义,详见 Enn-Nipperdey, aaO.(Fn.8),§137.

　　构成法律事实之原始事实,有时系人的行为,已如前述。就人的行为之了解,及其法律上意义的认定,并不能单凭观察所作之判断为依据,而必须进一步对人的行为进行规范上的解说。[①] 盖不知行为之目的何在,不能了解行为之意义。而观察所及者,仅止于人的行为之外观。至其目的则是行为人所以为该行为的动机,藏之于内。单从其外观之观察,难以透彻。然则,究竟应如何了解人的行为? 按一个人际的行为,在主体上除行为人外,还涉及他人。是故,其了解之内容应具有人与人之间的共通性,亦即应以互动的主观性(Intersubjektivität)作为其了解的基础。申言之,在人的行为之了解上,必须以人类共同的社会生活经验和思考方式为基础。盖人类的生活既是社会生活,且法律所规范者即社会生活,则人的行为在规范上的意义,自当取向于社会生活,亦即以社会经验为基础了解之。

　　基于该观点,人的行为之了解原则上便不得以行为人或其相对人分别具有之独特的经验,为其了解基础,而应以社会上之共同经验,或至少应以其相互间所默契者为其了解基础。例如甲于上学途中,由路旁拾起一本他人遗落的书,则其所为当被定性为"占有"该书;甲上公共汽车时,将车票交给车长剪格,或在搭乘捷运时,于入出口将储值卡(悠游卡)置入自动计程装置扣款,则其所为当被定性为"付账";甲告乙一状,对乙诉请返还丙借乙使用之脚踏车。于是,乙将被诉之情事,以书状提出于法院,由法院送达丙,则乙之所为应定性为"诉讼之告知"("民事诉讼法"第 65 条、第 66 条)。甲与其妻乙争吵,继而对乙拳打脚踢,并出言欲置乙于死地,则甲之所为当被定性为"对身体之加害"及"妨害自由",事后甲乙复言归于好,恩爱如昔,则乙之所为当被定性为"事后之宥恕"("民法"第 1053 条),而不得再据之为诉请离婚的理由。甲将雅房一间出租于乙,乙连续数月不缴房租,甲乃定相当期间对乙催缴房租,表示若乙不在所定期间内缴清房租,将终止契约,则甲之所为应定性为"催告",乙方之所为应定性为"债务不履行"(给付迟延)。在上示的例子中,那些被观察的行为,皆依人类的共同经验[②],取向于其目的了解之。然因目的并不形之于外,故同一个行为若可能适合于不同目的之达成,则系争行为之真意的探求,便不很容易。此际,只能借助于比较具体与详细之附随情况,依人类的共同经验加以判断。换言之,人的行为之了解,原则上不得以行为人或其相对人分别具有之独特的经验,为其了解基础,而应以社会上之共同经验[③],或以其相互

---

　　① 　Larenz aaO.(Fn.1), S. 269f.

　　② 　人类的生活经验显示,目的为人们所以从事一定行为之动机,故欲了解人的行为之真意所在,必须取向于其所以从事该行为之目的。或谓"目的的行为论"不能说明过失行为之目的性。然目的之与特定行为,本来即可以积极(存在)或消极(不存在)建立起关系。对某种损害之引起的企图或认识之不存在,正是故意之所以不成立的理由。相对于一定之损害,引起该损害之过失行为的本来目的何在,对其是否应定性为过失行为,是有意义的。

　　③ 　这是为何在意思表示的解释上,既不采意思说(Willenstheorie),也不采表示说(Erklärungstheorie),而采规范效力说(Geltungstheorie)(Larenz, *Allgemeiner Teil des deutschen Bürgerlichen Rechts*, 9. Aufl. München 2004, Rn. 29ff.)? 采规范效力说的结果,使法院之补充的解释(ergänzende Auslegung)有透过不拘泥于当事人所用之辞句,探求当事人之真意,介入私法自治(契约自由)("民法"第 98 条)的可能性。这在税捐法上的表现为,依实质课税原则或经济观察法,认定当事人所缔结之契约应该当的类型。例如"行政法院"1995 年判字第 2934 号判决:"所谓委建房屋契约,系指委建人以自己所有或享有地上权、典权或承租之土地并提供建材,与建商订定契约,由建商提供劳务,为其完成房屋之建造者而言,其性质属承揽。至若委建人仅交付一定之价款,由建商于房屋建成后将土地及房屋之产权登记予委建人者,虽其名为委建,实质仍属买卖。"

间所共同理解者①,为其了解基础。这在意思表示之解释上,充分显现其重要性。关于人的行为,意思表示特别需要解释。盖意思表示不管以口头、书面或其他可以被认知的方式(电子信息)为之②,能被通过其外观或外部行为认知者,当限于口头表达的声音、书立的字据或其他动静传递之信息。然人们用以传递意思之语言、文字或其他符号,多不够精确,且人们也常随具体情况省略地使用传达意思的信号。所以,这些声音、字据或动静所欲表达之意思,正如人们在意思表示之解释上所经历者,常不是毫无疑义或毫无困难地可以被认知;其认知常必须借助于交易习惯,参酌附随情况,始能比较有把握地达成。例如风景区的饮食店常拉陌生人吃饭,或叫道:"进来坐! 进来吃饭!"同样地,乡间在大拜拜时,家家户户也可能拉陌生人吃饭,或叫道:"进来坐! 进来吃饭!"在这两种情形,行为人或表意人所使用之文字虽然相同,但其意思表示的内容,依社会上的共同经验却截然不同。前者,是有偿契约之要约或要约诱引;后者,是无偿契约之要约或属于法外空间之社交行为。

②对自然事实之判断:解说

在法律上有意义者,并不以人的行为为限。自然事实也常构成规范的对象。自然事实

---

① 具体情形如果仅事涉当事人双方的利益,且双方就意思表示之内容有共同的理解,则不论双方所用之辞句,或其表示在规范上之解释为何,该意思表示之解释原则上皆应以当事人双方事实上共同理解之内容为准(falsa demonstratio non nocet)。请参见 Flume, *Allgemeiner Teil des Bürgerlichen Rechts*, Bd. Ⅱ, Das Rechtsgeschäft, 2., Aufl. 1975, S.302ff.

② 因特网发达后,利用计算机电信网络传递电子信息逐渐成为一个意思表示之重要的表示或传递方法。鉴于当事人可能在设备、使用能力或习惯等方面有不对等之所谓的数字落差,是故,以电子信息作为意思表示的方法需要相对人之事先的同意。由于电子信息使用之媒体有保存传递内容的能力,所以具有文件性格。于是,其表示是否可用来替代纸本文件之法定方式的要求,成为重要的问题。此外,为弥补电子信息之易于伪造、变造、否认等性质,电子签章及其认证成为其重要之配套措施。为此,并特别定有"电子签章法"(2001 年 11 月 14 日制定)以资配合。关于网络通信之意思表示及电子商务契约,请参见黄茂荣:《债法总论(第一册)》,植根法学丛书编辑室 2009 年增订 3 版,第 230 页以下、第 349 页以下。

有时由人的行为促成,例如添附("民法"第 811 条至第 814 条)[1]。又如生小孩,相对于孕妇是自然事实,相对于妇产科医师是助产的行为。然孕妇倘有意识地将小孩生于马桶,则生于马桶是人的行为。

为认定自然事实在规范上有意义之特征,以进一步判断其与哪一个构成要件要素相当,有时固可单凭观察予以认知(例如是男是女、是猫是狗、是晴天或雨天),但也不乏在观察之外,必须引用社会经验,对之进行解说始能认定者,例如"民法"第 354 条所称之物的瑕疵,是否存在于买卖目标物,便非单凭观察所能认定。盖买卖目标物是否具有通常效用之质量应依交易习惯认定;[2]是否具有契约预定效用之质量,应以契约上之约定为基准,从而必须通过契约之解释认定之。此际,不论其所涉之认定基础系交易习惯之一般的,或约定之个别的标准,其标准之性质皆具有规范性,而非如单纯之社会经验之尚未具有法律规范的性格。至于买卖目标物是否具有不灭失或减少其价值或其通常效用之质量,则以社会经验而非以交

---

① 关于添附,Larenz 以相当于台湾地区"民法"第 814 条(《德国民法典》第 950 条)所规定之加工为例来说明。其例子略谓:一个学生若将他人之木板锯开,然后拼成小箱子,则没有人会怀疑小箱子相对于木板是一个新物(按《德国民法典》该条规定,加工之结果必须使加工后之物的状态,相对于其材料,可被认为系新物)。唯若有人将小箱子再度拆开,并在其上雕刻,然后再把它们拼在一起,则在这种情形,该被拆而复拼在一起之小箱子,是否与拆开前之小箱子(其前身)同一,亦即仅是改变了其外貌与价值而已,或者它根本已经是一个新物? 对这种情形,他认为交易上的看法并不一定能够给予答案。盖交易上对这种问题是否有确切的观点,并不能被确认。假若人们试图引用一个概念性的定义,以通过涵摄的推论过程来处理本问题,则将显示,在一切案件中皆能与法律之规范意旨相符的标准,很难被发现。形状的改变固得为判断之指标,唯它并非当然是,将被改变之物论为"新物"的必要条件与充分条件。日常用语如何称呼改变后之物,也同样不能作准。盖日常用语常常是语意含糊的。在前述的情形,人们可能认为经雕刻后之小箱子还是小箱子,因此它们是同一的。但人们也可能认为经雕刻后之小箱子已成为艺术品,而该小箱子在雕刻前则非艺术品,是故经雕刻后,它应已变为新物。此外,人们也可能认为,应依系争物变更前后之用途为标准。Larenz 认为立者者在这里当欲以其用途为标准,亦即赋与创造价值之活动比其材料之所有权更优越的地位。从而以该加工所增之价值是否显逾材料之价值为标准。将该小箱子雕刻成艺术品,应已足使雕刻后之小箱子,相对于雕刻前之小箱子,被认为是一个新物。盖该箱子之用途及价值皆因雕刻而有显著的增广或提升。清楚的是:经加工之物是否衍为新物,并非单凭观察发生之事实所能认定;这尚涉及依据规范所引为基础之法律思想对社会行为所作之评价(Larenz, *Methodenlehre des Rechtswissenschaft*, 3. Aufl. Springer Verlag 1975, S, 271ff.)。因加工而使所增之价值显逾材料之价值的情形,虽亦常发生于物之修理的情形,但这种案型,本书认为应依引起修理行为之法律关系定之。此所以由定作人提供材料使承揽人加工者,由定作人原始取得加工物之所有权。唯在一个具体契约,该契约是否为承揽,可能引起争议。例如在合建分屋,地主之取得房屋所有权,究竟是依承揽或依互易? 台湾地区"最高法院"1983 年台上字第 4883 号民事判决采承揽说,认为"合建契约分归地主部分之房屋,其建造执照以地主名义领取者,应解为承揽性质,房屋为地主原始取得,至地主移转与建筑商之土地,则属承揽之报酬。""最高行政法院"采互易说认为,合建分屋是地主之土地与建商之房屋互易,而非以地主之土地为建商之承揽工作的报酬("最高行政法院"2001 年判字第 2182 号、2002 年判字第 485 号判决)。在上述案例中,如果双方约定,全部房屋之所有权归地主,或约定以金钱或土地以外之财产支付承揽报酬,则不会有地主是否能原始取得该房屋之所有权的疑问。

② 台湾地区"最高法院"1980 年台上字第 248 号民事判决:"'民法'第 354 条第 1 项规定,物之出卖人对于买受人应担保其物依'民法'第 373 条之规定危险移转于买受人时,无灭失或减少其价值之瑕疵,亦无灭失或减少其通常效用之瑕疵。系争土地既编列为计划道路用地,地上房屋必须拆除,对被上诉人而言,即无以达其通常之效用,经济价值减低。至出卖人是否明知,通常在所不问。"关于公法上之限制的瑕疵问题,请参见黄茂荣:《买卖法》,植根法学丛书编辑室 2004 年增订 6 版,第三章第一节之一。

易习惯或约定,为其判断标准。这些标准虽因尚未以立法解释的方式升级为形式的(成文的)法律规定,而停留于社会经验的层次。但这并不意味着这些以社会经验为基础之标准,不具有社会生活规范或甚至法律生活规范的功能。未形式化与已形式化之社会经验间在法律体系上的相对关系,犹如习惯与习惯法(或制定法)间之关系。判断者如何依"民法"第354条认定买卖目标物是否具有其应具之质量,非本书讨论之范围。在这里所要强调者是,欲判断买卖目标物是否具有其应具之价值,以及是否具有其通常效用或契约预定效用,绝非单凭观察而不借助于社会经验所能达成。[①]

鉴于经立法采为认定标准者,必须以社会经验为基础,故在法律事实之判断上所引为标准或基础之社会经验,不论其是否已经以立法解释的方式加以形式化,引用这些标准之性质或功能,并无差异。所异者仅止于:已形式化之社会经验的引用,使法律事实之认定兼具法律之适用的性质。从而这种法律事实之认定所引起的问题,便兼具事实问题与法律问题的性格。以下依社会经验是否已经立法解释加以形式化为标准[②],分述之:

A.未经立法解释加以形式化之社会经验

在自然事实之规范意义的判断上,引为判断基础之社会经验,并不以经立法解释加以形式化者为限,已如前述。兹更申述之:

关于自然事实之规范意义的判断,"民法"第66条第1项规定"称不动产者,谓土地及其定着物"。至于定着物之规范上的意义为何,"民法"对之并未予立法解释。于是,附合于土地的动产,究竟因其附合,而成为其所附合之土地的重要成分,或成为其所附合之土地的定着物,便有待于依社会经验判断之。由于"民法"就定着物之特征,在规范上未予以规定,致使定着物之属性的判断,对社会经验之依赖更为深重,几乎达于超载的程度。此由学说上及实务上对轻便轨道之动产性或不动产性的争议,达于须由行政事务主管部门函请"大法官"予以统一解释,可以见之。

按"民法"就定着物所未规定之特征为:a.固定性,b.继续性及c.独立性。由于这些特征的了解,与特定物是否具有这些特征的判断间,具有不能截然分离的关系,所以特定物之动产性或不动产性的判断,兼具法律问题与事实问题的性格。这些特征之未被明文规定,固然增加特定物之动产性或不动产性之判断上的困难,但这并不意味着只要有明文规定,便足以使该判断不再依赖社会经验。

同理,关于轻便轨道之不动产性,纵使释字第93号解释(司法解释),在功能上具有与立法解释类似之作用,也不使特定物之是否为定着物的认定,从此不再依赖社会经验。换言之,该号解释之意义,充其量止于使人们更清楚地认识到定着物在规范上具有一定之特征。唯由于该号解释文仅称:"轻便轨道除系临时敷设者外,凡继续附着于土地而达一定经济上之目的者,应认为不动产",又其解释理由书亦仅简单提及:"查'民法'第66条第1项所谓定着物,指非土地之构成分,继续附着于土地而达一定经济上目的,不易移动其所在之物而言。轻便轨道除系临时敷设者外,其敷设出于继续性者,纵有改建情事,有如房屋等,亦不失其为定着物之性质,故应为不动产。"由此可见,该号解释对定着物之特征的说明功能极其有限。

---

① Larenz, aaO.(Fn.43), S. 271.

② 有些社会经验虽未经以立法解释的方式加以形式化,但常因其素为行政机关或司法机关采为判断事实之标准,而具有行政解释与司法解释的地位。在此限度内,这些社会经验具有较强之规范性格。

按该号解释固以轻便轨道是否为不动产为其解释之对象,但为判断轻便轨道是否为不动产,首须就定着物之特征予以厘清。亦即必须先解释何谓"民法"第66条第1项所称之定着物。然该号解释对此并无鲜明的交代。

纵然如此,该号解释还是隐约取向于前述学说上所肯认之定着物的特征而为解释:"轻便轨道除系临时敷设者外,凡'继续'(按指:继续性)'附着'(按指:固定性)于土地,而'达其一定经济上之目的'(按指:独立性)者,应认为不动产。"有问题的是:该号解释就该三个特征的了解,是否与社会经验相符? 精确言之,是否与法律社会之经验相符? 在这里,以固定性论,轻便轨道是否具备固定性,很有争执的余地。盖轻便轨道与土地之间的离合,依社会经验,几不引起两者价值之减损。这正如轮胎之于汽车固因其分离而使两者不能发挥在结合时所能发挥的功能,但并不因此使两者因其分离而各自减损其本身的价值。要之,轻便轨道与土地间的结合,并未达于固定性所要求的程度。反之,在土地上挖掘地基,用钢筋水泥灌铸建筑物,则使该建筑物与土地之结合达于固定性所要求之程度。盖在这种情形,除偶有将建筑物移动之工程外,若欲将该建筑物由其所附合之土地分离,势必减损该建筑物之价值,或甚至使该建筑物不再成其为建筑物。至于继续性之有无,则除斟酌其附合之外观,依社会经验判断外,尚须考虑为附合之人是否有将之继续附合于土地之意思。就此而论,轻便轨道之附着于土地的继续性,相对于建筑物之附合于土地,比较容易引起争议。

同样的情形也适用于独立性。[①] 不仅在轻便轨道,而且在一切特定物之不动产性的认定,关于独立性之意义为何,较之于固定性与继续性,一般地引起疑问。其主要的疑点在:这里所称之独立性,究竟如释字第93号解释所称指以"达于一定经济上之目的"(经济上之独立性)为已足,或者应兼法律上之独立性? 本书认为,这里所称之独立性,应兼指附合于土地之物的经济上与法律上之独立性。所谓法律上之独立性,系指将该物定着于土地之权源。[②]

总之,轻便轨道可能因其不具备固定性,而不适当被定性为不动产。至于建筑物,则应视其是否具有继续性及独立性,始能在具体案件中决定其是否不因附着于土地而成为土地之成分。[③]

由上述说明可见,关于法律事实的认定,由于在认定时,交易上并不一定都已对之累积足够的经验,并进而有一致或通说的见解。所以。社会经验并不一直能够对法律事实的判断,提供明确的答案。

在交易上就某些自然事实之意义,如已累积足够的经验,形成共同的意见,获致一致的

---

① 就将建筑材料附合于土地而使之最后成为一个建筑物之定着论,该定着之从事在性质上固属于人之行为(事实行为,参照 Larenz, *Allgemeiner Teil des deutschen Bürgerlichen Rechts*, 2., Aufl.1972, S. 231ff., 428; Flume, *Allgemeiner Teil des Bürgerlichen Rechts*, Bd. Ⅱ, Das Rechtsgeschäft, 2., Aufl. 1975, S. 108f.),但就其行为所造成之状态或结果论,则非属于人之行为。故判断该将建筑材料附合于土地之行为所造成之状态的法律事实,属于人之行为以外的自然事实之判断。唯由于在附合于土地之物之继续性之有无的判断上,尚须斟酌为附合之人,是否有将之长期附合于土地的意思,而使继续性之有无的判断带有人的行为之判断的性质。关于继续性的讨论,请参见黄茂荣:《民事法判解评释》,植根法学丛书编辑室1985年增订版,第34页以下。

② 关于这个问题,详请参见黄茂荣:《民事法判解评释》,植根法学丛书编辑室1985年增订版,第36页以下。

③ 关于这个问题,详请参见黄茂荣:《民事法判解评释》,植根法学丛书编辑室1985年增订版,第297页以下(特别是第314页)。

见解,则在具体的案件,为与之有关之法律事实的判断,便可不必自为评价,而直接引用社会上所肯认之共同经验,定性该自然事实。例如汽车、书、手表,依社会经验,被认为是动产,应无疑义。又如米的零售,于 1950 年前后,在台湾南部,几乎没有疑问的,都以斗为其交易的单位,而一斗有多少斤,在交易上也有共同的了解。在当时,若参与交易之人,就交易单位有所争执,或就一斗换算为斤之数量有争执,究诸交易上之共同经验,毫无疑问的,可以提供肯定而明确的答案。又如汽车会不会跑、跑得多快、刹车与方向盘是否正常;食物是否有添加物,及其添加物的种类及数量是否合乎规定标准;衣服的染料是否会引起过敏;房屋的设计是否合乎安全标准及其是否如图施工等,应属于其交易上之重要质量,在交易上也有共同的了解。故参与交易之人,就这些质量在交易上之重要性若有争执,交易上之共同经验,当也毫无疑问,可以提供肯定而明确的答案。

为法律事实之判断者,有时候基于自己之社会经验,有时候基于学习或探知他人之经验,而认知这些标准。这些标准帮助判断者为正确之判断,并在某种程度内确保法律适用之平等性、继续性及演进性。在此限度内,社会上的共同经验与法律规定具有类似的规范功能。学说上称这种共同的经验为经验法则。[1] 经验法则在法律事实之认定上应被遵守为实务[2]与学说[3]所肯认。经验法则之违反,构成上诉第三审之理由。[4] 唯经验法则仍非法律规定,其正确性仍系于与之相应之经验的继续存在。只要对其存在或其正确性因社会之变迁而值得怀疑,则法院便不得再引为认定事实的依据,而应对该事实重新进行规范上的评价,以探知其是否已演成新的共同经验。[5] 例如前述以斗作为米之零售上的交易单位,目前即使在台湾南部亦已不多见,而多改以斤或公斤为单位。又如红色二号之色素,在过去被认为系符合标准之食品添加物,但今日则因其有不利于健康的可能性已经由实验证明而被禁用。于是,昔日食物含有红色二号色素,依交易习惯不被认为具有瑕疵,而今当因社会经验对其

---

[1]　关于经验法则,详请参见骆永家:《民事诉讼法Ⅰ》,作者自刊,1976 年版,第 165 页;Rosenberg/Schwab, *Zivilprozeßrecht*, 12., Aufl. C.H. Beck 1977. S, 616ff., 625f.

[2]　"证据之证明力,固属于法院判断之自由,但不得违背经验法则,如证据之本身依照吾人日常生活经验所得之定则观察,尚非无疑窦时,则遽难采为判决之基础"(台湾地区"最高法院"1959 年台上字第 475 号刑事判例);"证据之证明力,虽得由法院以自由判断,然此项自由判断职权之行使,须不违背一般经验之法则"(台湾地区"最高法院"1960 年台上字第 1172 号刑事判例)。

[3]　骆永家:《民事诉讼法Ⅰ》,作者自刊,1976 年版,第 189 页:"心证之形成,应依论理法则或经验法则……","然而法院依鉴定或其他方法,仍未能探知法规及经验法则时,应对就适用此等法规或经验法则而得认定之事实负有举证责任之当事人,为不利益之判断("民事诉讼法"第 283 条参照)。但此时如客观上有此等法规及经验法则存在,法院未能发现而予适用时,则该判断为违法。"(同书第 232 页)姚瑞光:《民事诉讼法论》,作者自刊,1976 年版,第 268 页:"唯所谓自由心证,并非漫无标准,得随心所欲而为判断,仍须依经验法则为之。否则,即属违背法令。"王甲乙、杨建华、郑健才:《民事诉讼新论》,三民书局 1975 年版,第 595 页:"……法院依自由心证判断事实时,不遵经验定则,是又间接违背(法令)之例也。"

[4]　"证据力之强弱,法院固有自由判断之权,唯判断证据力如与经验法则有违,即属判决适用法则不当,自足为上诉之理由。"(1937 年之渝上字第 8 号刑事判例)姚瑞光:《民事诉讼法论》,作者自刊,1976 年版,第 268 页。王甲乙、杨建华、郑健才:《民事诉讼新论》,三民书局 1975 年版,第 595 页。Roseberg/Schwab, aaO.(Fn.50), S. 625f.唯骆永家先生则有所保留:"经验法则之认识或适用有错误时,以显著者为限,得以之为违背法令,而成为上诉第三审之理由"(前揭书第 165 页),"经验法则之显著违背,则为判决不备理由;均成为上诉第三审之理由("民诉法"第 469 条第 6 款参照)"(同书第 189 页)。

[5]　Larenz, aaO.(Fn.43), S. 273.

认识之变更,而被认为具有瑕疵。值得注意的是:违反标示义务之食品是否应论为有瑕疵("食品卫生管理法"第 17 条、"健康食品管理法"第 13 条)。

B.经立法解释加以形式化之社会经验

为了法的安定性之考虑,有时透过立法将社会经验制定为自然事实之法定的认定标准。规定这些标准的法律,具有立法解释的性质。例如日间与夜间的区分,就中午与午夜论,固不构成问题,但就破晓与黄昏论,便非毫无疑问。因此,立法者在"刑事诉讼法"第 100 条之 3 第 3 项规定:"称夜间者,为日出前,日没后。"本条规定,当系立法者鉴于日间与夜间之区别,会因为天气之阴晴、季节之变换、纬度之高低,而有困难,致引起争议,乃依社会经验,选取比较确定之时点,作为其区分之标准。至于日夜与夜间之区分在法律上的意义,由"刑事诉讼法"第 146 条第 1 项规定原则上禁止在夜间入于有人住居或看守之住宅或其他处所,进行搜索或扣押,即可明了。

就一件有体物究为动产或不动产之区分标准[①],"民法"亦已依据社会经验为立法解释。"民法"第 66 条第 1 项将不动产定义为"土地及其定着物"。依该条规定土地及其定着物分别是不动产的一种。所以,要认定什么是民法所称之不动产,应根据土地及其定着物之定义。这是采取定着物为独立于土地外之物体,从而得为特定物权之客体的见解导出的观点。[②] 然"民法"就土地并未作定义性的立法解释。倒是"土地法"第 1 条就土地之定义规定为:"本法所称土地,谓水陆及天然富源。"此外,"民法"就定着物亦未为定义。故在一件有体物究为动产或不动产的判断上,为了认定其是否为土地或定着物,并非单纯引用前开已形式化之社会经验所能解决,而尚待于引用尚未形式化之社会经验。

"民法"第 68 条第 1 项规定:"非主物之成分,常助主物之效用,而同属于一人者,为从物。但交易上有特别习惯者,依其习惯。"该条规定亦属立法解释之规定。唯由于该定义中所称之成分及常助主物之效用的意涵为何,尚待于社会经验之补充。是故,某物是否为他物之从物的认定,虽有该条项之规定,还是需要引用非形式化之社会经验作为其判断基础。此外,该条项但书之规定:"但交易上有特别习惯者,依其习惯。"更明示从物之认定,须以社会经验为基础。盖习惯为社会经验,应无疑义。

由于欲透过立法解释对其所解释之对象进行精确之定义,实际上有所不能。其结果,纵使在有立法解释的情形,所定义之法律事实在具体的案件是否存在,同样地,如前所述,常常还须依赖未经立法解释加以形式化的社会经验。

---

① 动产与不动产为法律上对物所做之重要的分类,其区分之重要性,可以从"民法物权编"针对其区别而分别加以规定见之。它们不但在取得时效而且在依法律行为而为取得时之方式的要求、先占的适用性、添附、用益物权(只有对不动产才有设定的可能性)、担保物权等物权法的规定上,皆被作不同的处遇。此外在债权法上也有一些规定,如租赁中之某些规定,系专对不动产而为规定("民法"第 422 条、第 425 条第 2 项、第 442 条、第 445 条、第 447 条、第 450 条第 3 项但书、第 457 条以下)。又"土地法"及"耕地三七五减租条例",更是专以不动产为其规范对象。

② 台湾地区"最高法院"1992 年台上字第 1074 号民事判决:"被上诉人利用该铁架石棉瓦棚筑造屋顶、天花板、墙壁,完成系争房屋,已足避风雨,而达经济上使用之目的,即属土地之定着物。被上诉人既为系争房屋之出资建造人,即取得其所有权。原铁架、石棉瓦已因附合而成为系争房屋之重要成分,依'民法'第 811 条规定,即无单独所有权之存在。"

2.以价值标准为判断基础

如前所述,在人类的共同生活中,就某些事物或过程的判断,并不一定皆已累积足够的经验,进而形成共同的意见,获致一致的见解。于是,在这种情形为法律事实之判断者,便不得不在规范的观点下斟酌存在于该事物或过程之特征,而自为评价。除此而外,为了将法律事实涵摄于法定的构成要件,法律的适用者也必须依由其首度具体化下来之必须加以补充的标准,判断系争事物或过程(法律事实)。在这种情形,判断者所为之判断一样地具有评价性。这种在将之适用到具体案件前必须评价地加以补充的标准,主要是需要评价地予以补充的概念、类型式概念以及一般条项。

需要评价地予以补充的概念,例如"恶意遗弃"("民法"第 1052 条第 5 款);"不得已之事由"(第 514 条之 5 第 1 项、第 537 条、第 592 条、第 598 条第 2 项、第 602 条第 2 项)、"重大事由"(第 489 条第 1 项、第 686 条第 3 项、第 706 条第 2 项)、"重大之影响"(第 218 条、第 418条)、"重要之争点"(第 738 条第 3 款)、"重大之损害原因"(第 217 条第 2 项)、"重大困难"(第 215 条)、"无关重要"(第 354 条第 1 项但书)、"必要之点"(第 153 条第 2 项)、"必要费用"(第 176 条第 1 项、第 375 条第 1 项、第 430 条、第 546 条第 1 项、第 954 条、第 957 条)、"交易上认为重要"(第 88 条第 2 项)、"不正当行为"(第 101 条)、"显失公平"("民事诉讼法"第 397 条第 1 项,"民法"第 74 条第 1 项、第 359 条但书)、"失其公平"("民法"第 572 条)等是。

类型式概念:任何用来指称借用分类构成之种类的用语,皆属于类型式概念。例如"民法"债编第二章各种之债规定之各种有名契约类型,以及物权编规定之各种物权类型。类型式概念固以有名契约或物权法规定之物权类型为其典型的适例,但类型式概念所指称者并不以此为限。由于类型式概念、不确定概念与需要评价予以补充之法律概念一样,皆不能以涵摄的方式操作[1],所以在这方面将其等同看待。[2]

一般条项,例如诚信原则("民法"第 148 条第 2 项、第 264 条第 2 项、第 571 条,"行政程序法"第 8 条)、加害的权利滥用(Schikaneverbot,"民法"第 148 条第 1 项)、公序良俗("民法"第 2 条、第 17 条第 2 项、第 72 条、第 184 条第 1 项后段)、情事变更原则("民法"第 65 条、第 227 条之 2,"民事诉讼法"第 397 条,"行政诉讼法"第 203 条,"信托法"第 16 条、第 38条)、差别待遇禁止原则("公平交易法"第 19 条第 2 款、"行政程序法"第 6 条)、比例原则("行政程序法"第 7 条)。此外,"行政程序法"第 4 条并一般规定:"行政行为应受法律及一般法律原则之拘束。"

在需要评价予以补充的法律概念、类型式概念及一般条项等之适用上,适用者须对之为评价的判断,始能将所拟据为判断之标准,针对系争法律事实,做足够程度的具体化,是没有

---

① Larenz,*Methodenlehre der Rechtswissenschaft*,6. Aufl.,München 1991,S. 303f.

② 关于类型式概念与需要评价予以补充之法律概念之相对关系的讨论,详请参阅 Detlef Leenen,*Typus und Rechtsfindung*,1971,§§4ff.

疑问的。例如在继续性契约[①],基于其继续性之特征,法律常常肯认当事人得以事后发生之重大或不得已事由作为终止或退出契约关系的事由("民法"第 489 条、第 686 条、第 598 条第 2 项、第 602 条第 2 项)。然何谓重大[②]或不得已事由[③],必须针对具体的法律事实所属之契约类型认定之。合伙人受禁治产之宣告显然被认为系关于退伙之当然的重大事由,故"民法"第 687 条第 1 项第 2 款规定在这种情形,合伙人因之而当然退伙,且不以开除或退伙之

---

① 不论是人的或物的劳务契约都具有继续性。其意义有二:契约目的之达成需要一定期间;其约定为有偿者,其报酬或租金通常按期间之长短计算。继续性契约之重要的类型:租赁契约与使用借贷契约、仓库契约与寄托契约、雇佣契约与劳动契约("劳动基准法")、委任契约与承揽契约及运送契约、交互计算契约(Kontokorrent)、出版契约、保险契约、专利实施权之特许契约(Lizenzvertrag)、合伙契约。以上这些契约类型的共同特征为:不管该契约关系是否定有期限,依该契约所发生之给付义务,必须具有持续性之给付义务的特征。所谓持续性之给付义务,系指与该契约之存续期间相始终的给付义务,从而时间之长度对给付之内容与范围有决定性,且给付义务随时间之经过而陆续履行。是故,这种给付义务不可能通过一次之给付而完全履行。唯其履行方式并不限于继续不断(例如不作为、容认),它也可以是间歇的(例如因消费借贷所生之利息、因租赁契约所生之租金、因劳动契约而提供之劳务)。自始定量,但分期之契约非继续性契约。按继续性契约,或者以一个继续之行为,或者以一个间歇,但再现之各个给付为其内容,故在一个以一次性给付为其内容之契约,纵使该给付义务之履行必须继续一段较长的时间,也不因而使该契约被定性为继续性契约。例如巨量谷物之买卖契约或农工原料、零组件之长期供应契约。此外,纵使给付义务之履行的结果,例如物之交付所造成之占有的状态,依其性质将持续一段时间,亦不使以物之交付为内容的契约具有继续性。例如买卖并不因出卖人负有物之交付的义务("民法"第 348 条第 1 项),且买受人因其交付而得继续地占有买卖目标物,而具有继续性。盖买受人所以得因交付而继续占有并使用收益买卖目标物,或甚至取得其所有权,全因出卖人将买卖目标物卖断与买受人的缘故。而卖断之性质具有一次性。反之,承租人所以得因交付而继续占有并使用收益租赁物,全因出租人在租赁关系存续中有容认承租人占有租赁物,并保持其合于约定使用收益状态("民法"第 423 条)之义务的缘故。这种容认义务与保持义务,与租赁契约之存续期间相始终。故租赁契约具有继续性。关于继续性契约,详请参见 Esser, *Schuldrecht*, 2. Aufl. 1960, § 20;Larenz, *Lehrbuch des Schuldrechts*, AT, 10. Aufl. S. 25ff.

② 台湾地区"最高法院"1965 年台上字第 316 号民事判决:"双方间原属雇佣关系,在受雇人即上诉人一方,须依约为雇用人即被上诉人服守卫之劳务,并不得兼任他职致影响其守卫工作。乃上诉人兼在台湾省警察学校充司号警士,致在被上诉人医院工作不力,不适任守卫职务,自系违背契约有重大事由,依'民法'第 489 条第 1 项之规定,其雇佣契约纵定有期限,仍得于期限届满前终止之。"

③ 台湾地区"最高法院"1981 年台上字第 3095 号民事判决:"寄托契约未定返还期限者,受寄人得随时返还寄托物。定有返还期限者,受寄人非有不得已之事由,不得于期限届满前返还寄托物,'民法'第 598 条著有明文,所谓不得已之事由为何?法律既无明定,自应本乎诚实信用原则,斟酌双方当事人一切情事而定。本件上诉人在第一审主张:原告(指上诉人)现因将届成年,结婚在途,亟须修缮后使用该屋,唯因被告(指被上诉人)所有附表之物搁存该处,无法他移致难着手云云,如果属实,则上诉人自得于期限前为寄托物之返还。"该寄托契约如为有偿契约,纵使认为在上述情形,受托人得以有不得已之事由为理由终止契约,对于寄托人亦应有合理之补偿。此为有偿继续性契约之终止应遵守的一般原则。唯现行"民法"对此原则显有忽略,以致对于终止,充其量仅规定相对人得请求损害赔偿,而不得请求损益相抵后之约定给付("民法"第 489 条第 2 项、第 511 条、第 549 条)。值得注意者为,任意终止之损害大于约定给付之履行利益时,约定给付之履行利益是否构成其损害赔偿额的上限数额。就实务而论,在继续性契约,终止事由及其效力一直是关系双方重大利益的事项,必须妥为约定。最容易踏入的陷阱为约定:"契约因可归责于甲方之终止事由而终止时,甲方应对乙方负损害赔偿责任;因其他事由终止时,乙方应对甲方负损害赔偿责任。"该约定看似公平,其实不然。盖依该约定,乙方除应就可归责于乙方之终止事由的终止负损害赔偿责任外,还应就因不可归责于双方之终止事由的终止,负损害赔偿责任。

声明为必要。反之,出租人受禁治产宣告并不必然得被引为重大事由以终止租赁关系。固然受禁治产宣告对被宣告者及其法律关系之相对人常常构成重要的意义。但不管在合伙或租赁的情形,似乎不宜一概地肯定或否定其为终止事由。盖合伙人固有参与共同事业之经营的权利("民法"第 671 条第 1 项)与义务(第 671 条第 2 项及第 674 条),但合伙人全体亦得通过特约只由合伙人中之一部分人执行合伙事务。至于合伙事务之监督则仅具权利之性质。要之,参与合伙事务之执行非可一概认定为必要,仍视当事人之具体约定如何定之。基于这个了解,无行为能力者便不当然一概地欠缺作为合伙人的资格。因此,以合伙人事后受监护之宣告为理由,规定其当然退伙("民法"第 687 条第 1 项第 2 款),而全然不考虑其他合伙人及被宣告禁治产者之法定代理人的意思,便有商榷余地。因为租赁关系之属人性比合伙关系低,所以这在租赁的情形更不待言。鉴于继续性契约是否应因一定重大事由之发生而当然终止,难有一般的定论,关于继续性契约之终止事由,即使法律为杜争执欲予明文规定,也不宜连其行使也并予越俎代庖,而应留给当事人自治的余地。"民法"第 686 条第 3 项规定之重大事由所指为何,法无具体规定,尚待于依诚信原则斟酌交易习惯与具体情况,视系争继续性契约之继续对当事人之一方是否构成过苛(die Unzumutbarkeit)的要求而定。[①]其认定必须斟酌,是否因重大事由的发生而动摇当事人间的信赖基础,以及如为约定之给付对债务人是否构成不能预见之太沉重的负担[②]等具体情况。与"民法"第 74 条第 1 项规定之减轻给付,第 194 条及第 195 条第 1 项规定之非财产上损害的酌定,第 218 条规定之因赔偿义务人生计关系之减赔偿金额,以及第 252 条关于过高违约金之酌定等一样,这些判断皆有待于法院在各个具体案件中衡平判断。这些判断当然以一定之价值观点或标准为其基础。这里面自然也牵涉到互相冲突之利益间的权衡问题(Güterabwägung),盖审判或仲裁的特征在利益的权衡与规范目的的实现,而价值(Wert)则为在这些程序(Prozeß)中所据为

---

① Larenz,aaO.(Fn.43),3. Aufl. S. 273f.

② 这里牵涉情事变更、法律行为基础丧失(der Wegfall der Geschäftsgrundlage)或牺牲极限(Opfergrenze)的问题。过去,称情事变更为情势变迁,但情势变迁目前已不再为现行法使用。此外,其在民事法上之规定的重心,亦从民事诉讼法移动至实体法。例如"民法"第 227 条之 2 规定:"契约成立后,情事变更,非当时所得预料,而依其原有效果显失公平者,当事人得声请法院增、减其给付或变更其他原有之效果(第 1 项)。前项规定,于非因契约所发生之债,准用之(第 2 项)。"而"民事诉讼法"第 397 条则一改原来之"法院得依职权调整当事人间之给付或其他法律效力的事由"变成:"确定判决之内容如尚未实现,而因言词辩论终结后之情事变更,依其情形显失公平者,当事人得更行起诉,请求变更原判决之给付或其他原有效果。但以不得依其他法定程序请求救济者为限(第 1 项)。前项规定,于和解、调解或其他与确定判决有同一效力者准用之(第 2 项)。"从此,情事变更已不再是法院得依职权积极介入的事由。情事变更、法律行为基础丧失及牺牲极限对债务人之给付义务之影响的考虑,主要以诚信原则为其规范基础。其调整的结果自然对契约严守原则构成限制。法律行为基础丧失的理论与实务在德国的发展已至构成要件化的阶段。至于牺牲极限理论则尚在具体化的过程中。已有之明文规定,例如修补瑕疵所需费用过巨(第 493 条第 3 项)、回复原状显有重大困难(第 215 条)。牺牲极限在学说上与实务上常以"经济上不能"称之,但因究其性质,它与给付不能究竟不同,且规范基础亦异,故仍以避免用"经济上不能"指称"牺牲极限"为妥。关于这个问题的详细讨论,请参见 Fikentscher/ Heinemann, *Schuldrecht*, 10. Aufl., Berlin 2006, Rn. 398f; Larenz, *Lehrbuch des Schuldrechts*, Bd. I, 11. Aufl. München 1976, S. 262; Esser, *Schuldrecht*, 2. Aufl. C′. F. Müller 1960, §34. 9; Flume, *Allgemeiner Teil des Bürgerlichen Rechts*, Bd. II, Das Rechtsgeschäft, 2., Aufl. 1975, S. 508ff. 黄茂荣:《债法总论(第二册)》,植根法学丛书编辑室 2010 年版,第 437 页以下。

评价的标准。在此意义下所谓价值不过是:在规范上应予保护之价值或利益发生冲突时,引为处理依据之共认的评价标准。这些价值标准有时也涉及当代所肯认的社会道德标准,例如善良风俗("民法"第72条、第184条第1项后段)及诚实信用原则(第148条第2项)。但这并不意味着现行法已舍弃法律规范与道德规范间的区别。①

道德规范之引用一直还是必须有法律规定之明文的引介,并以摸索的方式逐案(kasuistisch)演进。固然一般条项(例如诚信原则)或其他为法规范所肯认的价值标准或法律原则(例如衡平原则、比例原则)皆不能被清楚地定义出来,但它们却可能通过个案慢慢地厘清。在其逐案摸索中,凝聚了一些可贵的下位原则(牺牲极限),或甚至进一步针对某些案型的处理达到了将其构成要件化的地步。例如信赖的保护("民法"第107条、第557条、第169条、第298条),缔约双方应关注对方的利益(例如第245条之1:缔约上过失责任),又不管在契约当事人间,或在加害人与被害人间,其利益之权衡应符合衡平的标准("民法"第215条、第217条、第218条、第220条第2项、第252条)。这些例子在在显示:由诚信原则等一般条项固然不得直接引为权利义务之发生依据,而只可引为如何履行义务或行使权利的方法,但一再地尝试通过一般条项比较公平地处理个案,却也丰富并相对精确了原本极不确定之一般条项的内容。

当然,法院之裁判数据的公布如果不够积极,会使逐案摸索演进的过程相应地受到抑制,造成法律文化之演进上的重大损失。盖法官的裁判或造法虽无所谓接受民意的监督,但其裁判或造法活动还是应该接受公评。在选举民主之民粹化倾向的威胁下,具备专业知识及专业良心的司法工作成为唯一可能不被选举裹挟的中流砥柱与防线。该砥柱与防线一旦坍塌或溃决,公平正义要再见天日全体同胞将需要付出相当的折磨。为使法院的裁判或造法能够最贴近于公平正义的要求,裁判书的公布应是最为省钱省力的手段。如果不公布,一方面法院在裁判时难免欺于暗室;另一方面因欠缺外部督促,也难以在逐案摸索的过程中获得必要深度与广度之正反意见的回馈,以进一步醇化其价值标准,使臻于共认而公平的地步。不管如何,只要不为恣意所污染,逐案摸索必能导出归纳的能力,使法律文化向前推进。其理由在:比较异同,然后进行类型化显然是一个由任何程度都能够开始,而且不至于陷入神秘或权威的努力。在类型化的过程中,它一方面确保了平等原则的贯彻,并进而提供其调整上的必要数据与考虑。它不但能够协助检查公平正义之实施的情形,也可以检证由公平正义所导出之原则是否由于恣意或设计的错误而扭曲了公平正义的精神或要求,以进而提供更有效地将公平正义普及于大众的途径。固然世事如局,局局新。天下几乎没有两个或甚至不可能有两个个案完全相同。但如是强调案件个性,在规范上是极端而且过分的。在规范上重要之点的角度下,对个案可以作规范上容许之适度的抽象观察。经此抽象化后,便有足够具有相同特征之案子可以被类型化。当然随着社会的变迁,常常会有新事物出现。当它第一次出现,或引起规范上的问题时,必然会引起归类上的困难。此际,固意味着一个新的摸索的开始。不过,却不意味着恣意的容许。盖基于社会变迁之继往开来的必然性,它不可能与旧事物完全脱节,旧事物一直构成新事物之发生的条件。因此,这种新事物的处理固然不是驾轻就熟,但也不是全无脉络可循。进步国家的经验以及秉公的判决显示:即使就

---

① 现行法明文以道德为构成要件要素者,例如"民法"第180条第1款、第408条第2项、第1020条之1、第1030条之3。

这种案子所作之裁判也常能附以适当的理由。所谓附以理由系指"通过可以被理解之权衡，依现行法正当化所作的判决。纵使法院不能一直圆满地达成此任务，但忠于职守的法官，仍应尽力而为"①。在该努力的过程中，扪心无愧并不是绝对的标准。鉴于法律上的判断以裁判众人之事为其特点，它自始必须以共认的标准作基础。所以纵使怀有可鉴天地的好意，也应抱持愿与同胞虚心讨论，愿对同胞耐心说服的职志。如是方能使自己的好意转为公众的共同信念，和谐滋润着自己所热爱服务的地方。

在这种了解下，那种趁着价值标准不够精确具体的弱点，而认为价值判断是纯主观而不能验证的观点或立场，便应予以坚决反对。固然感情用事的价值判断在日常生活中屡见不鲜，或占了绝大部分，且在议会或法院也不必能使之绝迹。但法律人应切记，法务工作的任务在客观化规范上的价值判断。申言之，他应依共认的价值标准作客观的价值判断。同时这些共认的标准必须是可以验证，而且为既存之规范模式（Regelungsmuster）所支持，而不该仅仅是政策上之合目的性的偶然考虑的结果。如是庶几可以避免将法规范当成僵化而不可变迁的当为要求，且能在不断追求法规范之完美的努力中，通过共认（Konsens）形成共同的意见，并将之和谐地、不矛盾地融入民族的规范观中。为了使审判或仲裁具备这种功能，审判或仲裁人员就其裁判或判断自应附以足以让第三人验证其裁判或判断之正确性的理由。②

（二）法院所享有之判断余地

关于法律的解释，其由行政机关为之者称为行政解释。不但基于司法机关紧接于立法机关，对于法规之具体化的候补优先权，司法解释的效力原则上优于行政解释，而且基于国家权力区分，行政解释是否抵触其所解释之法律的意旨，或是否抵触宪法，原则上皆应受司法审查之制约。倒是立法机关就特定法律规定或其构成要件之解释，如授与该管行政机关判断余地，则正像经立法机关授权行政机关制定之法规命令，其解释在授权范围内，对于司法机关有拘束力。

判断余地（（）Beurteilungsspielraum）是由行政法导引出来的概念。近代行政法学或行政法实务在关于行政裁量（Ermessen）与不确定法律概念（unbestimmter Rechtsbegriff）的讨论上③，渐有判断余地的观点被提出，认为就存在于构成要件（Tatbestand）中之不确定的法律概念之解释，有时立法机关得例外地授与行政机关判断余地。④ 在这种情形，司法机关仅得审查其授权之有无，以及其解释有无逾越授权范围或滥用权限，欠缺合法性的情形。从而认为，在此种情形，只要行政机关所持见解，尚在其判断余地之范围内，则法院对之不得审

---

① Larenz, *Methodenlehre der Rechtswissenschaft*, 6. Aufl., München 1991, S. 293.

② 余详请参见 Esser, *Vorverständnis und Methodenwahl in der Rechtsfindung*, Athenäum 1970, S. 159ff; Larenz, *Methodenlehre der Rechtswissenschaft*, 6. Aufl., München 1991, S. 288ff.

③ 关于裁量与不确定概念，请参见 Forsthoff, *Lehrbuch des Verwaltungsrechts*, 10. Aufl., München 1973, S. 84ff.

④ Forsthoff, *Lehrbuch des Verwaltungsrechts*, 10. Aufl., München 1973, S. 90 Anm. 1; Jesch, *Gesetz und Verwaltung*, Tübingen 1968, S. 225; Wolff, Bachof, Stober, *Verwaltungsrecht* I, 10. Aufl., München 1994, § 31 Rn. 14ff.

查,应受其拘束。① 在实务上引起问题的是:不像法规命令之制定的授权,有比较成熟之授权的程序要求:除应经立法机关在法律中就其授权目的、范围及内容明确规定(授权明确性原则)外,经授权之行政机关在其基于该授权制定之法规命令中,并应明定其被授权之规范依据。此为经释字第 380 号解释,继受自《德国基本法》第 80 条的法制要求。唯在继受中,就应在哪里为何种程度之明确授权及法规性命令得规定之事项(法律保留事项),放宽性地打了一些折扣。② 关于行政机关在行政法之解释上之判断余地应如何授与,法律及司法事务主管部门之"释宪"解释皆无明文规定。③ "最高行政法院"判决个别有倾向于"由司法机关依个案事实为判断"的看法。④

这种意义之判断余地在权力区分的原则下,就立法机关对行政机关之授权的许可,以及司法权对行政权之行使的监督之限界的判定固有意义。但对法院是否亦享有所谓之判断余地,则不带有积极性的意义。固然法规范中有许多待于评价地加以补充之概念,也有许多待于具体化的价值标准。这些概念的补充或价值标准的具体化皆有待于法院去从事。但这并不即意味着法院在这里享有如何判断皆为适法的权限。正像立法机关之立法权(即价值标准之具体化上的优先权)的行使,司法权(即价值标准之候补的具体化权限)的行使也受到其功能或任务的制约。⑤ 在此了解下,它们具体化下来之规范的正确性都只是在制度下被假定为正确。换言之,对其正确性一直是有保留的。此由对确定判决,可以据违背法令为理由,提起非常上诉(刑事判决)或再审(民事判决)⑥,获得印证。所以在构成要件之解释上主张法院之判断余地⑦,显然是对法院在这里所扮演之功能的误解。盖法院在这里所扮演者为具体化不确定的法律概念或价值标准的角色。在这种具体化的努力中,法院并不享有像行政机关从事行政裁量时那种裁量的余地(亦即在许可范围内不管作何选择,皆为适法)。法院为对涉及之价值疑问,提出一个和规范目的最为吻合的答案,其具体化活动一直受到规范目的,及正拟适用之规定中之利益权衡考虑的拘束。欲管理法院在这里是否克尽其职,平等原则地引用常能提供最有效果的帮助,盖不平等地处理常常是恣意之存在的最好见证。此外,平等原则之贯彻,也使法院是否在不确定的法律概念或价值标准的具体化上被赋与判

---

① 关于不确定法律概念,判断余地以及行政裁量有关的讨论及详细文献的引证,详请参见翁岳生:《行政法与现代法治国家》,作者自刊,1976 年版,第 37 页以下。

② 参见释字第 380 号解释。

③ 参见释字第 553 号、第 627 号解释。

④ "最高行政法院"2016 年判字第 54 号判决:"基于权力分立原则,行政主管机关就所司事务有发布行政函释之权限,于具体事件亦有裁量及判断权限,司法机关固须尊重,然非不得审查,况究属具体个案事实构成要件之认定,抑或属行政机关之裁量及判断余地,亦应由司法机关依个案事实为判断。"

⑤ 关于宪法之具体化的立法权优先及司法权的候补性,请参见 Detlef Christoph Göldner, *Verfassungsprinzip und Privatrechtsnorm in der verfassungskonformen Auslegung und Rechtsfortbildung*, Berlin 1969,S.201ff.

⑥ 就民事判决,迟误不变期间,固不得提起再审("民事诉讼法"第 500 条),但这只是基于法的安定性之考虑,并不意味已不保留地承认系争判决不违背法令。

⑦ Larenz 在这里显然以法院享有判断余地来说明由不确定概念所引起之具体化上的问题。参照氏著 Larenz, *Methodenlehre der Rechtswissenschaft*, 6. Aufl., München 1991, S. 293ff.

断余地的疑问,变成了无意义。① 盖只要其判断不是第一次它便至少受有来自平等原则的拘束。而且纵使其判断是第一次,它也应合宜地斟酌法规范所肯认的法益及价值。是故不确定的法律概念或价值标准在构成要件中的引用并不意味着判断余地的赋与,而系意味着:"在裁判中,法院不只适用各种标准,而且还自作一些价值判断,这些价值判断使得那些标准富有意义,也使得那些标准因而在变迁中更形精密。"②固然在评价因素的引用下,使裁判者取得表示自己的,即主观的判断意见之机会,但这并不意味着,此际其判断可以不受公认标准的验证。当然有时由于公认标准的欠缺或不够精确,而使检证发生困难,但纵使在这种情形,也只是赋与裁判者具体化不够精确之价值标准的权限,其具体化之结果是否正确仍在公评之列。换言之,纵使在这种情形,法院所享有者亦与行政法上所称行政机关享有之裁量余地或判断余地不同。"法院在需要补充之标准之具体化的程序中,其对于个案之裁判有示范性的效力,从而有助于约束往后之判断余地的幅度。反之,在行政裁量之情形,其裁量不具有此种效力。不过,可理解的是:由禁止恣意之平等原则至一定程度,在此也可导出行政应受其持续之实务的拘束。"③有时裁量余地之赋与系于含有不确定概念之要件,在这种情形,当肯定其要件成立时,其据此授与之裁量余地的范围,不大于该不确定概念之判断余地,其是否逾越,司法机关得为审查。④

　　假若肯定司法机关之判断余地的存在,则其赋与的情形主要在于:(1)针对个案必须予以补充之价值标准的具体化;(2)在个案法律事实所属类型的归类,以及(3)过渡性过程(gleitende Übergänge)之分界。属于待补充之价值标准,例如诚信原则("民法"第 148 条第 2 项)、公序良俗(第 72 条);属于类型者,除买卖与赠与、租赁与使用借贷、委任与承揽或雇佣、消费借贷等各种有名契约外,又如占有人与占有辅助人、债务人之代理人与使用人或受雇人等是;属于过渡性过程者如日间与夜间、成年人与未成年人、轻过失与重大过失。关于过渡性过程,法律常常利用具体的数量给予人为地分界,例如满 20 岁为成年人("民法"第 12 条)、大船与小船("船舶法"第 1 条第 3 款规定,小船:谓总吨位未满 50 吨之非动力船舶,或总吨位未满 20 吨之动力船舶)⑤,利用上述数据性的分界方法,将过渡性过程所构成之不确定构成要件要素相对地确定下来。于是,法院对之也便相应地不再享有判断余地。

　　假设这里所称之判断余地指的是:事实审法院之裁判是否受第三审之审查的问题,亦即当事人是否得以系争之判断的错误据为上诉第三审的理由,则判断余地倒是可以引来描述一些例外案例。在这些案例中,其关于法律问题的判断,例外地不得引为上诉第三审的

---

　　① 详请参见 Esser, *Vorverständnis und Methodenwahl in der Rechtsfindung*, Athenäum 1970, S. 62ff.

　　② Esser, aaO.(Fn.76), S. 63.

　　③ Larenz, aaO(Fn.75), S.296.

　　④ Larenz, aaO(Fn.75), S.296.

　　⑤ "环境音量标准"第 2 条第 3 款、第 8 款规定:"三、高速铁路:指以轨道或于轨道上空架设电线供动力车辆行驶及其有关之设施,其最高时速 200 公里以上者。……八、时段区分:(一)早:指上午五时至上午七时前。(二)晚:指晚上八时至晚上十时前。(三)日间:指上午七时至晚上八时前。"该两款规定对于过渡性过程也利用数值给予定义。因其系由行政机关所为,其规定已涉及判断余地的问题。该标准之制定依据为"噪音管制法施行细则"第 10 条第 2 项,而非"噪音管制法",其授权依据是否妥当,值得检讨。

理由。[①]

三、法律行为

（一）法律行为在规范上之地位

法律行为在规范上之地位分别以法律事实的身份，以及法律规范的态样之一出现，兹分述之：

1.法律行为之法律事实的性格

法律行为之法律事实的性格比较清楚地表现在因法律行为之无效或被撤销而引起损害赔偿责任（"民法"第113条、第114条）的案型。在这些案型中，无效或不成立的法律行为显然只构成该损害赔偿责任所据以发生之法律事实，而非构成其所据以发生之规范基础（Rechtsgrundlage）。纵使在有效的法律行为之情形，法律行为也常构成其自身是否应受某一法律规定之适用的前提，成为该法律之构成要件所规范的对象。换言之，该法律行为具有该构成要件所规范之法律事实的性格，例如一个契约若被定性为不动产租赁契约，则该契约便因而受"民法"第422条、第425条第2项关于要式规定的规范。另任意规定之适用，也显然以法律行为有效作为前提。

在此观点下，该法律行为也构成适用任意规定所必须之前置的法律事实。唯就法律行为与该等任意规定间在这里之关系并不是没有争论的。有人可能基于任意规定对法律行为之补充性的观点，认为该任意规定在这里构成该法律行为的一部分，就好像其当事人曾经就该任意规定所规定的内容为相同之约定一般。在此了解下，该任意规定与其所补充之法律行为被"拟制地"合二为一。因此，也不认为该法律行为是该任意规定所规范之法律事实。固然任意规定之引用，在规范结构上常被认为是对法律行为之补充，亦即它是属于法律行为上之漏洞的补充；但究诸实际，对当事人而言，任意规定与强制规定的区别常常仅止于当事人是否得通过特约或片面的意思表示排除其适用而已。当其未被明示地排除时，当事人在为法律行为时根本是否曾想到那些任意规定，一直是有疑问的。这正像法律漏洞之有"无认知的漏洞"[②]的情形一般。所以在这里，任意规定之适用与强制规定之适用，同样地系以一个法律行为之被定性为某一类型之法律行为作为其前提，从而该法律行为在此所扮演者，比较多的是该等任意规定所规范之法律事实的角色；至于把这些任意规定通过法律行为之漏洞的补充的观点看成是该法律行为之一部分，则多少像补充的契约解释（ergänzende Vertragsauslegung）一样具有拟制的作用，将公权力机关认为适当的规定拟制为契约内容的一部分。

---

① Henke, *Die Tatfrage*, 1966, S. 189.

② 关于无认知的漏洞，请参见本书第六章之三（二）。

2.法律行为之法律规范的性格

在规范上有意义之法律事实中以那些包含着意思表示之法律事实最为突出。基于私法自治原则之肯认,在法律所许可之范围内,意思表示本身也直接指定(约定)其法效意思所意指的法律效力,从而带有法律规范的特征,因而也被肯认为法律规范的一种态样。在私法自治原则下,法律行为与法律共同规范着人们之私法生活。唯法律行为所具有之前述的规范性格常常容易被忽略,以致认为出卖人所以得对买受人请求支付价金系基于"民法"第367条规定"买受人对于出卖人有交付约定价金……之义务";而非基于当事人间关于买卖之合意。法律行为之这种规范性格表现出:意思表示不仅在表达某一特定的意见或企图,依其意旨,它还是决定法律效力之意思(法效意思)的行为。要之,在法律行为这种法律事实中已经包含了其所欲指定的法律效力。

当法律行为以法律规范之一的地位出现时,它当然必须被纳入法规范体系,从而也引出法律行为在法律规范体系中之位阶的问题。亦即到底法律行为应优先于法律被适用或法律应优先于法律行为被适用之问题。关于这一问题的答案并不能一概而论。它们相互间在"法律竞合"意义下的关系,首先在强制规定与任意规定的分类上表现出来。申言之,系争的法律规定如果属于强制规定,则就该强制规定所定事项,当事人所作之相反的约定无效("民法"第71条、第988条)、得撤销("民法"第74条、第989条至第997条)、不生效力("民法"第758条)、不得对抗善意第三人("动产担保交易法"第5条、"著作权法"第14条)、使债权人就违反部分不享有请求权("民法"第205条)、使债务人取得法定终止权("民法"第204条)①,或其契约内容会被强制地予以修正(例如"民法"第422条、"耕地三七五减租条例"第5条)。反之,系争的法律规定如果属于任意规定,则当事人原则上得通过合意或片面地排除其适用性,例如"民法"第224条:"债务人之代理人或使用人,关于债之履行有故意或过失时,债务人应与自己之故意与过失,负同一责任。但当事人另有订定者,不在此限。"第320

---

① "民法"第204条规定:"约定利率逾周年12%者,经一年后,债务人得随时清偿原本。但须于一个月前预告债权人(第1项)。前项清偿之权利,不得以契约除去或限制之(第2项)。"第2项明示该条第1项为强制规定。"民法"常常以当事人不得以特约除去或限制之方式表明系争规定之强制性,如"民法"第16条:"权利能力及行为能力,不得抛弃。"第17条第1项:"自由不得抛弃。"第147条:"时效期间,不得以法律行为加长或减短之,并不得预先抛弃时效之利益。"第222条:"故意或重大过失之责任,不得预先免除。"第424条:"租赁物为房屋或其他供居住之处所者,如有瑕疵,危及承租人或其同居人之安全或健康时,承租人虽于订约时已知其瑕疵,或已抛弃其终止契约之权利,仍得终止契约。"第609条:"以揭示限制或免除前三条所定主人之责任者,其揭示无效。"这是强制规定之最清楚的表现方式(Larenz, *Allgemeiner Teil des deutschen Bürgerlichen Rechts*, 1., Aufl., S. 26)。但这并不意味着没有这种当事人不得以特约除去或限制之规定的法律规定便是任意规定。只是在这种情形有时容易引起系争规定究竟为强制规定或任意规定之争执而已。像债法上之有名契约类型的适用或避免是否构成类型强制(Typenszwang)即适例。例如:甲与乙合意由甲提供土地给乙建筑公寓,分售与第三人丙、丁、戊等,并容认乙在广告上为自地自建之宣示,则相对于丙、丁、戊等购买人,及乙向之购买建材或定作营造之厂商,甲乙之关系是否必须强制地定性为合伙便不无疑义。此外,在这种案型,于甲乙之间或乙与丙、丁、戊之间,法院在契约类型之认定,也常不拘泥于甲与乙,或乙与丙、丁、戊使用来称呼其契约类型之文字。这种争执通常以意思表示或契约之解释的态样出现,从而在当事人真意之探求的过程中,使隐藏之类型强制或系争规定是否为强制规定的争执,隐而不彰。详细的具体例子请参见黄茂荣:《民法总则》,植根法学丛书编辑室1979年版,第358页以下。

条:"因清偿债务而对于债权人负担新债务者,除当事人另有意思表示外,若新债务不履行时,其旧债务仍不消灭。"第346条第2项:"价金约定依市价者,视为目标物清偿时清偿地之市价。但契约另有订定者,不在此限。"第322条:"清偿人不为前条之指定者,依左(下)列之规定,定其应抵充之债务……"

近来由于通过一般契约约款排除任意规定之约定的过度使用,使得任意规定之正法的性格再度被提出检讨,而怀疑:任意规定是否真可漫无限制地,任由定型化契约之起草的一方排除之。盖一方面任意规定中所规定者,通常还是属于比较公正照顾双方利益的规定,不适当被有计划地全盘排除其适用。另一方面在定型化契约的情形,当事人所考虑者已非针对系争个案具体情况之规范需要,而具有一般性。因此,其排除不得违反个案之衡平的要求。① 反之,在非定型化契约的情形,当事人所考虑者究竟还是针对系争个案的具体情况,故只要两相情愿,也就不必予以干涉。不过,鉴于任意规定之排除约定的浮滥,学说上甚至有人认为,任意规定之排除只得在从个案之事务或利益的情况能正当化其排除的情形,始得为之。该见解,对非定型化契约而论,可能又已矫枉过正。② 盖依"民法"第74条,也只有在"法律行为,系乘他人之急迫、轻率或无经验,使其为财产上之给付或为给付之约定,依当时情形显失公平者,法院(始)得因利害关系人之声请,撤销其法律行为或减轻其给付"。

(二)法律行为的解释

由于语言上或传播工具上的障碍,使得法律行为与法律一样;一般常常需要通过解释来认定其意旨。这是本来意义之法律行为的解释。此外,由于当事人缔约时之思虑不周,或由于缔约后之情事的变更,也常常使法律行为相对于在缔约时未被考虑到的情况,或缔约后之情事变更而带有漏洞。这种法律行为上的漏洞与法律漏洞一样,必须予以补充。法律行为之漏洞的补充与法律漏洞之补充同样构成法律行为之解释的延长。然大部分的情形是,人们都习惯于将法律行为的补充看成是法律行为的解释。此或由于法律行为之带有法律事实的性格使然。盖由于该性格使法律行为的补充带有法律解释的样态:例如有关任意规定之

---

① 为防止事业利用其市场优势地位,以定型化契约从事不公平交易,"消费者保护法"第12条第1项规定:"定型化契约中之条款违反诚信原则,对消费者显失公平者,无效。"此外,并在第17条规定:"'中央'主管机关得选择特定行业,公告规定其定型化契约应记载或不得记载之事项(第1项)。违反前项公告之定型化契约,其定型化契约条款无效。该定型化契约之效力,依前条规定定之(第2项)。企业经营者使用定型化契约者,主管机关得随时派员查核(第3项)。"此为对于定型化契约之行政管制。就行政管制之效率及不正商务活动之公共监督而论,第3项的规定虽然立意良善,但不容易经济地发生作用。比较好的规范方式是:"企业经营者使用定型化契约者,应在第一次使用前,将该定型化契约约款在主管机关指定之网站上网公告。主管机关得随时派员查核。"

② Larenz, aaO.(Fn.83), S. 27.

引用。然基于法律行为之规范性格，纵使在有情事变更的情形①，要通过公权力对于法律行为之内容给予事后的介入，也是比较保留的，例如"民法"第227条之2第1项规定："契约成立后，情事变更，非当时所得预料，而依其原有效果显失公平者，当事人得声请法院增、减其给付或变更其他原有之效果。"

基于契约自由原则，法律行为的解释当以探求当事人之真意为其目标，此并为"民法"第98条所肯认。由该条规定："解释意思表示，应探求当事人之真意，不得拘泥于所用之辞句"观之，"民法"对法律行为之解释虽看似采主观说，即以探求表意人之意思为目标；不过，究其实际，除在当事人双方对于系争意思表示的内容有相同了解，而且无类型强制的情形下，才以当事人双方事实上所了解者为准外，通过"民法"第98条所探求之当事人的真意，并非表意人事实上所怀之意思，也非相对人就该表示行为事实上所了解之意思，而是由该表示行为，参酌该意思表示之过程中的附随情况所能以及应该被了解之规范上之表示意义（normative Erklärungsbedeutung）。该规范上之表示意义以受意人之理解水平为准。所以在法律行为之解释上，解释者应设身处地，由受益者之情境出发，考虑在表示到达时，其所知或当知之附随情况，以及其与表意人过去相关之交易关系或所属交易圈之语境与交易习惯。② 此即规范效力说（Geltungstheorie）。

正因以规范效力说为准，决定意思表示应发生之效力的内容，所以认为其解释之结果并不需要与表意人事实上所怀者相同，也不需要与相对人事实上所了解者，互相一致。至于通过规范上之解释所得之当事人的意思，若与表意人事实上所持之意思，或与相对人事实上所了解之意思相违，则其所涉及者属于"民法"第88条所定之错误的问题，应依该条及相关规定处理之。然因表意人得以其意思表示有错误为理由，依第88条第1项撤销其意思表示，所以，还可认为意思说（Willenstheorie）至少有消极的规范效力：阻止规范效力说所积极决定之意思表示的内容发生效力。不过，表意人以意思表示有错误为理由撤销其意思表示者，除非受害人明知或可得而知有该撤销原因，表意人对于信其意思表示为有效而受损害之相对人或第三人，应负赔偿责任（"民法"第91条）。

在意思表示之规范意义的探求上，前述应考虑的附随情况主要系指：一般的语言习惯、当事人及系争法律行为所属行业之特别的语言习惯及交易习惯、双方已有之业务上的来往或为系争法律行为已做之表示或磋商。在前述附随情况之斟酌上，除了必须受诚信原则之拘束外，也须考虑到当事人双方可以被认知之缔约目的；盖整体考虑相关的情况而不可断章取义，亦即体系因素与目的因素（缔约目的）的考虑，为准确把握多义性的语言或其他表示行为之比较有效的方法。当然在这些相关情况之考虑时，还存有到底所考虑者应为表意人

---

① 关于缔约上基础的变更所引起的问题，请参见 Larenz, *Geschäftsgrundlage, und Vertragserfüllung*, 3.Aufl; Fikentscher, *Die Geschäftsgrundlage als Frage des Ertragsrisikos*, 1971; Goltz, *Motivirrtum und Geschäftsgrundlage im Schuldvertrag*, 1973；黄茂荣：《债法总论（第二册）》，植根法学丛书编辑室2004年版，第423页以下。在契约实务上几乎件件引起情事变更之对价调整纠纷者为：政府机关发包之工程契约。其调整之需要的主要原因为工期的展延及建材的涨价。其中工期展延由如不可归责于双方当事人涉及因此所增加之工程费用究竟应由当事人之哪方负担及其分担的标准。建材的涨价亦同。鉴于只有定作人始能事后透过调整其利用该工作物提供之商品或服务的价格，转嫁因情事变更引起的风险。所以除当事人另有特约外，该风险应由定作人负担。

② Larenz, (Fn.75), S.299.

所知之情况，或其相对人所知之情况，或为双方所共知之情况，以及对这些情况之了解的程度，究应以哪方实际上所了解或可能了解的深度为准等问题。就这些问题并不能一概而论，它首先必须针对系争之意思表示究为需要相对人之意思表示或不需要相对人之意思表示（遗嘱）而被分别处理。在不需要相对人之意思表示的解释上所应斟酌的情况，当然以表意人所知并了解者为准；反之，在需要相对人之意思表示，其解释便必须斟酌双方之了解的可能性。申言之，只要当事人真意之探求的意义，不在于探求表意人在表示时实际上怀有的意思，而在于探求由该表示行为规范上表意人及相对人皆可信以为真的法效意思，则在此所应引为解释之基础者便不单纯只是表意人所使用之文字，而应含表意人及相对人在意思表示过程中所知一切有意义的附随情况，以进一步依诚信原则探知，到底表意人在规范效力说意义下之法效意思为何。相应地，表意人应受规范效力说意义下之法效意思内容的拘束。当表意人之意思与其相对人正当了解之意思有出入时，表意人所得引为救济之途径者，唯有以错误为理由，撤销其意思表示（"民法"第 88 条、第 91 条）。表意人若果真以错误为理由撤销其意思表示，则他对于信其意思表示为有效而受信赖损害（der Vertrauensschaden）[1]之相对人或第三人应负赔偿责任；但其撤销之原因，受害人明知或可得而知者，不在此限。[2] 由以上的说明显示，在当事人之真意的探求上，诚信原则扮演着规整的角色，从而使得公权力通过司法权有对私法自治权予以介入的可能。这种介入与私法自治权之赋予的精神，并不一致。是故，假设在某一范围内私法自治权应受限制，也应通过立法权之行使，制定强制规定以设定私法自治权之行使范围的方式为之，而不宜由司法机关一方面侵越立法权，另一方面侵越私法自治权，用法院自己之价值标准代替当事人的价值标准。要之，在契约的解释上，还是应受当事人所选取之评价基础的拘束。否则，法院之所为，当不再是契约之解释，而系对私法自治之越权的监护。

契约漏洞之补充，实际上常以法律解释的姿态出现，已如前述。契约一有漏洞，亦即契约若未就一切与该契约有关之事项加以约定，则该契约应受关于契约之一般的任意规定及该契约所属之有名契约中的任意规定之补充。在这种情形，任意规定之引用，固有补充契约漏洞之意义，但对该被引用之任意规定言，通常还在该等规定之解释与适用的范围内。具体的契约如不属于任何有名契约，则会使关于有名契约之任意规定的引用失其直接的规范依据，从而在有引用之必要性及妥当性时，构成本来意义之规范上的漏洞。在有偿契约的情形，该漏洞纵使引用"民法"第 347 条准用买卖的规定为其补充的依据，也不失其漏洞的性

---

① "民法"第 91 条所定之信赖损害的赔偿责任不但不以表意人有过失为要件，而且其错误或不知事情，必须非由表意人自己之过失所致者，表意人始得以其意思表示有错误为理由，撤销其意思表示（"民法"第 88 条第 1 项）。所以，第 91 条所定之损害赔偿责任不是真正之缔约上过失的赔偿责任，而是一种无过失的危险责任（Larenz, *Allgemeiner Teil des Deutschen Bürgerlichen Rechts*, 9. Aufl. München 2004, § 36 Rn. 114ff.）。若表意人因过失而致错误，不得依"民法"第 88 条第 1 项撤销其意思表示，因此，也无因撤销而应负缔约上过失之赔偿责任的问题。如容其撤销，则有缔约上过失之赔偿责任的问题。不过，在这种情形，其赔偿责任之范围便无应小于履行利益的限制（Soergel/ Hefermehl, *Kommentar zum BGB*, 11. Aufl., Stuttgart 1978, § 122 Rn. 7；Kramer, *Münchener Kommentar zum BGB*, 2. Aufl., München 1984, § 122 Rn. 6）。

② Larenz, Wolf, *Allgemeiner Teil des Deutschen Bürgerlichen Rechts*, 9. Aufl. München 2004, § 24 Rn. 40.

格。在这种不属任何有名契约之契约的处理上,由于法律对这种新契约类型尚未有补充性的预备规定,且当事人对这种生活事实又不一定能为周详之约定,故契约的漏洞在这种契约类型最容易发生。所以契约之补充性的解释,对这种契约类型也就非常重要,例如区分所有建筑物之预售或共有关系。① 由于司法机关之保守倾向,显然不能负荷新的契约类型之补充性解释的工作②,所以,其有效果的解决常常必须仰赖立法机关。这其实不大适合于司法机关与立法机关在新生事务之规范上的分工。

契约除受与该契约有关之一般的,或有名契约中之具体的任意规定补充外,如有与之有关之强制规定或禁止规定,其契约约款并受该强制规定或禁止规定的补充或规制:其未约定,而有规范需要者,补充之;其有约定,而与强制规定或禁止规定冲突者,规制之。

(三)法律行为与有名契约

1.有名契约的意义

契约,以法律对之是否设有专章加以特别规定,并给予法定名称为标准,可被区分为有名契约与无名契约。当法律将一个契约类型明文当成一个规范模式(Regelungsmuster)加以规范时,法律为了指称上的方便,势必给予该契约类型以一个特定的名称。所以,这些契约类型也便因而有法定的名称,而被称为有名契约。其他未为法律所明文当成一个规范模式加以规定的契约,纵使在实际生活中已定型化地予以应用,也非学说上所称之有名契约。③ 申言之,有名契约乃立法机关所制定之定型化契约;而通常所称之定型化契约则指私人所预为起草供其相对人照章签署的契约而言,其特点在一般契约条款的应用。纵使有名契约系为立法机关所制定,实际上它也不是为立法机关所创设,它只不过为立法机关所发现,并考虑到该实际已经存在的契约类型中之利益状态及其冲突的情形,或单纯地加以接受,或进一步加以详细规定。即使如此,一个既存之契约类型是否被立法机关接受为有名契约仍有其意义。当其被接受为有名契约,在继受的过程中,该契约类型本来习见之约款中,可能有一部分会被采为强制规定,有一部分会被采为任意规定,有一部分依然让诸当事人自己约定。当其被采为强制规定,这些规定便成为该契约类型之不能任意排除的准绳;当其被采为任意规定,则它们便成为该契约类型之补充的规定。反之,假若系争契约类型未被采为有名契约,则其中之约款若未为具体契约所明采,则充其量只能以交易习惯之地位,在契约之解释上供为斟酌的标准。

---

① 与区分所有建筑物之共有关系有关的部分,1995 年已定有"公寓大厦管理条例"加以规范;与预售有关的部分,至今尚未对之立法加以规范。近年针对现代契约类型制定大量法律加以规范的契约类型首推信托契约。例如"信托法"和"信托业法"。

② Larenz, *Methodenlehre der Rechtswissenschaft*, 3. Aufl. Springer-Verlag 1975, S. 285ff.

③ 无名契约中已成为交易类型者亦具有类型的意义。这称为生活类型,而非规范类型。鉴于此种无名契约类型的存在,混合契约所指称者也便不限于有名契约间之混合。只要是不同契约类型之混合都是混合契约。

2.有名契约的规范功能

有名契约之规范功能最主要表现在：其强制规定对系争契约类型之强制的规整作用，以及其任意规定对系争契约类型之补充的调整作用。由于对债权契约，"民法"基于契约自由原则并不采债权（类型）法定主义，因此，除非当事人对有名契约之回避，构成脱法行为①，或法律对于契约自由原则有明文的限制规定，否则，有名契约的制定与胪列并不具有禁止采用无名契约或将两种以上之有名契约加以混合的意义。任何债权契约基于当事人间之合意，原则上皆得以诺成契约的地位发生其效力。换言之，罗马法中关于诺成契约与要物契约的区分，在现行"民法"上，除在无偿契约外，应已因契约自由原则之肯认而基本上失其意义，代之而起的区分是要式契约与非要式契约的区别。② 由于"民法"尚将一些传统的契约类型，例如使用借贷（第 464 条）、消费借贷（第 474 条）、寄托（第 589 条第 1 项）规定为要物契约，以致人们将当事人间关于使用借贷、消费借贷、寄托之单纯的合意，看成是各该契约之预约，并认为债权人可依该预约请求债务人缔结本约，而后再依本约对债务人请求借用物、贷与物或寄托物之交付。所不同者只是：债权人在诉讼上为前述之请求时，因其约定被定性为预约，而被要求必须先提起缔结本约之诉。此外，在给付迟延、主观的给付不能之情形，债务人同样地也必须因该预约而为全部之损害（迟延损害，履行利益），负损害赔偿责任。换言之，将该等合意定性为预约的结果，实务上等于使该等契约之要物规定成为具文，完全没有实益。③

契约自由原则排除债法上之类型强制。亦即当事人并没有在法律所规定之有名契约类

---

① 例如台湾地区"最高法院"1971 年台上字第 75 号民事再审判决："至再审原告谓吴阿添基于信托关系，委由再审被告出名向林孝钦购买系争土地，其买卖虽系通谋而为之虚伪意思表示，然却隐藏信托之法律行为，适用'民法'第 541 条第 2 项之规定，再审被告亦应将系争土地所有权移转登记与再审原告，原确定终局判决对此竟置罔不问，为不适用法规，显有错误一节，查林孝钦与再审被告暨再审被告与吴阿添间所订之买卖契约既系通谋而为之虚伪意思表示，目的在规避法律与（释字第 78 号）解释之限制。有如前述，显系一种脱法行为，不容依'民法'第 87 条第 2 项、第 541 条第 2 项之规定请求再审被告为所有权移转登记，是原确定终局判决并无适用法规违误之可言，本件再审之诉显非有理由。"

② 按对于债务人之轻率、无经验，要物契约与要式契约同具有保护的作用。要物契约主要用于无偿契约提供债务人悔约的可能性；要式契约主要用于重要契约之缔结，以提醒债务人；其将缔结的契约是一个重要契约。缔约前不论就是否缔约，而且就契约内容皆要三思而后行，并保存适当的记录。由于认为要式的遵守已能充分提醒债务人注意，所以，在无偿契约如果经由书面或公证的方式为之，法律规定其要式可以取代要物。例如"民法"第 408 条规定："赠与物之权利未移转前，赠与人得撤销其赠与。其一部已移转者，得就其未移转之部分撤销之（第 1 项）。前项规定，于经公证之赠与，或为履行道德上之义务而赠与者，不适用之（第 2 项）。"其第 1 项，在实质上等于将赠与规定为要物契约；其第 2 项规定，公证之方式得取代要物要件。要物要件所以具有赋与债务人悔约权作用，乃因其以债务人之履行债务为该债务所据以发生之债务契约的生效要件。亦即只要债务人不履行债务，该债务契约之随意地停止条件即不会成就。从而也就不会生效。其结果，债务人纵使不履行债务，亦不负债务不履行责任。盖其债务尚未生效。而一个契约债务之发生，除其据以发生之契约必须成立外，并必须无任何可正当阻止其效力发生之障碍事由。所谓不正当阻止契约发生效力的情事，例如在附随意条件以外之附条件的契约，以不正当行为阻条件之成就或不成就（"民法"第 101 条）。附随意条件者所以无所谓以不正当方法阻止契约发生效力，乃因按其条件之性质本来就可随债务人之意，决定是否让其成就或不成就。

③ Esser, *Schuldrecht*, 2. Aufl. Karlsruhe 1960, S. 53f.

型中选择适合自己缔约目的之类型的义务。他可以依契约自由原则缔结任何无名契约。不过,依法律所规定类型缔结契约,在有争议时还是能够获得一些帮助。唯纵使当事人刻意选取法律所不规定之类型,在有争议时,与其性质最为相近之有名契约的规定还是势必被引为处理之依据。此外,当事人所选取之契约类型假若与其所追求之缔约目的格格不入,其关于契约类型所使用之用语也可能被认为系误用,而完全丧失其意义。[①] 同样地,如果当事人所选取之契约类型,相对于其所追求之缔约目的太过于迂回,其所选取之契约类型也可能因被定性为其他类型,或被视为脱法行为而被完全否定。[②]

3.如何将契约归属于有名契约

(1)应依类型观察法为之

依据民事法之规范架构处理人际之民事关系时,必须考虑,系争生活关系是否属于契约,以及究竟属于哪一种有名契约,以决定契约的总则规定(债编总论中关于契约的规定)和契约的分则规定(债编各论及其他特别债务法,例如"劳工法""保险契约法""信托契约法")对之是否有适用性。有些强制规定针对一般契约("民法"第73条),有些针对特定之有名契约(第422条)为规定。同理,任意规定亦分别规定于契约法之总则与分则中。所以,契约之定性,不仅就强制规定,而且就任意规定之适用皆有其意义。若谓在契约法上,契约之定性只就强制规定才有意义,是不成立的。不同的只是:由于任意规定之大量的补充功能,使得契约之定性就任意规定之引用的重要性较为显著而已。因之,为确定对系争生活事实在契约法上之准据规定,首先必须依契约法认定它究竟是否为契约,以及属于哪一种有名契约或

---

① 例如台湾地区"最高法院"1954年台上字第576号判例:"关于延滞利息谷部分,原审以该项食谷债务,既非以支付金钱为目标之债,纵令债务人到期未能清偿,应负迟延之责,亦不容债权人依'民法'第233条之规定,请求迟延利息。唯迟延利息原有违约金之性质,如该项契约当事人之真意,其约定债务人给付迟延时,应支付迟延利息,即系关于违约金之订定,自应依'民法'关于违约金之规定,而为实质上之裁判,不得以其契约字面用语为迟滞利息,遽予一概驳回。"1976年台上字第1178号判例:"当事人订立之契约,为本约? 抑预约? 应就当事人之意思定之,当事人之意思不明或有争执时,则应通观契约全体内容定之,若契约要素已明确合致,其他有关事项亦规定甚详,已无另行订定契约之必要时,应即认为本约,至于为买卖契约之目标物,于订约时是否为出卖人所有,当可不问"。1975年台上字第1567号判例:"预约系约定将来订立一定契约(本约)之契约。倘将来依所订之契约履行而无须另订本约者,纵名为预约,仍非预约。本件双方所订契约,虽名为'土地买卖预约书',但除买卖坪数、价金、缴纳价款,移转登记期限等均经明确约定外,并于第10条明订'本约之履行,对方愿抛弃先诉抗辩权'等语,非但并无将来订立买卖本约之约定,且自第3条(第1条买卖坪数及单价第2条交付价金及费用)以下,均为双方照所订契约定履行之约定,自属本约而非预约。原判决竟以预约视之,不无误会。"另参见1939年上字第598号判例、1961年台上字第951号判例、1950年台上字第207号判例、1974年台上字第105号判例。

② "行政法院"1971年判字第462号判决:"再审原告所称之租赁补偿金,纯属变相方式之给付,以遂其逃漏土地增值税之企图。""行政法院"1971年判字第222号判决:"'实施都市平均地权条例'第66条所称'土地现值',系指该土地之移转现值。本件土地买卖,镇农会以每坪新台币700元之价金及每坪新台币368元之补偿金,共1068元承买,此每坪增加给付之368元实为买卖成立与否之要件,其为土地买卖价之一部分,故本件土地买卖之真正价格,每坪为新台币1068元,亦即土地移转之'土地现值',原告申报土地现值为每坪新台币700元,显系虚伪申报,以图隐匿或减少土地涨价,被告官署发现以后,依首开条例之规定,发单补征原告等土地增值税,原处分尚无不合。"另参见"行政法院"1971年判字第340号判决、1955年判字第80号判决、1964年判字第246号判决、1965年判字第114号判决。

是混合契约。此即关于契约之法律事实的类型观察法。①

容易以为这一准据规定之确定的过程属于逻辑上之涵摄的过程。然因涵摄推论以有足以供为大前提之定义性概念的存在为必要条件,而有名契约并非定义性概念,只是类型性概念。所以,涵摄推论显然不能圆满发挥,将一个生活事实归类于特定有名契约,以确定其应适用之规定的功能。

债编各论中关于各种有名契约之规定,固然因为常以定义的句式描写所规范之生活事实的特征,而具有定义的外观,但其实这些定义只是虚有其表。其具有者仍仅是描述类型(der Typus)特征的功能,而未达于描述概念(Der Begriff)的程度。例如"民法"第 345 条第1 项规定:"称买卖者,谓当事人约定一方移转财产权于他方,他方支付价金之契约。"第 474条第 1 项规定:"称消费借贷者,谓当事人一方移转金钱或其他代替物之所有权于他方,而约定他方以种类、质量、数量相同之物返还之契约。"自该等规定观之,"民法"看似已分别对买卖及消费借贷作了定义性规定。但融资性的分期付款买卖,则显然兼具买卖及消费借贷之特征,从而不能单纯地将之涵摄于二者之一。由此可见,"民法"就有名契约并未真的将之定义化为概念。它事实上仅是将之当成类型加以规范而已。此所以"消费者保护法"第 21 条规定:"企业经营者与消费者分期付款买卖契约应以书面为之(第 1 项)。前项契约书应载明下列事项:一、头期款。二、各期价款与其他附加费用合计之总价款与现金交易价格之差额。三、利率(第 2 项)。企业经营者未依前项规定记载利率者,其利率按现金交易价格周年利率5%计算之(第 3 项)②。企业经营者违反第 2 项第 1 款、第 2 款之规定者,消费者不负现金交易价格以外价款之给付义务(第 4 项)。"

目前汽车分期付款广告纷纷打出零利率的交易条件,以吸引消费者。然这其实已违反"消费者保护法"前开关于分期付款利率之透明化及"公平交易法"第 19 条第 6 款关于搭售之禁止规定。③ 盖任何长期分期付款买卖,皆应有与其相较的现金买卖价格。拒绝现金交易即强迫搭售买卖契约与消费借贷契约。后来由融资性分期付款买卖又蜕变出融资性租赁。二者相同者为:除皆有按期给付金钱作为对价的特征外,交易客体之所有权皆暂时不因交付而移转,该所有权保留至清偿最后一期价金或租金时始移转。不同者为:所给付之对价一为价金,一为租金。由以上说明,可见买卖与租赁间之类型特征的推移。类型之界线的流动性由此显现。然保留所有权之交易,不论以买卖或以租赁称之,其实皆与让与担保的作用类似。而让与担保之双方的利益关系又与动产抵押类似。是故,在交易双方的利益冲突

---

① 以类型的方法观察法律事实,具有提高处理效率的功能。唯因为类型与具体案件的特殊性间总是不免有落差,所以类型观察法可能造成实际存在之事实与在类型的意义下认定为存在之事实间的出入。这在私法关系,可能透过事前细心地约定或事后恰如其实地解释加以厘清。而在税捐法关系,是否容许纳税义务人以实际上存在之实质的事实,来否定依类型观察法认定之形式的事实,现行法的规定并非足够明确。明确者,例如"营业税法"第 23 条、第 24 条;不明确者,例如"营业税法"第 21 条、第 22 条。关于税捐法上之类型观察法,请参见黄茂荣:《税法总论(第一册)》,植根法学丛书编辑室 2012 年版,第三章第二节二。

② "消费者保护法"第 21 条第 3 项关于利率之规定,已脱离当前金融市场之低利率的现况,应予调整。

③ "行政院公平交易委员会"1992 年 6 月 20 日公研释字第 015 号:"'公平交易法'第 19 条第 6 款规定'事业不得以不正当限制交易相对人之事业活动为条件,而与其交易之行为。'所称限制交易相对人之事业活动,包括搭售、独家交易安排、地域或顾客之限制、使用限制及其他限制交易相对人之事业活动。"

时,应类推适用"动产担保交易法"第 15 条以下关于动产抵押的规定。

类型与概念间之区别在台湾地区尚未被重视或甚至根本未被认识到。现代法学方法意义下之"概念"意指:其指称之法律事实的特征已被穷尽地胪列。从而系争法律事实是否得涵摄于某一法律概念下,便可以单纯地通过逻辑推论加以确定。这种概念便是"确定的法律概念"。学说上将之称为本来意义的或狭义的法律概念。

唯事实上法律所运用之用语极少如"确定概念"般之确定,而或多或少具有多义性。亦即通常之法律用语所负载之消息并未能恰到好处地涵盖所欲指称之对象的一切重要特征。此种用语,法律上称之为"不确定概念"。

由于法律上所运用之概念多具不确定性,因此方法论上谓法律所运用之概念几乎都是不确定的"类型"(或概念)。这属于不确定概念中之重要案型。其与狭义概念之区别可由下列三点观之:(1)相应于类型式概念所创之用语无法涵盖拟借以描述之对象的一切重要特征。反之,狭义概念则不多不少地涵盖了其所要指称之对象的一切重要特征。(2)类型式概念之用语所涵盖的特征,在类型式概念中所扮演之角色的分量并非绝对。即其中之一特征也许较其他特征重要,或某特征对该类型而言,缺之亦无妨。申言之,在类型的判断上,由系争法律事实之各种特征所构成的整体面貌是否与法律所预定之类型相符才是决定性的。反之,在狭义概念中之每一特征均为不可或缺,亦无由评量何者为重,何者为轻。(3)由此可见,类型式概念之外延模糊、不确定。因此,不能简单地以纯逻辑的方式操作之,而须或多或少作价值判断。

由以上的说明可以发现:通过概念的使用可比较确定地控制推论的逻辑结果。不过,由于人们对其所欲处理之对象的了解,事实上很难达到可以将其一切重要的特征尽数胪列,以加以概念化的程度,所以法律上所应用之确定的概念都不免涉及人为的假定,亦即将其所拟处理之对象的某些特征假定为绝对的重要,同时又将其他特征假定为绝对的不重要。例如"民法"第 12 条把自然人之年龄是否满 20 岁假定为绝对重要,而不再考虑其他特征,规定满 20 岁者为成年人。这种处理方式,对法的安定性之提高固有帮助,但对具体案件之衡平的实现则不能一直尽如人意。盖在概念的构成上,其必要之前提(对所处理之对象必须有完全的了解,以穷尽其特征),事实上既不存在,则人为地通过假定,利用概念式规定加以处理,便不免有削足适履的现象。不过,有时为了效率,却也有不得不然的形势。于是,前述因人为取舍特征而引起的问题,只好再借用其他规范设计加以调整。例如关于成年人之行为能力,利用监护或辅助之(禁治产)宣告("民法"第 14 条、第 15 条之 1)缩减其过剩;关于未成年人,除利用限制行为能力缓和其从事法律行为之不便外,并利用结婚成年制进一步使其享有与财产有关之法律行为的行为能力。[①]

反之,通过类型(亦称类型式概念)的使用,虽不能逻辑地控制推论结果,但由于类型观察法已忠实地承认人们对其所欲处理之对象的了解不完全,所以在立场上便不会有强不知以为知的虚张假定,可以开放地随着知识经验的累积,或甚至随着所拟处理之对象的变迁而演进。从而具有处理千变万化之法律现象所需要的规范弹性。该弹性虽降低法的安定性,但它却提高了法律对事实之真正的适应性。至于概念所提供之绝对的法之安定性却常常必

---

① "民法"第 13 条第 3 项虽然规定"未成年人已结婚者,有行为能力",但未成年人两愿离婚,仍须得法定代理人同意(第 1049 条但书)。

须以"恶法亦法"为其代价,牺牲实质的公平。上述之规范弹性,在契约法上基于契约自由原则有其必要性。盖由于契约自由原则的运用,当事人事实上所缔结之契约不必然常常与法律所规定之契约类型一致。其间或多或少总是有些差距。有时当事人构思出法律所未规定之新契约类型。法律倾向于尽可能利用法律所已规定之契约类型处理当事人所缔结之契约,而忽略其间之差异。① 当勉强将一个契约归属于一个有名契约,实际上可能产生类型强制之结果(释字第 740 号解释参照)。这已违反契约自由原则。②

(2)应斟酌当事人之缔约目的

一个具体的契约应如何被归属于有名契约? 为契约之归类首先必须探求其相关之意思表示的真意,而后按其内容之特征认定其所该当之契约类型。这皆属于契约解释的问题。故在契约之归类上除应依类型观察法为之外,尚须遵守契约解释的要求。特别是应注意缔约目的在当事人真意之探求上所具有的功能。例如银行甲急需现成房屋供为设置分行之用,并看上乙所拥有坐落某地之楼房一栋,且乙因急需钱用,拟将该楼房及其定着之土地一并出卖。甲乙双方经过商谈,虽已就价金达成协议,奈因甲系公营事业,就土地之买卖事先须经其上级机关之核准,而甲乙却分别急需办公用地与金钱,来不及等待呈请核准;于是,双方乃变通地将所欲缔结之买卖契约,以附有 5 年期限之买卖预约的方式代之,并就该楼房及土地缔结设定典权之契约,典期 2 年。由于甲乙在 5 年内未缔结买卖本约,且乙在典期届满后 2 年内未以原典价赎回典物,故甲乃经其上级机关之核准,拟依"民法"第 923 条第 2 项主张其已取得典物所有权,请求乙协同办理所有权移转登记。乙主张甲乙所缔结者为买卖预约,至于典权契约之缔结则属通谋之虚伪意思表示,今买卖预约已因期间之经过失其效力,而典权契约又依"民法"第 87 条无效,是则甲并未取得系争房地之所有权,亦不享有请求缔结买卖本约之权利。甲之主张为无理由。在此双方所争执者,显为系争典权之设定契约是否为通谋虚伪意思表示,以及其中是否另有隐藏之法律行为存在。台湾地区"最高法院"在 1975 年台上字第 438 号民事判决认为:"乙虽谓'以虚伪之意思表示设定典权',如果系通谋虚伪之意思表示,则乙不能因此受领典价 160 万元,甲亦不能因此而使用系争不动产,今乙既依约受领典价 160 万元,甲亦依约使用系争不动产,双方表示均与真意相符,自无通谋虚伪意思表示可言。"唯鉴于甲乙所以迂回地缔结设定典权之契约的理由在甲因系公营事业,未经上级机关允许,不得就房地缔结买卖契约。但基于出典人在典权契约享有回赎权,而不负有回赎义务之特点,且在典期届满后 2 年内实际上享有通过不行使回赎权,而强使典权人以原典价买受典物的权利。故典权契约之缔结使甲处于比买卖契约更不利之地位。既然如此,设若甲乙当初所以不缔结买卖契约,而缔结买卖预约与设定典权契约之真意在遵守甲方就系争买卖须先经上级机关核准之规定,则甲乙双方所缔结者应非典权之设定契约,而系其他足以满足甲急需办公处所以及乙急需现金之需要契约的类型。是故,甲乙之所为,或者是用错了描写其所缔结之契约的用语,或者是利用设定典权契约之通谋虚伪意思表示来隐藏其真正意图。不管实际上究竟属于何者,其所缔结者应非典权契约。"民法"所规定之契约类型中最能满足双方之需要者,当推租赁契约与附有抵押权担保的消费借贷契约之对向混合契约。盖这种混合契约不但能使甲获得急需之办公用地,使乙获得急需之金钱,尚可使甲

---

① Larenz, aaO.(Fn.91), S. 287ff.

② 参见释字第 576 号、第 580 号解释。

对乙所支付之金钱获得必要之担保;至于关于所有权让与的问题,则已有买卖预约给予必要之处理。以上所述,在说明缔约目的在契约类型之归类上的意义。① 至于该预约之法律效力为何,是另一个契约解释的问题。该预约可能解释为:附停止条件之买卖契约或需第三人同意之契约。② 附停止条件者,于条件成就时,发生效力(“民法”第 99 条第 1 项);需经第三人同意者,于同意前,不生效力。这两个效力皆可能影响时效期间之起算时点。

四、法律事实之认定

法院之任务在裁判具体案件,亦即通过法律之适用将法律所规定之法律效力连结于一个具体的法律事实。法院为圆满地达成其任务,除了必须对所拟适用之法律有正确之了解外,还必须根据证据,正确认定系争之法律事实。在法律事实的认定上,主要牵涉到两个问题:一个是基于法律解释对具体案件或具体案件对法律解释之回馈性所引起的问题;另一个是证据的问题。后者在于:按证据法则,根据证据认定规范上被认为已发生之生活事实。前者在于:取向于法律规定,取舍生活事实之特征,以评价一个生活事实在规范上是否有意义;取向于生活事实,解释法律,以发现妥当的规范内容。③ 法院就认定之法律事实,必须利用语言或其他可运用之表达方式,将发生之生活事实忠实地转述出来。然法院如何才能探知实质的真实(实际上所发生之生活事实)?

---

① 关于本案的详细评述,详请参见黄茂荣:《民事法判解评释》,植根法学丛书编辑室 1985 年增订版,第 137 页以下。

② 在此,乙所主张者其实是附条件之买卖契约或需第三人同意之契约,而非预约。盖就系争买卖契约之必要内容双方已获致一致之合意(“民法”第 153 条第 1 项)。至于预约,其正确的理解应指:不具要物或要式契约之要物或要式要件的契约。学说上与实务上为肯认该不具要物或要式要件之要物或要式契约的效力,乃以预约称之,并认为该预约是诺成契约。倘肯认该诺成预约,必使相关要物或要式契约之要物或要式规定成为具文。是故,该诺成预约实系该要物或要式规定之脱法行为。该脱法行为之效力为何,系于其所拟规避之法律是否已不合时宜。其尚合时宜者,为脱法行为,无效;其已不合时宜者,不论为脱法行为,而是法律漏洞之补充。后者,见诸有偿的消费借贷。有疑问者为附条件之买卖契约的消灭时效期间应自何时起算? 就此,台湾地区“最高法院”1974 年台上字第 1885 号判例:“查‘民法’第 128 条规定,消灭时效自请求权可行使时起算,其中所谓‘请求权可行使时’,乃指权利人得行使请求权之状态而言。例如:未定清偿期之请求权,以请求权发生时为其可行使之时;附停止条件或附确定期限之请求权,以其条件成就或期限届至之时为其可行使之时。至于义务人实际上能否为给付,则非所问。原审不就被上诉人得行使请求权之状态,究于何时开始存在,予以调查审认,遽谓被上诉人之请求权消灭时效,应自上诉人于土地分割得办理所有权移转登记时起算,已欠允洽。”另“债务人对于债权人之请求有所争执,尚难认债权人之请求权不得行使”(台湾地区“最高法院”2004 年台上字第 1944 号民事判决)。同理,需第三人同意之契约的消灭时效期间应自第三人同意,发生效力时起算。在此种情形,当事人为避免契约关系悬宕不决,可以准用须经承认之契约的规定(“民法”第 170 条第 2 项、第 302 条第 1 项),利用定相当期间催告第三人表示是否同意的方法,使其效力归于安定。

③ 关于法律解释对具体案件之关联性,详请参见本书第五章一(一)1.。

（一）实质之真实的探知

法院为了裁判具体案件，必须认定法律事实，已如前述。而构成这些法律事实之生活事实，在大部分的情形，并非发生于法官面前。亦即法官通常不是该等事实之发生上的目击者。其结果，为判定他人在法院对其所作之陈述是否与真正发生之生活事实相符，便必须依赖真正目击者或其他身历其境者的观察（人证），或检视当时还留下来的物品（书证、物证），必要时并履勘现场。唯无论如何，待审判之法律事实在审判时皆已成为过去，不能作同步的观察。因此，法院只能传讯当事人或证人，就其记忆所及，转述其所观察之景象，来引证当时发生之事实。然后参酌当时遗留下来的物品（书证、物证），以及现场之情况，根据论理及经验法则（"民事诉讼法"第 222 条第 3 项），获得心证，判定与实际发生之生活事实最可能相符之规范上认为存在之法律事实。为上述判断，法院必要时还得指定鉴定人提供鉴定意见作为参考（"民事诉讼法"第 327 条）。唯由于人的观察不免有误，且记忆和转述的能力有限，以及语言本身之缺陷，当事人或证人之陈述常常不尽可靠。何况当事人与证人或多或少都可能不自觉地有所偏袒。所以证言的价值常常不免受到减损。是故，法院为发现实质的真实，不得人云亦云，而必须就证言之可信性自为判断。一方面固不得为当事人或证人之外貌、衣着所惑，另一方面亦不得因当事人或证人之职业、身份而抱有成见。此外，也应注意到一般人在法院陈述时，所可能发生之怯场现象，避免因当事人或证人之木讷，而断之为憨直或吞吞吐吐、言辞闪烁。

欲通过证言认定法律事实固难；若无目击者或其他身历其境者可资传讯时，欲探知实际所发生者为何，更难。此际法院所能据以为判断之基础者，便限于通过一些指标（Indizien）来推论最可能存在的生活事实。[①] 属于这种待以推论始能被判定之生活事实，至少有二；其一为本来就不能被直接观察之事实，例如人的心态、故意之有无、动机为何、善意、恶意等是；其为无人身历其境之事实，例如乙所饲之鸡受伤，而甲所养之狗口中衔着鸡毛，然该鸡是否为该狗所伤并无人目击。

引为推论之大前提主要有：生活经验、自然法则；小前提为：可据为指标之事实被证明为存在。唯既然事涉推论，且其推论之性质并非单纯的逻辑推论，则其推论之结果并无数学意义下之准确性，而只是一种与实际发生之生活事实最可能一致之规范上认定为存在之法律事实的推定。例如某甲与某乙有商务上之嫌隙，且有人指认某甲在某乙之工厂失火时恰巧慌张地由现场离开。于是，人们可能怀疑甲纵火烧毁乙的工厂。在此，甲乙间之嫌隙以及有人指认甲慌张离开现场，常被引为推论该火可能为甲所纵之指标。唯甲可能只是碰巧经过现场，也可能只因怕被引起嫌疑而欲急速离去。且当时甲若滞留现场一样地会被引为推论该火为其所纵之指标。由是观之，通过指标推论法律事实之存在，并不尽然可靠。唯起火当时若有人更发现甲车载汽油桶离去，且该火经鉴定系借汽油引燃，则甲载汽油桶离去之事实将更加深其嫌疑。然不管可供为指标之事实有多少，只要无人真确目击甲利用汽油引燃乙之工厂，则一切皆尚属推论而已，并无百分之百的把握。在这种情形，法院大多满足于较高程度之或然率，并由之形成其心证，相信实际所发生之事实如其所认定。所谓证明，在诉讼

---

① Larenz, *Methodenlehre der Rechtswissenschaft*, 6. Aufl., München 1991, S. 305f.

法上之意义为:使法院相信某一事实之主张是真实的。此际,关键者为:当事人如何使法院运用其心证,认定法律事实。然法院对应具之盖然率所采取的标准,以及对已具之盖然率的高低,仍应本诸良心,排除可能引起之误导,为适切的判断,以免失出失入,影响认定结果的正确性。

实际上影响法院认定之事实的正确性者,不仅止于证据之有无及法院的认证能力。诉讼法上的一些规定也给予实质真实之发现相当程度的限制。[①] 这种限制首先表现于程序公正的要求,例如因刑求而取得之证据应无证据能力;甚至以不正当之方法所获得的证据之证据能力亦渐受怀疑,例如通过侵害他人之隐私权或违反业务秘密之义务所获得之证据。此外,"民事诉讼法"上所肯认之处分权主义及辩论主义也限制了法院所得斟酌之法律事实[②],亦即除法院得依职权调查证据的情形外,只得斟酌当事人所陈述之事实,提出之证据方法

---

① Larenz,aaO.(Fn.107),S. 306f.

② 台湾地区"最高法院"2003 年台上字第 1547 号民事判决:"按当事人就诉讼目标法律关系前提之权利或法律关系所为之陈述,经他造于准备书状内或言词辩论时或在受命法官、受托法官前为相同之陈述,倘当事人对之具有实体法上处分权,已充分明了该陈述之内容及其法律上之效果,且无害于公益,又经当事人整理并协议简化争点者,为尊重当事人之权利主体地位,对于诉讼审理范围及事实主张、证据提出具有决定之权能,以资平衡保障其实体利益及程序利益,并节省司法资源之付出,应认法院即可以该当事人协议简化后之相同陈述内容为裁判之依据,毋庸再就该相同陈述内容另为调查审认。"

（"民事诉讼法"第 276 条、第 288 条第 1 项、第 388 条）①。另法院纵使应依职权调查证据，也不得为诉外裁判（同法第 388 条）。这在声明之事项涉及原因事实时，会影响到法院得斟酌之法律事实的项目或范围。犹有进者，当事人若为自认（同法第 279 条）或不争执他造所主张之事实（同法第 280 条第 1 项），除像婚姻事件（同法第 574 条）、认领事件（同法第 589 条）宣告停止亲权或撤销其宣告（同法第 592 条）之事件外（同法第 594 条），法院甚至必须违反其确信，而以当事人所主张者为真，并以之为裁判之基础。② 虽然如此，依"民事诉讼法"，辩

---

① 台湾地区"最高法院"1982 年台上字第 1538 号民事判决："查'民事诉讼法'第 388 条规定，除别有规定外，法院不得就当事人未声明之事项为判决。本件被上诉人对上诉人张甲、张乙部分，观其在历审之陈述，系谓张甲、张乙就租赁物变更使用方法，主张有违反'民法'第 432 条第 1 项所定承租人之义务，依同条第 2 项规定张甲、张乙应负损害赔偿责任。而按同法第 213 条规定所定损害赔偿之方法，对之请求拆除房屋以回复原状，并未主张原定租约无效（或已终止租约），而以租约无效为原因而请求拆屋还地。原审竟自行依职权变更其主张，而以原定租约无效为理由，为不利于上诉人张甲、张乙之判决，于法自属有违。"台湾地区"最高法院"1984 年台上字第 358 号民事判决："查本于侵权行为而生之损害赔偿请求权，与本于债务不履行而生之损害赔偿请求权，在实体法上为两种不同之请求权，在诉讼法上为两种不同之诉讼目标，法院不得将原告基于侵权行为所为损害赔偿之请求，依职权改为命被告赔偿债务不履行之损害，否则即系就当事人未声明之事项为判决，显属诉外裁判。"侵权行为与消极债务不履行（给付迟延或给付不能）之损害赔偿请求权，因原则上不生竞合，所以，其诉讼目标通常互相独立。不过，如所涉之契约上的损害赔偿请求权以积极侵害债权为其发生依据，则可能与侵权行为之损害赔偿请求权构成请求权规范竞合，这时其诉讼目标只有一个。因此，当"依原告之声明及事实上之陈述，得主张数项法律关系，而其主张不明了或不完足者，审判长应晓谕其叙明或补充之"（"民事诉讼法"第 199 条之 1 第 1 项）。台湾地区"最高法院"1995 年台上字第 1855 号民事判决："本于债务不履行而生之请求权，与本于不当得利所生之请求权，在实体法上为两种不同之请求权，在诉讼法上为两种不同之诉讼目标，法院不得将原告本于债务不履行而为之请求，依职权改命被告返还不当得利，否则即系就当事人未声明之事项而为裁判。"该三号判决所称声明之事项皆指声明之原因事实及理由。另台湾地区"最高法院"1987 年 11 月 10 日第十四次民事庭会议决议"甲乙系夫妻，甲夫向法院起诉请求判决准双方离婚，乙妻并未提起反诉请求由其监护子女，法院于判决准双方离婚时，不得为子女之利益，径于判决主文中谕知双方所生之子女由乙妻监护。盖别有规定外，法院不得就当事人未声明之事项为判决，'民事诉讼法'第 388 条定有明文。乙妻未以反诉请求由其监护子女，法院自不得依职权判命子女由乙妻监护，否则，即属诉外裁判"。该号决议所涉未声明之事项为诉之声明。归纳之，"民事诉讼法"第 388 条所定之未声明之事项为：声明之原因事实、理由及诉之声明。由于"民事诉讼法"第 288 条第 1 项规定："法院不能依当事人声明之证据而得心证，为发现真实认为必要时，得依职权调查证据。"所以，关于证据，法院显然不受当事人关于调查证据之声请的限制。不过，该条所定者尚属法院得依职权调查的规定。这与第 575 条之 1 第 1 项及第 601 条第 1 项所定者为法院应依职权调查证据者依然尚有不同。就法院无应依职权调查证据之事项，当事人如迟误准备程序，未于准备程序主张之，则于准备程序后行言词辩论时，除该事项之主张不甚延滞诉讼，或因不可归责于当事人之事由不能于准备程序提出，或依其他情形不让其主张显失公平者外，不得主张（"民事诉讼法"第 276 条）。

② 最高法院 1937 年上字第 805 号判例："当事人于诉讼上所为之自认，于辩论主义所行之范围内有拘束法院之效力，法院自应认当事人自认之事实为真，以之为裁判之基础。"关于自认，"民事诉讼法"并无法院应受其拘束之明文规定。唯台湾地区"最高法院"发行之《判例要旨》（2003 年版），将该号判例编辑于"民事诉讼法"第 279 条下。该条规定："当事人主张之事实，经他造于准备书状内或言词辩论时或在受命法官、受托法官前自认者，毋庸举证（第 1 项）。当事人于自认有所附加或限制者，应否视有自认，由法院审酌情形断定之（第 2 项）。……"倒是关于自认之效力，"民事诉讼法"第 574 条第 2 项有对于婚姻事件；第 594 条有对于否认或认领子女，与认领无效或撤销认领之诉，及就母再婚后所生子女确定其父之诉，宣告停止亲权或撤销其宣告之诉，以及第 615 条、第 639 条对于禁治产事件不适用的规定。

论主义也受法院之阐明权("民事诉讼法"第 199 条之 1、第 270 条之 1)及关于应依职权调查主义进行之明文规定(例如同法第 575 条、第 575 条之 1、第 594 条、第 615 条、第 639 条)等之修正。辩论主义之采取,限制了法院探知实质真实之可能性。然实质真实的探知,在审判上固然重要,但其他法益,例如被告之人格权或第三人之正当利益的保护,有时更加重要。因此,正像任何法益之保护必须因其他更重要之法益的保护而让步一样,实质真实之发现也不是一个绝对而不可让步的法益。其保护的限界常常必须通过权衡与之相冲突的法益定之。对该权衡之必要的忽视,在此容易导致绝对化实质真实之发现的价值。其最不能忍受之副作用便是全盘否定程序公正之价值,而在刑事侦查实务上留恋于刑求的落伍侦讯技术。鉴于经过刑求,不必然能获得实质的真实,而程序公正的破坏和人格权之蹂躏却已发生。以必然之恶害换不必然之期待,二者相权,其愚甚明。①

(二)法律问题与事实问题之区别

在具体案件之裁判上,认定事实与适用法律是法院两个主要任务。相应地乃将法院应判断之事项分为事实问题与法律问题。然基于功能区分上的必要,第三审原则上只审理法律问题,以收统一适用法律并演进法律之效。而第一、二审法院则除适用法律外,也认定事实。所以第一、二审法院称为事实审法院,第三审法院称为法律审法院。此为以法院职务之种类为标准而定之职务管辖。该职务上之区分在职务之分配上之意义为:事实审法院就事实之认定,除违背证据法则者外("民事诉讼法"第 476 条),不受第三审法院之审查。至于第二审法院就法律问题所持之见解,除享有判断余地之情形外,原则上应受第三审法院之审查。

所谓事实问题,系指关于事实上发生了什么之问题;而法律问题则指该发生之事件,依规范上之标准,具有如何之法律意义的问题。② 事实问题之处理,应凭证据,由法院依自由心证认定之;法律问题之处理,则由法院将该当之法律适用于其所认定之事实为之。这里所称之适用,并不以涵摄(Subsumtion)的情形为限,它也常常涉及依经验法则加以判断,或阐述人类行为或表示的意义,或通过类型观察法加以归类,或依尚待具体化之价值标准加以评价。唯认定事实与适用法律在法院之裁判实务上并不真的可在时间上明白地被区分为前后两个阶段。盖一方面基于事实的认定与法律之适用间之回馈性,另一方面在一个具体案件获得最后的判断前,法院事实上必须经历多阶段的法律适用过程。亦即前阶段之适用的结果,构成后阶段所据以开始的事实基础(例如首先依"民法"第 66 条将土地定性为不动产,然后以之为基础,依"民法"第 760 条判定其所有权之移转或设定,应以书面为之)。纵使如此,事实问题与法律问题之区分犹在。且如前所述,被引为职务管辖之划分上的依据。此外,对法院而言,由于事实之认定,应依证据为之,而证据之审酌又受辩论主义及处分权主义的拘束。然亦只有事实问题才受当事人所提出之证据或关于事实之有无争执的影响。至于经认定之事实在法律上的意义如何,则非属应依当事人提出之证据加以证明的事项,而单纯地属于法院之权衡与判断的事项。

---

① Larenz, aaO.(Fn.107), S. 307.
② Larenz, aaO.(Fn.107), S. 307.

关于事实问题与法律问题之区分,构成审判实务上之重大的难题。① 盖关于生活事实之描写,常常借用法律用语,而且日常生活的用语也常常与法律用语使用相同的字眼,于是在事实问题的提出上,便不能避免地带上法律的判断。再加上前述存在于法律事实之认定与法律之适用间的回馈性,更使事实问题与法律问题容易,或有时必然地纠缠不清。比较没有疑问可归属于法律问题者,为借助法律上具有特别意义之用语,来归类生活事实(例如将一个生活事实归类为买卖或赠与,或将一个对象在规范上定性为不动产或动产、主物或从物、独立之物或他物之成分)。权衡互相冲突的利益(例如私人的隐私权与媒体的报道权或租税稽征权间的权衡),或适用待于具体化之标准(例如诚信原则)时皆必须进行评价。例如认为缔结租期一年之基地租赁契约与诚信原则相违。② 又当事人在缔约时说了什么及其动机为何,属于事实问题。至于其表示在法律上之意义,亦即意思表示之规范意义的认定,属于法律问题。甲在住宅区堆放化工原料如引起爆炸,则其堆放化工原料引起爆炸之行为属于事实问题;至其所为就爆炸之发生是否有过失,则属法律问题。虽然法律问题之解答,由法院依其权衡判断之,而不依赖证据,但法院所引为判断基础之事实上之情况,必要时却待于以证据证明之。例如骑机车蛇行于闹市撞伤行人的事实,可为该骑士就意外事件之发生有过失的认定基础。

虽然诉讼法上以事实问题和法律问题之区分作为决定是否得上诉于第三审之标准,但关于法律问题之争执,有时基于第三审法院之功能,也被考虑是否得例外地不允为上诉第三审的理由,这种案型在德国已为实务所采,并因而引起讨论者有:(1)有无过失之争执得为上诉第三审之理由。但关于轻过失与重大过失间之争执,不得据为上诉第三审之理由。(2)违约金之高低、物之瑕疵是否无关重要、精神耗弱与精神丧失之区分,皆不得据为上诉第三审之理由。(3)慰抚金之大小,与有过失间之过失的比例、目的与手段间之相当性(相当于台湾地区"民法"第149条、第150条),皆不得为上诉第三审之理由。(4)重大事由之有无(相当于台湾地区"民法"第489条第1项、第686条第3项)。"民法"第187条第3项与第188条第2项意义下之衡平责任及将法律行为归类于有名契约等案型,因其必须斟酌当事人所追求之缔约目的及当事人之属人的利益,而与前述重大事由等,同样因所涉法律问题之高度的个别性,而不得据为上诉第三审的理由。(5)意思表示之解释除违反解释之一般原则或违反思维法则或被承认之经验法则外,其争执不得据为上诉第三审之理由。(6)一般条项与不确定概念之涵摄上的争执,如果对将来其他案件之处理没有示范性,则基于第三审法院之功能应限于统一适用法律及演进法律,而不适当涉入这种因案而异且具有高度个别性之争执的案件,故不得为上诉第三审之理由。以上六种情形之所以不得据为上诉第三审的理由,并非因其不属于法律问题,而是基于对有些法律问题之处理,应赋与事实审法院以某种判断余地,以审酌案件之个别情况。在该判断余地内,其裁判不受第三审法院之审查。所谓判断余

---

① 姚瑞光:《民事诉讼法论》,作者自刊,1972年修正版,第474页:"何者为法律问题,何者为事实问题,极难区别。"

② 台湾地区"最高法院"1970年台上字第2480号:"租地建筑厂房之契约,虽租约上明订为一年,但债权人行使债权与债务人履行债务,依'民法'第219条之规定,既均应基于诚实信用之方法,从而双方所订之一年租赁期间,纵属双方之真意,能否谓与诚实信用原则无违? 仍非无推求之余地。"

地,对法院之意义,当在于此。① 要之,不但事实审法院就事实问题的认定("民事诉讼法"第476条第1项),而且就其例外享有判断余地之法律问题的判断,皆不受法律审之审查。

---

① Larenz，*Methodenlehre der Rechtswissenschaft*，6. Aufl.，München 1991，S. 310；Rosenberg/Schwab，*Zivilprozeßrecht*，12. Aufl.，S. 825ff；Henke，*Die Tatfrage*，1966 S. 269ff.，187ff.